# RASCACIELOS

# RASCACIELOS
## IMPONENTES EDIFICIOS QUE SE ALZAN EN EL CIELO

## Herbert Wright

Bath · New York · Singapore · Hong Kong · Cologne · Delhi · Melbourne

# Contenido

## INTRODUCCIÓN
Página 6

## LOS RASCACIELOS MÁS ALTOS DEL MUNDO
Página 188

## ÍNDICE
Página 190

# Introducción

Aactualmente, es difícil encontrar una ciudad moderna que no cuente con un rascacielos, y los más antiguos datan ya de finales del siglo XIX, por lo que nuestra tarea de escoger los mejores del mundo es un verdadero desafío. Además, los que se están construyendo o planeando en estos momentos presentan una variedad de formas y estilos impensable hace sólo unas décadas, por lo que nuestra selección es todavía más difícil.

El rascacielos es una de las creaciones más apasionantes de la humanidad y este libro sólo pretende esbozar su historia hasta estos momentos. Todos los edificios que aparecen en este volumen son verdaderos iconos; torres que han marcado un cambio en las tendencias arquitectónicas o que ilustran un avance en la ingeniería. Son las obras máximas de arquitectos que, por haberse especializado en este tipo de construcciones, dejan una huella más visible en las ciudades que la que dejan sus colegas objeto de estudio en las universidades. Tanto si le interesan los primeros rascacielos norteamericanos como si le fascinan los nuevos edificios que se están convirtiendo en símbolos de las ciudades, este libro puede ser un buen comienzo. Hemos omitido los heroicos pero fallidos intentos de rascacielos vivienda que se construyeron en países como Gran Bretaña o la Unión Soviética después de la Segunda Guerra Mundial. Esos edificios anónimos y grises, desgraciadamente, superan en muchos lugares a los esbeltos y originales edificios de oficinas.

Pero los rascacielos no sirven sólo para albergar cientos de viviendas; hay muchas más razones para construirlos. El arquitecto estadounidense Cass Gilbert los describió como máquinas para sacar rendimiento al suelo y, desde la época de Stalin, también se construyen como símbolo de prestigio nacional. Las grandes torres pueden reflejar los egos de promotores y arquitectos, y el hecho de que la mayoría de ellos sean varones no es una coincidencia. En otras ocasiones, sin embargo, los grandes edificios han sido la herramienta de regeneración de lugares deprimidos. Todas esas razones se explican, asimismo, en esta obra.

El libro se divide en cuatro secciones cronológicamente determinadas. Las tres primeras, incluida la dedicada a la postmodernidad, demuestran que los rascacielos son parte de nuestra cultura y como tal merecen ser defendidos. Desde los años veinte, en Nueva York y Chicago se han demolido algunos rascacielos antiguos con el propósito de construir otros mayores en el mismo sitio y en el proceso se han perdido verdaderas obras maestras. Sin duda, en algunos lugares del mundo, los rascacielos se encuentran en zonas que se están remodelando y no siempre hay quien considere que vale la pena conservarlos. Los grandes edificios pueden pasar por varias etapas en la percepción del público: al principio fascinan, luego parecen pasados de moda y, por último, pueden revalorizarse de nuevo. En otras palabras, tienen que pasar unas cuantas décadas para saber si un rascacielos es importante o no, independientemente de la sensación que cause al principio.

Ésta es una de las razones por las que mostramos tantos rascacielos de este siglo que acaba de nacer, y no es sólo porque estén surgiendo por doquier, y cada vez más altos. Registrar todos estos edificios en el libro permitirá ver, dentro de cincuenta años, cuáles han quedado como símbolo.

Contemplar los rascacielos con una perspectiva temporal nos permite constatar que tan importante como su evolución técnica, simbolismo o expansión geográfica es su relación con el entorno. Incluso hace cien años, cuando no se había oído hablar del calentamiento global, los rascacielos ya influían en el medio ambiente. Su efecto, principalmente, es positivo, pues concentran gente y comercio en un espacio reducido, frenando en parte la expansión urbana. Actualmente, se sabe que una ciudad concentrada es más eficiente en consumo de energía que una muy extendida. Hong Kong, por ejemplo, con una población y un nivel de desarrollo similar al de Dallas, consume mucha menos energía. La mitad de las emisiones de dióxido de carbono a la atmósfera están relacionadas con los espacios edificados, por eso la tendencia actual de los diseñadores es reducir en lo posible la contribución del edificio a dicha emisión. En el futuro, seguramente consideraremos que los mejores rascacielos no son los más espectaculares sino los menos agresivos con el medio. Afortunadamente, esta preocupación medioambiental está motivando que algunos de los rascacielos actuales sean tan revolucionarios como lo fueron sus antepasados.

# LA PRIMERA ÉPOCA DE LOS RASCACIELOS

La máxima contribución estadounidense a la arquitectura es, sin duda, el rascacielos. Su desarrollo fue posible gracias a dos avances técnicos de la época: la invención del ascensor, puesto en práctica por Elisha Graves Otis en 1852, y la utilización de estructuras de acero en la construcción de edificios, derivadas de la primera que se construyó en Ditherington, Inglaterra, en 1792. Si se usa la mampostería como soporte de un edificio, los muros de carga se deben hacer más anchos cuanto más alto sea el edificio. Esta teoría queda patente en el edificio Monadnock de Chicago, construido en 1891 y con 16 pisos, cuyos muros a nivel del suelo están claramente abombados por la carga vertical. En la gran fiebre constructora que siguió al incendio de 1871, construir edificios altos no era sino una estrategia para rentabilizar al máximo el espacio que ofrecía un solar. William LeBaron Jenney fue el pionero, en 1885, de las estructuras de acero para los grandes bloques de oficinas del centro y sus edificios funcionales de tejados planos abrieron paso al primer gran estilo de rascacielos, el de la Escuela de Chicago.

Muy pronto, sin embargo, se utilizaron elementos ornamentales para disimular la funcionalidad excesiva de esos bloques. Así, en la Exposición Mundial Colombina de Chicago se comenzaron a reutilizar elementos decorativos históricos en un estilo que se denominó Beaux-Arts, siguiendo la tendencia de la escuela de arquitectura parisina en la que tantos arquitectos estadounidenses se habían formado. Editoriales de periódicos y empresas de seguros se apresuraron a embellecer sus edificios, cada vez más altos, con elegantes adornos neoclásicos. El estilo más popular del momento, el neogótico, imitaba el estilo medieval de las catedrales europeas en su aparente aspiración de alcanzar el cielo. En realidad, los rascacielos eran máquinas de hacer dinero.

Adornar los rascacielos ayudó a los promotores a satisfacer su ego y a los arquitectos, sus caprichos, pero la espectacular altura del edificio también contaba. La ambición de construir el edificio más alto surgió en el centro de Nueva York, a finales del siglo XIX, y en 1913 se erigió el Woolworth Building, de 241 m de altura. En la década de 1920, las ideas del estilo moderno proveniente de Europa hacían que dichas torres ya parecieran anticuadas. El nuevo estilo Art Deco, un poco menos pretencioso aunque todavía romántico, reflejaba el estilo del jazz y de las ciudades electrificadas. El que posiblemente fuera el mejor arquitecto de rascacielos de su época, Raymond Hood, se alejó tan definitivamente del neogótico que sus edificios de la década de 1930 ya anticipaban el Estilo Internacional de la posguerra. A finales de los años veinte, tres rascacielos neoyorquinos competían por ser los edificios más altos del mundo, pero después de la caída bursátil de Wall Street en 1929, la demanda de oficinas cesó. La edad de oro de los rascacielos Art Deco había terminado.

Hoy día, los rascacielos son un fenómeno mundial. La gloria de poseer el edificio más alto del planeta ha llevado a países como China o Dubai a erigir torres que empequeñecen al Empire State Building. No obstante, la emoción y la poesía que inspiran los rascacielos clásicos de Nueva York y Chicago difícilmente se verán superadas.

# 15 Park Row

De todos los rascacielos del siglo XIX que en su momento ostentaron el récord mundial de altura, el único que permanece en pie está en Manhattan. Originalmente, recibió el nombre de Ivins Syndicate Building, por los especuladores que lo levantaron. Su impresionante fachada de piedra caliza blanca no desmerece de la entrada revestida en mármol negro, ni de las dos cúpulas de cuatro pisos que coronan el edificio. Fuera de la fachada, sin embargo, los adornos desaparecen y su irregular planta origina nada menos que 24 esquinas.

El edificio albergó a más de cuatro mil empleados, incluyendo a los de la agencia Associated Press y la compañía IRT, que construyó el primer metro de Nueva York y cuyos empleados podían contemplar desde sus ventanas las obras de la línea. El edificio fue reconvertido, al igual que otras construcciones clásicas del centro, en un bloque de apartamentos de lujo a partir de la planta undécima.

| Lugar: Nueva York, EE. UU. | Terminado en: 1899 |
| Altura: 119 m, 26 plantas | Arquitecto: Robert Robinson |

**Arriba**: El Templo Masónico de la esquina de las calles Randolph y State hizo subir el *skyline* de Chicago hasta una altura sin precedentes. Fue el edificio más alto de la ciudad en 1892 y albergaba el piso habitado más alto de Estados Unidos, aunque la cúpula del New York World Building alcanzaba mayor altura.

119 metros

**Arriba**: El 15 de Park Row en la actualidad.

**Arriba centro**: Cuando se construyó el 15 de Park Row, no todo el mundo se mostró entusiasmado con el edificio. En 1898, un crítico de arquitectura escribió en el periódico *The Real Estate Record and Guide:* «En ninguna ciudad del mundo hubieran permitido levantar un monstruo así», y calificó los flancos desnudos como «absolutamente vacíos e inexpresivos».

### Los rascacielos más altos del mundo hasta 1900

| | | | |
|---|---|---|---|
| Home Insurance Building | Chicago | 1884 demolido en 1931 | 42 m 10 plantas |
| Queen Anne's Mansions | Londres | 1888 demolido en 1971 | 47 m 14 plantas |
| New York World Building | Nueva York | 1890 demolido en 1955 | 94 m 16 plantas* |
| Manhattan Life Insurance Building | Nueva York | 1894 demolido en 1930 | 106 m 18 plantas |
| 15 Park Row | Nueva York | 1899 | 119 m 26 plantas |

*según las fuentes*

## Los rascacielos más altos del siglo XIX desaparecidos

Los primeros rascacielos del mundo se construyeron en Estados Unidos, pero hubo dos edificios fuera de este país que, por su estructura a base de pisos cerrados, pueden calificarse también como tales. Sin embargo, al ser de ladrillo a veces no se les ha considerado como verdaderos rascacielos. El Queen Anne's Mansions, en Westminster, se convirtió en el edificio residencial más alto del mundo en 1888, cuando su estructura de ladrillo, bastante improvisada, fue terminada por el arquitecto E. R. Robson. La reina Victoria se quejó de que el edificio le tapaba las vistas del Parlamento. Hoy en día, varias oficinas gubernamentales ocupan este espacio. En Tokio, el ingeniero escocés William K. Burton construyó, en 1890, el Ryounkaku, también llamado Junikai, de 12 pisos y 69 m. Su estructura octogonal albergó el primer ascensor del país, pero, debido a los desperfectos sufridos por el gran terremoto de Kanto, en 1923, tuvo que ser demolido.

El primer arquitecto genuino de rascacielos fue William LeBaron Jenney, que dejó Massachusetts para zambullirse en la frenética actividad constructora de Chicago, en reconstrucción tras el gran incendio de 1871. Este amante de la buena vida había estudiado ingeniería del metal en Francia y abogaba por la utilización del acero en las estructuras, mucho más rápido el ladrillo y más resistente al fuego que el hierro. Comparaba sus estructuras con las de los puentes y fue un verdadero heraldo de la era de los rascacielos. También inició lo que más tarde se llamaría fachada ligera o muro cortina. Jenney no perdió tiempo en decoraciones elegantes, lo cual era del agrado de los ahorrativos promotores de Chicago. Su primer rascacielos fue el de la compañía de seguros Home Insurance (derecha), terminado en 1884. Consistía en una sobria estructura rectilínea, revestida de ladrillo, con diez pisos de altura, aunque luego le añadieron dos más. Su sencillez originó el estilo conocido como Escuela de Chicago, que se adelantó en setenta años a las sencillas formas del Estilo Internacional. El edificio se demolió en 1931 para hacer sitio a otro mayor.

Los edificios emblemáticos de Nueva York se construyeron con estilos muy diferentes a los de Chicago, con adornos neoclásicos y tejados sofisticados que ocultaban sus estructuras. Los periódicos de la ciudad no sólo competían entre ellos por las tiradas de sus rotativas, sino que usaban sus arrogantes rascacielos para «marcar territorio» en el centro de la ciudad. Varios de ellos acabaron concentrándose en la calle Park Row, desde ese momento conocida como Newspaper Row (la calle del periódico), cerca del ayuntamiento y del antiguo distrito de los teatros. El desaparecido edificio del *New York Tribune,* construido por R. M. Hunt, se ha considerado el más alto del mundo en 1875, pero lo cierto es que consiguió su altura

**Derecha**: El Home Insurance Building se considera el primer rascacielos auténtico por su estructura de acero, invención de William LeBaron Jenney. Cuando se construyó en 1884, sólo tenía diez pisos, aunque esta fotografía muestra los dos niveles que se le añadieron en 1890. Este edificio marcó el camino de la Escuela de Chicago.

de 79 m sólo después de que se le añadieran varios pisos. Mucho más tarde se reconstruyó la torre del reloj, aún a más altura. El New York World Building, edificio revestido de caliza blanca, construido por George Browne Post, se convirtió en el más alto en 1890 y el primero que superó a la Trinity Church y se adornó con elementos neorrenacentistas. Las imágenes que se guardan de él parecen indicar que alcanzó los 16 pisos de altura. Fue encargado por el editor del *New York World,* Joseph Pulitzer, que ha dado nombre al premio periodístico más importante de Estados Unidos. Su oficina ocupaba una elegante cúpula encima del edificio. Fue demolido en 1955 para construir una nueva rampa del puente de Brooklyn.

Aunque no alcanzaba la altura del New York World Building, el Templo Masónico de Burnham y Root, terminado dos años más tarde en Chicago y con 92 m de altura, presumía de ser el piso habitado más alto del mundo. Este impresionante edificio, revestido de ladrillo rojo, fue un buen representante del estilo sobrio de la Escuela de Chicago, caracterizada por los tejados planos. Sin embargo, los pisos superiores del Templo Masónico estaban cubiertos por un tejado a cuatro aguas que albergaba la sede de los masones de Illinois. Fue demolido en 1939.

El edificio Manhattan Life Insurance, en el centro de Nueva York, se convirtió en el más alto del mundo en 1894. Sus arquitectos, Kimball y Thompson, coronaron su obra con una linterna barroca de tres pisos. Se demolió en 1930 para construir en su lugar un rascacielos Art Deco.

# Flatiron Building

En el cruce de las dos calles más famosas de Nueva York, Broadway y la Quinta Avenida, se levanta un edificio extraordinario encargado por la constructora Fuller. Inicialmente, recibió el nombre de Fuller Building, pero su planta triangular, una ingeniosa solución a la complicada forma del solar, recordaba a una plancha (*flatiron* en inglés) y los neoyorquinos le pusieron este apodo que se convirtió en nombre oficial cuando la empresa Fuller dejó el edificio.

La firma de Chicago Burnham y Root fue fundada por Daniel Burnham y John W. Root en 1873. Habían diseñado en 1891 la mitad del Monadnock Building, que consiguió alcanzar los 16 pisos, a pesar de contar con una estructura de mampostería. Burnham había sido delineante con William LeBaron Jenney, el padre de los rascacielos, en cuyos sencillos y rectilíneos edificios apenas se cubrían las estructuras de acero que los soportaban, tal y como preconizaba la Escuela de Chicago. Un año después, Burnham y Root se pasaron a las estructuras de acero con su Templo Masónico. En 1893, Chicago albergó la Exposición Mundial Colombina, una versión temprana de las exposiciones internacionales, que conmemoraba el 400 aniversario de la llegada de Colón al Nuevo Mundo. Daniel Burnham fue el arquitecto a cargo del proyecto. En la exposición siguió un enfoque opuesto al de la escuela de Chicago; todas las fuentes, los monumentos y los pabellones supervisados por él imitaban los palacios del Renacimiento y sus jardines.

| Lugar: Nueva York, EE. UU. | Terminado en: 1902 |
|---|---|
| Altura: 86 m, 22 plantas | Arquitectos: Daniel H. Burnham y Co. |

Aunque algunos de sus aspectos (el tejado plano, la gran altura, etc.) concuerdan con el estilo de la Escuela de Chicago, el Flatiron se considera eminentemente un edificio neoclásico con influencias del estilo Beaux-Arts, que recibe este nombre por la escuela de arquitectura francesa, que preconizaba la vuelta al pasado y la incorporación de elementos del Renacimiento. El edificio Flatiron tiene repisas, columnas y detalles ornamentales y en él se distingue la división clásica entre la base, la zona intermedia y la parte alta. La contundente cornisa que culmina la fachada acentúa este efecto clásico y en la esquina más estrecha crea el efecto de una columna clásica.

Este rascacielos conmocionó a los puristas de la Escuela de Chicago, pero obtuvo un éxito arrollador entre el público. Atrajo mayor atención que otros edificios más altos del centro de la ciudad que, a su lado, parecían anticuados. La forma triangular de su planta le confiere un dinamismo que recuerda la proa de un navío surcando el mar. Era tal la multitud que se paraba a contemplarlo que la policía debía intervenir a menudo. El restaurante y el punto panorámico del piso 21 se convirtieron en atracciones importantes de la ciudad. El Flatiron consiguió desplazar el centro de interés de la ciudad desde el Downtown, en el extremo sur de la isla, hacia el Midtown, algo más al norte.

**86 metros**

**Arriba**: La peculiar planta del Flatiron Building es el resultado del solar que se forma entre Broadway y la Quinta Avenida en su intersección con la calle 23.
**Arriba derecha**: La ornamentación de la mampostería en el último piso y la esquina curvada, que evoca una columna, son de estilo neoclásico.
**Página siguiente**: El Flatiron Building se asoma sobre Madison Square y fue pionero en el desarrollo de los rascacielos en el Midtown de Manhattan.

**Estructuras de acero**

En el Flatiron Building se utilizaron 3.680 toneladas de acero estructural, utilizado por primera vez por William LeBaron Jenney en Chicago. Su estabilidad permitió la construcción de otros edificios que sobrepasaron en mucho al Flatiron. En los años veinte, el Chrysler Building usó 20.960 toneladas de acero estructural y el Empire State Building la impresionante cantidad de 59.800 toneladas.

# Metropolitan Life Insurance Building

En el esbelto Metropolitan Life Insurance, que fue el rascacielos más alto del mundo durante cuatro años, se siguió practicando la técnica de adaptar elementos de la arquitectura clásica europea, hasta el punto de copiar el Campanile (el reloj y la torre) de la plaza de San Marcos en Venecia, que se había derrumbado en 1902 (y fue reconstruido años más tarde).

La decisión fue tomada por el presidente de esta compañía de seguros, John R. Hegeman. Su firma ya contaba con las oficinas centrales en Madison Square, instaladas en un edificio de 11 plantas que se había construido en 1893 y se conoce como East Wing. Gracias a la venta de pólizas de seguros a las ingentes oleadas de inmigrantes que llegaban a Nueva York, el Metropolitan Life se convirtió en la principal aseguradora de Estados Unidos. Esta torre se diferencia externamente en tres aspectos básicos de su modelo de Venecia, construido originalmente en 1512 y de 98 m de altura. En primer lugar, la torre veneciana era una estructura hueca de ladrillo, mientras que el rascacielos de la MetLife tenía plantas para oficinas,

| Lugar: Nueva York, EE. UU. | Terminado en: 1909 |
|---|---|
| Altura: 214 m, 50 plantas | Arquitecto: Pierre LeBrun |

numerosas ventanas y estaba revestida con una fachada ligera de mármol. En segundo lugar, en cada fachada se instaló un reloj, circundado por guirnaldas de piedra, de 8 m de diámetro y minuteros de media tonelada. Y en tercer lugar, la pirámide que formaba el tejado estaba coronada por una linterna con luz propia que sirvió para inspirar el eslogan de la firma: «La luz que nunca falla». Una de las pocas innovaciones técnicas del edificio fueron los rápidos ascensores Otis, capaces de recorrer 180 m en un minuto.

Hegeman encargó a la firma de Napoleon LeBrun el diseño de la torre en 1907 y el trabajo se inició bajo la dirección de Pierre, el hijo de Napoleon. El arquitecto fue muy meticuloso con la ornamentación de la fachada, aunque por desgracia muchos de estos elementos se arrancaron durante la restauración de 1964, en la que incluso se reemplazaron revestimientos de mármol por otros de caliza. Por fortuna, la posterior restauración de 1999, devolvió al edificio parte de su antiguo esplendor, con actuaciones como la de forrar la cúpula con pan de oro de 23,5 quilates. Al terminar las obras, en el año 2002, este edificio de referencia presentó un nuevo sistema de iluminación, controlado por ordenador, que da luz a la parte superior con todos los colores del espectro visible. La compañía MetLife se mudó en 2005 al rascacielos que había sido de la PanAm y vendió este singular edificio, que ha quedado como una de las señas de identidad de Nueva York.

**Izquierda**: El edificio de la Metropolitan Life Insurance hubiera quedado empequeñecido en comparación con la torre de cien pisos que se comenzó a construir a su lado. Sólo se terminaron sus pisos inferiores, a la derecha de la foto.

**Página siguiente**: Gloriosa linterna en la cúspide de la torre de la Metropolitan Life Insurance; «La luz que nunca falla».

214 metros

### La base del gigante

En la década de 1920, la compañía de seguros Metropolitan Life planeaba un edificio aún más alto. Convenció al arquitecto H. W. Corbett para que diseñara un nuevo edificio junto al antiguo, en el 11 de Madison Avenue. La idea era una construcción de cien pisos en estilo Art Deco, pero varios problemas retrasaron el proyecto. La Gran Depresión de 1929 ralentizó las obras y el proyecto se abandonó definitivamente en 1933, cuando su base tenía 32 pisos. Hoy en día, aún sigue en pie y constituye el edificio norte del complejo de la Metropolitan Life.

Lugar: Nueva York, EE. UU.
Altura: 187 m, 47 plantas

Construido en: 1906-1908
Arquitecto: Ernest Flagg

## Singer Building

El edificio situado en el número 15 de Park Row perdió su título mundial ante este rascacielos, sede de la compañía Singer. Los edificios que hasta el momento habían logrado los anteriores récords eran sedes de compañías locales, pero el fabricante de máquinas de coser Singer tenía fábricas incluso en lugares tan remotos como Rusia. La torre Singer destacaba en el núcleo cada vez más poblado de Nueva York y prácticamente señalaba a la ciudad como el centro del mundo capitalista.

Ernest Flagg, formado en París, era un seguidor del estilo de la Escuela de Beaux-Arts y por eso los interiores del edificio se adornaron con la suntuosidad de los palacios franceses, con salones llenos de columnas de mármol, lujosos estucados, hierro forjado y grandes escalinatas. Su diseño original era de 35 pisos, pero cuando se le pidió más altura, diseñó una estructura de planta cuadrada, revestida de ladrillo y piedra azul elevándose desde una base de doce pisos hasta una estructura ricamente ornamentada que adoptaba la forma de bulbo en los últimos pisos. En cada fachada, un gran arco protegía todas las ventanas y la pirámide redondeada de los tres pisos superiores estaba coronada por una linterna. La esbelta torre no formaba una gran sombra sobre la calle y E. Flagg luchó para que la legislación urbanística no permitiera la construcción de bloques demasiado grandes que ensombrecieran la calle. La torre Singer fue uno de los rascacielos más elegantes de su tiempo y anunció la era las torres emblemáticas.

La torre Singer mantuvo el récord mundial de altura sólo durante un año, hasta que el Metropolitan Life Building se lo arrebató. Su estrechez en la parte de la torre (menos de 19,5 m de lado) no podía ofrecer suficiente espacio para oficinas, por eso la compañía lo vendió en 1964 y fue demolido cuatro años más tarde. En su lugar, se erigió el enorme prisma, en Estilo Internacional, conocido como One Liberty Plaza, con una superficie por planta nueve veces mayor.

**Izquierda**: El Singer Building ante otro rascacielos ya demolido, el City Investing Building, de Francis Kimball, finalizado en 1908.

# Woolworth Building

Este rascacielos fue el más alto del mundo durante diecisiete años y el mejor ejemplo del estilo neoclásico que caracterizó los edificios de Nueva York antes de la década de 1920.

| Lugar: Nueva York, EE. UU. | Terminado en: 1913 |
| --- | --- |
| Altura: 241 m, 57 plantas | Arquitecto: Cass Gilbert |

Frank Woolworth abrió su primera tienda en 1879, y ofreció todos sus productos a dos únicos precios: 5 centavos *(nickel)* y 10 centavos *(dime)*, por lo que su tienda pronto se llamó «*nickel y dime*». Cuando Woolworth se convirtió en la cadena de tiendas más importante de América, necesitó unas oficinas centrales que reflejaran este poder. Por eso en 1910 encargaron a Cass Gilbert, uno de los mejores especialistas del momento, que diseñara un gran edificio en un solar de Broadway. Gilbert nació en 1859 y empezó su carrera en Minnesota, pero en 1900 ya tenía una reputación en Nueva York gracias al admirado edificio de dieciocho plantas, el Broadway-Chambers Building. Al igual que el Flatiron, este bloque se elevaba recto y esbelto pero con elegante ornamentación en la base y en los pisos superiores. Woolworth quería un edificio en el estilo neogótico que tanto le había seducido en Europa. A medida que la construcción avanzaba, el arquitecto aumentó la altura del edificio en 51 m, superando en 27 al Metropolitan Life Assurance Building. Los cimientos se realizaron en 1911 y la estructura de acero, del ingeniero Gunvald Aus, pronto se estaba elevando a un ritmo de tres pisos cada dos semanas. Woolworth pagó en efectivo los 13,5 millones de dólares que costó la obra.

Los niveles inferiores consisten en una gran construcción en forma de U para permitir la entrada de luz a las oficinas posteriores de

241 metros

**Arriba**: Cass Gilbert dijo una vez que un rascacielos era una máquina para sacar dinero al terreno.

**Centro**: La iluminación de los reflectores modernos acentúa el aspecto gótico de la construcción.

**Derecha**: La exuberante decoración del edificio Woolworth contrasta con el Transportation Building, de 44 plantas, construido en 1927.

Broadway. Por encima se eleva la torre, escalonada en su tramo final y culminada por una estructura piramidal de siete plantas recubierta de cobre. Los revestimientos del edificio son de terracota color marfil, embellecidos con elementos góticos como pináculos y arcos. El edificio cuenta con treinta ascensores y el vestíbulo, decorado al estilo gótico con murales y molduras de madera y mármol, y tiene una altura de tres pisos. Destacan las estatuas de Frank Woolworth, la del constructor Louis Horowitz y la del propio Cass Gilbert.

La ceremonia de apertura, a la que acudieron 800 invitados, se celebró el 13 de abril de 1913 y fue todo un acontecimiento social. Desde Washington, el presidente Wilson participó simbólicamente y el reverendo Cadman denominó al edificio *la catedral del comercio*. El propio Woolworth dirigió su compañía desde allí, usando apenas dos plantas. El resto de las oficinas, más de mil, fueron alquiladas.

Woolworth vendió el edificio en 1998 por 155 millones de dólares. Hoy en día, a pesar de que muchos edificios la superan en altura, la torre Woolworth destaca en la zona financiera de la ciudad y gracias a su increíble estatura, así como a su estilo característico, se ha convertido en el legado más importante de Cass Gilbert.

| Lugar: Nueva York, EE. UU. | Terminado en: 1915 |
|---|---|
| Altura: 177 m, 40 plantas | Arquitectos: McKim, Mead y White |

## Municipal Building

Cuando los cinco municipios de Nueva York se unieron en 1898, la ciudad necesitó una gran administración. En 1908, se convocó un concurso para diseñar las nuevas oficinas municipales. El ganador fue el estudio de arquitectura más importante del mundo, el mismo que había diseñado la estación Grand Central. Su estilo neoclásico (abajo) incluye elementos romanos, italianos y franceses. La torre central, coronada por una estatua alegórica a la «Fama Cívica», de Adolph Weinman, está flanqueada por dos alas de 25 pisos y presenta una entrada de cuatro plantas de altura. Su diseño influyó en la arquitectura soviética de la década de 1950 y en el edificio postmoderno de la AT&T de los años ochenta.

| Lugar: Nueva York, EE. UU. | Terminado en: 1915 |
|---|---|
| Altura: 164 m, 38 plantas | Arquitectos: Ernest R. Graham & Associates |

## Equitable Building

Los edificios Woolworth y Municipal, con sus imponentes siluetas, se adelantaron a la edad de oro de las torres escalonadas de los años veinte. Sin embargo, estas últimas deben su forma a las regulaciones urbanísticas de la época.

El Equitable Building (arriba), de estilo neoclásico, se elevaba verticalmente para dar cabida al mayor número de oficinas por planta posible. El resultado fue un bloque gigantesco con una relación solar/espacio útil de 30:1, lo cual significa que el espacio disponible en el edificio era treinta veces mayor que la superficie del solar (111.000 m²). En realidad, los constructores pensaron en hacerlo todavía más alto, pero eso hubiera impedido que los ascensores funcionaran correctamente.

El edificio presentaba una planta en forma de H para permitir la iluminación natural de sus oficinas, aunque su mole creaba una sombra tal que dejaba la calle en penumbra. En 1916, la ciudad aprobó leyes urbanísticas para que esto no sucediera más y por eso se obligó a construir escalonadamente. Por esta razón, hubo que esperar hasta 1931 para que se construyera un edificio en Nueva York con un volumen equiparable al del Equitable, el Empire State.

# Chicago Tribune Tower

En 1922, el periódico *Chicago Tribune* convocó un concurso para construir el edificio de oficinas «más hermoso y elegante» del mundo. El inmueble iba a ser erigido en un lugar estratégico de la avenida Michigan, al lado del río y cerca de las rotativas del diario. Al concurso se presentaron arquitectos locales, que pertenecían a la Escuela de Chicago y contaban con una gran experiencia en la construcción de rascacielos, así como creadores europeos con nuevas y modernas ideas. Al final, el vencedor fue un estudio de arquitectura poco conocido de Nueva York que buscó su inspiración en el estilo gótico.

Raymond Hood y John Mead Howells, los arquitectos ganadores, se habían conocido en París. La estructura de acero de la entrada del edificio potenció el estilo neogótico aún más que en el caso del edificio Woolworth, y se inspiraba en el gótico francés, concretamente en la catedral de Notre Dame de Rouan, que quedó reflejada en los arcos de la entrada principal del edificio. El cuerpo principal del inmueble

| Lugar: Chicago, EE. UU. | Terminado en: 1925 |
|---|---|
| Altura: 141 m, 34 plantas | Arquitectos: Hood y Howells |

consistía en una torre de gran verticalidad que albergaba la mayor parte de las oficinas. Pero en los pisos superiores, la seña identificativa del edificio, el gótico, eclosionaba en una amplia selección de arbotantes, pináculos y arcos, y el sentido de humor de los arquitectos se materializaba en un par de estatuas que representan a Robin Hood y a un perro aullando. El edificio contiene, además, verdaderas reliquias incrustadas en el cemento: piedras traídas por los corresponsales en el extranjero de lugares como el Taj Majal o el Coliseo. La colección nunca ha dejado de crecer y ahora incluye objetos como fragmentos de roca lunar, prestados por la NASA, o un trozo de acero recuperado de las ruinas del World Trade Center.

Algunos críticos llegaron a comparar la parte superior de la torre con un gran monstruo de enormes piernas. Hoy día se lo considera como uno de los edificios más elegantes de Chicago.

## El concurso

El premio de 50.000 dólares, ofrecido por el dueño del periódico, el coronel Robert McCormick, atrajo a arquitectos de todo el mundo y se presentaron 263 proyectos, principalmente en tres estilos: neoclásico, modernista y radical. Este último estaba representado por un proyecto de Walter Gropius, de la escuela alemana Bauhaus, que proponía un inmueble rectilíneo de cemento cuyas formas se anticipaban a los bloques de Estilo Internacional de los años de la posguerra. El vienés Adolf Loos, por su parte, presentó el proyecto de un rascacielos en forma de columna dórica. Fue considerado una burla demasiado evidente de los «valores americanos».

No era difícil anticipar que el carácter conservador de McCormick preferiría el estilo más tradicional. Sin embargo, el segundo clasificado, el finlandés Eliel Saarinen acabó siendo el que más influencia ejercería en el futuro. Su proyecto allanó el camino a los rascacielos esbeltos, parcos en elementos horizontales y sobrios en la ornamentación. Hood, uno de los ganadores, quedó tan impresionado con el proyecto del finés que llegó a decir que Saarinen debía haber sido el vencedor. Posteriormente, Hood se convirtió en uno de los máximos representantes del estilo moderno.

141 metros

**Izquierda**: El inmueble del *Chicago Tribune,* en la avenida Michigan, queda a tan sólo una manzana del río Chicago.

**Página siguiente**: Aunque el neogótico estaba ya definitivamente pasado de moda, la culminación de la torre del Chicago Tribune llevó este estilo a extremos desconocidos hasta entonces. El revestimiento de piedra arenisca de indiana le otorgaba una seriedad muy acorde con el estilo del periódico.

| Lugar: Nueva York, EE. UU. | Terminado en: 1924 |
| Altura: 103 m, 23 plantas | Arquitectos: Raymond Hood y André Fouilhoux |

## American Radiator Building

Entre los trabajos que Hood tuvo en sus inicios estaba el de diseñar cubiertas para los radiadores de la compañía American Radiator and Standard Sanitary Company. Tras obtener la fama en todo el país con el concurso del *Chicago Tribune,* la firma le contrató para que diseñara la sede de sus oficinas centrales en Bryant Park. En colaboración con el ingeniero Fouilhoux, creó uno de los rascacielos más sorprendentes y románticos de la década.

El edificio de la American Radiator está revestido de un ladrillo negro que simboliza el carbón. La solidez del negro contrasta con los pináculos y remates escalonados decorados en oro, que sugieren el fuego. La grandiosa entrada es de mármol y cristal. Aunque sigue siendo un edificio neogótico, sus detalles dorados lo acercan al estilo Art Deco, que pronto sería el dominante en los rascacielos.

El mismo Hood abrió su oficina en el edificio, que luego se convirtió en el American Standard Building. El inmueble pasó por una época de relativo abandono en los ochenta, cuando Bryant Park se convirtió en feudo de traficantes de droga y otros elementos de dudosa reputación. Pero hoy día la zona se ha revalorizado y esta negra maravilla es la sede del lujoso hotel Bryant Park, con un teatro en la base del edificio incluido.

### Raymond Hood

A pesar de que alcanzó la fama con el estilo neoclásico de la torre del Tribune, Hood se convirtió en uno de los arquitectos de rascacielos más progresistas del estilo moderno.

Lugar: Chicago, EE. UU.　　　　Terminado en: 1930
Altura: 184 m, 44 plantas　　　Arquitectos: Holabird y Root

## Chicago Board of Trade

Hasta 1965, el rascacielos más alto de Chicago fue el inmueble de la Bolsa de Futuros o *Board of Trade,* diseñado por los arquitectos locales Holabird y Root. Junto a su socio anterior, William Holabird quedó tercero en el concurso del *Chicago Tribune.* Más tarde, Holabird y Root diseñaron el Chicago Temple Building y las oficinas de la firma Palmolive, segundo y tercer rascacielos más altos de entre los clásicos.

El Board of Trade Building está formado por una enorme torre escalonada, más sólida y sobria que la mayor parte de los edificios Art Deco de su época. Su fachada orientada hacia el sur, en el corazón de la ciudad, evoca el poderío de Chicago como centro neurálgico del comercio en el Medio Oeste del país. El edificio está rematado por una estatua de aluminio de Ceres, diosa romana de la agricultura.

# Chrysler Building

Mucha gente opina que este icono del Art Deco es el rascacielos más espléndido de Nueva York. No sólo es glamuroso y espectacular en sí mismo, sino que su arquitecto y su construcción también lo fueron. En la década de 1920, Hollywood creaba estrellas del cine y los arquitectos en Nueva York diseñaban rascacielos estrella, pero ninguno le hizo sombra al Chrysler. Consiguió ser el edificio más alto del mundo durante un año, tras una durísima competición con otro rascacielos. Desgraciadamente para el arquitecto, terminar el edificio fue el inicio de su mala suerte.

El magnate de la industria automovilística Walter P. Chrysler, fundador de la Chrysler Corporation, deseaba una sede central espectacular. El político William Reynolds poseía un solar entre la calle 42 y Lexington y ya había contratado a William van Alen para diseñar el edificio más alto del mundo en ese lugar. Este arquitecto neoyorquino, nacido en 1883, se había formado en París y había

**Arriba**: Las aladas esculturas de las cornisas situadas en la base del edificio se inspiran en la figura de la tapa del radiador de los Chrysler.

**Izquierda**: El edificio Chrysler costó veinte millones de dólares. En la foto, el Chanin Building a la derecha.

**Página siguiente**: Las grandes curvas escalonadas de acero inoxidable y las ventanas triangulares evocan los destellos del sol y condensan el espíritu del Art Deco.

| Lugar: Nueva York, EE. UU. | Terminado en: 1930 |
|---|---|
| Altura: 319 m, 77 plantas | Arquitecto: William van Alen |

319 metros

creado su propio estudio, pero hasta que se asoció con Craig Severance no comenzó realmente a construir edificios notables. Severance fue siempre el más hábil de los dos para los negocios, hasta que la sociedad se disolvió amargamente en 1925. Van Alen fue pionero en rechazar los detalles neoclásicos de la época y su curvilíneo escaparate de acero inoxidable realizado para Lucky Strike en 1927 evidenciaba su clara adhesión al Art Deco. Cuando Chrysler compró el solar y el diseño a Reynolds, Van Alen modificó el plan inicial e incorporó temas automovilísticos en la ornamentación. Además, cambió la omnipresente linterna por una aguja de metal.

El edificio está formado por una torre de planta cuadrada sobre una base de treinta pisos en forma de H. En los remates de esta base, se alinean varios tapacubos de automóvil como decoración y todo el inmueble está revestido de ladrillo gris y blanco. En el piso 61 destacan sus ocho enormes gárgolas basadas en las águilas del capó de uno de los automóviles de Chrysler, el Plymouth. Corona el conjunto la famosa techumbre de acero inoxidable formada por arcos y ventanas triangulares que evocan el amanecer y, por tanto, el sol del progreso. Con su diseño, Van Alen creó una pieza Art Deco puramente americana, libre de las influencias europeas. El edificio mide casi 282 m.

Los trabajos en el solar comenzaron en septiembre de 1928 y pronto el inmueble se elevaba a razón de cuatro plantas por semana. Mientras tanto, su ex socio, Severance, había diseñado un rascacielos que pretendía competir en altura con el Chrysler y que se empezó a construir en el verano de 1929. Severance modificó el diseño original para sobrepasar a su competidor en poco más de medio metro, pero Van Alen no se iba a rendir tan fácilmente. En octubre de 1929 había montado en secreto, dentro del edificio, una aguja de acero de 30 toneladas y 58,5 m. Cuando, en el último momento, la izó desde el hueco del ascensor y la colocó en la cúspide, el edificio pasó a ser la estructura más alta del mundo, más alta incluso que la torre Eiffel con sus 300 m. Van Alen había triunfado.

El edificio abrió sus puertas en mayo de 1930 y fue despreciado por los críticos del momento, que consideraban que su ornamentación automovilística sólo era publicidad. Van Alen instaló su oficina en el inmueble y en el último piso se abrió un restaurante exclusivo, el Cloud Club. Finalmente, Chrysler y Van Alen se enzarzaron en un agrio litigio, pues Chrysler se negó a pagar a Van Alen acusándole de cobrar comisiones de los constructores. Además, con la Gran Depresión bajó la demanda de grandes rascacielos y el estudio de Van Alen pasó serias dificultades. En 1931, asistió a una fiesta disfrazado de su propio rascacielos, pero nunca diseñó otro edificio singular.

La restauración de 1978 mejoró su aspecto y dejó su techumbre de acero más brillante que antes. Aunque el edificio perdió su récord un año después, a manos del Empire State, ningún otro rascacielos de Nueva York se puede comparar con esta increíble obra de Van Alen.

**Arriba**: William van Alen, disfrazado de su propio rascacielos, con su mujer en un baile de 1931.

**Abajo**: La iluminación de la corona del Chrysler Building es una combinación de reflectores y luces de neón en forma de V.

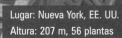

| Lugar: Nueva York, EE. UU. | Construido en: 1929-1930 |
| Altura: 282 m, 70 plantas | Arquitectos: H. Craig Severance, Yatsuo Matsui |
| | y Shreve y Lamb |

## 40 Wall Street (la torre Trump)

Durante unas pocas semanas, antes de que se terminara el edificio Chrysler, el rascacielos del 40 de Wall Street fue el inmueble más alto del mundo. Por eso, para su arquitecto, Craig Severance, fue una verdadera frustración cuando su ex socio Van Alen le arrancó el récord de las manos con el Chrysler Building. Curiosamente, los críticos de la época aclamaron su sólido diseño y despreciaron el trabajo de Van Alen y su techumbre metálica un tanto exagerada.

El constructor George Ohrstrom estaba obsesionado con erigir un inmueble más alto que el Woolworth y obtener así el récord mundial. Tras comprar el solar el año anterior, inició las obras en mayo de 1929 y, a pesar de tener que excavar 30 m hasta encontrar roca sólida para los cimientos, el ritmo de los trabajos fue frenético desde el principio. En cuanto Severance conoció la altura que el Chrysler iba a tener, modificó el diseño de la pirámide de la techumbre para sobrepasar a su competidor en apenas 60 cm. Pero, cuando al final la aguja secreta del Chrysler fue izada sobre su tejado, el récord del 40 de Wall Street quedó hecho añicos por 37 m. Es de justicia, no obstante, reconocer que su último piso está 30 m más alto que el último del Chrysler.

Esta torre se inauguró en abril de 1930 y durante mucho tiempo albergó las oficinas del banco de Manhattan. Por ello fue conocido como el Manhattan Company Building. En 1946, un avión de los guardacostas, desorientado por la niebla, se estrelló contra él. En la década de 1990, el magnate Donald Trump compró el inmueble, rescatándolo del abandono, y lo sometió a una respetuosa renovación. Hoy es uno de los tres rascacielos de Nueva York que llevan su nombre.

| Lugar: Nueva York, EE. UU. | Terminado en: 1929 |
| Altura: 207 m, 56 plantas | Arquitectos: Sloan y Robertson |

## Chanin Building

Mientras su vecino de la calle 42, el Chrysler, perforaba el cielo con su aguja, este edificio Art Deco se limitaba a rozarlo con su plano tejado. El constructor Irwin Chanin trabajó personalmente en su diseño, junto a los arquitectos Sloan y Robertson, y se construyó un cine privado en sus oficinas del ático. Revestido de ladrillo y adornado con motivos vegetales en la base, este inmueble fue pionero en la utilización de vidrieras de colores. Su remate almenado es sólido y transitable alrededor de toda la torre. Fue uno de los primeros rascacielos conectados directamente con la red de metro, gracias a un pasadizo que comunica con la estación Grand Central. Sus elegantes vestíbulos de resplandeciente decoración metálica y figuras futuristas en relieve lo convierten en una de las obras maestras del Art Deco.

# Empire State Building

Este impresionante coloso quizás no brille como el Chrysler Building, pero ha sabido imperar sobre el horizonte de Nueva York con verdadero poderío y enorme dignidad. Durante 41 años, fue el mayor rascacielos del planeta, considerado informalmente como la Octava Maravilla del Mundo.

John Raskob, el tercer constructor que intentó buscar la gloria erigiendo el rascacielos más alto del mundo, le preguntó a William Lamb: «¿De cuántos pisos se puede hacer un rascacielos sin que se caiga?» El arquitecto le presentó un proyecto en apenas dos semanas porque pudo aprovechar parte del diseño de su torre Carew de Cincinnati.

El hotel Waldorf-Astoria había ocupado con anterioridad el solar situado en la Quinta Avenida entre las calles 34 y 33. La excavación para los cimientos se inició en enero de 1930. Y a continuación, en marzo, un ejército de 3.400 obreros, entre los que se contaban numerosos indios mohawk, conocidos por su legendaria destreza en las alturas, comenzó la construcción sin perder tiempo, llegando a levantar hasta nueve plantas en dos semanas. A causa de la Gran Depresión, los costes laborales bajaron extraordinariamente, con lo que el

| Lugar: Nueva York, EE. UU. | Terminado en: 1931 |
|---|---|
| Altura: 381 m, 102 plantas | Arquitectos: Shreve, Lamb y Harmon |

presupuesto inicial de 50 millones, incluidos los 16 millones del solar, se redujo hasta 41 millones. Tras un total de 7 millones de horas/obrero de trabajo, en apenas 410 días se completó la obra. El 1 de mayo de 1931, siguiendo el precedente del edificio Woolworth, el presidente Hoover apretó desde Washington el interruptor que iluminó el edificio en la ceremonia de la inauguración.

El edificio representó todo un logro de la ingeniería: 54.250 toneladas de acero estructural que sólidamente soportaban las 330.000 toneladas del peso total del coloso. Pero para el público no era solamente la inmensidad del inmueble lo impresionante, sino también su majestuosa elegancia. El extravagante vestíbulo de tres plantas, revestido de mármol, está formado por un sistema de pasillos elevados y puentes que conectan los 64 ascensores. La torre principal se asienta sobre una base con planta en forma de H y todo el inmueble está revestido de caliza fina de Indiana. Los cinco cuerpos retranqueados de la torre se encuentran cerca de la base y en la zona más

381 metros

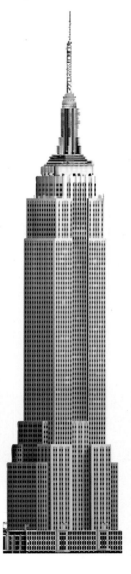

**Arriba**: Entrada principal del Empire State Building en la Quinta Avenida. Imponente entrada para el edificio que quizás sea el más conocido del mundo.

**Arriba**: El Empire State Building en construcción, mostrando su impresionante esqueleto de acero estructural.

| Lugar: Nueva York, EE. UU. | Terminado en: 1931 |
| Altura: 148 m, 70 plantas | Arquitectos: Hood y Howells |

## McGraw-Hill Building

Este edificio fue construido para impactar y no cabe duda de que lo consiguió aunque indignando, de paso, a los críticos. En este rascacielos (abajo), el muro cortina se adhiere al entramado de vigas, revelando las formas de la estructura. La disposición de las ventanas, por tanto, es básicamente horizontal. Éste es el diseño funcional y rectilíneo que definiría el Estilo Internacional que iba a aparecer después de la guerra. Hood, además, revistió el inmueble con azulejos de un provocativo azul que lo hacen único en Nueva York. Sin embargo, la aerodinámica estructura del tejado, donde se encuentra el nombre de la editorial, y los suntuosos vestíbulos del edificio pertenecen al más puro Art Deco.

El inmueble queda en el lado oeste de la calle 42, lejos de sus contemporáneos. Ello se debe a que la editorial McGraw-Hill publicaba, sobre todo, revistas técnicas para ingenieros y las fábricas abundaban en la Octava Avenida. El edificio albergaba tanto las oficinas como las rotativas de esta editorial, que se mudó en 1970. Por esas fechas, el barrio vivió un serio declive del que ahora se ha recuperado con creces.

**Arriba**: La famosa fotografía *Almuerzo sobre un rascacielos*, de Charles C. Ebbets, muestra a varios trabajadores, en septiembre de 1932, sobre una jácena a 69 pisos de altura. Detrás de ellos se encuentra el Central Park.

# Universidad Estatal de Moscú

El dictador soviético Yósif Stalin decidió «combatir» los altísimos edificios capitalistas con sus propios rascacielos comunistas. Para ello planeó el Palacio de los Soviets, una gran estructura neoclásica de 415 m que se iba a culminar con una estatua de Lenin. Para hacerle sitio, se demolió la catedral de Cristo Salvador, en Moscú, pero se vio que el terreno no era lo bastante firme para el coloso. Además, la Segunda Guerra Mundial frenó los planes. Por fin, en 1947 se aprobó la construcción de ocho grandes rascacielos repartidos por todo Moscú. Uno nunca se construyó, pero los demás se convirtieron en las Siete Hermanas.

El más alto es el edificio de la Universidad Estatal M. V. Lomonosov, que lleva el nombre del gran químico del siglo XVIII, descubridor de la atmósfera de Venus y fundador de la universidad. El arquitecto responsable fue Lev Rudnev quien, a pesar de sus preferencias vanguardistas, recibió el encargo de un edificio neoclásico. Rudnev se inspiró en el Municipal Building de Nueva York, de 170 m, construido en 1914 por McKim, Mead y White. La forma de la universidad es muy similar a las de las otras seis hermanas. Todas ellas cuentan con una torre monumental, escalonada en la parte superior y terminada en aguja. A esta forma, tan del agrado de Stalin, se la conoce como el estilo «pastel de bodas». Estos enormes edificios cuentan con alas a ambos lados, coronadas por torres menores, y en su construcción se usó mucho más acero que en sus equivalentes americanos.

El diseño de Rudnev comenzó a cobrar forma en las colinas Lenin, a manos de una legión de 14.000 trabajadores forzados, la mayor parte prisioneros de guerra alemanes. Sus cimientos son una enorme losa de hormigón de 7 m de espesor. La primera sección de la torre principal, sólida y maciza, da paso a otra más esbelta, de siete pisos, sobre la que descansa una torre con cúpula neorrenacentista coronada por una aguja de 57 m. En su vértice, una corona de laurel enmarca una estrella soviética. Cada cuerpo está coronado por estatuas de científicos rusos. Alrededor de la torre central, hay nada menos que cuatro torres secundarias de dieciocho plantas. En una de ellas se puede ver el barómetro más grande del mundo y en otra, un enorme reloj. El complejo cuenta con 67 ascensores y sus 33 km de pasillos dan acceso a cinco mil habitaciones para estudiantes, salas de conferencias y otras instalaciones, como una comisaría de policía.

Este edificio fue el rascacielos más alto del mundo fuera de los Estados Unidos hasta la década de 1980, pero aún sigue siendo el edificio académico más alto del planeta. Aunque la polución de Moscú hizo que apareciera oscuro y triste durante años, las últimas limpiezas a las que se ha sometido su fachada de cerámica blanca con bandas rojas le han devuelto todo su esplendor.

239 metros

La Universidad Estatal perdió su récord cuando se construyó el Palacio del Triunfo en 2003 (264 m y 54 pisos). El alcalde, Yuri Luzhkov, insistió en que este edificio se construyera en el estilo de «pastel de bodas» estalinista, y por ello es la Octava Hermana.

| | |
|---|---|
| Lugar: Moscú, Rusia | Terminado en: 1953 |
| Altura: 239 m, 36 plantas | Arquitecto: Lev V. Rudnev |

**Abajo**: Estatua de Mijail V. Lomonosov ante la universidad fundada por él.

Lugar: Moscú, Rusia          Terminado en: 1953
Altura: 172 m, 27 plantas    Arquitecto: V. Gelfreih

### Ministerio de Asuntos Exteriores

De las Siete Hermanas, el Ministerio de Asuntos Exteriores (derecha)
es la mejor imagen de la amenaza totalitaria de la época comunista.
Era el centro desde el que se manejaban las ambiciones soviéticas de
expansión global durante la Guerra Fría, así como el edificio de estética
más dura. Este inmueble oscuro y macizo cuenta con 65.000 m² de
oficinas. En la parte superior de la torre central se pueden ver todavía
una hoz y un martillo de tres pisos de altura. Sobre la torre, una aguja
de 20 m completa los elementos neogóticos que lo adornan.

Inicialmente, se planeaba que el Ministerio tuviera cuarenta plantas,
pero su altura actual lo convierte en la tercera de las Siete Hermanas,
después de la Universidad Estatal de Moscú y del hotel Ucrania de
198 m, diseñado por Arkady Mordvinov y terminado en 1955 a orillas
del río Moscova. La menor de las Siete Hermanas es el edificio Puerta
Roja, de 133 m de altura, diseñado por Alexey Dushkin, que alberga
actualmente el Ministerio de Transporte.

Lugar: Varsovia, Polonia

Altura: 231 m, 42 plantas

Construido en: 1952-1955

Arquitecto: Lev V. Rudnev

### Palacio de la Ciencia y la Cultura

Cuando Viacheslav Molotov, ministro soviético de Asuntos Exteriores, visitó Polonia en 1952 anunció que llevaba un regalo para el pueblo polaco de parte del camarada Stalin. Se trataba de un enorme rascacielos que los rusos pretendían que fuera una universidad. El proyecto pertenecía, nada menos, que al mismo arquitecto responsable del diseño de la Universidad Estatal de Moscú, Lev Rudnev. Los polacos, sin embargo, insistieron en que el edificio se dedicara a la cultura y la ciencia. Rudnev también diseñó un tercer rascacielos estalinista, de 108 m de altura: la Academia de las Ciencias de su ciudad natal, Riga, en Letonia.

Para la obra se reclutaron a miles de trabajadores de la Unión Soviética y el Palacio (izquierda) se convirtió en el mayor inmueble del país, con 3.288 habitaciones. Su enorme base alberga teatros, cines, restaurantes, bares y una sala de conferencias para tres mil personas. En la planta baja hay incluso un famoso club de jazz. La torre central está coronada por una aguja de 43 m y luce un reloj de más de 6 m de diámetro en cada lado. A pesar de contar con adornos inspirados en elementos renacentistas de otros lugares de Polonia, el edificio sigue siendo claramente una estructura socialista y soviética y por ello fue despreciado por los polacos. Hoy en día, sin embargo, gracias a sus actividades culturales y al espléndido mirador del piso 30, se ha convertido en una de las atracciones favoritas de Varsovia.

# EL ESTILO INTERNACIONAL

En 1932, el Museo de Arte Moderno de Nueva York organizó una exposición arquitectónica que celebraba los nuevos estilos, rectilíneos y libres de artificios, que tan bien sintonizaban con el cubismo en el arte pictórico. Los trabajos de arquitectos europeos como Le Corbusier, Mies van der Rohe y el grupo de la Bauhaus se presentaron en el evento. En el catálogo de la exposición, se habló de «superficies planas limitando un volumen» y se llegó a proclamar que «el principal símbolo arquitectónico es la caja de cristal». Por su parte, el comisario de la exposición, Philip Johnson, acuñó la designación *Estilo Internacional* para referirse a este tipo de arquitectura.

Mies van der Rohe había diseñado un rascacielos de cristal para Berlín en 1921 que rompía radicalmente con la idea de las paredes sólidas. En Estados Unidos, Raymond Hood ya diseñaba rascacielos sin adornos en la década de 1930, pero no fue hasta después de la Segunda Guerra Mundial cuando surgieron los primeros rascacielos de cristal. A medida que la economía de Estados Unidos se expandía, este tipo de construcciones florecieron por todas partes y, así, el interés inicial que despertaron sus líneas puras y brillantes quedó pronto anulado por la enorme cantidad de edificios monótonos que parecían pugnar desesperadamente por el reducido espacio. En Nueva York llamaron a esta sensación el *Síndrome de la Sexta Avenida,* en referencia a la claustrofóbica sensación que varios edificios iguales pueden producir cuando están amontonados como en el Rockefeller Center.

Los avances de la ingeniería, ayudada por los ordenadores, permitieron liberar los rascacielos modernos del estrecho corsé rectilíneo de los sesenta y llevar la expresión estructural más allá de la caja de cristal. Grandes ingenieros estructurales como Fazlur Khan de Chicago, el italiano Pier Luigi Nervi y Leslie Robertson, de Nueva York, avanzaron en el conocimiento de cómo los edificios soportan las cargas, aprendieron a hacerlos más diáfanos por dentro y, lo que también es muy importante, más económicos que las torres con estructuras de acero. Por ejemplo, Khan preconizaba una estructura en la que las vigas se acumularan en el perímetro más que en el interior, liberando así más espacio aprovechable. Siguió, por tanto, con varios conceptos originales que anticiparon las formas de las torres más altas y espectaculares de Chicago.

Los grandes rascacielos, por encima de los 300 m, forman un club muy exclusivo. En la década de 1930 sólo se construyeron dos, pero entre los años 1966 y 1974 fueron cinco las supertorres construidas. A esas alturas, la resistencia aerodinámica es tan importante como el peso del inmueble, de manera que se desarrolló la idea del «voladizo vertical». Un voladizo horizontal resiste a la gravedad, y otro vertical resiste al viento.

En la década de 1960, los rascacielos se extendieron desde América hacia Europa y las emergentes ciudades-estado de Singapur y Hong Kong. La recesión de los setenta frenó su desarrollo durante un tiempo, pero para entonces el Estilo Internacional ya era internacional de verdad.

# PSFS Building

En 1929, James Wilcox, presidente de la Philadelphia Savings Fund Society (PSFS) encargó un edificio futurista para sus oficinas del número doce de la calle doce. El resultado fue lo que hoy en día se considera el primer rascacielos de Estilo Internacional, aunque los críticos, en su momento, lo odiaron. El arquitecto George Howe, formado en París, respondió: «Nuestros edificios hablarán por sí mismos. Que sea el futuro quien juzgue sus méritos». El futuro se encargó de que por todo el mundo florecieran miles de edificios de oficinas similares.

George Howe ya había diseñado las sedes de varias sucursales de este banco. Junto a su asociado de origen suizo, William Lescaze, ideó un edificio con planta en forma de T, en cuyos brazos se situaría la torre con los ascensores, las escaleras y las tuberías, dejando la otra sección, el cuerpo de la T, para las oficinas. En el inmueble, carente de ornamentación, las ventanas se alinean horizontalmente, al igual que en el McGraw-Hill Building, aunque a petición de Wilcox la fachada se dotó también de franjas verticales. Tan sólo un balcón en una esquina del tejado rompe la uniformidad del conjunto. En lo más alto, las siglas del banco de más de 8 m destacan sobre un panel azul.

En el exterior, el único indicio de que se trata de un inmueble de la década de 1930 es la base revestida de mármol negro, que se curva con elegancia en las esquinas, al estilo del Art Deco. En el interior, sin embargo, abundan los detalles de la época, como los magníficos vestíbulos, construidos a media altura entre dos pisos, y los relojes de pared diseñados por Cartier. Howe y Lescaze se anticiparon de nuevo al futuro instalando aire acondicionado y techos acústicos en las oficinas.

En 1948, se colocó una antena de televisión sobre el edificio que lo convirtió en el más alto de la ciudad hasta 1974. El edificio más alto de Filadelfia (y la estructura de ladrillo más alta del mundo) hasta entonces era la torre del ayuntamiento, construida en 1901 con una altura de 167 m. En 1992, el banco PSFS se disolvió pero el edificio fue reabierto como sede del hotel Loews, que mantuvo la decoración exterior y las letras del tejado. La renovación de los vestíbulos costó más de cien millones de dólares.

150 metros

**Derecha**: Aunque el PSFS Building fue sede del banco más antiguo de Norteamérica, al mismo tiempo representó la llegada del rascacielos moderno. Su diseño se presentó en la muestra del Estilo Internacional que se celebró en el Museo de Arte Moderno de Nueva York de 1932. La torre negra de ladrillo, adosada al cuerpo principal del edificio, contiene los ascensores, las escaleras y las tuberías.

**Página siguiente**: Los nuevos dueños del inmueble, la cadena de hoteles Loews, han respetado las iniciales del primer propietario, la PSFS, debido a su valor iconográfico.

| Lugar: Filadelfia, EE. UU. | Terminado en: 1932 |
| --- | --- |
| Altura: 150 m, 32 plantas | Arquitectos: Howe y Lescaze |

Lugar: Bartlesville, Oklahoma, EE. UU.  Construido en: 1952-1956
Altura: 67 m, 17 plantas  Arquitecto: Frank Lloyd Wright

## Price Tower

A la hora de designar cuál es el arquitecto norteamericano más importante del siglo XX el nombre de Frank Lloyd Wright suele aparecer en primer lugar. Sin embargo, su único rascacielos es este modesto edificio de cristal erigido en una pequeña ciudad al norte de Tulsa.

Desde 1925, cuando diseñó las oficinas de la compañía de seguros National Life, Wright albergaba la ilusión de construir rascacielos. En ese proyecto imaginó cuatro edificios planos y paralelos unidos por una columna vertebral central. Los revestimientos de cobre y cristal anticipaban ya la era de los rascacielos de cristal. Sin embargo, en la torre Price (abajo), aunque también utiliza cobre y cristal, no hay fachadas rellenando los espacios de la estructura exterior. En el inmueble, los suelos de cada planta forman voladizos de gran ligereza mientras que la parte central, de cemento armado, da consistencia a la estructura. Wright comparó cada piso con las ramas de un árbol y las fachadas verdes eran sus hojas. Una idea similar se realizaría 25 años más tarde, pero a mayor escala, en la torre 42 de Londres. La torre Price cuenta con cuatro secciones organizadas alrededor del núcleo, tres para oficinas y una para apartamentos. Sus ángulos inspiraron a arquitectos posteriores que se animaron, por fin, a ir más allá de la caja de cristal. Cuando la compañía de petróleo Phillips compró la torre en 1981, acabó

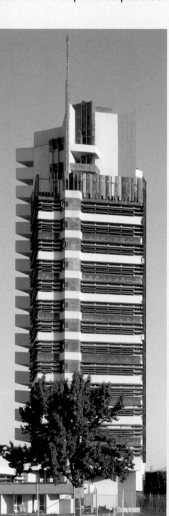

usándola como almacén. Hoy día el edificio alberga un museo dedicado al genio de su arquitecto.

El mismo año que se completó la torre Price, Wright presentó su idea de un futuro rascacielos de más de un kilómetro y medio: «La ciudad de una milla de alto». En aquellos días parecía el sueño de un visionario, pero ahora este concepto se halla en desarrollo.

# Lever House

De los tres rascacielos neoyorquinos que de forma clara establecieron el Estilo Internacional en los cincuenta, es posible que el más importante sea el más pequeño: el edificio Lever House en Park Avenue, oficinas centrales de Lever Brothers, la filial americana del conglomerado anglo-holandés Unilever. Este edificio demostraba la luminosidad y belleza que un muro cortina de acero y cristal puede irradiar y consagraba el estudio de Chicago Skidmore, Owings y Merrill como arquitectos de oficinas realmente visionarios. Desde entonces, sus siglas SOM mantienen un destacado protagonismo en el panorama internacional del diseño de rascacielos.

Charles Luckman, presidente de la firma Lever Brothers, decidió trasladar las oficinas de la compañía de Massachusetts a Manhattan y construir un edificio limpio y moderno en línea con la imagen que un fabricante de jabones debía inspirar. Luckman encargó a SOM el proyecto, que lo dejó en manos de Gordon Bunshaft, su arquitecto en Nueva York. Cuando en 1950 Bunshaft presentó el proyecto en el Museo de Arte Moderno de Nueva York fue recibido con gran admiración.

Para el edificio Lever House, se aprovechó una cláusula de las normas urbanísticas de la ciudad que permitía erigir un edificio comple-

| Lugar: Nueva York, EE. UU. | Terminado en: 1952 |
| Altura: 92 m, 24 plantas | Arquitectos: Skidmore, Owings y Merrill (SOM) |

tamente vertical, es decir, sin estar escalonado, si dicho inmueble no usaba más del veinticinco por ciento de la superficie total del solar. Todo el terreno, sin embargo, está ocupado por una base rectangular con una planta, elevada sobre columnas para permitir el acceso del público al jardín situado en medio. De la base parte una torre cuyas columnas de carga pasan a través de ella hasta los cimientos. La torre está cubierta por una fachada ligera de cristal azul verdoso con

92 metros

**Arriba**: Las enormes cristaleras de la entrada y las columnas, que crean un espacio abierto en un jardín interior, contrastan fuertemente con las entradas pesadamente ornamentadas de algunos edificios de oficinas.

**Derecha y página siguiente**: El edificio Lever House mantiene el mismo aspecto de hace medio siglo, a diferencia de los automóviles y casas que lo rodean.

**Izquierda**: La polémica obra de 10,5 m de altura de Damien Hirst *Madre Virgen* se instaló en el jardín del edificio en 2004.
**Abajo**: Por la noche, el edificio da la impresión de ser una pila de bandejas de luz.

franjas horizontales de cristal opaco. Los tres pisos superiores albergan la maquinaria del edificio y sobre la terraza se puso en práctica, por primera vez, la idea de Gerber de instalar unos raíles para que una pequeña estructura móvil sujetara el andamio colgante de los limpia-ventanas. La idea era que todo el edificio se pudiera limpiar en sólo seis días para que fuera el edificio de oficinas más limpio de la ciudad y poder mantener así la reputación que Lever quería para sus productos.

El Lever House presentaba un increíble contraste con los edificios de piedra que le rodeaban, y por la noche brillaba extraordinariamente. Le siguieron otros edificios de cristal, como el Seagram, en el lado opuesto de la avenida. SOM res-

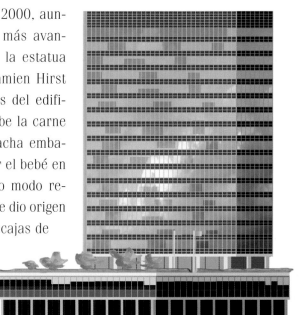

tauró la fachada en 2000, aunque con materiales más avanzados. Desde 2005, la estatua *Madre Virgen* de Damien Hirst se expone a los pies del edificio. La estatua exhibe la carne abierta de la muchacha embarazada para mostrar el bebé en formación. En cierto modo recuerda al edificio, que dio origen a las omnipresentes cajas de cristal, que también exponen sus entrañas al mundo.

| Lugar: Nueva York, EE. UU. | Terminado en: 1952 |
| --- | --- |
| Altura: 154 m, 39 plantas | Arquitectos: Wallace K. Harrison y Le Corbusier |

## Secretariado de las Naciones Unidas

Cuando la ONU salió de Ginebra después de la Segunda Guerra Mundial, fue necesario encontrarle una sede adecuada. John D. Rockefeller Jr. hizo donación de un solar en la orilla del East River y la ONU, por su parte, eligió a un equipo de arquitectos en 1947 bajo la dirección de Wallace Harrison, que había trabajado con Hood en el Rockefeller Center. Fue idea del legendario Le Corbusier albergar la sede de la ONU en un gran ortoedro aplanado sin adornos externos. Éste iba a ser el primer gran rascacielos de Nueva York desde la década de 1930.

La torre (abajo) presenta una fachada ligera de cristal y aluminio en sus lados más anchos, y los laterales, de hormigón, están diseñados para resistir cualquier viento. La maquinaria del edificio –aire acondicionado, motores de los ascensores, etc.– está instalada en el techo y queda oculta tras los paneles de unos pisos falsos. Este estilo de fachadas combinadas, cristal por delante y cemento liso por los laterales, fue pronto superado por edificios revestidos completamente de cristal, pero varias torres de esta década todavía copiaron la apariencia del edificio. El secretario general de la ONU tiene sus oficinas en el piso 38, mientras que la Asamblea General tiene su sede en el bloque adyacente.

Le Corbusier manifestó en una ocasión su poco aprecio por lo caótico de la disposición de los rascacielos clásicos de Nueva York, por eso esta torre pretende ser ordenada y sencilla. Por su simbología y aspecto es una de las referencias de Nueva York, aunque los problemas del paso del tiempo están haciendo mella tanto en el cemento del inmueble como en los sistemas de aire acondicionado y antifuegos, obsoletos hoy en día. Se estima que repararlo costaría mil millones de dólares.

| Lugar: Nueva York, EE. UU. | Terminado en: 1958 |
| --- | --- |
| Altura: 157 m, 38 plantas | Arquitectos: Mies van de Rohe y Philip Johnson |

## Seagram Building

Este notable inmueble (abajo) es el único edificio de Nueva York creado por la primera persona que concibió un rascacielos de cristal en 1921. En la década de 1930, Mies van der Rohe había dirigido la escuela alemana de arquitectura y diseño conocida como la Bauhaus, pero emigró a EE. UU. en 1937 y se instaló en Chicago. Pronto sus edificios rectilíneos consolidaron su reputación en América, especialmente las dos torres de apartamentos de Lake Shore Drive, construidas en 1951. En 1954, Samuel Bronfman, presidente del imperio de bebidas alcohólicas Seagram, contactó con Mies van der Rohe por sugerencia de su hija. Philip Johnson, que le había presentado al público estadounidense en la exhibición de Estilo Internacional de 1932, se encargó de los interiores.

Con un presupuesto de 36 millones, el Seagram Building se convertía en el edificio de oficinas más caro de sus días. Esta torre todavía deja más espacio abierto al público que el Lever House, ya que elimina por completo el podio inferior. Así, el inmueble se erige tras retroceder nada menos que 27 m desde Park Avenue, dejando toda una plaza de granito ante él. Esta circunstancia hizo que se cambiaran las regulaciones urbanísticas de la ciudad y se ofrecieran incentivos a los constructores para animarles en esa dirección. Van der Rohe, además, prohibió que se pusieran bancos en la plaza para que nadie abarrotara el espacio abierto. El muro cortina del edificio disimula las vigas con las divisiones metálicas de las ventanas y las grandes cristaleras. Se utilizaron 1.650 toneladas de bronce. Por ello, de día el edificio es como una sencilla y enorme losa oscura, forma que en los últimos años se ha repetido hasta la saciedad. Sin embargo, en el momento de su inauguración el Seagram asombró con sus líneas puras y elegantes.

# Torre Pirelli

Mientras los rascacielos americanos se construían con estructuras de acero, el primer gran rascacielos europeo presenta una estructura de hormigón armado. Se trata de una torre elegante y escultural, magnífica obra de ingeniería, emplazada en el corazón de la industriosa Milán, donde recibe el nombre de «Pirellone».

Alberto Pirelli, presidente de la famosa firma de neumáticos, quiso que la sede de sus oficinas centrales fuera un verdadero escaparate del diseño italiano. Por eso encargó el trabajo a Gio Ponti, un icono de las artes aplicadas, con diseños de tanto éxito como el de la cafetera Pavoni, y fundador de la revista *Domus*. Ponti, defensor de la unión entre lo clásico y lo moderno, consideraba que la arquitectura era el paisaje del público. Sin embargo, el aspecto del Pirellone es el resultado de su ingeniería de cemento armado diseñada por Luigi Nervi, el maestro italiano del cemento y el ferrocemento, que llegó a construir incluso un buque de guerra de este material tan común. El Pirelli recuerda un sándwich puesto de pie, con cada rebanada de pan juntándose en los extremos en un triángulo reforzado que encierra las torres de servicios, siendo su planta muy parecida a la de un rombo. El final de las «rebanadas» queda abierto, lo que confiere al edificio un aire de ligereza realmente espectacular, a pesar de sus 66.000 toneladas de hormigón armado. La fachada ligera de cristal, levemente curvada, contrasta con los revestimientos planos de los rascacielos americanos.

| Lugar: Milán, Italia | Construido en: 1956-1958 |
| --- | --- |
| Altura: 127 m, 32 plantas | Arquitectos: Gio Ponti y Luigi Nervi |

Cuando Pirelli se mudó a su nuevo *grattacielo*, en 1960, fue toda una sensación en el mundo arquitectónico. En 1978, el gobierno regional de Lombardía se instaló en el inmueble. El 18 de abril de 2002, meses después del atentado contra las Torres Gemelas, un piloto suizo se estrelló con su avioneta contra el 24.º piso del edificio; murió él y otras dos personas. Durante bastante tiempo se pensó en un atentado terrorista. Sea cual fuere la motivación del choque, el piloto estaba reclamado por la justicia de su país. Poco después, los daños fueron reparados y el edificio vuelve a lucir su espléndida y cristalina fachada y la gracia de su esbelta silueta.

 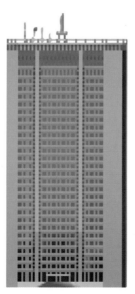

127 metros

**Arriba**: La torre Pirelli de Milán es el mayor rascacielos de Italia y un emblema de su ciudad.

**Derecha**: Cuando una avioneta se estrelló contra la torre en 2002, la estructura de cemento no sufrió daños, aunque la fachada necesitó reparaciones de importancia.

| Lugar: Nueva York, EE. UU. | Construido en: 1960-1963 |
| Altura: 246 m, 59 plantas | Arquitectos: Emery Roth, Walter Gropius y Pietro Belluschi |

| Lugar: Sídney, Australia | Terminado en: 1977 |
| Altura: 228 m, 60 plantas | Arquitectos: Harry Seidler y Luigi Nervi |

## MetLife Building (antes Pan Am Building)

Esta enorme torre se inspiró en el edificio Pirelli, pero aquí, el cemento se expresa en el exterior más que en la estructura interna. A los neoyorquinos no les gustó su aspecto y el hecho de que «tapara» la perspectiva de Park Avenue y pareciera amenazar el edificio neoclásico de 29 pisos del New York Central.

El solar es colindante con la estación Grand Central y el plan original era construir un gran complejo cívico, con un rascacielos plano y esbelto —alineado con la calle Park Avenue— diseñado por Emery Roth. El magnate de la construcción Erwin Wolfson y el promotor londinense Jack Cotton querían arquitectos famosos para el proyecto, por lo que contrataron a Gropius, de la legendaria Bauhaus, y a Belluschi como consultores. El proyecto resultó ser de una gran audacia: Gropius realineó el rascacielos de Roth cortando por completo Park Avenue y aumentó su tamaño hasta convertirlo en el edificio comercial más grande del mundo. Lo recubrió con paneles de cemento prefabricados y le dio una planta octogonal y estrecha. El edificio cuenta con 66 ascensores y 21 escaleras mecánicas; casi todas ellas conectan grandes entidades financieras con la estación Grand Central.

En cierto momento, la compañía aérea Pan Am se convirtió en el inquilino principal y montó su propio logotipo en el último piso. Durante un tiempo, ofreció un servicio de helitaxi entre el aeropuerto JFK y el tejado del edificio. En una de sus canciones, la cantante Joni Mitchell decía que cuando veía a un helicóptero aterrizar sobre este edificio le recordaba a una libélula posada sobre la lápida de una tumba. Cuando uno de estos aparatos se estrelló y mató con uno de sus rotores a un peatón, el servicio fue suspendido. La firma de seguros MetLife, que había construido en 1909 su famoso Metropolitan Life Insurance Tower, compró el edificio en 1981, y ahora son sus siglas las que lo distinguen. En 2005 fue vendido a un consorcio por 1.720 millones de dólares.

## MLC Centre

Después de la torre Pirelli, Nervi siguió diseñando rascacielos en Canadá y Australia. Sus más grandiosos proyectos son los realizados con el austriaco Harry Seidler. De su colaboración cabe destacar la cilíndrica torre Australia Square, de 170 m, construida en 1967. La torre del MLC Centre (arriba) es otro ejemplo de dicha colaboración. Este rascacielos fue el edificio de cemento armado más alto del mundo en el momento de su construcción, y el rascacielos más alto de Sídney hasta 1992. A este estilo arquitectónico duro, en el que predomina el cemento crudo en las fachadas, se le llamó Brutalismo.

La ingeniería estructural de Nervi se aprecia en los ocho grandes refuerzos verticales de cemento que dan consistencia a la torre octogonal. Seidler mantuvo las ventanas estrechas y retranqueadas hacia dentro para proteger el interior de la luz solar excesiva y para alojar en las bandas de cemento los sistemas de aire acondicionado. Al contrario que Mies van der Rohe, Seidler prefería que sus edificios fueran lugares usados masivamente por el público, por este motivo el MLC Centre contiene un centro comercial, un cine y un teatro, el Theatre Royal.

# Centre Point

| Lugar: Londres, Inglaterra | Construido en: 1962-1964 |
| Altura: 117 m, 35 plantas | Arquitectos: Seifert & Partners |

Después de que en la década de 1950 la ciudad de Londres suspendiera la prohibición de levantar edificios de gran altura, Richard Seifert se reveló como el arquitecto de rascacielos más importante de Inglaterra. Desde sir Christopher Wren, arquitecto de la catedral de San Pablo (el edificio más alto de la ciudad, construido en 1710), nadie había contribuido tanto como él a trasformar el horizonte de Londres. Sus primeros rascacielos pertenecieron al Estilo Internacional, pero fue el Centre Point el que le dio más fama. Este esbelto inmueble plano y elegante, con una hipnótica fachada celular de cemento, se ha descrito como el único rascacielos pop de Londres y constituye, además, un verdadero logro de la ingeniería.

El constructor Harry Hyams consiguió hacer un trato bastante peculiar con el ayuntamiento de Londres: él se encargaba de pagar las obras de un cruce al final de la calle Oxford y la ciudad le permitía construir un edificio con el doble de espacio edificado del autorizado por la ley. Seifert diseñó la torre con su socio George Marsh. Las fachadas se crearon con elementos prefabricados de cemento en forma de H, que además soportaban la carga del edificio distribuyéndola de forma paralela. Dos grandes columnas de cemento armado conectaban todos los planos y absorbían, asimismo, parte de la carga. El sistema acortó plazos y costos de forma extraordinaria y el resultado fue una construcción ligera y expresiva, en armonía con la cultura inglesa de los años sesenta. En la base del edificio, las columnas cubiertas de mosaico, en el mejor estilo de Seifert, recuerdan las patas de un dinosaurio y soportan una inmensa sala de recepción de cristal.

El astuto Harry Hyams dejó el Centre Point vacío durante 15 años, esperando especulativamente a que los precios de los alquileres en Londres, ya en rápido ascenso, subieran todavía más. El edificio vacío era un verdadero escándalo. Se difundieron rumores de que en realidad se trataba de instalaciones secretas del gobierno que se utilizarían en el caso de que se produjera un ataque químico o biológico. En 1974 fue invadido por una variopinta muestra de grupos radicales, hippies y concejales que difundieron una declaración definiendo el edificio como un símbolo de la corrupción de la sociedad. Cuando terminó la ocupación, unas 2.500 personas aclamaron a los ocupantes ilegales. Finalmente, en 1979, el inmueble fue alquilado y se convirtió en la sede de la Confederación de la Industria Británica.

Actualmente, las grandes letras de neón con su nombre se leen en el cielo de la noche londinense y el ambiente a sus pies recuerda la frenética vida nocturna de Manhattan. A pesar de haber sido un edificio tan polémico, pocos niegan hoy que, desde el punto de vista arquitectónico, se trata de un extraordinario logro arquitectónico.

117 metros

**Arriba**: El Centre Point sobresale espectacularmente entre los edificios de poca altura del West End londinense. A la derecha se puede ver la torre 42, en el centro financiero.

| Lugar: Londres, Inglaterra | Construido en: 1971-1980 |
| Altura: 183 m, 42 plantas | Arquitectos: Seifert & Partners |

## Torre 42

El rascacielos más alto de Seifert se erigió como el National Westminster Tower (derecha y abajo) por encargo del que por entonces era el mayor banco del Reino Unido. Era el rascacielos con voladizo más alto del mundo y requirió de una ingeniería estructural extraordinaria. Todavía hoy, su perfil domina el distrito financiero de Londres.

En Nueva York, la base del edificio con voladizo Citicorp Center se apoyaba en unos pilares enormes. Las oficinas de la torre 42, sin embargo, están suspendidas en el aire alrededor de un enorme núcleo de cemento al que parecen abrazar. El edificio presenta una planta hexagonal que reproduce el logotipo del banco y las tres secciones de oficinas están construidas en estructuras de acero sobre voladizos, con suelos de cemento; el más bajo a 30 m de altura. El núcleo de cemento entra 40 m en la tierra y durante su construcción fue necesario desviar un río subterráneo. Los ingenieros estructurales de Pell Frischmann usaron rayos láser para controlar la alineación del edificio a medida que se elevaba.

Desde fuera, la forma y los acabados de la torre resultaban únicos, con zonas de ventanas de color bronce y tiras verticales de aluminio que terminaban a diferentes alturas alrededor del núcleo. El sistema de limpieza de ventanas era automático y reciclaba el agua. En el interior del edificio, otras características como los ascensores de dos pisos y el control del aire acondicionado por ordenador lo situaban al nivel de los mejores rascacielos estadounidenses. Pero en otros aspectos se adelantaba a su tiempo: los huecos de las escaleras de incendios estaban presurizados para evitar la entrada de humo.

El IRA atacó dos veces el edificio. En el segundo ataque, en 1993, mató a una persona y devastó completamente la zona. La torre fue reparada por la firma de arquitectos londinense GMW, quienes añadieron una elegante entrada de cristal. El edificio reabrió sus puertas con un nuevo nombre: la torre 42, en alusión al número de plantas. En el último piso se halla el bar más alto de Londres, el Vértigo.

# Marina City

Apesar de haber sido discípulo de Mies van der Rohe, Bertrand Goldberg se apartó decididamente del concepto de las cajas de acero y cristal preconizado por su maestro. No veía a los edificios simplemente como máquinas. «No estoy tratando de cambiar la sociedad a través de la arquitectura», sentenció en una ocasión. El mismo Mies había completado un rectilíneo conjunto de bloques en Chicago, el 860-880 Lake Shore Drive, que ilustraba su idea de cómo debería vivir la gente moderna. Marina City, diseñada en 1959, se separaba rotundamente de este concepto. Sus características torres circulares se conocen en la ciudad como *The Corn Cobs* (las mazorcas). La idea inicial de Marina City fue la de crear un complejo urbano que fuera una ciudad en sí misma, una ciudad dentro de la ciudad; sería una comunidad sin largos desplazamientos de casa al trabajo. En toda Norteamérica se estaba produciendo (aún ahora) el preocupante fenómeno de que la clase media, principalmente blanca, se iba a vivir a los barrios residenciales o a las inmensas urbanizaciones fuera de las ciudades, dejando el centro para las oficinas. Estas zonas solían estar rodeadas de comunidades segregadas racialmente que formaban verdaderos círculos de pobreza alrededor del centro económico. Por su enfoque social, el concepto de Goldberg contó con el apoyo

| Lugar: Chicago, EE. UU. | Terminado en: 1964 |
|---|---|
| Altura: 179 m, 61 plantas | Arquitecto: Bertrand Goldberg |

económico de varios sindicatos. Marina City se construyó al lado del río, sobre unas vías de ferrocarril en desuso, a tan sólo dos manzanas del Chicago Tribune Tower y del «Loop» o corazón comercial de la ciudad. Además de las dos «mazorcas», el complejo tenía dos bloques de oficinas y varias instalaciones de ocio (piscina, teatro y bolera). El puerto deportivo nunca se materializó.

Pero la sensación del complejo eran, sin duda, las dos torres cilíndricas, ideales para soportar los fuertes vientos de la ciudad. La estructura del edificio es de cemento, ya que el acero hubiera hecho imposible los dos elementos destacados de estas torres. Cada una de ellas presenta, hasta el piso 19, una rampa en espiral alrededor del núcleo dedicada a aparcamientos. Desde este piso, se pueden ver claramente el núcleo central y las 16 columnas periféricas, que con-

**Abajo:** Los pisos inferiores de las torres presentan una rampa en espiral que da acceso a una gran área de aparcamiento.

179 metros

Las torres de Marina City se elevan majestuosamente sobre el río Chicago allí donde la calle State se adentra en el distrito de Magnificent Mile.

tinúan hasta las secciones superiores de las torres, que se inician en el piso veinte y albergan novecientos apartamentos. Cada uno de ellos presenta una planta en forma de cuña que se va abriendo desde el centro –su forma les hace parecer más grandes de lo que son–. En la parte exterior, los balcones quedan limitados por las columnas periféricas, resultando alineados como los granos de una mazorca.

**Abajo**: Las torres de Marina City han perdido parte de sus vistas por culpa del edificio del 330 de North Wabash, a la derecha.

Cuando se construyeron, las torres de Marina City fueron las estructuras de cemento armado más altas del mundo. Llamaron poderosamente la atención en todo el mundo y fueron consideradas como los rascacielos de los sesenta que con más audacia desafiaron las normas no escritas del Estilo Internacional. Pero como si de una venganza se tratara, unos años después, Mies van der Rohe plantó un enorme ortoedro en el número 330 de la avenida North Wabash, bloqueando las vistas de una de las torres; en el año 2006, el edificio intentó reafirmarse instalando una corona de luces en el tejado.

Lugar: Chicago, EE. UU.     Terminado en: 1968
Altura: 197 m, 70 plantas     Arquitectos: Schipporeit y Heinrich

## Lake Point Tower

Tras el edificio del 860-880 de Lake Shore Drive y las torres de Marina City, éste es el tercer inmueble residencial de la ribera de Chicago que parece dispuesto a llevar más allá los límites de la arquitectura moderna. Aunque parezca otra pequeña rebelión a la ortodoxia de Mies van der Rohe, en realidad, los arquitectos George Schipporeit y John Heinrich habían estudiado con él en Chicago, y este diseño está inspirado en un proyecto que el maestro alemán dibujó en 1922.

La planta del edificio presentaba una forma original de trébol de cuatro hojas, pero se redujo el número de hojas a tres para disminuir los costes de construcción y mejorar la privacidad de los apartamentos. La torre, diseñada para ocupar un espacio ajardinado en la ribera del lago Michigan, se apoya en un pedestal de tres pisos, y las azoteas, llenas de plantas, anticipan lo que será una tendencia en los rascacielos de Chicago. La torre (abajo y derecha) presenta un núcleo triangular de cemento y está revestida por una atractiva fachada ligera de cristal. El edificio impresiona por su estética y sus curvas aerodinámicas, que resultan muy indicadas para resistir los vientos más fuertes.

### Por todo lo alto

La torre de Lake Point tiene 900 apartamentos y fue el edificio residencial más alto del mundo cuando lo construyeron. Entre sus residentes se encuentran famosos como el roquero Alice Cooper. Este rascacielos es un precursor de las líneas curvas y futuristas de los edificios del siglo XXI.

# John Hancock Center

El Big John fue el primer superrascacielos que se construyó en 36 años. No sólo destaca por su elegante acabado metálico en negro y por los tirantes de acero de su fachada. Su gran altura y su forma de pirámide truncada también lo hacen fácilmente reconocible. Pero hay más cosas, como su revolucionaria ingeniería estructural, que rinden tributo al genio de su creador, Fazlur Khan.

Nacido en Bengala Oriental (hoy Bangladesh) en 1929, Khan se trasladó a Estados Unidos en 1952 con una beca para estudiar en la Universidad de Illinois. Una vez obtenido el doctorado de ingeniería estructural, entró en el estudio de arquitectos de Chicago Skidmore, Owings y Merrill. En esa época, los costes de la construcción aumentaban espectacularmente por encima del piso treinta. Khan se enfrentó a este problema estructural de forma imaginativa, con varios conceptos estructurales que liberaban mucho espacio interior y con la idea del «tubo en tubo», en la que el perímetro y el núcleo se reparten las cargas. Para el diseño del John Hancock Center, Khan desa-

| Lugar: Chicago, EE. UU. | Terminado en: 1969 |
|---|---|
| Altura: 344 m, 100 plantas | Arquitectos: Skidmore, Owings y Merrill (SOM) |

rrolló un concepto iniciado por su colega del SOM, el ingeniero Myron Goldsmith: el «tubo con tirantes», que consistía en sujetar la estructura exterior con enormes tiras de acero en diagonal, formando triángulos. Esta estructura de gran rigidez repartía las cargas con gran eficacia y garantizaba la perfecta resistencia al viento. Aunque Khan dijo una vez que el hombre tecnológico no se debía perder en su propia tecnología, él mismo, en sus inicios, diseñó edificios que eran todo tecnología. Sin embargo, en esta construcción, consiguió crear, junto al arquitecto Bruce Graham, una estructura tan bella como tecnológicamente avanzada.

**Abajo y página siguiente**: El John Hancock Center detrás de la avenida Lake Shore Drive. El rascacielos adyacente es el Tower Place, de 74 pisos, lugar favorito de residencia de ricos y famosos.

344 metros

En el diseño original se planearon dos torres, una residencial y otra de oficinas. Sin embargo, gracias al concepto del «tubo con tirantes», Khan y Graham podían meter ambas torres en un solo edificio de cien plantas de altura. En lugar de la forma clásica de losa gigantesca, diseñaron esta torre como una pirámide truncada; así, las oficinas de los pisos inferiores resultaban más amplias que los apartamentos de las plantas superiores. Por encima de los primeros cinco pisos de uso comercial había otros seis para aparcamientos, oficinas desde la planta 13 a la 41, un vestíbulo elevado en el 44 y 45, con la piscina más alta de América, y 711 apartamentos hasta el piso 92. En el último piso había un restaurante y un balcón mirador que recibía el nombre de Skywalk, al que luego se añadieron antenas de televisión. El vestíbulo elevado, donde se cambiaba de ascensor para usar los elevadores locales, era toda una novedad. Tras excavar los cimientos a 57 m de profundidad, se inició la construcción, que terminó en mayo de 1968.

**Arriba:** Los tirantes de la gigantesca estructura externa dan personalidad al edificio, cuyo estilo se podría describir como expresionismo estructural.

Lejos de crear rechazo por sus paredes inclinadas o enormes vigas exteriores, las viviendas del edificio se vendieron con rapidez.

Al principio, las colosales dimensiones del edificio parecieron intimidar al público y la plaza que se extiende a sus pies, en la que se quería instalar una pista de patinaje, no resultó demasiado atractiva hasta que la remodelaron en 1995. Hoy día, las dos antenas de televisión que coronan el John Hancock Center lo elevan a 457 m de altura, y, junto a la Torre Sears, es sin duda uno de los símbolos de la ciudad. Curiosamente, si su forma de pirámide truncada siguiera hasta la cumbre, alcanzaría los 573 m, casi la misma altura que la pirámide diseñada cuatro décadas después, el Chicago Spire.

Lugar: Boston, EE. UU.　　　Terminado en: 1976
Altura: 241 m, 60 plantas　　Arquitectos: Pei y Cobb

## John Hancock Tower

Este edificio (derecha) es el tercero que ocupa en Boston esta gran
compañía de seguros. Los diseñadores, el chino-americano I. M. Pei y su
socio Henry Cobb, se convertirían en destacados arquitectos de la postmodernidad y esta torre sirvió para asentar su reputación, además de ofrecer
las claves de lo que sería el estilo: estructuras elegantes, de forma prismática y con fachadas todavía más sobrias que las de Mies van der Rohe.

La planta de este bloque es un paralelogramo no rectángulo, para ajustarse
mejor a la forma de un lugar tan delicado e histórico como la plaza Copley
y su iglesia de 1877. Las fachadas de la torre se hallan totalmente cubiertas
de cristal reflectante de gran continuidad. De este modo el rascacielos
actúa como un gran espejo que, en lugar de imponerse sobre la iglesia,
la magnfica visualmente.

Cuando, en 1972, se instalaron los 10.344 paneles de cristal, de 227 kg
cada uno, una buena cantidad de ellos comenzaron a desprenderse de
improviso como resultado de la aspiración hacia fuera que ciertas condiciones de viento provocaban. En la actualidad, todos los cristales llevan sensores
para detectar vibraciones y avisar de cualquier peligro. Pero las ventanas
no fueron el único problema inicial. El viento podía poner en peligro al mismo
edificio, por lo que se hizo necesario añadir tirantes de acero adicionales
después de haber terminado la construcción para que se estabilizara. Por si
esto no fuera suficiente, el edificio se balanceaba tanto en los días de viento
que llegaba a marear a sus ocupantes, lo cual obligó a instalar, a la altura de
la planta 58, dos bolas metálicas de 330 toneladas para amortiguar el balan-
ceo. Todos estos problemas terminaron por doblar el precio del inmueble.

A pesar de todo, el John Hancock de Boston ganó varios premios y es uno
de los rascacielos más elegantes de América. Hoy en día, continúa siendo
el edificio más alto de Nueva Inglaterra.

# Transamerica Pyramid

En 1968, el presidente del grupo bancario Transamerica, John Beckett, encargó al arquitecto William Pereira que diseñara la nueva sede corporativa del banco en San Francisco. Los planes iniciales de un superrascacielos de 350 m quedaron eliminados para evitar un excesivo impacto visual. Pereira era un aficionado a la ciencia ficción que en los cuarenta trabajó como director artístico en Hollywood y por eso sus diseños solían mostrar algún detalle extraño y futurista. Su idea para San Francisco también tenía cierto aire de ciencia ficción, aunque un poco retro.

Curiosamente, una ciudad por lo general tan alegre y tolerante reaccionó con indignación cuando Pereira mostró sus planes. Aquella pirámide extraña parecía una imposición escandalosa en una ciudad tan pintoresca, de encantadoras calles empinadas y típicos tranvías. Hubo gente que se manifestó ante las oficinas de Transamerica llevando capirotes de tonto. Aunque ya se estaba terminando el John Hancock Center de Chicago, la idea de un rascacielos de paredes inclinadas era todavía un concepto demasiado chocante. Para Pereira, sin embargo, la verdadera amenaza eran los rascacielos macizos y sin carácter que mantenían las calles del distrito financiero en permanente penumbra. Defendió su torre afirmando que el edificio permitía el paso de más aire y más luz a las calles inferiores y que formaba una silueta elegante en el cielo de San Francisco.

Afortunadamente, el banco mantuvo su apoyo e invirtió 32 millones de dólares en la construcción. Los trabajos comenzaron con una excavación de 16 m para los cimientos, que reposaban en una plataforma de hormigón de 2,7 m de espesor. Para aumentar la resistencia a los terremotos, tan frecuentes en esta ciudad, la torre se construyó con grandes tirantes cruzados entre el segundo y el quinto piso. La torre, de planta cuadrada, se eleva 43 pisos y tiene 3.678 ventanas, apenas 300 menos que el Chrysler Building, y está cubierta de paneles revestidos de cuarzo, lo cual le confiere una blancura deslumbrante. A partir de la planta 48, está forrada de aluminio y todavía se eleva otros 65 m. Los núcleos, que encierran ascensores y escaleras, sobresalen simétricamente por ambos lados a modo de hombros. Sólo dos de los dieciocho ascensores llegan al pequeñísimo nivel superior, de apenas 188 m². La quinta planta es diez veces mayor, es decir, tiene un superficie de 1.953 m².

La pirámide Transamerica se convirtió en el logotipo de sus propietarios, incluso después de haber vendido el edificio, en 1999, a una compañía de seguros holandesa. Su situación, en el cruce de la calle Montgomery con la diagonal formada por la avenida Columbus, la hace visible desde muy lejos. La pirámide se ha convertido, junto al puente del Golden Gate, en el símbolo distintivo de la ciudad.

260 metros

Lugar: San Francisco, EE. UU.
Altura: 260 m, 48 plantas
Construido en: 1969-1972
Arquitectos: Pereira & Associates

**Abajo**: La cúspide se ilumina durante la noche.
**Derecha**: Las mejores vistas se obtienen desde la calle Market. Los tirantes de la base de la torre refuerzan la estructura en caso de terremoto.

# World Trade Center (WTC)

Hasta el fatídico 11/09/2001, las torres gemelas reinaron sobre el Downtown de Manhattan con una escala y una perfección geométrica que les confería un aire extraterrestre. Durante un año fueron los rascacielos más altos del mundo.

En 1960, David Rockefeller, hijo del promotor del Rockefeller Center, concibió un «centro para el comercio mundial» en Nueva York, y el hecho de que su hermano Nelson fuera el gobernador del Estado, sin duda, ayudó al proyecto. El promotor era la autoridad portuaria de Nueva York y Nueva Jersey, y el lugar escogido la ribera del río Hudson. La excavación de los cimientos, de 21 m de profundidad, se inició en 1966 y la tierra extraída, hasta que se llegó al lecho de roca, sirvió para ganarle al río espacio suficiente como para construir un nuevo barrio, el de Battery Park City. El complejo que empezaba a surgir estaba diseñado por Minoru Yamasaki, de Seattle, ayudado por el arquitecto Emery Roth y el ingeniero Leslie Robertson. Los modelos de las torres gemelas se pusieron a prueba en el túnel eólico del Laboratorio Nacional de Física del Reino Unido.

| | |
|---|---|
| Lugar: Nueva York, EE. UU. | Construidos en: 1966-1972 |
| Alturas: 417 m y 415 m, | Arquitecto: Minoru Yamasaki |
| 110 plantas | |

El World Trade Center se componía de siete edificios en total. Costó más de mil millones de dólares y ofrecía el cuatro por ciento del espacio total de oficinas de Manhattan. Bajo las torres se hallaba la estación de ferrocarril, que cada día transportaba a miles de trabajadores desde Nueva Jersey. La torre norte alcanzaba los 417 m de altura y recibió a sus primeros usuarios a finales de 1970. En la parte más alta del edificio se encontraba el restaurante Window on the World (La ventana al mundo) y en el tejado había instalada una antena de televisión que se elevaba otros 109 m. La torre sur, apenas 2 m más baja, se terminó en el año 1972 y contaba con un mirador y una plataforma exterior. La estructura de las torres correspondía al concepto de «tubo armazón», con 59 columnas de acero exteriores. Una de cada dos columnas se conectaba al núcleo interno por medio de tirantes.

417 metros

**Página anterior, abajo**: Alrededor del vestíbulo de la planta baja, las columnas se unían de tal forma que sugerían arcos góticos. Se trataba del único detalle de ornamentación en toda la sobria fachada.

**Derecha**: Las torres mostraban una escala desmesurada, incluso rodeadas de rascacielos como las cuatro torres WFC, diseñadas por Cesar Pelli y construidas en la década de los años ochenta sobre tierra de relleno proveniente de los cimientos de las torres gemelas. En la foto, en primer plano.

Las plantas 44 y 78 contaban con vestíbulos elevados y cada torre tenía 104 ascensores, así como una superficie de nada menos que de 400.000 m²; entre las dos podían albergar a 50.000 ocupantes. Los dos edificios personificaban el más puro estilo moderno, a pesar de la concesión que suponía la curvatura de las columnas exteriores en los niveles bajos de la fachada. Dichas columnas tubulares se juntaban con el nivel superior del vestíbulo formando una especie de arcos góticos. Como Yamakasi sufría de vértigo, diseñó las ventanas con apenas 45 cm de abertura para que los ocupantes se sintieran seguros; esto hizo que los edificios mostraran un aspecto desnudo y uniforme.

**Arriba**: Las ventanas de las torres gemelas se diseñaron estrechas para evitar la sensación de vértigo en sus ocupantes. Las diferentes plantas se pueden distinguir por las bandas de cristal más oscuro. Minoru Yamasaki (foto superpuesta) compitió con I. M. Pei y Philip Johnson para conseguir la comisión de diseño del World Trade Center.

## El 11 de septiembre de 2001

Aquella mañana soleada de septiembre, muchos trabajadores llegaron tarde al trabajo pues era día de las elecciones locales. Mientras tanto, en Boston, diez terroristas de Al-Qaeda habían secuestrado el vuelo 11 de American Airlines y el 175 de United Airlines, en ambos casos dos Boeing 767. El primero se estrelló contra la torre norte a las 8:46, desintegrándose entre los pisos 94 y 98. El vuelo 175 impactó contra la torre sur, entre los pisos 78 y 84. Ambos choques generaron llamaradas que salieron por el lado opuesto de las torres, partiendo dos tercios de las columnas exteriores. En los pisos donde se recibió el impacto, la muerte de los ocupantes fue tan instantánea como la de los pasajeros de los aviones. Pero en los pisos por encima del impacto, la escapatoria resultó imposible ya que los núcleos estaban llenos de humo. Por eso, muchos ocupantes del edificio prefirieron saltar antes que esperar al inevitable colapso estructural. La cifra final de muertos fue de 2.749, incluyendo los pasajeros de los aviones y 343 bomberos.

Posteriormente, el ingeniero estructural Leslie Robertson llegó a preguntarse, angustiado, si la construcción hubiera podido haber aguantado más tiempo. De hecho, en sus cálculos había considerado la posibilidad del choque de un Boeing 707, el avión de pasajeros más grande de la época. El 767, sin embargo, es más grande y lleva más combustible y, aunque las columnas de las torres estaban protegidas contra el fuego, la fuerza del choque destrozó el recubrimiento. El acero quedó, por tanto, expuesto a temperaturas de 1.100 ºC lo que motivó que las vigas de acero que aguantaban cada piso se fundieran. Así, un piso fue cayendo sobre otro y las columnas del núcleo les siguieron. El hecho de que las torres resistieran 103 y 47 minutos después del impacto dice mucho de su perfección técnica, y permitió evacuar a casi todo el personal de los pisos que quedaron por debajo de los impactos.

Los edificios adyacentes a las torres gemelas fueron destruidos por el fuego y los escombros que cayeron sobre ellos, pero el inmueble de 23 plantas construido en 1907 por Cass Gilbert, situado en el 90 de West Street, aguantó gracias a su estructura de acero y paredes de mampostería. Otro edificio de Yamasaki, muy similar a las torres del World Trade Center, es la torre Picasso de Madrid, con 157 m de altura y 43 plantas.

Se tardó una década en llenar los inmuebles, aunque en 1974 ya hubo un funámbulo, el francés Philippe Petit, que pasó de una torre a otra sobre un cable. La magnífica ingeniería de las torres se puso a prueba en febrero de 1993, cuando un terrorista islámico hizo estallar una furgoneta con 680 kg de explosivo en el aparcamiento subterráneo de la torre norte. La explosión destrozó el centro de control de las torres y su comisaría de policía. Hubo seis muertos y la gente tuvo que abandonar los edificios a oscuras bajando por las escaleras de incendios; algunos tardaron dos horas. A pesar de todo, la estructura permaneció intacta. En julio de 2001, Larry Silverstein compró el WTC por 3.200 millones de dólares, nadie podía imaginar entonces que su final iba a llegar del cielo.

Izquierda: En la mañana del 11 de septiembre de 2001, la torre norte llevaba ya diecisiete minutos ardiendo cuando el segundo Boeing 767 chocó contra la torre sur. En la foto se puede ver cómo caen los escombros producidos por el impacto.

# Sears Tower

La esbelta torre Sears fue el mayor rascacielos del mundo durante veinticinco años, con el piso habitable más alto construido en todo el siglo XX. Si contamos su antena, sigue siendo el mayor rascacielos del planeta, y así será hasta que el Burj de Dubai le quite el puesto.

En los años sesenta, los almacenes Sears Roebuck eran los más importantes del mundo y la firma decidió crear una sede central de acuerdo con su estatus. El sitio elegido se encontraba al oeste de la zona comercial de Chicago, un lugar donde la Sears poseía varios locales. La empresa Environetics SLS les propuso edificar un cubo de cincuenta pisos de altura, pero el proyecto fue rechazado, ya que hubiera resultado un inmueble tan ancho que la luz natural nunca habría llegado al interior, lo cual haría muy difícil alquilar las oficinas vacías a posibles inquilinos. Así, en 1968, Sears contrató a la firma SOM, quien dispuso un equipo de técnicos dirigido por Fazlur Khan y Bruce Graham para llevar a cabo la obra. SOM acababa de diseñar el John Hancock Center al otro lado de la ciudad y los arquitectos mostraron su deseo de resucitar la tradicional rivalidad entre Chicago y Nueva York, que en aquellos momentos asistía a la construcción de las torres gemelas. Sears estuvo de acuerdo en edificar un rascacielos todavía más alto.

La idea de Khan consistía en «empaquetar» un conjunto de nueve tubos de planta cuadrada como si fueran una gavilla. El «tubo empaquetado» ofrece una increíble resistencia a la fuerza del viento, que, en estructuras de estas dimensiones, puede crear tensiones superiores a los de la propia carga del edificio. En la torre Sears, todos los tubos tienen 22,5 m de lado, pero las alturas difieren: hay dos tubos con 50 plantas; dos de 66; tres de 90, y los dos últimos de 110 pisos. Con ello se crea una gigantesca escalera, muy diferente de los primeros rascacielos, que también se aparta de los bloques monótonos del Estilo Internacional. Enormes tirantes mantienen sujetos los tubos en cuatro niveles diferentes. Su superficie total es de 418.000 m², el doble que la del Empire State. La fachada ligera es de cristal oscuro con marcos de aluminio negro. Las ventanas se limpian por medio de un sistema robótico y el edificio cuenta con 104 ascensores, dieciséis de ellos de dos pisos.

Los trabajos comenzaron en agosto de 1970 y finalizaron en mayo de 1974. La torre no sólo se convertía en la reina de Chicago, superando los 346 m del Standard Oil Building, sino que batía también el récord del rascacielos más alto de Nueva York en 26 m. Los 175 millones de dólares que costó la torre fueron abonados íntegramente por Sears, sin necesidad de préstamos, al igual que lo había hecho Woolworth sesenta años antes. El sistema estructural de los tubos empaquetados

| Lugar: Chicago, EE. UU. | Construido en: 1970-1974 |
| Altura: 442 m, 110 plantas | Arquitectos: Skidmore, Owings y Merrill (SOM) |

permitió un ahorro de diez millones de dólares. Los pisos más altos resultaron difíciles de alquilar, tal como pasó en el Empire State, y es que los superrascacielos aumentan de tal manera la oferta de espacio para oficinas que acaban provocando la caída de precios. De todas formas, el balcón observatorio del piso 103 resultó ser un imán irresistible para más de un millón de visitantes al año.

En 1984, la firma SOM mejoró la anodina entrada de la calle South Wacker Drive con un portal abovedado. Poco después, Sears perdió su liderazgo en manos de sus competidores Montgomery Ward y Wal-Mart y tuvo que trasladar al personal administrativo a otras oficinas menos céntricas, antes de vender el edificio en 1988. Los nuevos propietarios lo restauraron en 1990, y en la actualidad acoge a una población laboral de más de 10.000 personas y representa una de las direcciones más prestigiosas que una oficina puede tener en Chicago.

**Arriba y página siguiente**: La Sears Tower domina el horizonte del barrio del South Loop. El rascacielos más cercano, con una aguja que alcanza los 307 m, es el edificio de la AT&T, terminado en 1989 y diseñado también por SOM.

442 metros

## Las antenas más altas

La Sears Tower es clave para las transmisiones de radio y televisión y dedica todo el piso 101 a ello. En 1982, se instalaron dos enormes antenas de televisión en su techo. Una de ellas llegaba a los 527 m y sobrepasaba en 70 a la del John Hancock Tower, mientras que la otra tenía 6 m menos. Ninguna de ellas, sin embargo, llegaba tan alto como algunas estructuras que hay en otros lugares. La torre de comunicaciones de Ostankino, en Moscú, alcanza los 540 m y la de la CN, en Toronto, llega a los 553 m. La altura de la antena de la Sears apenas supera en 58 cm a la más alta de las que había en las torres gemelas. Últimamente se han añadido al tejado cuatro transmisores de 12 m para la televisión de alta definición.

| Lugar: Chicago, EE. UU. | Terminado en: 1973 |
|---|---|
| Altura: 212 m, 52 plantas | Arquitecto: Mies van der Rohe |

### 330 de North Wabash

Chicago cuenta con varios rascacielos de Mies van der Rohe, y hay quien opina que sus formas monótonas provocan un efecto cansino al observador. Esta gran «losa» negra es el segundo edificio más alto de Mies (después de los 223 m del Dominion Bank Tower de Toronto) y fue diseñado para albergar las oficinas de IBM. Los pisos inferiores son más altos para dejar espacio a los grandes servidores, que necesitan una refrigeración adecuada. Con su arrogancia característica, Mies decidió la ubicación del edificio justo al lado del río, de forma que tapara las torres de Marina City desde los mejores puntos de observación.

**Abajo**: El alemán, establecido en Chicago, Ludwig Mies van der Rohe (1886-1969) fue un precursor del estilo moderno.

# Westin Peachtree Plaza

Cuando el Peachtree Plaza se inauguró en 1976, era el hotel más alto del mundo, aunque perdió el título apenas un año después, cuando el mismo arquitecto construyó una réplica casi igual en Detroit, Michigan.

La recesión económica de los setenta representó el declive del centro de muchas ciudades americanas y la construcción de grandes rascacielos pretendía ser, en cierto modo, un heraldo de la inevitable y próxima recuperación. El indiscutible impulsor de esta actitud fue el arquitecto y promotor John Portman. Sus hoteles en Estados Unidos se caracterizan por enormes vestíbulos de varios pisos que recuerdan los decorados de las películas de ciencia ficción. Los edificios presentan columnas, pasarelas, restaurantes, tiendas, zonas de descanso y

| Lugar: Atlanta, EE. UU. | Terminado en: 1976 |
|---|---|
| Altura: 220 m, 73 plantas | Arquitecto: John Portman & Associates |

220 metros

**Izquierda y página siguiente**: La forma cilíndrica del Peachtree Plaza no sólo es un cambio agradable, lejos de la monotonía del Estilo Internacional, también es una estructura aerodinámica, ideal para reducir las tensiones dinámicas del viento.
**Arriba**: Los vestíbulos espectaculares y futuristas de John Portman siguen ejerciendo una gran influencia en el diseño de los hoteles actuales.

bares. La vegetación de los interiores, que puede incluir árboles, recibe la luz de grandes claraboyas. En el vestíbulo del Peachtree Plaza, llegó a haber una gran laguna de 45 cm de profundidad, que en 1987 se tuvo que eliminar para dejar más espacio utilizable.

Por encima de todo este lujo, se eleva el esbelto tubo de estructura de hormigón revestido de cristal reflectante que forma la torre. Presume de una piscina en la undécima planta y de 1.068 habitaciones a partir de la decimoquinta. Por otro tubo de cristal, adosado a la fachada, se desplazan dos ascensores también transparentes. Los ascensores panorámicos son otra de las señas de identidad de Portman. En los últimos pisos, se encuentra el Sun Dial Bar and View, con dos plantas rotatorias: una da una vuelta cada hora, y la otra, cada treinta minutos. Cuando el hotel Renaissance Center de Detroit fue terminado en 1977, sobrepasó al Peachtree Plaza en apenas un metro. Este último ahora pertenece a la cadena hotelera Westin y ya no es el edificio más alto de Atlanta, pero no cabe duda de que fue un precursor en su estilo y todavía sigue impresionando con su elegancia.

## Restaurantes giratorios

Más de cuarenta países cuentan con restaurantes giratorios. La mayor parte de ellos no están situados sobre rascacielos sino en lo alto de torres de comunicación, constituidas por un tubo de hormigón. El más alto del mundo es el restaurante 360 Grados, situado a 351 m sobre la ciudad de Toronto, en la torre CN que constituye la estructura sin cables de sujeción más alta del planeta con sus 553 m. El restaurante da una vuelta cada 72 minutos y en un día claro permite una visibilidad de 120 km. Le sigue la torre de Ostankino de Moscú, de 540 m, también para televisión, construida en 1967. Tuvo un restaurante giratorio que ahora está cerrado. El más alto del hemisferio sur se halla en Auckland, Nueva Zelanda, y se eleva a 190 m en una torre de 328 m, acabada en 1997.

Muchos restaurantes giratorios están emplazados dentro de estructuras esféricas, como la de la Fernsehturm, la torre berlinesa de televisión, de 368 m, construida por el régimen de la antigua República Democrática en 1969. Su restaurante, a 207 m de altura, daba una vuelta cada hora; actualmente lo hace en apenas veinte minutos. La Pearl Tower de Shangai, de 468 m, presume, nada menos, que de once esferas. La segunda esfera más alta alberga un restaurante giratorio a 267 m del suelo.

El primer restaurante giratorio de altura fue el Top of the Tower, en la que es hoy la torre BT de Londres (abajo a la izquierda). Se inauguró en 1965 y giraba cada veintidós minutos. Su sistema ha sido imitado hasta la fecha: un anillo plano girando sobre ruedas neumáticas. A Londres le siguió rápidamente la torre Australia de Sídney, un rascacielos cilíndrico. En Dubai existe el proyecto de un edificio cilíndrico, el Time Residences, donde todos los pisos serán giratorios. Pero no es necesario que un rascacielos sea cilíndrico para que tenga un restaurante giratorio. A veces se instalan de forma un tanto incongruente sobre cualquier tipo de edificio, como en el hotel Marriott Marquis de Nueva York (1985, también de John Portman) o en el hotel Grand Marriott de El Cairo (2002).

# OCBC Centre

| Lugar: Singapur | Construido en: 1972-1977 |
|---|---|
| Altura: 198 m, 52 plantas | Arquitectos: I. M. Pei & Partners |

Las oficinas centrales del OCBC se conocen localmente como la calculadora porque sus ventanas recuerdan las teclas de una calculadora de bolsillo. El edificio anuncia la llegada de los rascacielos modernos al sudeste asiático e indica el ascenso inexorable de la región en el contexto de la economía globalizada. Queda, por tanto, lejos la época del comercio colonial, cuando ciudades como Singapur no eran más que centros de intercambio con la metrópoli.

El OCBC (Overseas Chinese Banking Corporation) es el banco más antiguo de Singapur y se formó con la fusión, en 1933, de tres bancos chinos de la ciudad. Sus oficinas estaban en el centro tradicional de los negocios chinos, zona que se conoce como «el zapato dorado». En 1970, el banco encargó a un americano de origen chino, I. M. Pei, que diseñara un nuevo edificio para sus oficinas centrales y el arquitecto enseguida mostró una forma fresca e innovadora de pensar, tal y como se había hecho en la torre John Hancock. El diseño del edificio es opaco y redondeado, con las ventanas sobresalientes agrupadas en secciones. A los dos lados del edificio se encuentran los núcleos de servicios, a la manera de la torre Pirelli, con un diámetro de 20 m. La estructura es de hormigón y los exteriores quedan revestidos de granito. La superficie de oficinas llega a los 50.000 m², repartidos en tres secciones de trece plantas cada una. Las oficinas se muestran como cajas de acero y cristal que sobresalen 5,5 m de la sobria fachada. Las secciones se apoyan en grandes jácenas de hormigón pretensado que transfieren la carga a los núcleos de los lados y están reforzadas por ocho tirantes de acero de 38 m y 51 toneladas cada uno. Esas vigas y los tirantes actúan como una escalera entre las torres o núcleos. La última planta está dedicada a los áticos de los ejecutivos.

198 metros

El diseño fue posible gracias a una inteligente ingeniería estructural de la firma de Singapur Arup Associates. A medida que se erigía el edificio, los tirantes de conexión se fueron instalando y tensando progresivamente. Como las torres de servicio y las jácenas se construyeron primero, a continuación fue posible construir varios pisos simultáneamente, lo cual representó un ahorro de tiempo del treinta y cinco por ciento.

El vestíbulo del banco es inmenso; con una superficie de 30 x 52 m y cuatro pisos de altura, se prolonga hacia la calle en un gran espacio acristalado. Enfrente se encuentra una plaza ajardinada, donde se instaló la mayor escultura de Henry Moore, una figura reclinada de bronce. Posteriormente, sin embargo, la escultura se reemplazó por un estanque.

| Lugar: Singapur | Construido en: 1984-1986 |
|---|---|
| Altura: 280 m, 63 plantas | Arquitecto: Kenzo Tange |

### OUB Centre

Este esbelto y elegante rascacielos (derecha) fue el más alto de Asia cuando se construyó y actualmente es uno de los tres que tienen la altura máxima permitida por las autoridades de aviación locales. Aunque pertenece al estilo postmoderno tiene aspectos en común con la torre OCBC.

Kenzo Tange era uno de los arquitectos más destacados de Japón, con diseños como el Parque de la Paz de Hiroshima y un magnífico estadio para las Olimpiadas de Tokio de 1964. El respeto por la arquitectura tradicional japonesa parece inspirar sus obras, en las que es tan importante el interior como el exterior. Como dijo al recibir el premio Pritzker de arquitectura en 1987: «Las formas básicas, el espacio y el aspecto han de ser lógicos».

Todo esto se aprecia en las oficinas del Overseas Union Bank (OUB). El rascacielos consiste básicamente en dos enormes prismas unidos, de planta triangular, con estructuras de acero. En la base, su gran vestíbulo abierto, de 36 m, muestra dos cascadas, que llenan el ambiente de un sonido natural y refrescante. Las torres se elevan en vertical con las ventanas organizadas en secciones de catorce pisos, un esquema parecido al del edificio OCBC, aunque aquí las ventanas son agujeros «perforados» en el aluminio liso de la fachada. Una de las dos torres se eleva 48 pisos. Las plantas triangulares de cada torre se hallan desplazadas una de la otra formando un escalonamiento que evita que ambos triángulos formen una planta cuadrangular. El rascacielos se comunica directamente con el nuevo metro de Singapur, una de las muchas obras que han contribuido a la renovación de la ciudad.

El edificio OUB fue adquirido por el UOB –United Overseas Bank– en 2001, cuyas oficinas, diseñadas también por Kenzo Tange, quedan al lado, en la ribera del río Singapur. Estas torres ilustran perfectamente la vitalidad del sector financiero de la ciudad-estado, aunque el próximo edificio destinado a ser el más alto de Asia (el Banco de China) lo podremos encontrar en otra ciudad-estado asiática: Hong Kong.

# POSTMODERNIDAD Y EL AUGE DEL ESTE

as ideas del estilo moderno se remontan a la década de 1920, y la evolución en los diseños de los rascacielos se debía principalmente a las innovaciones tecnológicas de la ingeniería estructural. La postmodernidad devolvió al diseño la innovación, resultando edificios cada vez más interesantes y sorprendentes. A medida que el mundo iba saliendo de la recesión económica de los años ochenta, las empresas comenzaron a sentirse atraídas por los nuevos estilos. La transformación del comercio, a causa de la electrónica, exigía grandes espacios de oficina para el sector financiero que los viejos edificios no podían ofrecer.

Sorprendentemente, Philip Johnson, el gran arquitecto del estilo moderno que había acuñado el término de Estilo Internacional, fue la vanguardia de este nuevo estilo postmoderno. Su rascacielos para las oficinas de AT&T (actualmente Sony) de Nueva York, con su ecléctica utilización de elementos históricos, resultó toda una revelación. Michael Graves también contribuyó a revivir el clásico concepto de base, cuerpo principal y culminación. Así, las nuevas torres postmodernas, audaces y vibrantes se comenzaron a extender por Europa y por los «tigres» de la economía asiática, inicialmente en las hasta ahora ciudad-estado de Singapur y Hong Kong.

También se produce la emergencia de una corriente nueva, el High-tech, una arquitectura «vuelta del revés» en la que la estructura y los servicios se exhiben en lugar de quedar ocultos dentro del edificio. Norman Foster encabezó esta revolución convirtiéndose en el primer arquitecto estrella de Europa. En América ya había figuras que acumulaban un interesante currículum cada vez más internacional, como el estudio SOM, Pei Cobb, Murphy/Jahn y Cesar Pelli.

En la década de 1990, Foster, junto a RWE en Alemania y Ken Yeang en Malasia, encabezó otra revolución en la arquitectura: el «rascacielos verde». Los bloques del Estilo Internacional derrochaban energía y podían provocar el síndrome de «edificio enfermo» debido a su absoluta dependencia del aire acondicionado, el cual conlleva riesgos de contaminación química o biológica. El nuevo enfoque era, literalmente, una bocanada de aire fresco, ya que pre?co?nizaba ventilar los edificios con sistemas semipasivos, abiertos a la atmós?fera para ahorrar energía. Inicialmente, en Estados Unidos no parecieron tomar en serio el factor energético, debido al bajo precio del combustible en ese país, aunque finalmente, poco antes de terminar el siglo XX, Nueva York ya contaba con su primer rascacielos verde.

Desde el punto de vista económico, ninguna otra circunstancia ha tenido un efecto tan grande en la construcción de rascacielos –desde la Gran Depresión de 1929, que la frenó en seco– como la decisión que en 1980 tomó el líder chino Deng Xiaoping de abrir el país al capitalismo internacional. Este despertar de China desde la somnolencia comunista ha hecho que la economía de este enorme país se desarrolle a una velocidad de vértigo. Una de las consecuencias de este despertar económico fue que, a fines del siglo XX, seis de los rascacielos más altos del mundo se hallaban en China y Hong Kong.

# Bank of America Center

El constructor Gerald Hines, con sede en Texas, tenía muy claro que se podían cobrar espléndidos alquileres a las grandes compañías si se les ofrecía una sede para sus oficinas que fuera, en sí misma, un reclamo publicitario. Por eso encargó a Philip Johnson y a John Burgee, su socio desde 1968, el diseño de dos grandes torres en el centro de la ciudad. Una era la torre de 275 m Transco (ahora torre Williams), que recordaba a un rascacielos Art Deco de Nueva York, pero de cristal, y la otra iba a ser la sede corporativa de un banco en la calle Luisiana, terminada de construir en octubre de 1983. Este espectacular diseño se habría convertido, sin duda, en la seña de identidad del banco que lo iba a ocupar, el Republic Bank, sin embargo, el rascacielos pasó a ser el NationsBank Tower y actualmente es el Bank of America Center.

Este espectacular gigante de 140.000 m² y estructura de acero evoca los tejados escalonados de las casa holandesas, sólo que a una escala colosal. Aunque de planta rectangular, desde la calle parece tener dos grandes escalones, que en realidad son dos cuerpos adosados que siguen el eje central del edificio. El primero termina en el piso

| Lugar: Houston, EE. UU. | Terminado en: 1983 |
| Altura: 238 m, 56 plantas | Arquitectos: Johnson y Burgee |

21 y el segundo en el 36, y ambos están coronados por varios escalones de dos plantas cada uno. Cada escalón está rematado en sus extremos por un obelisco, con lo que suman 84 en total. El más alto de todos está en el tejado y mide 3,6 m. Los vértices de las techumbres están recubiertos de cobre y el efecto es muy gótico, aunque el revestimiento de granito rosa, brillante bajo el sol de Texas, le confiere una cálida textura. El acceso a la torre se efectúa desde una estructura adyacente, también escalonada, que forma un espectacular vestíbulo con columnas y bóvedas de cristal. Esta estructura alberga íntegro el antiguo edificio de la Western Union, que originalmente ocupaba el solar.

El Bank of America Building se finalizó poco antes que el AT&T de Johnson y Burgee en Nueva York. Entre ambos existen notables similitudes: tamaño, fachadas y, sobre todo, un enfoque historicista en los tejados. Después, los rascacielos ya no volverían a ser lo mismo.

238 metros

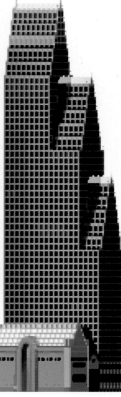

**Arriba**: Las líneas verticales de las ventanas y el recubrimiento de granito evoca las fachadas Art Deco de edificios como el Empire State y el RCA (ahora GE).

**Página siguiente**: El Bank of America Center se yergue ante el JP Morgan Chase Tower (con 305 m el edificio más alto de Houston) y el negro y angular Pennzoil Place, de Johnson y Burgee. En primer plano, el ayuntamiento, construido en 1939.

Lugar: Louisville, EE. UU.  Terminado en: 1985
Altura: 127 m, 27 plantas  Arquitectos: Michael Graves & Associates

## Humana Building

Uno de los arquitectos postmodernos más influyentes fue Michael Graves (abajo), quien alcanzó notoriedad con su cubo de 15 pisos en Portland, Oregón, decorado con una enorme cinta de hormigón. Aunque más sorprendente aún resultó su edificio para la compañía de seguros médicos Humana, en Kentucky. Este rascacielos (abajo) se conoce como el *Milk Carton* (el tetrabrik) e ilustra perfectamente la exuberancia postmoderna con su mezcla de formas y colores. Por otra parte, este diseño retoma la división clásica de base, zona intermedia y culminación.

El edificio tiene una planta casi cuadrada, aunque en la entrada presenta enormes columnas de mármol rojo y una cristalera de ocho pisos de altura que lleva a un vestíbulo también acristalado. Detrás, se eleva la gran torre, revestida de granito rosa. Por encima de la planta vigésima, el edificio se convierte en una exhibición de elementos arquitectónicos. Una gran ventana rebranqueada de tres plantas aparece centrada en cada una de las fachadas, y por encima de la entrada principal se asoma un enorme balcón circular del que sobresale un pequeño mirador de cristal, colgando espectacularmente en el vacío. El conjunto queda coronado por una estructura con forma de zigurat.

El Humana Building animó extraordinariamente la vida del centro de la ciudad. Hoy en día se sigue considerando un edificio fundamental de la arquitectura postmoderna de la década de 1980 y su influencia ha llegado muy lejos.

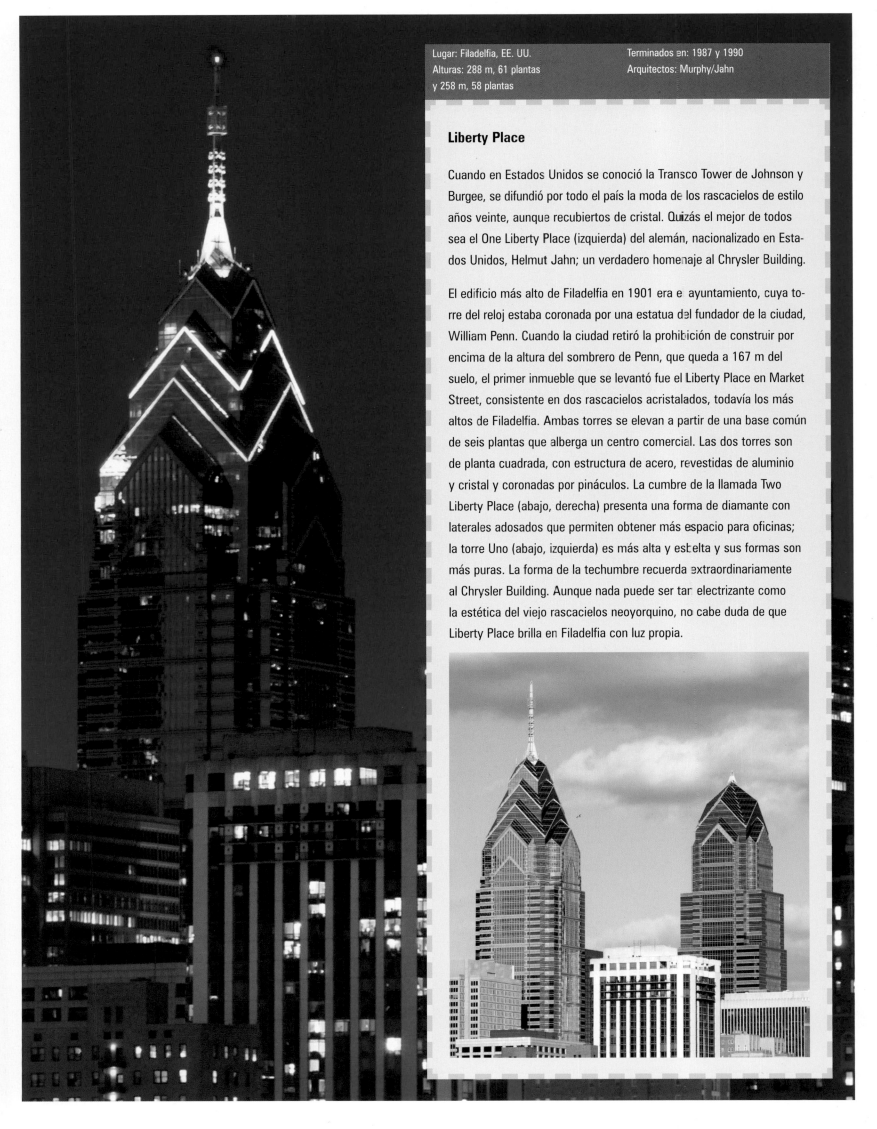

Lugar: Filadelfia, EE. UU.
Alturas: 288 m, 61 plantas
y 258 m, 58 plantas

Terminados en: 1987 y 1990
Arquitectos: Murphy/Jahn

## Liberty Place

Cuando en Estados Unidos se conoció la Transco Tower de Johnson y Burgee, se difundió por todo el país la moda de los rascacielos de estilo años veinte, aunque recubiertos de cristal. Quizás el mejor de todos sea el One Liberty Place (izquierda) del alemán, nacionalizado en Estados Unidos, Helmut Jahn; un verdadero homenaje al Chrysler Building.

El edificio más alto de Filadelfia en 1901 era el ayuntamiento, cuya torre del reloj estaba coronada por una estatua del fundador de la ciudad, William Penn. Cuando la ciudad retiró la prohibición de construir por encima de la altura del sombrero de Penn, que queda a 167 m del suelo, el primer inmueble que se levantó fue el Liberty Place en Market Street, consistente en dos rascacielos acristalados, todavía los más altos de Filadelfia. Ambas torres se elevan a partir de una base común de seis plantas que alberga un centro comercial. Las dos torres son de planta cuadrada, con estructura de acero, revestidas de aluminio y cristal y coronadas por pináculos. La cumbre de la llamada Two Liberty Place (abajo, derecha) presenta una forma de diamante con laterales adosados que permiten obtener más espacio para oficinas; la torre Uno (abajo, izquierda) es más alta y esbelta y sus formas son más puras. La forma de la techumbre recuerda extraordinariamente al Chrysler Building. Aunque nada puede ser tan electrizante como la estética del viejo rascacielos neoyorquino, no cabe duda de que Liberty Place brilla en Filadelfia con luz propia.

# Sony Building (antes AT&T)

| Lugar: Nueva York. EE. UU. | Terminado en: 1984 |
| Altura: 197 m, 37 plantas | Arquitectos: Johnson y Burgee |

Exceptuando el Citicorp Building, el lado este de la zona inter-media de Manhattan, conocida como Midtown, llevaba tres décadas presenciando la construcción de grandes inmuebles de techo plano cuando, de repente, en 1984, apareció en medio de esa masa de rascacielos lo que parecía ser un gigantesco reloj de pared. Se trataba de las nuevas oficinas de la firma AT&T. La aparición del edificio, que contó con el favor de los neoyorquinos, anunció la llegada de los rascacielos postmodernos al escenario arquitectónico mundial.

Philip Johnson, que era el responsable de haber llevado el Estilo Internacional a Manhattan, se estaba aburriendo de aquellos edificios con forma de caja. Había cumplido los 72 años cuando, en 1978, el gigante de las telecomunicaciones AT&T le encargó el diseño de su sede en el cruce de la avenida Madison y la calle 55. La torre es un ortoedro de estructura «tubo en tubo» con tirantes ocultos que sujetan el conjunto por arriba y por abajo. Está revestida de granito rosa suave y claramente dividida en base, cuerpo y culminación. La base, de siete plantas de altura, se abre al nivel de suelo hacia una monumental galería de columnas que hace pensar en épocas preté-ritas. En la parte posterior, una bóveda de acero y cristal crea una especie de soportal. Por encima de la base, la torre se eleva otras veintiocho plantas, con sus ventanas organizadas en bandas verticales, como en los rascacielos de los años veinte. Por dentro, el edificio es moderno aunque ligeramente convencional. Los tres últi-mos pisos de oficinas abren sus ventanas a una logia sobre la cual quedan las máquinas del edificio cubiertas por una techumbre a dos aguas de curioso aspecto, comparable a ciertos muebles del estilo Chippendale del siglo XVIII.

Esta obra maestra refleja con claridad el historicismo del estilo postmoderno en tres aspectos visibles. Una torre sólida y vertical estilo 1920, una recepción sin complejos de elementos históricos como el gran arco de la entrada, inspirado en el edificio del ayunta-miento de 1908 y, por último, el frontis. Nueva York no había visto ese eclecticismo desde la época de los rascacielos neoclásicos, cuando Johnson era todavía un niño. Irónicamente, AT&T era una compañía que trataba de dar una imagen de modernidad que, lógicamente, el edificio no reflejaba. Cuando se mudaron en 1992, se trasladaron a un lugar todavía menos futurista: un estupendo edificio de ladrillo Art Deco en el número 32 de la Sexta Avenida. Cuando Sony ocupó el edificio, convirtió la galería de columnas en un espacio comercial.

197 metros

**Izquierda:** Desde el techo del GE Building, se aprecia el contraste entre el edificio Sony, revestido de granito, y las oscuras masas de cristal de los edificios del East Side. Situado en la avenida Madison, entre las calles 55 y 56, este rascacielos llevó el estilo postmoderno al corazón de la zona más elitista de Manhattan.

**Página siguiente:** En esta fachada del edificio de Sony, el arquitecto Philip Johnson se aparta por completo del estilo moderno del que antes fuera un representante destacado. Después de haber cumplido los setenta, se dejó seducir por la creatividad sin límites del estilo postmoderno.

Lugar: Nueva York. EE. UU.
Altura: 138 m, 34 plantas
Terminado en: 1986
Arquitectos: Johnson y Burgee

## Lipstick Building *(el pintalabios)*

Éste es el edificio (abajo) que rompió la silueta rectilínea del horizonte de Manhattan. Si el edificio AT&T es una obra maestra en piedra del estilo historicista, el 885 de la Tercera Avenida se parece más a un objeto de plástico futurista, aunque un tanto retro. Este rascacielos demuestra que Johnson, septuagenario ya por esas fechas, todavía podía sorprender, incluso después del edificio AT&T. El constructor Gerald Hines parece ser que fue quien propuso un edificio elíptico, aunque según el arquitecto se trata de un edificio ovalado en un entorno rectangular y, además, con reminiscencias del barroco italiano. Sin embargo, al público le recordaba un pintalabios *(lipstick)* y con ese apodo se quedó.

El hormigón resultaba más adecuado que el acero para crear la planta elíptica de las oficinas. En los pisos 19 y 27 se escalonaba ligeramente para cumplir con las normas urbanísticas de Nueva York, pero sólo en la cara que daba a la Tercera Avenida. Por el otro lado, donde se encuentran los ascensores, el inmueble es perfectamente vertical. Sobre el techo, otra construcción elíptica alberga los ascensores y los equipos del edificio, y hasta el vestíbulo, con sus columnas rosadas, es elíptico. Las ventanas están dispuestas en bandas horizontales con revestimiento de granito rosa pulido. Los dos escalones del edificio, desde la calle, sugieren un pintalabios que está saliendo de su tubo. La pulida piedra refleja la luz solar en líneas verticales de forma casi surrealista, lo que añade interés al conjunto y demuestra que el estilo postmoderno es mucho más que recrearse en el pasado.

**Arriba:** El arquitecto Philip Johnson 1906-2005.

# HSBC

| Lugar: Hong Kong, China | Construido en: 1981-1985 |
|---|---|
| Altura: 179 m, 44 plantas | Arquitectos: Foster & Partners |

El edificio del Banco de Hong Kong y Shanghái catapultó al británico Norman Foster a la fama internacional. La sede anterior de la institución financiera, diseñada en 1935 por los británicos Palmer y Turner, era una torre Art Deco de ladrillo, de 70 m de altura y un tejado en forma de pirámide; esta nueva sede se iba a convertir en el primer gran rascacielos del mundo construido con la más alta tecnología. En el concepto de la corriente High-tech, los elementos estructurales y de servicios del inmueble son visibles desde el exterior, incluida la maquinaria del edificio sobre el techo.

Foster presentó el diseño más revolucionario imaginable desde la llegada del Estilo Internacional, al que consideraba monótono, técnicamente pobre y sin atractivo para el observador. Éste, desde luego, no era el caso del edificio de Foster. Desde la animadísima plaza que se abre a sus pies, el público es atraído hacia la torre por medio de largas escaleras mecánicas que llegan a alcanzar los 23 m. Según el enfoque del Feng Shui, la torre atrae energía positiva desde arriba y la canaliza a través de la plaza abierta a sus pies hasta las aguas del puerto, lo que explica la prosperidad comercial de la ciudad. Los leones de bronce de la plaza de las Estatuas, realizados en Shanghái en 1935, son otro buen augurio. El edificio utiliza la luz natural al máximo gracias a un sistema de espejos controlados por ordenador, y actualmente una serie de grandes pantallas de plasma narran la historia del banco en su «Muro de la Historia Asiática».

El rascacielos está sostenido por una enorme estructura diseñada por Ove Arup que constituye el elemento visual dominante. El inmueble reúne 30.000 toneladas de acero fabricado en Glasgow y en cada extremo hay un conjunto de columnas conectadas, entre las que se hallan prácticamente suspendidas las diversas plantas, al igual que en el OCBC de Singapur. Aquí son cinco niveles de grandes vigas atirantadas las que ofrecen la rigidez de las diagonales al conjunto. Las plantas donde se hallan los grandes tirantes ofrecen zonas comunes, terrazas y refugios a prueba de incendio y delimitan los grupos de pisos, creando así pequeñas ciudades de oficinas autónomas de varios pisos. Los interiores y las fachadas de aluminio fueron fabricados en Estados Unidos. En conjunto, la estructura ofrece espacios abiertos y aireados a unos niveles impensables hasta entonces. Las grandes vigas atirantadas del banco de Hong Kong y Shanghái (HSBC) quedan

179 metros

**Izquierda**: La principal fuente de iluminación dentro del edificio es la luz natural. Un grupo de grandes espejos refleja la luz solar en la entrada y en la plaza para ahorrar energía. El sistema de refrigeración del aire acondicionado usa agua de mar.

**Arriba**: El elemento estructural más alto sirve para mostrar el logotipo del banco sobre la gran pantalla metálica que lo rodea.

**Izquierda**: Sir Norman Foster en el año 2005, cuando su obra había conquistado Europa y el Extremo Oriente.
**Abajo**: Entre viejos rivales: a la izquierda del HSBC se puede ver la antigua sede del Banco de China, y a la derecha, el edificio del Standard Chartered Bank.

expuestas al aire y los pisos se van escalonando hasta llegar al punto culminante decorado con el logotipo del banco. Los prominentes módulos de las plantas, fabricados en Japón, también quedan expuestos.

En el momento de su construcción, este edificio, lleno de novedades y capaz de albergar a cinco mil personas, fue el más caro del mundo, con un coste de 670 millones de dólares. Todos los elementos modulares se construyeron aparte y las técnicas empleadas en su ensamblaje influyeron decisivamente sobre los métodos futuros de cons-

trucción. Curiosamente, este edificio recuerda al Lloyd en Londres, diseñado en la misma época por el gran rival de Foster, su ex socio Richard Rogers. En Hong Kong pronto le surgió otro competidor a este espectacular edificio: la sede del banco nacional de China, que en breve iba a recuperar Hong Kong de los británicos.

**Abajo:** El HSBC iluminado con un sistema instalado en 2003 como parte de un proyecto de la ciudad conocido como «Sinfonía de luz», que incluye los principales rascacielos de la ciudad.

| Lugar: Londres, Reino Unido | Construido en: 1999-2002 |
| Altura: 200 m, 45 plantas | Arquitectos: Foster & Partners |

## HSBC London

Al igual que en Hong Kong, en la década de 1990, las oficinas del HSBC de Londres se hallaban diseminadas por toda la ciudad, ocupando varios edificios. Por eso, el banco encargó a Foster y a los ingenieros de Arup el diseño de un nuevo edificio (derecha). El lugar elegido era el Canary Wharf, segundo distrito financiero de Londres, en el que abundaban ya los bancos como el Citicorp. Ambos bancos poseen sendos rascacielos de la misma altura uno al lado del otro, con el One Canada Square, de 235 m y construido en 1990, en sus proximidades. Sin embargo, la torre del HSBC es la más original de Canary Wharf y el edificio más grande de Londres que pertenece a una sola firma, con ocho mil ocupantes y 102.190 m² de oficinas.

El rascacielos de Londres se diferencia del de Hong Kong en algo fundamental. No es de alta tecnología, sino que esconde su estructura y los elementos de servicio en una torre de hormigón que constituye su núcleo. Este edificio, de planta cuadrada y esquinas redondeadas, se eleva cuarenta pisos y presenta una fachada ligera, pulida y muy reflectante. La torre se eleva a partir de una base de cinco plantas que alberga los vastos espacios (conocidos como *trading floors)* que las operaciones financieras requieren en la actualidad. Aquí, como en Hong Kong, dos leones chinos flanquean la entrada, y el vestíbulo dispone de una enorme pared donde se cuenta la historia del banco, con fotografías, documentos y retratos. Justo por debajo del logo del edificio asoma una impresionante sala de juntas.

Otra diferencia fundamental entre los dos edificios es la extraordinaria eficacia del rascacielos londinense en términos medioambientales. Si bien el de Hong Kong ya estaba adelantado a su tiempo en eficiencia energética, el de Londres pertenece a una categoría diferente y mucho más radical. Ha conseguido tener una de las puntuaciones más altas en el sistema BREEAM (Método de Evaluación Ambiental de Edificios) y hasta la grasa de la cocina se procesa ecológicamente.

El edificio de Londres es la sede central mundial del HSBC y su esbelta figura da idea de la importancia del banco a nivel internacional.

**Derecha**: Sección transversal y planta del HSBC de Londres. En el croquis, se pueden apreciar los pilares periféricos detrás de la fachada ligera y los cuatro huecos de ascensor que definen el núcleo. El grosor de los muros de hormigón de dichos núcleos es de 60 cm en la base y de 30 cm en los pisos superiores.

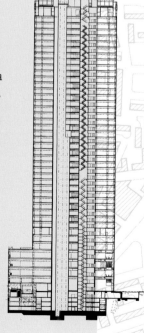

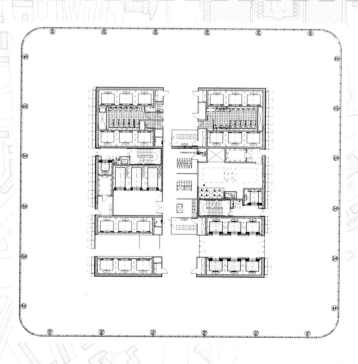

# La Grande Arche

| Lugar: París, Francia | Construido en: 1987-1990 |
|---|---|
| Altura: 110 m, 35 plantas | Arquitecto: Johan von Spreckelsen |

Es tradicional que los presidentes de la República Francesa dejen algún legado para la historia en forma de gran proyecto arquitectónico. En 1983, François Mitterand propuso la realización de un enorme monumento para celebrar el 200 aniversario de la Revolución Francesa y que además sirviera para prolongar el eje histórico de París, que parte del Louvre y pasa por el Arco de Triunfo, haciéndolo llegar hasta al distrito financiero de La Défense. El ganador del concurso fue el danés Johan Otto von Spreckelsen, por la pureza y la fuerza de su diseño. La idea era construir una versión contemporánea del Arc de Triomphe, pero como homenaje a la humanidad y no a una victoria militar.

La Grande Arche es algo más que un monumento, ya que alberga 95.000 m² de oficinas, principalmente gubernamentales. Esta fabulosa estructura consiste en dos ortoedros de planta trapezoidal, situados paralelamente uno frente al otro y unidos en la parte superior por un puente de tres plantas, cuyos bordes quedan biselados hacia dentro. El «gran vacío» interior alberga una carpa y dos tubos trasparentes para los ascensores que permiten el acceso al tejado. Este espacio, de más de una hectárea, está dotado de jardines y de un mirador que proporciona las mejores vistas de París después de las de la torre Eiffel. El puente alberga también una galería de arte y una sala de conferencias. El edificio, de estructura de hormigón, está revestido de mármol de Carrara y de granito gris, mientras que los exteriores presentan una fachada ligera de cristal especial que no produce ninguna distorsión óptica. Las medidas de la construcción son: 108 m de anchura, 112 m de profundidad y 110 m de altura. Su ubicación está alejada del centro histórico de París, pues hubo que desplazarla ligeramente, unos seis grados, para que los cimientos pudieran esquivar los túneles de ferrocarril y de autovías del subsuelo.

Durante la construcción, Von Spreckelsen quedó tan harto de la burocracia oficial que se retiró a una isla de Dinamarca sin teléfono, desde donde se comunicaba con técnicos y autoridades por medio de un enlace francés. Desgraciadamente, murió en 1987 antes de ver su obra maestra finalizada. Aunque en el barrio de La Défense hay otros rascacielos, como el Total Fina Elf, que alcanza los 187 m de altura, La Grande Arche destaca poderosamente, incluso desde muy lejos. Se le puede considerar, con justicia, el rascacielos europeo más sublime y original de la década de 1980.

**Derecha y página siguiente:** Los dos lados de La Grande Arche albergan oficinas gubernamentales, mientras que la sección del techo es una sala de exposiciones. Los visitantes pueden gozar de impresionantes vistas de París desde los mismos ascensores.

110 metros

**Peso pesado**

La Grande Arche pesa 330.000 toneladas, treinta veces más que la torre Eiffel. El edificio es más ancho que los Campos Elíseos y podría acoger en su interior a la catedral de Notre Dame.

**Abajo:** Los laterales de La Grande Arche están ocupados por oficinas, pero los visitantes pueden tomar un ascensor de cristal que les lleva, a través de la nube de lona que forma la gran carpa interior, hasta la sala de exposiciones del piso superior.

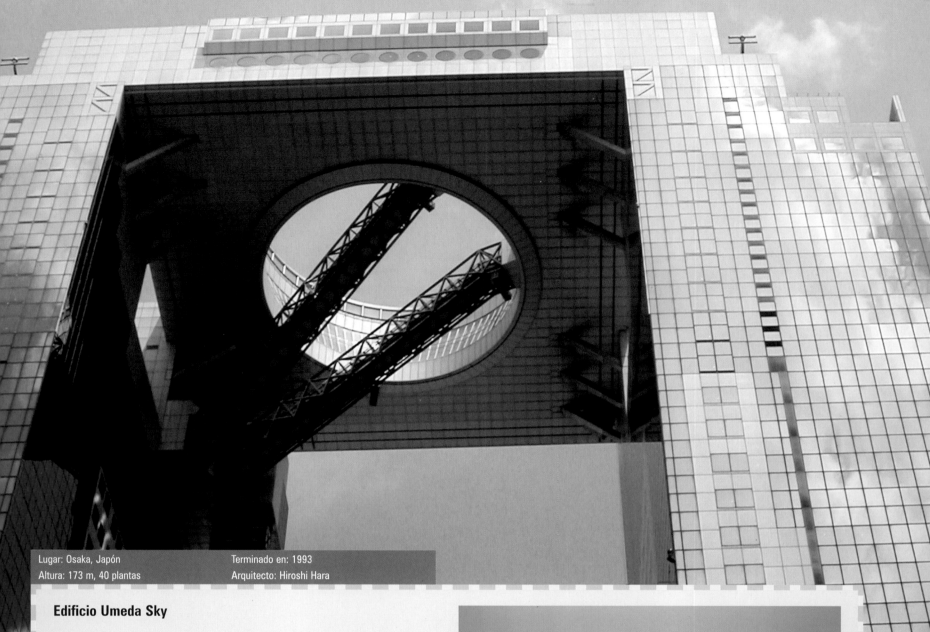

Lugar: Osaka, Japón          Terminado en: 1993
Altura: 173 m, 40 plantas    Arquitecto: Hiroshi Hara

### Edificio Umeda Sky

El distrito Kiri de Osaka puede presumir de un rascacielos puente con
un jardín en el tejado. El responsable no es otro que Hiroshi Hara, uno
de los mejores arquitectos de Japón y profesor de la Universidad de Tokio.
En 1988, surgió la idea de una «ciudad aérea» para esta zona degradada del
norte de Osaka. Se trataba de cuatro torres enlazadas por la parte superior
gracias a una gran plataforma diseñada para acoger a las multitudes y
diversas actividades. El concepto se basaba en la visión de los arquitectos
metabolistas de Japón, quienes, a finales de los años cincuenta, soñaban
con módulos suspendidos que debían ayudar a despejar las superpobladas
ciudades niponas. Lo que se construyó, a pesar de ser más modesto, sigue
impresionando por su tamaño y audacia (arriba y derecha). El espacio de
suelo disponible alcanza los 147.397 m², la mayor parte en los cuerpos
laterales del edificio, cubiertos sobre todo de cristal reflectante. Entre las
dos torres se extiende un enorme puente con un gran hueco circular en
el centro. Como en La Grande Arche, los ascensores son transparentes
y exteriores, aunque sólo llegan hasta la planta 37. Desde allí, se utilizan
escaleras mecánicas que llevan al piso 39 y a su restaurante, sobre
el cual se halla el observatorio de los jardines flotantes. El jardín, de
1.146 toneladas de peso y 54 m², se izó entero desde el suelo hasta
su posición definitiva. Subió a razón de 35 cm por minuto.

Sin perder ciertas reminiscencias de la tradición constructiva japonesa,
basada en el poste y la viga, el Umeda Sky evoca el estilo postmoderno

de Michael Graves, con una base y una culminación bien diferenciadas
por el revestimiento opaco, mientras que los círculos y escalones
confieren viveza al conjunto. Toda la estructura, además, queda reforzada
al estar unida por la parte superior, algo muy importante en una región
sísmica. Por su estética y su ingeniería, el Umeda se puede considerar,
sin duda, uno de los edificios más interesantes del país del Sol Naciente.

# Torre del Banco de China

Este racimo gigante de prismas cristalinos escalonados se convirtió en el edificio más alto de Asia en el momento de su construcción y simbolizaba el ascenso imparable de la economía china. Es un edificio de ángulos, algunos de ellos con notable significado político y geomántico, que suscitaron más de una controversia.

El Banco de China ha operado en el lucrativo mercado de Hong Kong desde 1917, compitiendo con los bancos británicos de la región. En 1950 ocupó un edificio Art Deco y luego pasó a ocupar un inmueble de 76 m que ostentó el honor de ser el más alto de la ciudad en su momento. Pero el nuevo edificio de Foster para el HSBC (Banco Chino de Hong Kong y Shanghái) lo dejó como un enano. El excelente momento económico del país, con Hong Kong a punto de volver al seno de la República Popular, animó a los propietarios a construir algo «grande». Para ello, encargaron al arquitecto chino-americano I. M. Pei que diseñara un inmueble a una escala todavía no vista en China ni en el resto de Asia.

El diseño de Pei es espectacular. Expresivo estructuralmente, pero sin estar abarrotado por elementos exteriores como ascensores o balcones, presenta una configuración tridimensional típica de Pei, con enormes superficies geométricas de metal y cristal. Los triángulos que definen sus grandes volúmenes los forman enormes tirantes de acero que resultan especialmente útiles desde el punto de vista estructural. El diseño es cuadrado, definido en las esquinas y el centro por columnas y vigas que dividen los cuadrados en cuatro triángulos que recogen y reparten la cargas del edificio. Las vigas diagonales crean grandes tetraedros que, a su vez, forman enormes «tubos» de diferentes alturas. Recuerda a la torre Sears pero con unos escalones que forman considerables pendientes. Las diagonales transfieren las cargas horizontales a las columnas de las esquinas, lo cual es de gran utilidad en una región de huracanes. La estructura de 305 m, diseñada por Leslie Robertson, es de una resistencia extraordinaria y queda rematada por dos antenas paralelas. En la planta 43 hay un mirador.

El Feng Shui, de gran importancia en China, se podría definir como el conjunto de creencias tradicionales sobre la Tierra, sus energías y la armonía que debe regir el universo. Desde el principio, el Feng Shui de la torre fue controvertido. Se trataba del primer edificio que sobresalía sobre las colinas que rodean la ciudad, vista desde el puerto Victoria. El Feng Shui dice que la ciudad perfecta debe estar cercana al agua y ha de quedar abrazada por las colinas que la rodean, de modo que el edificio rompía esta armonía. Por si fuera poco, las cruces que formaban los tirantes de la estructura se consideraban de mal agüero porque recordaban a los cuchillos de carnicería chinos de

| Lugar: Hong Kong, China | Construido en: 1985-1989 |
|---|---|
| Altura: 367 m, 72 plantas | Arquitectos: I. M. Pei & Partners |

amenazante simbolismo. Para compensar, el edificio se terminó el 8 del 8 de 1988, lo cual se consideró un buen augurio.

Hong Kong tiene ahora otros edificios más altos, pero ninguno tan armónico como éste, que eleva su sobria fachada hacia el cielo desde una base terrestre de cascadas y árboles.

367 metros

**Página anterior**: La torre del Banco de China es uno de los rascacielos más característicos de Hong Kong, y cada noche se ilumina espectacularmente como parte de la «Sinfonía de Colores» creada por la Oficina de Turismo de la ciudad.

**Abajo**: Las fachadas ligeras de cristal reflectante son representativas del estilo de I. M. Pei. Las columnas perimetrales y los tirantes diagonales confieren a la torre del Banco de China un aspecto angular que expresa la fuerza de su estructura.

### Cristales modernos

Los cristales oscuros reflectantes en la arquitectura datan de la época del edificio Seagram de Nueva York. A Mies van der Rohe, su diseñador, le encantaba el cristal oscuro por su sobriedad y pureza, y porque se acercaba a su concepción minimalista de la arquitectura. También porque disminuía el impacto solar. Sin embargo, las fachadas de doble cristal con aire circulante, los cristales de baja emisión y el cambio en los gustos han hecho que el cristal oscuro sea muy raro en los edificios contemporáneos.

| | |
|---|---|
| Lugar: Madrid, España | Terminado en: 1996 |
| Altura: 114 m, 26 plantas | Arquitectos: Johnson y Burgee |

### Puerta de Europa

Pei y Cobb no eran los únicos arquitectos capaces de sorprender con torres de forma prismática. Johnson y Burgee, que ya habían diseñado las torres de Pennzoil Plaza en Houston, de 159 m y con tejados inclinados y fachadas trapezoidales, decidieron acometer la creación de los primeros rascacielos inclinados del mundo.

El problema inicial con el lugar elegido en Madrid para construir unas torres gemelas era la gran amplitud del Paseo de la Castellana que pasaba justo por debajo. ¿Cómo se podían construir dos torres, una a cada lado del paseo, a tanta distancia y que aún formaran un conjunto? La solución de Burgee fue la de inclinarlas 15 grados sobre la Plaza de Castilla, acercándolas por arriba, con lo cual, además, se evocaba el aspecto de una gran puerta de la ciudad (abajo). La construcción se paró en 1989 pero se reanudó en 1994. Se conocen también como torres KIO por la empresa kuwaití que las desarrolló: la Kuwait Investment Office. Son torres de planta cuadrada y de estructura de acero inoxidable con fachada ligera de cristal oscuro cruzada por marcos rojos perpendiculares, que resaltan aún más la inclinación del edificio. En las azoteas, se encuentran sendos helipuertos y como curiosidad cabe mencionar que en la película *El día de la Bestia,* era precisamente en estas torres donde nacía, nada menos, que el anticristo.

Lugar: Dallas, EE. UU.　　　　　　　　Terminado en: 1986
Altura: 219 m, 63 plantas　　　　　　Arquitectos: I. M. Pei & Partners

## Fountain Place

Como punto intermedio entre la «losa» de 1976 en Boston y el gigante de Hong Kong de 1989, se encuentra esta brillante torre de cristal, erigida inicialmente para el Allied Bank en el centro económico de Dallas (izquierda y abajo). El diseño, de 1980, se debe al socio de I. M. Pei, Henry Cobb. El cuerpo principal del edificio es un gran paralelogramo culminado con un tejado triangular a dos aguas. Adosada a este cuerpo, una sección de pirámide se eleva audazmente en ángulo muy pronunciado y cortante hasta uno de los extremos del tejado. Esta sección queda elevada tres pisos sobre el suelo. Los volúmenes del edificio son el resultado de una enorme estructura atirantada cubierta por una fachada ligera de 45.000 m² de cristal y aluminio. Al contrario de lo que sucedió en Boston, estas ventanas no se vinieron abajo. Posteriormente, el edificio se convirtió en la sede del First Interstate Bank.

El espacio público situado a sus pies puede recordar el ambiente que rodea el Banco de China y sus decorativas cascadas, aunque aquí son fuentes, como el nombre del edificio indica.

# Ayuntamiento de Tokio

| Lugar: Tokio, Japón | Terminado en: 1991 |
| --- | --- |
| Altura: 243 m y 163 m | Arquitecto: Kenzo Tange |
| 48 y 34 plantas | |

Con más de doce millones de habitantes y la mayor economía urbana del mundo, no es de extrañar que el ayuntamiento de Tokio decidiera en 1985 instalar sus oficinas en un edificio monumental. Consiste en dos grandes torres gemelas, que han sido las más altas de la ciudad durante quince años y un orgullo local, en contraste con los rascacielos de Estilo Internacional que lo rodean.

Kenzo Tange ya había diseñado la anterior sede del ayuntamiento en 1952, que materializaba en hormigón el estilo tradicional japonés de construcción en madera. Sin embargo, su nuevo diseño abrazó el estilo postmoderno conciliándolo con la necesidad de un espacio público complejo e integrado, que estuviera dotado de salas de conferencias y oficinas y que fuera capaz de albergar a trece mil funcionarios. El inmueble se divide en tres secciones, comunicadas por puentes de doble planta a tres pisos de altura. El edificio de asam-

bleas se encuentra frente a la torre, al otro lado de una plaza semicircular y una autopista. Si bien la torre satélite (Edificio Metropolitano número dos) con sus 140 m² de espacio se eleva escalonadamente hasta la respetable altura de 34 plantas, el verdadero rascacielos de referencia es la torre del Edificio Metropolitano número uno, conocida localmente como «Tocho» y con un cuarenta por ciento más de espacio que su torre gemela. Ambos edificios están conectados por un bloque de oficinas intermedio hasta una altura de 150 m. La planta de cada torre es cuadrada con esquinas en chaflán, aunque al llegar a los 210 m, la planta se convierte en otro cuadrado girado 45 grados, evocando así los pisos superiores de la torre satélite. En los pisos superiores, el edificio permite que se vean sus núcleos circulares, sobre los cuales se han instalado antenas parabólicas. En ambas torres existen miradores en la planta 45, a 202 m de altura. En una de ellas, además, hay un helipuerto.

En su fachada escalonada, este monumental rascacielos evoca el frontal occidental de una catedral gótica, así como el estilo Beaux-Arts o el postmoderno. Pero es «la piel» del edificio lo que se presenta como verdaderamente innovador en Japón. Tange diseñó un complejo entramado rectangular de paneles y parteluces, encuadrando apretadamente ventanas de diferentes tamaños para evocar la cultura japonesa de la electrónica. La orgullosa solidez del edificio sugiere, sin lugar a dudas, el poderío económico que Japón vivió antes del estancamiento experimentado en la década de 1990.

243 metros

**Izquierda y arriba**: El Edificio Metropolitano número uno del ayuntamiento de Tokio (izquierda) se alinea con el escalonado Edificio Metropolitano número dos, a la izquierda, visto desde la plaza del ayuntamiento (arriba).

**Abajo**: Desde cada uno de los miradores de las torres, en los días claros, se pueden obtener magníficas vistas del monte Fuji.

| Lugar: Tokio, Japón | Terminado en: 2000 |
|---|---|
| Altura: 240 m, 28 plantas | Arquitectos: Kajima Design |

### Edificio NTT DoCoMo Yoyogi

La compañía de telecomunicaciones japonesa NTT DoCoMo, la mayor del país, construyó esta torre neo-Art Deco (derecha) para que sirviera de base a sus estaciones de telefonía móvil de tercera generación y a las oficinas de la corporación. Las antenas para móvil permanecen ocultas dentro del edificio, situado a poca distancia del grupo de rascacielos de Shinjuku. El proyecto, llevado a cabo por el estudio de diseño y construcción Kajima, a pesar de carecer del nombre de algún arquitecto de fama mundial, resulta atractivo y original, y contrasta con los generalmente anodinos rascacielos de Tokio. De planta cuadrada, su torre sube escalonadamente hasta alcanzar la aguja de la culminación en un sutil homenaje al Empire State Building. Las cuatro esferas de su reloj, montadas a 150 m de altura, poseen un diámetro de 17 m, el doble que las del Big Ben. Se instalaron en el año 2002 para celebrar el décimo aniversario de la compañía.

El inmueble es un «rascacielos verde», sobre todo en lo referente al consumo energético. Utiliza sistemas de ahorro combinados, además de colectores solares. Recoge la lluvia y recicla el agua residual del edificio. Éste incluso es consciente del estado del tiempo: el color de la iluminación nocturna de sus antenas indica la predicción meteorológica del día siguiente.

# Torre Landmark

Dos son las grandes fuerzas que en el siglo XX causaron la destrucción de Yokohama: los terremotos y la guerra. La ciudad, fusionada ahora con la gran conurbación de Tokio, fue destruida por los bombardeos aliados de la Segunda Guerra Mundial. El rascacielos más grande de Japón se erige en la zona portuaria que se designó como germen de la reconstrucción de la ciudad y se conoce como el Minato Mirai 21 (puerto del siglo XXI). El gerente de la inmobiliaria Mitsubishi, Otokazu Nakada, testigo de la destrucción de la guerra, quiso crear un edificio de referencia en el lugar y encargó el proyecto al arquitecto del Citicorp Building, Hugh Stubbins.

La gigantesca y elegante torre Landmark ofrece 392.885 m² de espacio de oficinas. Se trata de una estructura de acero con un gran núcleo cuadrado, que se asienta sobre una plataforma de hormigón de 5 m de espesor. Las plantas se apoyan en los enormes pilares de las esquinas, que se elevan con una suave inclinación hasta el piso 49, donde se hacen verticales. Esa sección superior alberga las 600 habitaciones del Yokohama Park Hotel, el más alto del mundo en su día. En la parte superior, queda una sección de dieciséis pisos retranqueados que evoca la forma de una linterna japonesa. El piso 69 es un mirador y los pisos inferiores se han destinado a oficinas, incluyendo una clínica en el piso séptimo. A 288 m de altura, un contrapeso pendular de 170 toneladas, controlado por ordenador, amortigua hasta en un cuarenta por ciento las oscilaciones provoca-

| Lugar: Yokohama, Japón | Terminado en: 1993 |
|---|---|
| Altura: 296 m, 70 plantas | Arquitectos: Stubbins Associates |

das por el viento. La solidez del revestimiento de granito y las variaciones geométricas son postmodernas, aunque la escritora Judith Dupré ha remarcado la similitud entre las bandas horizontales del edificio y los tradicionales peines femeninos del Japón.

Stubbins tenía que crear una torre que aguantara terremotos y tifones y por eso se inspiró en las formas de algunas pagodas de Nara que han sobrevivido desde el siglo VIII, como el templo Todaiji, la mayor estructura de madera del mundo, cuyas esquinas dentadas soportan vientos y terremotos, o el templo Horyuji. No deja de ser curioso que mientras los arquitectos japoneses, como Kenzo Tange, gozan de reputación internacional y son responsables de rascacielos espectaculares en Singapur y otros lugares, el edificio más alto de Japón sea obra de un norteamericano. Sin embargo, Stubbins ha introducido tantos elementos de sabor japonés que los nipones están igualmente orgullosos de una obra que sienten como propia.

**Abajo y página siguiente**: La ubicación de la torre Landmark es un ejemplo de cómo usar los rascacielos para lograr la regeneración de los barrios deprimidos en zonas portuarias. La torre es contemporánea de la One Canada Square, en el Canary Wharf de Londres, donde también languidecían varios muelles abandonados.

296 metros

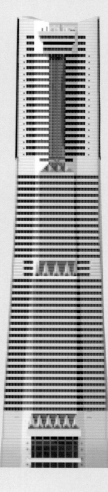

## Amortiguadores gigantes

Los amortiguadores masivos pueden mitigar el efecto de las fuerzas laterales del viento y de los terremotos, cuyas oscilaciones pueden hacer que la permanencia en los rascacielos resulte incómoda o incluso peligrosa para sus habitantes. Algunos sistemas usan grandes pesos que se deslizan sobre una bandeja, como en el Citicorp Center. El contrapeso pendular de la torre Landmark es enorme; sin embargo, queda empequeñecido si se le compara con el de la torre Taipei 101, con una masa cuatro veces mayor.

# Torre del Commerzbank

Esta torre es el edificio más alto construido en Europa durante el siglo XX y el primero de los rascacielos ecológicos del continente.

| Lugar: Fráncfort, Alemania | Construido en: 1993-1997 |
| Altura: 259 m, 56 plantas | Arquitectos: Foster & Partners |

Fráncfort ha sido un centro bancario desde el siglo XVII y el Commerzbank es el segundo banco de Alemania. En 1991, contaba con treinta oficinas repartidas por la ciudad, de modo que el banco decidió juntarlas todas en un gran edificio. En aquella época, el Partido Verde estaba creciendo en el panorama político del país y además la ciudad de Fráncfort estaba gobernada por una coalición de socialdemócratas y verdes, incluido el ex líder del movimiento estudiantil del 68 Daniel Cohn-Bendit, quien insistió en que el nuevo banco debía ser un ejemplo de sostenibilidad y respeto medioambiental. Por eso, en el diseño de Foster y Christoph Ingenhoven primó la ecología y el entorno sano y agradable para los trabajadores del edificio. La propuesta presentada por Foster fue aceptada y la ingeniería se dejó en manos de Arup. La torre se inauguró en mayo de 1997.

Se trata, en esencia, de un edificio organizado alrededor de tres núcleos externos de hormigón que albergan servicios como escaleras y ascensores. Los núcleos, que definen un triángulo equilátero con lados de 60 m, terminan a diferentes alturas. El del sur alberga varios ascensores externos, mientras que el núcleo norte soporta una antena que mide 300 m. Entre cada par de núcleos se encuentran bloques suspendidos de oficinas, la mayor parte de ellos de ocho plantas. La fachada ligera es suavemente convexa con grandes cristaleras. Los nueve espacios que resultan entre los bloques quedan retranqueados y acogen jardines interiores de ocho plantas de altura que sirven como zonas de reunión y como reguladores de la temperatura interior. Los jardines se abren a un gran atrio central dividido por particiones de cristal, la más grande de las cuales alcanza los 160 m de altura. Los enormes espacios interiores no sólo llenan el ambiente de luz sino que permiten una ventilación natural. Las ventanas están controladas por un sistema automático de control. Gracias a varios sistemas modernos como la refrigeración de tejados por agua y la acumulación de calor por la noche, el edificio consume un treinta por ciento menos de energía que un edificio convencional.

**259 metros**

A Fráncfort del Meno también se la conoce como Mainhattan por sus rascacielos, entre ellos la Messeturm, que fue el más alto de Europa desde 1990. El Commerzbank le quitó el título por un par de metros en 1997, aunque lo que distingue de verdad al edificio es su revolucionaria eficiencia energética y su diseño bioclimático. El estudio SOM también construyó, en 1983, un edificio de planta triangular de 120 m en Jeddah, sólo que en este caso se tuvo que usar el hormigón para proteger la atmósfera interior del intenso sol de Arabia. También en Malasia se desarrollaron edificios bioclimáticos, aunque el Commerzbank fue la primera de las dos grandes torres ecológicas. La segunda estaba en otra ciudad de Alemania, no lejos de Fráncfort...

**Derecha y página siguiente**: El podio del Commerzbank se adapta a la altura de los tejados de los edificios colindantes y crea nuevos pasajes, iluminados de forma natural por medio de claraboyas. La torre, sin embargo, se eleva sobre los rascacielos cercanos, como el número uno de Westendstrasse, de 208 m, diseñado por KPF y terminado en 1993 (a la izquierda del Commerzbank).

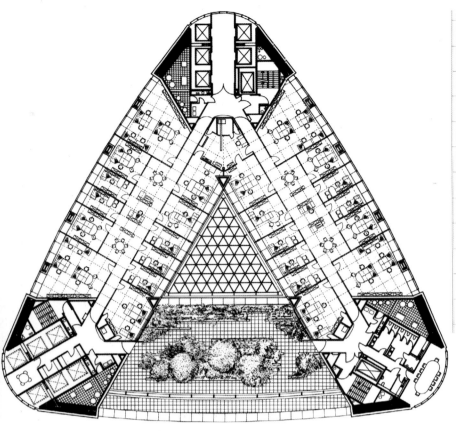

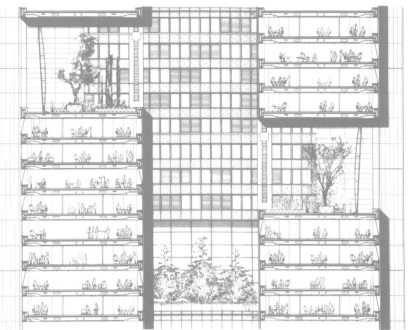

**Arriba izquierda y arriba**: En esta sección de la planta, se pueden apreciar los huecos de los ascensores en las tres esquinas, así como los jardines elevados. La sección vertical nos muestra cómo estos jardines de cuatro pisos se alternan con los bloques de ocho pisos de oficinas.

**Arriba y derecha**: La torre del Commerzbank es el edificio más alto de Fráncfort y el logotipo del banco se ilumina orgullosamente en la parte superior del núcleo. Varios reflectores se encargan de resaltar la estructura que lo corona.

**Abajo**: Los jardines elevados permiten el paso de la luz al corazón del edificio y la vegetación ayuda a mantener la calidad del aire. Está comprobado que un entorno aireado, limpio y natural aumenta la productividad.

Lugar: Essen, Alemania
Altura: 162 m, 30 plantas

Terminado en: 1997
Arquitectos: Ingenhoven, de Düsseldorf

## Edificio RWE

Aunque el diseño de 52 plantas de Ingenhoven quedó segundo, después del de Norman Foster, en el concurso del Commerzbank en 1991, ese mismo año, el estudio de arquitectura obtuvo el encargo de diseñar la sede de la compañía de energía RWE, en la ciudad de Essen (izquierda y abajo). El inmueble se concluyó poco antes que el de Foster en Fráncfort y resultó ser todavía más eficiente desde el punto de vista energético. Casualmente, el primer rascacielos cilíndrico del mundo se había planeado para Düsseldorf, en la década de 1920. El edificio, de 106 m, diseñado por Wilhelm Kreis nunca pasó de la mesa de dibujo, pero más de setenta años después, a tan sólo unos cientos de metros del lugar escogido para el antiguo rascacielos, Christoph Ingenhoven erigió la primera torre ecológica cilíndrica. La construcción se levanta alrededor de un núcleo cilíndrico de hormigón y alcanza 127 m. Parte de la base de una planta de altura en la que se encuentra el restaurante del personal y varias salas de conferencias. Originalmente, se planteó la instalación de un helipuerto en el tejado pero, al final, la estructura en forma de disco que sobresalía de él sirvió de sombrilla para una terraza con marquesina. Una antena que alcanza los 162 m corona el conjunto. Es de destacar la gran transparencia de las dos capas de cristal que forman la fachada ligera del edificio. Todos los muebles del interior y los jardines que rodean este rascacielos también son diseño de Ingenhoven.

Al igual que sus colegas «High-tech», como Norman Foster, Richard Rogers y Renzo Piano, Ingenhoven sabe unir admirablemente la arquitectura con la ingeniería estructural, llegando a extremos increíbles en el diseño de sus elementos modulares que sirven para todo. Por ejemplo, los componentes del techo de la torre RWE se encargan de los sistemas de refrigeración, aislamiento acústico, contraincendios, aspersión, megafonía e iluminación. Al igual que en el edificio del Commerzbank de Foster, lo más destacable del edificio es, sin duda, su capacidad de ahorro energético. El detalle más interesante consiste en unos paneles llamados «boca de pez», dotados de unas persianas automáticas que no sólo proporcionan sombra y atrapan el calor sino que permiten el paso de aire dependiendo de las condiciones exteriores. En otras palabras: las bocas de pez permiten que respire la fachada y el edificio se puede refrescar sin aire acondicionado. Los usuarios, además, pueden decidir si quieren abrir las ventanas, aunque sólo sea apenas un palmo, cuando las condiciones exteriores no son demasiado extremas.

# Shun Hing Square

| Lugar: Shenzhen, China | Construido en: 1993-1996 |
|---|---|
| Altura: 384 m, 69 plantas | Arquitectos: K. Y. Cheung Design Associates |

Este esbelto gigante marca de forma espectacular la llegada de la República Popular de China al exclusivo club de los países con enormes rascacielos, y fue brevemente el edificio más alto del mundo fuera de Estados Unidos, hasta que otra construcción nipona le arrancó el título un año después de su finalización.

Shenzhen era un conjunto de atrasadas aldeas de pescadores, en el delta del río de las Perlas, cuando el líder chino, Deng Xiaoping, inauguró allí la primera de las Zonas Económicas Especiales del país, en 1980. Estas zonas, con la ayuda de una serie de incentivos, atrajeron abundante inversión extranjera, lo cual, unido a su proximidad con el «tigre» económico que representa Hong Kong, hizo que la economía y la población de la ciudad crecieran vertiginosamente. En la actualidad, Shenzhen es una conurbación de trece millones de habitantes, dotada de uno de los conjuntos de rascacielos más impresionantes de Asia. Los promotores de Hong Kong iniciaron la tendencia con el complejo del Shun Hing Square, que aquí nos ocupa, situado en un solar triangular al lado de una nueva autopista de ocho carriles conocida como Shennan Dong Road y cerca de la primera línea de metro de la ciudad. La estación de Dajuyuan se abrió en 1998.

El profesor Thomas K. Y. Cheung es el responsable del departamento de arquitectura de la universidad de Chu Hai, de Hong Kong. Su equipo diseñó un complejo que incluye un enorme centro comercial de cinco plantas en el menor de los dos rascacielos que lo forman: un edificio blanco de treinta y tres pisos ocupado por oficinas y viviendas. Posee cierto aire futurista, acentuado por sus formas geométricas rojas, y presenta un hueco de diez pisos de altura en su fachada. Pero es la torre perpendicular a este edificio la verdadera maravilla del conjunto. Su estructura de acero se eleva más alta, incluso, que la del Empire State, con bastante más espacio de oficinas disponible (273.000 m²). La compañía contratada para el diseño de la estructura fue la del ingeniero responsable de las estructuras de las torres gemelas, Leslie Robertson.

También esta torre es futurista. Está revestida de cristal azul verdoso reflectante y con una sección en suave voladizo con forma de cuña en los doce pisos más altos. El rascacielos presenta laterales semicirculares y está coronado por dos torretas, bajo las que se hallan los pisos de oficinas. Por encima del tejado, situado a 325 m, se instalaron dos agujas gemelas. El edificio recibe el nombre oficial de Di Wan y sus inquilinos son, sobre todo, grandes empresas internacionales.

El Shun Hing Square fue el primero de los grandes rascacielos de referencia en la República Popular de China. Este vibrante y espectacular edificio refleja muy bien la entrada de esta nueva superpotencia en el escenario internacional.

384 metros

**Página anterior y abajo**: El complejo de Shun Hing Square domina el horizonte de Shenzhen, que no ha parado de crecer desde los noventa. El estilo futurista «retro» del Shun Hing Square ha influenciado los rascacielos que le han seguido, como la torre coronada por un globo que se ve a su derecha: el Panglin Plaza, de 240 m, diseñado por el Instituto Gubernamental de Arquitectura y terminado en 1999.

**Derecha**: Limpiaventanas trabajando en el flamante Shun Hing Square, en 1996. La torre menor del complejo, con sus elementos estructurales de rojo brillante, queda inmediatamente debajo.

# Torre Baiyoke 2

Lugar: Bangkok, Tailandia　　Construido en: 1991-1997
Altura: 304 m, 85 plantas　　Arquitectos: Plan Architects

A medida que la economía de Asia eclosionaba en la década de 1980, las ciudades solían plasmar su éxito construyendo hoteles, a cual más alto. La firma tailandesa Baiyoke Group construyó, en 1983, la torre Baiyoke, de 151 m, el edificio más alto de Bangkok en su momento, que alberga actualmente el hotel Baiyoke Suite. Poco tiempo después, la misma compañía decidió que quería algo todavía más alto y de nuevo encargó al estudio Plan Architects otro proyecto. Originalmente, planearon un edificio de 95 plantas, con las diez últimas reservadas para compañías de telecomunicaciones, y coronado por una antena de 140 m. Aunque el plan se recortó un poco, todavía resultaba el rascacielos más alto del mundo entre China y los Estados Unidos.

La esbeltísima torre se eleva desde un podio de diecineve plantas y se compone de un núcleo circular y una estructura octogonal de pilares perimetrales que lo rodean. A 120 y 180 m, respectivamente, presenta unas pequeñas alas muy verticales coronadas por vértices dorados de forma triangular. Este dorado se repite en la cabeza cilíndrica que emerge del final de la torre cuadrada, y consigue dar al conjunto un elegante aspecto con reminiscencias posmodernas y Art Deco.

Los trabajos comenzaron en 1991, colocando a 56 m de profundidad los pilares, sobre los que se construyó una losa de hormigón de 5 m de espesor. El edificio comenzó a elevarse a finales de 1992 y se concluyó a principios de 1997, poco antes de que una gran crisis económica azotara el continente asiático. En julio, Tailandia se vio obligada a devaluar su moneda y dejó varios rascacielos inacabados durante años. El Baiyoke 2 costó 136 millones de dólares y efímeramente ostentó el título del rascacielos con estructura de hormigón armado más alto del mundo. En 1999, se le añadió una antena de 19 m. Cuando se inauguró el hotel Baiyoke Sky, que ocupaba los pisos del 22 al 74 del inmueble, hubiera sido el hotel más alto del mundo si el Grand Hyatt de la torre Jin Mao, construido en esas mismas fechas, no le hubiera arrebatado el título.

El Baiyoke ofrece un mirador en el nivel 77 y una plataforma giratoria al aire libre en el piso 84. Por su céntrica posición en la ciudad, es utilizado como reclamo publicitario y, a menudo, se muestra adornado por enormes carteles y pancartas. La esbeltez y el estilo de este gran rascacielos, que parece sacado de las páginas de un viejo cómic futurista, representan el triunfo del diseño tailandés y son muestra del carácter pujante y optimista de Bangkok.

**Abajo**: Las ventanas «perforadas» en la fachada son típicas del estilo posmoderno y el escalonamiento del inmueble recuerda los rascacielos Art Deco, sin embargo la ornamentación dorada es claramente tailandesa.

**Página siguiente**: La torre Baiyoke 2 se yergue detrás de su predecesor, el hotel Baiyoke Suite, diseñado también por el estudio Plan Architects.

304 metros

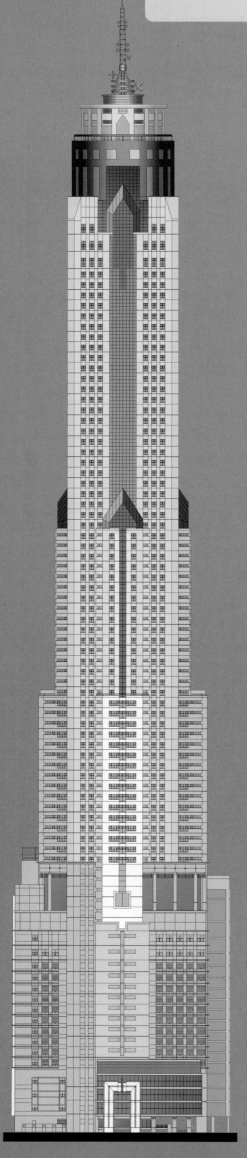

# CITIC Plaza

La torre de oficinas de CITIC Plaza se convirtió en el rascacielos más alto de China en el momento de su finalización, al sobrepasar, en apenas 7 m, al Shun Hing Square. También se convirtió en el edificio con núcleo de hormigón más alto del mundo.

Guangzhou, conocido previamente como Cantón, se halla tierra adentro, remontando el río de las Perlas. Su población ha crecido hasta los seis millones de habitantes, con un área metropolitana que ha doblado su superficie. Si bien hasta la década de 1980 la región era principalmente rural, las nuevas comunicaciones ferroviarias con Hong Kong y Shenzhen, así como la construcción de amplios bulevares y de dos líneas de metro, han contribuido de manera extraordinaria a desarrollar el área. El promotor del CITIC Plaza es la agencia estatal China International Trust and Investment Corporation (CITIC), un organismo que promueve la inversión y la transferencia tecnológica extranjera en el país. La agencia encargó al estudio de Hong Kong Dennis Lau y Ng Chun Man (DLN) el diseño de un complejo de oficinas y apartamentos que resultara impresionante.

La torre del CITIC Plaza se eleva en vertical desde el suelo, donde cuatro pilares enormes ocupan cada esquina y rodean un vestíbulo acristalado de tres plantas de altura. Desde ahí, parte un núcleo octogonal de hormigón, revestido de cristal, que soporta el edificio y que no se vuelve a ver hasta los últimos pisos, de nuevo tras una fachada de cristal. La torre queda rematada por dos puntiagudas estructuras, a modo de antenas, entre las cuales unas letras de neón rojo muestran el nombre de China Telecom. Las oficinas, de planta cuadrada, están recubiertas por completo de cristal reflectante de color azul claro, con bandas horizontales más oscuras en cada piso. Aunque los laterales parecen casi macizos, en realidad son de gran ligereza, con las oficinas superponiéndose unas a otras, sin columnas de soporte, hasta la misma fachada. El inmueble cuenta con treinta y cuatro ascensores y dos montacargas y es tan esbelto que su

391 metros

| Lugar: Guangzhou (Cantón), China | Terminado en: 1997 |
|---|---|
| Altura: 391 m, 80 plantas | Arquitectos: Dennis Lau y Ng Chun Man (DLN) |

achura representa apenas una sexta parte de su altura. Casualmente, su color y sus antenas gemelas recuerdan el Shun Hing Square.

El complejo cubre un solar de 2,3 hectáreas, en el que también se encuentra un gran centro comercial y dos bloques de viviendas de treinta y ocho plantas. Los bloques, de color marrón, resultan más llamativos durante la noche, gracias a la iluminación naranja de sus contornos, y ayudan a resaltar la grandeza de la torre mayor, flanqueándola de forma muy atractiva.

**Izquierda**: Planta, al nivel del vestíbulo, de la torre del CITIC Plaza. Se distingue el muro cilíndrico de cristal instalado detrás de las esquinas.

**Derecha**: Entrada a la torre del CITIC Plaza. El revestimiento oscuro y el amplio voladizo del vestíbulo contrastan con los pisos de encima.

Lugar: Hong Kong, China          Terminado en: 1992
Altura: 374 m, 78 plantas          Arquitectos: Dennis Lau y Ng Chun Man (DLN)

## Central Plaza

Éste fue el primer gran rascacielos del estudio de arquitectura DLN y superó el récord del Banco de China de Hong Kong en 7 m, convirtiéndose, durante cuatro años, en el edificio más alto del mundo fuera de Estados Unidos. El Central Plaza, al igual que el CITIC, se articula en torno a un núcleo de hormigón, aunque inicialmente los ingenieros de Ove Arup habían sugerido una estructura «tubo en tubo» de acero mucho más cara. Este edificio representó la entrada de la arquitectura china en el exclusivo club de los países con superrascacielos.

El tejado piramidal de 102 m, el brillo de su fachada y el fastuoso vestíbulo de mármol del Central Plaza recuerdan el Chrysler de Nueva York, aunque su planta es triangular con esquinas indentadas. La torre parte de una base de diez pisos de altura que se eleva en una vertical perfecta de 57 plantas, con un exterior Art Deco, en el que unas tiras verticales se imponen visualmente sobre las hileras horizontales de las ventanas. Por la noche, muestra una iluminación espectacular animada por figuras como dragones y estrellas proyectadas sobre su pulida superficie. Las plantas superiores, cubiertas por una techumbre dorada de forma piramidal y coronadas por un mástil, acogen la maquinaria del edificio. Las luces de neón de la cumbre cambian de color cada quince minutos. El último nivel del inmueble alberga una iglesia que queda al doble de altura que el templo más alto del mundo hasta ese momento, ubicado en un rascacielos de Chicago de la década de 1920.

**Arriba**: Los bloques residenciales del CITIC Plaza, a los pies de la torre mayor, y la amplia avenida arbolada que lleva hasta ellos aumentan la sensación de grandeza del conjunto.

# Torres Petronas

Por primera vez en 110 años, la tradición de que los rascacielos más altos del mundo estuvieran en América fue rota por estas magníficas torres gemelas erigidas en Malasia. Se convirtieron en el símbolo del país y en la sede de la compañía estatal de petróleo, Petronas.

El arquitecto que se hizo con el proyecto, en 1992, fue Cesar Pelli, uno de los titanes de la arquitectura de rascacielos. Su currículum incluye grandes trabajos, como el World Finance Center y el Carnegie Hall Tower, ambos en Nueva York. Para Kuala Lumpur, la capital de Malasia, Pelli tuvo en cuenta el clima tropical de la región y las costumbres y los gustos de un país mayoritariamente musulmán. Por ello utilizó en el diseño revestimientos de acero inoxidable, resistente a la humedad, y cubiertas en todas las ventanas como protección

| Lugar: Kuala Lumpur, Malasia | Construidas en: 1993-1998 |
| Altura: 452 m, 88 plantas | Arquitectos: Cesar Pelli & Associates |

contra el sol. La inspiración general del diseño provenía, sin duda, de los ricos patrones geométricos de los edificios de Oriente Medio y las torres evocan claramente la forma de los minaretes.

Las torres son idénticas y se elevan desde un podio común que alberga un centro comercial y la sede de la Orquesta Filarmónica de Malasia. Los cimientos alcanzan la profundidad récord de 125 m. A partir de la planta cincuenta, las torres inician una serie de ocho escalones suaves, cada vez más cortos a medida que se acercan al último piso. Los dos edificios, coronados por sendos mástiles que salen de linternas esféricas, están construidos según el principio de las estructuras de tubo en tubo. El diseño estructural quedó en manos de la firma de Nueva York Thornton Tomasetti, que utilizó núcleos de hormigón circundados por dieciséis pilares. Los ascensores son de dos pisos y las torres cuentan con vestíbulos elevados en las plantas 41 y 42. Las columnas determinan la forma de cada planta, en las que se pueden distinguir los muros cortina sobresaliendo entre cada columna, alternadamente como arco o como círculo, y luego en ángulo recto. Todo ello, junto con las sombras horizontales de las ventanas y los escalones verticales, hace que el exterior sea complejo, denso y adornado. Muy diferente de las sobrias torres del World Trade Center.

Cada torre lleva adosada otra torre comparativamente más pequeña y sencilla, que recuerdan los reactores auxiliares de los grandes cohetes espaciales, como describió el escritor Chris Able. Visualmente, dichas torres secundarias casi desaparecen, integradas por completo en el conjunto. Mucho más sorprendente es un elemento que contribuye de manera extraordinaria a dar todavía más personalidad a las torres: a 170 m de altura, un puente de más de 58 m de longitud comunica ambas construcciones en los pisos 41 y 42, lo que permite el paso del público entre las dos torres. El puente reposa sobre unas vigas diagonales que se apoyan en el piso 29. El efecto creado es el de un gran portal encarado hacia el parque adyacente a las torres. Iluminadas de noche, o cuando la luz del sol brilla sobre su acerada superficie, las torres Petronas se pueden contar entre las estructuras más bellas creadas por el ser humano.

Las torres han resultado ser el escenario perfecto para los aventureros del mundo y para filmar películas de acción como *La trampa*, con Catherine Zeta-Jones y Sean Connery. La industria india del cine (Bollywood) no se ha quedado atrás y también se ha aprovechado de la espectacularidad de las torres en más de una ocasión, como por ejemplo en *Ek Rishtaa* (2001) y *Don-The Chase Begins Again* (2006).

452 metros

**Arriba y página siguiente**: No importan las condiciones atmosféricas; las torres Petronas ofrecen siempre un aspecto impresionante, sobre todo de noche. El rascacielos que se encuentra a su lado es el Menara Maxis, de 212 m.

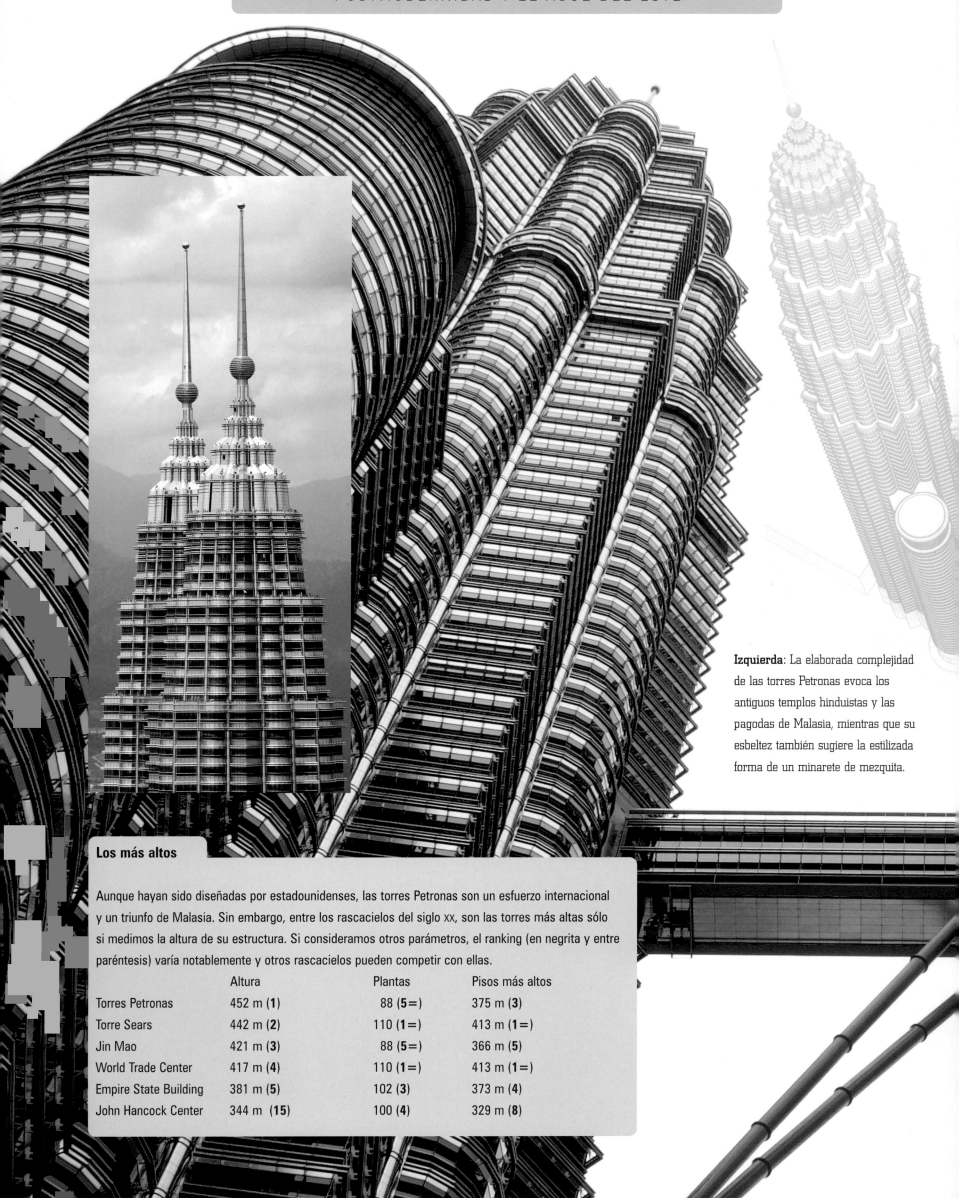

**Izquierda**: La elaborada complejidad de las torres Petronas evoca los antiguos templos hinduistas y las pagodas de Malasia, mientras que su esbeltez también sugiere la estilizada forma de un minarete de mezquita.

## Los más altos

Aunque hayan sido diseñadas por estadounidenses, las torres Petronas son un esfuerzo internacional y un triunfo de Malasia. Sin embargo, entre los rascacielos del siglo XX, son las torres más altas sólo si medimos la altura de su estructura. Si consideramos otros parámetros, el ranking (en negrita y entre paréntesis) varía notablemente y otros rascacielos pueden competir con ellas.

|  | Altura | Plantas | Pisos más altos |
|---|---|---|---|
| Torres Petronas | 452 m (**1**) | 88 (**5=**) | 375 m (**3**) |
| Torre Sears | 442 m (**2**) | 110 (**1=**) | 413 m (**1=**) |
| Jin Mao | 421 m (**3**) | 88 (**5=**) | 366 m (**5**) |
| World Trade Center | 417 m (**4**) | 110 (**1=**) | 413 m (**1=**) |
| Empire State Building | 381 m (**5**) | 102 (**3**) | 373 m (**4**) |
| John Hancock Center | 344 m (**15**) | 100 (**4**) | 329 m (**8**) |

| Lugar: George Town, Penang, Malasia | Construido en: 1995-1998 |
| Altura: 94 m, 21 plantas | Arquitectos: T. R. Hamzah y Yeang |

## Menara UMNO

Mientras se construían las torres Petronas, otra edificación notable estaba cobrando forma en la ciudad de George Town, en la isla estado de Penang (abajo). El edificio es obra del malayo Ken Yeang, uno de los padres del concepto del rascacielos ecológico y bioclimático.

Este bloque de oficinas, con el banco UMNO en su base, se distingue por sus tres grandes aletas. La mayor de ellas alcanza los 82 m. Las aletas son, en realidad «paredes de viento» orientadas para canalizar el aire hacia la zona de balcones de las redondeadas esquinas. Si se ajustan las aberturas, se puede refrescar el interior sin necesidad de aire acondicionado, sistema que representa el mayor gasto de energía en los edificios construidos en zonas de clima cálido. En este caso, el ahorro es del cincuenta por ciento. Los ascensores laterales contribuyen a dar sombra al edificio. Esta humilde, aunque sofisticada torre, fue el primer rascacielos que consiguió aprovechar la fuerza del viento para ahorrar energía (como contraposición al uso de turbinas).

**Abajo**: El puente elevado es uno de los elementos más espectaculares de las torres Petronas. Aunque las torres están abiertas al público varios días a la semana, sólo se permiten 1.300 visitantes diarios, por lo que no resulta fácil conseguir una entrada.

# Torre Jin Mao

Esta torre estableció a China como una superpotencia de los rascacielos más que ningún otro edificio erigido anteriormente en el país. Al igual que las torres Petronas, resulta una brillante síntesis del diseño y de la ingeniería occidental con los motivos ornamentales de Oriente. La torre Jin Mao es el mayor rascacielos de la China continental y alberga el hotel más alto del mundo.

En 1992, el líder chino Deng Xiaoping concedió a la ciudad de Shanghái una serie de incentivos especiales para estimular su estancada economía. El barrio de Pudong, en la ribera derecha del río Huangpu, todavía era rural cuando se construyó el simbólico edificio de la torre Perla Oriental, y poco después se convirtió en el lugar del mundo con más edificios en construcción. En 1993, un grupo de varias corporaciones chinas, conocidas ahora con el nombre de «Jin Mao Group», encargaron a Adrian Smith, del prestigioso estudio SOM de Chicago, la construcción de un edificio extraordinario.

La estructura consiste, esencialmente, en dos torres, una encima de otra; la primera llega hasta los cincuenta pisos de altura y se trata de un edificio de planta cuadrada de donde surge otro de planta octogonal. Debido a la blandura del suelo arenoso, todos los rascacielos de la zona necesitan cimientos muy profundos, y los de la Jin Mao consisten en una gran caja impermeable de hormigón

421 metros

sobre una losa de casi 4 m de espesor, que reposa sobre pilotes de cemento hundidos 83 m en el arenoso subsuelo. Otra particularidad local que no se puede ignorar son los tifones. Para aguantar vientos de 200 km/h, el edificio cuenta con una impecable ingeniería de «tubo en tubo», en la cual el núcleo central de hormigón se une a ocho enormes pilares perimetrales a través de grandes tirantes, en tres niveles diferentes (pisos 26, 51 y 83). Más sorprendente todavía es que el núcleo central, en lugar de estar ocupado con ascensores y otros equipos de mantenimiento, queda limpio por dentro y se convierte en un altísimo vestíbulo que deja boquiabiertos a los visitantes. El edificio, coronado por un pináculo de estructura compleja, presenta un exterior abigarrado, que está revestido de cristal, acero inoxidable, granito y láminas de aluminio. La coronación sugiere un brote de loto y el escalonamiento en dieciséis secciones recuerda una pagoda china con el piso superior de cada sección en ligero voladizo.

Adrian Smith, a la sazón en la oficina de SOM en Chicago, concibió el proyecto inspirándose en las pagodas chinas y en el ritmo de sus tejados escalonados. Asimismo, trató de conseguir una «textura» que sugiriera los enormes andamios de bambú que se podían ver por toda China.

La parte inferior del edificio es magnífica, con un centro comercial de seis plantas, un salón de conferencias, una sala de conciertos y varios clubs nocturnos. Pero es el hotel que ocupa de la planta 53 a la 87 lo que resulta sencillamente increíble. En la planta 57, se puede disfrutar de la piscina más alta del mundo y sobre este nivel se eleva un vestíbulo de 115 m de alto y 28 m de ancho. Este vestíbulo o atrio presenta balcones dorados en espiral, todos en voladizo, que se elevan dentro de este gran tubo hueco hasta una altura sin parangón. El bar más alto del mundo se halla en el piso 87, y en el 88, el último piso oficial, hay un mirador. El ocho es el número de la suerte y por eso el edificio cuenta, «oficialmente» con 88 pisos, aunque en realidad tiene otras cinco plantas por encima.

Antes de la llegada del comunismo, Shanghái era la capital comercial de China. En la orilla izquierda del río, todavía se pueden encontrar edificios coloniales Art Deco, interesantes edificios comerciales y una vida nocturna tremendamente activa, que parecen recordar esa época de intercambio activo entre Oriente y Occidente que Shanghái representaba. «Jin Mao» significa *lujo dorado*, y el edificio ahora parece simbolizar la tradición de esta vibrante mezcla de culturas.

| Lugar: Shanghái, China | Construido en: 1994-1998 |
|---|---|
| Altura: 421 m, 88 plantas | Arquitectos: Skidmore, Owings y Merrill (SOM) |

**Arriba**: La bandera china ondea a los pies de la torre Jin Mao, edificación que por sí sola representa la pujanza económica del país.

**Derecha**: Los rascacielos más destacados de Pudong, como la torre Jin Mao, están a cierta distancia de sus vecinos, aunque se comunican gracias a las nuevas vías, en contraste con los apelotonados bloques que se ven detrás de él, que son principalmente residenciales. El edificio contiguo a la torre alberga comercios y otras instalaciones.

**Abajo**: El espectacular vestíbulo del hotel Grand Hyatt, dentro del Jin Mao, presume de un impresionante balcón interior en espiral de 34 pisos de altura y 28 m de diámetro. El vestíbulo del Burj Dubai es más alto, pero el del Jin Mao empieza más arriba, en la planta 53.

**Abajo**: Durante su estancia en el estudio SOM de Chicago, Adrian D. Smith diseñó el Burj Dubai. Posiblemente el principal arquitecto americano de rascacielos, hoy dirige su propio estudio junto a Gordon Hill. Su ilusión es diseñar un rascacielos con gasto energético cero.

# Burj Al Arab

Dubái irrumpió de forma espectacular en el mundo de los rascacielos con este extraordinario edificio con forma de vela. Se trata de la estructura hotelera más alta del mundo: la torre de los árabes o Burj Al Arab.

Dubái, cuya reserva petrolífera es considerablemente menor que la de los estados colindantes, fue el primer estado del Golfo que trató de diversificar su economía. La construcción del Burj Al Arab fue un encargo del emir de Dubái, el jeque Mohammed ben Rashid Al Maktoum. El diseño es del arquitecto Tom Wright, de la compañía británica W. S. Atkins, que se ha convertido en uno de los principales arquitectos de algunos edificios excepcionales en los Emiratos Árabes Unidos. El hotel está construido en una isla artificial, a 280 m de la costa. Para su construcción, se comenzó a ganar terreno al mar en 1994, y los pilares de sujeción del edificio se colocaron a 39 m por debajo del fondo marino.

Básicamente, la estructura se asienta sobre un armazón de enormes columnas de acero, una casi vertical y dos curvadas, que se unen a una altura de 265 m. El edificio se eleva sobre una planta en forma de V, con tres niveles de vigas horizontales y tirantes entre ellas.

| Lugar: Dubái, Emiratos Árabes Unidos | Construido en: 1996-1999 |
|---|---|
| Altura: 321 m, 60 plantas | Arquitectos: W. S. Atkins Design |

Desde el golfo, se puede ver un restaurante ubicado sobre una estructura suspendida de forma elíptico-cilíndrica, situada a 190 m. Al otro lado, por encima de la línea de los tejados, un helipuerto de 24 m de diámetro queda también en audaz voladizo, a 210 m de altura. Desde abajo, recuerda la nave Enterprise. Dentro del armazón exterior, se halla un edificio de hormigón armado que alberga el hotel. Por el lado de tierra firme, una enorme superficie curva de fibra de vidrio recubierta de teflón recuerda un *spinnaker,* o vela globo, y sirve de pantalla para los espectáculos de luces.

El hotel es asombrosamente opulento. Está catalogado como hotel de siete estrellas, aunque la clasificación normal sólo llega a cinco. Los sesenta pisos están ocupados, casi en su totalidad, por 202 suites en 28 niveles de doble altura y con habitaciones para el servicio. En el nivel 25, se encuentra la Suite Royal, con cine privado. En el 18, el

**Abajo y página siguiente:** El Burj Al Arab se asienta sobre una isla artificial. El agua que rodea el edificio recalca su similitud con la vela de un barco.

321 metros

Spa Assawan y el gimnasio con piscina de estilo neoegipcio. Toda la decoración es extravagante y rica en azules y dorados, pero lo más extraordinario es el atrio, que se encuentra detrás de la estructura de la «vela». Con sus 182 m, resulta el más alto del mundo y presenta lujosos balcones a ambos lados, así como un surtidor de agua que se eleva hasta los 50 m. A nivel del suelo, hay un acuario de dos pisos y por debajo, otro restaurante con una galería transparente «sumergido» bajo el acuario.

Junto a otros proyectos, entre los que se incluyen las angulares torres Emirates (un edificio de oficinas de 356 m y un hotel de 308 m), el Burj Al Arab colma los deseos del jeque Mohammed de desarrollar una serie de proyectos a escala mundial. Este hotel representa una fantasía futurista para los millonarios. Sin duda alguna, ofrece una imagen exclusiva de Dubái al resto del mundo.

**Abajo**: Los espacios interiores del Burj Al Arabson son de una opulencia surrealista que refleja las siete estrellas de las que el hotel presume. Las fuentes refrescan el altísimo vestíbulo (182 m), el oro adorna las columnas y los techos en azul de los balcones ofrecen un cielo artificial.

## Los hoteles más altos

El Burj Al Arab es el hotel más alto del mundo, pero hay plantas de hotel a mayor altura en algunos rascacielos de uso mixto. En esta lista se reflejan las plantas de hotel y los hoteles más altos del mundo.

- Sherry Netherland, Nueva York (1927) –38 plantas
- Waldorf Astoria, Nueva York (1931) –47 plantas
- Westin Peachtree Plaza, Atlanta (1976) –73 plantas
- Swissotel The Stamford, Singapur (1986) –76 plantas
- Hotel Yokohama Royal Park, en la torre Landmark, Yokohama –plantas 49-70
- Hotel Ryugyong, Pyongyang, Corea del Norte –105 plantas, inacabado (1995)
- Hotel Baiyoke Suite, Bangkok –plantas 22-74
- Grand Hyatt Shanghai en la torre Jin Mao –plantas 53-87
- Gran Hotel Bali, Benidorm, España (2002) –52 plantas, el más alto de Europa
- Rose Rotana Suites, Dubái (2007) –72 plantas
- Ritz Carlton en el International Commerce Centre, Hong Kong (apertura prevista en 2010) –plantas 103-108

Lugar: Dubái, Emiratos Árabes Unidos      Terminado en: 1997

Altura: 125 m, 20 plantas                 Arquitecto: Carlos Ott

## Edificio del Banco Nacional de Dubái

El Burj Al Arab no fue el primer rascacielos de Dubái que emuló la forma de una vela. Carlos Ott, el gran arquitecto uruguayo que diseñó la Ópera de la Bastilla en París, fue el responsable del primer rascacielos de referencia de Dubái (abajo), que no se encuentra en la moderna zona de la Sheikh Zayed Road, sino en el antiguo distrito comercial en Deira.

Los pisos de oficinas se sostienen entre dos núcleos revestidos de granito que se elevan desde un pedestal de dos pisos. Esta zona del bloque alberga un banco y el Dubai's Pearl Museum. El pedestal queda cubierto por un dosel curvado que se sitúa entre estos dos núcleos. Entre el pedestal y las oficinas, situadas tras una fachada ligera de cristal bronceado, queda un hueco abierto. La fachada ligera que da al Dubai Creek es convexa, alcanza la cúspide por encima de los núcleos y se curva en un arco que simula la vela de un barco tradicional árabe. A pesar de la eclosión de algunas torres en Dubái con más del doble de altura, la oficina central del Banco de Dubái continúa siendo un símbolo gracias a su situación geográfica y a su forma limpia y abstracta.

# Condé Nast Building

La energía en Estados Unidos es más barata que en Europa, por lo que los constructores estadounidenses nunca se preocuparon demasiado por diseñar rascacielos energéticamente eficientes, más caros de construir. En un país en el que durante la década de 1990 mucha gente todavía negaba el calentamiento global, hacía falta valor y visión de futuro para edificar la primera torre ecológica, y más con un coste de quinientos millones de dólares.

Fue la compañía Durst la encargada de construir este inmueble, el primero para oficinas de alquiler en Manhattan que se construía en una década. Este hecho anticiparía la regeneración del área de Times Square, a la sazón bastante estancada, puesto que ponía en el mercado 149.000 m² de espacio de oficinas. Sus credenciales ecoló-

| Lugar: Nueva York, EE. UU. | Construido en: 1996-1999 |
| --- | --- |
| Altura: 247 m, 48 plantas | Arquitectos: Fox y Fowle |

gicas deberían ser un atractivo para los inquilinos potenciales. El edificio lleva el nombre de su ocupante principal: la prestigiosa editorial de revistas internacionales Condé Nast.

El acero necesita un consumo de energía cinco veces mayor que el del hormigón para su fabricación, por lo que se limitó el uso de este material en el edificio en la medida de lo posible y en el núcleo sólo se comenzó a usar a partir del piso veinte. La fachada oeste de la torre mira hacia Times Square y por eso se instaló en una esquina del edificio una gran pantalla luminosa curva, de siete pisos de altura, que continuamente muestra información del mercado de valores conocido como NASDAQ. Por detrás de esa pantalla y de varios arcos situados en la parte inferior del rascacielos, la fachada de acero y cristal de baja emisión se eleva formando pequeños escalonamientos. La esquina sudoeste es redondeada y algunas partes de las fachadas este y oeste están revestidas en piedra hasta la planta cuarenta. En el tejado de la torre, se encuentran varias células fotovoltaicas que contribuyen, modestamente, al ahorro energético del edificio. Otras medidas relativas al medio ambiente son: la clasificación de los residuos para su posterior reciclado, las células de combustible o los sistemas especiales de circulación de aire. Esto significa un ahorro del diez al quince por ciento de combustible. En el piso cuarenta, hay un café con decoración en titanio, obra de Frank Gehry, el arquitecto del Guggenheim de Bilbao. La corona del edificio es una compleja amalgama de casetas redondeadas para la maquinaria, grandes carteles publicitarios en voladizo y estructuras de acero. Tras la pérdida de las torres gemelas, se instaló sobre el edificio una antena de 109 m, consiguiéndose un altura total de 348 m. Los mismos arquitectos, Fox y Fowle diseñaron también el edificio Reuters en el 3 de Times Square, de 169 m y bastante más curvo.

El Condé Nast no es elegante, ni escultural, ni esbelto, sino más bien un ejemplo de deconstructivismo, aderezado con un eclecticismo considerable. Mezcla diferentes estilos postmodernos, que van desde el High-tech hasta el historicismo, además de incluir grandes carteles luminosos. Así, se relaciona e imbrica con el entorno arquitectónico al que pertenece: las luces de neón del Times Square, la fachada de piedra de los elegantes rascacielos clásicos de los alrededores e, incluso, las antenas del Empire State. Pero lo más importante es que representa el primer rascacielos ecológico de Estados Unidos.

**Izquierda y página siguiente:** El Condé Nast muestra su exterior variopinto, que incluye cristal, enormes carteles de anuncios y una pared «monitor» curvada.

247 metros

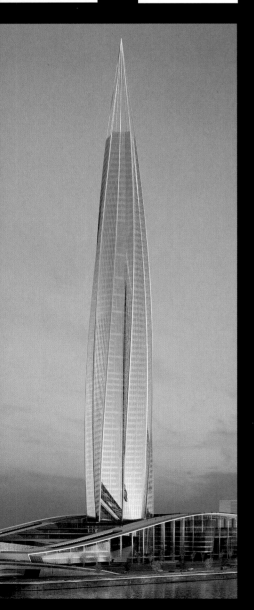

# EL NUEVO MILENIO

Un acontecimiento histórico relacionado con los rascacielos cerró el agitado siglo xx; la destrucción de las torres gemelas del World Trade Center, llevada a cabo por terroristas islámicos el 11 de septiembre de 2001, demostraba de forma terrible la identificación de los rascacielos con el poder globalizado. La consecuencia inmediata fue el replanteamiento de la robustez estructural de los rascacielos y de sus sistemas de evacuación. Desde aquel día, se adoptó como estándar el diseño de paredes contraincendios y pisos refugio.

Hoy en día, ya no es Norteamérica el único lugar del mundo con rascacielos: Dubái, Shanghái, Hong Kong y otras ciudades asiáticas parecen dominar el ranking, aunque Chicago está reviviendo su tradición de forma espectacular. Los superrascacielos (de más de 300 m) suelen construirse por la búsqueda de prestigio más que por la necesidad de espacio. Muy pronto, India y Brasil querrán seguir a China y presumir de su crecimiento económico con algún superrascacielos. Incluso algunas ciudades europeas están creciendo hacia arriba a pesar del conflicto existente entre estas grandes construcciones y los barrios históricos. Curiosamente, arquitectos europeos como Foster, Calatrava, Piano y W. S. Atkins gozan del prestigio internacional que antes estaba reservado a los estudios norteamericanos como SOM, Pelli y KPF.

El terrorismo es una grave amenaza, pero el calentamiento global lo es mucho más. Numerosos rascacielos se hallan en ciudades costeras, y una subida del nivel del mar los pondría en peligro. El hábitat construido es el responsable del cincuenta por ciento de las emisiones de dióxido de carbono y, si en el año 2007, casi la mitad de la población mundial vivía en ciudades, ahora el porcentaje está aumentado de manera espectacular en los países en desarrollo. Los residentes de Hong Kong hace mucho tiempo que saben que los edificios altos son la única forma de poblar lugares donde el terreno es un bien escaso, por eso vivir y trabajar en rascacielos se convertirá en algo normal.

El diseño de los rascacielos tendrá que ser sostenible. Para conseguir este propósito, algunos edificios se plantean de acuerdo con estándares que ya existen en varios países, como el BREEAM del Reino Unido, el LEED de Estados Unidos, el GreenStar de Australia, el HQE de Francia y otros. Los programas informáticos permiten diseños en voladizo, en espiral y de tipo biomórfico, que son las señas de identidad de los estilos arquitectónicos actuales. Pero la informática llegará más lejos e incorporará factores como el coste energético de los materiales, las condiciones atmosféricas y el consumo de energía del edificio. Posiblemente, estos programas representarán un cambio tan revolucionario como lo fue la transición de la mesa del delineante al CAD.

En la actualidad, se están construyendo ciudades cuya actividad no emite dióxido de carbono en Dongtan y Shanghái (China), así como en Masdar (Abu Dhabi). Pero ¿es posible construir un rascacielos de emisión cero? En Guangzhou, China, ya lo están intentando.

# Kingdom Center

| Lugar: Riad, Arabia Saudí | Construido en: 1999-2003 |
|---|---|
| Altura: 302 m, 41 plantas | Arquitecto: Ellerbe Becket |

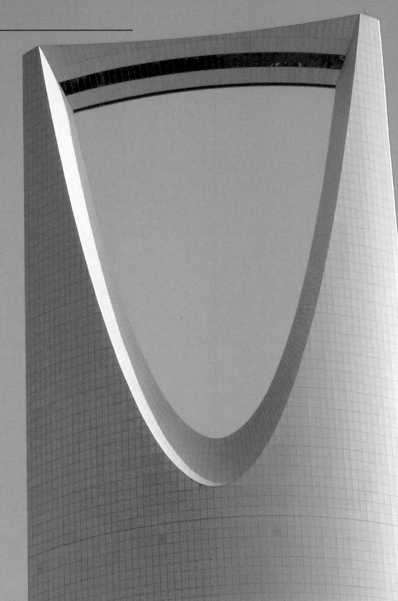

Sobre Riad, la enorme y plana capital de Arabia Saudí, se yerguen dos monumentales rascacielos sorprendentemente espectaculares en una ciudad que no se caracteriza por sus edificios. Cada uno de ellos es el proyecto personal de un príncipe diferente. El edificio Al-Faisaliah Center fue el primer rascacielos de la capital, el Kingdom Center, todavía más alto, le siguió poco tiempo después.

El príncipe Al Walid ben Talal ben Abdulaziz Al Saud decidió crear un edificio en Riad que tuviera el valor iconográfico de la torre Eiffel de París. Los ganadores del concurso internacional convocado por el príncipe fueron los arquitectos Ellerbe Becket y Scott Berry, de Minneapolis, que se pusieron a la cabeza de varios equipos de especialistas de veinte países. El diseño fue una excepción a la norma urbanística que prohíbe construir sobre los treinta pisos en la capital.

La construcción se llevó a cabo a gran velocidad para cumplir con el objetivo de levantar un piso por semana y, así, se cubrieron aguas en enero de 2001. El edificio contiene oficinas, un hotel, apartamentos y las mayores oficinas bancarias de Riad. Se inauguró en 2003.

La torre se asienta sobre un edificio que hace de pedestal. En esta zona, se encuentran unos grandes almacenes y un centro comercial. Debido a la segregación de sexos de la sociedad saudí, existen dos grupos de rampas de acceso al edificio; unas para hombres y otras para mujeres. Estas últimas disponen de un piso de tiendas exclusivo, por donde se pueden mover las mujeres sin necesidad de llevar el velo. La torre está revestida por una suave «piel» reflectante de cristal de baja emisión que cubre 85.000 m² de superficie, pero es su silueta lo que la hace realmente diferente. La torre es esbelta y elegante, de planta elíptica, con pisos que llegan hasta los 200 m. A partir de esta altura, se divide en dos brazos y deja un hueco elíptico en medio. En la parte superior, se puede observar un espectacular puente de 56 m. Las gráciles formas de la parábola se vuelven mágicas con la cambiante iluminación que recibe todas las noches.

En el año 2002, el Kingdom Center ganó el premio Emporis al mejor rascacielos del mundo. Aunque tal vez recuerda a un abrebotellas gigante, las formas esculturales de su suave geometría le confieren una elegancia única.

**Derecha**: El Kingdom Center es el rascacielos más alto de Arabia y domina el horizonte de Riad. Un puente de 330 toneladas une la parte superior del hueco parabólico y se ha convertido en una de las mejores atracciones turísticas de Riad.

302 metros

**Abajo**: El Al-Faisaliah Center fue el primer rascacielos de Riad. Se dice que la esfera dorada que lo culmina está inspirada en un bolígrafo. El edificio sobrepasa en tres pisos el límite urbanístico de treinta plantas de la capital.

| | |
|---|---|
| Lugar: Riad, Arabia Saudí | Construido en: 1997-2000 |
| Altura: 267 m, 33 plantas | Arquitectos: Foster & Partners |

### Al-Faisaliah Center

El primer rascacielos de Riad fue concebido, en 1992, por el príncipe Bandar ben Saud ben Khalid Al Saud, director de la King Faisal Foundation, que encargó la torre para el grupo empresarial Al Faisaliah. La noche de su inauguración, en medio de un festival de luces y fuegos artificiales, asistió una muchedumbre de curiosos, poco acostumbrados a los estímulos visuales de esa categoría. El centro comercial adyacente representó, asimismo, toda una novedad en la capital.

La torre descansa sobre una losa de hormigón de 6.000 m³ y queda en diagonal con la cuadrícula de las calles. El diseño de Foster, con ingeniería de Buro Happold, muestra su estructura en el exterior: una estructura en tensión formada por cuatro pilares ligeramente curvados, que crean una especie de pirámide. Cuatro grupos de tirantes, a diferentes alturas, mantienen el conjunto estrechamente unido y distribuyen las cargas. Entre los tirantes, se distinguen tres secciones de oficinas y apartamentos alrededor de un núcleo octogonal. Sobre la última sección construida, se iba a dejar un espacio vacío, a excepción de una linterna en forma de diamante colocada en el vértice superior. Sin embargo, el príncipe Bandar quería algo especial allí, de forma que Foster le diseñó una esfera geodésica de acero de 24 m de diámetro revestida de cristal dorado. Además, se construyó un restaurante y un mirador de tres pisos, todo ello, por encima del límite oficial de treinta plantas. En la entrada, se plantaron palmeras para aminorar los efectos de los remolinos de viento que la fachada puede provocar.

El clima de Riad es extremado y, aunque a los saudíes no les preocupe mucho el ahorro de energía, el edificio puede congelar con escaso gasto energético 55 toneladas de agua por la noche para refrescar el edificio durante el tórrido día (50 ºC). Un sistema de persianas móviles da sombra a cada piso, y la fachada puede resistir las brutales tormentas de granizo del desierto.

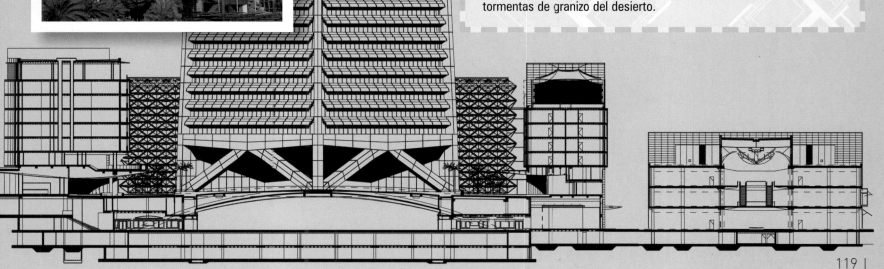

# Shanghai World Financial Center

Lugar: Shanghái, China          Construido en: 1997-2008
Altura: 492 m, 101 plantas          Arquitectos: KPF Associates

En la actualidad, el SWFC es el rascacielos más alto de Shanghái y el tercero del mundo. Sus formas pulidas y suaves, de elegantes curvas, contrastan vivamente con la silueta de su vecina, la torre Jin Mao.

Este complejo multiuso, de mil millones de dólares, ofrece 381.600 m² de espacio útil. La base de la torre queda bajo tierra y alberga un jardín subterráneo que permite refugiarse del ruido y de la contaminación de la superficie. El pedestal de cinco pisos acoge un gran centro comercial y salas de conferencias. El diseño es de William Pedersen, uno de los mejores arquitectos norteamericanos, y la ingeniería quedó a cargo de Leslie Robertson. Las oficinas ocupan el inmueble hasta la planta 77. Dos pisos más arriba y hasta el 93, el espacio está ocupado por un hotel. Entre las plantas 28 y 29 y la 52 y 53, hay unos vestíbulos elevados. Los pisos se inician con una planta rectangular entre un núcleo octogonal y las cuatro megacolumnas perimetrales de acero y hormigón. La estructura se refuerza con tirantes diagonales cada doce pisos y abrazaderas alrededor de la construcción, y queda oculta tras los muros cortina construidos con un pulido cristal reflectante. La elegancia de su perfil se debe a la forma en que dos de las grandes columnas opuestas se dividen al alcanzar los 100 m de altura, creando seis fachadas curvadas de gran elegancia que se estrechan en la parte superior. En la planta 94 hay una gran plaza pública al aire libre y en la 97, un mirador. Las columnas de las esquinas se unen a las divididas, que suben separadas hasta formar dos agujas finales, unidas por la parte superior en el puente que corona el conjunto. En la planta cien, la última, hay otro mirador, y es el más alto del mundo.

Los cimientos se comenzaron a excavar en 1997, pero el consorcio japonés que estaba financiando la obra, una sociedad liderada por la corporación Mori, se vio afectado por la crisis bancaria asiática y tuvo que parar los trabajos. La obra quedó en suspenso hasta el año 2003 y, en ese tiempo, Mori modificó el proyecto. La altura de 450 m se aumentó hasta 492 y el original hueco circular de la parte superior adquirió la forma que tiene ahora, parecido al del Kigdom Center de Riad pero sin la caída parabólica. La forma actual es tan elegante como el círculo y además permite que el edificio disponga de varios miradores. Aunque el SWFC sitúa a la torre Jin Mao en un segundo plano, no cabe duda de que ambos realzan el espectacular grupo de edificios de Lujiazui, en el distrito de Pudong. Sin embargo, el estudio SOM está diseñando una torre de 580 m que se construirá junto a estos dos edificios. No hay duda de que este futuro gigante será el nuevo «rey» de la ciudad.

492 metros

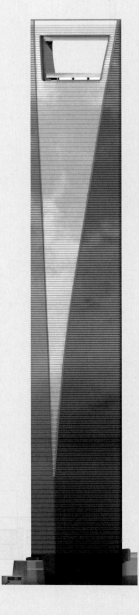

**Derecha**: El diseño original del SWFC se modificó posteriormente.

**Arriba y página siguiente**: La torre SWFC y la Jin Mao dominan el paisaje del distrito de Pudong, a orillas del río Huangpu.

**Abajo**: Las enormes columnas perimetrales del Shanghai World Financial Center son claramente visibles durante su construcción.

| Lugar: Shanghái, China | Construido en: 2001-2006 |
| --- | --- |
| Altura: 247 m, 60 plantas | Arquitectos: Ingenhoven Architects, Düsseldorf |

## Shimao International Plaza

La ciudad vieja de Shanghái queda en la zona de Puxi, un conjunto de barrios situados en la orilla oeste del río Huangpu. También aquí el edificio más alto es un diseño de los noventa cuya construcción acabó retrasándose. El estudio Ingenhoven de Düsseldorf ganó el concurso internacional para diseñar el Wang Shiang International Plaza, en 1995. Esta populosa zona es muy diferente de Pudong y el Wang Shiang se iba a construir en la calle más comercial de la ciudad: la carretera de Nanjing. El diseño (abajo) es básicamente una gran estructura de planta triangular y tirantes en diagonal. Las líneas verticales e inclinadas definen la silueta de este rascacielos de culminación biselada. Esta disposición angular recuerda al Banco de China, obra de Pei, que también está rematado por dos grandes mástiles pero, en este caso, los muros cortina entre las grandes columnas no son reflectantes.

La construcción se inició, finalmente, en el año 2001, con un nuevo nombre y una nueva compañía a cargo del proyecto, la firma Shimao. En lo referente a la ingeniería, la East China Design & Research Institute Company sustituyó a Ingenhoven. Los nuevos promotores aumentaron la altura de las antenas hasta alcanzar exactamente un tercio de kilómetro. El complejo, con un coste de 415 millones de dólares, ofrece 170.000 m² de espacio. La mayor parte del edificio está ocupada por el hotel Royal Méridien Shanghai, con 48 plantas y 770 habitaciones, organizadas según los principios del Feng Shui.

# Taipei 101

La torre Taipei 101 se convirtió en el rascacielos más alto del mundo como resultado de un cambio de última hora. El plan original de sus promotores, la Taipei Financial Center Corporation, era el de una torre de oficinas de sesenta plantas con dos bloques de veinte plantas adyacentes, en el distrito de Xin-Yi. Pero el alcalde de Taipéi pidió al arquitecto C. Y. Lee que introdujera toda la superficie de las oficinas (200.000 m²) en una sola torre mucho más alta. Las autoridades de aviación, por razones obvias, se opusieron inicialmente a que tuviera tal altura, aunque el verdadero inconveniente lo representaba una falla geológica que quedaba a tan sólo 200 m del lugar designado.

Los primeros veinticinco pisos forman una pirámide truncada, con apenas cinco grados de inclinación, sobre la cual se apilan ocho secciones de pirámides, de ocho pisos de altura, también truncadas pero invertidas. La inclinación de siete grados de estas secciones ayuda a disminuir la exposición solar. En los pisos superiores, once en total, se encuentra el amortiguador más grande del mundo y por encima, una aguja de 60 m. Los ingenieros de Thornton-Tomasetti, que ya habían trabajado con Cesar Pelli en el diseño de un rascacielos similar de 610 m, que no llegó a construirse, se unieron al estudio local Evergreen para diseñar el Taipei 101.

Para los cimientos, se hundieron 350 pilares a 80 m de profundidad. El edificio es de acero estructural pero cuenta con columnas de tubo de acero relleno de hormigón hasta la planta 62. Tras las fachadas, se ocultan unos colosales pilares que, si bien inicialmente presentan una ligera inclinación, a partir de la planta 26 se elevan en vertical, separados 22,5 m unos de otros. El perímetro está reforzado por abrazaderas cada ocho plantas y las columnas perimetrales se conectan con la estructura principal, por medio de tres grupos de tirantes, en las plantas 9, 19 y 27. La normativa local obliga a que un edificio pueda soportar terremotos de los que puedan producirse cada 950 años. Sin embargo, esta torre sobreviviría ante un temblor de los que pueden darse cada 2.500 años.

De hecho, tras un terremoto ocurrido en 2002, se desplomó una grúa del edificio y mató a cinco personas. La estructura, sin embargo, resultó incólume, aunque la obra se retrasó tres meses. Se cubrieron aguas, a 449 m, en julio de 2003 y el presidente de Taiwán, Chen Shui-Bian, y el alcalde de Taipéi inauguraron el 31 de diciembre de 2004 la torre, cuyo coste ascendió a 1.700 millones de dólares.

La fachada es de cristal de dos capas y en cada piso hay habitaciones refugio contraincendios y pasillos presurizados para evitar la entrada de humo. En los pisos más altos, hay balcones diseñados como

| Lugar: Taipéi, Taiwán | Construido en: 1999-2004 |
|---|---|
| Altura: 509 m, 101 plantas | Arquitecto: C. Y. Lee |

refugio. El restaurante Diamond Tony's ofrece sus menús en el piso 85 y hay dos miradores en las plantas 89 y 91. El piso más alto queda a 439 m, por lo que supera a la torre Sears en 26 m y a las torres Petronas todavía más holgadamente. De sus 48 ascensores, 34 son de dos pisos y llevan a sus ocupantes hasta los vestíbulos elevados en los pisos 35/36 y 59/60. Los dos ascensores exprés, aerodinámicos y presurizados, baten el récord mundial de velocidad moviéndose a casi 60 km/h. Fueron diseñados por Toshiba para acceder a la planta 89.

509 metros

## Malas vibraciones

La Taipei 101 pesa 700.000 toneladas, de las cuales, 106.000 corresponden a la estructura de acero. Una compañía mixta de Japón y Taiwán suministró el acero estructural y lo transportó en unidades de 95 toneladas desde los altos hornos, situados a 350 km.

La torre Taipei 101 cuenta con tres amortiguadores para protegerse de los tifones. El principal reduce las vibraciones en un treinta y tres por ciento y consiste en una bola de acero, de 660 toneladas y 6 m de diámetro, suspendida por cables dentro de una jaula. Ocho amortiguadores hidráulicos, alrededor de la bola, absorben sus movimientos. Para que, en caso de terremoto, la bola no oscile de manera peligrosa, otro sistema de pistones adicional, situado en el piso 88, evita que se desplace más de un metro. En el pináculo superior, otros dos amortiguadores de masa, con un peso de siete toneladas cada uno, evitan las oscilaciones de la antena.

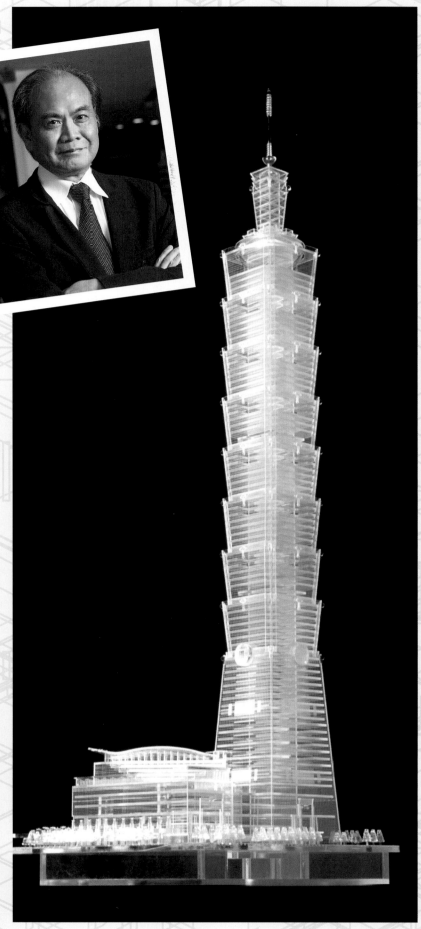

**Izquierda**: La torre Taipei 101, con las colinas de la capital al fondo, domina majestuosamente todo su entorno.

**Arriba**: Un modelo informático de la Taipei 101 evidencia su estilo inspirado en una pagoda. Adosado a la torre, se encuentra un centro comercial de seis pisos.

**Foto**: El principal arquitecto de Taiwán, C. Y. Lee, nació en China continental y estudió en la Universidad Nacional de Cheng Kung, Taiwán, y en Princeton, Estados Unidos, donde obtuvo su máster.

Tanto C. Y. Lee como su socio C. P. Wang estudiaron en Norteamérica. Su filosofía consiste en unir armoniosamente la arquitectura china con la occidental y el pasado con el presente. La torre Taipei 101 es rica en elementos chinos, muchos de ellos fruto de los consejos de especialistas en Feng Shui, mientras que otros son más folclóricos, como los enormes discos que simbolizan las monedas de la buena suerte en los negocios y que adornan las fachadas. Tanto los pisos como las secciones del edificio se dividen en grupos de ocho, el número chino de la buena suerte. En general, la torre puede evocar la forma escalonada del techo de una pagoda, aunque también sugiere la forma de los brotes del bambú. Todo esto convierte a la torre en el primer rascacielos importante del mundo que no tiene nada de occidental. Hasta que se termine el Burj Dubai, esta magnífica torre reinará con mérito propio sobre el resto de los rascacielos del mundo.

**Arriba**: Perfil del Taipei 101 recortado ante el sol crepuscular.

**Arriba**: El Taipei 101 está lleno de elementos simbólicos, como estos enormes discos que representan las monedas de la suerte.

**Derecha**: Los espacios interiores, como los de este centro comercial, revelan una estupenda síntesis entre el diseño chino y el occidental.

Lugar: Kaohsiung, Taiwán
Altura: 348 m, 85 plantas
Construido en: 1994-1997
Arquitecto: C. Y. Lee

## Torre Tuntex

La torre Taipei 101 no fue el primer rascacielos espectacular del arquitecto
C. Y. Lee. En el puerto de Kaohsiung, la segunda ciudad de Taiwán, su estudio
ya había diseñado la torre Grand 50, de 222 m, terminada en 1992. La torre
Tuntex (derecha) presenta la forma del carácter chino *kao,* que significa
«alto» y que es también la inicial del nombre de la ciudad. La torre se conoce
por el nombre de sus promotores, aunque los ciudadanos de Kaohsiung la
han bautizado como la «85 Skytower» Este rascacielos se eleva desde un
pedestal de once pisos, que contiene los almacenes Chien-Tai Daimaru, de siete
plantas, y un parque de atracciones que ocupa los tres pisos superiores.

Sobre las dos torres cuadradas de 38 pisos de oficinas y apartamentos
que surgen del pedestal, se asienta una tercera torre. Este bloque forma
un puente sobre las otras dos estructuras y deja un impresionante hueco de
80 m de altura. Esta torre superior alberga el hotel Grand Formosa Kaohsiung
y, para muchos, los elementos principales del conjunto sugieren una partida
de Tetris que va por la mitad. Los ascensores para llegar a los miradores del
piso 75 alcanzan velocidades de 10 m/s, y por encima de este piso se puede
disfrutar de un pequeño balneario, varios restaurantes, un club y una disco-
teca. A partir de la planta 80, se encuentran los equipos de transmisión.
El rascacielos está coronado por una pirámide y una antena que elevan
la altura total del edificio hasta los 378 m.

El historicismo de esta torre, la variedad de sus fachadas y sus elementos
decorativos la convierten en un edificio verdaderamente notable. Se trata de
una obra posmoderna que por sus peculiaridades regionales se aleja de los
edificios occidentales. Si se hubiera construido en Hong Kong o en Shanghái,
sería famosa en todo el mundo. La fama mundial le llegaría a su creador, de
todas formas, gracias a su obra más conocida, la torre Taipei 101.

# Two International Finance Centre

El edificio 2IFC, como se le conoce, puede presumir de ser el más alto de Hong Kong hasta que se termine el International Commerce Centre, ahora en construcción. Ambos rascacielos se encontrarán frente a frente, cada uno a un lado del puerto de Victoria, una amplia bahía situada entre el continente y la isla de Hong Kong. Este esbelto dedo plateado les costó a sus promotores más de 2.500 millones de dólares, financiados en parte (480 millones) por la Autoridad Monetaria de Hong Kong.

El International Finance Centre es un enorme complejo situado en el distrito central de Hong Kong, cerca del HSBC y del Banco de China, que incluye la torre 1IFC, o Torre Uno, enormes centros comerciales,

| Lugar: Hong Kong, China | Construido en: 2000-2003 |
| Altura: 415 m, 90 plantas | Arquitecto: Cesar Pelli |

un hotel y conexiones con las nuevas estaciones de ferry. La 2IFC se ha construido sobre terrenos ganados al mar y ha reabierto el debate acerca de las colinas que rodean la ciudad, ya que el edificio sobresale por encima del monte más alto, el Victoria Peak. El ataque del 11/S a la torres gemelas de Nueva York se produjo cuando el edificio había alcanzado ya los 30 pisos. Los ingenieros de Ove Arup organizaron un equipo especial para ver si era necesario reforzar el núcleo y, en caso de que así fuera, cómo hacerlo. Se pensó incluso en reducir la altura, pero al final no fue necesario gracias a su sólido diseño, pensado para resistir terremotos y tifones.

La torre 2IFC es de planta cuadrada, con lados de 57 m, que en el piso superior se quedan en 39. La estructura está revestida de cristal y acero y se eleva verticalmente hasta la mitad de su altura antes de comenzar una serie de cinco escalonamientos, cada vez más pequeños, en vertical. La torre ofrece 185.805 m² de espacio de oficinas y cuenta con 62 ascensores, todos de dos pisos. El número oficial de plantas es de 88, porque el ocho es el número de la buena suerte en China. Asimismo, el piso 14, número que en el idioma cantonés suena amenazante, fue «omitido». La Torre Dos en realidad tiene noventa plantas, incluyendo las veintidós primeras de uso financiero y comercial, y dotadas de techos más altos.

Muchos rascacielos del mundo se han visto influenciados por el diseño, nunca construido, del *Chicago Tribune Tower* de Saarinen (1922) y este edificio parece una copia del mismo, aunque más alargada y en cristal en lugar de piedra, al igual que la Torre Uno o 1IFC, también obra de Pelli, que alcanza los 210 m y se terminó en 1998. Pelli realizó otra versión de la obra maestra de Saarinen, aunque con una coronación totalmente diferente. Se trata de la Goldman Sachs Tower en Jersey City, de 238 m de altura, justo enfrente del distrito financiero de Nueva York, aunque al otro lado del río Hudson. Si bien en otras ocasiones Pelli ya había reciclado estilos anteriores con gran acierto, ni la escala ni el aspecto de este coloso tienen nada que recuerde al pasado. La Torre Dos del IFC es, sin duda, un espléndido ejemplo de arquitectura futurista y una obra maestra de la ingeniería del siglo XXI.

415 metros

**Arriba:** La torre 2IFC ostentará el título del edificio más alto de Hong Kong hasta que el International Commerce Centre se termine.

**Página siguiente:** La torre 2IFC y su hermana menor, la 1IFC, se yerguen elegantes en el distrito financiero, justo al lado del puerto.

Lugar: Santiago, Chile
Altura: 300 m, 60 plantas

Construido n: 2005-2009
Arquitectos Pelli Clarke Pelli Architects
y Alemparte Barreda Arquitectos

## Gran Torre Costanera

Aunque el estudio de Cesar Pelli, ahora bajo el nombre de «Pelli Clarke Pelli Architects», ya no puede presumir de ser el autor del edificio más alto del mundo, todavía le queda el nada desdeñable honor de estar construyendo el mayor rascacielos del hemisferio sur.

El Costanera Center queda en la comuna (distrito) de Providencia-Las Condes, al lado de Santiago, zona que comienza a denominarse «Sanhattan» por los rascacielos que allí se están construyendo. La torre, de 300 m, mucho más alta que sus edificios vecinos, ofrece 128.000 m² de oficinas y presenta planta cuadrada. Su fachada ligera de cristal se inclina con suavidad casi hasta el tejado del edificio, que resulta así ligeramente ahusado, al mismo tiempo que las esquinas quedan biseladas en armonía a medida que ganan altura. Sobre el techo, una celosía metálica se prolonga formando una corona de varios pisos de altura. El estilo de la torre se considera típico de Pelli y se define como «futurismo conservador». La torre Costanera, al igual que otras diseñadas por Pelli (en la foto, rodeado de sus maquetas), no es demasiado radical en cuanto al diseño, pero se eleva orgullosa y brillante sobre la ciudad, con los Andes como telón de fondo, y se puede considerar un símbolo de la prosperidad que sin duda aguarda al país sudamericano.

### ¡Anuncios de altura!

En 2003, un grupo de especialistas colgó la pancarta publicitaria más grande del mundo en el tejado del 2IFC. Alcanzaba los 230 m de largo y tenía una superficie equivalente a cinco campos de fútbol (19.000 m²). Los anunciantes eran: Financial Times, Cathay Pacific, HSBC e Invest Hong Kong.

# 30 St Mary Axe

«The Gherkin» *(el pepinillo)*, como los londinenses llaman cariñosamente a este rascacielos de sir Norman Foster, se convirtió en uno de los iconos de la gran urbe, al mismo tiempo que marcó las pautas de los rascacielos sostenibles de todo el mundo.

El solar había acogido con anterioridad el edificio del Baltic Exchange, una Bolsa de comercio marítimo destruida por una bomba en 1992. En un principio, Foster ganó el concurso para reconstruir el solar con una torre de 385 m, pero, en 1997, una firma suiza de seguros, la Swiss Re, compró el solar y le encargó otro diseño diferente. Este rascacielos ecológico aplica las ideas de la regulación interna del clima mediante sistemas sostenibles, ya iniciadas en la torre Commerzbank. Un diseñador clave del estudio de Foster, Ken Shuttleworth, abandonó el equipo para montar su propio estudio, Make, y entonces Foster recurrió a los ingenieros de Arup Associates.

El Gherkin es, básicamente, una torre cilíndrica con un núcleo de acero que consta de 42.000 m² de oficinas repartidas en pisos de diámetro variable. La construcción se halla totalmente revestida por una malla de triángulos de acero que soportan y desvían la presión del viento. Su forma ha sido diseñada por un programa de última generación, que calcula las presiones horizontales que cada piso ha de soportar. Su silueta, en realidad, es más parecida a una bala que a un pepinillo. Desde el nivel del suelo, la estructura se ensancha con suavidad hasta llegar al piso 17 y desde allí se curva con elegancia, hasta hacerse horizontal en el tejado. Su fachada se compone de

| | |
|---|---|
| Lugar: Londres, Inglaterra | Construido en: 2000-2003 |
| Altura: 180 m, 40 plantas | Arquitectos: Foster & Partners |

5.500 triángulos, algunos de los cuales se pueden abrir. El atrio interno, de seis pisos, se enrosca alrededor del núcleo por medio de unas rampas abiertas a través de los suelos, lo cual queda señalado por espirales de cristal oscuro en el exterior. Gracias a su sistema de ventilación, el edificio usa el aire acondicionado menos de siete meses al año, lo que representa la mitad de lo que un edificio convencional de ese tamaño necesitaría. La mayor parte de la maquinaria está emplazada en otro edificio separado. El piso superior, completamente diáfano, se utiliza en actos públicos y el único cristal curvo de la estructura es la lupa redonda de su vértice.

A finales de 2003, se hizo necesario reemplazar un cristal defectuoso cerca de la cúspide, lo que originó todo un espectáculo, ya que los trabajadores especializados parecían estar emulando a Spiderman. El 30 St Mary Axe se inauguró en abril de 2004 y la compañía Swiss Re se reservó diecinueve plantas. El «Pepinillo» no sólo es un brillante triunfo de la ingeniería y del diseño sostenible, sino que es uno de los edificios más fabulosos y populares de Londres.

**Abajo y página siguiente**: Tras el Puente de la Torre, el 30 St Mary Axe y la torre 42 dominan el horizonte de la ciudad. De todas formas, pronto los dos edificios quedarán a la sombra de los nuevos rascacielos que se planean en esta zona de Londres.

180 metros

**Arriba**: Planta del piso 38, el más alto que alberga oficinas.

**Página siguiente**: El único cristal curvo de todo el edificio es la lupa del vértice de la última planta, nivel que se destina a actos públicos y sociales.

Lugar: Nueva York, EE. UU.    Construido en: 2004-2006
Altura: 182 m, 46 plantas    Arquitectos: Foster & Partners

## Hearst Tower

Norman Foster, un arquitecto que ya había seducido a medio mundo, conquistó también a Nueva York con su primer rascacielos en la ciudad. La torre Hearst (derecha y abajo), que costó quinientos millones de dólares, es en muchos aspectos hermana del edificio Gherkin de Londres —una estructura sin precedentes, formada por una malla de triángulos, que ponía muy alto el listón para los edificios que respetan el medio ambiente—.

El solar, situado entre la Octava Avenida y la calle 57, es el mismo que ocupaba, en 1927, el majestuoso edificio de seis plantas de la corporación Hearst, propiedad del magnate de la prensa William Randolph Hearst. Lo primero que llama la atención es que la fachada del edificio antiguo se mantuvo en pie y ahora sirve para definir un gran vestíbulo que se eleva dos pisos más que el antiguo edificio. A partir del décimo piso, comienza la malla triangular, soportada por sólidas columnas, a modo de exoesqueleto que sostiene el edificio (la segunda sorpresa). Cada triángulo tiene cuatro pisos de altura y la estructura final forma interesantes esquinas biseladas e irregulares. Como todas las cargas se reparten en la fachada, los 79.000 m² del interior quedan libres de columnas. La tercera característica sensacional es la sostenibilidad medioambiental del edificio: usa solo el veintidós por ciento de la energía que consumiría otro edificio del mismo tamaño, por eso fue el primer edificio de Nueva York que recibió la certificación Gold LEED. Las luces y el aire acondicionado de cada planta se regulan gracias a unos sensores que analizan el consumo energético que se da en cada piso. El agua de lluvia se recoge en el tejado y se usa para la refrigeración del aire acondicionado. Incluso en la construcción se reciclaron los recursos: se recicló el 85 por ciento del material demolido, y la rigidez y resistencia de la malla triangular permitieron ahorrar una quinta parte del acero necesario, que por lo demás procedía, en un 90 por ciento, también del reciclaje.

La torre Hearst llevó un nuevo *look* a Manhattan, una versión refinada de la mejor tecnología europea. Por desgracia, una de las fachadas queda totalmente oculta por uno de los bloques de apartamentos más feos de la ciudad.

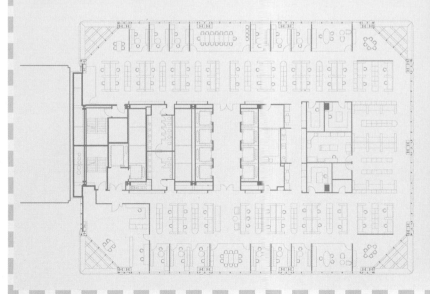

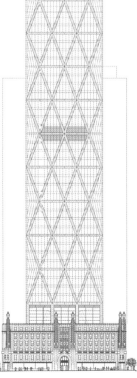

# Torre Agbar

La interesante silueta de la torre Agbar recuerda a la torre St. Mary Axe de Londres, pero tanto en estructura como en acabado son muy diferentes. Jean Nouvel es uno de los arquitectos más interesantes de Francia y sus ideas para modificar la apariencia de los rascacielos, usando de forma creativa diferentes materiales, constituyen un paso más en la sustitución de la mampostería por el cristal iniciada por Mies van der Rohe. En 1989, Nouvel diseñó la nunca construida Tour Sans Fins para La Défense de París; un tubo que progresaba en transparencia y no en escalones, como era normal, con una base de piedra que se iba haciendo más transparente con la altura hasta que casi desaparecía en el cielo.

Como dice Nouvel: «La torre Agbar no es un rascacielos en el sentido americano de la palabra [...] Es, sobre todo, una masa fluida que sale del suelo, como un géiser con presión constante [...] Su superficie evoca el agua: suave, continua, pero también vibrante y transparente porque sus materiales, aunque tienen color, son inciertos, luminosos y llenos de matices». La fachada, en realidad, es de hormigón revestido de aluminio, pintado en difusos tonos rojos y azules, y con ventanas cuadradas repartidas de forma aparentemente aleatoria. Aunque desde dentro el efecto puede recordar la escasez de aberturas de la famosa iglesia de Le Corbusier en Longchamps, este edificio cuenta con 4.500 ventanas. La estructura de hormigón está rodeada por

| Lugar: Barcelona, España | Construido en: 2001-2005 |
| Altura: 144 m, 34 plantas | Arquitectos: Estudio Jean Nouvel |

una fachada de cristal con una especie de celosías que se controlan mediante sensores de temperatura. La doble fachada ventilada de Nouvel aprovecha la capacidad del hormigón para dar sombra y absorber calor, y es una buena alternativa a los modelos de cristal de Foster. Las luces LED incorporadas a la estructura hacen que el edificio brille de forma atractiva por la noche. La planta de la torre es suavemente ovalada, con un núcleo algo descentrado, y ofrece 30.000 m² de oficinas. Se eleva en vertical hasta alcanzar los 90 m, para luego curvarse, de forma suave y progresiva, hasta la cúpula de acero y cristal que la corona.

Esta torre, sede de la compañía de Aguas de Barcelona, está situada al lado de la avenida Diagonal, y desde lejos parece el surtidor de una fuente brotando desde esa avenida que atraviesa toda Barcelona. La Sagrada Familia de Gaudí, con sus pintorescas torres de 120 m, no queda demasiado lejos. Nouvel ha reutilizado este diseño para construir un edificio de cuarenta y cinco plantas en Qatar. Además de ser un rascacielos ecológico, la torre Agbar ofrece un aspecto cautivador y refleja la fascinación de los catalanes por la montaña de Montserrat, cuyos monolitos parecen ser el modelo de este edificio.

144 metros

**Arriba**: La torre Agbar emerge como una fuente gigantesca junto a la plaza de las Glorias, en la avenida Diagonal de Barcelona.

**Derecha**: El exterior de la torre Agbar consiste en una carcasa de hormigón perforado revestida con celosías de cristal. El uso del color y de las texturas es la marca inconfundible de Jean Nouvel.

**Arriba**: Jean Nouvel, nacido en 1945, es el arquitecto francés de mayor prestigio internacional, con obras en Tokio, Colonia y Nueva York, entre otras muchas ciudades.

# Turning Torso

El Turning Torso es el primero de un nuevo tipo de rascacielos: las torres «retorcidas». Este bloque de apartamentos es el más alto de Suecia y proclama el genio del arquitecto español más reconocido internacionalmente: Santiago Calatrava.

Este edificio se eleva en una zona portuaria de Malmö que, en su día, fue presidida por una de las estructuras móviles más grandes del planeta, la grúa Kockums, de 138 m y capacidad para levantar 1.650 toneladas. Cuando se desmanteló la grúa y se envió a Corea, en el año 2002, los muelles se hallaban en franco declive y el área se acabó designando zona de desarrollo sostenible. En 1999, se decidió hacer un bloque de apartamentos para la asociación de viviendas HSB. La estructura debía tener la misma forma que una estatua del propio Calatrava inspirada en una persona bailando. Calatrava, además de escultor, es ingeniero y arquitecto, famoso por sus diseños, basados a menudo en formas vivas, que llevan hasta el límite la arquitectura y la ingeniería. Algunos de sus trabajos más espectaculares son las instalaciones olímpicas en Atenas o la Ciudad de las Artes y las Ciencias de Valencia.

El Turning Torso consiste en nueve cubos de cinco pisos cada uno, todos en voladizo con respecto al núcleo central, apoyados por un lado en una columna vertebral de acero. Cada cubo apenas queda girado unos dos grados con respecto al que tiene debajo, de forma que en total la torre gira noventa grados desde la base hasta el tejado; por ello las 2.500 ventanas son, en realidad, paralelogramos y no rectángulos. Los dos cubos inferiores albergan oficinas, mientras que los superiores acogen 147 apartamentos dotados de equipamientos ecológicos como instalaciones para la recogida de desechos orgánicos, que son utilizados para producir biogás de uso energético. El edificio cuenta con paneles solares y suministro subterráneo de agua.

| Lugar: Malmö, Suecia | Construido en: 2001-2005 |
| --- | --- |
| Altura: 190 m, 54 plantas | Arquitecto: Santiago Calatrava |

190 metros

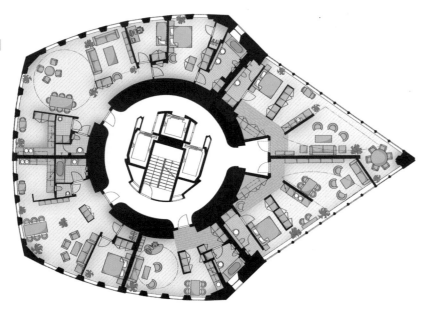

**Izquierda**: El plano de la planta del Turning Torso muestra claramente el núcleo central y, a la derecha, la «cola» sostenida por la columna vertebral de acero del edificio.

**Arriba**: La peculiar forma del Turning Torso se ve realzada gracias a la iluminación de los reflectores.

## Sólidos cimientos

Los cimientos del Turning Torso tienen una profundidad de 15 m, y la torre reposa sobre una losa de siete metros de hormigón. La base de cada cubo está formada por una plancha cónica de cemento armado que sale del núcleo y se apoya, en su extremo puntiagudo, en la columna vertebral de acero, que representa la característica más visible de esta estructura de aire casi humano. Cada cubo está conectado a las once columnas del exoesqueleto por medio de tirantes. El núcleo de hormigón acoge cinco ascensores y el grosor de sus paredes va desde los 2,5 m de la base hasta los 40 cm del último piso. Esta combinación de hormigón y acero, los cuales se reparten las cargas, es típica de la gran imaginación de Calatrava.

**Derecha**: El Turning Torso se inspira en una escultura de mármol blanco del mismo Santiago Calatrava denominada *Twisting Torso* (torso retorcido). La escultura representa la dinámica forma del cuerpo humano al girar.

La brillante y blanca edificación exhibe una fantástica elegancia y es visible desde Copenhague, a 25 km, al otro lado del Öresund, el estrecho que separa Dinamarca de Suecia. Calatrava ha diseñado para un proyecto en Valencia unas torres similares, pero de 280 m de altura.

**Izquierda y abajo**: Las secciones del Turning Torso están en voladizo desde el núcleo pero también se apoyan en la gran columna vertebral de acero de la derecha. La escultural edificación llega a girar noventa grados desde la base hasta el tejado.

| Lugar: Nueva York, EE. UU. | Construido en: 2007-2009 |
|---|---|
| Altura: 255 m, 56 plantas | Arquitecto: Santiago Calatrava |

## 80 South Street

Al igual que el Turning Torso, este edificio de la calle 80 de Manhattan es una torre residencial inspirada en una escultura. Desde que el proyecto fue presentado, en el año 2004, fue una verdadera sensación en la ciudad.

Este edificio no se retuerce, sino que apila doce cubos acristalados de 13,5 m de lado, que desde un núcleo central de hormigón quedan desplazados de manera alternativa de un lado a otro, formando audaces voladizos, aunque soportados por dos columnas externas de acero y por tirantes de cable. La torre, que se eleva a partir de una base de ocho pisos, será coronada por una antena que alcanzará los 300 m. Cada cubo es una finca urbana autosuficiente, de cuatro pisos de altura, con su propia terraza jardín y un ascensor interno. Aunque los precios de estas «casas de campo en el cielo» superan los veintinueve millones de dólares, el promotor Frank Sciame no tiene problemas a la hora de encontrar compradores para un lugar tan extraordinario. Vivir en un edificio capaz de destacar, incluso, en un lugar como Manhattan, sin duda, tiene su precio.

| Lugar: Dubái, Emiratos Árabes Unidos | Construido en: 2006-2009 |
|---|---|
| Altura: 330 m, 73 plantas | Arquitectos: SOM |

## Torre Infinity

Esta torre de Dubai Marina (abajo) también gira noventa grados alrededor de un núcleo de hormigón armado, al igual que el Turning Torso. Sin embargo, no es modular sino que presenta una fachada continua con paneles de titanio que filtran la luz. Las columnas perimetrales, también de hormigón, rodean el edificio, que ofrece hasta diez apartamentos por planta. En los pisos superiores, su promotor ofrece áticos de lujo. La construcción se tuvo que detener cuando un dique de contención del puerto deportivo, que no pudo soportar la presión del agua, se rompió e inundó los cimientos. Los trabajos se reanudaron posteriormente tras solucionar el problema.

# Eureka Tower

El edificio más alto de Melbourne es una esbelta torre residencial que el arquitecto Karl Fender describe como un «gran gesto escultórico urbano». Esta construcción, de 300 millones de dólares, establece un estándar artístico sorprendentemente alto para los edificios australianos, por lo general bastante discretos.

La edificación, que se eleva sobre un podio de nueve pisos, ofrece 583 apartamentos y se organiza alrededor de un núcleo de servicio construido con hormigón. La torre presenta una planta en forma de diamante, de agudas esquinas indentadas y dos alas rectangulares de cincuenta y sesenta pisos respectivamente, una a cada lado. Por encima de dichas alas, las esquinas se inclinan creando diferentes plantas en cada piso. El exterior queda marcado por unas bandas horizontales blancas, interrumpidas en la parte superior por once pisos de cristal dorado que forman una especie de prisma insertado en el inmueble. En el piso 88, hay el mirador y sobre él un bar. La eficiencia ecológica del rascacielos se refuerza con su excelente acristalamiento, su ventilación natural y otras particularidades. Varios artistas de Melbourne fueron contratados para crear una serie de trabajos que decoraran la terraza del podio y la entrada del edificio.

El origen griego del socio de Fender, Nonda Katsalidis, queda reflejado en el nombre del edificio. Aunque no fue sólo Arquímedes quien exclamó ¡Eureka! en la historia. Durante la fiebre local del oro de la década de 1860 también se gritaba esa palabra (u otras equivalentes) cuando se encontraba el preciado metal. El dorado de los últimos pisos del inmueble, al igual que el nombre, es un homenaje a esa época tan especial. La promotora, Grocon, está dirigida por Daniel y Adam Grollo, cuyo padre construyó las torres Rialto de Melbourne (1986), en su tiempo, la estructura de oficinas más alta del hemisferio sur, con sus respetables 251 m.

Sus ángulos agudos, que recuerdan en cierto modo la Price Tower de Lloyd Wright, sus elementos futuristas y su lujosa culminación dorada convierten a la torre en una verdadera amalgama de mensajes visuales de gran intensidad. Por todo ello, así como por sus dimensiones, el edificio destaca brillantemente en la ribera sur del río Yarra.

**Derecha**: La torre Eureka ofrece sorprendentes fachadas geométricas con intersecciones de planos y ángulos acentuados, evocadores de un «cubismo postmoderno».

| Lugar: Melbourne, Australia | Construido en: 2002-2006 |
| --- | --- |
| Altura: 297 m, 91 plantas | Arquitectos: Fender y Katsalidis |

297 metros

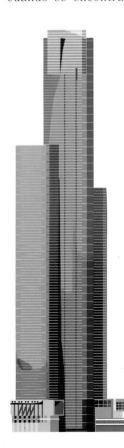

**Derecha**: Fase final de la construcción de la torre Eureka, que se eleva en la orilla sur del río Yarra, al otro lado del distrito central de negocios de Melbourne. Cuando se culminó, en noviembre de 2006, se convirtió en el rascacielos más alto de la ciudad. Los apartamentos inferiores, ya vendidos y ocupados, ayudaron a generar los ingresos necesarios para terminar el edificio.

Lugar: Pattaya, Tailandia
Altura: 367 m, 91 plantas
Construido en: 2007-2011
Arquitectos: Woods Bagot

## Ocean 1

Pattaya es una importante playa de Tailandia en la que se puede ver la mezcla habitual de anodinos apartamentos turísticos y de negocios de toda clase enfocados al turista. Una excepción notable a todo esto lo constituye el trabajo de un estudio australiano de arquitectura llamado Woods Bagot. Su lujoso edificio residencial destaca, sobre todo, por el enfoque medioambiental que emplea, aunque también es el rascacielos más alto de Tailandia.

El Ocean 1 (derecha) se eleva desde un pedestal de siete pisos, con un centro comercial y 611 apartamentos. Su estructura de cemento armado presenta una planta básicamente rectangular y está diseñada para aguantar terremotos. La seguridad es prioritaria —está previsto que se pueda evacuar a tres mil personas en 38 minutos—. En la planta 91, se halla un mirador a 305 m de altura y varios apartamentos dúplex que quedan detrás de una grácil pantalla sesgada de la que sale una antena. La inspiración es claramente náutica, algo muy adecuado para un edificio situado frente al mar.

La sostenibilidad del edificio se manifiesta ya desde la construcción. El terreno escogido era cualquier cosa menos virgen y los materiales empleados son locales, sostenibles y reemplazables. Cuando se termine, los balcones curvados en voladizo proporcionarán sombra, el cristal azul de las ventanas será de baja emisión y la brisa marina ayudará a mantener la fachada fresca y a ventilar el interior. La energía será fotovoltaica y el 80 por ciento de las aguas grises se reciclará. Sus catorce ascensores de alta velocidad reciclarán hasta el noventa y ocho por ciento de la energía utilizada.

El Ocean 1, al igual que el Q1, será, sin duda, una referencia espectacular y futurista en la costa, y además ayudará a marcar una tendencia ecologista aplicable a todos los lugares turísticos del mundo.

Lugar: Gold Coast City, Australia    Construido en: 2002-2005
Altura: 323 m, 78 plantas            Arquitectos: Atelier SDG

## Q1

Gracias a su antena, el rascacielos residencial más alto del mundo en el momento de su construcción fue el Q1 (abajo y derecha), un espectacular edificio de referencia en Gold Coast City, el paraíso de los surferos. La publicidad de la torre afirmaba: «La elegancia urbana se encuentra con la playa».

La torre, marcadamente oval, ofrece 526 apartamentos. En el piso 60, a 30 m de altura, se encuentra un jardín tropical, mientras que la piscina más alta de Australia se puede disfrutar en el ático del piso 74, a 217 m. En la planta 78 están situados los miradores. Si bien los últimos pisos quedan 50 m por debajo de sus equivalentes en la torre Eureka, la Q1 continúa elegantemente hacia arriba, con dos aletas de acero que rodean los últimos pisos, hasta terminar, a 275 m, en un mástil de 93,5 m que corona el conjunto. El propio mástil, que parte del piso 77, es también de sección oval.

Los ecos arquitectónicos del edificio se pueden encontrar en las curvas de la Ópera de Sídney o del Aurora Place de la misma ciudad, obra del maestro italiano Renzo Piano. Las ciudades acaparan todos los edificios maravillosos, por ello iniciativas como la de esta torre, terminada en el año 2005 y situada en la playa, enorgullecen a los habitantes de la zona.

# World Trade Center de Bahréin

El pequeño emirato de Bahréin puede presumir de contar con el primer rascacielos con aerogeneradores del mundo. Las espectaculares torres gemelas del World Trade Center de Bahréin no sólo representan un importante avance en sostenibilidad, sino que transforman y embellecen la fachada marítima de la capital.

El complejo es enorme, con más de 120.000 m² de espacio, e incluye los exclusivos almacenes «Moda», que conectan con el contiguo hotel Sheraton. Las dos torres idénticas, con núcleo de hormigón, se elevan desde un pedestal de tres pisos y se convierten en dos esbeltos cuerpos de planta triangular y fachadas convexas que se van afilando a medida que ganan altura, presentando zonas de diferente revestimiento. Desde una fachada exterior triangular de superficie pulida y bandas horizontales, sale otra fachada triangular que revela su enorme estructura. Otra franja de superficie brillante se eleva casi hasta el límite vertical de la cúspide. Las estrechas fachadas frente al mar cuentan con balcones, cuya sombra ayuda a reducir la exposición solar. Entre los ocupantes del edificio se incluyen los grandes bancos del Golfo Pérsico, como el Kuwait Finance House y el National Commercial Bank de Arabia Saudí.

| Lugar: Manama, Bahréin | Construido en: 2004-2007 |
| --- | --- |
| Altura: 240 m, 50 plantas | Arquitecto: W. S. Atkins |

**Izquierda**: El World Trade Center de Bahréin en construcción.
**Arriba**: Una de las tres turbinas eólicas que hay instaladas en las plataformas que unen las dos torres y que recuerdan a un ala de avión.

Las dos torres, separadas entre sí por una distancia de 30 m, se unen mediante tres plataformas situadas a 70, 110 y 150 m de altura. Tienen el perfil de un ala de avión y en ellas se han instalado sendas turbinas eólicas de 29 m de diámetro. La forma de los edificios actúa como embudo, por lo que las turbinas pueden aprovechar incluso un viento con 45 grados de desviación. Su capacidad es de 1.300 megavatios anuales, es decir, entre el once y el quince por ciento de las necesidades energéticas del edificio.

Este concepto ya se exploró en la Universidad de Stuttgart en el año 2000, donde el equipo de Stefan Behling desarrolló un proyecto para un edificio de 200 m de altura. Sin embargo, las torres de Atkins son más altas y afiladas. En la actualidad, se han ideado varios rascacielos con turbinas eólicas, desde el proyecto de la torre Multiplex de 147 m, en Elephant & Castle, Londres, hasta el faro de 400 m propuesto para Dubái, también de Atkins, o la torre Pearl River en Guangzhou, diseñada por los arquitectos de SOM. Pero las torres gemelas de Bahréin son ya una brillante realidad, equiparables a los más avanzados rascacielos ecológicos de Alemania.

240 metros

**Abajo**: El World Trade Center de Bahréin está situado frente al mar, en la autovía del Rey Faisal. El centro comercial que le sirve de pedestal queda a la derecha de la foto y el hotel Sheraton, a la izquierda.

## ALGUNOS DATOS

El World Trade Center de Bahréin es el primer rascacielos dotado de enormes turbinas. Sin embargo, la idea de un rascacielos que utilizara energía eólica surgió ya en 1996, con un diseño que nunca se realizó de Richard Rogers para Tokio. En el año 2000, la Universidad de Stuttgart diseñó un proyecto que consistía en dos torres gemelas de 200 m, modeladas aerodinámicamente, a ambos lados de varias turbinas. También existe el proyecto de BTWC de un faro en Dubái provisto de turbina. El rascacielos eólico más eficiente, sin embargo, lo está construyendo SOM en el río de las Perlas, China, y el diseñador Adrian Smith también tiene planes para varias torres en Estados Unidos, todavía más eficientes.

Lugar: Dubái, Emiratos Árabes Unidos     Construido en: 2006-2008
Altura: 170 m, 32 plantas     Arquitecto: W. S. Atkins

## Iris Bay

La torre de oficinas Iris Bay (derecha), cerca del Burj Dubai, es otro más de los sorprendentes rascacielos de W. S. Atkins, una construcción de forma elegante e ingeniería avanzada.

La torre, situada en la avenida Sheikh Zayed Road, se asienta sobre un pedestal plano de cuatro pisos, que alberga numerosas tiendas y un restaurante que mira hacia la estrecha manga de agua de la Business Bay. El núcleo de la torre desaparece al llegar a la planta doce dentro de una estructura singular definida casi de forma exclusiva por dos enormes paredes laterales curvadas y ligeramente convexas, perforadas por ventanas rectangulares, que sirven para ventilar de manera natural el edificio. Los apartamentos quedan, de este modo, entre estas paredes. Desde los lados, el edificio puede parecer un radiotelescopio. Desde el lado del mar, sin embargo, esta construcción recuerda más a un esbelto grano de café partido por la mitad. El Iris Bay presenta algunas similitudes con el World Trade Center de Bahréin y con el National Bank de Dubái, aunque su forma es del todo diferente a la de cualquier otro edificio. Desde la avenida Sheikh Zayed, se aprecia la ondulación de las ventanas, organizadas en curvas de cinco pisos, que se inspiran en la forma del iris del ojo de un gato. De aquí obtiene su nombre este edificio de 36.000 m² de espacio útil.

La eclosión de los rascacielos de Dubái comenzó como una orgía de desarrollo urbano completamente insostenible. Sin embargo, los Emiratos Árabes Unidos firmaron el Protocolo de Kioto y los edificios ecológicos como éste se pusieron de moda a partir de entonces. La ventilación natural es una de sus características ecológicas, así como las células fotovoltaicas de los balcones y un sistema para enfriar el aire en la base del edificio por medio de agua. El Iris Bay cuenta con un parking para 920 coches y además está bien conectado por líneas de metro.

Junto con otro bloque de apartamentos de veintisiete pisos llamado Iris Blue, el Iris Bay, que ha supuesto un desembolso de 480 millones de dólares, representa la entrada en escena de la inmobiliaria Sheth, de Mumbai. El Iris Bay parece destinado a ser uno de los grandes iconos verdes y seguramente el más original de Dubái, como lo fue el Gherkin de Londres.

**Arriba**: Las viseras en forma de gran triángulo que recubren la fachada de las oficinas son claramente visibles, mientras que las ventanas que dan al espacio hueco, entre las dos torres, quedan retranqueadas para evitar el sol directo.

# Complejo Federación

El rascacielos más alto de Europa está formado por dos torres comunicadas por unos puentes que están –literalmente– atravesados por un tubo transparente de 448 m que se acaba convirtiendo en un mástil. Cuando se termine, este edificio será la pieza central del distrito llamado Moscow City; un parque de rascacielos que contará con todos los servicios necesarios para convertirse en una ciudad dentro de la ciudad, a orillas del río Moscova y a tan sólo 4 km del Kremlin.

Los promotores son el Grupo Mirax, con los arquitectos Peter P. Schweger, de Hamburgo, y Sergei Tchoban, de Berlín. Del diseño estructural se encargan los ingenieros de la firma estadounidense Thornton Tomasetti, que trabajaron en las torres Petronas. El complejo, de uso mixto, ofrece nada menos que 423.000 m² de espacio en las torres, que se elevan a partir de un pedestal común. Presentan fachadas ligeras de aluminio y vidrio triple, dotado de las mismas propiedades aislantes del ladrillo y capaz de resistir el brutal frío de Moscú. Las torres muestran una leve inclinación en sus suaves fachadas, por lo que se van haciendo más estrechas con la altura. La Torre Este es más alta que la Oeste, y entre las dos ofrecen 200 apartamentos sobre los niveles de las oficinas. Los pisos superiores se destinan a instalaciones VIP, con bares, restaurantes y miradores. El hotel Hyatt también se reserva su espacio en las alturas, al igual que un gimnasio y un club nocturno que ocupará el último piso.

Cuanto más alto es un edificio, más espacio debe reservar para los huecos de los ascensores. Aquí se aprovecha este espacio haciendo funcionar dos ascensores dentro de cada hueco, a velocidades de hasta 7 m/s. Aunque más espectaculares resultarán los ascensores del tubo central, que efecturán paradas en los cuatro puentes que comunican las torres. Nada más salir, los ascensores atravesarán un acuario en la base y alcanzarán una velocidad de nada menos que 18 m/s. La última parada, a 325 m, será el mirador de la Torre Este. Desde los ataques del 11 de septiembre, los puentes entre torres se consideran una importante medida de seguridad, aunque innecesaria en este caso, según el presidente de Mirax, Seigei Polansky, que afirma que las torres pueden resistir perfectamente el impacto de cualquier avión.

| Lugar: Moscú, Rusia | Construido en: 2004-2008 |
| --- | --- |
| Altura: 354 m y 242 m, 93 y 62 plantas | Arquitectos: ASP Schweger y Tchoban Voss |

Este proyecto, de 530 millones de dólares, es todo un ejemplo de cooperación internacional. La Empresa Estatal de Construcción de China está imprimiendo un ritmo excelente a las obras, levantando tres pisos por semana. A esta velocidad, el proyecto quedará terminado en 2008, como estaba previsto. El diseño futurista de las torres y la antena son verdaderamente espectaculares. Su magnitud, tanto como su estilo, simbolizan el resurgir de la economía y de las ambiciones políticas de Rusia. Sin embargo, pronto verán empequeñecida su figura cuando se erijan las torres previstas en el solar contiguo.

**Abajo:** Uno de los tres puentes elevados que conectan las dos torres del Complejo Federación. Por encima, otros dos puentes se encargan de comunicar los ascensores del tubo transparente con la Torre Este, la más alta.

**Página siguiente, izquierda:** Las torres en construcción. Fue uno de los primeros edificios rusos construidos con hormigón de alta resistencia.

**Página siguiente, derecha:** La silueta estilizada y brillante del edificio contrasta con el diseño estalinista del rascacielos que se observa a lo lejos, a la derecha.

354 metros

vertida. Sin embargo, el banco aseguró que el edificio crearía puestos de trabajo que, de otra forma, migrarían a Carolina del Norte. A pesar de las polémicas, esta construcción es una de las más brillantes de Nueva York.

**Página anterior y abajo**: La torre del Banco de América presenta una fachada angulosa y cristalina, y el mástil evoca el resplandor plateado del mítico edificio Chrysler.

| | |
|---|---|
| Lugar: Nueva York, EEE. UU. | Construido en: 2004-2007 |
| Altura: 228 m, 52 plantas | Arquitectos: RPBW & FXFOWLE |
| (con tejado y mástil: 319 m) | |

### New York Times Building

De entre todos los rascacielos ecológicos que están transformando el centro de Manhattan, quizás el más sencillo y elegante sea la nueva sede del *New York Times,* diseñada por Renzo Piano (abajo).

En 1987, Piano y Richard Rogers presentaron al mundo su tecnología vanguardista con el Centro Pompidou de París, lo que le ganó a Piano la fama de arquitecto comprometido a la par que atrevido y pionero, con proyectos desde el Pacífico hasta un Sarajevo destrozado por la guerra. En 1998, ganó el premio Pritzker. Arthur Sulzberger Jr., presidente del *New York Times,* organizó un concurso de proyectos para la nueva sede del periódico y Piano fue el vencedor en 2001. Durante la rueda de prensa para anunciar su proyecto, toda Nueva York quedó ensimismada con este genovés barbudo y su discurso sobre «la transparencia y luminosidad» de su diseño. Para el proyecto, contó con la colaboración del estudio FXFOWLE, antes conocido como Fox & Fowle.

El rascacielos, de 850 millones de dólares, dispone de 143.000 m² y se erige en la Octava Avenida, cerca del Times Square. Las salas de redacción del segundo y cuarto piso, situadas en un amplio pedestal del edificio, se pueden ver desde la calle, acercando así el mundo de las noticias a los transeúntes; además, un pasillo acabado en un jardín y en un auditorio consigue el mismo efecto al conectar con las calles 40 y 41. La planta es rectangular, con esquinas hendidas y un núcleo con veintiocho ascensores. El exterior cuenta con tirantes diagonales de dos pisos de altura y está recubierto por diáfanas ventanas de vidrio. Ante éstas, se encuentra un original entramado de tuberías de cerámica que reducen la acción solar y crean una rejilla translúcida. La etérea fachada acaba en un jardín en la azotea, diseñado como un espacio para la contemplación entre los árboles. Piano utiliza así el vidrio para integrar el edificio en el cielo, como lo hiciera Jean Nouvel en la Tour Sans Fin. Por encima del jardín, se eleva una antena diseñada para cimbrear con el viento y que alcanza la misma altura que el Chrysler Building. Bruce Fowle la describió elocuentemente como una «escultura cinética».

Este diseño puede que haya perdido parte de su novedad con la aparición del edificio del Banco de América, sin embargo, a pesar de ello, todavía es capaz de imponer su presencia con delicadeza y estilo.

# World Trade Center de China

Ante la perspectiva de las Olimpiadas de 2008, el paisaje urbano de Beijing se está transformando rápidamente con nuevas edificaciones. Una de ellas es el edificio más alto de la capital, cuya realización representa la tercera fase del complejo del World Trade Center de China, en la avenida Jianguomenwai del distrito empresarial de Chaoyang. En esta zona, ya se alzan dos rascacielos de 155 m, junto con el hotel China World y varias instalaciones para exposiciones.

Este nuevo edificio presenta una planta cuadrada. El grupo de ingenieros de Arup ya se enfrentó al fantasma de los terremotos cuando erigió la sede de la CCTV, pero en este caso la estructura es más alta. Cada una de las fachadas se apoya en seis columnas verticales de acero, mientras que el núcleo central es de hormigón en los niveles inferiores. Este rascacielos de 300.000 m² ofrece múltiples funciones: la planta baja albergará un centro comercial; los pisos intermedios, oficinas, y los más altos, un hotel. De los 63 ascensores Schindler, los que van directos al vestíbulo del hotel (en el piso 72) alcanzarán una velocidad de 10 m/s. A medida que se eleva hacia el cielo, el edificio se va estrechando hasta culminar en unas aletas verticales de vidrio, en el exterior del último piso, lo que le puede dar cierto parecido con alguna de las obras de Pelli, como el 2IFC de Hong Kong.

| Lugar: Beijing, China | Construido en: 2005-2008 |
| --- | --- |
| Altura: 330 m, 80 plantas | Arquitectos: SOM |

330 metros

**Arriba y derecha**: El World Trade Center de China será el edificio más alto de Beijing. La estructura de aletas del último piso está formada por la prolongación del mismo vidrio vertical que forma la fachada ligera.

| Lugar: Nanjing, China | Construido en: 2003-2007 |
|---|---|
| Altura: 232 m, 50 plantas | Arquitectos: SOM |

## Torre Jinao

El auge de los rascacielos que vive China, iniciado a mediados de 1990 en Shenzhen, se extiende en estos momentos más allá de Shanghái y Beijing y afecta a la mayoría de las grandes ciudades, incluso a las menos conocidas por Occidente. SOM tiene entre manos más proyectos de rascacielos que ningún otro estudio de arquitectura occidental y en Nanjing se encuentran excelentes ejemplos de su obra. Esta ciudad, a 300 km al este de Shanghái, cerca del río Yangtsé, ha sido capital de China en más de una ocasión. Nanjing está construyendo su distrito de negocios, Hexi, a gran velocidad y su primer rascacielos sostenible, construido por Golden Land Group, es la llamada torre Jinao (abajo).

La torre Jinao es un edificio estilizado, de planta cuadrada, que alberga un hotel y oficinas. El exterior se compone de triángulos de cinco pisos de altura que sobresalen de forma alternativa de la vertical. Los bordes de estos triángulos de cristal siguen una trama de abrazaderas diagonales, tras la cual se encuentra otra capa vertical de vidrio. Puede que en conjunto recuerde a la torre Hearst de Foster pero, en realidad, se inspira más en la tradición de SOM de utilizar mallas estructurales en diagonal para determinar el aspecto del rascacielos, una práctica que se remonta a su centro John Hancock, en Chicago. En Nanjing, la torre Jinao es un punto de referencia inigualable. Puesto que los triángulos reflejan el cielo en distintos ángulos, el edificio es particularmente fascinante a primera hora de la mañana y en el ocaso.

| Lugar: Nanjing, China | Finalización prevista en: 2008 |
|---|---|
| ALtura: 320 m, 88 plantas | Arquitectos: SOM |

## Torre Jinling

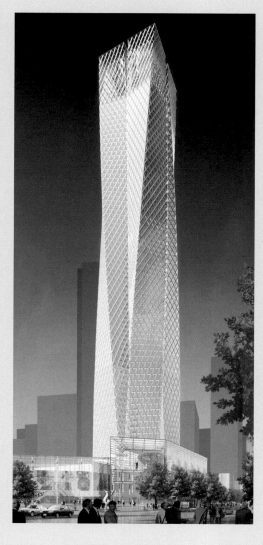 

La torre Jinling (arriba) se encuentra también en el distrito empresarial de Nanjing y es un auténtico edificio multiusos, con espacio para un hotel, oficinas y apartamentos. Al igual que en la torre Jinao, el diseño es de Brian Lee, del estudio SOM de San Francisco, pero, en este caso, el arquitecto crea una silueta escultural distinta. Básicamente, este edificio consiste en cuatro tubos, con esquinas de ángulo recto, que se agrupan alrededor de un núcleo circular y se retuercen de tal modo que la fachada exterior, cuando alcanza el último piso, ha girado noventa grados. Sin embargo, los tubos adyacentes giran en el sentido de las agujas del reloj y en sentido contrario alternativamente, de modo que, a la mitad del edificio, la planta adquiere la forma de cruz. Por si esto no fuese suficiente para dar al edificio una estructura única, las fachadas están definidas por un entramado romboidal de un piso de altura, que acaba creando una celosía en la parte superior.

SOM tiene en proyecto un rascacielos más alto que el de Nanjing —el escalonado y curvilíneo Greenland Financial Center—. Aun así, la combinación de múltiples cuerpos retorcidos y la tupida malla exterior harán de este gigante uno de los rascacielos más deslumbrantes de toda China.

# Burj Dubai

800+ metros

E n Dubái, se han ganado la reputación de poder conseguir el récord más increíble: el sofá más largo del mundo (33 m, en 1999), la cola más larga de taxis (1.001, en 2001) etc., pero el récord más impresionante de todos es el que piensan establecer en 2009 con el edificio más alto del planeta. Aunque todavía no se conoce la altura exacta que tendrá, se sabe que superará a la estructura más alta que hay en el mundo: la torre de 629 m de la antena KVLY-TV, en Dakota del Norte, Estados Unidos.

En 2003, el promotor Emaar Properties aplanó un kilómetro cuadrado de terreno en la Business Bay. Era el primer paso para crear un nuevo centro en el distrito comercial que se está originado allí. Se trata de un complejo situado alrededor de un lago artificial y que consta de varios hoteles, del centro comercial más grande del mundo y de diversos bloques residenciales, entre ellos el hotel Burj Dubai Lake, diseñado por Atkins. Sin embargo, este altísimo hotel, de 63 plantas y 306 m, quedará empequeñecido cuando se termine la pieza central de este proyecto urbanístico: el rascacielos Burj Dubai.

En un principio, se pensó en «reciclar» un proyecto australiano que nunca se construyó: la torre Grollo de Melbourne, de 560 m. Pero al final los arquitectos de SOM presentaron un diseño más estilizado y elegante y que consistía en una torre escalonada. A primera vista, puede recordar al concepto de «haz de tubos» de la torre Sears, pero aquí el bloque crece alrededor de un núcleo triangular del que surgen tres lóbulos escalonados e iguales, a partir de una planta en Y, forma inspirada en la *Hymenocallis*, una flor amarilidácea del desierto que se cultiva en la región. El núcleo y los pisos son de hormigón pero, a partir de los 500 m, la estructura se convierte en acero. Desde cada lóbulo, se van escalonando varias terrazas que, a medida que ganan altura, van acercando el edificio hacia su núcleo, accesible al público. A partir del séptimo piso, los grandes escalones inician una espiral alrededor del rascacielos conforme se van elevando. El revestimiento de la torre de acero, con costillaje vertical de acero y aluminio, está diseñado para resistir el sol más ardiente. Sus 111.500 m² de fachada ligera son de vidrio (75 por ciento) y metal (25 por ciento).

El hotel y las residencias Armani ocuparán los primeros 37 pisos y 40.000 m². A partir de esta altura, y hasta el piso 108, habrá apartamentos, con un vestíbulo elevado en el nivel 76 y otro para los usuarios de las oficinas en el piso 77. Desde la planta 114 hasta la 137, todo serán oficinas, y las plantas 142 y 143, a 442 m de altura, estarán destinadas a miradores. Sobre todo lo anterior habrá tres niveles de clubes y pisos particulares hasta el nivel 154. Lo que se construya por encima se mantiene en secreto, aunque por los

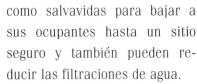

| Lugar: Dubái, Emiratos Árabes Unidos | En construcción: 2005-2009 |
| Altura prevista: + 800 m, 154 plantas | Arquitectos: SOM |

bocetos, que son de dominio público, se cree que aún subirá trece pisos más. Las telecomunicaciones seguramente requerirán algunas plantas, y el conjunto quedará rematado por una antena o mástil.

El Burj Dubai se deberá enfrentar a los desafíos habituales de este tipo de construcciones, aunque a una escala gigante. La planta trilobulada soluciona dos de ellos: las cargas horizontales creadas por el viento y el espacio que roban los huecos de los ascensores. Los lóbulos rompen el viento y actúan como contrafuertes, lo cual permite que el núcleo sea más fino y que se dedique casi en exclusiva a los más de 50 ascensores. La seguridad también representa un reto enorme. En algunos momentos, la torre albergará a 17.000 personas, repartidas en 280.000 m² de espacio, hablando varias lenguas y dedicados a tareas muy distintas. Por eso, los protocolos de evacuación están pensados para 35.000 personas y son muy detallados. En lugares clave, existen pantallas con información de emergencia y cada 25 plantas hay pisos refugio presurizados. Algunos ascensores, operados por personal especializado, se pueden utilizar

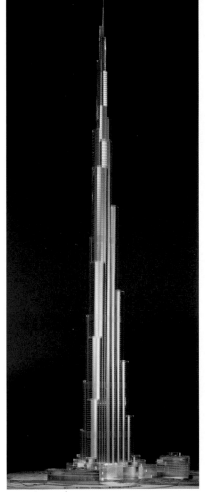

como salvavidas para bajar a sus ocupantes hasta un sitio seguro y también pueden reducir las filtraciones de agua.

El Burj Dubai es un proyecto de proporciones épicas. La construcción de una estructura de este tamaño es digna de admiración por sí sola, pero si además se le otorga la capacidad de albergar a toda la población de cualquier pequeña ciudad, entonces significa que nos hallamos ante un verdadero triunfo de la ingeniería.

**Izquierda y página siguiente**: Al lado del mar se eleva el Burj Dubai, en una elegante y aérea sucesión de escalones alrededor del núcleo del edificio. No sólo es el rascacielos más alto del mundo, también es el epicentro del Business Bay, un nuevo y espectacular barrio comercial de Dubái.

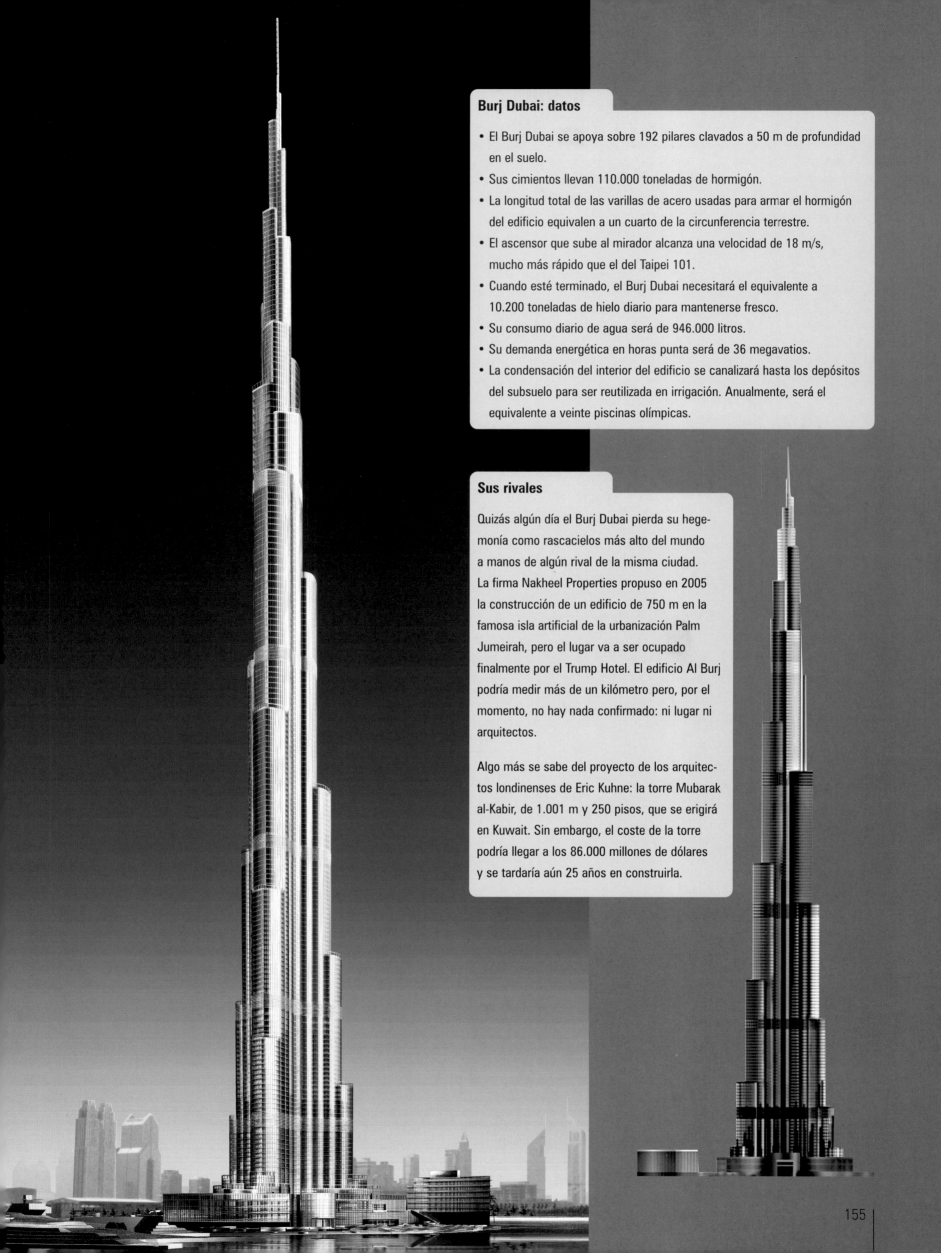

### Burj Dubai: datos

- El Burj Dubai se apoya sobre 192 pilares clavados a 50 m de profundidad en el suelo.
- Sus cimientos llevan 110.000 toneladas de hormigón.
- La longitud total de las varillas de acero usadas para armar el hormigón del edificio equivalen a un cuarto de la circunferencia terrestre.
- El ascensor que sube al mirador alcanza una velocidad de 18 m/s, mucho más rápido que el del Taipei 101.
- Cuando esté terminado, el Burj Dubai necesitará el equivalente a 10.200 toneladas de hielo diario para mantenerse fresco.
- Su consumo diario de agua será de 946.000 litros.
- Su demanda energética en horas punta será de 36 megavatios.
- La condensación del interior del edificio se canalizará hasta los depósitos del subsuelo para ser reutilizada en irrigación. Anualmente, será el equivalente a veinte piscinas olímpicas.

### Sus rivales

Quizás algún día el Burj Dubai pierda su hegemonía como rascacielos más alto del mundo a manos de algún rival de la misma ciudad. La firma Nakheel Properties propuso en 2005 la construcción de un edificio de 750 m en la famosa isla artificial de la urbanización Palm Jumeirah, pero el lugar va a ser ocupado finalmente por el Trump Hotel. El edificio Al Burj podría medir más de un kilómetro pero, por el momento, no hay nada confirmado: ni lugar ni arquitectos.

Algo más se sabe del proyecto de los arquitectos londinenses de Eric Kuhne: la torre Mubarak al-Kabir, de 1.001 m y 250 pisos, que se erigirá en Kuwait. Sin embargo, el coste de la torre podría llegar a los 86.000 millones de dólares y se tardaría aún 25 años en construirla.

# International Commerce Centre

Frente al 2IFC y al otro lado del Victoria Harbour se halla el International Commerce Centre (ICC), cerca de una nueva estación de metro. La dirección del transporte público de Hong Kong se decantó primero por un diseño aún más alto para la estación de Kowloon, propuesto por SOM, que habría alcanzado los 574 m de altura. No obstante, el rascacielos diseñado por la KPF –de 484 m– seguirá siendo el más alto de Hong Kong y ocupará el cuarto puesto en la lista de los edificios más altos del mundo.

Los 204.000 m² de la torre, erigida por Sun Hung Kai Properties y con ingeniería de Arup, albergarán oficinas y un hotel. El núcleo cuadrado de hormigón tiene paredes de 1,5 m de grosor y cuatro niveles de vigas de hormigón pretensado. Estas vigas, a su vez, conectan con ocho gigantescas columnas periféricas, que dividen el edificio en cinco secciones. Estos niveles que abrazan el conjunto estructuralmente proporcionan también pisos refugios. Las dos últimas secciones del bloque se estrechan de forma ligera. Los muros cortina van del suelo al techo y se inclinan hacia el exterior en cada piso, con un borde inferior opaco que sobresale por encima del piso inferior, por lo que se minimiza la acción solar. Las plantas destinadas a oficinas están libres de columnas, con esquinas redondeadas, pero en los veintidós pisos inferiores, la sección transversal es octogonal. En estos niveles, el edificio dispone de una base más

| Lugar: Hong Kong, China | En construcción : 2005-2010 |
| Altura: 484 m, 118 plantas | Arquitectos: KPF y Wang & Ouyang |

ancha y el vidriado exterior describe, en sus cuatro fachadas, una curva hacia fuera a modo de magnífico dosel acristalado. Estas curvaturas, sello de la KPF, se encargan de desviar las turbulencias que puedan afectar a las zonas cercanas al rascacielos y son, a la vez, un elegante elemento arquitectónico.

Desde el año 2008, los pisos inferiores están listos para su alquiler, pero el rascacielos se irá abriendo por partes. La última zona que se estrenará será la más alta, donde el hotel Ritz Carlton ocupará trece plantas y ofrecerá 300 habitaciones, convirtiéndose así en el hotel más alto del mundo. Por encima de él, habrá un mirador culminado por la fachada ligera del último piso, que creará una corona de vidrio.

El ICC es la pieza central del enorme desarrollo que tiene lugar alrededor de la estación de Kowloon, un progreso que proporcionará a Hong Kong una segunda zona de negocios. Este rascacielos está llamado a ser un símbolo del estatus internacional de la ciudad.

**Página siguiente**: El acceso al International Commerce Centre se hace a través de un curvilíneo dosel, que es una extensión del muro cortina de la fachada.

484 metros

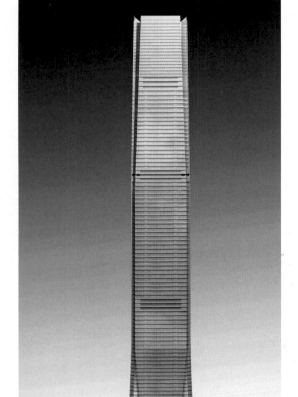

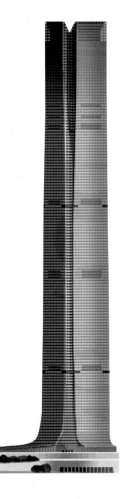

**Izquierda**: Este rascacielos futurista será, una vez acabado, el edificio más alto de Hong Kong, con 28 pisos más que el 2IFC.
**Arriba**: El ICC se encuentra en el lado de Kowloon del Victoria Harbour. Al otro lado, en la isla del distrito central de Hong Kong, se halla el 2IFC.

**Los ascensores Schindler**

Schindler fabricó los 80 ascensores del ICC en Suiza. Cuarenta de ellos son de dos pisos y alcanzan los 10 m/s, impulsados por motores especiales de 11,5 toneladas. En conjunto, el ICC cuenta con 14 km de hueco de ascensor.

# Torre Pearl River

En Guangzhou ya está en camino la primera tentativa de construir un edificio con emisión de carbono cero. La torre Pearl River no es sólo uno de los mayores logros en el mundo de los rascacielos, es también un gigante con una forma extraordinaria que tiene mucho que ver con su enfoque ecológico.

El distrito Tianhe se halla al lado del río que atraviesa Guangzhou, una de las ciudades más contaminadas, calurosas y húmedas de China. El diseño del inmueble es de SOM. El proyecto, incentivado económicamente por el Ministerio de la Construcción para reducir las emisiones de carbono, va más allá de lo que ningún otro rascacielos ecológico había llegado hasta el momento. Prueba de ello es la forma del edificio, inspirada en los aerodinámicos coches deportivos. Se trata de un delgado bloque de pisos suspendidos entre dos muros extremos reforzados por tirantes, con dos grandes hendiduras curvilíneas en las fachadas principales, en los pisos 25/26 y 49/50. Dentro de éstas hay varias turbinas eólicas de eje vertical. La forma aerodinámica del edificio canaliza el viento hacia ellas y duplica su velocidad original. En teoría, las turbinas producen más energía que la que consume el edificio, de modo que la sobrante se almacena en baterías.

Este rascacielos recoge y aprovecha también la luz solar y la humedad. Las oficinas se encuentran en pisos refrescados con agua. El aire caliente de los pisos inferiores sale por convección hacia el muro cortina, por el que sube hacia los pisos superiores, y, una vez allí, se elimina el vapor de agua. Además, el muro cortina esta recubierto de células fotovoltaicas. Finalmente, el edificio también produce energía por medio de pilas de hidrógeno, bastante más eficaces que la combustión de carburante.

La torre Pearl River tiene 214.000 m² de espacio útil. Detrás del vestíbulo de doble altura se encuentra un pódium destinado a conferencias, y encima de él, un club de negocios. Los rascacielos rectilíneos y angulosos parecen pues destinados a ceder el paso a los diseños más curvilíneos y orgánicos. En este caso, además, dicha forma se integra dentro del ideal energético del edificio. Lo más curioso es que este rascacielos, tan ecológicamente correcto, lo ocupará la Compañía Nacional China de Tabaco. Fumar no es el camino hacia el futuro, pero la torre Pearl River sí lo es.

**Derecha**: La torre Pearl River se ha descrito como «el primer rascacielos para una nueva era». Este bloque gigante está esculpido de modo que el viento se canaliza hacia las dos aberturas de sus amplias fachadas, donde se transforma en energía gracias a las turbinas eólicas que posee. Además, aprovecha la luz solar y la humedad. Tal vez no se cumpla del todo su propósito de generar más energía que la consumida, pero aun así, seguirá siendo el rascacielos más eficiente jamás construido.

310 metros

| Lugar: Guangzhou, China | En construcción: 2006-2009 |
| Altura: 310 m, 71 plantas | Arquitectos: SOM |

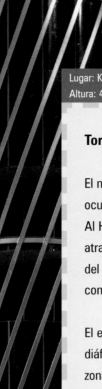

Lugar: Kuwait  En construcción: 2005-2009
Altura: 412 m, 77 plantas  Arquitectos: SOM

## Torre Al Hamra Firdous

El nombre de esta torre (abajo) proviene de las dos salas de cine que ocupaban su emplazamiento actual en la ciudad de Kuwait: el cine Al Hamra y el cine Al Firdous. El nuevo complejo, cuyo principal atractivo es una escultural torre de oficinas diseñada por Gary Haney, del estudio SOM, incluirá unos multicines de diez salas y una zona comercial, y será más alto que la torre de comunicaciones de Kuwait.

El edificio, de 98.000 m², presenta una planta circular de oficinas diáfanas que rodea un espacio cuadrado. Sólo la mitad de esta zona está ocupada por dos núcleos de servicios a través de los cuales discurren varios pasillos. La pared de oficinas presenta un hueco cuadrado en su planta circular que termina en piedra. El efecto que produce es el de un enorme rollo vertical con un interior hueco que se enrosca hasta desembocar en un vértice situado a 320 m de altura. El piso 74 está formado por una cúpula cerrada con un jardín elevado y por encima de él, se sitúa una terraza VIP y un restaurante. La estructura principal es de hormigón, pero la base consiste en una elegante y curva celosía de acero.

La torre Al Hamra presenta tres tipos de fachada: un muro cortina de ventanas, un lado opaco y un núcleo vertical con accesos a los ascensores y a las distintas áreas de oficinas. Este núcleo estaba diseñado para tener ventanas circulares pero al final se hicieron rectangulares y en ángulo con respecto a la línea central. Para minimizar los efectos del sol, el lado sur de la torre está revestido de piedra.

La torre Al Hamra comenzó a construirse en el año 2004 y debería estar terminada en 2008. Aunque ninguno de los estados del Golfo estará a la altura de los rascacielos de Dubái, Kuwait tiene aquí una elegante y sofisticada referencia a nivel mundial.

# Chicago Spire

La estructura espiral de apartamentos más alta diseñada por Santiago Calatrava transformará una de las áreas de rascacielos más importantes del mundo, dominada, durante más de cuatro décadas, por las torres John Hancock y Sears. Será el segundo edificio más alto y el primero exclusivamente residencial del planeta; asimismo será el más alto de América.

**610 metros**

Inicialmente, el proyecto se iba a llamar torre Fordham, por el apellido del promotor que contrató a Calatrava, pero esta idea se descartó, ya que parecía demasiado fantasiosa. El solar fue adquirido por Garrett Kelleher, jefe ejecutivo de Shelbourne Development, que decidió acometer el proyecto de Calatrava aunque con leves modificaciones. El lugar se situaba donde el río Chicago se une al lago Michigan, en la avenida North Lake Shore Drive. En apenas diez meses, la ciudad de Chicago aprobó de forma unánime los planos rediseñados de la torre. Pero éste no fue el primer proyecto, en 1988 Cesar Pelli proyectó un edificio de 800 m que nunca se llegó a construir.

Calatrava ha diseñado el Chicago Spire con un núcleo central de hormigón y una fachada exterior de siete caras cóncavas, donde cada piso rota dos grados sobre el anterior. Las hélices resultantes reducen la tensión del viento, como las espirales que se instalan en las chimeneas. Se podrá acceder a la torre desde una plaza pública, a través de aberturas de 17 m situadas entre las columnas perimetrales enroscadas. Aunque en el año 2007 todavía se estaban ultimando algunos detalles del diseño, ya se sabe que el piso más alto se levantará a 600 m y que estará cubierto por una espectacular bóveda. Contará con 1.200 apartamentos y costará unos 1.200 millones de dólares. También se instalará un vidrio especial para evitar que las aves migratorias choquen contra la torre.

Calatrava le explicó al periódico *Chicago Sun-Times* cómo él se imaginaba a los antiguos nativos americanos: haciendo fuego a las orillas del lago mientras una fina columna de humo se alzaba en el aire. La torre es tan esbelta que podría crear un efecto de similar delicadeza. Sus detractores la han comparado con una broca o con un cono de helado. Sea lo que sea, esta ciudad de los rascacielos pronto contará con una estructura de irresistible elegancia.

**Derecha**: Tres rascacielos definen el horizonte actual de Chicago: la torre Sears, el centro Aon y el John Hancock. Pero el más alto está por llegar: el Chicago Spire.
**Página siguiente**: El solar del Chicago Spire se encuentra en el 400 de North Lake Shore Drive, cerca de la torre Lake Point. El arquitecto, Santiago Calatrava, se imaginó a los nativos americanos primitivos acampando en el lago Michigan junto a la columna de humo de un gran fuego. La delgada forma enroscada del Chicago Spire se inspira en esta visión.

| | |
|---|---|
| Lugar: Chicago, EE. UU. | En construcción: 2007-2010 |
| Altura: 610 m, 150 plantas | Arquitecto: Santiago Calatrava |

# Torre India

La torre India es mucho más que el primer rascacielos importante de la India; es el nuevo icono que representa a Mumbai, la ciudad más vibrante del país y su capital comercial.

| Lugar: Mumbai, India | En construcción: 2007-2010 |
|---|---|
| Altura: 301 m, 60 plantas | Arquitectos: FXFOWLE |

La India no tenía rascacielos de renombre, con excepción del edificio de apartamentos Kanchanjunga, de 82 m de altura y diseñado por Charles Correa en 1983. Mumbai cuenta con bastantes edificios altos, la mayoría bloques de viviendas sencillas. Hoy, el centro de la ciudad está experimentando grandes cambios arquitectónicos; donde se alzaron fábricas, ahora se elevan nuevas residencias de lujo. Sin embargo, las propiedades de más valor se encuentran en el sur de la ciudad, detrás del Paseo Marítimo (Marine Drive). La torre India queda a una manzana de allí y ofrece vistas a la playa de Chowpatty.

Los arquitectos de FXFOWLE han realizado el diseño de un complejo de 133.000 m² que se alza desde un grupo de edificios bajos y angulares donde se alojan varios comercios. La estructura de hormigón y acero se compone de cuatro cuerpos apilados de sección trapezoidal, cada uno ligeramente girado con respecto al que lo precede. La orientación del edificio y el vidrio de baja emisión aminoran los efectos de la luz solar. Las torres en forma de cajas apiladas son una nueva tendencia en el mundo de la arquitectura. Esta edificación contiene jardines elevados con ventilación natural. La primera sección alberga el hotel Park Hyatt, cuya recepción se halla en el vestíbulo de la sección tercera, donde también hay un restaurante, una piscina y otras instalaciones deportivas. El edificio también contiene apartamentos, entre ellos varios dúplex.

FXFOWLE introdujo la idea del rascacielos sostenible en Estados Unidos con la torre Condé Nast y ahora se propone hacer lo mismo en la India con este edificio. A pesar de sus problemas de infraestructura y de las grandes bolsas de pobreza, Mumbai es la ciudad más rica del subcontinente, y este impresionante rascacielos permite vislumbrar un futuro de progreso.

301 metros

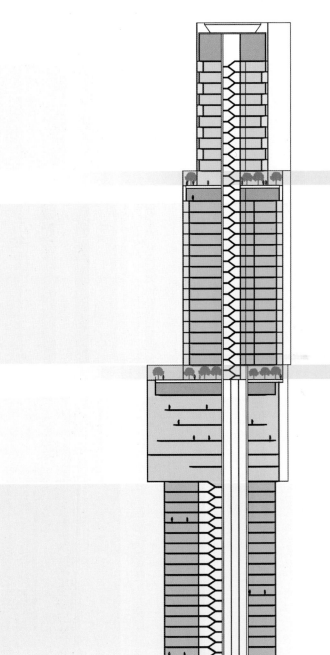

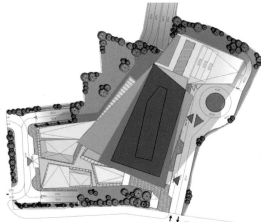

**Derecha**: La forma de cajas apiladas del edificio y los suntuosos pisos con jardines de la torre India ya han inspirado nuevos diseños de rascacielos en Mumbai, como la mansión ideada por el arquitecto Hafeez Contractor. Se espera que la torre India obtenga el certificado LEED de oro.

**Izquierda**: Esta vista de la planta muestra cómo las secciones apiladas de la torre tienen diferentes suelos cuadriláteros colocados de forma irregular.

**Izquierda y arriba**: La torre India, inicialmente llamada Park Hyatt, es el primer rascacielos gigante de la India y dominará las vistas desde la playa Chowpatty y el barrio de Marine Lines.

## Las torres soñadas

La India siempre ha tenido proyectos ambiciosos y extraños para la construcción de rascacielos. El más insólito es la torre piramidal de estilo tradicional hindú, Center of India, de Maharishi Mahesh Yogi, para ser construida en Katangi. Una fantasía irrealizable de 677 m de altura y 244 pisos.

Más alto incluso se propone llegar el rascacielos de 710 m del arquitecto de Mumbai Hafeez Contractor. Será un edificio de 160 pisos, de usos múltiples, para una ciudad satélite de Delhi, Gurgaon, donde la tecnología informática y la subcontratación han crecido mucho. El proyecto, presentado en 2005, es prácticamente un entramado circular de tubos que acaban en picos afilados a diferentes alturas. Si se hace, no se terminará antes de 2013.

# London Bridge

| | |
|---|---|
| Lugar: Londres, Reino Unido | En construcción: 2007-2011 |
| Altura: 306 m, 72 plantas | Arquitectos: RPBW |

Londres no es una ciudad que haya destacado por la altura o abundancia de sus rascacielos, sin embargo es la principal capital financiera del mundo y tiene los alquileres comerciales más altos de Europa. Las autoridades consideran que los rascacielos son esenciales para la economía local, ya que suelen albergar las compañías más importantes del mundo. Londres no sólo debe competir en altura, sino también en diseño. Hoy en día, apuesta por ser la ciudad líder en la construcción de torres. El proyecto de Renzo Piano, la torre London Bridge, también conocida como Shard London Bridge, no sólo es el más alto de Europa, sino también uno de los más elegantes y ecológicos del continente.

En el año 2000, el promotor Irvine Sellars se reunió con Piano para pedirle que diseñara un rascacielos en la estación de London Bridge, al otro lado del Támesis, frente al distrito financiero. A Piano se le ocurrió la idea de una aguja de cristal, y describe su proyecto como una ciudad vertical para unas siete mil personas y cientos de miles de visitantes. Será una estructura piramidal con fachada de vidrio doble que en sus primeros 30 pisos ofrecerá 55.800 m² para oficinas, con jardines en cada planta. En el interior, a media altura, habrá una plaza de tres pisos. Las 195 habitaciones del hotel de cinco estrellas Shagri-La ocuparán los niveles 34 al 52 y los apartamentos se situarán en los pisos 53 al 65. Encima de ellos, estarán los miradores, a una altura de 224 m. La energía térmica se aprovechará de tal forma que las oficinas calienten la sección residencial. En los últimos 60 m, el exceso se desviará a través de una serie de tubos y se disipará después por unas aberturas situadas en el vértice. La energía que se ahorre será un tercio de la usada por un edificio convencional, por lo que se considera una estructura realmente ecológica. También utilizará agua subterránea y los materiales de construcción se seleccionarán según su baja energía cautiva, y se producirán y reutilizarán localmente.

El diseño de Piano centra toda su atención en no causar un impacto negativo entre los edificios históricos de su entorno. Como se hizo en la torre del *New York Times*, Piano ha elegido principalmente vidrio claro, que proporciona un interesante contraste entre su ligereza casi etérea y la sólida piedra de la catedral de San Pablo y las agujas de otras iglesias que se ven a lo lejos.

**Derecha**: El calor de las oficinas del Shard o torre London Bridge sube para calentar los pisos residenciales superiores. El exceso se transmite por medio de tubos y se disipa después a través de unas aberturas situadas en el vértice.

306 metros

**Arriba**: La torre London Bridge tiene vistas a la ribera sur y será visible desde cualquier punto de Londres. De día, su vidrio especialmente transparente hará que parezca casi etérea, pero de noche la compleja estructura de su vértice y su forma de vela crearán una hermosa presencia cristalina en el horizonte.

| Lugar: Londres, Reino Unido | En construcción: 2007-2010 |
|---|---|
| Altura: 225 m, 50 plantas | Arquitectos: Rogers Stirk Harbour + Partners |

## Leadenhall Building

Richard Rogers, que había diseñado el Centro Pompidou junto con Renzo Piano, introdujo el estilo High-tech en Londres, en 1986, con el famoso edificio Lloyds, de 76 m. En el otro extremo de la calle, una torre en forma de cuña, apodada el Cheesegrater (rallador de queso), llevará el estilo de Rogers hasta las alturas del perfil de la ciudad (abajo).

Los promotores, British Land, revelaron el diseño de Rogers en el año 2004. La torre se alza sobre una estructura de acero, con tirantes cruzados de siete pisos, diseñada por Arup. Los núcleos de servicios se encuentran en el lado norte, donde tres grupos de ascensores alcanzarán los vestíbulos elevados de los pisos 10 y 24. La fachada norte cobrará vida con el movimiento de los ascensores y los colores de sus elementos. La base contará con un gran vestíbulo público con cafeterías y árboles. Los 55.800 m² de oficinas empiezan en el séptimo piso; todos los pisos son de planta rectangular y disminuyen en tamaño a medida que la torre se estrecha. La inclinación de la cara sur consigue que parezca que se aleja visualmente de la catedral de San Pablo cuando se contempla desde el puente de Waterloo, lugar protegido de forma oficial como punto de observación con corredores visuales limpios de edificios inadecuados.

La torre Leadenhall se parece a la London Bridge en su forma angular y sencilla, y en su transparencia y ligereza. Las dos torres se mirarán como amigas, de uno al otro lado del Támesis, profesándose la misma amistad que sus respectivos arquitectos desde que colaboraron en el célebre proyecto de París.

| Lugar: Londres, Reino Unido | Finalización prevista: 2011 |
|---|---|
| Altura: 288 m, 64 plantas | Arquitectos: KPF |

## The Pinnacle

Popularmente conocida como «Helter Skelter» (una especie de tobogán en espiral), esta torre del arquitecto Lee Polisano toma la forma de un pergamino enroscado en vertical, y originalmente debía ser un metro más alta que el Shard London Bridge. A pesar de que luego se rediseñó algo más baja, todavía destacará sobre el horizonte de la capital y sobre otros rascacielos del distrito financiero. Su enorme masa se levantará prácticamente en el centro del principal grupo de rascacielos de Londres.

Este rascacielos, ubicado en el centro mismo de la zona donde compiten los constructores más destacados, se diseñó en las oficinas de los arquitectos americanos Kohn Pedersen Fox, que también diseñaron la vecina torre Heron. Ofrece 88.000 m² de espacio de oficinas en sus 52 pisos. La fachada, de paneles solapados de cristal triple ventilado, envuelve el edificio, que se sostiene por medio de una megaestructura. La fachada se curva desde el suelo y sube como la falda de una joven girando. Esta forma, que lleva el sello de KPF, no sólo desvía los incómodos torbellinos de viento sino que crea una espléndida entrada de 18 m en la base. Unos 2.000 m² de células fotovoltaicas generarán hasta 200 kilovatios, y otras medidas ecológicas empleadas incluyen el intercambio térmico con el agua subterránea de Londres. En los pisos superiores, se podrá disfrutar del restaurante más alto de Londres.

Si bien fueron unos promotores alemanes los iniciadores del proyecto, ahora lo han comprado unos inversores árabes. Al hacerlo, se han convertido en los propietarios de uno de los edificios más interesantes y bellos de la capital, justo en el corazón del centro financiero de Londres.

# Edificio Gateway

Lugar: Ras Al Jaima, Emiratos Árabes Unidos  En construcción: 2007-2012
Altura: 210 m, 41 plantas  Arquitectos: Snøhetta

Ras Al Jaima es uno de los más pequeños de los siete Emiratos Árabes Unidos y está situado a 150 km al nordeste de Dubái. El jeque Saud y el promotor local Rakeen encargaron al estudio noruego Snøhetta un complejo arquitectónico muy espectacular que fuera «la puerta de entrada» (gateway) a la nueva capital del emirato, diseñada por OMA. El rascacielos propuesto por los noruegos es una edificación sorprendentemente sensual y abstracta que consigue crear un referente único en medio del desierto.

El complejo se situará a horcajadas sobre la autopista de los Emiratos y a su lado discurrirá, asimismo, un ferrocarril. Ofrecerá unos 300.000 m² de espacio repartidos entre tiendas, salas de conferencias y tres hoteles con cuatro mil habitaciones en total. La mayor parte del complejo se situará debajo de una cubierta de suave ondulación que evocará tanto la superficie del lago de un espejismo como la lona de las jaimas beduinas o las dunas del desierto. Dicha cubierta presentará grandes aberturas circulares y debajo de ellas se podrá disfrutar de jardines dispuestos a modo de oasis. La torre se alzará desde este dosel y compartirá con él la cubierta, que se prolongará en los laterales del rascacielos. Las ventanas del edificio quedarán retiradas hacia dentro para aprovechar la sombra de los balcones. Las formas fluidas del complejo y el calor abrasador del entorno representarán un buen reto para los ingenieros del estudio Happold, pero la cerámica local que recubrirá el complejo proporcionará la sombra necesaria para las edificaciones. La energía solar será fundamental en el proyecto.

Si todo va según lo previsto y las pretensiones estéticas y medioambientales de Snøhetta acaban materializándose, este proyecto pondrá al pequeño emirato en la palestra mundial, con uno de los rascacielos escultóricos más bellos de la próxima década.

**Abajo**: Sobre la autopista de los Emiratos, el Gateway brillará gracias a su revestimiento de cerámica local, que, además, ayudará a reducir el impacto de la luz solar. Las ventanas quedarán retiradas para aprovechar la sombra de los balcones.

210 metros

| Lugar: Dubái, Emiratos Árabes Unidos | Finalización prevista: después de 2010 |
| Altura: 358, 305 y 245 m, | Arquitecto: Zaha Hadid |
| y 78, 71 y 53 plantas respectivamente | |

## Torres Signature

La arquitecta iraquí, asentada en Londres, Zaha Hadid se ha convertido en la primera mujer que ha conseguido el premio Pritzker en el año 2004. Hoy en día, lidera una nueva generación de arquitectos radicales que han entrado con fuerza en la palestra mundial. El estilo de su estudio se caracteriza por el deconstructivismo de formas fluidas, y ha presentado diseños previos para rascacielos que han llegado a ser verdaderamente esculturales. Un proyecto del estudio destinado a sustituir las torres gemelas parecía más bien una extrusión vertical de mercurio, mientras que, para otro proyecto en Milán, el edificio creado parecía ondular y brillar como las olas de un mar tempestuoso. Con la finalización de las torres Signature, en Business Bay (abajo), el estilo de Zaha Hadid se materializará definitivamente a una escala que sus diseños no habían alcanzado todavía.

Las edificaciones se concibieron originalmente como las «Torres bailando» y se componen de tres elementos de gran altura que parten de una base de 600.000 m² destinada a comercios. La torre mayor se dedica principalmente a oficinas, la central será en su mayoría un hotel y la más baja tendrá apartamentos. Todas cuentan con tejados inclinados, enormes columnas perimetrales y planta casi cuadrada. Lo que las hace especiales es que todas presentan una cierta inclinación, aunque luego recuperan la vertical. Los pisos superiores de la torre del centro están completamente desplazados de la vertical de los pisos inferiores y se apoyan en la torre residencial. El efecto creado se ha definido como «fluidez coreografiada». Incluso para un lugar como Dubái, donde los edificios extraordinarios abundan, las torres Signature son absolutamente excepcionales.

| Lugar: Kuwait, Kuwait | Finalización prevista: 2012 |
| Altura: 260 m, 55 plantas | Arquitectos: T. R. Hamzah y Yeang |

## Torre KIA

El arquitecto Ken Yeang se ha convertido en un pionero de los rascacielos bioclimáticos. En los últimos años, se ha unido a la bien establecida firma londinense que ahora se llama Llewelyn Davies Yeang. Incluso en el siglo XXI en que los rascacielos ecológicos se han convertido en la norma, su visión de los edificios futuros es todavía bastante diferente de la visión compartida por la mayoría. En 2007, Yeang comenzó a hablar de los rascacielos «peludos», en los que la vegetación crecía en el edificio, de forma que éste resultaba, de forma literal, orgánico. La torre KIA es el diseño de un concurso convocado en 2007 para la nueva sede de la Kuwait Investment Authority que ilustra perfectamente las ideas de Yeang y permite echar un vistazo a las tendencias más vanguardistas de la arquitectura del siglo XXI.

En este diseño de 82.000 m², las plantas trepan de forma ininterrumpida desde el techo del podio hasta el último piso por dentro de la fachada ventilada de doble cristal. Las plantas se van apoyando en una serie de jardines colgantes y cajas con tierra. Yeang describe las premisas básicas del concepto como un nexo ecológico entre los edificios y los seres vivos, y entiende por ecología el estudio de las conexiones existentes en la naturaleza.

Como en el caso del Burj Dubai y del Burj Al Alam, la inspiración viene de una flor, en este caso la *Cynara* de tres pétalos. Aquí los elementos arquitectónicos se trenzan y se elevan juntos. La silueta orgánica y serpenteante consigue dar la impresión de que el edificio crece, en lugar de ser construido. El proceso de diseño, de todas maneras, tuvo algo de orgánico. Primero se diseñó y calibró la silueta. Luego el modelo virtual se cortó en secciones para obtener las plantas de cada piso y se fijó en ellos el espacio previsto para ascensores y jardines. A partir de esas secciones en planta, se utilizaron potentísimos programas de diseño para modificarlas en lo necesario pero volviendo al diseño original tanto como fuera técnicamente posible.

Incluso si esta propuesta jamás se lleva a cabo, servirá al menos para explorar los límites de la tecnología y crear formas prácticamente naturales. Es bastante seguro que los rascacielos del futuro se parecerán mucho a éste.

# 200 Greenwich Street

Antes del atentado contra las torres gemelas, la Greenwich Street terminaba en el World Trade Center. Sin embargo, ahora continúa a través del nuevo complejo de la zona este. En el año 2006, Larry Silverstein, propietario del WTC, anunció que se iban a construir tres torres nuevas en el lugar. Tras los retrasos y las disputas económicas surgidas sobre la reutilización del solar, Silverstein tuvo que maniobrar con habilidad para sacar su proyecto adelante. Por eso decidió que serían arquitectos ganadores del premio Pritzke los que diseñaran cada una de las tres nuevas torres. Norman Foster recibió el encargo del diseño de la más alta, esbelta y cristalina de las tres, el que será el segundo edificio más alto de Nueva York.

El número 200 de Greenwich Street, con 214.000 m² de oficinas, se eleva en vertical alrededor de una cruz central, formando en realidad cuatro bloques conectados, que se separan sólo por una estrecha ranura. En conjunto, la planta de los cuatro bloques resulta un hexágono irregular. Los cuatro niveles inferiores se destinan a comercios y recintos de operaciones bursátiles. Pero en la zona superior es donde el edificio resulta más original. A partir de la planta sesenta, el tejado presenta un gran corte diagonal que origina cuatro rombos

| Lugar: Nueva York, EE. UU. | En construcción: 2008-2012 |
| Altura: 411 m, 78 plantas | Arquitectos: Foster & Partners |

casi paralelos que miran hacia las «Lagunas de la Ausencia», en el Jardín Memorial. Éste es el único edificio del complejo del WTC que imita la idea original de Libeskind de tejados «cortados», lo cual le confiere una personalidad indiscutible. El techo del edificio termina, en realidad, unos metros por debajo del último pico del rombo más alto, pero una estructura piramidal se encarga de prolongar y dar continuidad a la cubierta del tejado.

Tras haber perdido la oportunidad de construir un edificio que pudiera sustituir a las torres gemelas, Foster ha diseñado otra torre en su memoria que resulta ser uno de los rascacielos más altos del mundo y que podría competir en valor simbólico con la torre Freedom.

**Abajo:** El número 200 de Greenwich Street queda al norte de la estación de los ferrocarriles de cercanías PATH, diseñada por Calatrava.
**Página siguiente:** Representaciones del número 200 de Greenwich Street y su entorno. En el croquis, instrucciones acerca de los tejados escritas por Foster.

411 metros

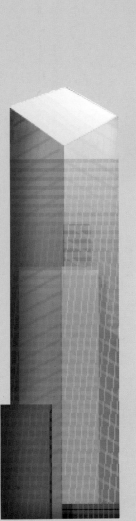

TOP OF TOWER IS ORIENTATED SO THAT IT ACKNOWLEDGES THE VOIDS LEFT BY THE ABSENCE OF THE TWIN TOWERS

WEDGE OF LIGHT

MEMORIAL SITE...

Lugar: Nueva York, EE. UU.
Altura: 352 m, 71 plantas
(con mástiles 383 m)

En construcción: 2007-2012
Arquitectos: Rogers Stirk Harbour & Partners

### 175 Greenwich Street

La torre central del nuevo trío de rascacielos (abajo) ha sido diseñada por un estudio de Londres, el de Richard Rogers, ganador del premio Pritzker en el año 2006. Se trata de un esbelto gigante con cuatro mástiles que superan en un metro la altura del Empire State, sin contar la antena del viejo rascacielos.

La torre presenta una planta rectangular y ofrece 195.000 m² de espacio para oficinas. De las tres torres, ésta es la más expresiva desde el punto de vista estructural, con tirantes cruzados de dieciséis pisos de altura en las fachadas este y oeste, entre alas de menor altura adosadas a cada lado. El edificio cuenta con 54 plantas de oficinas libres de columnas. Su estructura, de alta tecnología, es obra de WSP Cantor Seinuk y presenta ciertas similitudes con el edificio Leadenhall de Rogers, aunque éste es vertical. El pedestal de cinco plantas está dedicado a comercios y queda encima de un espacio público de tres pisos que se ha descrito como una ventana panorámica de cara al Jardín Memorial. La oficina de Rogers ya estaba trabajando en unas obras importantes de mejora en el centro de convenciones Javits de Manhattan, pero éste es su primer rascacielos neoyorquino. Con su aspecto decididamente diferente al de las otras torres de la zona, es seguro que el número 175 de Greenwich Street hará un debut espectacular en el horizonte de Nueva York.

Lugar: Nueva York, EE. UU.
Altura: 288 m, 61 plantas

En construcción: 2007-2012
Arquitectos: Maki y Associates

### 150 Greenwich Street

El arquitecto japonés Fumihiko Maki ganó el premio Pritzker en 1993. Es un seguidor del estilo moderno y, en su momento, fue uno de los metabolistas japoneses de vanguardia, creador de la palabra «megaestructura». Su bloque es el de menor altura de las tres nuevas torres y el que presenta menos detalles. Su autor lo describe como minimalista.

La torre (arriba) alberga 167.000 m² de espacio de oficinas y tiendas, aunque estas últimas se limitan a los primeros cinco pisos. Hasta la planta 45, la torre presenta una planta de paralelogramo pero luego se convierte en un trapezoide. La ingeniería es obra de Leslie Robertson. El edificio se revestirá de aluminio en homenaje a la torre Chrysler y, sin duda, su brillante piel metálica será la característica visual que la distinguirá de sus vecinos postmodernos.

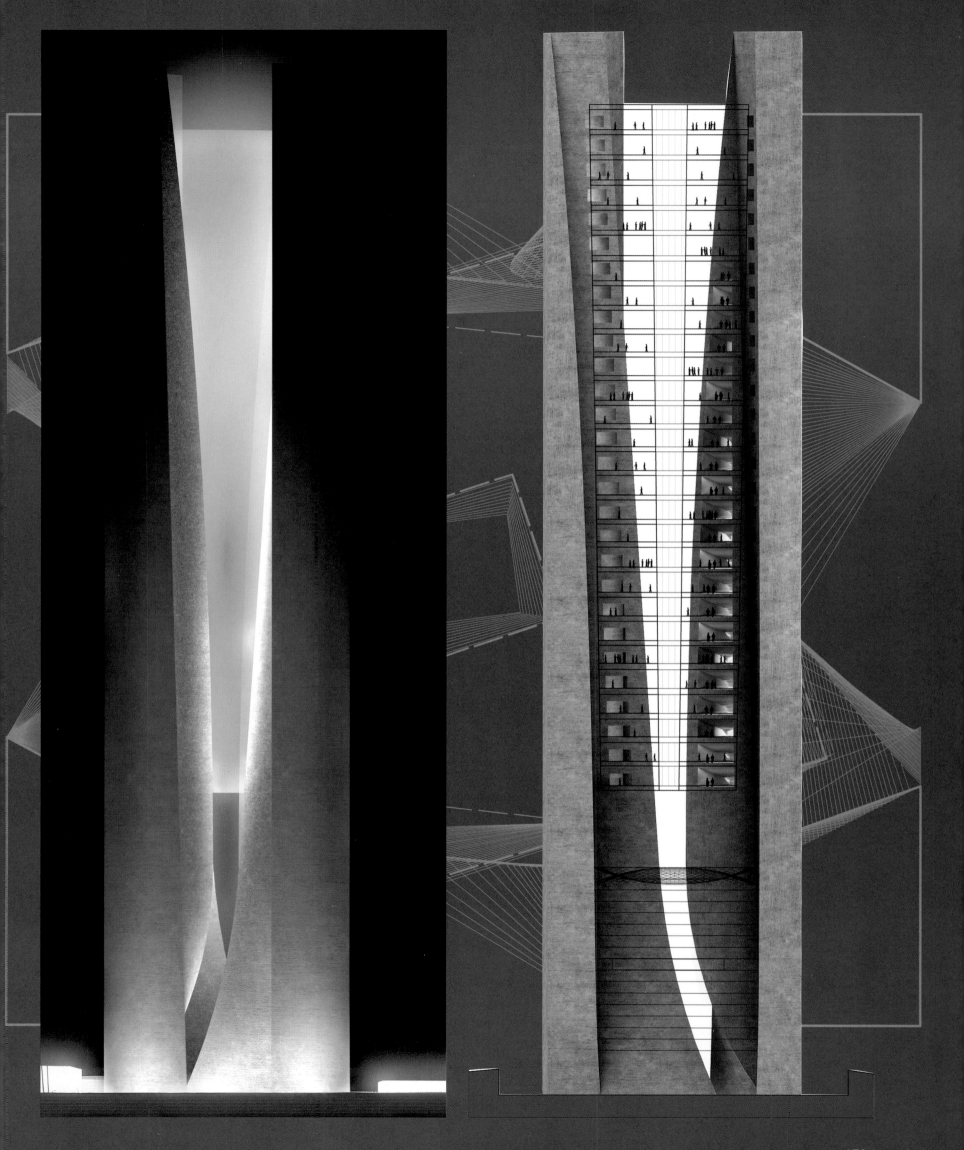

# Torre Rossia

Este rascacielos es una enorme pirámide de cristal, de uso mixto, ventilada de forma natural por medio de una abertura en su cúspide: una de las muchas novedades de ahorro energético que presenta este edificio. Norman Foster ha llegado a describirlo como una ciudad vertical para 25.000 habitantes.

La torre, cuyo coste asciende a 1.500 millones de dólares, será el centro del nuevo distrito de Moscow City. Su planta forma una Y de ángulos iguales, con brazos de 21 m que se extienden desde un núcleo de hormigón. Su superficie útil es de 520.000 m², lo que equivale a un cuarto más que la torre Sears, y tendrá 101 ascensores. La fachada de cristal triple no oculta las columnas inclinadas de la estructura que salen en forma de radios desde cada esquina. Dichas columnas, a su vez, son cruzadas por las diagonales que parten del núcleo. El último piso, a 500 m de altura, será un mirador. La torre se refrigerará con agua en verano, y los pisos residenciales y los del hotel, que quedan por encima de las oficinas, aprovecharán su calor en invierno. Las células fotovoltaicas proporcionarán la energía necesaria para la iluminación, mientras que el agua y la nieve se recolectarán para su uso en los retretes, con lo que se espera ahorrar un 30 por ciento del agua de la red urbana.

El magnate inmobiliario y del petróleo Shalva Chigirinsky, promotor de la obra, se puso en contacto con Foster, y más tarde, en 2003,

| Lugar: Moscú, Rusia | Finalización prevista: 2011 |
| --- | --- |
| Altura: 600 m, 118 plantas | Arquitectos: Foster & Partners |

éste se reunió con el alcalde de Moscú, Yuri Luzhkov. El permiso para la obra llegó pronto. La ilusión de Foster de construir una verdadera ciudad vertical data, por lo menos, de 1989, cuando diseñó una torre para Tokio de 840 m, que nunca llegó a construirse. La forma de la torre Rossia ya se había edificado con anterioridad, en la capital de Corea del Norte, Pyongyang. Sin embargo, esta construcción, de 300 m, quedó inacabada por falta de recursos. La torre de Moscow City también se construirá con fines propagandísticos, pero será un edificio vanguardista, sobre todo desde el punto de vista de la sostenibilidad. Y si el rascacielos crea una sobreoferta de oficinas, la pujante economía rusa, sin duda, podrá absorberla.

600 metros

**Izquierda**: Sección transversal de la torre Rossia. En ella se pueden apreciar los apartamentos que ocuparán uno de los tres brazos triangulares.

**Derecha**: Esta maqueta de la torre Rossia la muestra en el contexto del nuevo distrito de la ciudad, a orillas del río Moscova, en la avenida Krasnopresnenskaya.

**Página siguiente**, **arriba**: En este plano de Moscow City, puede apreciarse la estructura en forma de Y de la torre, por encima de las dos torres del Complejo Federación.

**Página siguiente**, **abajo**: La torre Rossia combina tecnologías medioambientales con la ingeniería más espectacular, como por ejemplo, las columnas cruzadas en diagonal que salen en forma de radios desde el núcleo y las esquinas exteriores.

**Arriba**: La base de la torre se eleva desde la plaza Lotte, que queda hundida. Se puede acceder a ella a través de escaleras mecánicas.

**Arriba**: Una malla estructural de tirantes cruzados define el exterior del edificio y crea un atractivo patrón de grandes rombos y esquinas biseladas.

### Rascacielos coreanos del futuro

En Corea, se han planeado varios rascacielos enormes, aunque no es seguro que se puedan construir todos. Entre los últimos anuncios, cabe mencionar la torre de 110 plantas para Hyundai, y unas torres gemelas para los Ferrocarriles Nacionales, de 620 m, aprobadas en 2007, ambas para Seúl. El único superrascacielos en construcción en el año 2008 –su conclusión está prevista en 2010– es la torre Northeast Asia Trade, de 300 m y 65 pisos, que se construye en Songdo International City en la zona franca de Inchon. Esta torre de cristal, diseñada por KPF, presenta una forma parecida a la del World Financial Centre de Shanghái, aunque es más triangular. Tendrá oficinas y un hotel con un gran vestíbulo elevado en el último piso.

La compañía Lotte planea construir otra torre de 510 m en el puerto de Busan, diseñada por el estudio de Leonard Parker (Grupo Durrant). A pesar de que la construcción del Lotte World II en Seúl se inició en 2005, no se sabe si se podrá terminar la torre Lotte de Busan en la fecha prevista de 2013.

John Portman, diseñador en la década de 1970 de algunos rascacielos hotel, como el Peachtree Plaza, planea construir una torre de 640 m y 151 pisos en la zona económica especial de Inchon. Pero en 2007 sólo se había obtenido una décima parte de la financiación necesaria para el proyecto.

**Arriba**: Fotomontaje del río Han a los pies de la torre Lotte, en una imagen renderizada por ordenador.

**Derecha**: Desde el nivel 78 al 103 de la torre Lotte se encuentran las habitaciones del hotel que lleva el mismo nombre, mostradas aquí en una sección del alzado del edificio. Se puede apreciar, asimismo, la corona hueca, formada por la malla de la fachada, que sobrepasa el techo del inmueble.

**Abajo**: Tras entrar en la torre, los clientes del hotel dispondrán de sus propios ascensores exprés directos a la recepción o al vestíbulo elevado que se sitúa sobre la sala de banquetes y el comedor.

**Foto inferior**: El suelo de las habitaciones presenta una inclinación de 40 cm, que va desde la entrada hasta las ventanas (la zona más baja).

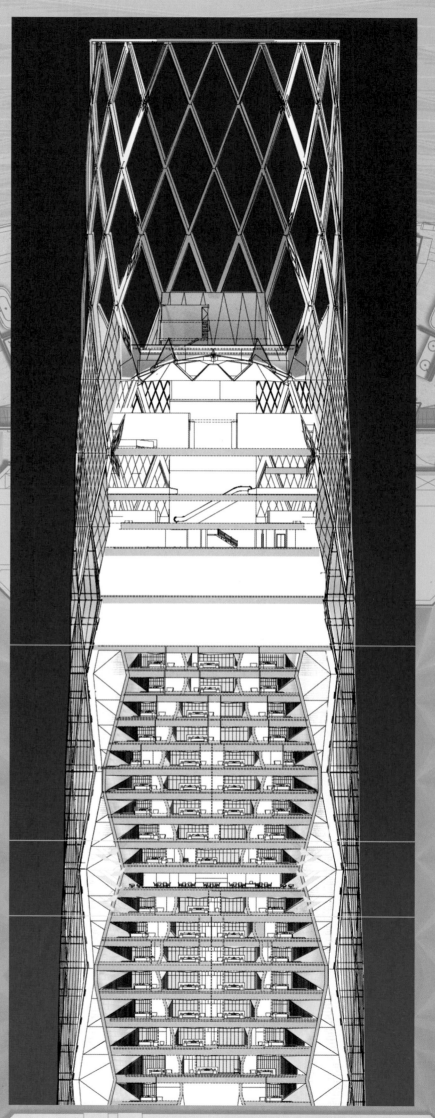

# Los rascacielos
# más altos del mundo

1 Torre Price 67 m; 2 Flatiron Building 86 m; 3 Lever House 92 m; 4 Menara UMNO 94 m; 5 Opus 98 m; 6 American Radiator Building 103 m; 7 La Grande Arche 110 m; 8 Puerta de Europa 114 m; 9 Centre Point 117 m; 10 15 Park Row 119 m; 11 Edificio del Banco Nacional de Dubái 125 m; 12 Humana Building 127 m; 13 Torre Pirelli 127 m; 14 Lipstick Building 138 m; 15 Chicago Tribune Tower 141 m; 16 Torre Agbar 144 m; 17 McGraw-Hill Building 148 m; 18 PSFS Building 150 m; 19 Secretariado de la ONU 154 m; 20 Seagram Building 157 m; 21 Centro Cultural de Televisión 159 m; 22 RWE 162 m; 23 Equitable Building 164 m; 24 Iris Bay 170 m; 25 Ministerio de Asuntos Exteriores 172 m; 26 Umeda Sky Building 173 m.

51 New York Times Building 228 m; 52 Palacio de la Ciencia y la Cultura 231 m; 53 Torre Jinao 232 m; 54 Sede de CCTV 234 m; 55 Bank of America Center 238 m; 56 Universidad Estatal de Moscú 239 m; 57 World Trade Center de Bahréin 240 m; 58 NTT DoCoMo Yoyogi Building 240 m; 59 Woolworth Building 241 m; 60 John Hancock Tower 241 m; 61 Ayuntamiento de Tokio 243 m; 62 MetLife Building (PanAm) 246 m; 63 Shimao International Plaza 247 m; 64 Condé Nast Building 247 m; 65 Trump International Hotel & Tower 255 m; 66 80 South Street 255 m; 67 Torre Al Rajhi 257 m; 68 Torre del Commerzbank 259 m; 69 GE Building (RCA) 259 m.

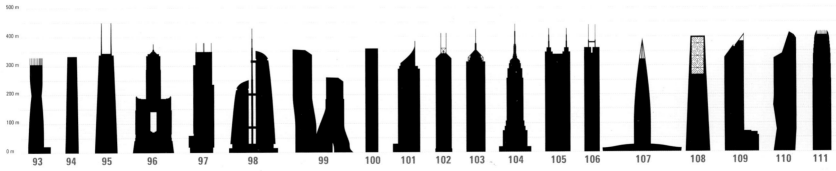

93 Torre Infinity 330 m; 94 World Trade Center de China 330 m; 95 John Hancock Center 344 m; 96 Torre Tuntex 348 m; 97 175 Greenwich Street 352 m; 98 Torre Federación 354 m/242 m; 99 Torres Signature 358 m/305 m/245 m; 100 Al Sharq 360 m; 101 Ocean 1 367 m; 102 Torre del Banco de China 367 m; 103 Central Plaza 374 m; 104 Empire State Building 381 m; 105 Shun Hing Square 384 m; 106 Citic Plaza 391 m; 107 Okhta Center 396 m; 108 Torre Lighthouse 400 m; 109 200 Greenwich Street 411 m; 110 Torre Al Hamra Firdous 412 m; 111 Two International Finance Centre 415 m.

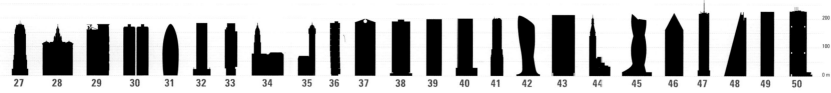

27 Carew Tower 175 m; 28 Municipal Building 177 m; 29 HSBC Hong Kong 179 m; 30 Marina City 179 m; 31 30 St Mary Axe 180 m; 32 Hearst Tower 182 m; 33 Torre 42 183 m; 34 Chicago Board of Trade 184 m; 35 Singer Building 187 m; 36 Turning Torso 190 m; 37 Sony Building (AT&T) 197m; 38 Torre Lake Point 197 m; 39 OCBC Centre 198 m; 40 HSBC Londres 200 m; 41 Chanin Building 207 m; 42 Edificio Gateway 210 m; 43 330 North Wabash 212 m; 44 Metropolitan Life Insurance Building 214 m; 45 Torre del Palacio de Bodas (Moscow City) 217 m; 46 Fountain Place 219 m; 47 Westin Peachtree Plaza 220 m; 48 Leadenhall Building 225 m; 49 7 WTC 226 m; 50 MLC Centre 228 m.

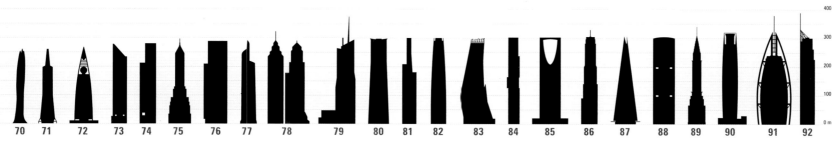

70 Torre KIA 260 m; 71 Transamerica Pyramid 260 m; 72 Al-Faisaliah Center 267 m; 73 Citicorp Center 279 m, 74 OUB Centre 280 m; 75 40 Wall Street (The Trump Tower) 282 m; 76 150 Greenwich Street 288 m; 77 The Pinnacle 288 m; 78 One y Two Liberty Place 288 m/258 m; 79 Bank of America Tower 288 m (366 m con mástil); 80 Torre Landmark 296 m; 81 Eureka Tower 297 m; 82 Gran Torre Costanera 300 m; 83 Tour Phare 300 m; 84 Torre India 301 m; 85 Kingdom Center 302 m; 86 Torre Baiyoke 2 304 m; 87 London Bridge 306 m; 88 Torre Pearl River 310 m; 89 Chrysler Building 319 m; 90 Torre Jinling 320 m; 91 Burj Al Arab 321 m; 92 Q1 323 m.

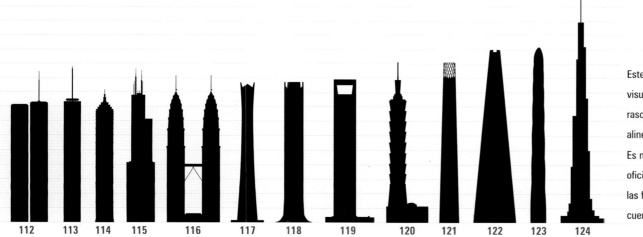

Este gráfico proporciona una comparación visual de las alturas relativas de los rascacielos que aparecen en este libro, alineados en orden ascendente por su altura. Es necesario mencionar que los datos oficiales de las alturas pueden variar según las fuentes y que en algunos casos se cuentan los mástiles y las antenas.

112 World Trade Center 417 m/415 m; 113 Freedom Tower 417 m (541 m con mástil); 114 Torre Jin Mao 421 m; 115 Torre Sears 442 m; 116 Torres Petronas 452 m; 117 Burj Al Alam 482 m; 118 International Commerce Centre 484 m; 119 World Financial Center de Shanghái 492 m; 120 Taipei 101 509 m; 121 Torre Lotte 555 m; 122 Torre Rossia 600 m; 123 Chicago Spire 610 m; 124 Burj Dubai 800 + m.

# Índice

## Créditos de las imágenes

*(i=izquierda, d=derecha, a=arriba, ab=abajo, c=centro, r=recuadro, f=fondo).*

© Atkins: 142-143, 144-145, 182, 183 *(d)*.
© Joe D.R. Brown: 84*(abi)*.
© Cook + Fox Architects LLP: © dbox 150*(c)*, 150*(d)*, 151*(i)*; © Jock Pottle/Esto 150*(i)*.
© Corbis: 21*(f)*, 25*(abi)*, 28*(r)*, 60*(f)*; Paul Almasy/Corbis 35*(r)*; Art on File/Corbis 19; Bettmann/Corbis 11*(fr)*, 16*(i)*, 16*(d)*, 20*(f)*, 24*(ac)*, 26*(c)*, 31*(abd)*, 38, 63*(rabd)*; Daniel H. Burnham 13; Kieran Doherty/Reuters/Corbis 81*(ad)*; Sandy Felsenthal/Corbis 21*(d)*; Christopher Felver/Corbis 74*(rc)*; Eric Fougere/ Kipa/Corbis 133*(r)*; Mark E. Gibson/Corbis 65*(i)*; Ernest R. Graham 17*(d)*; So Hing-Keung/Corbis 79; Angelo Hornak/ Corbis 43*(d)*, 77*(abi)*; Andrea Jemolo/Corbis 34*(r)*; Martin Jones/Corbis 78*(abd)*; Martin Jones/Ecoscene/Corbis 78*(abi)*; Mike Kemp/Corbis 109*(mayor)*; G.E. Kidder Smith/Corbis 64*(d)*; Wilfried Krecichwost/zefa/Corbis 96*(d)*; Lake County Museum/Corbis 10*(d)*, 30*(c)*; Xlaoyang Liu/ Corbis 65*(d)*, 98, 99; Joseph Francois Mangin 17*(abi)*; Museum of the City of New York/Corbis 25*(abd)*; Owaki-Kulla/ Corbis 45*(abi)*; Louie Psihoyos/Corbis 127*(r)*; Jose Fuste Raga/ Corbis 27, 85*(abd)*; Roy Rainford/Robert Harding World Imagery/ Corbis 47*(f)*; Bob Sacha/Corbis 39*(f)*, 86; Alan Schein Photography/ Corbis 69, 77*(f)*; Richard Schulman/ Corbis 77*(abd)*; Michel Setboun/Corbis 80; Vince Streano/ Corbis 22*(ac)*; Rudy Sulgan/ Corbis 68; Irving Underhill 15*(abi)*; Underwood & Underwood/ Corbis 11*(abd)*, 18, 22*(abi)*; Alan Weintraub/Arcaid/Corbis 39*(abc)*; Michael S. Yamashita/ Corbis 99*(r)*; Daniel Dal Zennaro/epa/Corbis 44*(d)*; Jim Zuckerman/Corbis 28*(d)*.
© C.Y. Lee & Partners: 3, 122-123*(c)*, 123*(d)*, 123*(r)*, 124*(ad)*, 124-125*(ab)*, 125*(a)*.
© Dennis Lau & Ng Chun Man (DLN): 102-103.
© Emporis.com: John W. Cahill/Emporis 10*(i)*.
© Fortune Group (www.burjalalam.com): 183*(i)*.
© Foster + Partners: 81*(planos)*, 95, 96*(f)*; Ian Lambot 94, 95*(abi)*, 95*(abd)*, 96*(ai)*, 96*(abi)*, 172*(d)*, 173, 174*(d)*, 180, 181*(ai)*, 181*(abi)*.
© Mistress Grace: 26*(i)*.
© Foster + Partners: 119*(planos)*, 128*(f)*, 129*(plano)* 131 *(planos)*; Nigel Young 128*(ab)*, 129, 130*(f)*, 131*(ad)*, 131*(abc)*.
© FXFOWLE Architects: Andrew Gordon Photography 114*(i)*; Jeff Goldberg/Esto 114*(f)*, 115, 166-167.
© Great Ink Communications: 137*(i)*.

© Hayes Davidson and John Maclean/Sellar: 168.
© Gordon Heaton: 91*(d)*.
© HSB Turning Torso/HSB Malmö: 134-135, 136.
© Ingenhoven Architects, Düsseldorf: 97*(planos)*, 121 *(plano)*; H.G. Esch, Hennef 97*(f)*, 97*(abi)*, 121*(c)*; Holger Knauf, Düsseldorf 97*(abd)*.
© iStockphoto.com: 89*(f)*; Brasil2 60*(a)*; Robert Churchill 108; Jonas Engström 92*(i)*; Hu Xiao Fang 104; Steve Geer 49, 51*(i)*, 52; Kenny Haner 72*(i)*; Paul Hart 39*(abd)*; Jim Jurica 50; Luminouslens 75*(d)*; Linda & Colin McKie 87; Eric Nguyen 84*(abd)*; Irfan Parvez 58; Pinobarile 44*(i)*; Toon Possemiers 109*(ri)*; Salem: 118*(r)*; Richard Simpkins 6, 11*(f)*, 16-17*(f)*, 27*(f)*, 30*(f)*, 33*(f)*, 49*(f)*, 69*(f)*, 93*(f)*, 109*(f)*, 122-123*(f)*, 135*(f)*, 157*(f)*, 159*(f)*, 161*(f)*, 169*(f)*, 173*(f)*, 177*(f)*, 181*(f)*; Simsphoto 89*(d)*; Kenneth C. Zirkel 24*(abd)*.
© Kohn Pedersen Fox Associates (KPF): AMD Rendering 157*(ai)*; Cityscape 169*(d)*; Crystal Digital Technology Co. Ltd.120*(abd)*, 157*(ad)*, 157*(ab)*; ZhongHai Shen121*(i)*; Superview 120*(a)*, 156*(i)*, 156*(ad)*, 156*(abd)*.
© Bernhard Kroll, Hamburg: 147*(ai)*.
© Patrick Lundberg: 22*(ad)*, 26*(d)*, 30*(d)*, 42*(abi)*, 44*(c)*, 72*(d)*, 92*(d)*, 96*(ac)*, 120*(abi)*, 124*(ai)*, 138*(i)*, 146*(i)*, 155*(d)*, 156*(c)*, 172*(i)*.
© Michael Graves & Associates: 74*(abd)*.
© Office for Metropolitan Architecture (OMA): 148, 149*(f)*; Arup-Rory McGowan 149*(br)*; Hans Werlemann 149*(abi)*.
© Pelli Clarke Pelli Architects: 104*(f)*, 106-107*(ac)*, 126*(f)*, 127*(ai)*.
© Plan Architect: 100-101.
© Renzo Piano Building Workshop: Serge Drouin 151*(d)*.
© RMJM: 181*(d)*; copyright www.glocg.com 117, 177.
© Rogers Stirk Harbour + Partners: Cityscape 169*(i)*, 169*(c)*, 174*(abi)*, 174*(abc)*.
© Shelbourne Development/Santiago Calatrava: 164-165.
© Shutterstock.com: 124*(abi)*, Salem Alforaih 118*(f)*, 119*(r)*; Vaju Dragos Ariel 110; Avatavat 91*(f)*; Can Balcioglu 56-57*(c)*; Peter Blazek 53; Natalia Bratslavsky 45*(f)*; Ariel Bravy 64*(i)*; Winthrop Brookhouse 73; Joseph Calev 5*(cd)*, 70; Norman Chan 78*(f)*, 88*(f)*; Dutchy 84*(f)*; Faberfoto 88*(ab)*; Mark Goldman 53*(f)*, 54; Christine Gonsalves 126*(i)*; Alison Grippo 16*(c)*; Izim M. Gulcuk 12*(i)*; Jeff Gynane 9; Frank Herzog 55*(f)*; Efremova Irina 32-33*(f)*; Jbor 5*(d)*, 116, 130*(r)*; Ilyas Kalimullin 34-35*(f)*; Kasia 7; Ng Wei Keong 127*(f)*; B.P. Khoo 67*(r)*; Tan Kian Khoon 105; Emin Kuliyev 5*(i)*, 8, 24*(i)*,

28-29*(f)*; Luan Lam 55; Jon le-Bon 65*(c)*; Heintje Joseph T. Lee 106-107*(f)*; John Leung 90*(d)*; Adrian Lindley 113*(f)*; Mike Liu 12*(d)*; Eva Madrazo 132*(d)*, 133*(mayor)*, 133*(f)*; Daniela Mangiuca 20*(f)*; Andrew McDonough 1; Thomas Nord 31*(f)*; Morozova Oksana 112; Pasphotography 63*(c)*; Kirk Peart Professional Imaging 83; Styve Reineck 113*(d)*; Rossco 138*(d)*, 140-141*(f)*; Thorsten Rust 45*(ad)*; Hiroshi Sato 93; Simon Detjen Schmidt 51*(f)*; Vishal Shah 110*(r)*; Jason Speros 25*(f)*; Ronald Sumners 82, 132*(i)*; Taolmor 106*(r)*; David H. Tatkow*(abi)*; Terence 56*(r)*; Christophe Testi 57*(d)*; Greg Toope 2, 110*(f)*; Lee Torrens 139, Paolo Vairo 75*(i)*; Gregory James Van Raalte 14, 15*(f)*, 23; Christopher Walker 43*(i)*, WizData, Inc. 5*(ci)*, 36, 59; Wen-ho Yang 62*(f)*; Paul S. Wolf 74*(f)*; Huang Yuetao 66-67.
© Skidmore, Owings & Merrill LLP (SOM): 137*(d)*, 152, 153*(f)*, 153*(abi)*, 153*(abd)*, 154*(ad)*, 155*(i)*, 158-159, 160-161*(abc)*, 162*(plano)*, 162, 163*(abi)*, 163*(abd)*, 178*(ab)*, 179, 187*(f)*, 187*(ci)*, 187*(d)*; dbox 161*(i)*; Steinkamp Ballogg Photography 154; Crystal CG 153*(ad)*; Florian Holzherr 40; Jock Pottle/Esto 160*(abi)*, 163*(f)*, 160*(ad)*, 178*(a)*, 185*(ad)*, 186*(f)*; Ezra Stoller/Esto 41, 42*(d)*; Sundberg/Esto 175*(f)*, 175*(ad)*, 175*(abd)*; SWIM by the 7th art 184, 185*(f)*, 185*(ai)*; 186*(c)*; Tronic 187*(abi)*; Ruggero Vanni 175*(abi)*.
© Snøhetta: 170.
© SP-Project, Min Pait, nps tchoban voss: 146-147*(ab)*, 147*(d)*.
© Sunland Group Limited: 141.
© T.R. Hamzah Yeang Sdn.Bhd: 107*(abajo, i y d)*, 171*(d)*.
© Paul Turner (www.photos-september11.co.uk): 61.
Irving Underhill/Public Domain: 10*(c)*.
© Unibail-Morphosis: 176.
© Woods Baggot: 140*(ab)*.
© Herbert Wright: 20*(d)*, 21*(c)*, 29*(d)*, 31*(ad)*, 37, 42*(ai)*, 46, 47*(i)*, 47*(d)*, 48, 62*(f)*, 63*(rd)*, 71, 76, 79*(ai)*, 90*(i)*, 109*(ad)*.
© Zaha Hadid Architects: 171*(i)*.

Silueta de rascacielos de cada página: Malcolm Porter.

El autor y los editores han hecho todos los esfuerzos razonables para reflejar los derechos de autor correctos. Cualquier error u omisión que se pueda haber producido no ha sido, en modo alguno, fruto de nuestra voluntad. En el caso de que algún propietario de derechos de autor haya sido omitido, le invitamos a que nos lo comunique para poder incluirle en la próxima edición de esta obra.

# THE FIGHT FOR
# SURVIVAL

**ANIMALS IN THEIR NATURAL HABITATS**

# THE FIGHT FOR
# SURVIVAL

## ANIMALS IN THEIR NATURAL HABITATS

CONSULTING EDITORS:
PETER BRAZAITIS   MYRNA WATANABE

PRINCIPAL PHOTOGRAPHY BY THE WILDLIFE COLLECTION

*Friedman Group*

**A FRIEDMAN GROUP BOOK**

Brazaitis, Peter, 1936-
      The fight for survival : animals in their natural habitats / Peter Brazaitis and Myrna Watanabe ; photographs from the wildlife collection.
        p. cm.
      "A Friedman Group book"--T.p. verso.
      Includes bibliographical references (p.      ) and index.
      ISBN 1-56799-094-0 (hardcover)
      1. Habitat (Ecology)   2. Animals--Adaptation.   3. Zoogeography.
I. Watanabe, Myrna, 1948- . II. Title.
QH541.B72   1944
591.5--dc20                                        94-7191
                                                   CIP

THE FIGHT FOR SURVIVAL
*Animals in Their Natural Habitats*
was prepared and produced by
Michael Friedman Publishing Group, Inc.
15 West 26th Street
New York, New York 10010

Editors: Jaimie Epstein and Sharyn Rosart
Art Director: Jeff Batzli
Designer: Kevin Ullrich
Layout: Kevin Ullrich and Beverly Bergman
Photography Director: Christopher C. Bain
Production Manager: Jeanne E. Kaufman

Typeset by Classic Type Inc.
Color separations by Bright Arts (Hong Kong) Pte. Ltd.
Printed and bound in China by Leefung-Asco Printers Ltd.

# DEDICATION

We dedicate this book to our respective children and grandchildren:
Bonnie Fina, Wendy Dean and their children; Peter Brazaitis IV; Daniel and Evan Greller; Stephanie and Rebecca Madden; Paul, John and Jeffrey Scott Sieswerda; and the future generations charged with preserving this delicate planet.

# ACKNOWLEDGMENTS

This has been a long-term effort that would not have been possible without the input of many individuals. We first thank Michael Friedman for suggesting this project to us. We thank all of the authors for their hard work, perseverance, and toleration of late-night phone calls and trivial questions. Without such a talented and cooperative group, a book of this magnitude would have been an even more daunting task. Specifically we thank Anthony Brownie; Alta Charon and the U.S. Geological Survey; Andrew Greller and Queens College of the City University of New York; Robert Madden and Marymount College, Tarrytown, N.Y.; Joseph Martinez; and Paul Sieswerda—and their families for supporting their hard work.

Our editor at Michael Friedman Publishing Group, Sharyn Rosart, was always supportive, and often was the only one who believed that this book would be completed. She always appeared unruffled, even at post-deadline crises. Beverly Bergman, who was responsible for layout, bore an inordinate amount of responsibility, and dealt firmly with temperamental authors and last-minute rearrangements. She now probably can identify animal photos in her sleep. Both Sharyn and Beverly did more than their formal jobs required and we are grateful for their work.

We thank George Gilliland and Matthew Bergman for beautiful computer graphics and Pat Ortega for her hard work on the illustrations. We also appreciate the editorial work by Jaimie Epstein, the art and layout done by Kevin Ullrich, the photo editing by Christopher Bain, and the jacket design by Lynne Yeamans.

We also wish to thank our many friends and acquaintances who answered questions, supplied photos on short notice, and otherwise held our hands during this endeavor. Among the most badgered were our dear friends, Itzchak Gilboa; Dr. Frances Cardillo, O.S.F., of Manhattan College, Bronx, N.Y.; Special Agent in Charge William Donato and Special Agent John Meehan of the U.S. Fish and Wildlife Service, Lawrence, N.Y.; and John Behler and Steve Johnson of the Wildlife Conservation Society, Bronx, N.Y.

Peter Brazaitis gives a special note of thanks to Richard Lattis of the Central Park Wildlife Center, and to the Wildlife Conservation Society.

Last, but not least, we thank our son, Peter, for understanding that Mommy and Daddy indeed love him more than they love their computer.

Myrna F. Watanabe
Peter Brazaitis

# TABLE OF CONTENTS

# Introduction

This is a book about habitats and the animals that occupy them. In broad strokes, it depicts the majestic

panorama of life. From ocean depths to mountaintops, steaming jungles to parched deserts, it takes us on a

journey through the living realm. This is an overview of life, a depiction of the challenges and opportunities

offered by the various survivable regions of the world, and of the versatility shown by living organisms in coping

with these challenges and exploiting these opportunities. We are impressed by the accomplishments of the

biochemists and geneticists in understanding the machinery of life, but it is the study of habitats that gives

meaning to that machinery. All of the mechanisms of the body exist because they have allowed organisms to

survive in and utilize their habitats. When we study habitats, we study the factors that have shaped the

evolution of life on earth.

# ADAPTATION TO ENVIRONMENT

Many observers of nature have noted the remarkable fit that exists between the characteristics of various creatures and the qualities needed for survival in a particular habitat. It was Charles Darwin who first systematically postulated the explanation for this fit, a theory that is today accepted by most biologists. He proposed that it comes about through a process called natural selection, in which individuals with certain traits are more successful at producing offspring than individuals with other traits. Since offspring tend to resemble parents, traits that lead to the production of more offspring gradually become more common, displacing traits that lead to reduced reproduction. Traits that promote survival and reproduction in a habitat are called adaptations.

If the environment is stable, the qualities leading to a high rate of reproductive success remain quite constant, and a given species may not change much over many generations. The geologic record teaches us

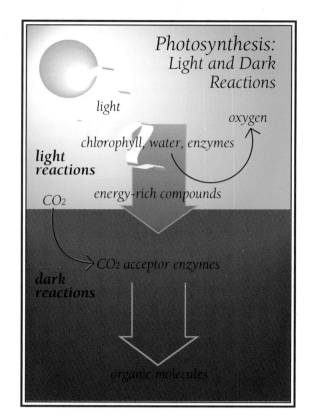

*Chlorophyll absorbs blue and red light, and reflects green. Energy from absorbed light is transferred to the chemical system that makes energy-rich compounds.*

that environments shift over time, however. A given area gets warmer or colder, wetter or drier, more mountainous or less mountainous. When an environment changes, the traits promoting survival and reproduction shift, and the characteristics of a species shift with them.

If the environment is mixed, different populations of individuals within a species may follow different lines of change, each tracking the characteristics of its portion of the habitat. Eventually, members of the different populations may no longer recognize each other for purposes of reproduction. At this point, the populations have formed separate species.

Over a few generations, the alterations wrought by selection may be small, even imperceptible. However, over dozens, hundreds, or thousands of generations, small changes can accumulate into dramatic changes, giving rise to the phenomenon we call evolution. Thus we find that the characteristics of a successful species track the demands of the environment. If an environment changes too rapidly, or in a direction that cannot be followed by a given species, the species likely becomes extinct.

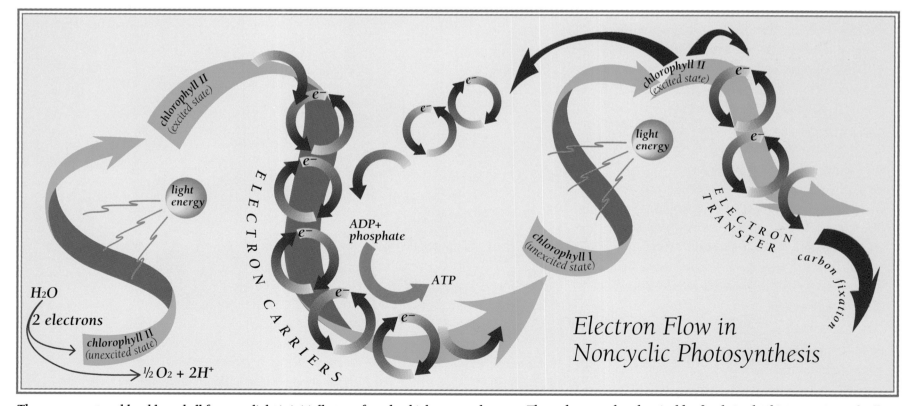

*The energy captured by chlorophyll from sunlight is initially transferred to high-energy electrons. Through a complex chemical bucket-brigade, this energy is gradually drawn off and used to construct carbon-based compounds.*

Today the earth is going through a time of rapid environmental change brought about by human activity. As a result, we are experiencing an episode of extensive species extinction.

# ENERGY PYRAMIDS

Living organisms need energy. The ultimate source for all but a minute fraction of the energy that drives life's processes is the sun. This energy is captured through a chemical process called photosynthesis. Photosynthesis is carried out by green plants, certain bacterialike organisms, and some protozoalike organisms. All living things that are able to carry out photosynthesis have some version of the green substance chlorophyll in their cells. Photosynthetic organisms start with the simple substances water and carbon dioxide, the latter a gas that is found in the atmosphere and dissolved in water. Utilizing the energy of sunlight, photosynthetic organisms build more complex, energy-rich molecules, mainly sugars and other carbohydrates. These substances are to living organisms what gasoline is to a car. Consumed in the presence of oxygen, they yield back the energy that was used to build them, the energy that originally came from sunlight. It is this energy that drives most life processes.

Thus, photosynthetic organisms stand at the base of an energy pyramid that supports the entire community of living organisms found in a habitat, with rare exceptions. We call these photosynthetic organisms the primary producers. Animals get their energy by eating plants or other photosynthetic organisms, together with the high-energy compounds that these primary producers contain. Animals that feed directly on plants are called herbivores, and these herbivorous animals make up the second level of the energy pyramid.

Animals that feed on herbivores are called primary carnivores, and they make up the third level of the pyramid. Several more layers of carnivores may stand upon the primary carnivores. The apex of the energy pyramid is occupied not by great carnivores like lions and wolves, as one might suppose, but by the fleas, tapeworms, and other parasites that feed upon them. The term *pyramid* is apt, for energy is dissipated at each level of the pyramid, so that there is less energy available at the next level. For this reason, herbivores are more abundant than primary carnivores, primary carnivores are more abundant than secondary carnivores, and so on. It pays to feed as low as possible on the energy pyramid. A substantial portion of the energy available at each level of the pyramid is dissipated through the death of organisms. The energy in the corpses is not wasted, however, but is harvested by an army of decomposer species. These organisms play a vital role in any community, for they are the means by which the chemical substances of life are recycled and made available to support new life (see "Nutrient Cycles," p. 11).

## Food Chains and Food Webs

The concept of the energy pyramid is important in that it summarizes the broad flow of energy through a community. However, it is somewhat of an abstraction because it does not indicate which species are actually feeding on each other. Such an enumeration is called a food chain. For example, in open ocean, the major primary producers are microscopic, single-celled, plantlike forms that float in the water—phytoplankton. Feeding on them are tiny animals, also floating, called zooplankton. Small fish and other animals feed on the zooplankton. Finally larger fish, squid, and seabirds feed on the smaller fish.

In most cases, the concept of the food chain turns out to be too simple. Many species actually occupy

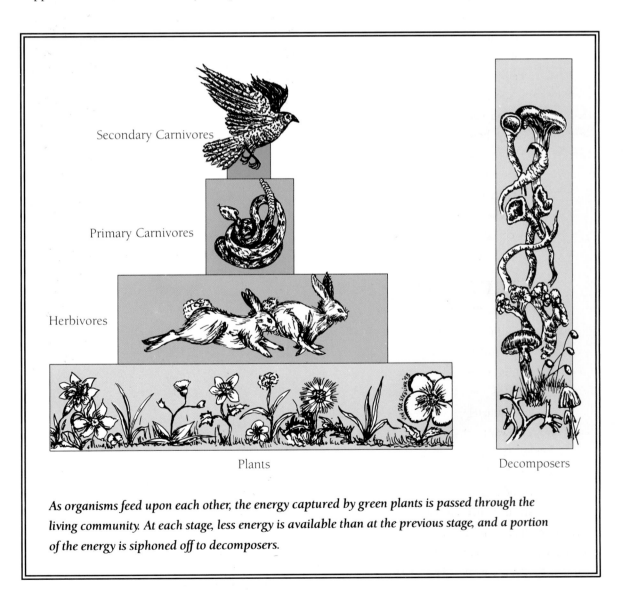

Secondary Carnivores

Primary Carnivores

Herbivores

Plants

Decomposers

*As organisms feed upon each other, the energy captured by green plants is passed through the living community. At each stage, less energy is available than at the previous stage, and a portion of the energy is siphoned off to decomposers.*

more than one level of the energy pyramid. In a forest, for example, the most obvious primary producers will be the trees, though other plants, and even photosynthetic bacteria, previously called blue-green algae, contribute their share. Herbivores include some insects, which are often quite specialized, and rodents, which in general are not. Thus, a plant-eating insect may well be a pure herbivore, feeding only on a few related species of plants, while many rodents eat a wide variety of plants, and supplement their diet with insects. Of course, they are acting as carnivores when they eat insects. Among other inhabitants of the forest, deer feed largely on plants, and are nearly pure herbivores, while bears, skunks, and box turtles, for example, eat a great variety of plant and animal material, and are usually called omnivores. Foxes feed mainly on prey such as rabbits and birds, and are largely carnivorous. However, they will also eat berries and other vegetation, so they can be herbivores as well. Among song birds, there are some specialized carnivores, mainly insect-feeders, and some specialized herbivores, mainly seed-eaters. Many, however, are fairly omnivorous. Even relative specialists may vary their diet. For example, most seed-eating birds supplement their diet with insects. In most habitats a detailed itemization of who eats whom depicts an interlocking mesh, called a food web, rather than a linear chain.

## NUTRIENT CYCLES

The chemicals of life, called nutrients, exist in finite quantities on the surface of the earth. In every successful community, there must be a means by which necessary materials move from individual to individual and are ultimately recycled. The food web is the primary pathway for the movement of both energy and nutrients. Decomposition is a major step in the process of recycling. Once nutrients are released from the bodies of dead organisms through decomposition, it is important that they not be lost. Communities often have efficient mechanisms for the uptake of nutrients freed by decomposition. In a forest, for example, specialized fungi, called mycorrhizae, live in

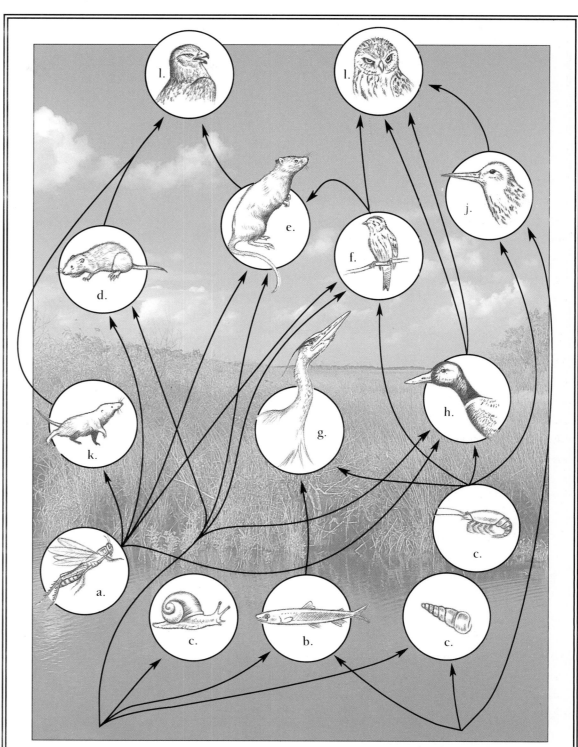

*This salt marsh food web depicts the complexity of energy and nutrient flow in a community. It vividly demonstrates the interdependence of living things. Shoreline and aquatic plants are the primary producers. Various invertebrates and fish (a, b, and c) feed on the plants. Rodents and songbirds (d, e, and f) eat both plants and invertebrates. Herons and egrets (g) are largely carnivores, while other aquatic birds, such as ducks (h) and sandpipers (j) are more omnivorous. Shrews (k) feed largely on invertebrates. Owls and hawks (l) are depicted here as top carnivores, but in fact they play host to various parasites.*

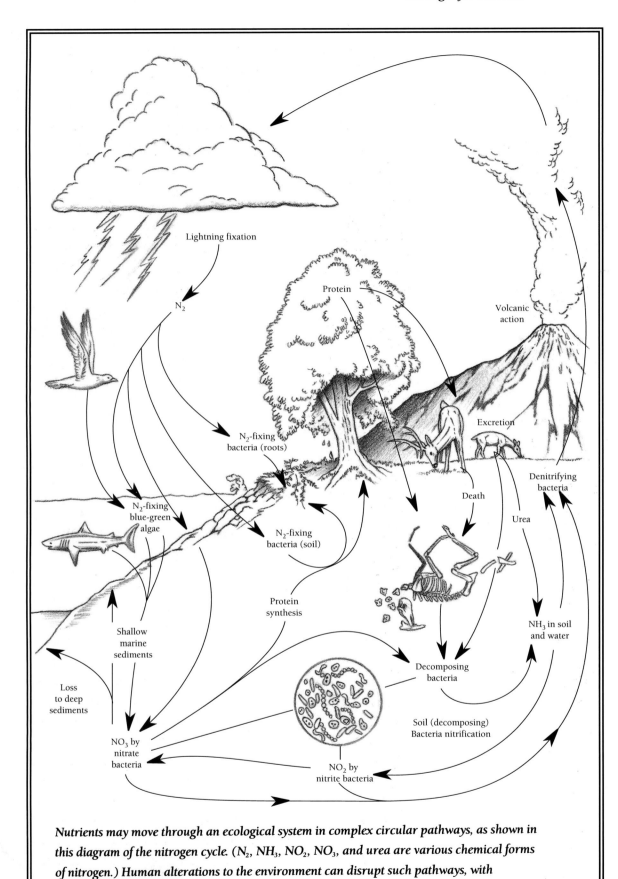

Lightning fixation

N₂

Protein

Volcanic action

N₂-fixing bacteria (roots)

Excretion

N₂-fixing blue-green algae

N₂-fixing bacteria (soil)

Denitrifying bacteria

Death

Urea

Protein synthesis

NH₃ in soil and water

Shallow marine sediments

Loss to deep sediments

Decomposing bacteria

Soil (decomposing) Bacteria nitrification

NO₃ by nitrate bacteria

NO₂ by nitrite bacteria

**Nutrients may move through an ecological system in complex circular pathways, as shown in this diagram of the nitrogen cycle. (N₂, NH₃, NO₂, NO₃, and urea are various chemical forms of nitrogen.) Human alterations to the environment can disrupt such pathways, with widespread consequences.**

association with the roots of plants. They absorb nutrients from decaying matter and pass them directly into the roots of their hosts, receiving by way of compensation high-energy compounds resulting from the hosts' photosynthesis. This makes the relationship mutually beneficial. One problem that accompanies the cutting of forests for lumber or to provide clear land for agriculture is that it disrupts the mechanisms that provide for the efficient recycling of nutrients. The result is a two-fold problem. The soil becomes relatively unproductive because of the lack of nutrients, while streams and lakes that receive runoff water containing the lost nutrients become excessively enriched, leading to abnormal blooms of plant growth. Compensating for the first problem by applying artificial fertilizers worsens the second problem.

## *Predator and Prey*

The need for energy and nutrients is fundamental, so all organisms participate in food webs. Of course, it is best to participate as predator rather than as prey. Many of the adaptations of any given species relate to its participation in the food web—to its need to obtain food, and to avoid being preyed upon. Indeed, there is an ongoing contest between predator and prey, with each offense being met by an improved defense, and vice versa, so that adaptations relating to predation and the avoidance of predation can be among the most remarkable that we see. Witness for example, the overpowering rush of the cheetah, one of the world's fastest land animals, and the swift grace of the gazelle. These are complementary adaptations, born of one species' need to capture its prey, and of the other's need to escape.

## TOLERANCE RANGES

For any particular species, a habitat is an array of physical, chemical, and biological factors. Some of these, such as nutrients, sunlight, and prey, represent resources that may be utilized by the species. Others, such as temperature, pH (degree of acidity or alkalinity of water or soil), and predation, are not specifically utilized, but are features of the environment with which the species must cope. For many environmental factors, a species will exhibit a tolerance range. That is, there is a minimum below which a given factor must not go, and a maximum above which it must not rise, or the species cannot survive. Temperature is a good example. Most species tolerate a fairly definite range of temperature. If a habitat is too warm or cold, the species will not be able to occupy it. It is not merely average temperature that is important, however, but also the range of temperature. For example, tropical habitats generally exhibit relatively little seasonal variation in temperature. Tropical species are therefore usually adapted to survive only a fairly narrow temperature range. Polar habitats, on the other hand, exhibit wide seasonal variations in temperature. Part of being adapted to a polar habitat is being able to survive this wide range of temperature.

Because water is a good heat buffer, aquatic habitats experience smaller temperature swings than do terrestrial habitats. Deep ocean areas have a nearly constant temperature just a little above the freezing point of water. Land areas close to large bodies of water experience less temperature variation than areas remote from water.

In terrestrial habitats, temperature and precipitation are the strongest determinants of vegetation type. For example, tropical rain forests form in warm, wet areas. Cool, wet areas give rise to coniferous rain forests, such as those along the west coast of North America. Moderate temperature and precipitation give rise to broadleaf, deciduous forests. Somewhat lower precipitation leads to grasslands, while still lower precipitation produces deserts. Tundras form in areas that are cold but not continuously frozen. These are very rough generalizations, with seasonality of temperature and precipitation also being important. More detail can be found in the chapters discussing the specific habitats.

One consequence of human alteration of a habitat can be to shift one or more environmental factors out of the tolerance range of some of the species that occupy it. For example, the use of river water to cool a nuclear power plant may raise the water temperature to an extent that some species that formerly occupied the river may no longer be able to do so. Since species interact in complex ways, as in food webs, the elimination of some species in this way may have difficult-to-predict effects on other species.

Biological factors are not exempt from this general concept. For example, a given species is adapted to contend with certain competing species and certain predators—those that it normally encounters. The introduction of a foreign competitor or predator, to which the species is not adapted, can be disastrous. Sometimes introductions of foreign species result from natural processes. For example, North and South America have been disconnected for most of the last 65 million years. They were joined by the Central American land bridge about 5 million years ago. There resulted an exchange of species in which South American mammals, especially marsupials, fared poorly in competition with some North American species.

In recent times, human activity has resulted in a tremendous exchange of species among geographic regions. Purposely or accidentally, as humans have traveled from place to place, they have taken numerous plants, animals, and microbes with them. In some cases, the introduction of new species into an area has proved devastating for local forms. Particularly hard hit have been the endemic species of geographic areas that had long histories of isolation, such as the Hawaiian Islands and Australia. However, no area has been exempt. In North America, for example, the introduction of a foreign disease has virtually wiped out the American chestnut tree, and another disease is threatening the elm. An introduced scale insect is doing great damage to hemlocks. Declines in North American song bird populations have been blamed, in part, on competition from introduced European starlings and house sparrows. These are just a few of what could be a long list of examples.

## SPECIES DIVERSITY

Different habitats vary tremendously in terms of the number of species they support. Among the richest of terrestrial habitats are the tropical rain forests, where the species defy enumeration. An analogous marine habitat is the coral reef. In these habitats, life exists layer upon layer in three-dimensional structures of mind-boggling complexity. In contrast, drier deserts, alpine and arctic tundras, and open ocean habitats have relatively few species in relationship to area. Those species that do survive in these more rigorous regimes may reach relatively high abundances, however. Most habitats lie between these extremes. In the first type of habitat, species are strongly selected for traits that help them cope with other species. In the second type of habitat, species are strongly selected for ability to deal with the physical attributes of the habitat.

---

### COLANDERS OF THE SEA

*Sardines and menhaden strain the zooplankton from the water by means of gill rakers, or hairlike combs attached to their gills. As water passes through, the zooplankton are removed, then consumed. The sardines, herring, and menhaden are grazers that feed on the microscopic copepods and planktonic animals. It has been estimated that a menhaden can filter over 6 gallons (22.7L) per minute. In fertile areas, this could extract nearly a pint (about ½ L) of microscopic food per hour.*

*The Dutch word heer means "army." Tremendous schools of herring (family Clupeidae) gather in the North Atlantic. As a family, herring are the most numerous fish in the oceans. Small herring of a number of species are known as sardines. The name refers to the size and packing of herring that are too small for smoking or pickling. Sardines has become the generic term for small herring packed in oil in a metal container.*

# GENES AND EVOLUTION—NATURAL SELECTION

*Tucked into the nucleus of every living cell are molecules of a chemical substance called deoxyribonucleic acid (DNA). These molecules have the unique ability to encode information about how the cells, and the organism of which the cells are a part, are to function. Collectively, they are referred to as genes. Virtually every aspect of an organism's structure, bodily functioning, and behavior is under control of the genes. This control is not absolute: the environment of an individual also affects what it is and how it acts, but the environment exerts its influence on the basic patterns set by the genes.*

*Genes are duplicated and passed from parent to offspring as part of reproduction. Usually, each individual receives half its genes from its mother and half from its father. Thus, genes represent the continuity of life. Normally, the copy of a gene that an offspring receives from its parent is identical to the parent's copy. Occasionally, because of an error in the biochemical processes of the cells that duplicate genes, it is not quite the same, and we say that a mutation has occurred. In this case, the offspring will differ from the parent with respect to the trait that was coded by the gene. If the gene controls, say, coat color, or tendency*

*to pair-bond, the variant form may result in an individual with darker or lighter hair, or a greater or lesser tendency to pair-bond.*

*Over time, as a result of mutation, the genes that control any particular aspect of a species' makeup will come to exist in several variant forms. Often, these variants alter the prospects for survival and reproductive success of the individuals that possess them. If a variant promotes the reproductive success of its carrier, it will be passed to more offspring, who in turn will pass it to their offspring, and so forth. In this case, the variant becomes more abundant. If a variant results in its carrier producing fewer offspring, it will become progressively less abundant. We call this principle, recognized by Charles Darwin, natural selection. Thus, if darker hair or a greater tendency to pair-bond results in improved reproductive success, then the genes that result in these character states will become prevalent. The accumulation over generations of genes that enhance reproductive success is called adaptation. It should be noted that, contrary to popular impression, natural selection does not necessarily favor genes for large size, strength, or fierceness. Successful genes are those that result in*

*their possessors leaving the most offspring. An individual that spends a lot of time fighting, and not enough time gathering food, for example, might well leave fewer offspring.*

*The particular collection of genes that exist in a species at any given time represents the accumulated variants that led to high reproductive success—it is the biological wisdom of the species built up over the 3.5 billion years or so since the start of life on earth. Since habitats change over time, a species never reaches genetic Nirvana. Instead, species are constantly adapting to changed environments. Hence species are always in flux, their genetic makeup changing as different qualities become important for reproductive success under shifting environmental conditions. This is the process we call evolution. If the environment undergoes drastic changes too quickly, however, adaptation may not be possible, and the species will then become extinct. Rates of environmental change have varied considerably over the earth's history. The earth is presently in a state of relatively rapid environmental change as a result of human activity. The result has been an ongoing period of high extinction rate.*

**The harmless milk snake (Lampropeltis triangulum) shows considerable color variation. Southern and western populations (left and center), which live in closer proximity to or overlapping the ranges of the venomous coral snakes, have color patterns that mimic those of the coral snakes. Northeastern populations (right) show cryptic (camouflage) coloration.**

## MEASURING DIFFERENCES

---

Taxonomists place organisms in categories according to their similarities and differences. In doing so, they must distinguish between similarity caused by evolutionary relatedness (such as feathers in all birds regardless of environment), and similarity caused by adaptation to the same environment (such as streamlined bodies in sea turtles, penguins, and seals). Only the first type of similarity is used in classifying organisms.

A classification system developed by Swedish botanist Carolus Linnaeus in the eighteenth century sets organisms in a series of groups that become more similar as one approaches the species level. The basic sequence is kingdom, phylum, class, order, family, genus, species. Using people and sidewinders (snakes) as examples, we have:

|         | Human      | Sidewinder |
|---------|------------|------------|
| Kingdom | Animalia   | Animalia   |
| Phylum  | Chordata   | Chordata   |
| Class   | Mammalia   | Reptilia   |
| Order   | Primates   | Squamata   |
| Family  | Hominidae  | Crotalidae |
| Genus   | Homo       | Crotalus   |
| Species | sapiens    | cerastes   |

We share the same kingdom and phylum as sidewinders, but the taxonomic similarities stop at the class level. One difference at this point is the skin covering: mammals have fur or hair, while reptiles have dry scales. There are other major differences as well. This general sequence can be further divided. The vertebrates are a subdivision, a subphylum of the phylum Chordata, sharing equal billing with such biological curiosities as the amphioxus (a wormlike creature with primitive prevertebrate characteristics). The animal kingdom has over 20 phyla.

Species are sometimes broken into subspecies, in which case three names are used to describe the subspecies: genus, species, subspecies. A species can be broken into subspecies in several ways, including by location. If part of a species is geographically separated from the rest of the species (such as by a mountain range or a gorge), that part can be called a subspecies, since it may no longer mate and exchange genes with its conspecifics. If a subspecies remains separate long enough, it may evolve into a new, distinct species.

## HABITAT, NICHE, AND COMMUNITY

---

The terms habitat and niche occur throughout this book. The habitat is where the species lives, its home, so to speak. A niche is the role played by the organism in that habitat. For example, the habitats of a wolf and a tuna are quite different, one living in plains or forest, the other in open ocean. However, in their respective habitats, their niches are somewhat similar—they are both large predators. Another useful term is community. A community consists of all of the plants, animals, and other organisms living in a particular area and sharing a common habitat. Necessarily, these organisms will interact in various complex ways, some of which are outlined in the main text. From the perspective of any given species, all the other species in its community are part of its habitat.

## PLATE TECTONICS AND CONTINENTAL DRIFT

---

Earlier parts of this introduction have hinted at one of the most remarkable productions of twentieth-century science, namely the theory of plate tectonics. According to this theory, the outer crust of the earth is divided into a series of plates, almost like a cracked egg shell. These plates are not stationary, however, but like ice floes on a river, they shift their positions. The plates may slide over and under each other, or grind past each other. The continents ride as passengers on top of these crustal plates, and move along with them. This phenomenon is referred to as continental drift.

Actually, the idea was not entirely new. By 1620, British philosopher Francis Bacon (1561–1626) had made a fundamental observation, one that can be repeated today by anyone with access to a world map: the remarkable fit that can be achieved by sliding North and South America up against Africa and Eurasia—a fit most conveniently explained by assuming that these landmasses were once one large mass, which then split apart and drifted to their present positions. By early in the twentieth century, the fundamentals of the theory were in place. Yet it took decades more of painstaking data collection before a majority of geologists were willing to abandon common sense and accept the bizarre notion that the continents move about, now bumping into each other, then separating, only to collide once again.

The theories of plate tectonics and continental drift have profoundly altered our views of both geology and biogeography. Tortured explanations of how organisms got to their present locations, sometimes involving the postulation of land bridges for which no geological evidence could be found, became unnecessary once it was realized that landmasses that are now separate had been connected in the past. Also, as the continents have drifted, their relationships to the equator and poles of the earth have changed, profoundly altering climate. Antarctica, for example, was not always a frozen wasteland located at the south pole, but was once more equatorial in both latitude and climate. These climatic changes have had a profound effect on the evolution of species on earth. Indeed, they may have been a major driving force in the process of evolution, which depends on environmental change, as noted above. By raising mountains and other land forms, plate movements have indirectly produced other important environmental changes, affecting, for example, patterns of temperature and precipitation.

## BIOGEOGRAPHY

In addition to environmental factors, the distribution of living organisms has been affected by geographic considerations. For example, Australia and its neighboring islands have experienced a lengthy period of isolation from other continents, and have developed a unique biological makeup. South America has also

*This map depicts the major plates into which the crust of the earth is fractured. Movement between plates causes the continents to shift over geologic time.*

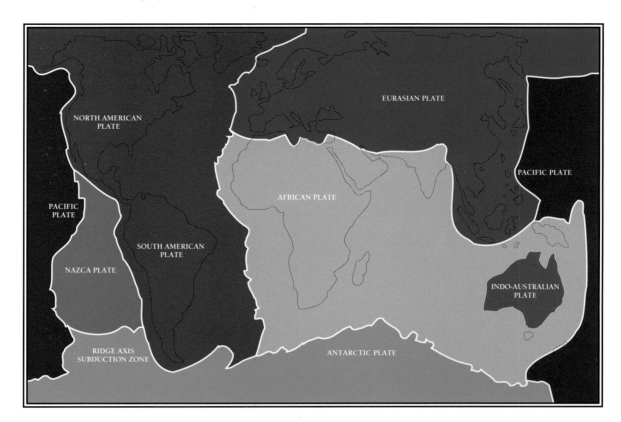

## PANGAEA

*Some 250 million years ago, following a series of collisions between the then-existing paleocontinents (ancient continents), it is believed that a single land-mass formed, called Pangaea. One of the collisions raised a ridge of mountains that was to become, in part, the Appalachians. Subsequent plate movement caused Pangaea to break up into the present arrangement of continents. This breakup was gradual, and began about 200 million years ago, early in the age of dinosaurs (Mesozoic). An early split divided Pangaea into two large continents, a northern one, called Laurasia, encompassing present-day North America, Greenland, Europe, and Asia, and a southern one, called Gondwana, encompassing present-day South America, Africa, India, and Australia. The ocean area between them is termed the Tethys Sea. Africa failed to remain with the southern continents, however, and partly regained contact with Europe and Asia, though the Mediterranean Sea, a remnant of the Tethys Sea,*

*continues to separate them. India also detached from Gondwana and began a slow drift northward, rather recently (in geological time, that is) colliding with southern Asia to raise the Himalayas. Meanwhile, North and South America began a westward migration, which continues to this day, forming the Atlantic Ocean. The mountain range mentioned before, now old and much eroded, was divided. Part became the Appalachian Mountains of North America, and another part the Caledonian Mountains of Northern Europe. Another portion was left with Greenland. Before the theory of continental drift, the presence of such geologically related structures on disparate continents was hard to explain.*

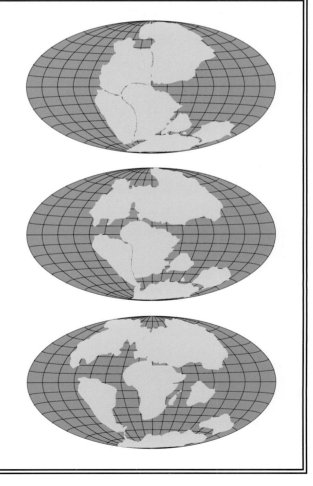

*250 million years ago (top); 180 million years ago (center); 110 million years ago (bottom).*

# PLATE TECTONICS

*The earth is thought to consist of a solid outer layer called the crust, or lithosphere, some 40 to 90 miles (70–150km) thick, which floats on a semiliquid asthenosphere. The lithosphere is not one piece, but is broken into several pieces called plates. Heat produced in the earth's interior generates circulating currents in the asthenosphere that move the plates of the lithosphere. When two plates are driven toward each other, one necessarily descends beneath the other, and melts into the asthenosphere. When two plates are driven apart, new lithospheric material is generated from the asthenosphere to fill what would otherwise be a gap. Since the size of the earth remains essentially constant, the formation of lithosphere at divergences must exactly equal its consumption at convergences. It is also possible for two plates to slide past each other, with lithosphere being neither created nor destroyed.*

*Continents are islands of light rock that float on the lithospheric plates, and are passively carried by them. When a continent is carried into a convergence zone, it does not descend into the asthenosphere, but floats over the convergence zone. Convergences are not harmless to continents. The edges of the continent are subjected to forces which may crumple it, create uplifts or drops, and produce magma flows and volcanic action. These are the tectonic forces.*

*Convergences and divergences also help explain oceanic geography. For example, the Atlantic Ocean is presently a divergence zone. The Atlantic is gradually widening as North and South America are driven farther from Europe and Africa. A raised ridge down the middle of the Atlantic marks the actual line of divergence, along which new crustal material is being thrust upward.*

*The corresponding convergence zones are in the Pacific Ocean, which is getting narrower as the Atlantic widens. When one plate dives under another at a convergence, trenches are created that represent the deepest oceanic areas.*

*One can devise a rough model of plate tectonics by conducting this at-home experiment: prepare a batch of chocolate (or any other flavor) pudding. After the pudding boils, lower the heat until it is barely boiling, or even not quite boiling. A skin will shortly form on its surface. This corresponds to the lithosphere, and the pudding underneath, kept in motion by the stove's heat, to the asthenosphere. Places can be found where converging currents in the pudding will consume the skin. The skin will wrinkle in these places, a process analogous to the raising of mountains.*

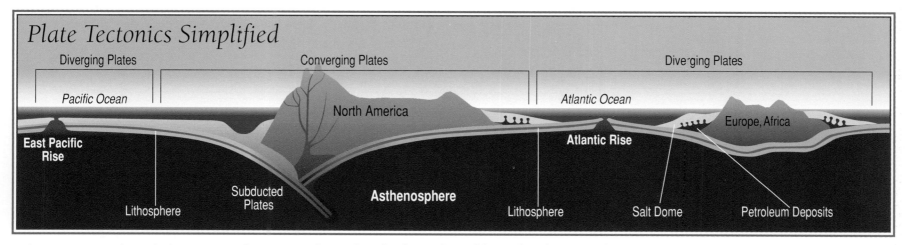

## Plate Tectonics Simplified

Diverging Plates — Pacific Ocean — East Pacific Rise — Lithosphere — Subducted Plates

Converging Plates — North America — Asthenosphere

Diverging Plates — Atlantic Ocean — Atlantic Rise — Europe, Africa — Lithosphere — Salt Dome — Petroleum Deposits

**Plate movement is driven by heat-generated currents in the semiliquid asthenosphere of the earth. Volcanoes and earthquakes are common near the lines of movement between plates, and mountain building occurs here as the edges of the continents buckle.**

experienced isolation, though less absolute than that of Australia. Its biological makeup shares some features with that of the northern continents to which it has been occasionally connected, but also has many unique features. Life in areas with long histories of geographic isolation often evolves in parallel with life in other areas. That is, these areas have independent lineages that show adaptations similar to those of the main continental areas. For example, the mammals of Australia, the mammals of the northern continents, and the mammals of South America form independently evolving lines. In each line, one can find species that fill similar niches.

Although North America is presently disconnected from Europe, Asia, and Africa, these continents have in fact been joined for much of their history, and share many biological features, even down to the level of individual species. The Sahara desert, however, has partly isolated sub-Saharan Africa, while the mountains of Asia, including the Himalayas, have created a barrier to the movement of orga-

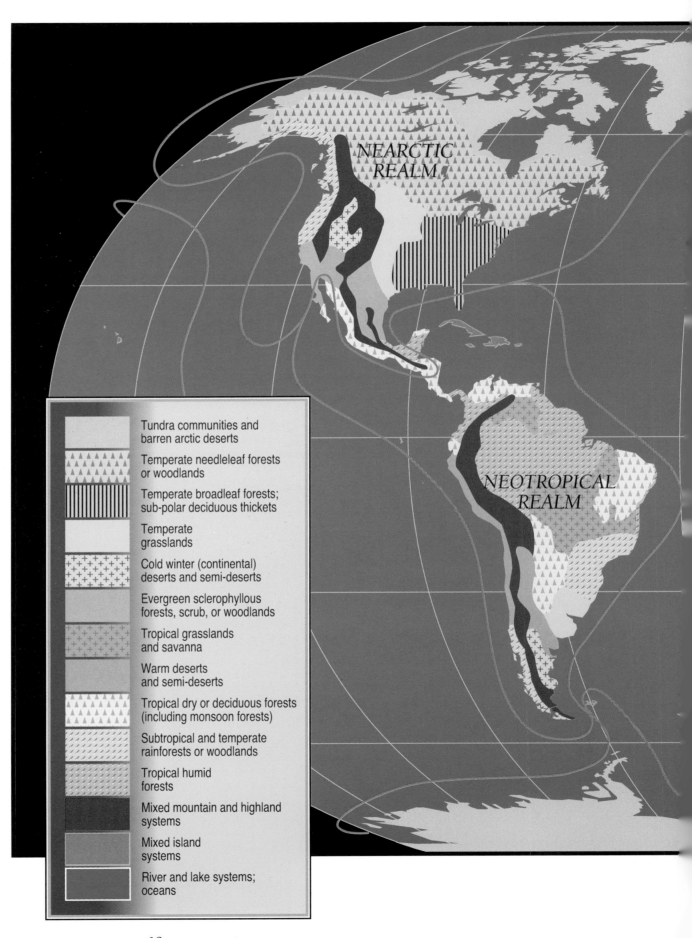

nisms into and out of southern Asia, partially isolating these areas.

If we reach back far enough in time, specifically to about 200 million years ago, we find that all of the continents were once united into a single land mass dubbed Pangaea. Thus, lineages more ancient than this had the opportunity to reach all continents.

# ANIMALS AND THEIR HABITATS

In the chapters that follow, you will see the principles of this section exemplified over and over. As they describe the organisms of the various habitats, the authors repeatedly explain the characteristics of these organisms in terms of the demands made by the environment. We see, for example, how the biology of desert organisms is shaped by the scarcity of water, how deep-ocean species must make obtaining food in that sparse habitat a major issue, how lack of cover affects the adaptations of plains species. We learn about the fine niche-splitting done by forest species, who compete with a multitude of other species. We learn about the strategies developed by polar species for coping with intense cold. To study a species in its habitat is to understand a species. Furthermore, we are impressed by life's incredible diversity. All living things have the same basic requirements, but the variety of solutions that have been found to the problem of satisfying these requirements amazes and delights us. We hope you enjoy reading this book as much as we have enjoyed writing it.

*The biogeographic realms can be thought of as island continents, of which the plants and animals of each have evolved somewhat independently of the others. Degrees of isolation vary, however, so, for example, differences between the Nearctic and Palearctic realms are small, while the Australian realm is profoundly different from the others. Biomes are regions of relatively uniform plant forms, largely determined by patterns of temperature and precipitation.*

NEARCTIC REALM

NEOTROPICAL REALM

Tundra communities and barren arctic deserts

Temperate needleleaf forests or woodlands

Temperate broadleaf forests; sub-polar deciduous thickets

Temperate grasslands

Cold winter (continental) deserts and semi-deserts

Evergreen sclerophyllous forests, scrub, or woodlands

Tropical grasslands and savanna

Warm deserts and semi-deserts

Tropical dry or deciduous forests (including monsoon forests)

Subtropical and temperate rainforests or woodlands

Tropical humid forests

Mixed mountain and highland systems

Mixed island systems

River and lake systems; oceans

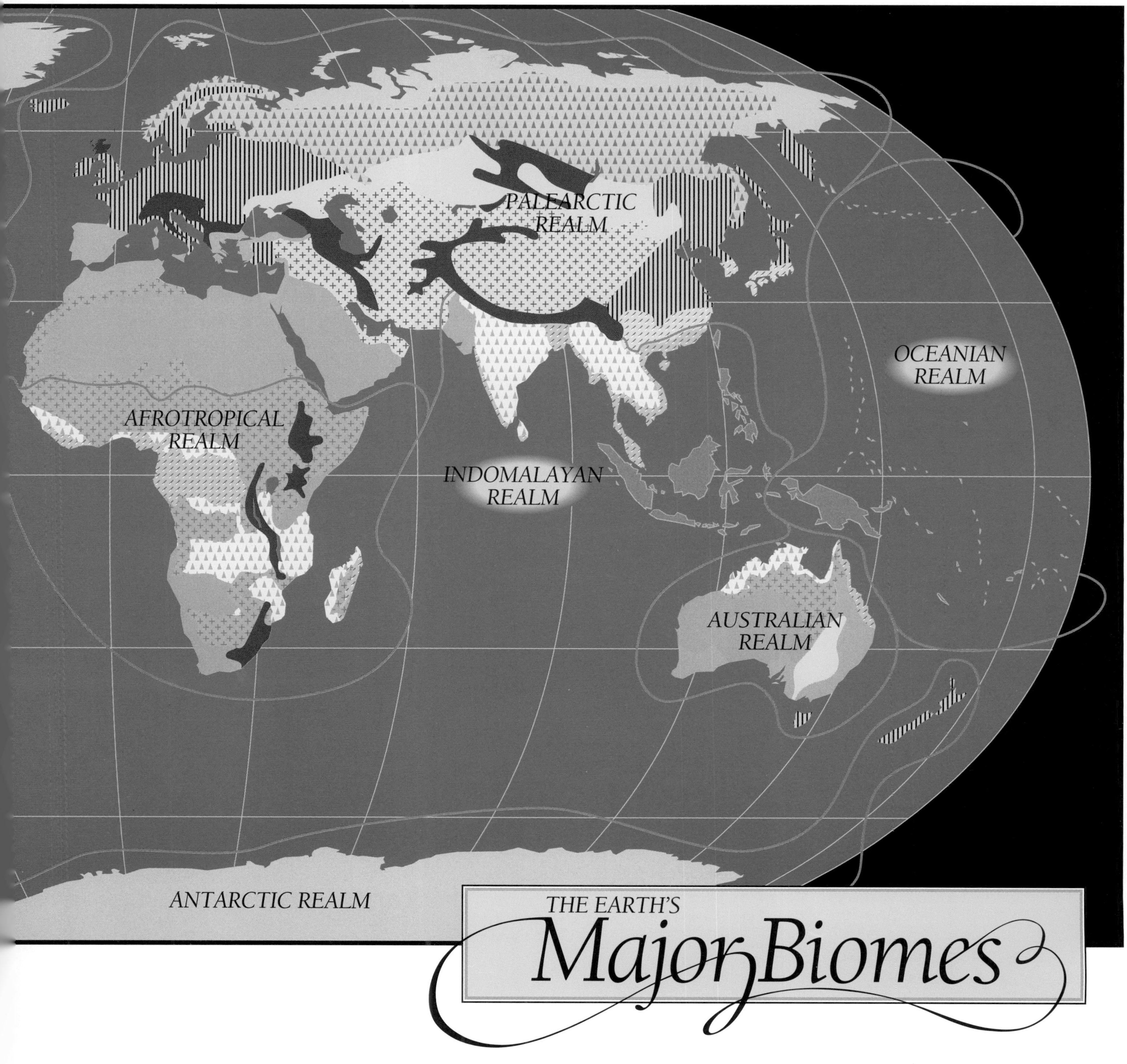

PALEARCTIC
REALM

OCEANIAN
REALM

AFROTROPICAL
REALM

INDOMALAYAN
REALM

AUSTRALIAN
REALM

ANTARCTIC REALM

THE EARTH'S
*Major Biomes*

# The Polar Regions

*The poles are the ends of the earth's axis of rotation and are found at the center of the Arctic Circle (north) and the Antarctic Circle (south). The North Pole is in water, the South Pole on land. The Arctic Circle takes its name from the Greek* arkton, *"bear," referring to the constellation Ursa Major, the Great Bear, which is directly overhead. Ursa Major contains the smaller arrangement of stars called the Big Dipper, which points to the North Star. It is only fitting then that the opposite region be named the Antarctic Circle, for the Greek word* antarktikes *means "opposite the bear."*

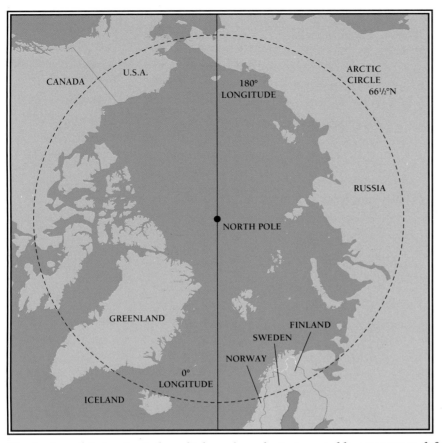 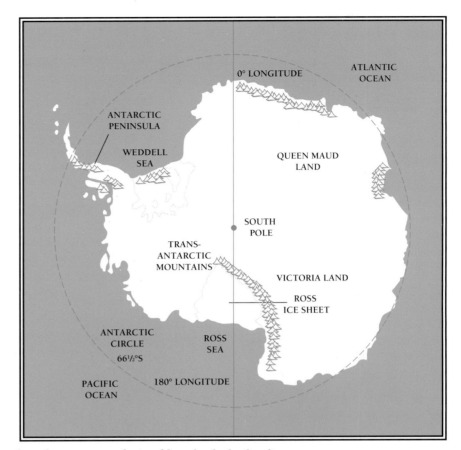

*The Arctic and Antarctic circles, which are boundaries invented by scientists to define the polar zones, are depicted here by the broken lines.*

## LET'S GET PHYSICAL

The Arctic and Antarctic circles are two imaginary circles located at 66½ degrees north latitude and 66½ degrees south latitude, which define a poleward zone in which there is at least one 24-hour period in which the sun does not set in summer, and one 24-hour period in which the sun does not rise in winter.

The Arctic and Antarctic circles are mathematical inventions; therefore, they are not good geographic borders. As a result, other definitions are often used to describe the polar areas.

In the Arctic, the tree line, which is the line above which trees will not grow, often defines the border. The limits of sea ice and the presence of permafrost, which is perennially frozen ground, are also often used to define the Arctic boundaries. The southern limit of the Arctic Ocean has also been used.

The tree line coincides with the area that has a mean July temperature of 50°F (10°C), and this boundary is the preferred border of the northern polar area. Areas that are close to the Arctic, such as Iceland and Canada's Ellesmere Island, are called the subarctic.

Antarctica is devoid of trees. The continent is surrounded by what is known as the Antarctic Convergence, which is a narrow zone where the warmer ocean water of the Pacific, Atlantic, and Indian oceans meets the cold Antarctic waters.

The Antarctic Convergence is found between 45 and 65 degrees south latitude. Although it varies considerably with longitude, it moves only a couple of degrees in latitude annually. The convergence marks the boundary between the subtemperate and subantarctic zones. South of the convergence, subpolar aquatic life dominates. The convergence is the feeding region of birds and the location of whales.

### WHY DO WE HAVE POLES?

*The earth moves in a counterclockwise direction around the sun in 365.26 days. In addition to orbiting the sun, members of the solar system rotate, or spin, on their own axes. The axis of rotation intersects the planet's surface at two locations, the North and South poles. The equator is an imaginary circle halfway between the two poles. Our equator divides the earth into the Northern and Southern hemispheres.*

*The tropics of Cancer and Capricorn are at 23½ degrees north and south of the equator. At these parallels of latitude, the sun is directly overhead during one of the two solstices.*

Areas of the midnight sun and the noon darkness, the poles have long fascinated explorers and scientists. Nineteenth-century explorers, collectors, and writers raced and fought to find the best circumpolar shipping routes, and then to plant the first flags on the poles.

## Within the Arctic Circle

More than 2 million people live within the boundaries of the Arctic Circle. The Arctic Ocean covers about 5 million square miles (14M sq km). The arctic lands, which developed from the nuclei of four ancient continents, include most of Greenland and the Baffin Islands, numerous small islands, and the northern tips of North America and Eurasia. Much of Greenland and parts of Siberia have mean winter air temperatures of -47°F (-44°C), while the pole itself is 8°F (5°C) warmer. The lowest recorded winter temperature in Greenland is -87°F (-66°C), and in Verkhoyansk, Siberia, it is -90°F (-68°C). Verkhoyansk has had a summer high of 64°F (17.8°C), while a summer day in Greenland may reach 14°F (-10°C), again about 10 degrees cooler than at the pole. Much of the land in the Arctic is actually desert, that is, it receives less than 10 inches (250mm) of annual rainfall.

## Within the Antarctic Circle

Antarctica is the world's fifth largest continent. About one and a half times the size of Australia, Antarctica is completely covered by an ice sheet composed of more than 90 percent of the total estimated volume of ice on the earth. The average altitude on the continent—beneath the covering of ice—is 6,000 feet (1,830m), which is considerably higher than that of any other continent. The ice on Antarctica is so thick—its average thickness is more than 6,600 feet (2,000m)—that its weight has sunk the continent about 2,000 feet (600m). However, there are a few regions in Antarctica that are considered oases, ice-free areas that experience a dry, warm climate. The exposed rocks in these areas absorb solar radiation, so oases are somewhat warmer than the surrounding lands.

The Weddell Sea and the Ross Sea divide the continent into a small West Antarctica in the Western hemisphere, and a larger East Antarctica. The 1,860-mile-long (3,000km) Transantarctic Mountains connect the two areas. The mountains are composed of metasediments and igneous rocks of Middle Proterozoic to Middle Paleozoic age.

The northern tip of the Antarctic Peninsula in West Antarctica is almost 620 miles (1,000km) from Tierra del Fuego, Argentina. South America and Antarctica are separated by the Drake Strait.

Except in areas east of Victoria Land, East Antarctica is a rugged icy surface. The bedrock is mostly Precambrian igneous and metamorphic rock overlain with Paleozoic and Mesozoic sediment. Much of this area is flat, covered with ice up to an elevation of 1,300 feet (400m) above sea level.

The Antarctic is considerably colder than the Arctic. This is because the Arctic consists of an ocean almost surrounded by land, while the Antarctic consists of land surrounded by ocean. The topography of the land in the south greatly influences air circulation, temperature, and wind, making Antarctica so cold in winter that the area of floating ice surrounding the continent is actually greater than the continent itself.

January temperatures range from 32°F (0°C) along the coast to -26°F (-32°C) in the East Antarctic interior. The temperature at the South Pole is a few degrees warmer. Average July air temperatures range from -32°F (-36°C) along the coast to -98°F (-72°C) in the interior. The world's coldest recorded temperature was -126°F (-88°C) at Vostok on August 24, 1960.

Some of the strongest winds on the earth, some with speeds greater than 100 miles (180km) per hour, are found here. Gravity-driven katabatic winds, formed by radiation cooling and gravity, are strong near the foot of the plateau, where blizzards are common. The wind-driven snow forms networks of *sastrugi*, snow ridges up to 3 feet (1m) tall, that impede transportation.

## GEOGRAPHIC AND GEOMAGNETIC POLES

*Almost 2,000 years ago, Chinese travelers realized that if they suspended a piece of magnetic lodestone on a string, the lodestone would point to a particular direction—north. This primitive compass quickly became a navigational tool throughout the world.*

*In 1600, Sir William Gilbert, court physician to Queen Elizabeth I, wrote De Magnete. In this manuscript, he showed that the earth behaved as if it were a huge bar magnet. The earth's magnetic field is generated in the outer core of the earth. Paleomagnetism is the study of magnetic fields formed in igneous rocks as they cool. These measurements allow one to determine the magnetic field of the earth in the past.*

*The magnetic axis is currently inclined about 11 degrees from the geographic axis, so the magnetic north pole, to which your compass points, is not the geographic north pole. Most maps give the* declination, *the angle east or west between the magnetic pole and the geographic pole. Using the declination, compasses can be corrected to point to geographic north. In the tropical and the temperate regions of the Earth, the magnetic declination is only a few degrees away from true north or south. Near the poles, however, the declination is significant, and distinguishing the geographic pole from the magnetic pole is a major problem. This is why earlier explorers had difficulty finding the poles.*

## Geologic Processes at the Poles

Continental glaciers dominate the land pole of the south, while floating ice, ocean, and small islands dominate the water pole of the north.

## THE ECLIPTIC

*All the planets of the solar system orbit, or revolve around, the sun. The plane of the earth's orbit, the ecliptic, is the standard reference plane in the solar system. Orbits of comets, meteorites, and other planets are described by their inclination to the ecliptic; that is, the angle of the plane of their orbits to that of the earth.*

*As seen from the earth, the ecliptic is the path in the sky of the members of the solar system. It may be seen as a curve outlined by the moon and whatever planets are visible on a clear night.*

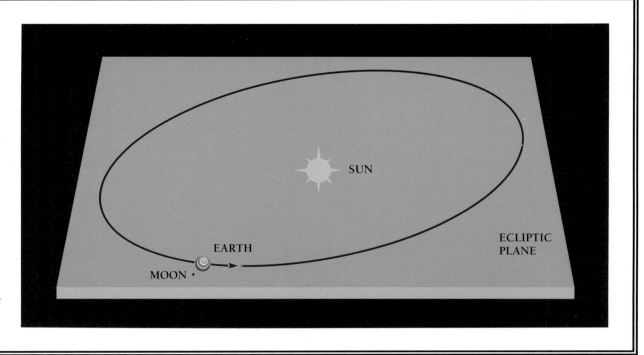

### COASTAL AREAS

Coastal areas may be divided into a littoral zone, an area where rocks and creatures undergo constant agitation between high and low tide, and a neritic zone, an area that extends from the edge of the tides down to where light no longer penetrates. Plants cannot live below the neritic zone because they cannot produce chlorophyll without sunlight.

### DESERTS

Although most of Antarctica is glaciated, non-glaciated areas with annual rainfall of less than 10 inches (25cm) where the warmest month is less than 50°F (10°C) are referred to as polar deserts. Most of these deserts have been swept clean of sand by the fierce wind but are full of polished rocks. Most of the 2 million-square-mile (5M sq km) polar desert areas on the earth are bedrock or gravel plains. Sand dunes are not prominent, but snow dunes may occur where nearby rainfall is great. Peary Land, Greenland, tiny areas on many other Arctic islands, and parts of Antarctica are polar deserts.

The Dry Valleys of South Victoria Land, Antarctica, are west of the Ross Sea at about 78°S, 165°E. Although the valleys have been ice-free for thousands of years, they had four separate periods of ice during

the last million years. Mean annual temperatures average -4°F (-20°C), and mean wind speeds are 6 to 10 miles (10–15km) per hour.

## Hydrologic Processes at the Poles

Water ($H_2O$) is the only major molecule that exists on the earth as a solid as well as a liquid and a gas. Most other abundant molecules are found in only one form.

With more than 97 percent of the total water volume in the oceans (which cover 71 percent of the surface area of the earth), it is easy to understand why the earth is called the Blue Marble. The ocean is a reservoir for water, and evaporation is the main way out.

Some liquid water is not in the ocean, but may be on its way there. About 0.005 percent of the water not in the ocean is in rivers, which flow into the ocean or lakes. Lakes contain about 0.7 percent of the water not in oceans.

The bulk of nonoceanic liquid water, 20 percent, is in groundwater, which is contained in the pore spaces of rocks and in the soil.

About 80 percent of the water not in oceans is solid—ice. Almost all of the ice is in the form of

glaciers, which usually exist for thousands or millions of years. If all glacial ice were to melt, the sea level would rise about 320 feet (100m), causing disastrous consequences for many major cities.

Only about 0.0001 percent of the water on the earth is bound in a gaseous state in our atmosphere. The amount of water vapor fluctuates but exists only in small quantities. If all the water in our atmosphere liquefied, it would form a layer around the earth only 0.08 inch (2mm) deep.

## Laboratory Antarctica

The pristine environment of Antarctica is an ideal place to observe interactions between the earth's biosphere, geosphere, and atmosphere, as well as to study the stars.

Most polar atmospheric studies are done on solid Antarctica rather than on floating Arctic ice. Particles and fields from the solar wind interact with the upper atmosphere of the poles more strongly than they interact with other parts of the atmosphere. The near-earth space, the interplanetary medium, and the magnetosphere of our earth can all be studied on a micro and macro time scale from the quiet con-

## INCLINATION OF THE EARTH

*The axis of the earth is inclined 23¹/₂ degrees from the pole of the ecliptic. This inclination causes the seasons: summer when the sun's rays strike the ground at a high angle and winter when they strike at a low angle. When it is winter in the Northern hemisphere, it is summer in the Southern. The vernal (spring) and autumnal (fall) equinoxes occur when the path of the sun crosses the equator of the earth. In northern summer, the sun is highest in the sky—23¹/₂ degrees at noon—on the summer solstice, which occurs around June 21, and is lowest in the sky at noon around December 21, the winter solstice. The solstices have, respectively, the greatest and the fewest hours of sunlight during the year.*

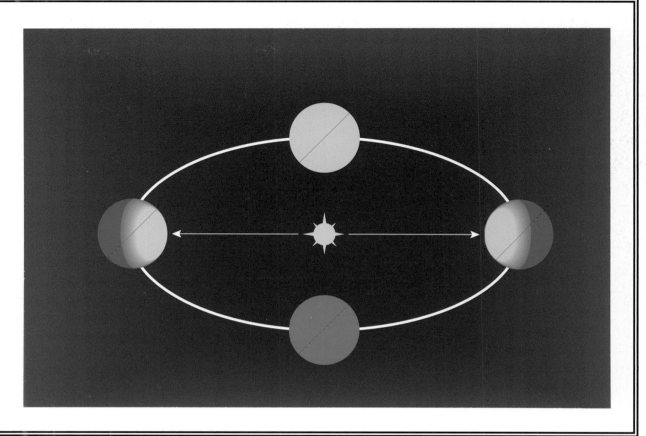

tinent. The sun and the other stars may be studied for minutes, hours, or months without significant interference from the earth's rotation.

Radar soundings provide knowledge of ice flow and of the under-ice topography and have revealed under-ice lakes. It would be interesting if life-forms were discovered in these lakes. Fast-moving ice rivers that transport ice from the interior to the edge of the continent were also discovered.

### CLIMATE

Ice sheets of both Greenland and Antarctica contain records of climate change and environmental history that can be examined by drilling into the ice and examining the core. Five deep core holes drilled in Antarctica penetrate into ice that fell during the last glacial age. These cores provide information about prehistoric temperatures as well as the composition of the atmosphere for the past several thousand years.

Polar regions are also good places to study current weather systems. Antarctic field camps such as McMurdo Station (77°51′S, 166°40′E) and Palmer

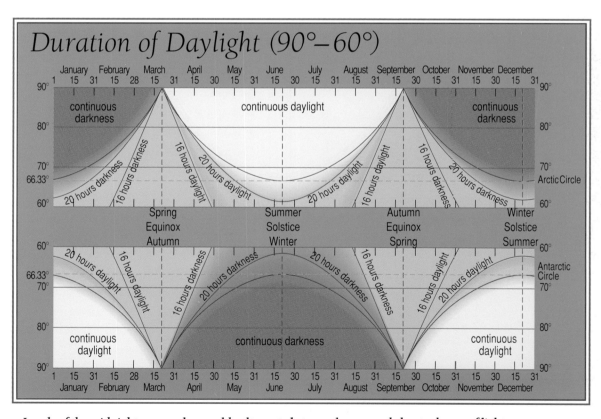

*Lands of the midnight suns, polar worlds alternate between longer and shorter hours of light.*

25

Station (65°S, 64'W) collect real-time weather data as well as National Oceanographic and Atmospheric Administration (NOAA) and Defense Meteorological Satellite Program (DMSP) satellite data.

NOAA and DMSP satellites orbit at an elevation of about 515 miles (830km) and view the near-polar areas almost six times a day. NOAA satellites transmit information from the Advanced Very High Resolution Radiometer (AVHRR), from the TIROS Operational Vertical Sounder (TOVS), and from the ARGOS Data Collection System (ADCS).

AVHRR has flown on every NOAA satellite since 1978 and collects data from visible, near-infrared, and thermal-infrared channels of the electromagnetic spectrum. The constant repetition of AVHRR coverage provides a large selection of images for studying seasonal changes and cloud cover.

The OLS sensor, operated by the DMSP, has twice the spatial resolution of the AVHRR and contains a low-light sensor that allows moonlight viewing (at quarter moon or better) of cloud cover and ice surfaces. This is important during the dark months.

**Countries around the world have established permanent stations in Antarctica, where scientists collect data and study the unique environment.**

## METEORITES

Most meteors burn up in the atmosphere—what we know as shooting stars—but a few make it to the surface. These are called meteorites. Many look like terrestrial rocks and are often ignored or tossed away unless they are seen to fall.

Antarctica is an excellent source for meteorites. When meteorites land on the ice, they become buried in it and are carried to the edge of the continent, where they tend to accumulate. Because they are easy to recognize in the snow, intrepid antarctic meteorite collectors rarely return to camp with an empty backpack. It is also interesting to note that meteorites from the moon or Mars that traveled through space for millennia and landed on the earth have been collected from the antarctic ice.

## SEDIMENTARY ROCKS

*Sedimentary rocks are those formed at or near the surface of the earth. Some are called clastic, and are made of fragments of preexisting rocks.*

*Clastic rocks come from sediment, which consists of particles that have broken away from other rocks and been transported by wind, water, ice, or simply gravity. Most sediments are pieces of the minerals quartz, calcite, or feldspar; are one of the clays; or are a collection of minerals in rock fragments.*

*Sediment is deposited in flat, horizontal layers. It may become compacted and cemented when it is buried and infiltrated by groundwater. At that point, it becomes sedimentary rock. Sandstone, conglomerate, and shale are formed this way. Sandstone is composed of tiny grains of quartz; conglomerate is a collection of larger pebbles, gravel, sand, and mud; and shale is made of deposits of mud and mineral grains that are too small to be seen with the naked eye.*

*Nonclastic sedimentary rocks are formed by chemical or organic processes. Limestone originates from chemical and organic processes, usually in the ocean. The sediment, in this case, comes from fragments of shells and the remains of dead animals.*

*Plants and invertebrate ocean animals use the calcium carbonate in sea water to build shells and hard parts. When these creatures die, their remains build up as deposits of limestone.*

*Chalk is a collection of the skeletal remains of microscopic plants and animals. Peat is a sedimen-*

*tary cork formed from the decay of plant debris in bogs, swamps, or wetlands. If peat is buried and compacted, it becomes coal.*

*Evaporites are nonclastic sedimentary rocks that are formed as salt water evaporates from a basin. Gypsum and halite, or common table salt, are evaporites.*

*Geologists study the size, shape, and composition of clastic sedimentary rocks to learn for how long and how far the sediment traveled, and where it came from. With those studies, they learn what the environment was like when these rocks became rocks.*

**The layering of sediment that results in the creation of sedimentary rock is clearly visible in this sandstone formation.**

# OZONE

The stratosphere is the portion of our atmosphere between 6 and 9 miles (10 and 14km) above sea level. It contains molecules of oxygen called ozone. Ozone is produced when molecules of oxygen ($O_2$) are hit by solar ultraviolet radiation. The energy from the radiation breaks the oxygen bond, producing two free oxygen atoms. One free oxygen atom may then join an oxygen molecule to form ozone ($O_3$). Ozone absorbs most of the ultraviolet rays from the sun.

Ozone in the stratosphere is the reason we have life as we know it. Exposure to ultraviolet radiation could damage the entire food chain—from humans, in which it causes immune problems, cataracts, and cancers, all the way down to phytoplankton, the base of the marine food chain.

Ozone is destroyed by the elements chlorine and bromine in a complex chemical reaction powered by sunlight. These elements enter the atmosphere as chlorofluorocarbons (CFCs), which are used exclusively by humans as cleaning solvents, as propellants in spray cans, and as coolants in air condi-tioners. CFCs do not react with most of the gas in the air. They remain in the atmosphere and may be transported into the stratosphere decades later.

The British Antarctic Survey began monitoring the ozone in the stratosphere above Antarctica in 1957. In 1985, they reported a significant spring-time depletion of the ozone. Now called the ozone hole, it is actually a 6- to 18-mile deep (10–30km) zone that contains up to 70 percent less ozone than it should.

Today, the ozone hole is studied and monitored by scientists from many countries. Their research consists partly of field evaluations and partly of analyzing satellite data.

Shifting circulation patterns may carry parts of the ozone hole northward. The arctic polar strato-sphere is similar to that over Antarctica, and a decrease in ozone of about 2 percent has been detected in the northern hemisphere, although it is not yet considered a "hole." We do not yet have a complete understanding of the ozone hole or of the potential of causing another one.

*Icebergs floating near Paulet Island, Antarctica.*

# FOSSILS OF ANTARCTICA

Plants and animals flourish in the seas of Antarctica, but terrestrial life is rare. There are only 200 known species of freshwater algae, 400 species of lichens, and 75 species of moss native to the antarctic. More complex forms are limited to about 70 species of mites and primitive insects and two species of flow-ering plants. Other than these creatures, the landmass of Antarctica is empty of life.

Fossils provide clues to ancient climates and environments. Those discovered within antarctic sedimentary rocks show that the continent was not always in a polar environ-ment. Parts of petrified trees and coal, which are evidence of an ancient wetland, have been collected in rocks below the ice.

Glossopteris was a conifer that grew in cold and humid forests over 250 million years ago. This plant, which has been found in Africa, India, South America, and Antarc-tica, became an early piece of evidence in the plate tectonics story. (For more on plate tec-tonics, see "Plate Tectonics," p.17.)

Brachiopods, gastropods, trilobites, and fish fossils have been found in sediments that were formed between 500 million and 600 million years ago.

In 1922, Jurassic dinosaur bones were discovered. These creatures roamed the continent about 100 million years ago. Paleontologists continue to investigate the lands of the frozen continent to find evidence of early life forms.

# POLAR EXPLORATIONS

## In The Arctic

The first person known to explore the Arctic was Pytheas of Greece. In the fourth century B.C., he sailed around Britain to a place he called Thule, which may have been Iceland or Norway.

During the ninth century, the Norse explored and settled Iceland, northern Scandinavia, and Greenland. Irish hermits and Celtic monks also visited these places, but few of their records remain.

As Europeans discovered and mapped other continents, they sought a sea route connecting the Atlantic and Pacific oceans. Such a passage would open up trade between China, India, and Europe, and establish a fast way around North America. Ice, islands, and weather hindered the search.

The English and the Dutch were among the first to look for what we now know as the Northwest Passage, and were followed by the Russians, who wanted to govern the newly established states in Siberia. Ships from these countries, as well as from Germany, Scandinavia, and America attempted to find a passageway in the far north. Although most ships ended up wrecked, the Arctic islands were surveyed, mapped, and settled while explorers and adventurers continued their search.

### THE *EREBUS* AND THE *TERROR*

One important explorer was Sir John Franklin, an English rear admiral. On May 19, 1845, Sir John took command of 129 officers and men on two ships, the *Erebus* and the *Terror*, and sailed from London. They were seen at the entrance to Lancaster Sound, north of Baffin Island, but they never reached their destination. For years, governments and individuals searched for the lost Franklin Expedition, but it was not until 1859 that Captain Leopold McClintock found the deserted ships.

According to their logs, Franklin's ships became icebound in a previously unknown channel—now named McClintock Channel—between Victoria and

*Sir John Franklin, an Englishman who began an exploration of the Arctic in 1845, perished when his ship became icebound.*

Prince of Wales islands. Franklin died on June 11, 1847; almost a year later, the remaining crew abandoned ship. Their last log, dated April 25, 1848, says they would start for Back River, in the Canadian Northwest Territories, the next day. Although the crew did not survive, the Franklin Expedition is credited with having discovered the Northwest Passage.

### THE *FRAM*

A Norwegian, Fridtjof Nansen, realizing that water expands as it freezes and would thus crush ships, designed a ship to rise up in the ice as the water froze. Although his plan was criticized by many Arctic explorers, the Norwegian parliament granted most of the funds to build the *Fram*, now preserved near Oslo. In June 1893, the *Fram* sailed with a crew of 13. Three months later, she froze in the Arctic but drifted westward in ice for three years, mapping and collecting oceanographic data all the while.

When Nansen was satisfied that the frozen *Fram* would safely drift, he walked off the ship in 1895 and attempted to reach the pole with dogsleds and kayaks. He did not reach it, but in 1896, he established a new north latitude record, 86 degrees 13 minutes.

*Roald Amundsen posed in front of the* Fram, *the boat used by Nansen in his unsuccessful quest for the North Pole. Amundsen also sailed the* Fram, *during his journey to the South Pole.*

*Roald Amundsen is credited with being the first to cross the Arctic by ship, and was the first to the South Pole in 1911.*

### ROALD AMUNDSEN

Although the Franklin Expedition was credited with being the first to discover the Northwest Passage, the route required some land travel. At the beginning of this century, the Norwegian explorer Roald Amundsen became the first to transit the Northwest Passage solely by ship.

### ROBERT E. PEARY

Following Amundsen's trip, explorers indulged in a race to the North Pole itself. In 1898 Robert E. Peary announced his intention of winning the race. He made a few reconnaissance expeditions and started for the pole in 1906. Peary claimed he arrived at the North Pole on April 6, 1906. Although rival Frederick Cook later claimed he reached the pole one year earlier, his claim was not considered valid due to lack of evidence.

For more than 50 years, the world considered Robert E. Peary to have been the first human to reach the North Pole. Although recent navigators question the accuracy of Peary's claim, it is generally recognized that Peary was in the vicinity of the pole, possibly within 300 miles (500km) of it.

### OTHER EXPLORERS

On May 9, 1926, pilot Floyd Bennett and passenger Richard E. Byrd were the first to fly over the pole. In 1958, the U.S. submarine *Nautilus* crossed the pole. In 1977, the Soviet icebreaker *Arktia* visited via the surface.

Thus ended the first-to-the-north game.

## In the Antarctic

The first humans to explore the southern seas may have been the Polynesians around A.D. 650. Late in the eighteenth century, French explorers mapped a few islands located near latitude 55 degrees south while looking for sealing routes. British captain James Cook circumnavigated the Antarctic Circle from 1772 to 1775, but did not notice any land. If there were any land, he said, it would be so desolate that "the world would derive no benefit from it."

American, British, and Australian sealers followed Cook. They saw no continent as they all but wiped out the seals. However. after Nathaniel Palmer (of the United States) and James Weddell (of the United Kingdom) discovered the Antarctic Peninsula in 1800 and the Weddell Sea in 1823, explorers began to map the frozen land.

### ROALD AMUNDSEN

As with the North Pole race, two groups competed for the honor of being the first to reach the South Pole. In 1910, Roald Amundsen planned to drift across the North Pole in Fridtjof Nansen's old ship, the *Fram*. Shortly before he began his journey, he learned that Robert E. Peary claimed the honor of being the first to

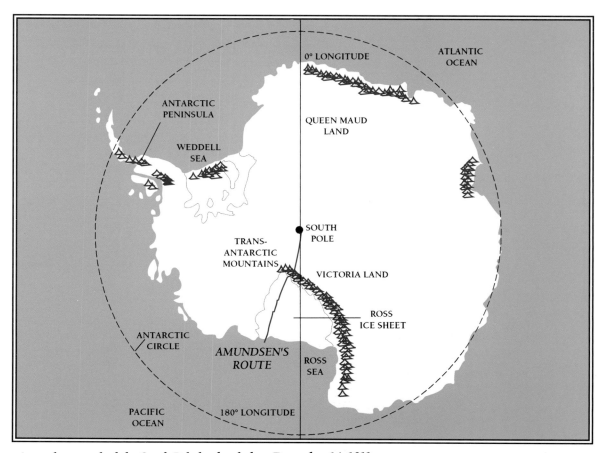

*Amundsen reached the South Pole by dogsled on December 14, 1911.*

the North Pole. Amundsen continued his preparations, letting his colleagues think he was still going, despite having been beaten. When he sailed from Norway, only his brother knew he was actually heading to the South Pole.

Amundsen sailed into the Ross Sea in 1911. He set up a base camp and mushed to the pole by dogsled, arriving there on December 14, 1911. Amundsen's trip was well planned: thirty-eight days after he left the pole, he and his men returned to his winter camp with 12 dogs and ample food.

### ROBERT F. SCOTT

Commander Robert F. Scott left England in the *Terra Nova*, also in 1910, to explore the Ross Sea and journey to the South Pole. His trip was burdened with inadequate planning, bad equipment, and insufficient food. On December 10, 1911, Scott and four companions began their march to the pole. During the trip, mishaps with conveyances forced the men to shoot their ponies, send the dogs back to the winter base, and continue on foot. The exhausted group reached the pole on January 17, 1912—44 days after Amundsen.

Sickness and insufficient food and equipment also marred their return trip. One member of their party died in an accident, and as food supplies were running low, in March 1912, Captain L. E. G. Oates sacrificed himself by walking off into a blizzard to save his companions. Four days later, Scott and his two remaining companions pitched their final camp at a base that had not been supplied with adequate fuel. They would not survive.

On March 29, 1912, Robert F. Scott made the final entry in his diary. "We shall stick it out to the end, but we are getting weaker, of course, and the end cannot be far. It seems a pity but I do not think I can write any more." On November 12, 1912, a search party found the tent with the explorers' frozen bodies, records, and samples.

### OTHER EXPLORERS

In 1929, Richard E. Byrd was the first to fly over the South Pole. At about the same time, Lincoln Ellsworth flew from near the tip of the Antarctic Peninsula to the Ross Ice Shelf, opening up Antarctica for exploration by aircraft.

Polar areas are still dangerous, but modern transportation and communications facilitate research near the poles. Today, home is just a phone call away. Some cruise ship operators have attempted to turn Antarctica into a tourist trap, but for the moment, much of the Arctic and Antarctic is explored by scientists who winter over.

*In 1928, Richard Byrd founded Little America in the Bay of Whales. Here, he is collecting polar measurements.*

# ECOLOGY AND FLORA OF THE POLAR REGIONS

Despite all of the disadvantages of a seemingly cold and barren climate, the polar regions are surprisingly rich in plant and animal life forms.

## *Arctic vs. Antarctic*

Relatively speaking, the north polar region is warmer and has vast areas of sea with land subject to some warming conditions, such as those produced by the Gulf Stream, and winds that are moist, providing for a short but productive growing season. Thus, a wider variety of land- and sea-dependent plants and animals can flourish in the Arctic. In contrast, the higher altitudes of Antarctica bring lower temperatures with high dry winds that culminate in temperatures as low as -126.4°F (-88°C) compared to -89.9°F (-67.7°C) for the Arctic.

With high winds and intense cold for prolonged periods, extensive landmasses with little available fresh water, little shelter, and few or no annual short-lived plants, these cold deserts severely limit the ability of land animals to survive. While the central Arctic region lacks land animals, Antarctica has no native land mammals at all, although the surrounding seas are rich in life-forms. During the long, dark, cold winters, polar regions show few signs of living creatures outside of the sea. Mammalian and avian predators may roam or fly over the Arctic pack ice looking for any prey that may appear or that may lie just beneath the surface, but in the far southern polar regions, only certain seabirds may be present.

## *The Role of the Oceans*

Although we can consider the ecosystems of the oceans and lands separately, the ecology of both polar regions is intrinsically bound to the rich food resources of the surrounding seas. A variety of marine and land animals, such as seals and a host of seabirds, bridge the land and sea worlds. They take food and nutrients from one, utilize the shelter and facilities of one or both, and transfer the nutrients and minerals in the form of body wastes and excrements, and their own bodies as prey, to the other. A self-sustaining ecosystem must include producers, such as green plants; consumers, such as herbivorous animals; predators, such as polar bears; decomposers or decay organisms; and the physical environment that provides minerals, water, and sunlight.

## PLANKTON

Sunlight provides energy that plants use to produce food, and is the basis for the food chain that supports an ecosystem. While land food chains are short because land plants and other organisms are large and animals feed directly on them, ocean food chains are more complex. Plankton is composed of many millions of zooplankton, which are small animals, and phytoplankton, which are plants such as diatoms or green algae that are scarcely a thousandth

to five-thousandths of an inch in length (5–25um). The word *plankton* comes from the Greek word for "wanderer" or "that which drifts," for planktonic organisms float freely in the sea according to the whims of currents and tides.

Phytoplankton absorb sunlight to produce nutrients on which all ocean life is based. Plankton production depends not only on sunlight and water temperature, but also on the amount of dissolved mineral nutrients in the water, especially nitrates and phosphates. The polar oceans are rich in salts, nitrogen, and phosphorus, all of which are needed by plants to carry on photosynthesis. However, as these minerals become bound up in the plankton, their concentration in the sea falls and the plankton, lacking the minerals, decrease as well. Thus, in the spring, when increased light causes warmer temperatures, the plankton utilize the energy and minerals and flourish until their numbers again deplete supplies. In the autumn, waning temperatures and sunlight result in a decline in plankton.

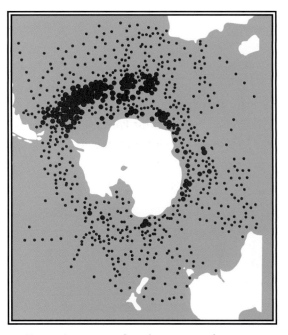

*Krill populations are found in varying densities in the oceans surrounding Antarctica. The larger and more concentrated dots indicate the greatest densities. Krill, small shrimp-like organisms, are a major source of food for many Antarctic species.*

*A view of the Antarctic Peninsula.*

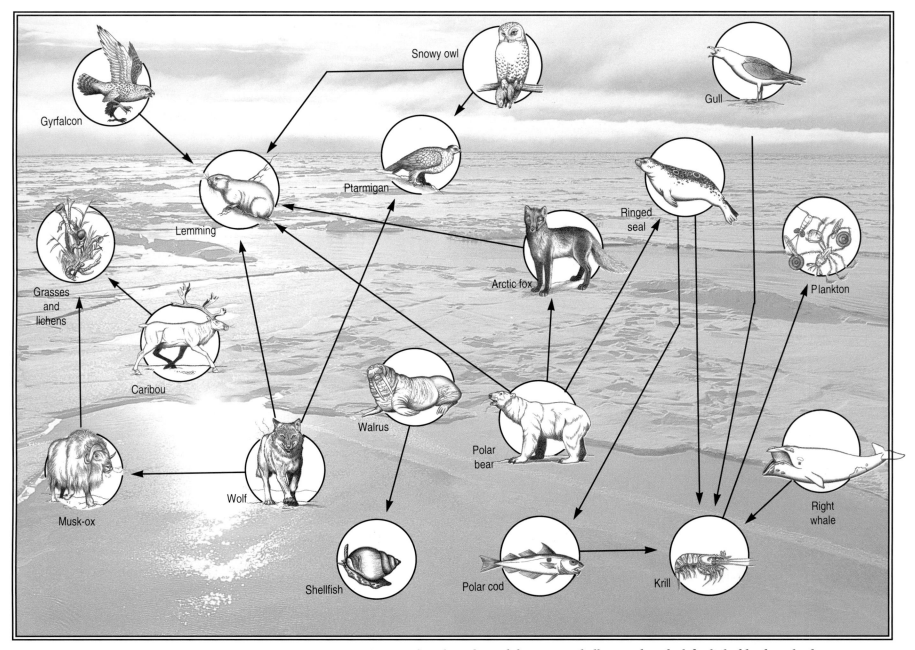

*The arctic food chain is actually two separate chains—the aquatic, illustrated on the right, and the terrestrial, illustrated on the left—linked by the polar bear, a carnivore that will eat seals as well as terrestrial vertebrates. Krill and plankton are on the bottom of the aquatic chain, while small mammals and birds are on the bottom of the terrestrial chain.*

## THE POLAR FOOD CHAIN

Plankton are simply too small to be eaten by most sea animals, with the exception of other small creatures, such as protozoans and the larvae of tiny crustaceans. In some regions, phytoplankton also feed tremendous populations of shrimplike crustaceans 1 to 2 inches (2.5–5cm) long called krill (*Euphausiaceans*). The krill, in their turn, provide sustenance for a great variety of marine animals, from fish to baleen whales. Krill constitutes the main food of the blue and fin whales, although the blue whale (*Balaenoptera musculus*) prefers a smaller krill than does the fin whale (*B. physalus*). Fish, and the masses of seabirds and marine mammals that feed on them and, in turn, are fed upon by the larger mammals, such as polar bears, arctic fox, and killer whales, all owe their existence to the beginnings of the food chain and the minute creatures of the sea, the plankton.

## A FRAGILE ECOSYSTEM

The polar ecosystems, although well balanced unto themselves, are particularly vulnerable to pollution, chemical and organic contamination, and man's encroachments through overhunting, mining, and development. However, the polar regions can be threatened in more subtle far-reaching ways that affect the very basic production of plankton, such as shifts in the intensity of sunlight and temperature.

*In summer, caribou herds split into smaller groups, allowing them to feed on more plants.*

## The Arctic Ecosystem

The northern arctic tundra, or "treeless heights," from the Finnish word *tunturi*, supports a wide variety of more than 1,000 species of flowering plants, mosses, and shrubs, many of which are found in Eurasia as well as in North America. Lichens, poppies, algae, and grasses that flower in the short summer growing season create beautiful mosaics and carpets of color. The new spring vegetation renews the forage that has all but disappeared or been consumed during the long winter months. Meadows of fresh grass and lichens provide food for herds of migrating caribou (*Rangifer tarandus*) and musk-ox (*Ovibos moschatatus*). Small shrubs, bushes, and seed-bearing plants such as crowberry, bearberry, and cranberry grow in the moist lowland areas, producing food that lasts through the fall season for many bird species.

Many plant species are covered with silky hairs that not only conserve moisture but also trap sun-warmed air. Small ponds and marshes that form during the short warm summer are lined with pendant, tundra, and cotton grasses, flowering marsh marigolds, and buttercups.

These areas become prized nesting and feeding areas for many species of migratory waterfowl. Lemmings (*Lemmus* species), highly prolific arctic rodents that can reproduce at 14 days old, also are quick to take advantage of the short warm season, although they are active year-round. Populations may reach such great numbers that the food supply becomes limited and great migrations of animals occur, with many animals dying along the way (see "Norway Lemmings," page 50). Increased spring foods and animal populations bring the predators; wolves, foxes, bears, hawks, and owls take advantage of the new abundance and in turn are able to increase their own populations.

### ARCTIC PLANTS

Arctic plants are abundant and provide forage for many species. Many, such as the cowberry (*Vaccinium myrtillus*) and the beachberry (*Arctostaphylos alpinus*) favor an acid-rich soil. These species thrive in the lower latitudes where melting snow washes nutrients downhill into the lowlands. The long-leaved sundew (*Drosera intermedia*), a carnivorous species that thrives in the moist acid soils of bogs and swampland, uses sweet secretions to entice insects to land on its open pods. The hapless insect triggers the pods to close and is soon digested, providing the plant with nutrients unavailable in the poor soil.

From late May through early June, the Arctic becomes a sea of color with more than 500 species of flowering plants coming into bloom. Because of the very short growing season, plants must reproduce at a faster rate by producing seeds quickly or having faster rooting bulbs. Many species produce runners or ground stolons, and only one percent of all arctic plants are annuals.

## TOUGH AS LICHENS

*A considerable amount of polar land consists of bare stones and rock. Lichens and some mosses are the only plant species capable of surviving the harsh environment. Lichens are a composite of two organisms that live together in a symbiotic relationship. One is a fungus and the other is a cyanobacterium. The fungi grow in slender, threadlike filaments that intertwine to form a mat. These filaments are called hyphae, and the mats they form are called mycelia.*

*Fungi are decomposers and live on dead or living plant material. The walls of the hyphae produce enzymes that break down the food material and absorb water. Cyanobacteria (formerly called blue-green algae), in contrast, cannot tolerate heat or dehydration but can manufacture the nutrient compounds they need for growth. Cyanobacteria expel excess carbohydrates, which are then used by the fungal cells of the lichen for food. Joining together with a fungus to form a lichen, they can withstand not only dehydration but also severe cold.*

*The lichens grow throughout the polar regions inland on hilly areas and rocky cliffs at seaside. Along the rocky cliffs in bird nesting areas, lichens derive nourishment from bird guano. Lichens are slow-growing plants that may have a growth rate of only 0.04 inch (1mm) per year, surviving and growing in the spray of freezing oceans. They range in color from blue-green to brown to bright orange. Lichens are a good winter food for wildlife because they are rich in carbohydrates. In the Arctic, some local people use lichens for dyes and medicines.*

One of the most numerous and spectacular flowering species is the purple saxifrage (*Saxifraga oppositifolia*). It has beautiful dark maroon leaves rimmed with red and produces spectacular pink flowers.

The arctic white heather, or arctic heather (*Cassiope tetragona*), is a small shrublike plant that covers the hillsides on Baffin Island with blankets of white flowers. These blossoms resemble the more temperate lily-of-the-valley, but have evergreen leaves with deep grooved backs.

The snow buttercup (*Ranunculus nivalis*), a bright yellow flowering species, is found around snowbanks in the coldest part of the Canadian Arctic. Glacier crowfoot (*R. glacialis*) has no dormant period and can survive during extreme temperatures, covered in snow all winter and blooming in the spring with only a few days of sunlight.

The hairy lousewort (*Pedicularis hirsuta*), the capitate lousewort (*P. capitata*), and flame-tipped lousewort (*P. flammena*), are moisture-loving species found in large clusters throughout the Arctic.

Tall cotton grass (*Reiophorum angustifolium*) and Scheuchzer's cotton grass (*Eriophorum scheuchzeri*) are found around marshy areas and are widely distributed throughout the Arctic. Both are beautiful short grasslike plants with flowers that resemble cotton balls.

Some of the seaside plant species are the oysterleaf (*Mertensia maritima*), the daisylike seashore chamomile (*Matricaria ambigua*), the sea pink (*Armeria maritima*), and the seabeach sandwort (*Honckenya peplodes*). The oysterleaf and seabeach sandwort have thick leaves and spongy fruits, an adaptation that allows seeds to be dispersed by floating in the sea.

## ARCTIC INVERTEBRATES

Bumblebees, about 20 species of butterflies, craneflies, moths, mosquitoes, mites, spiders, and many more invertebrates inhabit the Arctic during the summer months, pollinating many of the flowering plants. These species are a very intricate part of the food chain.

Blackflies (*Simulium* species), which can penetrate fur, clothing, and thick skin, are a major pest in the Arctic because they have an anticoagulant in their saliva that can cause allergic swelling and itching after a bite. Most invertebrates, such as nematodes, rotifers, and springtails, winter in soil or under frozen pools in the larval stage. Springtails live farther north than any other insect and can even survive being frozen in snow. Some species of caterpillars spin cocoons in vegetation that freezes until spring.

The warble fly lays its eggs in the backs of large mammals such as caribou. When the eggs hatch out, the larvae burrow into the animal's body and under the skin, where they feed on the host. They then develop into maggots, still living under the host mammal's skin, feeding and growing. Just before they pupate, warble flies leave their host and fall to the ground. Wings emerge and the new adult warble flies fly off to continue the cycle.

## The Antarctic Ecosystem

The extreme climatic conditions in Antarctica have prevented the establishment of all but the most primitive plant and animal species, keeping the land-based ecosystems very simple. Indeed, no land vertebrates can survive Antarctica's harsh conditions, and there are very few species of Antarctic invertebrates.

## ANTARCTIC PLANTS

The antarctic pole appears to be sterile, an endless frozen wasteland of ice. But the ice-free rocky cliffs contain almost 250 species of lichens, algae, and mosses. The warmer islands of the Antarctic are also covered with large rolling masses of mosses and lichens, which grow in tight masses for protection

*Cotton grasses grow in the marshy areas of the Arctic during the short warm season. There are two species: tall cotton grass, Reiophorum angustifolium, and Scheuchzer's cotton grass, Eriophorum scheuchzeri.*

## The Antarctic Food Chain

Man

Sperm whale

Baleen whale

Killer whale

Crabeater seal

Dolphin

Elephant seal

Birds

Leopard seal

Weddell seal

Fish

Carnivorous plankton

Krill

Phytoplankton

Other herbivorous plankton

Squid

*The antarctic food chain, like the arctic food chain, is based on plankton and krill.*

## ANTARCTIC MICROFLORA AND MICROFAUNA

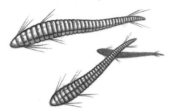

**A blue-green bacterium,** Calothrix parietina, *that grows on continental Antarctica.*

Oxytricha fallax, *a terrestrial antarctic ciliate protist.*

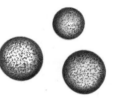

**A terrestrial microalga, or microscopic alga,** Signiosphaera multinucleata, *found in Antarctica.*

Oikomonas mutabilis, *a terrestrial antarctic protist.*

---

from the elements. *Pyraminonas gelidicola*, for example, is a species of algae that produces a sugar-alcohol substance, a kind of antifreeze, which keeps the plant from freezing to death. However, in contrast to the Arctic, Antarctica is practically barren: it has no trees or shrubs and only three species of flowering plants, the pearl wort (*Colobanthus quintenis*) and two species of *Deschampsia*, a small grass.

### ANTARCTIC INVERTEBRATES

Some invertebrates are found in Antarctica, mostly springtails (collembola) and mites (arachnids). One collembola, the wingless midge (*Belgica antarctica*),

a ground-dwelling species barely .1 inch (3mm) in length, is restricted to the islands and west coast of the peninsula. Adults feed on live and dead organic matter, while larvae feed on algae in brackish coastal ponds.

Terrestrial nematodes (*Teratocephalus tilbrooki*), terrestrial amoebae, and other protozoa (single-celled creatures) are found in antarctic soils. Even today, we have little information about antarctic land arthropods. Much of what we do know was discovered by early expeditions at the turn of the century, and the rest in the past 25 years. The importance of macro- or visible invertebrates in the antarctic food

chain is evident. Seabird studies on Marion Island, for example, indicate that 27 percent of the resident sheathbills (*Chionis minor*) and 13 percent of the kelp gulls (*Larus dominicanus*) annually eat approximately 8 percent of the macro-invertebrates.

# POLAR ANIMALS AND THEIR ADAPTATIONS TO POLAR ENVIRONMENTS

All life in the polar regions—mammals, birds, insects, and plants, whether sea- or land-dependent —must be well suited to endure long periods of intense cold and incredibly harsh climatic conditions, perhaps sporadic food supplies, and limited opportunities to find shelter or breeding conditions. Many of the species found in the polar regions are endemic; that is, they are found only there. Others are indigenous; although found there, they are also found in other parts of the world. For example, many arctic species migrate there to take advantage of warmer seasons and leave before winter sets in, while many antarctic species are found only there.

If we are to understand how animals or plants survive under what appear to be impossible conditions, we should not be misled by looking at the regions or the animals and plants that live in them and the climatic conditions that prevail in a general way. Animals do not necessarily occupy the general habitat. In fact, they may be very restricted and able to survive only under certain conditions in a particular habitat—in a microhabitat, as opposed to the macrohabitat. Adaptations for survival may be physically and behaviorally evolved strategies that allow a species to take advantage of the most minute benefits a microhabitat has to offer, thus filling a niche that is unoccupied by any other species. Two completely different and unrelated animals in totally different regions may evolve into similar forms, and live in similar ways, with similar patterns of behavior, if the niche that allows for occupancy and survival is found in both regions. This phenomenon is called convergent evolution (see "Convergent Evolution," at right.)

The harsh climate and exceedingly low temperatures in the polar regions create a barrier that has prevented most species from evolving to survive in polar habitats. The colder the region and the longer the cold prevails, the fewer the species that are able to gain an evolutionary foothold for survival. Those

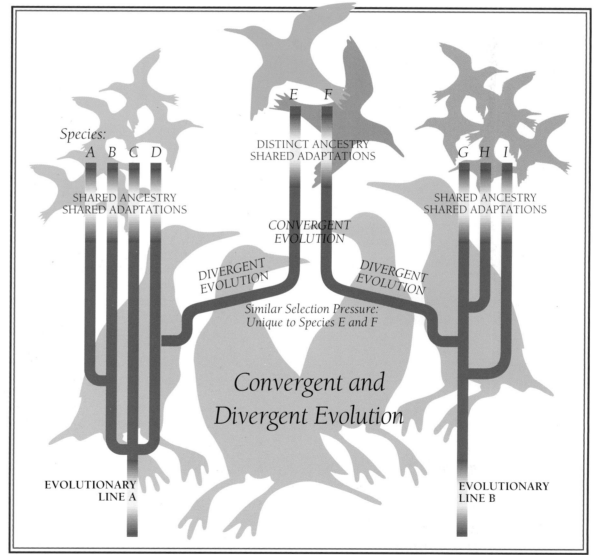

*In convergent evolution, organisms from two separate, unrelated evolutionary lines evolve similarly to fit into similar environments. These two species, E and F, will still be more closely related to the lines from which they diverged, lines A and B, respectively, than to each other.*

36

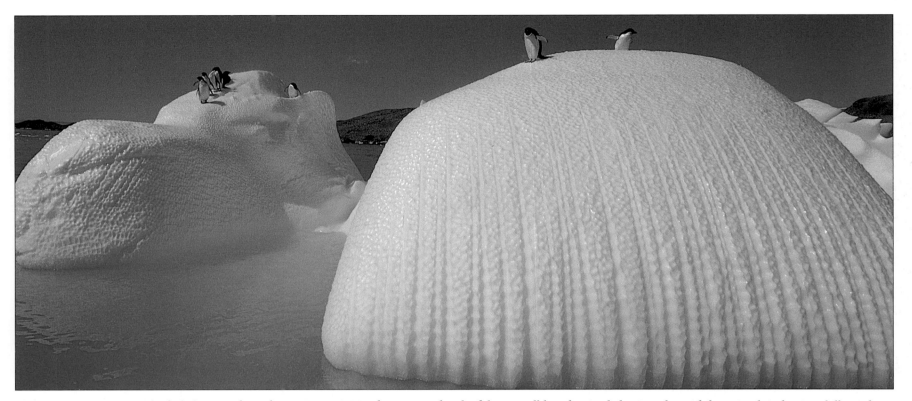

*These penguins appear to be frolicking on the icebergs. But activities that seem to be playful may well be adaptive behaviors that aid the animals in honing skills, such as swimming, diving, and food searching, that allow them to compete successfully in their inhospitable habitat.*

that can survive may need to become so well adapted that they can no longer live under lesser conditions. Make no mistake: while some species have adapted to the point of relative ease of survival, others survive at the very edge. The slightest alteration in the environment, even for a very short period, could well mean extinction.

It is easy to understand why there are endemic species found in the Antarctic but not in the Arctic. Much of the Antarctic is inaccessible and there is prolonged, extreme cold. The Arctic's lowest temperatures are of relatively shorter duration and may, in fact, be no harsher than those elsewhere in the world, allowing more species to easily reach and leave the region and find tolerable conditions. The Arctic has no endemic species. In contrast, 90 percent of the Antarctic's 120 or so fish species are found there and nowhere else. The largest family, Nototheniidae, representing nearly 75 percent of the fish species, includes relatively small specimens as well as those weighing up to 154 pounds (70kg). Let us now take a look at why and how the creatures and plants of the polar regions have survived.

# Amphibians

### THE WOOD FROG

The wood frog (*Rana sylvatica*) is the only species of North American frog found north of the Arctic Circle. Like some species of arctic marine fish, wood frogs produce antifreeze proteins in their body fluids that keep them from freezing at well-below-freezing temperatures. These proteins control ice formation, ensure that ice crystals form in body fluids like blood plasma and urine instead of within cells, which would be destroyed as a result, and keep ice crystals small. The production of these blood proteins is triggered as daylight decreases in the autumn.

Wood frogs also produce and accumulate great amounts of glucose during periods of freezing. Ice coming in contact with the skin triggers the liver to break down glycogen and produce glucose, which is then sent to all organs within minutes. Even if frozen solid, liver and heart tissue are able to contract after thawing if they were frozen with high glucose levels. Freeze-tolerant animals survive because they need

less oxygen. But this phenomenon is not unique to wood frogs. Arctic and antarctic insects and arthropods such as springtails, midges and flies, fish, and a host of marine invertebrates, have all developed antifreeze adaptations as well as behavioral strategies for survival in the polar climes.

*The wood frog,* Rana sylvatica, *also called the robber frog because of the mask over its eyes, produces an antifreeze protein that protects it from freezing in a way that would destroy cellular structures. Thus, the frog can survive in very cold regions.*

## Birds

Much of the activity of polar birds depends on the availability of food. The polar regions can offer an abundance of food and possibly fewer predators than the more temperate zones, which may be why certain species come to the poles. There are three types of bird populations in the polar regions: resident birds, which never leave their general nesting area; migratory birds, which leave nesting areas after breeding seasons and fly off to wintering quarters; and dispersive birds, which at the end of the breeding season move, but not too far from the breeding ground, usually only to surrounding areas a few hundred miles away. The warm summer sun brings a thaw to the Arctic at the same time as the depths of winter plunge the Antarctic into bitter cold and darkness. Yet, simultaneously at both poles thousands of birds are beginning to nest and reproduce.

The majority of arctic species are migratory, traveling to the Arctic to breed and rear their young during the short polar summer, then feeding in more temperate regions during the cold polar winters and

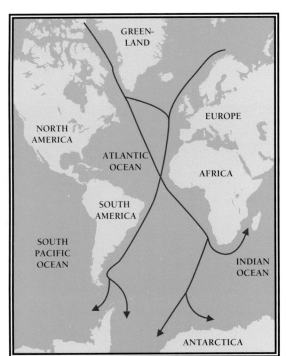

*The migration routes of the arctic tern, which breeds in the Arctic and overwinters in the Antarctic.*

heading for warmer climates before bitter prolonged cold sets in. About 120 species of birds breed in the Arctic, which has abundant nesting sites, such as cliffs and rocky coasts. Spring in the Arctic brings a rapid emergence of plants, hatches of insects, and an upsurge in sea plankton, which is followed by increased krill and fish populations. Migrating birds quickly occupy every ledge and cranny, find mates, and begin housekeeping.

An annual feast is at hand, hosted by the sea and fostered by the bounties of fish and krill. There is also an abundance of nesting sites, although a suitable rock ledge can become quite crowded. Soon, chicks are everywhere, being fed by their frenzied parents trying to take full advantage of the all too short friendly season. Predators abound, and the annual visitors fall prey to owls, foxes, other seabirds, marine mammals, and the elements.

Many thousands of birds add tons of nutrients and minerals to the food cycle through their wastes. The overwhelming majority of these arctic visitors will leave when winter approaches, flying south to warmer latitudes. They will journey over sea and land, where there will be ample opportunity to rest and feed along the way. Because survival means arriving at the right time and leaving before the harsh winter sets in, there are no flightless birds in the Arctic.

There are about 50 species of birds in the Antarctic. Only four species of antarctic birds feed on land: one songbird, the South Georgia pipit (*Anthus carendera*); two species of pigeonlike wading birds called sheathbills (*Chionis* species); and the South Georgia pintail (*Anas acuta*). The remainder of Antarctica's birds look to the sea for food. Most are marine and coastal waterfowl, able to rest on the water for long periods of time.

Only 16 species of birds breed in Antarctica. All are seabirds: albatrosses, cormorants, fulmars, gulls, petrels, prions, penguins, and skuas. One of these, Wilson's petrel (*Oceanites oceanicus*), is perhaps the most numerous wild species on earth, with numbers estimated at about 3 billion.

In Antarctica, flight holds little advantage for survival. Few sources of food on land, poor cover, strong winds, and vast distances between landfalls make

*The gentoo penguin,* **Pygoscelis papua,** *is one of the most abundant animals on earth. Nesting in the Antarctic cold, the gentoo builds its nest out of stones. Parents alternate in caring for the young.*

*The chinstrap penguin,* **Pygoscelis antarctica,** *builds a nest of stones in which it lays its eggs.*

*Adélie penguins,* Pygoscelis adeliae, *are endemic to the Antarctic.*

massive quantities of excrement also return considerable amounts of valuable nutrients and minerals to the food chain. Penguins themselves are prey for leopard seals and other marine mammals and predatory fish. Penguin chicks fall prey to gulls and skuas.

## SWANS

Among arctic species that feed in marine and aquatic habitats is the whooper swan (*Cygnus cygnus*), a resident of Russia, Iceland, and northern Scandinavia, which spends its winters in coastal marshes, lakes, and rivers. These birds can weigh up to 20 pounds (9kg). The whooper feeds on grasses, aquatic plants, and young shoots and seedlings. During the breeding season, it nests in the Arctic tundra. The nest is constructed of large reeds and twigs and is fiercely defended by the male, or cob. Contrary to their meek appearance, swans can be quite aggressive when defending territory and have been known to break the bones of young children. The female, or pen, lays four to five creamy white eggs, which she incubates while the male stands guard. Swans bond for life. The chicks, or cygnets, hatch after 35 to 40 days, and in a few hours are with their parents in the water, feeding on aquatic insects and plants. Another tundra swan species is the smaller whistling swan (*C. bewickii*), which also nests on sea coasts. These birds construct nests of mosses and lichens and line them with down. The whistling swan feeds on aquatic plants and small fish.

---

## MOLTING

*Toward the end of the breeding season, the adults begin to molt, losing their old dull feathers, which have become damaged during the rearing process. Some penguin species lose half their body weight during molting. Molting takes place on land or on ice packs, because the birds lose their waterproofing and insulation and must remain dry—if they become wet, they die of exposure. Breeding, egg laying, rearing young, molting, and feeding must all be done in complete synchrony with the climatic cycles of the region.*

---

annual migrations by land birds impractical. Food, and the opportunity to rest during long journeys, must come from the sea. It is little wonder that the majority of antarctic species are flightless, leaving the sea only to breed.

Three species of birds are dominant: the Adélie penguin (*Pygoscelis adeliae*); the gentoo penguin (*P. papua*); and the chinstrap penguin (*P. antarctica*). Their numbers are immense, and competition for food and nesting sites would be disastrous for all if they did not have neatly separated ranges. Different species may feed at different times of the day or night, at various distances offshore from rookeries, at the surface for krill, or diving deep for fish. Thus, not all the birds feed at the same time, nor in the same way in the same place. With huge numbers of flighted seabirds and penguins feeding on fish and krill, the

---

## THE ADÉLIE PENGUIN

*The most abundant of the antarctic penguins, the Adélie penguin (*Pygoscelis adeliae*), returns to its rookeries in October when the sea is still frozen solid. It may have to cross as much as 60 miles (100km) of ice to get there.*

---

*The snow goose,* Chen caerulescens, *breeds on the Arctic tundra, but often overwinters within the continental United States and Canada.*

*The Arctic tern,* Sterna paradisaea, *is one of the best traveled birds in the world. It breeds in the Arctic and overwinters in the Antarctic. Its range is the entire lengths of both the Atlantic and Pacific Oceans!*

Greenland. This is one of the only North American migratory species that nests in Greenland, where a colony of 800 has been found. Both males and females have similar coloration—a solid white body with black wingtips and bright pink feet and beaks. Males weigh up to 7 pounds (3kg), females 6 pounds (2.5kg). These geese have a narrow migratory pattern as they fly down the eastern coast of North America to their winter homes along the southern coast. Snow geese start their migration back to their breeding grounds in early May, and nesting starts in late May or early June in large colonies. Nests are constructed of twigs and lined with pieces of surrounding vegetation and then with down. The female incubates four eggs for about 24 days. Chicks leave the nest almost immediately and begin grazing on the grasses on lowland slopes and valleys. In six weeks, the young birds can fly, following their parents back to their winter feeding ground.

## THE ARCTIC TERN

The arctic tern (*Sterna paradisaea*) is totally dependent on small crustaceans. Its migration route likewise is determined by availability of that food. The arctic tern feeds on fish only during the breeding season. The tern is probably the most well-traveled bird on earth. It breeds in the Arctic and migrates to the Antarctic to winter. One individual was found to have completed a one-way trip of 13,000 miles (20,000km).

## THE LITTLE AUK

The little auk (*Plautus alle*) nests in enormous colonies in the Arctic, selecting cliffside holes. It is truly a seagoing bird, coming to shore only to nest and rear young.

## THE KING EIDER

The king eider (*Somataria spectabilis*), a common arctic species, is a native of Europe's northernmost regions and nests on the coasts of Scandinavia and Iceland in colonies numbering into the thousands. Once prized for the softness of their down, the ducks were hunted in great numbers, but are now protected in their nesting areas. Female ducks produce a heavier coating of down feathers, with which they line the nests, during the breeding season. This is another adaptation to protect the eggs and young from extreme cold temperatures. Eiders eat mussels and small crustaceans, diving to secure prey.

## THE GREAT SNOW GOOSE

The great snow goose (*Chen caerulescens atlantica*) nests on several islands in extreme northeastern Canada, including Baffin Island and Bylot Island, and

## THE TUFTED PUFFIN

Perhaps one of the most unusual-looking of the arctic seabirds is the tufted puffin (*Lunda cirrhata*), which is nonmigratory and feeds on fish. During the breeding season, the tufted puffin develops a colorful beak and crests of light-colored feathers over each eye. It uses its webbed feet and wings underwater to swim and catch fish. For a small, chunky bird, it flies well and roosts high up on cliffs and rocky faces above the sea. Puffins nest in rock hollows and clefts, laying only one or two eggs, which both parents incubate. The chicks hatch in about two months. Once the chicks emerge, they fly out to sea with their parents to feed.

### THE SNOWY OWL

A number of polar birds are predatory, taking fish and other birds and chicks as well. The snowy owl (*Nyctea scandiaca*) is a solitary resident of the arctic tundra. This owl is interesting because it is one of the only diurnal species of owls. Snowy owls have a thick downy covering of feathers on their feet and legs, which protects them from snow-covered branches and rocks. They feed almost exclusively on lemmings, and when the lemming population falls, the snowy owl lays fewer eggs or may not nest at all. One bird may consume as many as 700 to 1,500 lemmings each year! Snowy owls also prey on ducks, geese, and squirrels. Females nest on rocky cliffs or on the ground and line their nests with down. Three to six eggs are usually laid, depending again on the availability of food that season. The eggs are incubated for 32 to 34 days, and the young are fed only by the female. These birds retain their white feather coats throughout the year.

### THE GYRFALCON

The gyrfalcon (*Falco rusticollis*) is the largest of the falcons. A year-round resident of the Arctic, it feeds heavily on ptarmigans (*Lagopus mutus*), a ground-dwelling species that is related to chickens and that changes feather coat colors from summer brown to winter white for protection and camouflage.

### THE SOUTH POLAR SKUA

Predatory and voracious skuas live in the Arctic and Antarctic. The south polar skua (*Catharacta maccormicki*), which has one of the widest ranges of any bird and is found farther south than any other bird in the world, migrates to arctic Alaska during the antarctic winter. Fiercely aggressive, skuas prey extensively on penguin chicks. Skuas nest and lay eggs in the Antarctic Peninsula in large flocks at the end of November. A single chick hatches in February or March.

*The tufted puffin,* **Lunda cirrhata.**

*The diurnal snowy owl,* **Nyctea scandiaca, lives almost exclusively on lemmings. Owl populations rise and decline along with lemming populations.**

## NIDIFUGOUS VS. NIDICOLOUS

*The chicks of many ducks and swans can leave the nest soon after hatching. These are called nidifugous birds. They depend on their parents to oil their feathers for waterproofing and to lead them to food. Nidicolous birds, such as the gulls and terns, remain at the nest for a while after hatching.*

## WATERPROOFING

*Most of the aquatic species of birds have oil, or uropygial, glands at the base of the tail. Birds collect the pastelike fluid on their bills as they preen, to lubricate their feathers with the oil, which waterproofs and insulates them. Many aquatic birds have a layer of insulating down feathers that grow closely together and are densely packed. Swans, ducks, geese, and penguins molt all of their feathers once a year, at which time they have no waterproofing.*

## ARCTIC BIRDS AND WINTER

*Although many northern species migrate during the cold winter, some just leave the breeding area and move to nearby islands or to the ocean. In some species of gull, the older breeding birds winter in or near the breeding area while the younger gulls migrate south. In such cases, the diets of many of the polar birds must also change, in response to the climate's effect on the food supply.*

## PENGUINS

Thick waterproof plumage, thick skin, and a layer of subcutaneous fat, together with short legs and little exposed skin, make penguins particularly well suited to life at low temperatures in the coldest polar region. In fact, they are so physiologically adapted to an extreme cold environment that temperatures approaching 50°F (10°C) can cause overheating, which can be fatal. Eighty-four percent of the bird's ability to conserve heat comes from plumage protection. Each feather is stiff and turned over at the tip and has a fluffy outgrowth of fine material called an aftershaft near the base. At rest, the main feather forms a close covering on the body that is undisturbed by the wind. The fluffy outgrowth forms another insulating layer next to the skin. The result is an oil-covered, waterproof, and windproof capsule protecting and insulating the body.

There are 18 species of penguins, all confined to the Southern Hemisphere. Seven species are found in the antarctic polar region: emperor (*Aptenodytes forsteri*); king (*A. patagonicus*); Adélie (*Pygoscelis adeliae*); chinstrap (*P. antarctica*); gentoo (*P. papua*); macaroni (*Eudyptes chrysolophus*); and rockhopper (*E. chrysocome*).

Penguins are social birds that share their nesting sites with thousands of other birds, breeding in large colonies called rookeries. Living in groups means individuals are at less risk from predators. Penguins eat crustaceans, fish, and some cephalopod mollusks, such as squid. Some feed at the upper surface of the water, but if they have to dive, the birds can hold their breath under water for up to nine minutes. Some species can dive deeper and longer. Some penguin species share the same nesting and feeding areas but have different diets and therefore do not compete for food.

Some penguins lay one or two eggs on the bare ground or, at best, on a nest of a few stones or rocks they pile up to form a basinlike structure. These rock nests are incubated by a parent for about two months.

The emperor penguin, reaching 4 feet (1.2m) and 100 pounds (45kg), and the king penguin, at 3 feet (0.9m) and 40 pounds (18kg), are the largest species. The emperor breeds only on the continent of Antarc-

tica. No nest is built, as there is generally nothing with which to build one. A single egg is laid, which is incubated in a warm pocket of skin on the male's belly, cradled on top of his feet to keep it warm and off the ice. Meanwhile, the female travels great distances at sea to feed, returning after 60 days to relieve the male and begin feeding the hatched chick. The male then leaves to feed after his long fast, for he has not eaten throughout the entire incubation period. Incubation and chick rearing take place during the worst winter periods. The chicks cannot regulate their body temperatures when they first hatch and would soon die if not warmed by the female.

The king penguin usually lays one egg, and both parents rear the young, which takes a full year. King penguins breed every two years and nest on antarctic and subantarctic islands.

As the chicks mature, they join large crèches, where there is safety in numbers as well as protection from the cold, while the parents search for food. Parent penguins carry up to 7 pounds (3kg) of food in their crops. Even among the vast numbers of young penguins, the adult penguins are able to recognize their particular offspring by their vocalizations.

As the chicks continue maturing, they begin to lose their downy coating of feathers. This is their first molt. Survival for the chicks then depends on their own migrations. The chicks that have gathered in large numbers at the edge of the ice wait for it to break off, like a raft, and carry them north. Possibly, the ice will last until the chicks complete their molt, which takes about 40 days, at which time they will be ready to enter the water and feed themselves.

**The emperor penguin,** Aptenodytes forsteri, **is the largest of the penguins.**

# LAND MAMMALS OF THE ARCTIC

## *The Alaskan Brown Bear*

The great Alaskan brown bear (*Ursus arctos*) is the largest, most dangerous land mammal in North America and the largest land carnivore in the world. Standing over 59 inches (1.5m) at the shoulder and weighing up to 1,125 pounds (500kg), this fearsome animal roams the tundra and open meadows of the Arctic, leaving the central arctic region to the better-adapted polar bear. There are several types, including the well-known grizzly bear. The brown bear has one of the widest natural distributions of any mammal and is found from Mexico to Alaska and Canada in North America, in Europe, and in Eurasia.

A bear may range nearly 1,200 square miles (3,000 sq km) in its lifetime, moving to take advantage of seasonal foods and to find females with which to breed. The species feeds heavily on sedges, roots, bulbs, grasses, and forbs in the spring, then shifts to berries, bulbs, and tubers in late summer and early autumn. The bears also take advantage of summer-spawning salmon. Often fishing collectively in groups of 20 or 30 animals, the big bears wade in the fast-flowing streams and quickly seize the fish in their jaws or pounce on them as they migrate through the shallow water. Mice and other small mammals are dug from their burrows, and insects and grubs are readily consumed.

The bears' massive size serves them well for attacking the large mammals of the Arctic: caribou, elk, sheep, goats, moose, and, on occasion, other bears. Brown bears have been seen dragging off horses and bison that they have killed. (Unfortunately, they are also known for their irascible dispositions and are responsible for attacking and killing people, especially when people inadvertently interact with females or cubs.) Food that is not consumed immediately is buried for a later feast, and scavenger feeding is acceptable.

### HIBERNATION VS. WINTER SLEEP

Brown bears generally sleep through the coldest parts of the year, from approximately late October to early May. During this period, the animal's heart rate and respiration slow down, but its body temperature remains constant. Any disturbance will arouse the bear in a moment. Among scientists, there is some debate as to whether the bear's winter sleep constitutes a true hibernation.

As winter approaches, the bear digs its own den in rocky slopes or under the roots of a tree and lines it with brush and vegetation, which keep the animal dry and provide insulation. The 21.6-square-foot (2 sq m) sleeping chamber may be used year after year by the same animal. These are behaviors that have evolved to ensure survival during prolonged cold, although the species also lives in milder southerly climates. In those regions, the winter sleep is short or even nonexistent. Denning is also an adaptation for the protection of newborn young and vulnerable nursing females during the cubs' first stage of life. The naked, blind cubs, usually two or three per litter, weighing scarcely 1.7 pounds (700g), are born during winter. Weaned at about five months, they may remain with the female for two to three seasons.

### RANGE

Brown bears have a tremendous range throughout a variety of open land habitats. Great strength, fast gait, a relatively short, stout neck, a keen sense of smell and hearing, yet relatively poor eyesight are all adaptations we might expect to find in a carnivore that needs to travel great distances overland to secure food and mates. Although tundra and open meadows are preferred, the range also carries the animals through brushland, scrub forest, and rocky elevations. Good long-distance eyesight is not required, but being able to detect sounds and their direction and being able to smell hidden prey underground in burrows or succulent plants and tubers are important for finding food. The ability to hear and smell danger at great distances is an advantage over needing to see it, which might be possible only when the dangerous object is already too close for comfort.

*The Alaskan brown bear,* Ursus arctos, *is the most dangerous land mammal in North America and the world's largest land carnivore. The grizzly bear is another example of this species.*

## The Polar Bear

In the open ice-choked arctic seas around the North Pole, over the vast stretches of unbroken snow and ice, the polar bear (*Ursus maritimus*) is at home. These bears are nomads, wandering throughout the Arctic in search of food and mates. Large males are usually solitary and will socialize only for breeding or, rarely, when there is a large kill or other food source. Polar bears are at the top of the arctic polar food chain and have no natural predators to fear besides humans and other polar bears on land, and killer whales at sea. Polar bear distribution is circumscribed by the extent of pack ice, although they move into the tundra during suitable periods. Polar bears are excellent swimmers and can remain in the cold arctic waters for hours. They can hold their breath under water for up to two minutes, and are sometimes found miles from land on floating ice packs.

A somewhat pointed snout, a flattened head, an elongated muzzle topped with a black nose, and a long, tapering neck and lean body give polar bears a sleek and streamlined image. Males weigh up to 900 pounds (400kg) and females up to 600 pounds (270kg). They can live 20 to 25 years. The long legs provide speed and agility. Polar bears have surprising manual dexterity. The smallest object or piece of food, perhaps only the size of a small anchovy, can be held, examined, carried, and manipulated in their massive paws. Broad flat feet distribute the bear's body weight evenly on the ice or over snow and propel the animal swiftly in the water. The bear is so well adapted for an aquatic environment that it is generally considered a marine mammal. Hairs cover the foot pads as well as the toes to provide insulation and good traction for walking on slippery ice surfaces.

### PERFECT PREDATORS ON ICE

Polar bears are masters of concealment in a world that offers little protective cover. A white bear on white snow all but creates a ghost, appearing and disappearing against its background. Frequently a black spot, the bear's nose, is all that can be detected as the animal stands or crouches to watch an intruder.

**The polar bear,** Ursus maritimus, *may wander hundreds of miles through the Arctic, searching for food and mates. Although thought of almost as a cuddly plush toy, the bear is extremely dangerous and would kill a human as prey as readily as it kills a reindeer.*

Polar bears feed extensively on ringed seals (*Phoca hispida*), which they catch by lying in wait at a seal breathing-hole or by stalking on the open ice. Once a seal is found beneath the ice, the bear may pounce on the ice with all of its weight, crashing through to seize the startled animal. A polar bear may also dig out a seal den to kill and eat the pups. Polar bears catch seabirds by swimming among them as the birds sit, unconcerned, on the water.

Nor are polar bears apt to pass up a reindeer carcass, a spring bounty of berries on the tundra, or the delectable offerings of a garbage dump. In the Canadian town of Churchill, on the southern shore of Hudson Bay, the bears have learned that garbage in the town dump is easier to come by than seals or birds. Some 30 to 40 bears at a time may be seen eating at the dump, putting the townspeople in danger. Polar bears can eat up to 10 percent of their body weight in 30 minutes, and have a stomach capacity of 15 to 20 percent of their body weight.

The polar bear can outrun a reindeer for a short distance, which is all that may be necessary after stealthily approaching the prey at very close quarters. Because the habitat offers little opportunity for concealment, and both predator and prey can see for great distances, polar bears need great skill to secure prey and are considered perhaps the most cunning and dangerous of the bears. People often wonder why these bears ignore certain prey—large flocks of birds or geese, for example. The bears have learned that in these cases too much energy is lost in pursuing prey that can quickly fly away.

### HIBERNATION

Polar bears spend most of the late autumn storing fat by eating blubber from young seals to increase their own fat reserves in anticipation of the long winter. Females need this fat for the denning and cubbing period that follows. After the short summer of constant feeding, females den up in mid-November. Unlike brown bears, male polar bears do not den during the coldest winter months. Female polar bears breed in early spring and give birth in early winter. The gestation period is 195 to 265 days. One or two cubs, weighing only about 25 ounces (0.7kg)

## HEATING AND COOLING

*Polar bears are well adapted to withstand the cold and maximize the small amount of the sun's available infrared energy. The polar bear's coat is very coarse and composed of hollow hair that acts as insulation, trapping body heat. The skin is black, and it readily absorbs the sun's heat to warm the animal. Under the thick white hair and skin is another insulating layer composed of fat, or blubber, 4.5 inches (11.5cm) thick in places. The normal body temperature of a resting polar bear is 98.6°F (37°C), and it remains at normal levels on land if the bear does not overly exert itself.*

*But these bears can overheat very quickly. During a rapid chase overland, as much as 12 times normal energy will be expended, burning calories that may bring the body temperature up to 100°F (39°C). Obviously, the bear would overheat and die of exhaustion if it could not cool off. Heat is released at a number of places on the body to prevent the polar bear from overheating: the muzzle, the insides of the legs or thighs, ears, and paw pads. The polar bear may also cool off by swimming in the icy water or by lying in particularly cool spots or on blocks of ice.*

**A polar bear on ice at Churchill, Canada.**

each, are usually born in December or January. During the time she spends in the den, the female does not feed but will live on the stored fat. Polar bear milk is very rich in fat, and by the time the cubs and their mother venture out of the den in April the cubs will weigh about 25 pounds (11kg). Cubs remain with their mother for about two years, after which time the female will reproduce again.

## Wolves

The gray, timber, or tundra wolf (*Canis lupus*) is the largest member of the canid family and a major predator in the Arctic. The gray wolf has thick fur with a dense undercoat, ranging in color from gray to pure white. Adult males weigh up to 135 pounds (60kg); females are somewhat smaller. Wolves reach sexual maturity at 22 to 46 months of age and wild wolves can live as long as 13 years. Wolves eat elk, caribou, deer, and small rodents. Adults can consume up to 20 pounds (9kg) of a kill at one feed. Despite their reputation for being wanton killers, wolves usually prey only on sick, injured, or young animals.

### Social Organization
Wolves have a complex social organization, living in large packs with a dominant pair and a subdominant female heading it. As many as 15 animals in a pack hunt together, which allows them to kill large animals that also move in herds for protection. Some wolves may harass a caribou while others move in to take calves or to separate weak and feeble animals from the herd proper. The wolves then attack the prey collectively. Young males will usually leave the pack at about 22 months of age to form groups of their own.

### Communication
Wolves have an elaborate system of communication that includes vocalizations, such as growls, barks, howls, and coughs, as well as body language to convey emotion. Ears that stand straight up may mean friendship and recognition, while ears laid low and close to the head indicate fear or aggression. A wagging or half-hooked tail position means pleasure and

play; a straight-out and stiff tail is a sign of danger and threat. Many of these signals are so commonly used by domestic dogs that we often take them for granted. Wolves mark their territories by urinating along the boundaries. Scent marking is also a way of locating new mates.

### Breeding
After long courtships and eventual pair-bonding, wolves breed from January through April. Dens are dug in an elevated site, usually near water. The gestation period is 61 to 63 days; litter size is about six cubs, which are born blind and deaf. The cubs weigh about 1 pound (.45kg) at birth, and after nursing for six weeks they wean and are then fed by regurgitation for a while. After about eight weeks, the female often moves the cubs to a second den site. This is when parents teach cubs how to hunt.

*A highly social animal, perhaps a forebear of the domestic dog, the gray wolf,* Canis lupus, *is an intelligent hunter, hunting in packs.*

### Killing and Trapping
Because of their reputation as killers and the commercial market for their fur, gray wolves have been extensively hunted. Between 40,000 and 50,000 wolves were killed between 1947 and 1962. These are probably gross underestimates, for many more wolves are killed for sport and/or as vermin. Today, while their numbers steadily decrease in most areas, wolves continue to be killed by poison, traps, and hunting from aircraft. Ecological and conservation organizations have been trying to work with farmers and the public in general to change public awareness and attitudes about the wolf, with only some degree of success.

## The Arctic Fox

There are 21 species of foxes around the world, but the arctic fox (*Alopex lagopus*) is the only true polar species, ranging from the north arctic polar regions through the arctic tundra of coastal Eurasia, Canada, and Alaska. The arctic fox may be one of the most cold-tolerant mammals on earth and may travel more than any species of terrestrial mammal other than humans. This hardy animal has been known to survive temperatures as low as –112°F (-80°C). The fox's muzzle and ears are short and, because they are situated close to the animal's head, they prevent heat loss. The fox's paws are covered with short fur around the pads, while the animal's fur overall is thick and woolly.

Wide-ranging movements that bring the fox into habitats that vary from tundra to pack ice and snow pose serious camouflage problems to this small predator intent on wary prey. The fox spends winter on the bleak white arctic ice pack, returning to the coastal vegetated tundra in the spring. The arctic fox's coat changes according to the seasonal climate. The coat is white during the winter while the fox is on the pack ice, allowing the animal to remain inconspicuous as it hunts, and the coat turns brown for the summer on the tundra, where concealment requires a darker color. Animals that remain on the tundra throughout the year retain the dark coat.

*The arctic fox, Alopex lagopus, is physically well-adapted for bitterly cold environments, with thick woolly fur, and short ears and muzzle. The fox roams the tundra and ice packs in search of food.*

*The wolverine, Gulo gulo, an animal of tundra and taiga, also occurs in forests, plains, and mountains. Populations have historically ranged as far south as the north central United States.*

## FEEDING

The arctic fox adapts well to a variety of environmental and seasonal changes. During winter, the foxes may follow herds of musk-ox and feed on weak or dead animals. They also follow polar bears, scavenging on leftover kills. In summer, there is an abundance of migratory birds, lemmings, and other small ground mammals on which the foxes feed. In fact, arctic fox populations seem to mirror the rise and fall of lemming populations in a three- to five-year cycle. Arctic foxes also prey on ringed seal pups, digging them out of their protective snow lairs. Arctic foxes may also store food in caches as a hedge against scarcity during winter.

## BREEDING

The arctic fox breeds once a year, and litters vary from 2 to 25, depending on the environmental conditions. Thus, if the climate is mild and food is abundant, fox populations can increase dramatically in a single season. However, most cubs die within the first six months. Mating, in which the foxes often form life-long pair bonds, takes place from February to May, and the youngsters are born about 52 days later in a den dug into a hillside or pile of rocks. When the cubs are born, the male will bring food to the female and sometimes defend the den. The cubs wean in 2 to 4 weeks, followed by a brief period during which both parents bring the youngsters food. By autumn, the litters disperse. Young are capable of breeding at ten months of age.

## The Wolverine

The wolverine (*Gulo gulo*) is another carnivorous and accomplished hunter in the arctic region. Found in tundra and taiga zones, it also frequents forests, mountains, and plains. Wolverines are solitary, except during the breeding season. They are fierce, ferocious, and determined fighters, known to drive mountain lions and bears from their dens. Although weighing as little as 70 pounds (32kg), wolverines attack and kill reindeer and sheep with some ease. Their strength is legendary, as people have discovered when they try to contain them in captivity.

Wolverines have been hunted extensively. Their fur is considered extremely desirable; it naturally repels frost and moisture.

## Caribou

Whether you call them "reindeer" or "caribou," you are talking about the same animal (*Rangifer tarandus*). Reindeer is the European term and caribou is the North American term. They are found throughout the Arctic Circle in Greenland, Eurasia, and Canada. Caribou are one of the larger ungulates, or cloven-hoofed species, sometimes weighing 675 pounds (300kg).

A variety of physical adaptations makes them well suited to the Arctic. Wide flexible hooves help support the animal's body weight on soft earth and snow and are used to dig up dirt or snow to forage for food. The body is covered with a thick coat of woolly underfur over which the straight tubular hollow guard hairs lie. These stiff outer hairs help keep the underfur dry and trap warm body heat against the skin.

*A group of caribou, or reindeer,* Rangifer tarandus.

*The majestic moose,* Alces alces, *feeds on vegetation.*

## THE GREAT MIGRATION

Caribou form large migratory herds comprising groups of from ten to a thousand that collectively may number as many as 200,000. One such migration is reported to have halted traffic on a Siberian railroad for nearly a week. These herds move across the Arctic tundra eating mosses and lichens, the latter a particularly high-carbohydrate food essential to storing fat for winter use. Massive migrations begin in the spring, when females temporarily split from the herd to give birth to one or, rarely, two calves, in large open fields where the snow is not too deep.

## ON SOLID GROUND

Calves weigh about 15 pounds (7kg) at birth. They are on their feet within an hour and can run with the parent to escape danger. They eat solid food after one month, although they continue to nurse for about six months. This rapid early development minimizes exposure of the female and calf to predators, such as wolves. Mothers and calves recognize each other in the herd by smell, each having no difficulty finding the other among thousands of animals.

## CARIBOU'S DWINDLING NUMBERS

*Caribou are hunted for meat, skins, and antlers. Uncontrolled hunting has all but exterminated the southern herds. Probably fewer than a dozen individuals that range into the continental United States remain. The greatest herd in North America, which lives in northwestern Alaska, declined from 242,000 males in 1970 to about 75,000 by 1976. An island-hopping endangered subspecies,* Rangifer tarandus pearyi, *has been exterminated in Greenland, and only about 15,000 remain in the Canadian Arctic. Reindeer domestication began about 3,000 years ago, and today there are about 3 million domestic reindeer, mostly in the former Soviet Union. The future of this magnificent animal is uncertain.*

## SUMMER DISPERSAL

Females rejoin the herd after fawning, and then the herd separates into small groups during summer. This dispersal gives the large numbers of caribou an opportunity to feed better on more plants over a wider range. The herd regroups during the autumn migrations and then disperses for the winter. Some herds may migrate over 550 miles (1,000km) from summer feeding grounds in the tundra to winter shelter in high timber.

## Moose

The North American moose, which is also called the European elk (*Alces alces*), is the largest member of the deer family, weighing up to nearly 1,800 pounds (825kg). Found in northern Europe and the northern parts of Canada and the United States, it originally inhabited northern Europe and the Caucasus to eastern Siberia. Its heavy coat is brown during summer and turns light during the winter, when even the largest males may be difficult to see as they stand among the snow-laden trees. Such camouflage is an advantage in avoiding humans as well as predatory packs of wolves.

Like caribou, moose may migrate great distances between summer and winter ranges. Preferring marshy and timbered habitats with a seasonal snowfall, moose feed on a variety of aquatic plants, shrubs, and trees. Although they have relatively poor eyesight, they have a keen sense of smell. They can run with amazing noiselessness through the underbrush, reaching speeds of up to 30 miles per hour (56kph) in the open. Huge antlers, heavy mane, large square drooping muzzle, and the "bell" of skin under the throat easily identify this creature.

The largest numbers of moose are found in Sweden, where nearly 100,000 animals, representing only 2 to 3 percent of the moose population there, are killed annually for meat and skins. Moose have been domesticated as farm animals for milk and meat and have even been trained as draft animals in the former Soviet Union.

## Musk-ox

The musk-ox (*Ovibos moschatus*) lives entirely on the Arctic tundra, in herds up to 100 members. Its name is derived from the pungent odor of musk the males produce during the rutting season. Musk-ox have heavy coats of hair that protect them from water and the most extreme cold temperatures. The dark thick guard hairs grow nearly to the ground, while a thick layer of fine, soft underhair is impervious to frost and cold. Musk-ox defend themselves from wolves by forming a semicircle with their heads outward to face the intruder; calves and females are protected within this formidable barrier. Unfortunately, this defense also means that entire herds remain still and on guard when threatened by hunters, which has allowed humans to decimate their populations for meat and skins. Musk-ox were exterminated in Alaska during the last century, and today, perhaps only 25,000 remain in the world. Musk-ox populations have been introduced in a conservation effort in Alaska and Canada, and in some European countries as well.

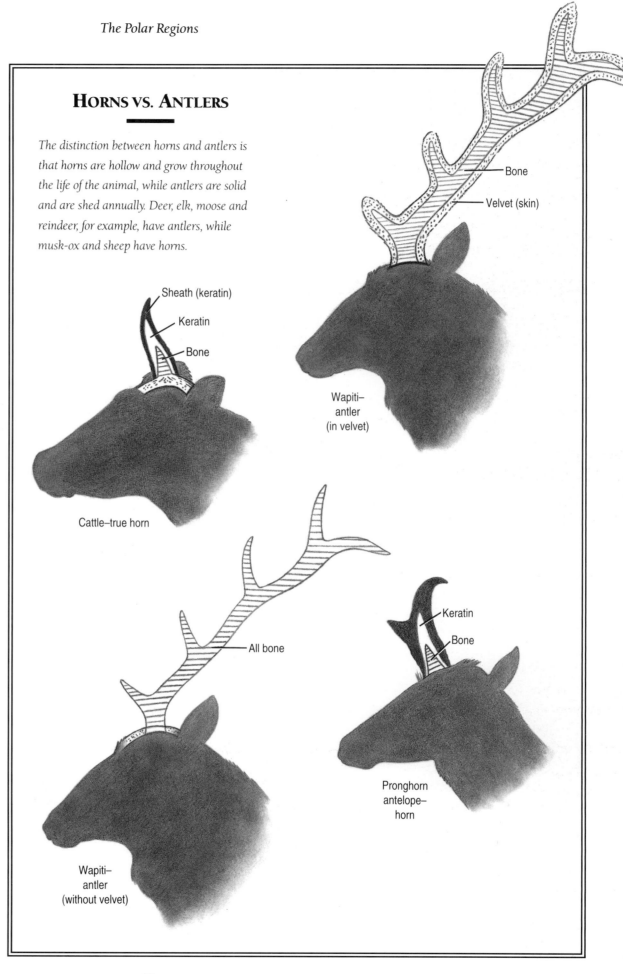

## HORNS VS. ANTLERS

*The distinction between horns and antlers is that horns are hollow and grow throughout the life of the animal, while antlers are solid and are shed annually. Deer, elk, moose and reindeer, for example, have antlers, while musk-ox and sheep have horns.*

Bone

Velvet (skin)

Wapiti–antler (in velvet)

Sheath (keratin)

Keratin

Bone

Cattle–true horn

All bone

Keratin

Bone

Wapiti–antler (without velvet)

Pronghorn antelope–horn

*Dall's sheep,* Ovis dalli, *are found high up on the rocky ledges in the Arctic, especially in Alaska. Those found farther north have white coats, those farther south, black coats. They live in social groups of about 10 animals.*

## SMALL LAND MAMMALS

*The smaller land mammals that inhabit the Arctic include shrews (Sorex); voles (Microtus); marmots (Marmota); lemmings (Dicrostonyx) and true lemmings (Lemmus); porcupines (Erethizon); hares (Lepus); pika (Ochonota); ermines (Mustela erminea); and mink (Mustela species). The smallest residents are the burrowing mice or lemmings of the genera Dicrostonyx and Lemmus, well known for their mysterious migrations in great numbers at three- to five-year cycles. These tiny, stocky, brightly colored rodents inhabit the tundra and Arctic polar regions of North America, Europe, and Siberia. The Siberian lemming (Lemmus sibiricus) is brown with a black stripe on its back, and lives in northern Asia, while the brown lemming (L. trimucronatus) has the same coloration but is found in North America. Some zoologists believe they are the same species.*

**The genus Mustela includes mink, weasels, and ermine. Mink, seen here, and many of the other mustelids, are valued for their skins. The North American mink, which ranges from Alaska through Canada and the continental United States, is also raised on farms for its pelt.**

## Sheep

Snow sheep (*Ovis nivicola*) and Dall's sheep (*O. dalli*) are the only two species of sheep that range into the arctic region. Young Dall's sheep are white to conceal them from predators as they lie motionless against the snow. Domestication began about 11,000 years ago, and today, there are more than 800 breeds of domestic sheep, and probably more than 800 million individual sheep in the world. They provide milk, skins for warmth, and meat. A few species develop a woolly undercoat in winter, but no wild species of sheep has much more than a heavy coat of coarse hairs. Domestic sheep that become feral soon lose the woolly underfur, which is typical of their wild cousins.

## Norway Lemmings

The most famous of the lemmings is the Norway lemming (*Lemmus lemmus*), which has a bright golden-brown body, a black head and neck, and a stripe down the length of the body. The lemming's fur is long and thick and covers the feet for protection against the cold. It is not understood why Norway lemmings are so brightly furred; some scientists believe this may be a form of warning coloration, but they do not know for what purpose. During the summer, lemmings feed on grasses, mosses, and other small plants. In the winter, they feed on the snow-covered mosses and buds on bushes and shrubs. Lemmings live in burrows or nests lined with moss and connected by a multitude of tunnels. Here the female gives birth to up to a dozen young after a gestation period of 20 days. Lemming females reach sexual maturity in three weeks, and the males at five weeks. The female breeds immediately after giving birth, and she will give birth again three weeks later. It is no wonder that this prolific animal reaches population peaks at regular intervals and exhausts the local food supply.

### MASS MIGRATIONS

During peaks in lemming populations, large numbers of animals leave their territory and begin an unusual migration. For no apparent reason, hundreds of animals leave their burrows and start moving across the tundra. While these migrating mammals were thought to be looking for a new food source, even that doesn't stop them. They keep moving, even swimming hundreds of yards across rivers. Even more bizarre, they migrate right off of cliffs, with hundreds falling to their deaths. Scientists still cannot adequately explain this behavior.

# MARINE MAMMALS OF BOTH POLES

So far, we have discussed the land mammals of the arctic polar regions in some detail. There are no land mammals in the Antarctic. But the marine mammals of both the Arctic and Antarctic include the pinnipeds (seals, sea lions, and walrus), as well as the largest and perhaps most intelligent mammals, the whales or cetaceans.

## *Cetaceans*

These marine creatures have the proportionally largest brains of any mammals. While numerous species of whales, dolphins, and porpoises reside in the northern polar seas, eight species of toothed whales, dolphins, and porpoises (Odontocetes) and seven species of baleen whales (Mysticetes) are found in the southern polar seas. The Mysticete, or whalebone, group have jaws that are massive sieves, equipped with numerous long fibrous strands of baleen that strain the plankton they feed on out of the water. One of the baleen whales, the great blue whale (*Balaenoptera musculus*) is perhaps the largest mammal on earth today. The Odontocete, or toothed, whales feed primarily on squid and fish. The most notorious is the killer whale (*Orcinus orca*), well known for its voracity in attacking seals, penguins, and anything else it feels like eating.

### THE KILLER WHALE

The killer whale (*Orcinus orca*) is perhaps the best known of the toothed species. It is a resident of both poles and is the largest member of the dolphin family, weighing up to 22,000 pounds (9,000kg) and measuring up to 33 feet (10m). Killer whales live to be about 75 years of age, and reach sexual maturity at 10 to 16 years old. Killer whales travel and hunt in groups, or pods, of mixed ages and sexes. Males are much larger than females. With their rich black color, underbelly patch of pure white extending from the lower jaw to the midsection of the body, and white patches over both eyes, killer whales are simply unmistakable.

Killer whales have fewer teeth, 10 to 14 on each side of the jaw, but the teeth are larger and stronger than those of most other toothed whales. The whales are true marine predators, the largest predator of mammals on earth, feeding on seals, penguins, and sometimes other whale species. Killer whales may hunt in groups of 250, but smaller groups of ten or twenty animals are the norm. Killer whales will burst through ice a yard (.9m) thick to hurl unwary seals into the water or may nearly beach themselves as

---

## OTHER WHALES

*The sperm whale (Physeter catodon), the largest of the toothed whales, reaches lengths of about 65 feet (20m) and weighs up to 110,000 pounds (50,000kg). Like most toothed whales, sperm whales feed on squid and some fish, including small sharks.*

*Perhaps the most bizarre of the arctic whales is the narwhal (Monodon monoceros). This species has only two teeth on the upper jaw. In females, the teeth are non-functional and remain embedded in the jaw. However, in males, the right tooth remains embedded while the left tooth erupts, protrudes through the upper lip, and grows into a long spiral that extends up to 10 feet (3m). The tusk was thought to be used for breaking through ice, to radiate heat, or to help in echolocation. However, it is probably used as a weapon against other males. The narwhal has the most northern distribution of any mammal, living entirely within the Arctic Circle.*

**The killer whale,** Orcinus orca.

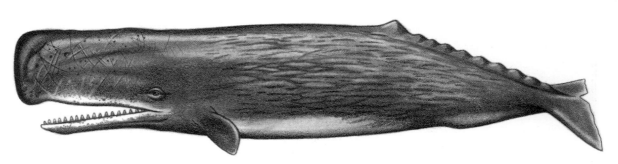

**The sperm whale,** Physeter catodon.

they chase seal pups that leave the water to escape the onslaught. The frenzy of fear that grips most marine species when killer whales are near gives testimony to their name. Yet, these whales display a high degree of intelligence and gentleness in captivity. They seem to communicate with one another through a series of vocalizations, clicks, and squeals. A single calf is born each year, after a gestation period of about 12 months.

## THE BLUE WHALE

There are about seven species of whale that feed exclusively on krill in the cold southern oceans alone. These are the Mysticetes or baleen whales. These largest of the mammals eat the tiniest food, krill, which is said to be the most abundant animal on earth.

Blue whales (*Balaenoptera musculus*) range throughout the world and can eat more than 6,000 pounds

*The killer whale,* Orcinus orca, *is the largest predator of mammals on earth.*

*The sperm whale is the world's largest tooth-bearing mammal.*

## ECHOLOCATION

*Whales echolocate, that is, they emit a kind of sonar to communicate, orient themselves, and find food. Toothed whales emit two click-like sounds (which have a frequency of 100 to 200 thousand cycles per second) several hundred times a second. We are still unsure of where these sounds are produced or how, but studies indicate that they originate in the air sacs surrounding the blowhole, in the soft tissue of the cranium. Humpback whales (*Megaptera novaeangliae*) are perhaps the most vocal, although they don't echolocate to find food. Humpbacks "sing" in a rhythm of moans and cries, snores, yips, and groans that lasts for 6 to 35 minutes and is repeated for possibly months at a time during their winter breeding season in the tropics. The tune changes from year to year and once "heard," it is rapidly carried and repeated throughout the population in the entire region. No one knows why the tune changes.*

(2,700kg) of krill in one day. They are the largest mammal known to have existed anywhere in the world at any time in history. Growing up to 97 feet (30m) and weighing up to 352,000 pounds (160,000kg), the blue whale can dive to great depths, stay underwater for 20 minutes, and swim as fast as 30 miles (48km) per hour. The arctic and antarctic waters are rich in krill, and the mass of strainers, 300 to 400 plates on each side of the jaw, in the baleen are particularly well adapted for feeding. Baleen plates are made of keratin, the same substance that human nails and hair are composed of. These large mammals swim through the krill-rich oceans and sift or force the krill through this complex filter system in their mouths. The whales gorge themselves on krill during the summer and then live off their fat upon

*The blue whale,* Balaenoptera musculus.

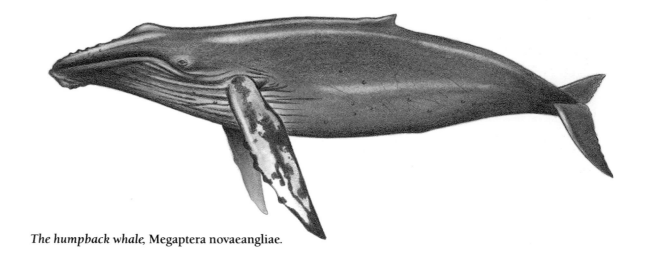

*The humpback whale,* Megaptera novaeangliae.

---

## PREVENTING HEAT LOSS

———

*Whales are insulated with a layer of blubber, which varies in thickness, depending on the species and the region the whale inhabits— colder-dwelling species develop a more extensive layering of blubber. Their body insulation, like insulation in the house, keeps heat in as well as cold out. Heat is regulated by the blood vessels, which also keep these large marine mammals from overheating. Surprisingly, whales do not have large lungs, despite the ability of some species, such as the sperm whale, to stay underwater for as long as three hours. Whales have a greater percentage of blood to body weight than other mammals and, therefore, a greater oxygen-carrying capacity. A complex web of blood vessels throughout the fatty tissue surrounding the spine, from the brain to the tail, called the* rete mirabile, *acts as a blood reservoir in maintaining normal blood pressure to the vital organs during deep dives. This not only may help retain body heat but also may help to conserve oxygen during diving.*

**The blue whale is the largest mammal ever known to live on earth.**

returning to the northern waters in the winter. Calves are born after only a 10-month gestation period. A longer gestation period would result in the calf's being born in the cold polar oceans during the winter, before the calf could develop a protective layer of blubber.

## Pinnipeds

Not all marine mammals must roam the seas. Although most pinnipeds spend much of their time at sea, feeding and breeding, they are nonetheless tethered to the land to give birth and rear their young. There are three families of pinnipeds comprising 18 genera and 34 species around the world. Seals are easily differentiated from sea lions. Sea lions have small ear coverlets, long necks, and are agile on land, capable of rapid locomotion, climbing, and turning. True seals, on the other hand, generally have no visible ears and a short neck, and most species have very limited locomotion on land. Thus, most carnival and

***Ross seal,* Ommatophoca rossi.**

marine shows feature the agile antics of sea lions, rather than the sluglike movements of most seals.

Seals, like penguins, bridge the sea and land worlds. However, while birds are restricted to land for reproduction, and the whales to the sea, seals may utilize land or pack ice. This provides a safe environment for mother and young away from predators, such as killer whales, polar bears, and humans. While the huge southern elephant seal (*Mirounga lionina*) and the antarctic fur seal (*Arctocephalus gazella*) generally have their pups on pebbly beaches along rocky coasts, other species—the leopard seal (*Hydrurga leptonyx*), crabeater seal (*Lobodon carcinophagus*), Ross seal (*Ommatophoca rossi*), and Weddell seals (*Leptonychotes weddelli*)—remain at sea and bear their pups on ice floes and pack ice, although the Weddell seal may also use land if it is available. Some species (crabeater seal, fur seal, and leopard seal) are shallow divers when it comes to hunting for food, of which krill is the main component. This preference for shallow water feeding also allows the leopard seal

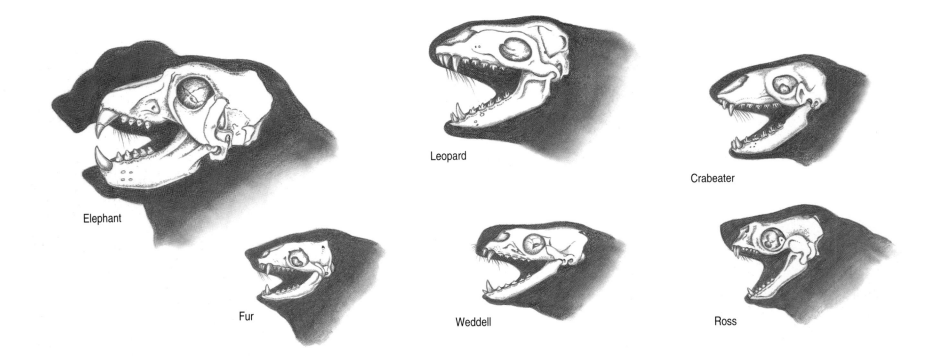

**Seal skull and tooth structures are clues to the animals' diets. Leopard seals, for example, have sharp cusps on their teeth and strong jaws for preying on penguins. Crabeater seals have multiple cusps for straining water to catch krill.**

to include penguins in its diet. Elephant, Ross, and Weddell seals are deep divers that feed to a great extent on fish and squid. Each species has jaws and teeth that have evolved for feeding efficiently on a particular type of food.

## THE RINGED SEAL

The ringed seal (*Phoca hispida*) is probably the most abundant seal in the arctic polar seas, numbering about 5 million to 6 million. Ringed seals have an interesting coat pattern. Gray and black, they have circular light rings on the back, and a light silvery undercoat. They feed on shrimp, small fish, and crustaceans. Their main predator is the polar bear. Pregnant females use their sharp claws to dig under ice blocks and into the snowdrifts to create cubbing dens, where they give birth to a single white pup, which weighs about 11 pounds (5kg), in March or April. Most seals don't nurse very long, due to short summers and the prominence of predators. The lactation period for ringed seals is about 45 days.

## THE RIBBON SEAL

Another colorful arctic species is the ribbon seal (*P. fasciata*) of the Pacific side of the Arctic. Ribbon seals are among the most beautifully patterned seals; males have a dark chocolate coat with broad white

*The northern fur seal,* Callorhinus ursinus, *is not a true arctic animal, breeding on the Pribilof and Komandorskiye Islands in the Bering Sea south of the Arctic Circle. The great numbers of these seals taken for fur from their northern breeding grounds is proof that even severe cold does not deter hunters.*

bands around the neck, on the rear hindquarters, under the belly, and around the flippers. Females are not as attractively patterned. The pattern develops after about two years of age. Before that, the young are solid gray. The world population of this species is about 170,000 animals.

## THE HOODED SEAL

Hooded seals (*Cystophora cristata*) are found along southern Greenland and the coast of Newfoundland, where they spend much of their time resting on the shore. They feed heavily on deep-sea halibut. The skin "hood" around the nose is part of the nasal cavity and is composed of mucous membrane, muscle fibers, connective tissue, and fat-covered skin. Males not only can inflate the hood, but can blow out the elastic nasal septum from one side of the nostril, creating a red balloon. The effect is designed to threaten intruders, scare away other males, and attract suitable females.

## THE CRABEATER SEAL

The crabeater seal (*Lobodon carcinophagus*) is an antarctic species that rears its young on the large ice floes around the continent. The pups are born with a pale brown coat in September and October. They are perhaps one of the most abundant of the pin-

*A group of leopard seals,* Hydruga leptonyx, *gathered on an icy antarctic outcropping.*

*The harbor seal, Phoca vitulina.*

nipeds, with populations of about 20 million. Contrary to its name, this species feeds on krill, squid, and fish, using the deep cusps on the teeth to strain the krill into their mouths, much the same as baleen whales do.

## THE LEOPARD SEAL

The leopard seal (*Hydruga leptonyx*) is another plentiful species, with a population of about 220,000. This is one of the larger "true seals" of the Antarctic waters. The females are larger than the males. The large dark spots on the light coat give the animal its name. It is a major predator of young crabeater seals and penguins. These seals lie in wait at offshore penguin rookeries and prey on penguins as they return to shore with food for their chicks.

## THE SOUTHERN ELEPHANT SEAL

The southern elephant seal (*Mirounga leonina*) is the largest species in Antarctica. Males weigh about 7,000 pounds (3,178kg). The elephant seal gets its name from the proboscis, an extension of the nasal cavity that develops in males at about eight years of age.

*A typical postcanine tooth from the lower jaw of the crabeater seal shows many projections that work like a strainer, picking up small organisms, such as krill, from the water.*

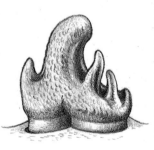

*The leopard seal, Hydruga leptonyx, which lives around ice packs in Antarctica, is a fierce predator, eating penguins, crabeater seals, fish, and squid. Krill also make up a major portion of its diet.*

### DIVING DEEP

*Some pinnipeds can dive to depths of at least 2,000 feet (600m) and can stay underwater for up to 43 minutes. Their physiology allows them to do this without the brain damage normally associated with such abrupt changes in pressure from diving and returning to the surface. The animal exhales just before it dives, causing the heart rate to slow from between 55 to 120 beats a minute to as little as 4 to 15 beats per minute, thus conserving oxygen. As the seal dives, its peripheral blood vessels constrict, and blood is directed primarily to the brain and heart. Oxygen use is reduced by a third. After a few deep breaths as the animal surfaces, its heart rate returns to normal and its blood is reoxygenated.*

Made of spongy tissue with lots of blood vessels, it can be erected with blood pressure, muscle contraction, and inflation, producing a resonating chamber that allows the roaring call of the male to be heard for many miles. This very deep-diving species feeds on bottom-dwelling marine life, including sharks, eels, dogfish, and squid, and molts its fur in large patches each summer. A source of oil, elephant seals have been extensively hunted; populations have declined or have been extirpated in many regions.

## THE WALRUS

The walrus (*Odobenus rosmarus*) is one of the largest of the pinnipeds, for an adult male can weigh up to 3,300 pounds (1,500kg). This gregarious arctic species lives in herds of 100 to 1,000, which are divided into smaller family groups, with one large male as the family leader. There are two races of walrus, the Atlantic walrus (*O. rosmarus*) and the Pacific walrus (*O. r. divergens*). Like most pinnipeds, walrus don't have much in the way of a tail. Both males and females

develop enormous tusks, the male's growing to nearly 40 inches (100cm). A longstanding scientific debate continues over whether the tusks are used for uprooting clams, mollusks, and other shellfish on the ocean floor, or for defense. Adult males often exhibit large scars and gashes from fighting and defending their "harem" from other males. The tusks may also be used against attacks by polar bears and killer whales or so that walrus can pull themselves out of the water onto ice floes or land.

*The male southern elephant seal,* Mirounga leonina, *has a smaller proboscis than the male northern elephant seal. Recent studies show that elephant seals spend most of their time under water in deep dives.*

*The Weddell seal,* Leptonychotes weddelli, *is a strictly antarctic animal, living in the water and on solid ice on the Antarctic continent or surrounding islands. It eats while under the ice, consuming a diet of fish, squid, and crustaceans.*

## OTHER ARCTIC SEALS

*Other familiar arctic species include the northern fur seal (*Callorhinus ursinus*); bearded seal (*Erignathus barbatus*); Steller sea lion (*Eumetopias jubatus*); gray seal (*Halichoerus grypus*); harp seal (*Phoca groenlandica*); Largha seal (*P. largha*); and harbor seal (*P. vitulina*). Other familiar antarctic species include the southern fur seal (*Arctocephalus gazella*); Weddell seal (*Leptonychotes weddelli*); and Ross seal (*Ommatophoca rossi*).*

**This young harbor seal has the white coat typical for juveniles of this species.**

*Walrus,* Odobenus rosmarus, *have been overexploited and the species is listed on CITES Appendix III. The tusk is used for carvings. The native Inuits have used all parts of the walrus—meat, blubber, skin, tusk, and bone—without depleting populations, but commercial hunting has reduced walrus numbers.*

## ADAPTING TO COLD AND WATER

*Pinnipeds have sleek bodies and feet that are well developed into flippers, which provide them with great speed, thrust, and incredible maneuverability in the water, easily allowing them to catch fish, their main diet. The body is designed for a marine existence, and coupled with a very flexible vertebral column and great strength, pinnipeds can easily withstand brutal waves and seas. Their eyes are cushioned in a layer of fatty tissue, the cornea is flattened, and the pupil can open wide so that the animal can see well in diminished underwater light. External ears are reduced or nonexistent, and the nostrils are slits that can close or open at will. Seals hear well, and use vocalizations for communicating with each other and orienting themselves both on land and under water.*

*Pinnipeds have a thick layer of insulating blubber beneath the skin, which also provides body cushioning, calorie reserves during gestation and nursing periods, and buoyancy. Pinnipeds have a body covering of thick guard hairs for general body protection, and some species, like the fur seals, have a dense layer of underfur. The coat is kept lubricated by sebaceous glands, and the underfur traps a warm layer of air bubbles and body heat against the skin. Most pinnipeds are born with a baby coat, or lanugo, of warm woolly fur. Generally pure white or black, depending on the species, the baby coat is soon molted and the baby then has its adult coat.*

The skin of the walrus is thicker than that of many of the other pinnipeds, providing added protection from the cold and predators. Walrus have rough protective pads on their flippers and thicker hair that is longer and sparser than in other seals. These flipper pads may be used to crush mollusks and, considering walrus' great body weight, for protection on rough rocks. Walrus are the least aquatic of the seals, spending a lot of time on the shoreline. They can dive up to ten minutes underwater searching for food and live about 40 years in the wild.

Females carry their young for about 12 months and give birth on coastal beaches from April through June. The young weigh about 110 pounds (50kg) at birth and can swim in the shallows shortly after. They are fiercely protected by the adults and nurse for 18 to 24 months. Females breed every three years.

Indigenous arctic peoples kill small numbers of walrus for blubber and tusks, from which they craft jewelry.

# THREATS TO POLAR HABITATS AND SPECIES

The delicate polar areas are lands of danger and terror to human beings, who are not prepared for them. For other animals, the greatest danger is humankind itself.

## *Oil, Gas, Fur, Fish, and Forests*

Five nations border the Arctic Ocean. Although no land boundary is currently in dispute, national and international rights and obligations within the sea itself are sometimes a problem. Some countries claim a 200-mile (350km) economic zone from their coasts. The United Nations Law of the Sea (LOS) and other international conventions govern jurisdictional problems.

Because so much of their land lies within the Arctic Circle, the Eurasian countries that formerly belonged to the Soviet Union have aggressively used Arctic rivers for hydropower. They have used all the waters for fishing, shipping, and sealing, and they have logged its trees for construction. They have extracted more Arctic mineral resources than has any other country.

The Kola Peninsula contains vast reserves of non-metallic minerals, including the world's largest apatite deposit. Apatite is widely used in fertilizers. These countries also have access to arctic copper, iron, and coal.

The economy in Canada's Yukon and Northwest Territories is based on hunting and fishing. The short growing season limits agriculture. Zinc, lead, and asbestos are mined in Arctic Canada.

Alaska also has oil, gas, fish, minerals, and furs. Prudhoe Bay is a major source of petroleum, and a trans-Alaska pipeline increased production. Resource development, particularly mining, is underway.

Much of Greenland's resources are marine, with fish, shrimp, and seals traded for agricultural products. The mineral potentials of Greenland are not well explored because much of the country is under ice. Marble and coal have been mined.

## Oil Spills

Pollution is a major threat to the fragile polar environment. The low temperature range and the short growing season limit regrowth of vegetation and slow the decomposition of polluting substances. Worldwide attention was drawn to the oil tanker *Exxon Valdez* when it spilled more than 10 million gallons (45,460,000l) of oil into Prince William Sound in northern Alaska in 1989. This accident, caused by human error, killed more than 1,000 sea otters, 36,000 birds, and countless numbers of seals and fish. The oil in this spillage spread over 1,040 square miles (2,600km²). Petroleum is extremely toxic in an aquatic environment, spread by wind currents and sea temperatures to rapidly coat animals and the surface of the ocean. Oil spillage from ships contaminates and kills the microlayer, a thin organic film that feeds the larvae of krill and other small polar marine animals.

One of the major Antarctic oil disasters also occurred in 1989. The ship *Bahia Paraiso* spilled thousands of gallons of oil near Palmer Station on the Antarctic Peninsula when it sank as a result of poor navigation.

The long-term effect can be measured in terms of marine populations. There are 3.5 million gallons (15,911,000l) of oil spilled in the oceans annually, with 36 percent resulting from industrial and municipal discharges. While the deaths of surface-dwelling creatures are relatively easy to monitor, such disasters kill untold numbers of marine larvae, krill, mollusks, and fish, which live deeper and are not easy to monitor. The long-term damage to the ecosystem is still unknown. Oil spills can also change chemical communications in some species, alter feeding patterns, and produce abnormal growth patterns.

The danger is only increasing as the demand for oil increases. About 1,000 miles (1,600km) of open Alaskan coastline alone are under economic pressure to develop because our thirst for oil and the rate at which we exhaust the resource are insatiable. For example, 10 million gallons (38,000m³) of oil were extracted from Prudhoe Bay after only ten years, already depleting the oil resources by more than half.

*Oil spills threaten ecosystems wherever they occur. Recent studies on the* Exxon Valdez *spill have shown that environments may be more tolerant than previously thought, but acute effects of spills kill birds, fish, and marine mammals.*

*The* Exxon Valdez *disaster killed thousands of marine and river otters. The oil covering this otter's coat interferes with its waterproofing, affecting the animal's ability to maintain its body temperature. As the otter preens, it will also ingest oil.*

The Alaskan coast has one of the most oil-rich off-shore areas and has become a gateway to the destruction of the Arctic ecosystem through the accidental spillage of oil pollutants.

## CHEMICAL POLLUTION

Perhaps the most widespread type of pollution is chemical; that is, sewage disposal, pesticides, and sediments from land clearing and erosion. People have always lived on coastlines, but because of rapid populational growth, these are fast becoming our most polluted areas. Other types of ocean pollution include nondegradable plastic litter from garbage and trash—plastic rings, Styrofoam cups, and other containers. This not only kills local animals, but some of it finds its way to polar realms also, where animals ingest it and are killed.

Dumped pesticides, toxic metal, and radioactive substances are very harmful. Pesticides or chlorinated hydrocarbons inhibit photosynthesis in phytoplankton and, once introduced, are easily spread by air and water.

Another harmful waste product is polychlorinated biphenyls (PCBs), which cause birth problems in seals. Other pesticides, like DDT, traces of which have been found in the fat and eggs of penguin species, are being studied by scientists in the Antarctic. Pollution is not as apparent in the South Pole regions as in the north at this time, but it is rapidly increasing.

## ALGAL BLOOMS

Agriculture dumps millions of tons of organic material into marine environments each year. The amount is increasing and has resulted in eutrophication, or the overenrichment of water, in some places. This is caused by massive quantities of nitrogen and phosphorus, which lead to algal blooms. When the blooming algae population runs out of nutrients, the algae die. This, in turn, causes other plant species to die, and the decomposing bacteria deplete the water of oxygen, which leads to the death of many marine organisms. You are probably familiar with this from seeing brown and red tides, which kill mollusks and other invertebrates in great numbers in coastal regions.

## HUNTING

Our attacks on life in the polar regions are often ruthlessly direct. For many years native peoples have lived in the Arctic, using polar bears, seals, and other species for fuel, food, and clothing, killing only what was needed, and many times, killing just the sick or injured animals. These people are part of the polar ecosystem, living in harmony with the environment and the animals that are part of it.

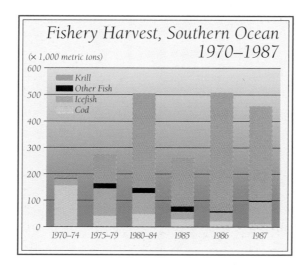

*Since the 1980s, krill have been an increasing portion of the fisheries harvest from the Southern Ocean, which borders Antarctica from the eastern edge of the Indian Ocean through New Zealand. So many Antarctic species rely on krill for food that overfishing could be disastrous.*

A commercial world interest for products made from these animals—polar-bear skins for rugs, seal-pup hides for fur, and whales for oil, whalebone, blubber, and a musk called ambergris for perfume—has depleted many species. Extensive, poorly controlled hunting almost led to the extinction of the Greenland whale.

Today, hunters use advanced technology and more sophisticated devices, such as helicopters, explosive harpoons, rifles, and spread nets, which deplete already diminishing populations faster and with greater efficiency. This is a far cry from the primitive harpoons used by the Eskimos. Wildlife cannot compensate for the vast numbers taken.

## The Geopolitics of Antarctica

Although Antarctica is physically much easier to define than the arctic countries, the geopolitics of Antarctica are difficult to define. Until recently, besides the coastal marine-based animals, the only permanent life on the continent was microscopic life in the small ponds, mosses, fungi, lichens, grasses, and insects.

Many people and countries claimed parts of the continent before World War II, but they did not stay long enough to be considered to be living there. The continent has been inhabited since 1943, although individuals only live there for a year or so.

*An iceberg floats amid an ice pack near Point Geologie in Antarctica.*

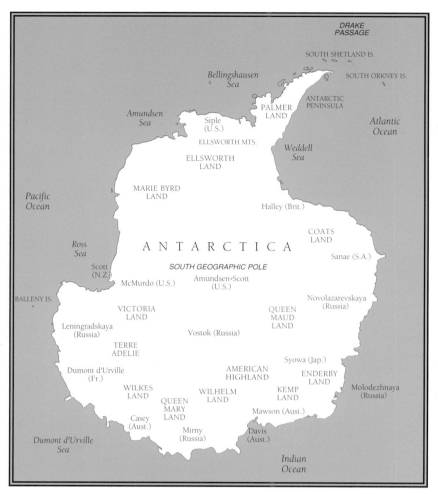

*Countries from throughout the world maintain scientific research stations in Antarctica to gather and analyze information.*

*A view of the Argentinian station Esperenza, which is located on the Antarctic Peninsula.*

Antarctic waters have maintained fisheries for many years. The most abundant organism taken from waters to which Canada has laid a territorial claim is the krill. At present, krill are not a threatened species, but with global warming and the decrease in sunlight, the plants upon which the krill feed will become less abundant and the krill will have difficulty surviving.

Antarctica has a very rich potential for petroleum and mineral extraction as well as for research that needs a cold or quiet environment. But mining, research, and tourism have an ultimate cost that some do not care to pay.

Since the 1957–58 International Geophysical Year, Antarctica has been a "continent for science," which means the research and the results are shared by all.

To prevent serious conflict, an Antarctic Treaty System (ATS) has been developed by countries that have interests in Antarctica. The 1961 Antarctic Treaty is "designed to preserve the continent as an international laboratory for scientific research and ensure that it be used only for peaceful purposes."

In 1980, the Atlantic Marine Living Resource Convention came up with a management protocol for all species in the Antarctic. The Convention on the Conservation of Antarctic Marine Living Resources (CCAMLR) established conservation initiatives for the entire ecosystem.

The International Whaling Commission, formed in the late 1940s, issued a moratorium on commercial whaling in 1985. But Japan continued to hunt Minke whales until 1987.

In 1985, the Vienna Convention instituted international cooperation in research to monitor the ozone layer. This commission also hopes to control the global use of chemicals. In 1990, nearly 60 more countries signed the first global fund to assist developing nations. This meeting in London has extended the ban on chemical dumping.

The potential for mineral discoveries prompted the ATS membership to regulate mining. In 1988, it produced the Convention on the Regulation of Antarctic Mineral Resource Activities (CRAMRA). CRAMRA has not been ratified by most countries because the mining industry considered it a significant obstacle to mineral exploration and development and the environmental industry is concerned that it legitimizes exploring and developing an area that they want declared a wilderness reserve for the pursuit of science, fishing, and, of course, tourism. Some environmentalists would like to omit tourism.

We have only begun to understand the far-reaching value of the polar regions, and the adverse impact our species' activities has upon them.

# *The Oceans*

The earth is unique in the solar system in that water covers most of its surface. Mars has ice caps and may show vestiges of a wider water world, but it is the earth alone that contains the life-providing oceans of $H_2O$. The contours of the world's skin, or what are called the tectonic plates, have defined what we know as the sea. The planet must be viewed, however, as a whole: the fiery core of dense iron and nickel, the mantle of molten rock, and the crust floating on this unstable base. The seas fill the lowest basins of the crust and the land pops up in the continental landmasses.

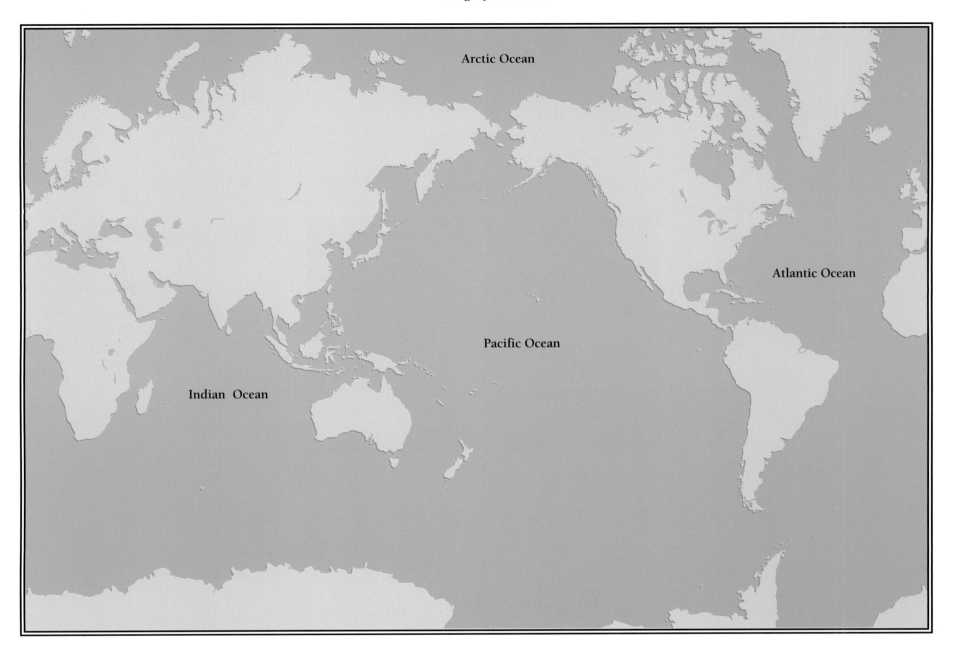

Arctic Ocean

Atlantic Ocean

Pacific Ocean

Indian Ocean

*The major oceans of the world circle the planet from pole to pole with an average depth of 2 miles (3.2km).*

The structure of the world is still being understood. It is difficult to comprehend events that cause imperceptible changes in the planet in human lifetimes but staggering changes occur on a geologic time scale. It is easier to recognize the cataclysmic effects from volcanic eruption or meteoritic collisions. But each event contributes to the present state of the world. Each drop of rain wears away the mightiest mountain and begins a journey to the sea, bringing silt to the ocean basins, filling the depths. Microscopic plants grow in the surface of the sea and play out their lives, their skeletal remains drifting to the ocean floor. The

weight of these remains presses down on the supporting crust, and the ocean floor sinks as it is being filled. The ocean, like the land, changes in response to forces great and small.

As landlubbers, it is easy for humans to overlook the significance of water on the planet. But as astronauts in space know, dry land is a minor portion of our world: land represents one-eighth of the volume of the world's oceans. All of the world's landmasses could be submerged easily without the least trace into the ocean basins that exist today. If one were to imagine a bulldozer of immense proportions level-

ing the Andes, piling the Rockies and the Alps on top of each other, and pushing Mount Everest into the deep trenches of the seabed, nearly a mile (1.6km) of water would still cover them. If solid earth were perfectly smooth, the ocean would cover it to a depth of 12,000 feet (3,650m). Beneath the swell of the waves, the stories of birth, struggle, and death are played out with the same wondrous pageant of life that exists on the African plains or in the Amazon rain forest. The ocean's surface cloaks a terrain that is more spectacular than any on land. We are only beginning to know it.

# WHERE DID THE WATER COME FROM?

Where did the water that covers most of the planet come from? Although the earth's early people had no means to envision the breadth of the oceans, most ancient accounts describe the oceans as an expanse far beyond the limits of the exploration of their time. The oceans have always been at the edge of the known world.

The biblical story of Noah and the deluge has been thought to explain a geologic event. The earth was born approximately 4.6 billion years ago. With the advent of human life within the last 3.5 million years and evidence that a marine environment existed 3 billion years ago, the story may be an account of a tidal wave or severe local flooding, but could not possibly be a tale of the origin of the massive quantities of water that fill the oceans today.

## Many Theories

Given the components available to create water when the planet was newly formed, there are three possible explanations for water's existence. One is that the primordial atmosphere condensed to form water. The chemistry of the water molecule, $H_2O$ (2 atoms of hydrogen, 1 of oxygen), would require the presence of those elements in sufficient quantities. The concept of primordial rain filling the basins of the earth's crust over a geologic 40 days and 40 nights is appealing, but in reality, gravity would not have held such an amount of water vapor. Elements with such low molecular weights would be lost as gases like neon, which is even heavier than water vapor, were lost. These gases would have escaped the atmosphere.

A second explanation of water's origin is that water is chemically bound in the origins of volcanic rock. Water is released through volcanic action. The fiery caldron of the earth's early history could have produced the compounds to fill the seas when the earth was young.

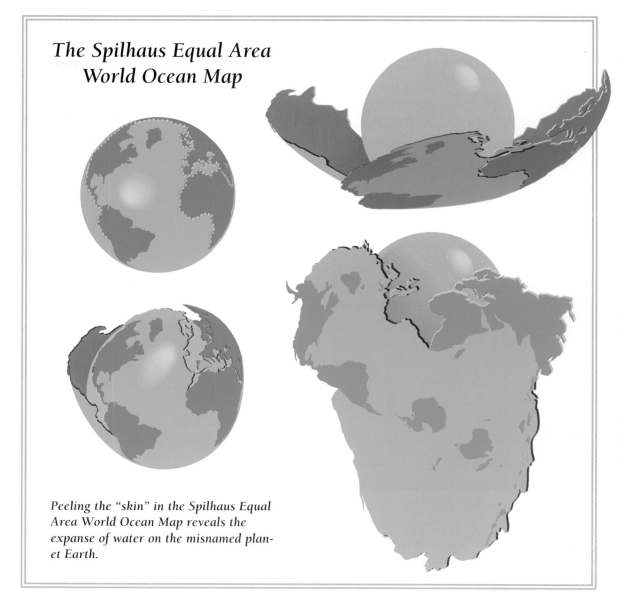

## The Spilhaus Equal Area World Ocean Map

*Peeling the "skin" in the Spilhaus Equal Area World Ocean Map reveals the expanse of water on the misnamed planet Earth.*

Generally more accepted is the third explanation, that over geologic time, water is produced by volcanic action in small increments that slowly add to the volume. It may seem that the tremendous quantities of ocean water must have needed great downpours and massive flooding to swell so, but small effects over long periods can be fantastic.

Consider, for instance, that the continent of Antarctica, with sheets of snow and ice miles thick, gets less annual rainfall than any desert. What little does fall remains year after year to build the thick ice cap that covers the South Pole. The oceans have been filling for eons. Although water evaporates from the ocean surface, it falls again as rain, so the cycle produces a net gain.

## The Seven Seas or One?

The seven seas, a figurative term for all the world's oceans (often defined as the Arctic, the Antarctic, the North and South Pacific, the North and South Atlantic, and the Indian oceans), are filled with essentially the same liquid. A sample from the Atlantic would be difficult to distinguish from one from the Red Sea except for a small difference in the salt content. If the water from any ocean were put into an aquarium, most fish would be able to survive there. Local influence of runoff from the adjacent landmasses may make differences along the coast, but the open ocean, where the volume far exceeds coastal waters, is consistent worldwide.

# LIFE: GETTING TO THE BOTTOM OF IT

It wasn't so long ago that we got our first glimpse of the life on the ocean floor. When William Beebe, an explorer best known for his deep-sea dives in Otis Barton's bathysphere—a steel ball with portals—was lowered a mere 2,000 feet (600m) into the sea in 1933, it was thought that absolutely no life existed below the layer of visible light. In discussing our understanding of deep-sea life, Beebe made the analogy of visitors from another planet finding the earth completely covered by impenetrable clouds, into which they would drop grapples to sample the strange place below. What they dragged up—the roof of a Swiss chalet, an elephant, or even a trolley car—would give them a clue to life there. What interpretation of the earth would the visitors make from these objects? Our interpretation of the deep oceans may not be much better.

Early expeditions in submersibles showed the sea bottom to be a relative desert, with only sessile—that is, animals that are permanently attached to a rock or other surface, such as a polyp—or slow-moving animals crawling along muddy sediments. Starfish, mollusks, and the occasional bottom-dwelling fish were the only visible species. A dark and lifeless place. But is it? The *Alvin*, which roamed the ocean floor with high-intensity halogen searchlights, whirring and creaking, its moving parts clanging and gonging, would certainly have scared off any life-form capable of moving away from the strange intruder. Once this was understood, during later excursions vehicles sat quietly, with lights off, near baited lures. The results were spectacular. Sharks and other large fish were caught in the quick flash of the camera. What other fascinating creatures lurk beyond the light can only be imagined.

The diversity of ocean life is a result of the great physical, rather than chemical, changes in the water. Of these physical changes, temperature has the greatest impact, affecting the requirements of life, whether in a diverse population of a tropical reef or the few but plentiful species of the polar seas. Working in tandem with temperature is light. A thin layer of the lighted surface down to a depth of 656 feet (200m)—the average depth of the ocean is 2 miles (3.2km)—is where most of the world's oxygen is produced and where the base of the food chain for all the creatures in the sea is formed.

## The Chain of Life

The production is not uniform, however. The microscopic plant life, or phytoplankton (phyto = plant, and plankton = wanderer), like land plants, need to be fertilized by minerals such as nitrate and phosphorus to grow. In some areas, such as off the coast of Peru, where wind, currents, and landmass combine to produce an upwelling effect, these minerals are found in great abundance. The winds blow away surface water that is replaced by nutrient-rich deep water. The nutrients are borne to the surface to provide fertilization for the phytoplankton, which in turn are food for tiny creatures, the zooplankton (zoo = animal). Small predators such as sardines and krill feed on the zooplankton; larger predators feed on the smaller fish.

Animals closer to the top of the food pyramid in the ocean, like those on land, produce fewer offspring than those closer to the base of the pyramid. If you weighed all the grazers and all the carnivores on land, you would find that the grazers, which feed closest to the plant level, produce the greatest biomass—that is, put together they weigh more.

A great drama begins that cannot be seen with the naked eye. It is the world of eat and be eaten, where the slightest advantage of speed, stealth, camouflage, defensive armament, or predatory skill can help the creature remain alive long enough to reproduce and thus perpetuate the species. Big fish eat little fish. The fast eat the slow. Many species have been lost over the eons, to be replaced by those better able to adapt to the changing conditions.

The food chain is complete as a cycle when the remains of those that have ended the struggle sink to the ocean floor and become the stuff to nourish the plant life above.

As on land, the process of organic production, or photosynthesis, depends on the ability of plants, whether 50 feet (15m) tall—like the kelp beds of *Macrocystis* species of the California shore—or microscopic, to receive light.

A balance of factors either limits or enhances plant growth in the ocean. A temperature increase of 18°F (10°C) can increase the plant's metabolism by two or three times. However, marine organisms are often more sensitive to overheating than to cooling, which limits growth in warm waters. Light remains the most critical influence on plant growth. The complex interactions of nutrients, salinity, and temperature combine to sometimes produce a bloom or sharp increase in plant production, which can be so great as to change the color of the sea.

The red tide is such a phenomenon. A species of microscopic plant dominates the environment usually as the length of the spring day changes the amount of light available to nutrient-rich waters. Red tides can cause a natural pollution that kills fish and contaminates shellfish.

## Ocean Zones

The world ocean is perhaps best thought of as a continuous liquid envelope partitioned by protrusions of land and given names convenient to the beings living on land, such as the Atlantic, the Pacific, the Indian, and Antarctic oceans. Ocean dwellers would more likely divide it into zones of light, temperature, depth, and influence of the shore.

Ocean scientists have given terms to those zones. *Benthic* is the realm of the ocean bottom. *Pelagic* is the water volume above. These two major divisions are further divided by depth into the *littoral*, down to 600 feet (180m), and the *deep sea*. *Abyssal* are the deep waters below 6,600 feet (2,000m) and *hadal* is the term for the deepest trenches below 18,000 feet (5,400m).

Because the zones of life are so different and distinct, the upper lighted surface waters, which allow sufficient light for photosynthesis, are termed the *euphotic* (little light) zone, and the dark region below

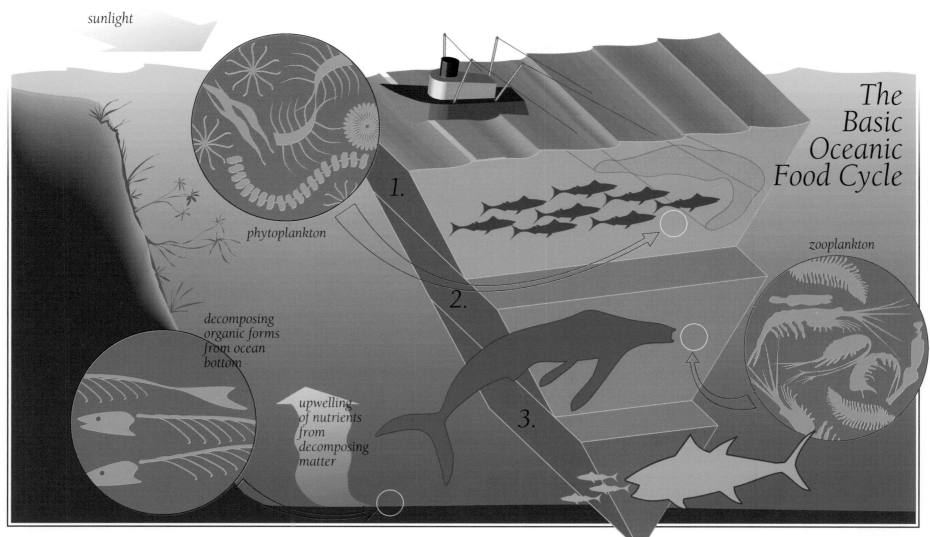

*sunlight*

*The Basic Oceanic Food Cycle*

*phytoplankton*

*zooplankton*

1.

2.

3.

*decomposing organic forms from ocean bottom*

*upwelling of nutrients from decomposing matter*

*As on land, the web of life begins with the sun's energy fueling the growth of green plants. The complex chain of "eat or be eaten" plays out from the microscopic plankton to the great whales. In this illustration, atop the ocean's surface, humans fish, while a school of mackerel eat phytoplankton (1), a humpback whale feeds on zooplankton (2), and a tuna preys on smaller fish (3).*

is the *aphotic* (without light). These zones present barriers as restricting as the landmasses to life within the sea. The climate and water temperature further delineate zones.

### TEMPERATURE

The year-round temperatures range from tropical (70–85°F [21–29°C]) to temperate (40–70°F [4–21°C]) to polar (30°F [-1°C]) seas. The density of seawater allows it to drop below the freezing point of fresh water (32°F [0°C]) without freezing.

The stabilizing effect of water in maintaining temperature provides relatively uniform conditions over large areas. Water retains heat; it takes more energy

to heat water than to heat air, and therefore, heat remains in water longer. Coastlines and island environments often take longer to cool in winter and to warm in the summer. Popular resorts benefit from this when inland city dwellers head to beach areas to cool off.

While ocean conditions may seem moderate in comparison with the extremes of land, the adaptation to static conditions allows little variety in habitat for many ocean dwellers.

### *The Day the Tilefish Died*

The stability of the ocean's habitats is most evident when there is a change in it. Such an example can be clearly

illustrated by the story of the tilefish (*Lopholatilus chamaeleonticeps*).

Until 1879, the tilefish was unknown to science or the fishing industry. The first specimens were caught off Nantucket Island, Massachusetts, in 900 feet (270m) of water by fishermen in pursuit of codfish. Tilefish was found to be delicious, delicate, white-fleshed, and plentiful. Surveys by the U.S. Bureau of Fisheries revealed an abundant fishery along the continental shelf from George's Bank to Delaware, which would rival fisheries of cod in some areas.

The tilefish was adapted to a particular band of ocean habitat. At the outer edge of the continental shelf, the sea floor is warmed by the influence of the

Gulf Stream to maintain a temperature of 47–50°F (8–10°C). Here, where there is little variation, with little need to tolerate changing conditions, the tilefish had evolved very nicely to fit its environment. Then something went wrong.

On March 3, 1882, a Captain Lawrence on board the *Plymouth* sailing to New York from Nova Scotia reported to the Fisheries Commission Board that "the water all around us and for miles back of us was filled with these fish. Their gills were red and upon scooping up some of them I found that they were hard, showing that they had not been dead very long. From six o'clock in the morning until five o'clock in the evening, we were passing through this school of fish, and as we were sailing at the rate of six knots, we went through 69 miles [110km] of them."

Further reports described "dead and dying fish as far as the eye could see." The Bureau of Fisheries tabulated the accounts and estimated that 1.5 billion tilefish died over an area 170 miles (274km) long. The entire species seemed to have vanished within a few weeks. Scientists believe that a shift in the Gulf Stream, which in 1882 moved farther out to sea,

caused the tilefish's habitat to be immersed in cold water. Unable to adjust or migrate, almost the entire population was killed.

The tilefish have since recovered, but remain a classic example of the delicate balance that controls life.

## Ebb and Flow

The phase of the moon is sometimes thought to influence our lives. In the ocean there is no mistake about it. It has been obvious to humans since early times that the lunar cycle determines time and tide.

Arabic literature tried to explain the tides. In the *Wonders of Creation* (1283), for example, Zakariyya ibu Muhammad ibu Mahmad al Qazwini writes, "Verily the Angel who is set over the seas, places his foot in the sea and thence comes the flow; then he raises it and thence come the ebb." The Icelandic Rimbegla relates, "Beda the priest says that the tides follow the moon, and that they ebb through her blowing on them, but wax in consequence of her movement."

Although the Greeks and Romans were applying detailed analyses to the observed phenomena around them, the Mediterranean Sea is virtually a closed container constricted by the Straits of Gibraltar. The tides of the Mediterranean are almost unnoticed; hence, the remarkable fluctuation of ocean tides went largely unnoticed by the Greeks and Romans.

The study of tides took many centuries after the classical age before scientific thought was able to submit theory to calculation. The great astronomer Johannes Kepler (1571–1630) recognized the tendency of water to move with the sun and the moon, but could not validate the theory.

Galileo (1564–1642), Kepler's contemporary, rebuked these assumptions, explaining the phenomenon as due to the rotation of the earth and as evidence of the truth of the Copernican system. The theory of a tide-generating force was mathematically reasoned in 1681 by Sir Isaac Newton (1642–1727).

Newton's equations explained how the centrifugal force of the moon's rotation around the earth was in tension with the centripetal force of gravity. This was the foundation for all subsequent work in the field.

*Strong tides are produced when the sun and moon align to pull in the same direction against the earth's waters. When storms coincide with these strong tides, flooding can occur.*

*Weak, or "neap" tides are produced when the sun and moon are situated at right angles to the earth, which partially cancels out the gravitational pull.*

*Tide's out—the exposed beach shows the ebb of water, pulled by gravitational rhythms, in some locales, twice daily and over 50 feet (15m) in range.*

*Tide's in—the regularity of the rise and fall of tides determines the life cycles of many marine organisms.*

## MEASURE FOR MEASURE

The French mathematician Pierre-Simon Laplace (1749–1827) brought the effect of the earth's rotation back into the equation. Lord Kelvin of England (1824–1907) separated the complexities of tidal causes into a number of partial components called "harmonic analysis." He illustrated the complex factors as a sum of simple harmonic oscillations that could be understood separately. The mathematicians had thus calculated the mechanisms that cause the tides with few direct measurements—it is unlikely they ever got their feet wet.

## FORTUNES RIDE ON IT

While over the centuries the scientists were forming their theories, the tides continued to ebb and flow, and with them the fortunes of those who understood the fall and rise of the sea. Navigation was critically linked to the tides, as was the movement and season of fishes. Practical observers calculated tide tables without the astronomical perspective of the scientists. They considered this knowledge a valuable property that provided sailing and fishing advantages, and they guarded it with secrecy. In Liverpool and London, tide tables were handed down from father to son for generations as a family treasure.

## THE GRUNION: TIED TO THE TIDE

The life of the grunion (*Leuresthes tenuis*) is inextricably bound to the tide. Each spring, at the highest tide, adult grunion gather for the run to shore to mate and deposit eggs in an elegantly timed sequence that requires the precise harmony of biology, oceanography, and astronomy. The new moon marks the night of the highest high tide, the spring tide. Within three or four days of this signal, the grunion run begins. As the high tide nears its peak, the small silvery fish cluster just behind the breakers. As the tide barely turns, the empty beach is stormed by wave upon wave of grunion. The female swims against the thin backwash to the highest ground possible. There, she buries into the sand, tail-first as if into a beachhead foxhole. Groups of males soon follow to be first to wrap around the female and discharge milt, or fish sperm, into the sandy hole containing the pod of more than 1,000 orange eggs deposited by the female.

With an audible grunt, her work done, the female follows the males back to the sea.

The eggs remain high and dry for almost two weeks, until the next spring tide (a 14-day cycle). At nine days, they are fully formed but won't hatch until triggered by contact with the water of the rising tides. The embryonic grunion are thus protected by the sand until they are developed and ready to feed in the surface waters back in the sea.

### MAKING WAVES

*The Mediterranean, like large lakes and confined seas, has tides dominated by the constraints of its basin rather than the planetary forces. A basin like Lake Geneva in Switzerland can have an oscillation up to 5 feet (1.5m). The local Swiss population calls this a seiche, and this term has come to be used for such oscillation worldwide.*

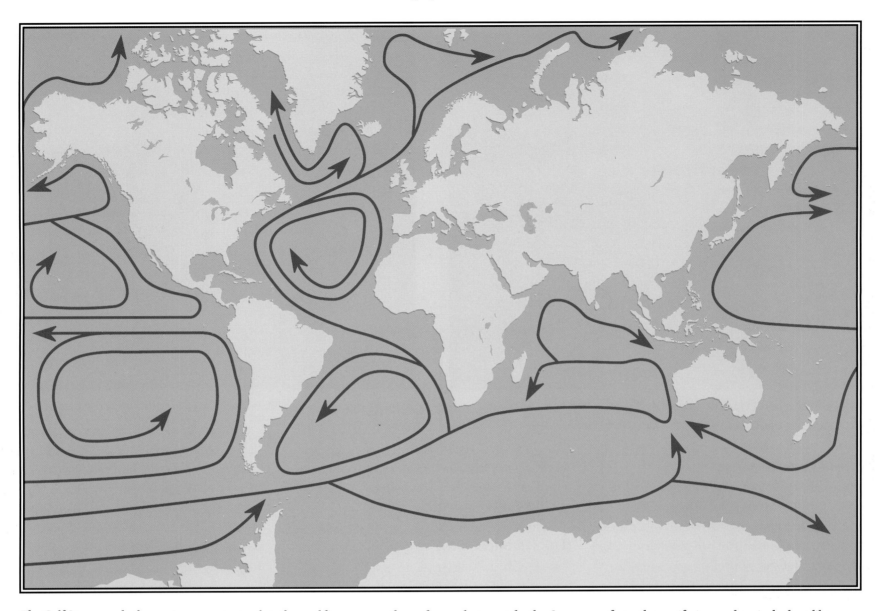

*The Gulf Stream and other major currents circulate the world's oceans on the surface and at great depths. Some move faster than swift rivers, others inch along like glaciers. Because of the earth's rotation, currents in the northern hemisphere tend to be clockwise; below the equator they are counterclockwise.*

## The Gulf Stream

The tide isn't the only thing moving water around. Winds and waves stir the surface and churn the face of the planet. Were it not for the spray and mix of the surface skin of water molecules, the seas would stagnate, with cold, dense water sinking to the deepest trenches, losing oxygen, and unable to support life in the profusion that now exists. The planet respires through this surface, exchanging oxygen to the atmosphere and mixing the liquid mass. Prevailing winds in concert with the rotation of the earth create river-like movements within the oceans, although the volume of moving water staggers the concept of even the mightiest terrestrial river.

The Gulf Stream dominates the ocean system of the North Atlantic. Just as stirring tea in a cup affects all the liquid, currents that move in one direction must have the liquid replaced from another. Warm water surface currents are balanced by those in the cold deep sea. Channeled and direct currents like the Gulf Stream move so rapidly that sailing ships can actually "ride" the current and save days in their journeys.

As instrumentation for measurement improved, science was able to explain more of the Gulf Stream. Currents are defined only by the difference in motion relative to the surroundings; thus it is difficult to see the change from within. Today, we are able to measure currents from remote satellites, which give a fixed perspective. In Columbus' time, a ship's speed was measured by timing the speed of a chip of wood dropped overboard as it drifted astern. This method was improved to play out a line with measured knots along its length attached to a small log, giving us the nautical term "knots."

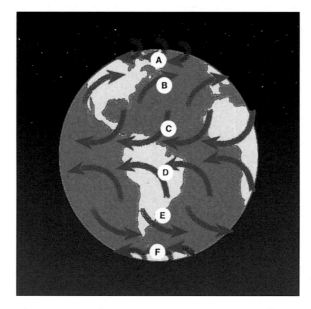

*Air currents and ocean currents interact continually. There are consistent patterns. Northern hemisphere: A) polar easterlies, B) westerlies, C) northeast trade winds. Southern hemisphere: D) southeast trade winds, E) westerlies, F) polar easterlies.*

### WHAT'S IN A NAME?

The Gulf Stream seemed to originate in the Gulf of Mexico; hence its name. But the waters of the gulf contribute almost nothing to the volume of the stream. Driven mainly by the trade winds moving the warm waters of the north equatorial current, the Gulf Stream originates through the Yucatán Channel and into the Straits of Florida as it turns northward under the influence of the continental mass and the Coriolis force. This force influences the clockwise rotation of a liquid gyre in the northern hemisphere and counterclockwise below the equator.

The Gulf Stream transports more water than 5,000 Mississippi Rivers and 25 times the combined volume of all the rivers on earth. Such a mass movement of warm seawater affects the climate of the eastern coast of the United States and moderates the weather of countries in higher latitudes, like the British Isles. It gives Bermuda a subtropical climate that would be far more extreme at the same latitude on the mainland.

## Coping with Change

To humans, some adaptations of animals have seemed merely fanciful, such as peacock feathers, or mundane, such as crow's feet. To the organism, however, they are perfect. Special life-sustaining adaptations are a balance of physical features, which provide harmony with the environment; behavioral advantages, which allow competition with other species for food, space, and escape; and reproductive strategies, which ensure that only those with the proper traits continue the species. A balance of adaptations is necessary; for example, an organism that relies on speed to catch prey and escape predators, but is not able to find a suitable mate, will die off.

The habitats of the world ocean are not as diverse as those on the continents, nor are they as extreme as the alpine cliffs are to the desert sands. Land animals are adapted to withstand change. The heavy fur of the musk-ox, the basking of reptiles on warm rocks, and the burrows of desert rats all are methods of dealing with the great variety of conditions on land.

Sea creatures are connected to the water around them. Because the temperature stays the same for vast distances, the need to evolve mechanisms to cope with change has been unnecessary.

Some fishes migrate great distances to escape the consequence of seasonal fluctuations, although most do not have to, because a change in temperature of less than 20°F (10°C) will be righted by the climate. To withstand the temperature extremes that can occur in shallow coastal waters, many fish move into deeper water, where change is slight.

## Unseen Boundaries

Ocean habitats are generally bordered by invisible barriers of chemistry and temperature, rather than by the physical mountain ranges, deserts, and oceans that restrict land animals to specific areas. This world shifts in accordance with the planetary rhythm, creating barriers as formidable as any seen on land and sometimes as distinct. The warm Gulf Stream, for example, cuts through an ocean and leaves banks of cold water as confining as any riverbed on land.

Just as rivers influence the land around them, an ocean current like the Gulf Stream tempers the cold waters it passes through, transports creatures in complex life cycles, and creates a circulation of nutrients from the depths that maintain the cycle of life. The Gulf Stream is but a part of the gyre that defines the habitat for animals in the Atlantic. It creates the quiet eye known as the Sargasso Sea, among other habitats throughout the North Atlantic basin. Each of the world's oceans has similar movements.

### THE SARGASSO SEA

The Sargasso Sea harbors a special population of animals that are completely adapted for living in and around a single plant species, the sargassum weed (*Sargassum natans*). There, a separate world in the surface among the leafy fronds and bladders of the sargassum weed is inhabited by species of shrimp, crabs, and fish that look exactly like the plant itself.

Within the fronds of the sargassum weed, young fish of all types find protection and shelter. Those that survive these early stages of life leave this unique habitat to begin a free-ranging existence. Jacks (family Carangidae) and some other roamers will be drawn back to the Sargasso Sea to feed on the other species that this habitat supports—sometimes even on the young of its own kind.

## What Larvae Know

The migration of the American and European eel illustrates that for many species, habitats change during their lives. For many, these changes occur over great distances; for others, the distance is measured in feet. It may seem miraculous that eels and larval fish can know and respond to the intricate changes in season and current. They are programmed to respond to these phenomena with genetic triggers that allow survival. Those responding to even slightly different cues will not live to reproduce and pass the chemistry of success to their offspring.

If the buoyancy of a fish egg changes only slightly and it sinks rather than floats, the larval fish falls to its doom. If the egg does not change but the water's salinity changes, say, to become less dense, the egg also sinks. If these changes happen quickly, before evolution can adjust, then the entire species will be in trouble. Fortunately, the oceans are so vast that change will necessarily be slow. Yet, if scientists' concerns regarding global warming continue and prove even somewhat true, subtle changes in the oceans' temperature or salinity will wreak great havoc upon existing migrating habits.

---

## THE CASE OF THE COMMON EEL

*The story of the common freshwater eel was only recently connected to the understanding of ocean currents. The American eel (Anguilla americanus), has a European cousin, A. rostrata, that differs only by having seven more vertebrae in its backbone. These animals were well known in Europe for centuries as food fish from lakes and streams. Their life history, however, was a mystery.*

*Mature eels were found in lakes, with no indication that breeding took place. Aristotle speculated that the eels rose from the mud by spontaneous generation—not an outrageous proposition at the time. It was not until the nineteenth century that mature eels were found with developed sex glands. Females were found in freshwater ponds, males in brackish water estuaries. This began to dispel the prevailing theories that eels sprang from the mud, or dewdrops, or were metamorphosed from horsehairs dropped into the water.*

*Science is often like detective work, particularly the amassing of clues through long and hard work. In 1896, the Italian naturalists Giovanni Grassi and Salvatore Calandruccio were working on the case of a saltwater fish trawled from the mid-Atlantic that had been identified and named Leptocephalus brevirostris. The scientific name means "puny head with a short nose," and it described this small, trans-*

*parent flatfish very well. Grassi and Calandruccio kept these fish in an aquarium and watched them grow. In true detective-story fashion, the eel's cover was blown. It grew more round, pigment colored its form, and it became, unmistakably, an eel!*

*But what were young eels, alias Leptocephalus, doing in the middle of the Atlantic? The pieces came together when the Danish oceanographer Johannes Schmidt collected hundreds of samples of larval eels from locations throughout the Atlantic. The eel larvae were arranged by size and place of capture. A pattern appeared that showed smaller and smaller specimens as the locations approached the Sargasso Sea. The logic was now elementary.*

*Mature eels migrate to the Sargasso Sea to breed. Their sexual development takes place as their bodies change to undergo the migration into salt water. This movement in the direction the females go when they leave the freshwater lakes and streams and travel downstream in autumn to meet the males in the estuaries is called catadromous, or "running down." The familiar migration of salmon and shad upstream is called anadromous, or "running up." Female eels may live in fresh water up to 15 years before some unknown trigger signals them to begin their incredible migration.*

*The journey may cover 4,000 miles (6,400km)*

*from the European coast to the Sargasso Sea breeding grounds. During the migration they have one purpose: to breed in the spring. They do not eat during migration and depend on stores of body fat for the journey. This is a common phenomenon in migrating species. Their motivation must be simply to cover the great distances within the time constraints of the seasons.*

*The cycle begins again as the spent adults die, and by summer the young eels hatch, to be borne on the Gulf Stream to the shores of North America and Europe. The life cycle is dependent on the currents of the Gulf Stream, since the larval eels, now known as leptocephali, could not actively swim the distances the adults traversed. So in harmony are the eels with the currents that the development of the American eels from leptocephali to elvers, the name for the first eel-like form, takes one year. This is exactly the time it takes the currents to passively carry the larval form to a suitable habitat along the North American coast. By this time, the young eels are developed enough to actively swim out of the Gulf Stream drift and into the estuaries and streams of the coast.*

*The European eels have a longer journey, and their development into elvers takes 2 1/2 to 3 years, which puts them off the mouth of European rivers at precisely the correct time for survival.*

## SOUTHERN WAIFS

*Each summer, off the coast of Long Island, New York, and even to the southern shore of Cape Cod in Massachusetts, divers are able to find tiny tropical fish—often thumbnail butterflyfish (family Chaetodontidae) and angelfish (family Pomacanthidae) that surely could not have swum from the native range of the adult fish, off the coast of Florida or the Bahamas. The likely explanation for their appearance is that the planktonic eggs float in the Gulf Stream and hatch in the higher latitudes, brought to shore in eddies that swirl off the main body of the stream. These fish cannot withstand the cold waters of winter along these shores. The transport of pelagic, or free-floating, eggs is one further risk for the survival of such species. Only by producing massive quantities of eggs, which allows for many to be lost, can some survive.*

### DARK JOURNEY

In 1977, Robert Ballard, an oceanographer from the Woods Hole Oceanographic Institute, discovered a remarkable new view of life on the planet when he descended in the deep-sea submersible *Alvin*. Deep below the depth of light protrusion, in absolute darkness, the energy of the Earth's molten interior drives a cycle of life that mirrors the cycle of photosynthesis. The base of the food chain is not light-driven algae (plant cells), but chemical-consuming bacteria. The evolution of life-forms in the absence of a food chain dependent on light is intriguing. Chemosynthesis is a base for a complex outpost of organisms that are otherworldly, yet recognizable as counterparts of the light-driven world. Tube worms of extraordinary height thrive in the oxygen-poor darkness. Clams are abundant. The size and density of numbers are clear examples of species that dominate a niche whose survival is not the fittest but the only.

## ACTOR, ACTOR!

*The sargassum fish (Histrio histrio), a member of the frogfish family, is the apex predator in the world of sargassum weed. The sargassum fish's mouth can engulf a fish equal to or greater than its own size. Aquarists learn this when they try to house two fish in the same tank. The fish is perfectly colored to match the sargassum weed. The sargassum fish's pectoral and ventral fins are muscular and have few rays. They resemble little hands with which they negotiate the fronds of the weed. Most other frogfish are bottom-dwellers that lie camouflaged on the bottom. They have a lure of flesh attached to a special adaptation of a dorsal spine that is used as a fishing rod to attract prey. The sargassum fish, however, is so well camouflaged that it does not need to fish. It has little more than a fleshy protrusion that breaks the outline of the head into a perfect replica of the weed. Its scientific name is the Latin for actor, an apt description for this master of disguise.*

**Barely visible against a background of sargassum weed, the perfectly camouflaged sargassum fish, Histrio histrio, *lies in wait for prey.***

# THE OPEN OCEAN

The open ocean habitat is an area beyond compare to anything on land. The Northern Hemisphere is 50 percent water, the Southern Hemisphere 90 percent water. The Pacific Ocean alone has more surface area than all the land on the earth.

Compared with the rich coastal waters, the open surface waters are sparsely populated; but the clear water can reveal many species that simply are not obvious. Arrow worms, primitive critters up to 4 inches (10cm) long, are so transparent and unobtrusive that they were not discovered until 1768, even though they are abundant in the surface waters throughout the world. The larval stage of pelagic fish and the young of all manner of ocean creatures are also part of the "invisible" community. It takes millions of eggs to produce only a few to maturity. Each form tries to elude predators and yet must be a predator itself.

The transparent bodies of many of these animals are mostly water and seem to offer little nutrition, yet they support considerable growth. The largest species of sea turtle, the leatherback (*Dermochelys coriacea*), feeds its great bulk on jellyfish. The leatherback can grow 8 feet (2.4m) long and weigh 1,800 pounds (816kg). Unfortunately, the impact of man-made waste has been detrimental to the leatherback. Plastic bags floating in surface waters look remarkably like some of the jellyfish on which the leatherback feeds. When it mistakenly consumes these as prey, the leatherback's digestive tract becomes obstructed with plastic.

The animals of the open ocean habitat are quite like those of the plains and prairies. Schools of fish migrate and roam from their feeding grounds to breeding areas. Whales do the same as their terrestrial quadrupedal ancestors, which no doubt had similar habits. The diversity of species is small in comparison to the area of the open seas. Great numbers of fish exist, but in small proportion to the surface area.

Ocean roamers such as tuna, marlin, great whales, and sea turtles cover thousands of miles without signposts that humans can recognize. Scientists suspect that these animals navigate by the sun, and surely the currents play an important role—but exactly how is not understood. Some have speculated that these animals have a sense that enables them to interpret the earth's magnetic field. With all the electronic wonders of today's navigation and satellite tracking, the animals' ability to navigate still mystifies scientists.

# High Flyers Under the Sea

The clear blue space of the open ocean plays out fantastic struggles that we are able to glimpse only in the tales of fishermen and through observations of oceanographers. The high-speed chase of the marlin, sailfin, and tuna is perhaps best understood by the big game fishermen.

The speed and maneuvering by these fish would rival a dogfight of supersonic planes in aerial combat. The favorite prey of the bluefin tuna (*Thunnus thynnus*) are the flyingfishes (family Exocoetidae). The aerobatic flyingfish springs from the deep blue, taking flight to escape, presumably gliding to safety. The tuna, however, is faster and can gauge the flyingfish's trajectory to capture it when it enters the water. Some fishermen have designed flying lures, held aloft by a kite, to attract the mighty tuna.

## SPEED DEMONS

Tuna and billfish, marlin, and sailfish (family Istiophoridae) are designed for speed. The tapering body of heavy muscle drives a rigid, sickle-shaped tail through the water like a propeller. The body is streamlined and satiny smooth, like well-polished steel, the gill covers (opercula) fitting tightly against the sides, the fins retracting into special grooves—all for minimum resistance and maximum speed.

To fuel such equipment, tuna are voracious feeders with exceptional metabolism. Tuna can accelerate to their top speed in less than a second. Sustained speeds of up to 45 miles (72km) per hour by the marlin or the wahoo (*Acanthocybium solandri*), a close relative, require special adaptations internally as well as externally. They digest food rapidly and their muscles contract three times faster than those of most fish. This metabolic engine both needs and creates an internal body temperature that can be as much as 18 degrees F (about 9°C) warmer than the surrounding water.

Yet, in the world of eat or be eaten, even the tuna cannot outrun the killer whale (*Orcinus orca*). An account by a Captain Atwood of Cape Cod in the late 1800s reads: "The horse mackerel [tuna] seems to be the enemy of all kinds of fish. There is nothing to trouble the horse mackerel until the killer [whale] comes, and then they know it, I tell you. Then the horse mackerel will run! Some fishermen say they have seen a killer poke his head out of the water with a horse mackerel in his mouth." Tuna are often 8 feet (2.4m) long and weigh over 500 pounds (227kg) but are certainly no match for the 30-foot (9.3m) killer whale.

## FLASHES OF LIGHT

The open ocean seems to require speed and strength for survival in the surface waters. The beautiful dolphinfish, or dorado (*Coryphaena hippurus*), pursues the flyingfish as well. An exceptional food fish, the dolphin is remarkable for changing color as it dies.

---

## "WARM-BLOODED" FISHES

*Only the great swift fishes of the open sea maintain body temperatures warmer than the water around them. This differential is probably a result of heat being produced as the muscle power of the bluefin tuna (Thunnus thynnus) and the marlin (family Istiophoridae) drives their great bodies through the water at speeds of up to 60 miles (97km) per hour.*

*The recent discovery of these "warm-blooded" fishes has coincided with speculation that the dinosaurs also may have been able to generate a higher-than-ambient body temperature. But these subtle differences are due to body metabolism rather than to an adaptation to environmental extremes.*

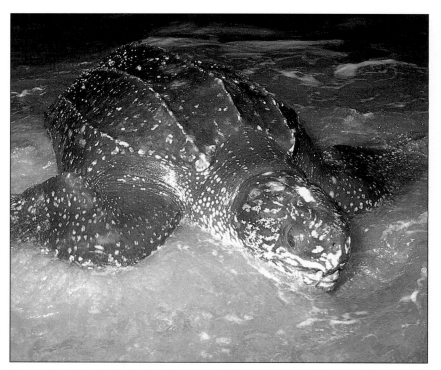

*The blue marlin,* Makaiara nigricans, *is a trophy for the big game fisherman. Many anglers fight the fish to the boat then "tag and release" them, helping scientists in migration studies.*

*Sea turtles, like the leatherback,* Dermochelys coriacea, *only come ashore to lay their eggs. Coastal development threatens the dependency that sea turtles have on land for a brief but critical time.*

*Yellowfin tuna,* Thunnus albacares, *is a food product pursued by fleets of purse-seiners around the world. Dolphins are often trapped in the nets, also. Public outcry has resulted in calls for modifications to the nets to allow the dolphins an escape.*

*Harmless and graceful, the manta ray,* Manta alfredi, *has cephalic fins or "horns," which serve the purpose of guiding prey—small fish and plankton—into its mouth.*

An iridescent silver blue, electric by some descriptions, flashes as the caught fish is brought to the boat. This color radiates into brilliant golds as the dorado's life fades. The chemicals produced and expended in the creature's massive effort to fight the line cause the color change, but few who have witnessed the event have not seen a poetic message in the glory of its funereal colors.

## CATCHING THE WIND

The flyingfish, which are a favorite prey of open ocean hunters, are successful enough to maintain their numbers. They glide rather than fly as birds. Their pectoral fins extend as stiff wings. The flyingfish can soar up to 500 feet (150m) or, if they catch the wind just so, up to one quarter mile (0.4km). They take off by rapidly vibrating the lower part of the tail to gain enough speed to become airborne.

## WINGING IT

Other flyers of the open ocean are the manta rays (family Mobulidae). These majestic relatives of the sharks and bottom-dwelling rays "fly" through a thick medium of salt water with great flaps of their "wings." These gentle creatures have been called "devilfish" because they have fleshy hornlike protruberances that guide plankton into their mouths. They are usually seen swimming gracefully and are docile to all but the small fishes and plankton they filter from the surface waters. They are, however, able to attain enough speed to hurl themselves 15 feet (4.6m) into the air. The reason for these airborne flights is unknown but they may shake off parasites or hitchhiking remoras. It may also be an attraction or signaling behavior known only to other mantas.

## THE SWORDFISH

One of the most delectable fish of the open ocean is the swordfish (*Xiphias gladius*). Among the fastest of the ocean roamers, the swordfish is often caught when quietly resting at the surface. Commercial fishermen capture the fish by silently bringing their vessel within range as a skilled harpooner stands on a lone platform, or pulpit, which extends considerably from the bow. The fish, once struck, swims with speed and power to escape. The harpoon breaks off

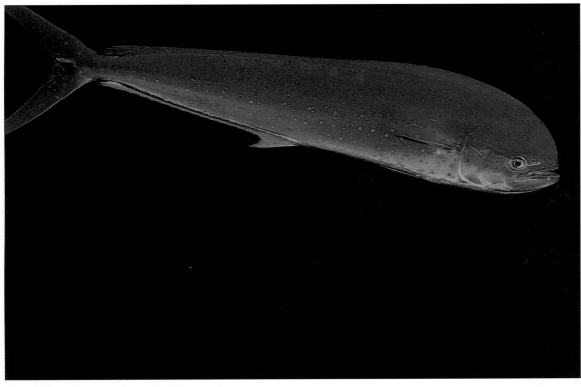

*The beautiful colors of the dolphinfish,* Coryphena hippurus, *are manipulated by nervous control. Special reflective cells separate the light spectrum selectively, changing color instantly.*

### DUELERS OF THE DEEP

*The appearance of the swordfish (*Xiphias gladius*) is such that it could have no other name. The distinctive bill is literally a sword, in both appearance and application. Adult swordfish have an elongation of the upper jaw that in some fish reaches 4 feet (1.2m) in length. Its scientific name is Greek for "sword," and French fishermen call them epée de mer (sword of the sea). It needs such armament, for in the adult, the mouth of the swordfish is toothless.*

*The swordfish cuts into a school of unlucky mackerel, menhaden, or butterfish and strikes vigorously in all directions with its broad bill. Afterward, the swordfish devours the remains at leisure. This method of living works well for the swordfish, for it has been in the fossil record for over 100 million years. Its swordplay also provides enough food for it to grow to nearly 15 feet (4.5m) and to over 1,000 pounds (455kg).*

from the detachable head, and strong lines, often with barrels attached, play out and slow the fish to submission.

The tall dorsal fin of the swordfish can be seen lolling at the surface on calm days, but such inactivity belies the speed and prowess this predator uses to capture its prey. The sleek shape is typical of other open ocean speedsters. A strong sickle tail with keels at its base attests to the life of speed. Keels are streamlined to provide stability at high speed.

## Taking It Slow

### THE OCEAN SUNFISH

Contrasting with the swift prowess of the swordfish and other speedsters are the passive drifters of the ocean, like the plankton and the curious ocean sunfish (*Mola mola*). A true gentle giant, the ocean sunfish is also known as the headfish because it lacks an elongate tail. A tall dorsal fin above is balanced by a rigid anal fin below. Its propulsion is achieved by sculling these finlike oars in the vertical plane. What passes for a tail is used as a steering rudder.

Seafarers often come upon ocean sunfish lazing in the surface waters as if basking in the sun, but their life probably extends into deeper realms as well. In a world where seemingly only the swift survive, the ocean sunfish has some adaptations that allow it to compete. First, to escape the jaws of swifter fishes, the ocean sunfish is protected by a tough gristle, 2 to 3 inches (5.0–7.6cm) thick, just below the skin. Many fishermen have been foiled by this armor when attempting to harpoon such a deceptively easy target. Few predators find sunfish worth the effort.

*Chowing Down* As lethargic as the ocean sunfish appears, it has a big appetite. Jellyfish, its primary food, must be sucked down in large quantities to support its great size. An ocean sunfish was taken off New South Wales, Australia, when it crippled the *SS Fiona*, a steamship, which had collided with it. When the *Fiona* reached port, the sunfish was measured at 13 feet (4m) in overall length and weighed over 2 tons (1,800kg).

Because jellyfish are 96 percent water, they must be consumed in great quantities to provide nutrition for the sunfish's growth. The slow movement of the sunfish also may help to conserve energy that is instead used for growing. Certainly, the chase to capture jellyfish takes place in slow motion. The sunfish can be seen beating its dorsal fin above the surface while it leisurely eats away at floating jellyfish, impervious to the stinging tentacles. Sailors have not only seen ocean sunfish feeding, they have also heard them, for as the ocean sunfish pushes the jellyfish to the surface and consumes its prey through its beaklike mouth, a loud slurp is produced. Great groans and grunts have also been reported as unlucky ocean sunfish have been dragged from the water. These noises are produced by the grinding of its pharyngeal teeth. Smaller species, such as filefish, pufferfish, and triggerfish, from the same order, Tetraodontiformes, are known to make similar noises.

*The ocean sunfish,* Mola mola, *is a thick-skinned, pelagic inhabitant drifting almost as do the plankton. Its truncated appearance earns the name "headfish."*

*A Habitat That's Only Skin-Deep* In the open ocean, any large object can define a habitat for smaller species. This is true of sargassum weed, flotsam and jetsam, and even the *Mola mola*. As much as its leathery hide and tough gristle protect the ocean sunfish from large predators, they are no defense against tiny parasites. The ocean sunfish's flesh and internal organs are a virtual textbook of parasitic creatures. Nematodes, or roundworms, riddle its insides, and anything that can latch onto its surface will do so. Barnacles and copepods abound on its skin. The little suckerfish, or remora, will hitch a ride until something better passes by. The rough skin also acts as an "itching post" for other afflicted fish, providing a rare opportunity to scratch against something solid. Smaller fish swim against the rough surface skin to scratch parasitic irritations.

## GENTLE GIANTS

The surface of the open ocean is home to the free-ranging whales. To most humans, the whales are the superlatives of the ocean environment. The blue whale is the largest animal that ever lived on the earth. The killer whale is the ultimate predator, combining speed, ferocity, and intelligence that even the sharks cannot match.

Today's whales are thought to be descendants of primitive ungulates (hoofed stock) that lived 50 million years ago along coastal fringes of the ancient Tethys Sea. Selective pressures gave rise to adaptations that favored an increasingly aquatic life: an elongated body, short neck, reduced hind limbs, paddlelike front limbs, and a joint that allows up and down movement of the long tail (fish tails move side to side).

Evolution continued to reduce the vestiges of their terrestrial ancestors, and the whales became true members of the oceanic community. Other mammals that returned to the ocean, like the seals and sea lions (pinnipeds), have not completely broken with the land—they come ashore during mating season and to give birth.

By the Oligocene age, 38 to 25 million years ago, the whales had lost any pelage (hair, fur) and hind limbs. They developed tail flukes for propulsion, and their sharp, fish-catching teeth also became special-

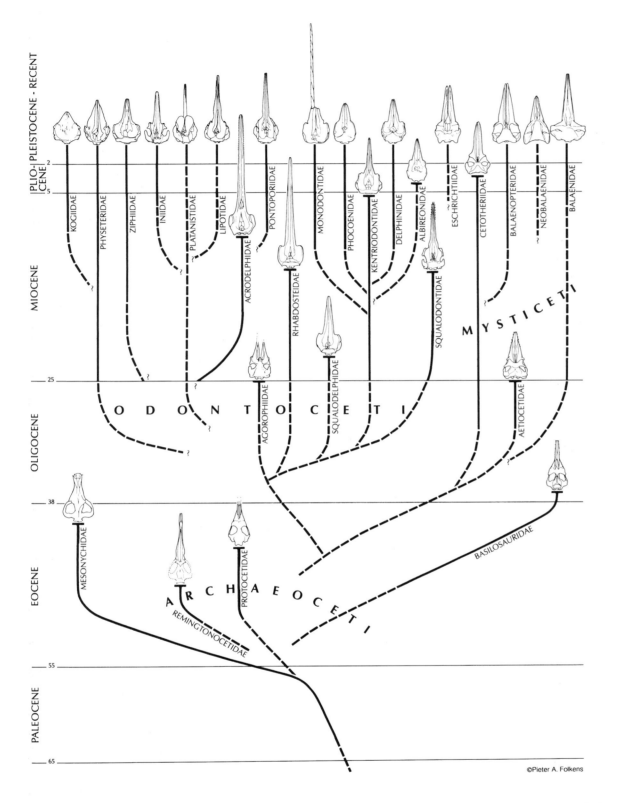

*The fossil record of whales is not complete, but indicates a mammalian transition to the sea. Beginning with the extinct archaeoceti or "old whales," adaptations can be traced that show the nostrils moving from the snout to the top of the head, the development of the blowhole, and the loss of hind legs.*

ized into the baleen of today's great whales. A backward shift of the external nostrils and structures to seal them off allowed the whale to submerge like a fish, except for the periodic roll to the surface to breathe.

***Taking the Air*** Whales, like other mammals, must breathe air and have biological mechanisms to make optimal use of the air. It might be thought at first that whales, being great creatures, simply take more air in, but quite the opposite is true. To avoid the problem of developing the "bends" or other physical problems that occur when air is subjected to pressure, the whales take in relatively little air. By taking in less air, they breathe less nitrogen, which can dissolve in the blood under the pressure of the dive and cause the "bends" when a quick return to the surface releases the nitrogen in small bubbles. These bubbles can cause intense pain when they are present in muscles or joints.

Whales limit their nitrogen intake and efficiently utilize the oxygen. Their relatively small lungs collapse in deep dives. The passageways of the respiratory system have thick membranous linings to prevent gas exchange, although oxygen can be transported through a rich network of fine capillaries. Other complementary mechanisms allow whales to dive deep and long. Their circulatory system can shut off blood to all but the most essential organs. The blood has an exceptionally great ability to carry oxygen, and the quick breath of the whale's "blow" empties and fills the lungs on each respiration.

***The Business of Whales*** Most of our knowledge of whales has been gained through the brutal business of whaling. The desecration of the great whales brought a number of species close to extinction. In the nineteenth century, whaling had become an industry, but only recently has the efficiency of catch boats and factory ships plying the seas from pole to pole brought enough public outcry to halt the slaughter. Whaling is now banned internationally. Whether the population of some species can return to sustainable numbers is questionable. Other hazards, for instance, pollution and ship collisions, can have an impact on the few remaining animals.

## COUNTERSHADING

*Hiding in the surface waters of the open ocean may seem impossible, with expanses of nothing but the clear blue of sea and sky and no structures where shelter can be found.*

*An adaptation called countershading is a common device here. Dark metallic blue on the dorsal (top) surface and bright silver on the ventral (bottom) of open ocean swimmers predominates. When viewed from above, the dark dorsal color blends with the deep blue-black of the depths. The sun sparkling into the surface creates a silver illumination to the view looking up. Prey and predator take advantage of this camouflage of their silvery underside in much the same way as fighter planes are painted white below and attack "out of the sun."*

**The countershading of the killer whale, Orcinus orca, black above and white below, is also used by sea birds such as penguins, which are sometimes the prey of killer whales.**

## "THAR SHE BLOWS!"

*The cry from the crow's nest signaled whales and profit to whaling captains. When whales surface, their lungs expand on the rise, and the nasal plug opens and forces the expiration into the air as a cloud of spray. Once thought to be the vapor of condensation, like humans produce in cold weather, it is more likely formed from the water around the blowhole being blown into the air, much like a skin diver clearing his snorkel. The specialized lining of the airways may also be blown clear of the secretions that, in other mammals, would be removed by cilia on the epithelium.*

*Whatever the mechanism, the blow of whales is a distinctive identifying characteristic. Toothed whales have a single blowhole. Baleen whales have divided nostrils that lead directly to the lungs. The gray whale's is low and puffy, and it is heart-shaped on windless days. The right whale's has a distinct V-shape due to divided nostrils. The sperm whale's is directed forward, to the left.*

## THE BLUBBER STORY

*A few of the ocean's inhabitants can maintain their own body requirements by insulating themselves from the water. It is that small group of mammals, the whales, that evolved a consistent internal temperature on land before their ancestors returned to the sea. The body temperature of these "warm-blooded" animals is protected by great thicknesses of blubber, which can insulate them in the coldest waters.*

**The gray whale, Eschrichtius robustus, is one of the baleen whales, which strain plankton through horny plates of "whalebone," the same substance as fingernails or horses' hooves.**

## THE GRAY WHALE: MAKING A COMEBACK

*The coastal migrations of the California gray whale* (Eschrichtius robustus)*, which are now a staple of West Coast tourism, were the downfall of the gray whales when whalers were active. The gray whales moved seasonally from feeding grounds in the Bering Sea to the wintering grounds of Scammon's Lagoon and along Baja California. The discovery of predictable hunting grounds in the 1840s brought the whale's numbers to critical lows. An international agreement in 1946 allowed the gray whale to recover. Estimates of a population of over 15,000 individuals lead biologists to believe the whale's numbers are now close to the pre-exploitation stock size. Gray whales are known for their fierce protection of their young. Whalers used the unsavory practice of harpooning the calf so the mother would stay nearby and could be taken.*

The baleen whales are often referred to as the great whales and, along with the sperm whale, they were the objects of the whaler's hunt. In their heyday, the whaling fleets out of New England, primarily Nantucket and New Bedford, decimated populations of whales in wider and wider ranges. One of the first to suffer this fate was the right whale (*Eubalaena glacialis*). Its behavior and body structure made it the "right whale" for easy pursuit. Right whales are slow swimmers, are shallow divers, are found in large aggregations in coastal waters, and produce valuable quantities of oil and blubber. They also float when killed, which was quite a plus to early whalers retrieving the carcasses for processing, who could kill whale after whale and round up the floating remains at their leisure. Other whales often sunk, until the method of inflating the body with compressed air was developed by modern whalers. It remains to be seen whether the whales will recover their numbers after years of decimation.

## THE JELLYFISH

The open ocean habitat appears to be a clear blue desert with only the roaming predators passing through on migrations to richer coastal feeding grounds. In a world of clear light and sparkling liquid, a successful defense is invisibility. The crystal form of the jellyfish is colorless and transparent.

Jellyfish are planktonic in that their motion keeps them from sinking rather than moving them from place to place. There are numerous forms in the jellyfish tribe. The true jellyfish are known best as the medusae form, free-floating with the typical saucer or bell from which stinging tentacles hang.

**Dangerous Danglers** Like the tangle of snakes on the head of the mythical Medusa, the jellyfish's streaming tentacles are venomous and dangerous, in some cases even to humans. Unique cells called nematocysts, filled with tiny harpoonlike spines carrying venom, line the dangling threads. The jellies catch their food by trailing sticky tentacles through the water. Most jellyfish feed on plankton, but some consume unlucky fishes that brush into the all but invisible tentacles.

The most deadly jellyfish is the sea wasp (*Chiropsalmus quadrigatus*) of the tropical Pacific and Indian oceans. Although only 10 inches (25cm) long, its sting can easily kill a man, making it one of the deadliest organisms alive. Even in cold waters, venomous jellyfish can be dangerous to humans. In contrast to the diminutive sea wasp, the lion's mane jellyfish (*Cyanea arctica*) of the Arctic Ocean has a bell that reaches 8 feet (2.4m) in diameter and tentacles that trail 100 feet (30m) or more below. Swimmers along the Atlantic coast have been stung by specimens 1 to

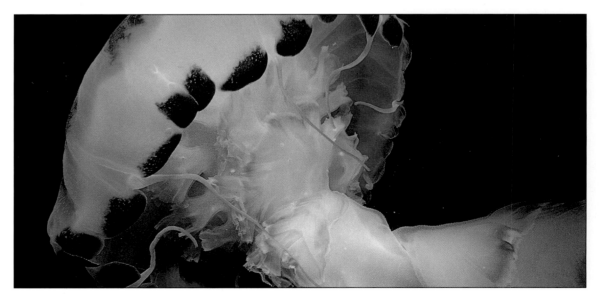

*Jellyfish like this pelagic form,* Pelagia colorata, *are usually seen as lifeless blobs on the shore rather than swimming gracefully. The delicate beauty, however, is often formed by stinging tentacles.*

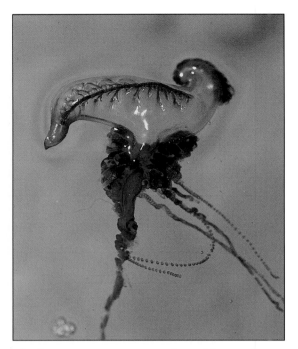

*The famous Portuguese man-of-war, like its relative,*
**Physalia utriculus** *(above), can inflict painful and even fatal stings.*

3 feet (30–90cm) in diameter. The bells are colorful and easy to see, but the tentacles can entangle an object 70 feet (21m) away from the bell.

***A Kissing Cousin*** A close relative of the jellyfish, the Portuguese man-of-war (*Physalia physalia*) has ruined many a tropical vacation either by stinging bathers or, when the winds brings numbers ashore, making the shore unsuitable for bathing. The Portuguese man-of-war literally sails before the wind with a blue-colored gas-filled float that catches the wind in a delicate and graceful locomotion. When washed ashore, it becomes a formless blob, the focus of curiosity of children who poke at it with sticks. Perhaps this is just as well, for the stinging cells are still potent in the deceased man-of-war.

The Portuguese man-of-war is actually made up of specialized colonial animals called siphonophores. The colony resembles a single animal, but is actually groups of individuals that specialize in a function of the "body." Some individuals provide the functions to capture food, others to digest it. The gas-filled sack acts as a float for the entire colony, which performs as a whole.

# THE DARK ABYSS: LIFE UNDER PRESSURE

People once thought life could not withstand the darkness, the cold, or the extreme pressure of the deep ocean. They believed that harsh environments on land, like the deserts and mountain peaks, diminished life. It was logical to think that deep water would prove to be an inhospitable environment as well, since light fades rapidly, and plants would not be able to grow at depth greater than 400 feet (122m). The warmth of the sun, critical to life on land, cannot penetrate the vastness of the water, so most of the ocean is near freezing. But most staggering to comprehend is the immense pressure exerted by the water column as depth increases.

## *The Weight of It All*

The weight of the atmosphere, the column of air above us at sea level, is 14.7 pounds per square inch (1kg/sq cm). This weight is a constant force, and land animals go about their business without taking notice of its effect at all. The pressure is exerted in all directions, not like a weight that is only pressing down. The atmospheric force is quite real, however, as is often demonstrated in high school physics experiments: a tin can is easily crushed when pulled inside a vacuum. Pressure has effect only when there is a differential.

Meteorologists like to say, "We do not live on planet Earth, but in it." The thin ocean of air that envelops the earth has currents and temperature changes more volatile than, but similar to, the seas. The pressure we live in, however, changes rapidly at sea level. Each 33 feet (10m) of water depth creates a pressure equal to that of the more than 50 miles (81km) of atmosphere. Each foot of water increases the pressure 0.5 pound per square inch (0.03kg/sq cm). At the relatively shallow depth of 3,000 feet (900m), the pressure is 100 times greater than at the surface. At the bottom of the deepest trenches, over 7 tons (7,350kg) of pressure is exerted per inch (2.5cm).

## SOME ANIMALS CAN DEAL WITH IT

The forbidding conditions of the deep oceans do not, however, preclude life. As harsh as the depths may seem, ectothermic animals (those we erroneously call cold-blooded) can adapt to the water temperature around them. Drifting materials from the abundant surface waters can sustain a food chain of surprising magnitude, and the adaptation to pressure is not as difficult as it appears. Pressure exerted uniformly cancels its effect. The tissues of deep-sea animals are at the same pressure as the surrounding water and are therefore incompressible. They have no need to contain air, as do surface dwellers. Even those with gas bladders (see "Wetlands," p. 110) can live with the pressure as long as it remains relatively constant. A grotesque expansion of the gas bladder is seen when fish like the cod are brought rapidly to the surface.

## *Color Me Red*

It is light, or lack of sunlight, that is the dominant influence within the deep sea. The visible light spectrum is divided into wavelengths according to the order of colors in the rainbow. Where the entire light spectrum can penetrate, the life-forms are rainbow-hued, like the fishes of the shallow coral reefs. As the depth of water absorbs the light waves, red is lost first, blue-violet last. Color from reflected light is also lost, so scarlet-red animals appear black. Animals that are often brilliant when seen in surface light are black in their own world. Many fishes adapted for deep waters, night, or cave dwelling are red. This color develops easily within the organism, and since it will look black in the dark habitat, there is no disadvantage to the animal.

### LIGHTING UP

To see and not be seen is the goal of deepwater fishes. Fishes of this region are often equipped with their own lights—some as lures, some as signals, some as camouflage. The pattern and color of an animal's lights have meaning to others of its kind. In a world of darkness, males and females need a "signal" to attract one another. As with fireflies, the flash of lights in the deep sea may be a code directing the mating process.

The source of light in a living animal is called bioluminescence—"living light." In surface waters, tiny dinoflagellates (a type of protozoan) produce light through a chemical reaction similar to that in fireflies.

---

## A TAD UNBALANCED

*Subtle adaptations to pressure may play a role even when there is no discernible differential. For instance, Dr. J. Lange of the Berlin Aquarium has been able to spawn the pineconefish (Monocentris japonicus), which lives in quite shallow waters. Yet when the larval fishes hatched, they were unbalanced and stood on their heads until they died. By creating a water column of just 30 feet (9.3m), the aquarium pressure was changed enough to allow the young fish to swim properly.*

---

## THE MATING GAME

*Exemplifying the difficulty in finding a mate in deep-sea darkness is the deep-sea anglerfish (Melanocetus species). In the only known case of complete vertebrate parasitism, the larval male never eats. He lives on a food reserve until he finds a female. On meeting, he bites onto her and the two bodies fuse. He is fed by a placentalike arrangement that limits his growth. He becomes a male sex organ that is part of the female. It is assumed that the hormones in the female blood control the release of sperm. The union is such that the female becomes a self-fertilizing hermaphrodite and assures the joining of sperm and eggs at the proper time.*

---

The churned wake of a ship moving through the water containing these animals glows an eerie green-silver. Some deep-sea animals, including shrimp and squid, produce light this way. Others culture colonies of luminescent bacteria within specially adapted organs that resemble headlights.

### The Flashlightfish

One fish with lights is the flashlightfish (*Photoblepheron palpebratus*). The French call this fish *le petit Peugeot* because its prey is caught in the beam of its "headlight." These fish were once thought to live only at great depths and were seen only on the rare moonless nights when they came to the surface. But recent research has found that off tropical reefs, flashlightfish are more common than thought, being secretive during the day and hiding in the caves and recesses there.

Studying fish behavior within aquaria helps us understand the role bioluminescence plays in the deep oceans. The flashlightfish can turn its light on or off with a shutterlike membrane over the glowing bacteria. The lights attract and identify prey species but also attract predators. To confuse fish drawn to the light, the flashlightfish conceals the light or "blinks" and at the same time changes its swimming direction. Any predator trying to line up the trajectory of the flashlightfish would be puzzled by this "blink and run" pattern. Observation of the deep-sea fishes is more difficult, but it is likely that similar functions occur. For instance, a deep-sea squid can squirt a luminous cloud as a diversion, while the dark, inky cloud of its surface relatives would go unnoticed in the black depths.

## A Stomach as Big as Its Eyes

The adaptations for life in the depths are designed to make the most of any meal that can be found. While many surface creatures depend on mobility and speed, the mid-water species are primarily mouths and stomachs. There are no grazers, because there is no plant life. The predatory adaptations are fantastic. The mouths of stomiatoid fishes are filled with curved, fanglike teeth. At the top of a modified dorsal spine there is often a luminescent lure to attract prey.

If that fish happens to be large, so much the better, for its mouth can accommodate a fish as big as the stomiatoid itself. The lower jaw drops open to all but detach from the gill cover, creating a gaping maw. The prey is swallowed into an expandable stomach, with no chance of eluding the long curved teeth.

The stomiatoids and viperfish have fearsome fangs. Others, like the gulpers (family Eurypharyngidae), have mouths that envelop their prey and stomachs that can accommodate prey bigger than themselves. Baglike stomachs and huge mouths attest to the scarcity of meals in the deep sea. The gulpereel (*Eurypharynx pelecanoides*) has an elastic membrane stretched across jaws that may represent as much as 25 percent of its body. The membrane prompted the species name, which means "pelicanlike."

### SCARY MONSTERS?

These bizarre creatures could be considered "monsters" in every aspect of their appearance except size. The specimens so far identified were brought up in trawls not likely to capture any faster-swimming large animals. Does that mean that sea monsters abound just out of reach? Some sharks have been identified at great depths, like the Greenland shark and *Etmoterous* species, which have light-producing organs along the sides of their bodies.

To maintain a large body mass, even at cold temperatures and low metabolism, requires a substantial food source. The mid-ocean habitat is so vast that it is reasonable to assume it is home to many species that are still undiscovered. Will they turn out to be sea monsters? They are likely to be considered monsters until we know and understand them.

### The Giant Squid

A deep-sea creature that is known to exist is the giant squid. A specimen close to 60 feet (18m) long was washed ashore in New Zealand in 1888. These animals of the genus *Architeuthis* are worldwide in their distribution, but little is known about their habits. They are thought to live at depths below 600 feet (180m). Scars and suction marks found on sperm whales lead scientists to believe that the two species may have met in the deep sea—a true battle of giants.

# *Shark!*

The slice of a sickle-shaped fin cutting the calm surface waters quickens the heart, pumps adrenaline, and, for an instant, strikes outright fear into any but the most hardened seafarer. At that moment, we realize that humans are inept intruders in a world dominated by other beings. Inhabiting all levels of the ocean, and considered monsters by some, sharks are the most successful large animals in the oceans in terms of numbers and diversity of species. Their form has changed little in the 350 million years they are known to have existed. Evolutionary change is caused by the need to adapt to altered habitats, and sharks have not had that need. Their ocean world has been relatively stable.

## PERPETUATING THE SPECIES

The shark's simple body plan has been efficient and sustaining. Sharks have a reproductive strategy that is successful for them. Sharks mate and the female's eggs are fertilized internally. The young fish in many species develop within the protection of the mother's body. This method produces better odds for fertilization and successful growth than scattering masses of eggs and sperm into the water, hoping—as do other species of fish—that a few of their eggs will be fertilized and have a chance at life.

The careful protection of a few offspring (as opposed to producing many unprotected offspring) is not without some risk. A reduction in the population of the adults will have long-lasting results. Overfishing a particular species could reduce the numbers of sharks in much the same manner as happened with whales.

*Blue sharks,* Prionace glauca, *feed on small schooling fishes like these jack mackerel,* Trachurus symmetricus, *and squid.*

*The bizarre head of the hammerhead shark,* Sphyrina *species, expands the surface of its sensory receptors. It may also help lift, as does a wing.*

*This sand tiger shark,* Odontaspis taurus, *illustrates the rows of teeth that are lost and replaced continually. The sharp pointed teeth are effective in grasping fish prey.*

## WHERE DANGER LURKS

Sharks cruise the open ocean today regarded by humans with the same mystery that has evoked fear but little respect over the centuries and has accounted for the wanton slaying of many, as if they were evil incarnate. These magnificent creatures are no more evil than a lion, a tiger, or a dolphin. But sharks' danger to humans should not be trivialized. Sharks can and do attack people.

The incidence of shark attacks is often compared to common risks such as automobile fatalities or being struck by lightning, implying that perhaps the fear of sharks has been disproportionate and that maybe sharks are not so dangerous after all. To provide balance to their negative image, perhaps those comparisons are good.

It used to be said about sharks that "the only thing predictable about them is that they are unpredictable." Sharks are animals that should be respected for their beauty and harmony within their world. However, when humans enter the ocean habitat we have the responsibility to understand it on the shark's terms. Only recently have humans been able to look beyond the lurking fins and imagined terrors fostered by fictional tales.

## DEFINING THE BOUNDARIES

Some sharks have a territory that they will defend. The boundaries or definitions of what a territory is remain unknown, but sharks posture in what is termed a "threat display." The fins are lowered, the back arches, and the head will shake from side to side. In this pose, even a small reef shark is an indisputably serious threat. When a shark attacks in this manner, it is swift and aggressive. A growling dog with its fur standing on end would likewise be well understood.

## MAKING NO BONES

The open ocean habitat has been dominated by sharks for 350 million years. They are predators in all oceans, from the surface to the deep-sea floor. The oceanic whitetip (*Carcharhinus longimanus*) is probably the most numerous large predator on the earth. The largest fish known is the whale shark (*Rhincodon typus*), a 60-foot (18m) mammoth that fortunately feeds not on humans but on small organisms filtered from the water with hairy mats, or gill rakers, in a manner similar to both the herring and the great whales. This gentle giant's habitat is pelagic waters in warm oceans, where it actually allows divers to hitch rides by holding onto its fins. It may swim with schools of tuna that concentrate small fishes at the surface, rising from below to engulf the small fish.

A similar lunge feeding is typical of the baleen whales, although they are able to concentrate their prey within circles of bubbles, which they produce with some teamwork. The whale shark parallels the adaptations of the great whales in size and some behaviors. Evolution of similar forms through very different family trees is termed convergent (see "Convergent Evolution," p. 36) and is evident in other species in the pelagic waters. The sharks are countershaded and built for speed, like tunas and mako sharks—a fine interplay of form and function.

Sharks have no true bones. Their skeletons are made of cartilage, a flexible gristly substance. Five to seven gill slits, instead of the one operculum of bony fishes, allow water to pass for respiration. The basic shark form has endured well from the Devonian period, 400 million years ago. That period has been called the Age of Fishes because early fishes ruled the seas. It was first thought that the cartilaginous skeleton was most primitive in the fishes, but now it seems that they are derived from early jawed fishes with bone. Bony fishes did not come into their own until much later in the Triassic period (200 million years ago). Today, bony fishes have increased in numbers and diversity while cartilaginous fishes have declined. There are about 30,000 species of bony fishes and only about 780 sharks, skates, rays, and chimaeras.

If the great white shark could be studied in captivity, we would know more about it than was purported in the *Jaws* saga or what adventuresome divers have filmed for us. It is without question a fearsome beast. It is also the only shark known to feed on marine mammals—a disquieting thought considering the resemblance between a seal or sea lion and a human.

*Fortunately, the largest fish, the whale shark,* Rhincodon typus, *is a harmless plankton feeder. It can reach 60 feet (18m).*

## SWIM OR SINK

*While the common statement that "sharks must keep swimming or they will die" has been shown to have some exceptions, it is quite true that sharks must keep swimming or they will sink. Many sharks must move forward so water can pass over their gills. Few open-ocean sharks can pump water as do bony fishes or bottom-dwellers like the nurse sharks.*

*Sharks are well known for the size of their livers, which can account for as much as 25 percent of their total weight. Besides secreting bile to aid fat digestion, storing sugar and fats, producing protein, and detoxifying poisons, the liver has an important hydrostatic function. The large amount of oily substance in a shark's liver decreases its specific gravity in a way similar to, but not as efficiently as, the bony fish's gas bladder.*

*Shark tails are typically called heterocercal when the vertebral column extends into the upper lobe, which is longer than the lower. Bony fish usually have a homocercal tail, symmetrical above and below the vertebral line. Without the buoyancy of a gas bladder, the thrust of the shark's caudal fin would generate a downward tilt to the head as the unbalanced fin pushes forward and provides tail lift. So this is counterbalanced by the flat underside of the head and jaw and the wide pectoral fins. The wide, flat head of the hammerhead shark has been thought to act as another "wing" for lift.*

*In the really fast swimmer—the mackerel shark (family Lamnidae)—this structure becomes similar to the tuna's and swift bony fish's: a homocercal tail on a thick muscular body. These "jets" of the sea need less adaptations for lift from their "wings" and depend on the power of their thrust. Bony fishes that have this mode of life do not depend on a gas bladder for lift, either. The mackerel has no gas bladder and, like the sharks, must swim or sink.*

*Sharks are also much like gliders. To conserve energy, most sharks make use of a swim-glide pattern. A cruising shark will flick its tail to rise up, then glide downward, often in a wide circle, as a glider might.*

*The sandtiger shark (Odontaspis taurus) mimics the bony fish's gas bladder by actually gulping air, which it retains to provide buoyancy. As a result, sometimes these sharks burp air bubbles. This behavioral adaptation to swallow air mirrors the biological adaptation of the gas bladder of bony fishes. The technological adaptation of submariners' ballast tanks was inspired by such natural designs.*

# THE SHORES

Wherever the ocean meets the land, it defines a coastline or seashore. The geology of the land and sea bottom influences the nature of the shore, as does the prevailing weather—which creates waves and affects the tides, which sculpt the shore in solid granite and shifting sand. The southern California shore is quite different from that in the north of that state and even more different from that of a tropic isle.

The history of shorelines changes constantly. The glacial periods accounted for tremendous carving of the present coastlines far from the direct movements of the ice sheets. They changed the level of all the world's oceans. The water now trapped in the ice caps of Greenland and Antarctica, if released, could raise the current sea level over 200 feet (70m). If that happened, a sea captain entering the new port of New York would have to steer clear of the submerged obstacles of the island of Manhattan with only the landmarks of a few skyscrapers to mark the channel of the former Hudson River to reach the now-coastal city of Albany.

Fortunately, the glacial periods change at a glacial pace. The Wisconsin period (10,000–70,000 years ago) shaped a coastal landscape that we regard as essentially permanent, although it is a brief pause in geologic terms. However, local changes in the shoreline from storms and earthquakes can be devastating. The concern regarding global warming considers the potential of the greenhouse effect of trapped solar energy. If the average temperature were to increase, accelerating the melting of the polar ice caps, the rise in sea level will change the conditions in "waterfront property" for both humans and the natural inhabitants.

## *Muddy Waters*

There are numerous types of coast, which geologists have classified according to primary and secondary features. For instance, a river fans as it deposits particles it has picked up and carried downstream. The stream slows when it reaches the opposing waters of

Sandy beaches, like those of the Mokulla Islands, Hawaii, shift constantly with the grinding of rubble from surrounding geology, mixed with coral and shell.

Tiny coral animals have built the immense structure of the Great Barrier Reef, which extends nearly 1,300 miles (2,080km) along the northeast coast of Australia.

The land of Point Reys National Seashore, California, attempts to withstand the pounding surf along this rocky coast.

Peaceful and quiet, the shallow waters of Chesapeake Bay, Virginia, provide nursery grounds for many species.

the ocean. The particles drop out and form a broad shallow estuary. This kind of coastline is called a ria coast, after the Spanish word for estuary. The shallow expanse of the Chesapeake Bay is an excellent example of a ria coast. The living forms within this coastline are sometimes overlooked because of their often drab appearance.

## FILTER FEEDERS

Deposits from the river form a mud of unattractive materials, and the low tide smell of hydrogen sulfide is often offensive to waders. However, like the areas of coastal upwelling, the estuary is an area of high nutrients and fertility. The continuous supply of materials washed from the river's course provides fertilization for rich growth. Filter feeders abound in waters that are like a soup of nutrients. Much of the life is subsurface in the mud and sand. Soft-shell clams (*Mya arenaria*) burrow deep, extending their elongated siphons to pull in microscopic algae. Their fragile shells provide little protection, for the clams cannot close shut. They depend on the deep burrow for defense, which does little to deter clammers, who dig the flats at low tide to uncover this clam, also known as the "steamer."

## A PEARL AMONG SHELLFISH

Another gourmet's treasure of the estuary is the eastern oyster (*Crassostrea virginica*). The oyster is extremely prolific, but also sensitive. It needs a bottom of firm mud or rock to support the heavy clusters of oyster and shell that become an oyster bed. Oysters will sink or be buried on soft bottoms. They need strong water flow for oxygen exchange, food supply, and the dispersal of waste and the suffocating sediments. Fresh water is tolerated by oysters, but excessive freshwater flooding will kill the bed.

The beds renew themselves by providing a substrate where their tiny planktonic larvae can settle out. The young oysters, called spat, set out on the shells of their ancestors, and the bed continues. To recruit new populations, commercial oyster farmers spread shells on the bottom to encourage new growth. Aquaculture farms cleverly hang strings of oyster shells in the estuary so the spat can find other

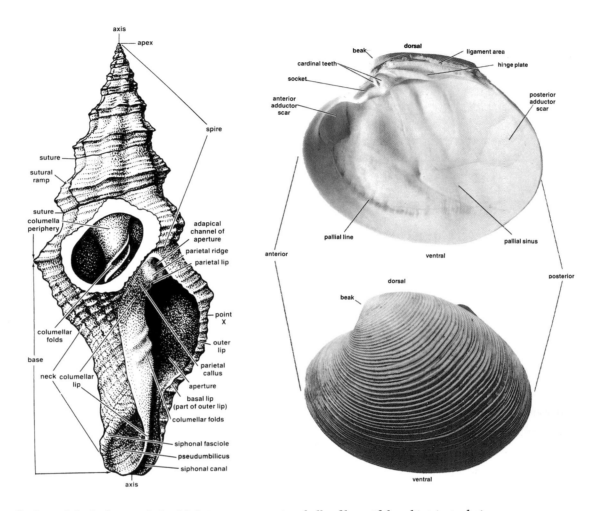

*Mollusks, soft-bodied animals, build their own protective shells of beautiful and intricate design.*

attractive surfaces on which to grow besides the single plane of the bottom. These strings also facilitate harvesting, as the oyster-laden strings are hauled up as they grow.

## GLACIAL CARVING

The fertile waters of estuaries and bays along a ria coast provide breeding and incubation grounds for many species.

The grinding force of glacial ice that carved the mountainous landscape above and below sea level can be seen in the U-shaped valleys of Yosemite, California, and in alpine ranges. A glacier moves like a bulldozer as ice and snow accumulate in the mountains, pushing its leading edge through almost any obstacle. The vertical walls of northern fjords have been carved in this manner. The coastlines of Norway, Alaska, Labrador, and New Zealand are typi-

cal glacial coasts, with steep walls and deep harbors. The rugged Maine coast has been whittled by glaciers into an intricate pattern of bays, islands, and promontories that creates a coastline longer than that of the larger, but smooth-edged, state of Florida.

Glacial coasts are rugged, with sandy beaches interspersed between steep rock faces. Often the forest extends close to the shore, with rocky cliffs buffeted by unceasing waves. The distinct tidal zones are relatively permanent, allowing specialized forms to inhabit each niche.

***All Piled Up*** As a glacier carves the landscape, it also pushes the debris and sediment it creates before it. Streams from its melt deposit sand, forming an outwash plain. When the glacier stops, sediment is deposited as a mound of debris called a moraine. The magnitude of these deposits is considerable, as evidenced from the sizable north shores of Cape Cod, Nantucket, Martha's Vineyard, and Long Island, which are flooded moraines.

The Native Americans of Cape Cod have a legend about the origin of Nantucket and Martha's Vineyard, two islands off the coast known for their beautiful sandy beaches and dunes: the Great Spirit was uncomfortable in his travels one day and emptied his moccasins to get rid of the offending debris. The resultant sandy islands of Martha's Vineyard and Nantucket were thus created. Ironically, the myth differs little from the geologic explanation.

## Shifting Sands

Sandy beaches are composed of a wide range of materials, the surrounding landmass determining the makeup of the individual granules, although in tropical areas the remains of corals and shells are an important component.

A beach is testament to the grand forces of erosion and weathering that wear away the mountains and fill the ocean's wide basins. Sand is constantly reshaping the beach and sandbars along the coast. The beach often flows like a river with the change of tides and seasons.

A visit to a pebble beach, when winter storms have exposed larger pebbles and cobbles to the surf, will offer a quick lesson in the formation of sandy beaches. Each wave rolls and tumbles the pebbles with a rattle that is clear, even above the crash of the waves. Unceasing tumble and polish, pebble against pebble, wears the pebbles smaller and smaller. By the time pebbles have been reduced to fine sand, the particles have less force in their collisions and the process of breakdown slows.

The wave action segregates the particles into strata that are as well defined by size as if sieved by a giant hand. The fine particles are usually dispersed at the beach line during the calmer surf of the summer, which is fortunate for the many beachgoers who would be less attracted to the rocky beach exposed in winter. When the action is violent, each wave lifts and carries particles. The lightest particles move eas-

*The ghost crab,* Ocypode quadrata, *appears silently on nightly excursions along the tideline.*

ily, while the larger stones are exposed or covered. The beach sand is moved to deeper water in winter.

### SWASH AND BACKWASH

The shifting sands of the beach environment seem unsuitable for life, yet a surprising number of species have adapted to the waves and shoreline sands. Beachcombers find storm-tossed shells and fragments of seaweed, but they often miss the inhabitants of the sandy shore. Each wave that breaks offshore rushes to the sloping beach until its momentum is lost and it reverses its flow to run back to the sea. The inward flow is called the swash, and the return, the backwash. These motions carry particles of sand and nutriment with them. The forward edge of the swash leaves a line of particles on each wave. As the tides rise and fall, the level is recorded in these marks.

Discovering the changing face of the beach in summer and winter, on high and low tide, and on each wave's pass is intriguing and delightful. Thomas Huxley, Darwin's friend, expressed the wonder of beachcombing for an informed observer: "To a person uninstructed in natural history, a country or seaside stroll is a walk through a gallery filled with wonderful works of art, nine-tenths of which have their faces turned to the wall."

## Zoning In

To better understand and appreciate the sandy beach, classifications for the different habitats are helpful. The sublittoral zone is the level below water. Sandbars may build up or tear down. It is well aerated and is connected to the ocean as well as to the beach system. The animals of this zone are bottom-dwellers, many burrowing into the substrate. Others migrate seasonally, like the striped bass (*Morone saxatilis*) and the red drum (*Sciaenops ocellatus*), much to the delight of surf fishermen. Small flounder and the young of many species ply the shoreline, feeding on the small animals carried by the waves.

The intertidal, or littoral, zone is the region between the high and low water lines. Dynamic forces of the waves and tides expose and cover this zone continually. The inhabitants must be specially adapted to withstand the extreme range of temperature, changes from wet to dry, and the force and shift of waves. The ability to burrow into the wet sand is an adaptation common to many dwellers of the littoral zone.

Above the intertidal zone is an area that is part of the sandy shore but is wet only during the high tides and spray of a storm surge. The upper beach, or berm, is also called the supralittoral zone. While not a habitat for truly aquatic species, it is connected inti-

## THE HORSESHOE CRAB

*The empty shell of the horseshoe crab* (Limulus polyphemus) *tells a story half a billion years old. The helmet-shaped shell is seen in the fossil record from a prominent group that is distantly related to scorpions and spiders, not crabs. The daggerlike tail of the horseshoe crab is usually thought to be a defensive or aggressive instrument by mothers who caution their youngsters to be careful. "Don't let that thing stab you!" is the common warning. While the hard chitinous tail is stiff and pointed, the crab uses it only to help turn itself over if upended.*

*The horseshoe crab has been successful in both duration and numbers. So common are these animals that they have been harvested by the ton to be ground into fertilizer. Each spring they come to shore by the thousands along the eastern coast of North America. The smaller males attach to the larger females, making convoys of prehistoric tanks. The females, dragging the males, scoop nests in the sand at the upper edge of the extra-high spring tideline. Each female may lay as many as 20,000 eggs. The males release their sperm into the water. Successful fertilization is assured by the close attachment to the female. The waves mix the eggs and sperm together. The ebbing tide covers the nest with sand. The parents leave for deeper water while the young develop in the damp sand. It takes about two weeks for the eggs to hatch, which is when the next spring high tide will uncover the hatching young and carry them to the sea.*

*A moon snail,* Polinices lewissi, *of the Pacific northwest coast. Moon snails lay their eggs in the form of sand collars, often found by beachcombers.*

mately to the sea. It is also the area most familiar to humans. The band of dry sand so comfortable for beach blankets is largely uninhabited. A few species, like the ghost crab (*Ocypode quadrata*), maintain a secluded existence in a burrow during the day below the dry sand. At night, away from the drying rays of the sun, it forages along the water's edge. It retains its ties to the sea during its spawning season, when it releases its eggs into the sea. After a planktonic stage, it returns to the beach with only an occasional need to dash down to the water to wet its gills.

### READING BETWEEN THE LINES

A message from a strange land is often anticipated by children discovering a corked bottle on the beach. At the high tide line, messages abound from strange and fascinating places for the informed beachcomber. The wrack line, as it is called, is the line along the beach where the highest tide has left the debris from the surf at its highest point. Bits and pieces from nearby and far away are washed ashore, which hint of struggles as desperate as that of the shipwrecked sailor.

***Gathering the Evidence*** Common sand dollars (*Echinarachnius parma*) are cast from their shallow burrows during storms. This starfish relative has a round, coinlike shell covered with furlike short spines and tube feet, which move the sand dollars through the loose sand. Sand dollars graze on the sand particles covered with plant material and the edible scraps mixed with the sand. Feeding on sand may not seem nourishing, but the sand dollar finds food aplenty.

The empty clam shell with a neat round hole is evidence of the attack of a northern moon snail (*Lunatia heros*). Pushing through the sand like the moving burrows of cartoon groundhogs, the moon snail finds a clam, envelops it with its fleshy foot, and rasps a hole through the shell with its rough tongue, called a radula. The moon snail consumes more than one-third of its own weight in flesh per week. The harmless-seeming moon snail is a fearsome predator of the sandy beach.

Often, the wrack line is matted with seaweed and other plants from the surrounding underwater environment. The wrack line itself becomes a habitat that supports specialized animals. Beach fleas (*Talorchestia* species), amphipods, and ghost crabs are a few species that forage on the debris washed ashore.

## Underwater Meadows

Grass beds often abound in the calmer waters near beaches. Mats of these grasses wash ashore. Eel grass (*Zostera marina*) is a flowering plant that reproduces through pollination. The pollen, however, is carried by water currents rather than the familiar airborne methods. The flowers would not be recognized, so different are they from the beautiful land-dwelling types. Small flowers grow along the blade and produce hairlike female stigmas to catch the threads of pollen. Eel grass beds create habitats for many creatures, particularly for small fishes, crustaceans, and other invertebrates. It is also covered with minute life from the tip of its ribbonlike blade to the bottom of its rhizome. As the blade grows, tiny animals attach in zones that indicate the growth of the plant.

Eel grass has been harvested for use by humans. When dried out, eel grass does not burn, and, being composed of silica, salt, and iodine, it resists decay, so it has been used to fill mattresses and upholstery. It was also used for insulation in construction of older homes in Canada's Maritime provinces and America's New England. Minute gas sacs in the tissue give it supple flotation in water; when dried it is a good material for heat and sound insulation.

## A House Built upon the Rock

The rocky coast seems to be the place where the irresistible force of the ocean meets the immovable object of the shore, but time shows that the contest of ocean and shore produces changes in both. The rocky cliffs are worn away or undercut, broken down to form beaches and tidal pools among the rocks. The rocky coast may seem a hostile and harsh environment to humans, who find no shelter from the endless surf and assault of spray and salt. However, life here has adapted to resist these dynamic forces as successfully as the burrowing creatures of the sandy shore have done in theirs. In fact, the relative permanence of the rocky coast, the rich oxygenation by the surf, and the continued supply of nutrients have given these areas prodigious life.

### MR. MOM

*Sea horses (Hippocampus species) and pipefishes (Sygnathus species) are prominent in the grassbeds. Sea horses look like knights from an underwater chess game. They swim erect, driven by their dorsal fins. Their pectoral fins, which look like ears, aid in maneuvering. The Latin name (hippo meaning "horse," campus meaning "bent") is descriptive. Ancient illustrations with sea gods riding the seahorse are common.*

*The sea horse's tail lacks a fin and is prehensile; that is, it is capable of wrapping around and seizing objects. The sea horse anchors itself to the grass strands and gulps in small prey. It goes undetected by prey and predators because its shape and color allow it to blend into the surroundings. The lined sea horse (H. erectus) can alter its color according to its background. It can vary from light brown to brick red and mottled or speckled with white or golden spots.*

*For all the strange appearance of the sea horse, the pipefish looks even more odd—like a sea horse that has been pulled out straight. Aristotle wrote about the pipefish in the third century B.C. Centuries passed before the sex life of the pipefish was mentioned, and then it was gotten wrong. In 1554, Guillaume Rondelet described the eggs developing in the female's pouch. This seemed reasonable for almost 300 years, when in 1831, the Swedish naturalist Eckstroem wrote that only the male sea horse actually possesses the pouch.*

**The bay pipefish,** Syngnathus griseolineatus. **Pipefish are weak swimmers; their swimming motion resembles the movement of algae more than fish.**

**The west Australian sea horse,** Hippocampus angustus, **can swim weakly, undulating its delicate dorsal fin. Its tiny pectoral fins that look like the horse's ears provide steering.**

## STUCK ON YOU

The animals of the rocky coast are also adapted to stabilize themselves against the force of the surf. Sea stars (subclass Asteroidea) cling to the rocks using hundreds of tube feet, which act like suction cups. The ability to cling and release at will allows the sea star mobility in an environment where most of its prey are stationary, or sessile. Barnacles excrete a very strong glue that withstands waves that may measure in many tons per square foot. Dentists have been interested in the properties of such a glue, while marine engineers spend millions of dollars studying the problem of unsticking the barnacle's glue, since it causes considerable damage to boat bottoms and buoys.

Mussels secrete tough threads called byssi, which stick to rocks, holding the mussels down as ropes do a circus tent. Each mussel creates a network of threads that help hold down others. Mussels therefore grow in dense mats, packed closely together, filtering minute organisms from the seawater. The blue mussel (*Mytilus edulis*) is a tasty shellfish. Its growth on virtually anything in the water means the mussel can be farmed on man-made strings or structures.

## GOING TO EXTREMES

Although the rocky coast is different around the world, it can be classified into zones that define common traits, due either to the effect of the tides or to the composition of the dominant living species. The rocky face of the shore is steep and changes dramatically in just a few feet. Coastlines with rock edges are found at higher latitudes, where the tides are often extreme. In the Bay of Fundy, tides of over 50 feet (16m) have been recorded. The temperatures of these regions are also extreme. The exposure and submergence of the tides can cause temperatures to change about 70°F (35°C) within an hour: animals are baked in the hot sunlight and warm air and then immersed in frigid water.

The extremes of the rocky coast are withstood by species that not only tolerate, but thrive in, the changing environment. Ocean conditions are not stable, and a diverse population inhabits rocky coasts. The population is stratified as along other

*Mussels feed and breathe by filtering water through extensible tubes called siphons; a large mussel may filter 10 gallons (38 l) of water a day.*

*Dense mats of barnacles,* Balanus balanoides, *look nothing like their crustacean relatives, lobsters and crabs.*

shores, but even more dramatically. The upper zone, where only the salt spray wets the area during exceptional storms, is barren, with little evidence of life. Lichens are terrestrial invaders that mark the transition from the land to the sea. Descending to the sea, fertility increases as the time spent underwater increases. A black line may mark the first zone, which is caused by a thick growth of blue-green bacteria (formerly considered to be an alga), *Calothrix* species. This black zone is wet by spray. The bacteria hold moisture encased in gelatinous sheaths, making the rocks extremely slippery and treacherous to walk on. These bacteria are probably the most ancient organisms on the earth. Similar blue-green bacteria have edged the sea for 3 billion years or more.

## THE ROUGH PERIWINKLE

The bacteria draw a common inhabitant to the upper level. The rough periwinkle (*Littorina saxatilis*) is a snail that grazes on the blue-green band. The rough periwinkle, like the bacteria, algae, and lichens, is a transition species that can take in atmospheric oxygen through moist, nearly gill-like membranes. It provides moisture for its young by retaining the embryos within its shell until they are fully developed and ready to face exposure on the rock face. The rough periwinkle travels upward (it cannot see its destination or plan its route) and sometimes must traverse a crevice that drops downward before turning upward. The snail goes into the crevice, having been drawn toward the light. Upon entering the crevice, it moves away from the light, until the path turns upward again and it is again drawn toward the light. In this manner, it reaches the upper intertidal zone to feed on the blue-green bacteria. Without such programmed behavior, the snail would travel in circles.

## The Barnacle Zone

The barnacle zone is named for the prominent animal that covers the rocks just under the utmost water line. In contrast to the black of the upper zone, this area is called the white zone, due to the bleached appearance of the thick carpet of barnacle shells.

Along the coasts of North America, barnacles and mussels cover the rocks and tidepools in thick carpets that have cut the soles of many barefoot tidepoolers. Barnacles are crustaceans, related to shrimp and lobsters, but sessile and encased in a cone-shaped shell that is rounded to withstand the force of waves. The northern rock barnacle (*Balanus balanoides*) has a door of four tightly fitting plates at the peak of its cone that close to maintain moisture when the barnacle is exposed at low tide. The barnacle is shaped like an upside-down crustacean. When the tide covers them, a frantic activity begins. The door opens. The barnacle extends feathery branched legs into the water to collect food particles from the incoming tide. Underwater tiny particles are swept into the mouths of thousands of barnacles that must feed quickly before being exposed again by the tide.

The barnacles are so prolific that they dominate the white zone to the exclusion of almost all other species. Limpets can be found along the rocks where they clamp down as perfect living suction cups. The limpets graze on algae by scraping with the radula. Although its shell is cone-shaped, like the barnacle's, to resist the powerful waves, the limpet is a snail, a member of the gastropod mollusks. The shell is not spiraled, and limpets do not travel even at a snail's pace. They move only about a yard (almost a meter) away from home, a depression in the rock that has been worn by generations of limpets adhering to the same spot day after day for centuries. Where the rock is soft, limpets have sculptured their own landscape as the tidepools are worn and deepened.

## ALGAE HOLD FAST

Lower on the rocky shore is a zone of tangled masses of algae, which most people refer to as seaweed, exposed briefly at low tide. Holding onto the substrate is the primary strategy that most life-forms develop in regions battered by surf against hard surfaces. The plants are held fast to the rocks by

**Balanus** *species, whose Latin name means "acorn." The shell's pointed tip opens to allow the sweep of the feathery feet.*

*The thick fur of the sea otter,* Enhydra lutris, *can contain over a million hairs per square inch (6.5 sq cm), more than any animal on earth.*

*The spines of the purple sea urchin,* Strongylocentrotus purpuratus, *are of little defense against the strong jaws of sea otters.*

anchored bases, or holdfasts. It is impossible for rocks to grow into the hard rock, but the holdfast adheres with a many-branched structure. The stalks, called stipes, of the algae are flexible, able to bend rather than break against the force of the waves. The algae often have gas bladders to support the plant in the water column. The algae hang limp and wet, great mats of a single species covering the rocks like unkempt hair. The plants sway with the surge of the waves, and the tension between float and holdfast keeps each frond erect and separate from the other. Each species is adapted to slightly different conditions, which accounts for the zonation of the rockweeds.

For instance, the knotted rockweed (*Ascophyllum nodosum*) grows either on rocks that do not directly face the ocean waves or in sheltered areas along the surf line. It is fast-growing and outcompetes other algae for space when conditions are right (moderate surf). Able to withstand stronger waves, the bladder rockweed (*Fucus vesiculosus*) replaces the knotted rockweed in areas exposed to the powerful surf. Bladder rockweed is highly variable in form, as its shape conforms to the habitat conditions. The

advantage of variation of form and strength allows growth where other rockweed cannot grow. Hair or thread algae (*Enteromorpha*) are common species of the Atlantic coast. Their green hollow fronds can survive on splash from the waves. When thread algae's considerable tolerance for either the increased salinity resulting from evaporation or the lowered salinity due to rainfall is surpassed, it dies, quickly turning white, and revealing the delicate structure that crumbles easily.

Few animals consume seaweeds, but many browse on or around the forest these seaweeds provide. Periwinkles also have defined habitats for particular species—the rough periwinkle above in the spray or black zone, the common periwinkle living in the mid-tidal range, and the smooth periwinkle that grazes lower on the fronds of rockweed. The rich life of the tidepools and the zones of the rocky shore should not mislead one into thinking that the animals thrive in well-adapted and routine lives. Struggle and competition are evident in every aspect of life on the rocky shore. Predator and prey are engaged in a constant battle for survival, and species members vie for space, food, and reproduction.

## THE GIANT KELP AND THE SEA OTTER

The west coast of the United States has extremes of plant life: the redwoods on land and the giant kelp (*Macrocystis pyrifera*) in the sea. Underwater kelp forests border the rocky shore in strands up to 60 feet (18m) from holdfast to the surface fronds. The interplay and interdependence of diverse species is clear in the history of the giant kelp and the sea otter. A balance between predator and its environment was disrupted when the California sea otter (*Enhydra lutris*) was hunted to the brink of extinction by fur traders who found its dense fur an easy road to profit.

*Sea Urchins* Otters feed heavily on sea urchins and other invertebrates. The purple sea urchin (*Strongylocentrotus purpuratus*) is one of the few animals that consumes marine macroalgae. It has a preference for the stalk just above the holdfast. Cutting through the kelp at its base, much like timbermen clearing the rain forests of hardwood, is perhaps as wasteful, for once the tasty stipe (stem) is cut, the whole plant floats away, no longer the refuge for fish and invertebrates, but simply a mass that will wash ashore to rot.

The sea otter keeps sea urchin populations in check and enhances kelp forests. Remarkably active, with a high metabolism requiring up to 20 percent of its body weight in food each day, the sea otter conflicts with other interests in the kelp forest. Commercial abalone and clam fisheries cannot coexist with the sea otter, which consumes those creatures as readily as it consumes the urchin.

**On the Surface** Careful management is necessary to maintain a viable balance of these interconnected species. We see only the surface of the changing scene. Humans, kelp, urchins, abalone, and sea otters are prominent; but innumerable species, perhaps without the charisma of the sea otter or the dollar value of the abalone and the voice of the human, are tied to the kelp forest environment. Change within that system will mean change to all within it. Change is inevitable, whether by natural cause or human, but where humans have control, they must take into consideration the history of the sea otter and understand the chain reactions change may cause.

## AN ALGA OF A DIFFERENT COAST

Another alga of the sublittoral zone is Irish moss (*Chondrus crispus*). This purplish-red alga grows abundantly in the lower zone of the rocky shore along the East Coast. It is also known as carrageen and is harvested commercially as an ingredient in medicines and jellies, and as a stabilizer in salad dressings and numerous other products. Giant kelp is also harvested to obtain the substance called algin, which is used in ice cream, yogurt, paint, toothpaste, and shaving cream.

Irish moss is a dominant feature of the sublittoral zone and some fishes have adapted camouflage to mimic its appearance. The Atlantic sea raven (*Hemitripterus americanus*) has fringes that disrupt its outline in both color and appearance, which are exactly like the branching fronds of Irish moss. Its large mouth and camouflage indicate its mode of living. Nestled imperceptibly within the beds of Irish moss, sea ravens lie in wait to make a meal of the unlucky fish passing by.

*Truly an underwater forest, the giant kelp,* Macrocystis pyrifera, *reaches for the surface sunlight.*

## The Salt Marsh

As diverse and varied as the zones and sheer face of the rocky coast appear, the salt-marsh habitat is as monotonous and flat. Yet salt marshes are the most expansive landscape feature along most temperate coasts. The fine sediments from rivers build into tidal wetlands that provide important contributions to the sea beyond. Only cultivated sugarcane produces more organic nutrients than the salt marsh.

The salt-marsh cordgrass (*Spartina alterniflora*) is a terrestrial plant that has adapted to conditions of the salt marsh; it is, in fact, the only plant with such adaptations. Without cordgrass, the wet salt marsh would likely be open mud flats. The cordgrass creates its own environment, for as the first plants are established, they slow the currents around them and sediments settle out to build more land suitable for the cordgrass.

This land-building process is rapid compared to geological processes. For that reason, the impact of small changes to the salt marsh is magnified in effect. Developing coastal property by filling or draining areas of the salt marsh can alter the landscape in but a few years.

### FIDDLING ABOUT

The salt marsh habitat reveals little of the animal life within the uniformity of the cordgrass. Burrowing creatures are usually consumers of breakdown products of dead plant material. Worms burrow through the muck much the same as their terrestrial counterparts do. The mud fiddler crab (*Uca pugnax*) turns over the mud in holes dug in the mud bank. When the tide comes in the crabs plug their holes with airtight mud plugs that keep their homes tight and dry. The male fiddler crab has an oversized claw that evokes a fiddle bent to its chin. The claw is as useless for fiddling as it is for eating or protection, since, although formidable in appearance, it is weak and the pincers close only at the very tip. Its sole purpose is to wave as an attraction to the females. If the male is successful in beckoning a female into his burrow, the value of having a "useless" claw becomes clear.

Animals of the salt marsh are in tune with the tides. The fiddler crab is aware of the approaching tide and seals its burrow in time. The salt marsh snail (*Melampus bidentatus*) is not aquatic at all and ascends and descends the stalks of the cordgrass as the tides rise and fall. It is one of the few species of marine snails that is dependent on the air for breathing. The tides clean and flush the debris, which, although it unpleasantly reeks of bacterial decomposition, is the fertilizer that jump-starts the food chain of the marsh and the sea itself.

## The Mangroves

The salt marsh builds land along temperate coasts; mangrove trees do the same in tropical areas. The tangled prop roots create a strainer that catches sediments and builds land into the salt water. The red mangrove (*Rhizophora mangle*) is the pioneering species that extends into shallow tidal waters where, like the cordgrass, only it can withstand the salinity. The intricate mass of a mangrove swamp is an impenetrable barrier for humans. But within the thicket, above and below water, life abounds.

### MIGHT MAKES RIGHT

The red mangrove has an engineer's ability to alter its environment for its own benefit. The sediment it traps is filled with nutrients. By the time a pioneering red mangrove has reached maturity, the prop roots have been well established, catching material to build up a shallow area underneath the mature tree. The mangrove's seeds need quiet shallow water. The seedpods are long, dart-shaped, bottom-heavy seedlings that have begun germinating on the parent tree. When the seedling becomes too heavy, it drops as a spear and positions itself in the soft mud to ensure growth. The prop roots of the adult mangrove break the force of the waves and tides, providing optimal

*The red mangrove,* Rhizophora mangle, *catches silt in its tangle of prop roots. The seedlings often float to remote islands where they help claim land from the sea.*

*The tarpon,* Megalops atlanticus, *is a renowned sport fish. This "silverking" is covered with large silver scales. The reflective quality provides excellent camouflage in the bright shallow waters of mangrove flats.*

quiet water conditions to the young plants. The expanse of mangroves throughout the world illustrates the success of this plant, which has created rich and varied habitats for a wide range of species.

## A HOME TO MANY

When Sir Walter Raleigh reported that there was a tree in the New World that produced live oysters, he was mistaken, but not completely off-track, as the mangroves harbor many associated species. He was probably referring to the flat tree oyster (*Isognomon alatus*), which attaches to the prop roots and is exposed at low tide.

Like the salt marsh, the mangroves also produce material for fertilizer. Detritus—vegetable material—is broken down by bacteria and yeasts and produces a rich mud that is consumed by young shrimp, crabs, worms, and small fishes. The nutrient material is carried offshore as well, and it stocks the beds of turtle grass (*Thalassia testudinum*), providing the base for its food chain. Turtle grass, like eel grass, is a flowering plant, not an alga. As such, it does not possess chem-

ical deterrents that keep fouling organisms from attaching to the blades of the plant. These epiphytes (plant species) (see "Specialized Plants," p. 290) or epizoa (animals) cover the blades with populations of algae, amphipods, and all those that graze or prey on successive communities.

## A SAFE HAVEN

The mangrove swamp protects young fishes while they develop. The abundance of small fish supports larger fish, such as the tarpon (*Megalops atlanticus*), in the western Atlantic. This relative of the herring is a favorite game fish, known for its prodigious leaps during its fight to escape the line.

Mangroves also protect human development and animal life from the frequent tropical storms. Without the mangroves to absorb the force of wind and waves, low-lying shorelines, like much of Florida, would be worn down and submerged. Over the years, whole islands have been built and coastlines along tropical shores have gained a new margin, all due to the pioneering land developer, the red mangrove.

---

## THE MOLE CRAB: DIGGING DEEP

*The mole crab* (Emerita talpoida) *is a small crustacean shaped like a human thumb that can be seen in the swash of a wave along the Atlantic coast south of Cape Cod. Mole crabs are exceptionally well designed for digging into the loose sands of the surf zone. Children easily collect them as the crabs erupt from their sand burrows to feed in the swash.*

*Mole crabs are found in groups, which sense or respond to a common signal to rise from the sand on an incoming rush of a wave. As the wave slides upslope, the mole crabs hold fast with special anchoring appendages. They extend a pair of long feathery antennae to catch particles from the back-rushing water. On the next incoming wave they are ready to burrow at a sign of danger or to scurry in the thin sheet of water to a new feeding location. The constant moving to new locations may be more a defense against predators (children with sand pails included) than an effort to find new food sources, for each wave brings new plankton to the beach.*

*Other burrowing and filter-feeding species can find a suitable habitat within the ever-changing intertidal zone. The surf clam burrows in the sand, depending on its solid shell for protection. Other mollusks, like the jack-knife, or common razor clam* (Ensis directus), *dig deeply into the sand by extending a muscular foot and pulling their knife-shaped shells quickly behind them. The behavior of shore birds, pecking and foraging along the wave line, attests to the abundance of prey in this zone. The worms, amphipods, and shellfish that go unnoticed by most human waders sustain a population of shore birds of all descriptions.*

## THE CORAL REEF

Corals are known to many people as bleached white sculptures of intricate design, bedecked with gold watches and diamonds in jewelry store windows. These are but the exoskeletons of animals that have only recently become known as the amazing living architects of underwater habitats that are as beautiful and diverse as any terrestrial realm. Staghorn, mushroom, star, brain, and finger are descriptive terms for the forms of these corals. However, these descriptions fail to reveal the true form of coral, just as describing humans as ribs, skulls, and other bones would be inadequate. The forms hint of animals that are rarely seen.

## Design for Living

These tiny animals are responsible for the creation of coral reefs—the greatest structures on earth made by living organisms. There are three major types of coral reefs: a barrier reef, which lies off a coast with deep water between; an atoll, which is a coral island or chain of coral islets surrounding a shallow lagoon; and a fringing reef, which is a sea-level edge located off the margin of a continent or island.

The building process of the coral reef changes the environment as it grows. The largest coral structure is the Great Barrier Reef, which extends nearly 1,300 miles (2,100km) along the northeastern coast of Australia. As this structure grows, it creates new crevices, ledges, tunnels, and water channels in its landscape. Sometimes this prevents further growth or encourages the growth of boring sponges that undermine the reef's structure. Reefs are also destroyed by natural processes. Now, for instance, constructing an airstrip for a developing resort entails the risk of pushing silt into the clear waters that will clog the reef and destroy the very attraction for which people come. There is no question as to the fact that careful development will be necessary to enjoy, yet preserve, these natural wonders.

---

### WHAT'S GOOD FOR THE GOOSE

*A grotesque fish in appearance, the goosefish (Lophius americanus) also has fringes of fleshy appendages that closely resemble the fronds of Irish moss. Until recently, the goosefish has been spared being exploited as a food fish, its ugly appearance probably accounting for its absence from the marketplace. Its form is perfectly designed for ambush. Although weakly muscled, its jaws are unusually large, traversing its broad flattened head. Within the jaws, four rows of sharp pointed teeth are tilted inward, directing any prey only one way—down the goosefish's throat. The frills of seaweedlike barbels extend all over its body, blending it into its surroundings, or breaking the outline when the goosefish settles into loose sand to be covered while lying in wait for prey. The excellence of camouflage can be attested to by many a scuba diver who has passed over the harmless bottom only to be surprised to have a 4-foot (1.2m) goosefish suddenly emerge from its cover. It is fortunate for humans that these animals are poor swimmers and have only gulping, not biting, power.*

*As proficient as its camouflage is, the goosefish uses another device to catch its prey. A spine of its dorsal fin has been transformed into a fishing rod with a fleshy lure attached to the tip. From the goosefish's hidden lair, only the lure is visible, and it attracts hapless victims within range of the gaping mouth. When the goosefish rises on its footlike pelvic fins, mouth agape, there is little chance of escape.*

*So grotesque is the goosefish that it has inspired an exceptional number of common names, perhaps to enhance its image as a food item. Some of its more descriptive common names are: anglerfish, molykite, bellyfish, frogfish, all-bellows, monkfish, and all-mouth. Its fame for swallowing almost anything, including wildfowl from the surface, accounts for the name goosefish. Its pelvic fins are webbed and could be compared to those of a goose.*

*The eggs of the goosefish are extruded in a long gelatinous mass or thin "veil" up to 40 feet (12m) long and 12 inches (30cm) wide. Up to 3 million eggs may be released by a large female. Folklore among fishermen on both sides of the Atlantic suggests that catching goosefish near the surface means that a storm will soon come.*

---

*Brain coral,* Diploria stigosa, *forms a head that resembles the human brain. Some heads measure over 6 feet (2m) across.*

## Coral Animals

The coral animals are closely related to sea anemones, jellyfishes, and sea pens, and they are within the phylum Cnidaria, formerly called Coelenterata. Under magnification, an individual animal, or polyp, would best be described as flowerlike. The polyp is a vase-shaped soft body within a ring of feeding tentacles. Like flowers and plants, reef-building corals are dependent on sunlight and grow only in clean, warm water less than 150 feet (45m) deep. The conditions suitable for coral growth extend around the world in latitudes roughly 30 degrees north and south of the equator.

### ANIMAL-LOVING PLANTS

Within the tissues of the coral polyp, microscopic plants called zooxanthellae (meaning, "animal-loving plant") live and carry on the process of photosynthesis. The symbiotic partnership may allow the waste products of the corals, such as carbon dioxide, to be utilized by the plants protected within the polyp's tissues. In order to maximally absorb sunlight, corals of the same species are often different-shaped in deeper water. The star coral (*Montastrea* species), which is mounded or conical in bright shallow water,

*Leather corals,* Sarcophyton *species, are widespread throughout the reefs of the tropical Pacific. These soft corals require clean, warm water and sunlight to live.*

*Coral cod,* Cephalopholis miniatus, *is a common grouper of the Pacific reefs. Its striking colors are actually camouflage against the colorful corals in reduced light.*

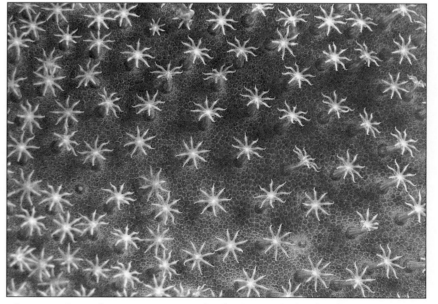

*The star polyps of* Montastrea *are individual animals that lay down a limestone base. These stony corals are major architects of the coral reef.*

*The staghorn coral,* Acropora secale, *is a fast-growing stony coral requiring strong light and reduced currents.*

*Individual polyps fill limestone cups called corallites. The underlying coral base and the form of the corallites are laid down continually by the living animal and identify the species.*

*A single giant polyp of mushroom coral,* Fungia echinata, *is carnivorous. Its tentacles pull small prey into the central mouth.*

becomes flattened and platelike in deeper water. The sunlight in shallow water can penetrate at all angles, while in deep water, only the most direct angle of light can be absorbed. The plates present a perpendicular surface to capture the most light possible.

### THE SAME YET DIFFERENT

The coral polyp is essentially the same as its larger relative, the sea anemone, except that it secretes a stony limestone cup called a calyx. Each cup is fused with adjacent cups to form the skeletal structure of the coral. The living tissue that is the polyp is also linked to its neighbors. This appears as a colorful, soft skin over the coral base. From the flowerlike polyps extend tentacles for feeding that have stinging cells, which, as in their relatives the anemones and jellyfish, provide the means for predation.

The tentacles extend many times the depth of the protective limestone cup. In some cases, the stinging cells will protect a perimeter around the coral colony and prevent other species from gaining close access to the adjoining substrate. The protective tentacles of *Montastrea annularis*, the common star coral, discourage competition from other species at the perimeter of the colony. The stinging filaments reach across a cleared "no man's land" between colonies.

### HEY, BUD

Corals reproduce by a number of methods. Reproduction occurs by budding, where a single polyp forms new cells from the tissue at its base, which grow into new polyps. Mature polyps can also split in two, in fission, forming two animals from one. Both methods produce clones of the parent. They also can produce sperm and eggs for sexual reproduction. Both hermaphroditic species, in which both sexes occur in one animal, and species with separate sexes are known. Sometimes, the fertilized ova develop into tiny wormlike planktonic larvae called planulae. These are released seasonally in great clouds that make the coral head look like it is smoldering with underwater smoke.

The polyps of most corals are quite small, 0.04 to 1.2 inches (1–30mm). The members of the genus *Fungia* are the exception, with individual polyps up to 10 inches (25cm) in diameter. Corals that reproduce through budding include brain corals (*Diploria* species) and the star coral (*Favia* species). In the skeleton of the star coral, the polyps are separated from one another by starlike craters. Each polyp buds to form a separate "daughter" polyp, which joins others to build the colony. In the brain coral, the budding does not complete the division, so that a meandering, ribbon-

like coral disk develops. These bands of polyps form the stippled ridges that are so reminiscent of the sulci, or indentations, of the mammalian brain.

## *Rise and Fall*

The massive structures of barrier reefs and coral atolls are the result of these reef-building corals—tiny polyps multiplied by millions over thousands of years. The process is complex and is not a simple multiplication of a single coral. The Great Barrier Reef has over 350 known species of stony corals. The primary reef builders (hermatypic corals) are the large, solid corals that develop massive "heads" of rock. The new generations build on the limestone remains of their species. More delicate corals, like the staghorn or elkhorn corals, achieve mass as living forms, but the wreckage of storm-broken antlers is quickly reduced to sand, which fills and compacts within the crevices of the reef, further building its mass.

Fire coral (*Millepora alcicornis*), which is a hydrozoan rather than a true stony coral, encrusts the upper crest of Caribbean reefs. Its tiny polyps contain a toxin that can cause a severe burning and blistering of human skin.

## A GROUP EFFORT

The reef grows within a limited range of conditions but with a variety of species contributing, each in its own way. Coralline algae consolidate the reef mass, as do sponges, shelled mollusks, and the debris of life processes from a multitude of reef inhabitants. The growth is not assured, however, for forces of reef destruction also exist in the natural balance. Just as some organisms have found a successful mode of life that produces reef growth, others break the structure down. Boring organisms tunnel into the reef and make it vulnerable to the force of storm waves.

The coral reef has been compared to cities that grow and provide innumerable niches for people to eke out a living. The analogy is grand in the comparison to the architecture and construction of fantastic form and mass. Civilization has produced structures to house, protect, provide, and even generate beauty.

In the reef, organisms from polyp to giant groupers find food and shelter. The beauty of the reef is unsurpassed in color and intricate form. The Great Barrier Reef, like the Great Wall of China, is worthy of being designated one of the wonders of the world.

Like the cities and artifacts of civilization, the coral reef is at risk from without and within. The corals require clean and clear water. Chemical pollution and thermal change, both natural and from human development, threaten the delicate polyps. Silt from rivers or dredging can suffocate the corals or simply reduce the necessary light for the zooxanthellae within the corals to carry on photosynthesis.

## UNDERMINING THE BALANCE

The secretion of the calcium carbonate by coral polyps and other animals is a relatively straightforward chemical process. The reverse is also true:

the coral rock formed can be readily dissolved by some kinds of algae and boring organisms may then find it easy to burrow into the calcareous mass. Even minor alterations of the structure can eventually undermine a coral head. It may take years for the rock-boring urchin (*Echinometra lucunter*) to excavate a burrow, but it can be the first inroad to the collapse of the coral.

The boring sponge (*Cliona celata*) can bore into coral rock and create a riddled mass of disintegrating rubble. The sponge secretes sulfuric acid and dissolves the calcareous material of coral rock and mollusk shells. Even the solid remains of coral rock and shells are broken down in this process; otherwise the larger shells would accumulate over the eons and cover the sea bottom.

A balance has prevailed to produce coral reefs worldwide that have withstood the natural destruc-

*Each coral spreads its growth to capture the best light possible. Competition fuels great diversity on the reef. This is the Great Barrier Reef, Australia.*

*Teeming with colorful life, the reef offers a setting for diverse life where every niche is filled.*

tive pressure of animals and the ocean's force. What we know as the reefs of the world are wondrous places, remarkable in their growth. It has not always been so, and no guarantee exists to prevent the balance from being tipped toward a decline of coral communities. The evidence of strange flat-topped sea mounts called *guyots* (pronounced ghee-oh) show coral atolls that have literally dropped out of existence. At one time reaching the surface like atolls, these volcanic mountains have moved on shifting crustal plates to deep water.

## NO END IN SIGHT

With the development of sonar during World War II, numerous volcanic sea mounts were found hundreds of feet beneath the surface. Before these islands sank to depths that could not support coral growth, they were likely reefs of beauty and diversity to rival any we know today. The rise and fall of coral empires is recorded in the strata of mountain ranges, America's Grand Canyon, and the islands of the Florida Keys. That coral reefs have grown and been lost over geologic epochs seems irrelevant to today's concerns. However, the acceleration of processes, even natural ones, is the risk to the coral reefs present now. The balance of net gain or loss is delicate and influenced by the touch of mankind.

The coral polyps grow as long as the conditions allow, purposefully only to reproduce their own kind. Competing animals and plants struggle to find an edge where perhaps the corals lose their advantage. Sometimes a storm breaks the continued growth. Sometimes the environment favors competitors like the crown of thorns starfish that eat the polyps (see "A Crown of Thorns," p. 107) or algae that overgrow the polyps. Sometimes the growth of the corals imposes its own limits to new growth by building structures that change the sea's action and thereby the conditions that favored that very growth.

The tremendous changes that this environment has undergone over the eons have allowed fantastic evolutionary diversity. Reefs grow into defined patterns as these processes take place. The atoll builds a lagoon central to a ring of coral islands growing rapidly in the clear waters near the drop-off of its volcanic base, and it protects the lagoon so that it fills with silt and still water. Each reef is different, but because similar forces are at play, similar forms develop, as the numerous atolls demonstrate.

## Lines in the Water

Reefs are made up of distinct zones, with certain species dominant in each. A line of surf at the edge of the dark blue of deep water delineates the most active edge of a coral reef in the clean, clear, oxygen-filled waters where growth is rapid. The transparency of the water allows light to enhance the growth of the corals. (The deeper water appears to be royal blue because there are fewer particles—of sand, of plankton, of any organic materials—to reflect light. Shallow waters of tropical coasts are more turbulent; therefore, there is more suspended matter to reflect light, resulting in the turquoise color.) This edge creeps farther from shore as the corals grow, but as the edge builds, it changes.

### A NATURAL BREAKWATER

The edge that breaks the surf is called the reef crest. In the Atlantic, this is called the palmata zone, after the dominant species, the elkhorn coral (*Acropora palmata*). The dominant species are adapted to absorb the force of wave action. Forests of elkhorn coral effectively absorb wave energy. The antlers of coral thrive in the surging motion of all but the most powerful storm waves. Few species can compete in this habitat. The reef crest is swept clean by the wave action. Elkhorn coral lacks cilia-mucus to clean its surface and therefore relies on the surge of clear water to do it. The encrusting fire coral (*Millepora*) is also able to establish itself in the harsh zone at the reef crest. In the Pacific, other corals predominate.

Following the dynamics of wave force and the growth of the reef, it is easy to see the change on the reef. As more elkhorn coral creeps into the waves, the rear edge of this zone is more and more protected. The natural breakwater of the elkhorn slows the surf as it surges past. Without the dynamic cleaning of its surface, the rear elkhorn may die or exceptional

*The growth of an island in progress. The coral reef builds a breakwater barrier protecting the shallow lagoon.*

storm waves may break it outright. Growth is slow on the less active edge, and a rear zone or rubble zone develops. As the rubble breaks further, the sandy bottom of the protected lagoon begins to fill.

### LIKE OPEN ARMS

Seaward from the reef crest, the coral reef plunges into the deep water to a depth where light no longer supports growth. The forms become sculptured to absorb the sparse light, some stretching like the leaves of plants to catch the available light rays. While the elkhorn grows rapidly, the primary builders of

the reef are the boulder corals and massive forms of brain coral that grow as buttresses. The substantial mass dwarfs even the man-made structures from the fortifications at Navarone to the Great Wall of China.

### SPUR AND GROOVE CONFIGURATIONS

The mass of the boulder corals form outcroppings along the reef that reinforce the mass of the reef edge. As these fingers absorb the wave force, debris and sand scour channels in what is known as spur and groove configurations. The waves shape the corals, which, in turn, channel the waves. Sandy plains often

## BLACK CORAL

*The black coral and the red or pink precious coral are members of a group commonly called the soft corals, antipatharians. The black coral has a hard proteinaceous skeleton and is now quite rare because of the demand for jewelry made from it. Its skeleton was also considered to have medicinal value. The name* anti *(against)* + pathes *(disease or harm) produced a demand for this material, luring divers to depths below 100 feet (30m) long before scuba technology and submersibles made it safe to collect black corals over their depth range down to 3,200 feet (1,000m).*

build up before the reef drops into areas of water where little light is available for photosynthesis. The reef-forming corals rely on zooxanthellae, but some deep-water species manage to survive on the escarpment. The coral reef ends at a depth of 197 feet (60m). The famous black coral (*Antipathas*), which is not a true coral at all (it contains no zooxanthellae), grows to this depth.

## *The Survival Game*

The play of ocean forces on species that are simply finding a means to carry out the imperative of survival and reproduction tells a common story. The stony corals grow rapidly into the massive building blocks of the reefs. Hermatypic, hard corals build the formation of the reef, while the ahermatypic corals add the decorative frills with their branching, flower-like forms that fill in and bind the reef. Their loose skeletons become the sand that fills the crevices.

The large boulder corals like the large star coral (*Montastrea cavernosa*), the common star coral (*M. annularis*), and the brain corals (*Diploria* species) are foundation specialists of the Caribbean reefs. The

## HANGING OUT A BARBER POLE

*Some fish advertise a function to others that protects them from being eaten. The cleaner wrasse (Labroides dimidiatus) is a small elongate fish that would seem a tasty morsel to most fish bigger than itself. The cleaner wrasse displays dark blue and black bands along its body that identify it as a fish willing to pick parasites from the skin and openings of larger fish. Each cleaner establishes a station where fish with a particular itch will come and hang about quietly while the cleaner provides its service, in some cases even entering the mouth of the larger fish. A mutual acknowledgment allows both fish to benefit. The aggressive behavior of fish that are usually fierce predators is suspended. The blue and black bands are a signal that has often been compared to the stripes of a barber pole, signifying the profession and service. The blennie (Aspidontus taeniatus) has evolved a deception to capitalize on the cleaner wrasse's advertisement. The saber-toothed blennie has the same black and blue stripes and inhabits the same range. Instead of providing the beneficial cleaning function, however, the blennie picks pieces of flesh from its unsuspecting "customers."*

*Both the cleaner wrasse and the saber-toothed blennie inhabit Pacific reefs. In the Atlantic, and from a completely different family—the gobies—the neon goby (Gobiosoma oceanops) has evolved the same function and the same blue and black stripes. The cleaning function is important enough to create specialists on the reef and mimics to exploit the relationship. Other fish provide the service to a lesser degree. Juvenile angelfish and other immature specimens receive a respite from the chase to provide the service to fish that would otherwise easily consume them. In the warm waters of the reef, parasites abound. The action of the larger fish elicits the cleaning. Stationing and flaring the mouth and gills indicates the need to be cleaned. The young fish respond and get an easy meal of isopods or worms.*

*The neon goby has the same distinctive colors as the fish that perform similar service. Evolution produced the same result in different oceans and unrelated species.*

*The sweetlips recognizes the cleaner wrasse, Labroides dimidiatus, and will not eat the little fish that cleans parasites from the larger fish.*

*Brain coral,* Diploria sp. *The individual cups in which each polyp grows may be so close together that they join. The result is the meandrine, or brain coral.*

*As parrot fish,* Scarus sp., *scrape algae from coral rock, they ingest both coral and algae. Molarlike pharyngeal teeth grind the coral, which is then passed as fine sand.*

*Like an aquatic wolf, the barracuda,* Sphyraena argentea, *lurks at the fringe of the reef. Sharp canine-like teeth are ready to catch fish showing any sign of weakness.*

reef as a whole is not a cooperative result but the result of intense competition, with each species trying to gain a foothold and dominate. Those efforts are met by the force of waves, limits of light, and competing species. Take, for instance, the edge of a coral head like *Montastrea* species: if a neighboring colony abuts the coral, a boundary dispute limits the expansion. The polyps of one will reach out with long filaments to attack and, in some cases, eat the other. A bare "no man's land" of shaky truce is established between the colonies. Eventually, one species prevails and overtakes the other, or an even more dominant settler becomes established and overruns the combatants.

### THEM AGAINST THEM

The contest is between the corals themselves and other organisms—from sponges to fishes—that find their success only at the expense of the reef. By undermining the very foundation of the reef, boring sponges can wreak havoc on the entire overlay and structure of the complex environment. A boulder coral head undermined by sponges and torn loose in a storm becomes a wrecking ball to the intricate structures around it.

One way the protective mass of connected polyps of a coral head may be broken is by the grazing of parrot fishes. The beaked teeth of the rainbow parrot

fish (*Scarus gaucamaia*) are suited for scraping the face of the substrate. Usually they graze the algae-encrusted shallows of the back reef, but by accident, their herbivorous foraging may break the protective mass of coral tissue. It also may be that algae grazers find occasional sustenance in the zooxanthellae.

### THE ORANGE SPONGE: HERO WORSHIP?

Once broken, it is a race of repair against invasion. Since corals grow so slowly (it takes two to three months to cover the damage), it is likely that invaders will win. Borers may find their opportunity, but ironically, another sponge, the orange sponge, may fill the break with its tissue and prevent the borers or fast-growing sponges from overgrowing the head. The orange sponge can fill the vulnerable underside of a coral head and protect it from invasion. A hero of the reef, perhaps, or just another strand in the web of diversity.

## A Place to Call Home

Like the rain forest, the reef is a living shelter for species that depend on each other as prey, or in some cases as mutual recipients of seemingly cooperative strategies of survival. The zooxanthellae within the coral tissue and the planktonic forms of microscopic

drifters form the base of the community and contrast with the sharks, barracudas, and giant groupers at the top of the food chain.

### SPONGES

Between the extremes lies a web of intricate and beautiful life-forms. The warm water and short life cycles of numerous species stimulate evolution to fill every niche. Some animals, like the corals, do not move, but must rely on currents to bring food past their filtering mechanisms. The most primitive form of sessile animal, the sponge, generates internal currents through its entire body to filter plankton. Water passes through dermal pores, millions of which permeate the skin. Special cells, called choanocytes, bear hairlike flagellae that beat in unison to pass a current through the body and out the exhaust canals, called oscules. The clear water that allows corals to grow provides only small amounts of plankton, so the efficiency of the sponge is critical. Many sponges consume only the smallest of plankton, which is too small to be eaten by other filter feeders.

Sponges may be shapeless masses or as distinct as delicate vases or massive barrels, like the Caribbean loggerhead sponge (*Speciospongia vesparia*). The shape of the sponge is a result of an internal supporting structure of glasslike needles called spicules, which are made of calcium carbonate or silica.

**Toxic Substances** Although some fish feed on sponges, most are discouraged by their smelly and sometimes noxious secretions. Angelfishes (family Chaetodontidae) and filefishes (family Balistidae) are among the few predators. The toxins sponges produce, such as that of the Caribbean fire sponge (*Neofibularia nolitangere*), which is also known as the touch-me-not sponge, are often poisonous to humans. This brown, brittle sponge can cause a severe rash, swollen fingertips, or general bodily itching. The potency of the chemicals produced by such sponges has spurred considerable interest by pharmaceutical companies, which have developed a number of antibiotics from sponges. There is also promise for such chemicals to be used as biodegradable anti-fouling agents, shark repellents, and cancer-inhibiting products.

## CAMOUFLAGE ACTION

The Atlantic decorator crab (*Stenocianops furcata*) and the sponge spider crab (*Macrocoeloma trispinosum*) place pieces of sponge on the backs of their shells to camouflage their appearance. In the coral reef habitat, to be seen may be to be eaten. But gaudy colors also prevail. Sometimes, the brilliance of coral reef fishes is simply the consequence of the colorful psychedelic background of corals, anemones, and sponges.

In other cases, color serves as an advertisement of warning or function. The stately motion of the lionfish (*Pterolis volitans*) indicates a fish without a care. The prominent stripes and glowing fins warn predators of the lionfish's venomous spines. The dorsal spines are hollow needles that can inflict an excruciating wound to a human, and would certainly discourage attackers. A bright color can be a learned signal to reduce the chance of attack.

**In Living Colors** The exact role of color in reef fish behavior is not fully understood. Sexual advertisement is obvious in some species. The males of the bluehead wrasse (*Thalassoma bifasciatum*) attain a dominant role and coloration as a so-called super male with a distinct blue head and brilliant aqua body when they exhibit strong and aggressive behavior. They dominate the territory and the less colorful

*The wide fins of the lionfish,* Pterolis antennata, *herd prey fish near the reach of its extendable mouth.*

*The longnose butterflyfish,* Forcipiger flavissimus, *is well adapted for picking food out from intricate spaces in the corals.*

# A CROWN OF THORNS

In the 1960s, a notorious reef predator became known as the destroyer of large portions of Pacific reefs. The crown of thorns starfish (Acanthaster planci) was found in unusually large numbers feeding on coral polyps, leaving the bare white skeletons of the coral in its path. By 1969, 140 square miles (364 sq km) of Australian reefs had been decimated.

The crown of thorns was labeled a villain, both by its action and its appearance. The starfish has needle-sharp venomous spines that cover its 16-armed body. It feeds in the repulsive (except to starfish) manner of extruding its stomach through its mouth and flooding the living coral tissue with strong digestive juices. It clings to the coral head with its many tube feet on which it can glide to devour a swath of corals over a wide range. In the slow-motion world of coral polyps there is no escape.

With such a sinister culprit clearly defined, divers massed to stop the threat. Diving clubs volunteered to kill the menace by injecting the crown of thorns with formaldehyde. As well-meaning as these attempts were, the result was somewhat futile due to the great expanse of the starfish's range. For once, human predation seemed to have little effect. The cause of the population explosion was not determined conclusively, yet the influence of human activity is suspect. Pesticide poisoning may have reduced the planktonic predators of larval crown of thorns. Indiscriminate collecting of the giant triton (family Ranellidae), a gastropod mollusk, had reduced the numbers of one of the few animals that prey on the adult starfish. This shell is like that known in mythology as the horn used to herald the sea god Neptune. Scientists suggested cultivating and releasing tritons as protectors of the reef. Others, with perhaps a longer view in mind, countered that idea, believing that such a measure might further upset the balance, and that the population increase was likely a natural occurrence of which humans were simply ignorant.

*The tube feet of the crown of thorns starfish,* Acanthaster planci, *move by a hydraulic system, while the spines contain venom.*

*The Naussau grouper,* Ephinephelus striatus, *is able to readily change its color as camouflage or a signal of its mood.*

males, some of which are bright yellow like the females. If the super male is removed from the territory, another fish will develop its characteristics. If no males are available to assume the role, a female will reverse its sex and develop into the super male.

The distinct colors and relationship to its sexual role are obvious in the wrasses, parrot fishes, and groupers. The macho concept of super male has been impugned, since during the spawning aggregations of males and females the super male displays for any individual yellow fish, which in some cases is a male or immature female. The others, however, form spawning groups of five to ten fish to mix their sexual products. These spawning aggregations provide the real work of continuing the species. What purpose the elaborate development of the super male serves remains a puzzle.

## A LIMESTONE COWBOY?

*Not only did Charles Darwin stagger the world with his theory of evolution, he also explained the formation of coral atolls. Darwin visualized a coral reef at the edges of a mountain, or a volcano erupting from the sea. He knew that coral polyps leave a limestone structure, the skeleton of innumerable individuals, as they grow and die. They build on the remains of the previous generations. Darwin saw a buildup of limestone that weighed the mountain into subsiding at a rate that kept the reef building at its optimal level, that is, the lighted area down to 150 feet (45m). The rise and fall of sea level during glacial ages causes corals to completely cover the mountain rock. It took over a hundred years to prove Darwin correct. Darwin even anticipated the proof of the theory. He suggested that drilling through the coral rock would reveal the underlying basalt. At that time it was not possible to fund such a venture. During the testing of nuclear devices in the Pacific, navy engineers bored through the coral of Enewetak Atoll 4,222 feet (1,287m) down to the volcanic base. Darwin had predicted that a wealthy patron would be necessary to fund such a project. It is doubtful he would have ever considered it to be the American taxpayer.*

*Atolls—rings or horseshoes of coral enclosing a lagoon—are peculiar to the growth of corals around the edge of a volcanic island. The process that can eventually submerge a mountaintop below the surface due to the weight of coral growth or change in sea level also occurs in building fringing reefs at the edge of more stable coastlines.*

*One-Tree Island on the Great Barrier Reef, Australia. The first bit of land grows from the sea as the reefs grow outward.*

# HOW DOES THE FUTURE LOOK?

As world development continues, preservation of the pristine condition of the open sea will be important: important for the animals within its sphere, and important to the future generations who would use and enjoy its continual harvest.

The account of the day the tilefish died (see p. 67) illustrates both the strength and weakness of the ocean habitats. A slight shift in temperature created a massive die-off of species that had evolved for unchanging conditions. Recently, concern has developed about coral bleaching in wide areas of coral reefs, perhaps as a consequence of a fractional warming trend and El Niño (the sequence of changing winds and currents along the Pacific coast of South America). This has eliminated entire fisheries. The canneries of Monterey Bay, where humans caught and processed the seemingly limitless bounty of sardines, have been replaced by the Monterey Bay Aquarium, which presents marine life behind glass to another seemingly limitless species, Homo sapiens.

The lesson may be that a force of evolution is at work, changing the world as other life processes have changed the world over the eons. The quest for control over the environment has been a progression from cave- to condo-dweller. This process is more likely to continue than to reverse. An encapsulated world managed like that of a well-run aquarium is beyond even the most avant-garde science fiction themes. The trend, however, is indicated almost as clearly as what might be called the disposable planet theory. Use it up and throw it away. Some people think that by the time the planet's resources are gone, technology will have provided a means to expand beyond the bounds "of the third planet in orbit around a minor star called the sun."

This premise has elements of truth that will have to be addressed. Scientists, environmentalists, developers, and the populace will determine the course. That course has been seen on the terrestrial surface. Its runoff and expansion into the oceans will continue. The risk is likely to be greatest on the margins of the sea that have

the closest contact with human development. The salt marsh and mangroves have already been seriously affected. Coral reefs are beginning to feel similar pressure. On the reef, biological diversity is greatest in a relatively stable setting. Any impact will affect large numbers of species with complex interrelationships between organisms. The open ocean is not immune. Habitats on land that were once thought inaccessible to the influence of civilization are now threatened from pole to pole.

Ocean habitats are different from more familiar terrestrial locations. Ocean habitats may seem remote and untouched, but we have seen that the expanse and volume of the oceans exceeds the land's thin surface of life. The three dimensions of the ocean's mass dwarf the life-sustaining measure of even the rain forests, which are but a few hundred feet in the thickest cross-section. While birds can only soar through the envelope of air above the earth, the density of the oceans supports inhabitants at every depth.

The expanse of ocean habitats has protected them from human impact. Human development has been

the most prominent player—except for the emergence of life itself—in the planet's changing environment. The oceans, while having the largest mass resistant to change, may be the most at risk from human incursions since they are affected most by the smallest differences. The stability of the ocean environment could prove the most fragile of defenses.

As we traced the history and development of ocean habitats, it became clear that change continues, producing more change. Contemporary environmentalists work tirelessly to prevent the change, but change is inevitable. There is always the possibility of environmental disasters and catastrophic events that will destroy the natural world. Consider, however, that in the long view of evolutionary history, environmental disasters have been the beginnings of some of our most treasured natural wonders. Without the cataclysm of volcanic mountain building, the Hawaiian Islands would not exist, Bermuda would not pierce the surface of the Atlantic, and the marvelous new world of the hot vents would not even be imagined. The natural world is not what we would call environmentally correct.

**The coral reef holds biological diversity as great as the tropical rain forests. Its conservation will be as important for respectful use and inspiration.**

# The Wetlands

*Freshwater habitats include permanent and temporary wet areas. In general, rivers, lakes, and large ponds may be considered permanent wet areas. This, of course, may not be the case during a severe drought, when smaller rivers and large areas of lakes and entire ponds may become dry. But large rivers such as the Nile and Amazon, and large lakes such as the Great Lakes, are unlikely to dry out during dry periods. Riverbanks, however, and the river's floodplain, are temporary wetlands, wet or dry depending on the amount of water within the river. The same is true of the banks of lakes and ponds.*

This billabong is located near Townsville in Queensland, Australia. Its complex vegetation is home to a wide variety of wetland wildlife.

The water lily, Nymphaea odorata, forms a carpet atop the shallow water of an open wetland. Although the plant appears to float, it is firmly attached to the bottom. Other vegetation, such as duckweed, floats with air-filled bladders.

The Brazilian Pantanal is on an annual cycle of inundation and thirst. Here, it is drying, but the remaining water holds sustenance for many migratory aquatic birds, including herons, egrets, and cormorants, that find fish plentiful in the waning water.

This marsh in the Scottish highlands is home to waterfowl and numerous marsh-loving plants. Migratory waterfowl, especially Arctic species that overwinter in Europe, depend upon marshes like these.

A distinguished group of wetland scientists has defined wetlands as "lands where saturation with water is the dominant factor determining the nature of soil development and the types of plant and animal communities living in the soil and on its surface." Wetlands form a continuum between deep-water habitats, which are always underwater, and dry land.

## HOW ARE WETLANDS CLASSIFIED?

Lewis Cowardin and his colleagues of the United States Fish and Wildlife Service have classified the wetlands and deep-water habitats in the United States into five main types: marine, or areas at the edge of the ocean; estuarine, or areas where fresh-water rivers meet oceans or bays; rivers; lakes or areas including and adjacent to lakes or dammed river channels; and palustrine. This last category includes what we normally think of as wetlands: swamps, bogs, wet prairies, marshes, fens, and ponds. These are temporary wetlands that can dry up and are often dependent upon cycles of rain and drought. This basic classification, although originally applied to habitats in the United States, may be used for wetlands and deep-water habitats throughout the world.

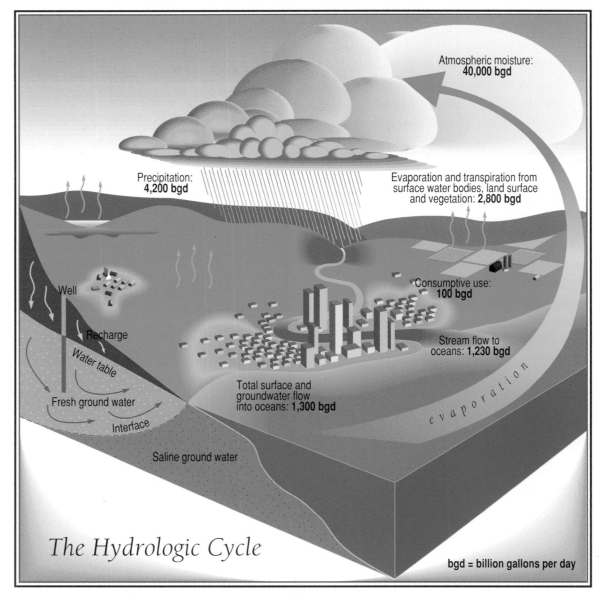

*Water is constantly recycled on our planet. Precipitation as rain, snow, or ice drops water onto the earth. It saturates the ground and flows into larger bodies. Eventually, it evaporates into the atmosphere, where it again forms precipitation.*

## Estuaries

Estuaries are found where the saline water of the ocean meets the freshwater runoff from rivers, streams, or land. Estuarine areas typically have water that has less salt than that of the ocean. However, small wet areas within an estuary may actually have higher salinity than ocean water due to evaporation and lack of circulation. Examples of estuaries are the mouth of the Mississippi River in the United States, Vietnam's Mekong River Delta, and the mangrove swamps of Malaysia. Estuaries may contain saltwater marshes, which are among the world's most productive habitats. Subtropical saltwater marshes, for

example, contain greater amounts of biomass, or living material, than some tropical rain forest regions.

## Rivers

Rivers form as drainage systems for rain, melting snow and ice, and groundwater. Riverbeds may be deeply etched through bedrock, with little or no floodplain, such as parts of the Colorado River, which cuts through sedimentary rock in the Grand Canyon. In

some cases, however, rivers may actually run higher than the surrounding land, such as China's Huang He (Yellow River), which runs through loess, a soil type that erodes easily. Riverine habitats include deepwater rivers and areas of flooding within the river's channel. This, in general, excludes the floodplains, which are included in the palustrine habitat. The Huang He, for example, has a large floodplain. Riverine habitats usually have actively flowing water. There may be areas of rapid or slow flow. A river that flows into the ocean is affected by the tides, both in its speed of ebb and flow and in its plant and animal life, which are adapted to the changes in salinity.

Near the mouth of the river, there is considerable salinity, as the tides push the saltwater upriver. The lower central stream of New York's Hudson River, for example, is composed of seawater, and ocean fish may be caught in it many miles north of New York City. As you proceed upriver, toward the source, the river is entirely freshwater, running rapidly over beds of rock or stone. In our mind's eye, we picture a clear, rapidly running stream leading into the river. In truth, in most parts of the world today, the clear stream is a fragment of memory. The world's rivers are badly polluted from industrial, human, and animal wastes and modern agricultural practices. Each river has its own geological structure and flow pattern, which are determined by the type of rock and soil, climate, salinity, vegetation, and, in part, by human activities nearby, such as agriculture. Thus, rivers that are near each other may have different habitats and may harbor different species of organisms. A good example is the South American smooth-fronted caiman (*Paleosuchus trigonatus*) and its close relative the dwarf caiman (*P. palpebrosus*). The dwarf caiman may be found in open rivers, but the smooth-fronted caiman, which may live in the same general region, is found in rapidly flowing acidic forest streams.

## Lakes, Reservoirs, and Dams

Lacustrine areas include permanent or temporary lakes, reservoirs or dams, and the nonforested areas that flood at high water. Lakes are formed by many processes, including glaciation, which produces deep, generally cold-water lakes such as Lake Baikal in Russia. Shallow lakes are formed when loss of an underground aquifer, or water table, causes the soil to drop, creating shallow basins that fill with water. Many of the lakes in southern Florida are products of such basin formation, which threatens the solid land habitat there. Tidal lakes, such as Louisiana's Grand Lake, which maintains a low salinity, are also considered lacustrine areas.

*The swamp rose, a typical wetland flowering plant, is a member of the genus* Rosa, *the same genus that includes the domestic garden varieties of roses.*

*Purple loosestrife,* Lythrum salicaria, *is a typical plant found in freshwater marshes and swamps.*

## Palustrine Areas

Swamps, bogs, marshes, wet prairies, fens, and ponds are what most people usually consider to be wetlands. These are palustrine areas, freshwater regions or those with very low salinity. Many of these areas are forested, such as cypress or black-spruce swamps. Among trees found in wetlands are bald cypress (*Taxodium distichum*), water gum (*Nyssa aquatica*), and water locust (*Gleditsia aquatica*). Some are considered to be scrub-shrub wetlands, the dominant vegetation being woody shrubs and young trees that are less than 20 feet (6m) tall. Shrubs include buttonbush (*Cephalanthus occidentalis*), red mangrove (*Rhizophora mangle*), and swamp rose (*Rosa palustris*). Other wetlands are classified as emergent, characterized by the predominance of cattails or other rooted nonwoody hydrophytic, or water-loving, plants.

### DESCRIBING A SWAMP

Although Okefenokee Swamp in southern Georgia and the Great Dismal Swamp in Virginia and North Carolina are called swamps, they both sit on beds of peat and could also be called peat bogs. In fact, peat bogs have a covering of peat moss or sphagnum moss and are usually found in the northernmost latitudes. Scientists tend to use "palustrine" as a generic term to categorize these wetland areas and may further divide them according to the dominant plant type: thus, we have cypress and mangrove swamps, peat

### HYDROPHYTES

*Hydrophytes are capable of growing in areas that are always, often, or occasionally underwater or in which the soil is wet. Common wetland examples include floating aquatic forms such as eel grass and various species of water lilies, duckweed, and bladderwort.*

bogs, lichen wetlands, needle-leaved evergreen wetlands, and hemlock wetlands, among others.

We can safely call Okefenokee a swamp, but it contains areas that may be called aquatic bed because of hydrophytes that grow either on the water's surface or immediately below, such as water lilies (*Nymphaea odorata*). Okefenokee also contains areas of emergent wetland with emergents that are present year-round, such as purple loosestrife (*Lythrum salicaria*). Scrub-shrub wetlands, typified by buttonbush (*Cephalanthus occidentalis*), young bald cypress (*Taxodium distichum*), and black ti-ti (*Cyrilla racemiflora*), and forested wetland containing bald and pond cypress (*Taxodium ascendens*), loblolly bay (*Gordonia lasianthus*), and other species of trees are also found in Okefenokee.

## The Balance of Life

The animal life of any wetland depends upon the plants available as food and even as shelter. The herbivores eat plants and, in turn, are eaten by the carnivores. Some of these carnivores, especially the smaller ones, are eaten by other carnivores. Thus, in the Florida swamps, the American alligator (*Alligator mississippiensis*), a secondary or tertiary carnivore, may make a meal of the yellow rat snake (*Elaphe obsoleta quadrivittata*), a primary carnivore that eats birds, lizards, rodents, and other small vertebrates. But the food web is a very complicated structure. The alligator is as likely to eat another secondary carnivore as it is to eat a primary carnivore or an herbivore. A great blue heron (*Ardea herodias*), which eats mainly fish, will eat other small animals and is likely to prey on the alligator's young. At the lowest level of the food web are the decomposers. These are bacteria and fungi that live on the dead material in any ecosystem. Peat bogs are an exception, as they are so acidic that most decomposers cannot survive there, and dead material may build up.

Any climatic or environmental change that affects the plants also affects all organisms present. This delicately balanced see-saw can push a little too much in one direction and crash to the ground.

---

### SUNDEWS: INSECTS BEWARE

*Sundews not only have chlorophyll and can produce their own food, but also are consumers of insects unwary enough to alight on the sticky hairs growing out of their leaves. The hairs secrete enzymes that break down proteins, allowing the insect to be digested. Insectivory, the eating of insects, is a unique plant adaptation to life in watery environments, especially bogs, which, due to the heavy accumulation of peat and acidity in the soil, support little or no bacterial activity. Nitrogen in the underlayer and the water is therefore extremely limited, and emergent plants must find an alternative source of nitrogen. Thus, we have the evolution of plants such as sundews, pitcher plants, bladderworts, and other insectivores.*

---

### FLOATERS AND FAKES

*We think of water lilies as floating plants, but they are actually rooted to the bottom and have floating leaves. The leaves are attached by petioles that have large air passageways within, thus helping the leaves to float. True floating plants include duckweeds (Lemna or Spirodela), water lettuce (Pistia stratiotes), and the nearly ubiquitous invader from the tropics in the southeastern United States, water hyacinth (Eichhornia crassipes). Unrooted plants floating under the water's surface include bladderworts (Utricularia), whose leaves have small air-filled bladders that contain small openings that trap tiny aquatic invertebrates. Bladderworts are carnivorous and digest the organisms they trap.*

**The water lily, a member of the Nymphaeaceae family.**

---

### EMERGENT PLANTS

*Emergent plants are herbaceous plants rooted in the substrate and are seen with their tops emerging in shallow water areas. Their presence in a location leads to classification of the areas as a wetland. Examples of emergent plants found in the United States' wetlands include arrow arum (Peltandra virginica), Canada rush (Juncus canadensis), cattails (Typha species), marsh marigold (Caltha palustris), pickerelweed (Pontederia cordata), skunk cabbage (Symplocarpus foetidus), and the carnivorous sundews (Drosera species).*

# ECOLOGY OF THE WETLANDS

Wetlands cleanse the water in a way that can be compared to the way that charcoal and chemical-based filters purify the water that reaches our taps. Wetlands are like a conglomeration of many different types of filters, with each type using different components and working in a different way.

It is impossible to discuss the ecological relationships in all the wetland types here. But we can discuss several types and get an idea of how most wetland areas function.

## How Wetlands Work: *Blackwater Rivers*

Recent research by Dr. Judy Meyer and her team at the University of Georgia at Athens on the ecology of blackwater rivers is particularly pertinent to the understanding of why we need wetlands.

Blackwater rivers are so named because the water in them is stained dark brown or black from organic materials, especially tannic acid, carried within the river. Blackwater rivers are found throughout the world, but one of the best-known is the Rio Negro (translated as "black river"), which is the northern branch of Brazil's Amazon River. Other blackwater rivers include the Mamtek in Quebec and the Ogeechee in Georgia in the southeastern United States. Rivers draining peat bogs or any areas with a peat underlayer, or draining any other areas rich in organic material, but with sandy bottoms, are likely to be blackwater rivers.

The organic material present in blackwater rivers leaches in from floodplains and large and small tributaries. These organic particles also are produced within the riverbed itself. The reason the organic particles move into the water, rather than settling on the bottom, is that the sandy bottom soil cannot absorb these particles. In the tributaries of rivers

*Brazil's Rio Negro, as its name implies, is a blackwater river flowing to the white-water Amazon River. Large amounts of organic matter, especially tannic acid, dye the water dark brown to black. Blackwater rivers are rich in nutrients and support much life.*

## THE SILT ROAD

*Blackwater rivers have little or no silt (suspended particles of sediment that are tiny pieces of rock). But other rivers, such as the Chang Jiang (formerly called the Yangzi River), are heavily silted. In the Chang Jiang, some of the silt is due to erosion in the floodplain. Deposition and washing away of coarse silt causes river channels to be braided, with mid-channel silt islands that are constantly changing in shape or disappearing and reappearing, such as in Asia's Brahmaputra River, which drains large areas in the Himalayas. The Mississippi River of the United States, which carries less than half the silt of the Chang Jiang, is constantly changing the location and shape of its delta, the triangular-shaped sedimentary deposit at the river's mouth, because of siltation.*

**The Mississippi River Delta is noted for the large amounts of silt deposited at the river's mouth. In fact, the siltation results in the ever-changing route of the river at its delta, a situation that endangers many homes and farmlands.**

whose soil is not sandy, organic particles may be absorbed by the substrate and the water is therefore clear. These are referred to as clear-water rivers or streams. Rivers with large amounts of silt—small, suspended particles of eroded rock and minerals—are called white-water rivers, not to be confused with "whitewater," which is water that has dangerous rapids and boulders.

Although blackwater rivers contain much organic material, they lack dissolved minerals that leach out of eroded rocks. The organic material is derived mainly from plant debris, much of which is washed into the river from areas perhaps many miles from the river itself at the far edges of the floodplain—areas that flood periodically. Were there not a floodplain, the organic material would remain where it fell. Thus, the river is a major route for nutrients washed out of the floodplains. Without the floodplains, the river would be a poor nutritive environment and would support little life. This holds true for all rivers with floodplains, not just blackwater rivers.

**"Snags"** Different parts of the river and of the floodplain and tributaries that lead into the rivers may have different substrates, thus varying the amount of organic matter at each site in a blackwater river system. Blackwater rivers typically have areas in them called "snags." A snag is an area within the river that has broken-down tree limbs, branches, or trunks that have piled up and could "snag" your boat.

In general, more surface area in the river produces more habitat for invertebrates to live in and on, so snags increase the invertebrate population. Thus, snags are more biologically productive than the open river channel. The more invertebrates present, the more food there is for fish. Remove the snag, as is often done to clear a channel, and the fish population in that area decreases.

## NUTRIENT CYCLING

Wetlands also aid in the recycling of nutrients and energy. Inorganic nutrients such as nitrogen, carbon, phosphorus, and sulfur are broken down by bacteria

and fungi in the water. The bacteria and fungi are then consumed by larger organisms, such as the protozoans, and the nutrients are then available for consumption by the sponges or flatworms in the next level of the food web, or by organisms at even higher levels, such as fly larvae. This cycle continues on up the consumer scale. Bacterial production in most wetland areas cannot create enough nutrients for the growth of other organisms, so bacteria must be washed in from other areas. In blackwater rivers, they are washed in from the floodplain.

## ENERGY CYCLING

Energy, too, is cycled. Producers, such as green plants, take energy from the sun and use it to manufacture sugars, starches, and other organic molecules. An organism that consumes the plant—for example, a caterpillar—digests the sugars and starches from the plant, and this transfers the energy to the caterpillar. Let us assume that this caterpillar develops into a butterfly that is eaten by a frog. The frog then utilizes some of the sugars, starches, proteins, fats, and nucleic acids from the butterfly, and thus, energy is transferred to the frog. This process continues on up the consumer scale.

You may notice that this system is not entirely energy efficient. The frog, for example, is not able to digest the chitinous external skeleton of the butterfly. Chitin is a very complex carbohydrate, much more so than plant starch, and most animals do not have enzymes to digest it. What happens to the chitin? It is excreted in the frog's feces and falls to the bottom of the water. There, it is attacked by bacteria, the decomposers, which are capable of digesting it and of transferring both its inorganic components and its nutrients to another level of the food web.

## WETLANDS AS DETOXIFIERS

The bacteria and fungi in wetlands, as well as the underlying sediments, serve to detoxify hazardous matter that flows in. For example, lead, which is a toxic metal, may enter into a wetland but not be absorbed or ingested by the plants and animals there because it sinks into the sediments and remains there until the sediments are disturbed. Sadly, this

## TAMPERING WITH AN ECOSYSTEM

*A group of scientists in Montana have been studying the effects of introducing a small freshwater invertebrate, the opossum shrimp (Mysis relicta) to the Flathead River ecosystem in the northern part of the state near the Canadian border. These shrimp are meant to improve the kokanee salmon (Oncorhynchus nerka) sport fishery in the river system. The salmon itself was an introduced species, which, in the early 1900s, outcompeted the native westslope cutthroat trout (O. clarki lewisi) and replaced it as a major fish in that ecosystem. From previous introductions of the shrimp in deep Canadian lakes, it was known that the salmon would eat the shrimp, resulting in a dramatic increase in the growth rate and, ultimately, the size of the salmon. What happened instead was unexpected.*

*As the numbers of opossum shrimp increased in one lake, the number of kokanee salmon and the amount of salmon spawning decreased. The reasons for this, apparently, are that both the shrimp and the salmon feed on the same species of small invertebrates, and the shrimp are more efficient competitors for these food sources. Thus, the salmon population, which, prior to the presence of the shrimp, may well have been stressed due to overfishing, lost its major food supply and went over the edge into a collapse. But why didn't the salmon eat the shrimp as they were supposed to do?*

*The lake in question, Flathead Lake, is a large, cold, deep-water, glacial lake. Lakes of this kind are few and far between and are not very biologically productive. Although they may contain many cold-water-dwelling fish, such as salmon and trout, they often contain little or no floating vegetation or small floating invertebrates. In fact, the invertebrates most likely to be found in such lakes are shrimp of the genus Mysis (the same genus as the opossum shrimp). The problem at Flathead Lake was that the salmon fed at the uppermost levels of the lake only during the day. But during the day the opos-*

**The bald eagle, Haliaeetus leucocephalus.**

*sum shrimp were down in the lower levels of the lake. When the opossum shrimp came to the top at night to feed, the salmon were not feeding.*

*The damage did not stop with the decrease in salmon numbers. Bald eagles (Haliaeetus leucocephalus), which had been counted by the hundreds in the area of the lake, and which fed primarily on the salmon, were sighted less frequently. Other animals that fed in the area, such as herring gulls (Larus argentatus), common mergansers (Mergus merganser), mallards (Anas platyrhynchos), American dippers (Cinclus mexicanus), grizzly bears (Ursus arctos), coyotes (Canis latrans), river otters (Lutra canadensis), and white-tailed deer (Odocoileus virginianus), have also been seen less frequently. Thus, an entire ecosystem has been affected by an action that was expected to improve fishing.*

system can be overwhelmed by an abundance of toxic material.

If the underlying sediments are chemically unable to absorb toxic material, it is taken up by the plants and animals. Mercury, for example, an extremely toxic metal, has been a worldwide problem, because often the sediments cannot absorb it and it therefore becomes part of the food chain. And some pesticides may kill the organisms that normally carry out detoxification. Oil—from spills—destroys life in the water, either indirectly, by covering the water and preventing sunlight and oxygen from penetrating, or directly, by coating birds' feathers, which makes them incapable of maintaining body heat, or by ingestion, which poisons the animals.

But not all disruptions of an aquatic ecosystem are necessarily bad. Ecosystems are disrupted all the time, either by natural phenomena, such as storms, or by human intervention, such as clearing a channel.

## A Wetland is a Wetland is a Wetland

One interesting aspect of wetland ecosystems is their similarity throughout the world. For example, wherever you go in tropical and subtropical wetlands, most ibises, herons, and spoonbills roost together. One question that arises is why they roost in large colonies and why they pick only certain spots within a vast wetland for this purpose. In the swamp at night, for instance, certain trees are literally blanketed in white with ibises, herons, and wood storks. What is the advantage to this behavior, and is there ever aggression between the members of the different species?

Before we can answer these questions, we must define the term *habitat* in relation to these species. We assume that one clump of trees over water has something that another, similar clump of trees does not have. One influence may be the way trees are used from trunk to treetop: some species roost closer to the ground, others higher up. Because these birds are aquatic feeders, their nesting sites are often near their feeding sites, so nesting sites are rich in aquatic food sources. Added to this, any roosting site would have large quantities of bird excrement below it, which adds nitrogen to the water, and in turn keeps the water below the roosting site rich in aquatic plants and animals. Thus, a roosting site renders an area a good feeding site.

## BIRDS ROOST IN GREAT NUMBERS

Why the numbers of birds? One theory is that by nesting in groups, the birds are better protected— one bird can sound an alarm when the entire colony is threatened. Also, when birds nest together, loss of one or two chicks from the colony can be tolerated. Birds nesting alone cannot afford to lose any chicks.

Chicks, indeed, are lost, and in most of the subtropical and tropical regions in which these wading birds roost, crocodilians are likely to sit under the rookery, just waiting for a chick to fall. While it waits, the crocodile or alligator can feed on the bounty of fish, turtles, snakes, and frogs attracted to this rich site. Meanwhile, if the crocodilian calls this area home, it will excavate out a pool, and during a dry season, the aquatic organisms will be able to survive there. Remove the rookery, and the entire web inevitably falls apart.

You can see that we cannot think of the food chain in any ecosystem as static. There are constant changes, some minor, causing no disruption, and some major, causing much disruption.

*The roseate spoonbill, Ajaia ajaja, has a spatulate bill, distinct method of straining food, and beautiful rose-colored plumage. It is breathtaking to watch as it flies and roosts in pink flocks in the southeastern United States and in Central and South America.*

## LAKES: AGING AND DYING

*If you were to drain a lake and weigh all of its living material, you would be able to determine which lake has the most living material per unit of volume and which lake has the least. We cannot go around draining lakes: aside from being ecologically destructive, it is impractical. We can, however, measure the amount of dissolved oxygen and organic matter in a lake by taking water samples.*

*What has been found is that deep, glacial, cold-water lakes, such as Flathead Lake, the finger lakes at the base of the Tikchick Mountains in Alaska, and the Finger Lakes of New York, have a thick layer of cold water at the bottom, which contains much dissolved oxygen and has little organic material. These are called oligotrophic lakes, meaning that they have little food in them. These lakes are relatively young.*

*As lakes age, a process called eutrophication occurs. In eutrophication, there are more floating and rooted plants and algae, the bottom of the lake begins to fill in with decomposing organic materials, less oxygen is present, especially in the lower levels of the lake, and especially in summer, and there is a lot of organic material. Human activity can increase the rate of eutrophication. Use of high-phosphate detergents and organic pesticides and fertilizers in areas draining into the Great Lakes between Canada and the United States caused Lake Erie, the shallowest of the Great Lakes, to eutrophy fairly rapidly, with massive die-offs of many of the cold-water dwelling fish. Eutrophication is a natural process, but if it occurs too rapidly, the effects on the ecosystem can be drastic.*

# ADAPTING TO AN AQUATIC LIFE

Living things are composed mainly of water. From plants and animals that live in the deserts to those that dwell in oceans, coping with water—too little or too much—is a constant task.

Deep-water habitats and wetlands present special problems. In fresh water, such as lakes, rivers, and swamps, the organism must struggle to maintain water and salt balance. It must keep the water from entering its cells, stretching them like balloons, and then exploding them; it must prevent the salts inside the cell from leaching out. It must, except for the few anaerobes that do not need oxygen, have a strategy for obtaining oxygen. If the plant or animal lives underwater, it must be able to deal with increases and decreases in the water's dissolved oxygen content.

Plants and animals that live in temporary wetland habitats have a further problem, not normally faced by those species that live at the bottoms of deep lakes or within deep rivers: how to survive while the wetland is drying and when it finally is dry.

## *The Amoeba*

To begin looking at adaptations for an aquatic environment, we must begin with the organisms we cannot see with the naked eye: the protists. Protists are unicellular organisms that are classified in a kingdom all their own, the Kingdom Protista.

If you were to look at a few drops of pond water under the microscope, you would see a mass of moving one-celled organisms, all uniquely adapted for life in fresh water. One you may be able to see is the amoeba (*Amoeba* species), familiar to most high school biology students. It is a comparatively simple organism that looks like a blob. It moves around, attaching to, and detaching from, surfaces with its pseudopods, or false feet. The amoeba has no real shape and pseudopods are formed—and disappear—depending on the flow of the cytoplasm (or gel-like

material) within the cell. Pseudopods are also used to engulf even smaller protozoans, algae, and minute multicellular animals, which the amoeba eats by making a digestive sac right over the food item.

## WATER BALANCE

Water balance is a serious problem for freshwater dwellers. Cytoplasm has a greater concentration of salts, or osmotic pressure, than fresh water. Thus, water tends to flow through the cell membrane into the cell, which causes the cell to swell and burst. A burst amoeba is a dead amoeba, so to survive, amoebae must be able to counteract this one-way water flow. Contractile vacuoles, similar to the digestive sacs the amoeba makes over its food, pulsate, returning excess water into the environment. Contractile vacuoles are adaptations seen in many protists. More evolutionarily advanced multicellular animals begin to cope with the water influx with specialized excretory cells.

## *Freshwater Sponges*

Among the unique primitive animals living in freshwater environments is the freshwater sponge (family Spongillidae). Interestingly, almost all sponges are marine, yet freshwater varieties are found throughout the world. They are well known from blackwater areas where the tannic acid produced by rotting veg-

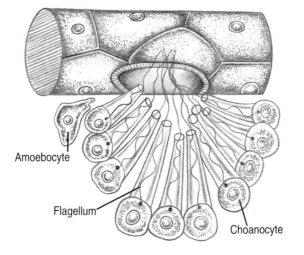

Amoebocyte

Flagellum

Choanocyte

## AMOEBAE AS SCOURGE

*Not all amoebae are beautiful or harmless. The malaria-causing* Plasmodium *is closely related to the freshwater amoeba, and the organism that causes amoebic dysentery,* Entamoeba histolytica, *which may be found in water polluted by human feces. The* Entamoeba *itself forms a cyst that is inactive, and remains that way in the water until it reaches the gut of a human host. The cyst resists temperature changes and freshwater influx. Humans are infected by drinking the water or eating raw, unpeeled fruits or vegetables irrigated by the water. Amoebiasis is a major public health problem in localities with poor sanitation.*

## ADVANCED AMOEBAE

*Some amoebae are much more complicated than the simple "blob." Several freshwater amoebae secrete shells or tests through which their pseudopods poke out. Although some shelled amoebae may secrete the entire shells from chemicals or elements from within the cytoplasm, others, such as* Difflugia, *manufacture the shell from particles of sand or minerals that they cement together with a glue they manufacture. The shell may be clear or of different colors, depending on the minerals used. The organism itself now moves around the pond bottom looking like no more than a grain of sand.*

*In this section through a chamber of the primitive freshwater sponge, choanocytes or collar cells are beating their flagella to produce a water current. Amebocytes scavenge food. Most sponges are marine, but a few live in fresh water.*

etation turns the water a coffee color. Although they are distinct entities and, in some areas, are colored green from algae that live within the sponges' cells, freshwater sponges are relatively inconspicuous—until you encounter their needlelike spines. Made of silica, these spines, or spicules, make up the sponge's exoskeleton, or external body structure. Without its spicules, a sponge would look like an amoeba.

## FILTER FEEDERS

Although sponges are permanently attached to the substrate, they are able to feed by making food come to them. Sponges are filter feeders, setting up a current that siphons the water into holes within the sponge. Sponges have specialized cells that each contain a flagellum, a microscopic, whiplike projection. When the flagella beat in unison they create a current in the water, which pulls minute food organisms to the sponge. The organisms and organic detritus are then ingested by specialized cells. The current also helps the sponge to push out waste material.

# Worms

Fresh water is a good place to find various kinds of worms. Flatworms, roundworms, and segmented worms live in and under the water. Excretory cells help worms to maintain water balance, allowing them to survive in freshwater environments.

## FLATWORMS

The flatworms, which are best known to us from the planarian *Dugesia*, include many species that live in lakes, ponds, and streams. Although many flatworms live in marine environments, only the freshwater species have developed cells that are the forerunners of the kidney. These cells probably function similarly to the contractile vacuole in protists, ridding the animal's body of excess water. Flatworms are the most primitive organisms to develop muscle cells, which help attach the animal to the substrate, and mucus-secreting cells, which produce a trail of mucus that decreases the friction between the animal's body and the environment as it moves.

## WHERE DISEASES LURK

*Animals adapted to an aquatic habitat may also be disease carriers. Certain freshwater snails serve as intermediate hosts for the flatworm—trematode—that causes schistosomiasis (also called bilharzia), a devastating disease that affects at least 200 million people worldwide. The snails, possibly descended from saltwater-dwelling species, have adaptations for freshwater survival. They are members of the subclass Pulmonata, and as the name implies, rather than having gills for breathing (which are present in most of the saltwater snails), the cavity beneath their mantle—the outermost part of the body—has been converted into a lung.*

*A snail that is infected with the schistosoma parasite releases worm larvae into the water. The larvae swim around, and when they encounter a human, they attach to the skin and then burrow into it, entering the bloodstream, where they mature. Worms mate and the female lays her eggs within the host, frequently in blood vessels in or near the bladder or intestine. Some of these eggs are excreted in the urine and/or feces. In countries with poor sanitation, raw sewage is dumped right into a body of water where the eggs will hatch and*

*form young that will enter into a snail to continue their life cycle.*

*Eradication programs, similar to those for mosquitoes, have depended upon draining wetlands and improving or even introducing sanitation. In Asia, however, the wetlands may be rice paddies, essential for food production, so draining the area is not a logical option and improving sanitation may be too difficult or expensive. Although wearing high boots over long pants with a tight weave offers some protection when walking in water infested with schistosome larvae, people don't dress that way to work in rice fields.*

*Bayluscide, a synthetic molluscicide that kills the snails, is recommended for use by the World Health Organization. The African soapberry plant also produces substances that are molluscicidal, and scientists hope to begin trials with it in Zimbabwe. In some areas, such as southeast China, where both the snails and the schistosoma parasites are endemic, the snails make up a major portion of the diet of the endangered Chinese alligator. Thus, killing the mollusks may further depress already low wild alligator populations.*

## THE FRESHWATER-SALTWATER RELATIONSHIP

*Freshwater environments may not be as "fresh" as they sound. Where rain is infrequent and temperatures are high, the water evaporates and salts within the water become more and more concentrated. Freshwater marshes may also occasionally receive some tidal inflow. With no rain and rapid evaporation in the summer heat, the swamp may change from fresh water to brackish water. Organisms that live there must be able to tolerate these changes in salinity. Also, especially in the temperate regions of the world, water temperatures in*

*freshwater areas vary throughout the year.*

*Thus, animals that live in the water must be able to withstand the temperature variations or have some mechanism for survival during the hottest and coldest times of the year. Furthermore, as freshwater areas may temporarily become part of larger bodies of water, freshwater animals must be able to move out of their habitats into new ones just by following the stream. The most successful freshwater species, therefore, are those that are adapted to changes in habitat.*

## Bugs

If an animal exists in a wetland and does not live underwater, it must be able to swim—or at least not sink to the bottom—when it hits the water. The aquatic bugs, which include water striders (family Gerridae), water boatmen (family Corixidae), backswimmers (family Notonectidae), and giant water bugs (family Belostomatidae), have short antennae and their legs are flattened and covered with hairs to aid in swimming. Although they can fly, they must reproduce in the water, laying eggs on plants, stones, or other objects in the water or inserting eggs into aquatic plant stalks. All are adapted to eating in the water, and all, except the water boatmen, are predaceous and have strong beaks—anyone who has been bitten by a backswimmer or giant water bug while walking or swimming in a pond can attest to that! Many eat insects, but some prey on frogs, snails, and fish.

### BACKSWIMMERS

Backswimmers, as their name implies, swim on their backs, so their underparts are exposed above the water's surface. To camouflage them from predators above the water, the exposed legs and abdomen are black or brown. To camouflage them from predators below the water's surface, their backs are light-colored and often spotted, making them nearly invisible to an animal looking through dark water up to a bright sky. If you grab one outside the water, it will flip back and forth between its abdomen and its back. It may also give you a painful nip.

## Mosquitoes, Damselflies, and Dragonflies

Insects such as mosquitoes, damselflies, and dragonflies rely on wetlands to lay their eggs. Eggs are laid in water or in moist areas near water, and the larval stages are fully aquatic. Some of the dragonflies, such as the swift long-winged skimmer (*Pachydiplax longipennis*) and the Elisa skimmer (*Celithemis elisa*) of

*Giant water bugs of the family Belostomatidae are among the largest of the true bugs. Some members of this family lay eggs on vegetation in the water, but others lay eggs on the male's back.*

*Members of the skimmers include the dragonflies. At rest, dragonflies hold their wings out horizontally from their bodies; damselflies hold their wings upright, above their bodies.*

*When mating, narrow-winged damselflies of the family Coenagrionidae often fly in tandem, with the male holding the female. Eggs are washed off when the female flicks her abdomen onto the water's surface.*

North America, flick the tips of their abdomens into the water to lay their eggs. This behavior can be easily observed in spring and summer at ponds, rivers, streams, lakes, and swamps. The insects look as if they are trying to flick some bothersome parasite off the ends of their abdomens.

Dragonfly nymphs usually live in mud at the bottoms of bodies of water. Interestingly, they have no lungs and have to rely on gills within their rectums to obtain oxygen under water. Dragonfly larvae are the only aquatic insects with such a respiratory adaptation.

Damselflies may mate under water. Eggs are likely to be deposited in damp areas, but not in the water. The nymphs tend to stay away from the bottom and are likely to be found on stems. The nymphs of both dragonflies and damselflies are highly predaceous, eating crustaceans, aquatic insects, and, in some cases, even fish and frogs.

## Fish

Many factors have influenced the adaptations that allow fish to best survive in freshwater habitats. Freshwater fish face a constant battle to prevent the water, more dilute than that inside their cells, from causing their cells to swell and burst. Fortunately, they have developed kidneys, which, like human kidneys, maintain the body's proper water-salt balance by excreting excess water and maintaining salts.

Reproduction in fresh water also has its difficulties. Eggs laid in water must be coated with a protective mucus to prevent the water from diffusing into the eggs, which would cause them to swell and burst. For most fish, the obvious course is to produce massive numbers of eggs, fertilized externally by the male at the time of egg laying in the water. At this point both parents leave. Hopefully, some of the young will survive, and in most cases, some do. But even to reach this point requires coordination of mating behaviors between male and female. Precopulatory rituals may include dancing, tapping, slapping, chasing, biting, fin displays, and other friendly and not so friendly inducements.

## How Do Fish Choose Mates?

Even among fish with no parental care, such as the sockeye salmon of the Pacific (*Oncorhynchus nerka*), which die in their native streams after copulation, the male must do his part to be acceptable to the female before she will allow her eggs to be fertilized by him. In salmon, this may be related to looks. What female can resist the male's bright red skin and overslung jaw?

But refinements of this pattern ensure even greater survival of young. Parental care increases the ability of young to survive. The ten-spined stickleback (*Pygosteus pungitius*), a small fish native to freshwater rivers and streams in England, and its relatives have a complex mating behavior that lures the female into a nest of vegetation built by the male. If the male's courtship dance is acceptable to the female, she will lay eggs within the nest that the male immediately fertilizes. The male then chases the female away and cares for the developing embryos by fanning the nest with his pectoral fins. This creates a current around the eggs and aerates them, giving them more oxygen for development, and perhaps discourages the growth of microorganisms on the eggs. Once the young hatch, the male will guard them for several days. This ensures that young will survive incubation and the first few treacherous days of life, protected from predators.

## Male Parenting

The African black-chinned mouthbrooder (*Sarotherodon melanotheron*), a slightly larger spiny-finned fish, has gone one step further than the sticklebacks in protecting his young. Once eggs are fertilized in the nest that he has scooped out of the substrate, he picks the eggs up in his mouth and carries them around for several weeks until they hatch, periodically "mumbling" them around in his mouth to aerate them and clean them of microorganisms. During this time the male fasts, as he cannot eat without ingesting some of the developing embryos. His behavior protects the eggs from predators in the riverbeds where the fish lives. Once the silvery young hatch, the mouthbrooder spits them out, and they are easily camouflaged among the underwater vegetation.

*The South American discus fish,* Symphysodon discus, *is a platter-shaped member of the family Cichlidae. Hatchlings feed upon the mucus on the sides of the parent.*

## Protecting Young

The Amazonian discus (*Symphysodon discus*) guards an open nest, but young feed on mucus secreted by the parent. Discus, which are moderately sized fish with flattened platterlike sides, may often be seen with tiny fingerlings grazing up and down on their sides. This protects the young from predators, as they are camouflaged against their brightly colored parents, and gives the young nutrition that may not be available in the habitat.

## Taking the Gamble Out of Egg Laying

The Poeciliids, which are small freshwater fish native to Central and South America and the southeastern United States, have developed a different adaptation for protecting their young. The males in this family have a specialized anal fin, called a gonopodium, which they insert into the female's cloaca to fertilize her eggs internally. We call these fish livebearers because the females give birth to live young from eggs that develop within the mother's body. We are familiar with Poeciliids as prolific aquarium fish: guppies (*Poecilia reticulata*), mollies (*P.* species), and swordtails and platyfish (*Xiphophorus* species). They also include the common mosquitofish (*Gambusia affinis*), which, because of its affinity for eating mosquito larvae, has been introduced worldwide for mosquito control.

These fish are extremely successful in many habitat types because they are small, produce live young (which are most likely to survive), are extremely prolific (a female need copulate only once to produce numerous broods), and can tolerate wide variations in salinities, oxygen, temperatures, and large population densities. All a male depends upon to guarantee his reproductive success is finding a virgin female.

***Females Only*** There are a few species of Poeciliids whose adaptations may appear to be bizarre. The Amazon molly (*P. formosa*) of Mexico and Texas is named for the legendary tribe of warrior women, not its native region. It is an all-female species, parasitic on two other species, the shortfin molly (*P. mexicanum*) and the sailfin molly (*P. latipinna*), for mating. After mating with a male of either of these two species, the female Amazon molly discards the sperm with the male's genetic material, and her eggs, now activated, develop. The individuals in this species are clones of each other, genetically identical. Apparently, this mechanism serves to prevent either of the parasitized species from becoming too numerous, as a certain number of the males from each will tend to "waste" their DNA by mating with the Amazon females.

## Amphibians

Another problem faced by aquatic organisms, especially those living in cold and temperate zones, is the ability to deal with very cold, and possibly freezing, water. Numerous species, including many of the fish and turtles, produce natural substances that prevent the formation of ice crystals. Thus, their cells can get very cold, but they do not freeze. In some insects, tiny ice crystals may form within the cells, but an antifreeze protein prevents them from growing big enough to damage the cell.

### FROZEN FROGS

While studying the North American wood frog (*Rana sylvatica*), researchers Kenneth and Janet Storey, from Carleton University in Ottawa, Canada, found that a rapid infusion of glucose, the sugar molecule that produces energy for the cell, preserves the organs of the frozen frog. When the frog is thawed, the abundant glucose allows the cells to begin normal metabolic processes very rapidly. Although *Rana sylvatica* is a woodland frog and depends on wetlands only for egg laying, it is likely that this mechanism is similar for aquatic species of frogs, and is probably used by some turtles and salamanders to avoid damage caused by freezing.

### SUBMERGING FOR PROTECTION

Behaviorally, there are a number of adaptations for surviving the cold. Many reptiles and amphibians submerge in the bottom of the water. In general, this prevents the animals from freezing because the water rarely freezes down to the bottom. Some North American frogs, such as the spring peeper (*Hyla crucifer*), the gray tree frog (*H. versicolor*), and the chorus frog (*Pseudacris triseriata*), all live at the edges of wetlands and leave the water to hibernate in the woods. These three species produce substances that act as antifreeze.

### FROG PHYSIQUE

Although some of the toads, such as Couch's spadefoot toad (*Scaphiopus couchi*), live in the desert, and New Zealand's Archey's frog (*Leiopelma archeyi*) is terrestrial and lays its eggs on land, we think of most frogs as primarily aquatic. They are adapted for their aquatic existence with streamlined bodies—generally pointed at the snout and tapering to thin legs. They have mucus-covered skin that must be kept moist. Not only does the mucus retard growth of microorganisms and thus protect the frog against infection (as it also does in fish), but the moist skin is an auxiliary respiratory organ and also helps to maintain body temperature by allowing moisture loss (and therefore cooling) via the skin. Frogs have a pair of lungs, but by themselves they do not supply enough oxygen to the body. Oxygen is diffused through the moist skin directly into the bloodstream. In some aquatic salamanders, this is more readily accomplished because the capillaries that carry blood lie directly under a very thin layer of skin.

One unique adaptation for respiration may be found in the hairy frog of Cameroon (*Astylosternus robustus*), which lives in rapidly flowing mountain streams. What appear to be hairs on the thighs and the sides of the body are really papillae, or extensions of skin tissue, filled with capillaries, or small blood vessels, for picking up oxygen out of the water.

---

## OSMOREGULATION

Simply put, osmoregulation deals with maintaining salt levels in the blood and tissue fluids in the body. Biochemical processes within cells depend upon these concentrations being within a narrow range. For example, sea water has more salts in it than blood. (This is true for the blood of most animals, including marine organisms.) If a human were to drink sea water, the salts in the water would attract water from the tissues and dry the tissues out. Thus, there would be a lot of water in the gastrointestinal tract but little available to the tissues throughout the body. Such an imbalance of fluids is not conducive to life.

A freshwater fish suffers from the opposite problem. Because its blood contains more salts than the fresh water in which it lives, water moves into the fish. This is called osmosis. If the fish could not remove this water, its tissues would become waterlogged and the fish would swell and die. But the fish has kidneys that are adapted for freshwater habitats. The kidneys remove the excess water that enters the body as urine.

By the same token, however, the fish is also constantly losing salts—through diffusion. If you were to take several tablespoons of table salt, mix them with water, pour them into an empty sausage casing, and place the sausage casing in a container with plain water, you would notice that the water would quickly become salty. This is because the molecules of salt frequently come into contact with minute pores in the casing that allow them to leave. At the same time, the area inside the casing picks up more water due to osmosis, the water molecules from outside the casing rapidly moving into the casing, toward the greater concentration of salt.

Eventually, a state of equilibrium is reached when the concentration of salts inside the sausage casing equals those outside it. We do not want that to happen to the fish. The fish depends on a specific salinity in its system and more or less will destroy it.

---

**Lake Titicaca Frogs** The Lake Titicaca frog (*Telmatobius culeus*) lives in Lake Titicaca, a cold-water lake that is at 12,507 feet altitude (3,812m) in the Andes on the Bolivia-Peru border. These frogs are found at all depths of the lake, with the largest frogs reported in the deepest waters. These are medium-sized frogs, the adult about the size of the North American bullfrog (*Rana catesbeiana*). Until the late 1960s, they had never been observed coming to the surface to breathe, and it was thus assumed that 100 percent of their respiration was through their skin or mouths. They are adapted for life in water with little oxygenation by having great folds and creases in the skin, which appears oversized and drapes around the body. The increased skin surface is loaded with small blood vessels. If bubbles or other substances collect on the surface of the skin, inhibiting oxygen absorption, the animals shake from side to side quickly and clear the obstruction. In captivity at the International Wildlife Conservation Park in New York, the animals come to the top of the water on occasion to breathe air, and they even leave the water at night to walk around. It is not known if they do this in the wild, but at the cold temperatures of Lake Titicaca (about 50°F [10°C]), they can probably obtain enough oxygen through their skin.

**One Jump in the Wrong Direction** Frogs rely so much on cutaneous respiration—that is, breathing through the skin—that deprived of it, they may not be able to survive. The goliath frog (*Conraua goliath*) of Cameroon and Equatorial Guinea in west Africa is the largest living frog, reaching lengths of 16 inches (40cm) and weights up to 15 pounds (7kg). It lives in rapidly flowing mountain streams and may spend its time sitting right at the edge of the stream, ready to leap into the water if disturbed. In 1981, before these animals became popular pets, the New York Zoological Society sent a team to Cameroon to bring the frogs back for display in New York.

It seemed that this very large frog could not possibly acquire sufficient oxygen to support its size, although the frog obviously lived and thrived in the wild. After capturing a few specimens, the team noticed that when stressed, the frog would jump away—typical behavior for all frogs of the ranid family, such as bullfrogs and grass frogs. However, one Goliath frog captured by a native boy made two or three long jumps and then rolled over dead! A second frog, on its way to being eaten, escaped the pot it was being carried in and, leaping away, suffered the same fate. Out of water, the frog couldn't get enough oxygen to jump. The frog's normal avoidance behav-

ior would be to take just one large leap—directly into the water, where it could then obtain sufficient oxygen to pay for that leap. On land, the frog was in an oxygenless desert, and so died.

## YOUNGSTERS

In all but a few species, young frogs hatch from batches of eggs laid in water and spend their first several weeks as tadpoles or pollywogs—fully aquatic, limbless, swimming forms that slowly develop limbs, lose the tail, and take an adult body shape. Tadpoles are well adapted to their aquatic environment. Depending on the species, they have jaws and teeth that are capable of grabbing prey, and they do most of their respiration through gills, just as fish do. This is probably a more efficient means of respiration than lungs and skin, as the froglet needs a lot of energy to grow and metamorphose into an adult frog in such a short period of time. As development proceeds, the gills are lost.

**Parental Care** Although most of the frogs that have evolutionarily advanced reproductive adaptations, such as parental care, are forest-dwelling species, a few aquatic species also show parental behavior that allows frogs to produce young in water-

*The spring peeper, Hyla crucifier, is a denizen of the wetlands of the eastern United States and Canada. It often is the first frog heard calling in the springtime. Its scientific name is derived from the cross on its back.*

*The bullfrog, Rana catesbeiana, is highly aquatic. Male bullfrogs, especially, possess large, round tympani behind their eyes. The male bullfrog's "jug-o-rum" call is distinctive.*

ways not conducive to safe growth and development. *Pipa pipa*, the Surinam toad, native to northern South America, is a fully aquatic, flat-bodied frog that lives in muddy water. The female's back is made of spongy tissue, and as the male fertilizes the eggs he rolls them into the female's back, where the eggs form individual pockets. The embryos remain embedded in her back until they metamorphose into small versions of the adults. As in fish, parental care increases the likelihood of survival of young frogs. Species that care for their young produce many fewer eggs—tens, as opposed to the thousands produced by toads that lay their eggs in waters and leave—than those with no parental care.

## NEOTENIC SALAMANDERS

Although all salamanders have moist skin and must remain in damp areas, only some species are fully aquatic and spend most, if not all, of their entire lives in water. The one we are most likely to be familiar with is the Mexican axolotl (*Ambystoma mexicanum*) because for a time, it was a popular aquarium pet. It is, however, atypical of the aquatic salamanders, because most other members of the genus *Ambystoma* are woodland species and need bodies of water solely for reproduction. The axolotl spends its entire life in or close to cool mountain ponds where it almost never undergoes metamorphosis from the larval stage to full adult. In captivity, it may undergo metamorphosis, losing its gills and becoming terrestrial. But becoming adult in form apparently does not happen in the wild because of the cold temperatures and a possible lack of iodine in the water, which prevents the production of thyroid hormone. Metamorphosis may be induced by administering thyroid hormone or moving the animal to an area where iodine is present. Interestingly, although the animals maintain a larval body form, they mature sexually and are able to reproduce. This maintenance of a larval-like state with the ability to mature sexually is referred to as neoteny.

## BABY FISH

The cryptobranchids are the most impressive aquatic salamanders. The only surviving members of this group are found in the eastern United States (the hellbenders, *Cryptobranchus alleganiensis*) and East Asia (the oriental hellbender, *Andrias japonicus*). These are the largest living amphibians, with the Chinese giant salamander reaching lengths of 6 feet (1.8m). These species go through an incomplete metamorphosis. Although they no longer have external gills, *Cryptobranchus* still maintains one or two external gill slits. They may have reduced lungs or no lungs at all, and most of the oxygen exchange occurs through the skin via capillaries that are shallowly embedded under a thin layer of skin. Although they have legs—and a tail—these animals live in rapidly flowing streams or mountain lakes. The Asian giant salamanders are endangered as a result of habitat loss and use for food. The Chinese giant salamander is called the *wawa yu* or "baby fish" locally. Salamanders are not expected to be vocal, but when caught, the Chinese giant salamander makes a cry that sounds like "wawa," the sound of a baby.

# Reptiles

## TURTLES

Turtles have physiological and behavioral adaptations for surviving in colder habitats. Many of them probably produce antifreeze substances. They hibernate by digging into the soil of the pond or lake in which they live—an area that is not likely to freeze. And they reduce their metabolic activities to no more than minimal cellular metabolism—in the brain. The small amount of oxygen they may require for that activity may be removed from the water by cells in the cloaca, or common reproductive and excretory opening.

In some species, such as the mud and musk turtles (family Kinosternidae) of the New World and the New World snapping turtles (family Chelydridae), thin skin with protuberances called papillae may serve as an auxiliary respiratory organ and may remove dissolved oxygen from the water. The highly aquatic soft-shelled turtles (family Trionychidae), which are found throughout the world except for Europe and Australia, may be able to extract oxygen from water through the papillae on the mucous membrane within the pharynx, or throat. In fact, submerged soft-shelled turtles may even use the skin covering the carapace, or shell, as a respiratory organ, getting as much as 70 percent of their oxygen this way.

**Frozen Turtles** Some young turtles, such as the North American painted turtle (*Chrysemys picta*), hatch from their eggs in the autumn but do not leave their underground nests in the dry banks above the water. Instead, they freeze underground, their bodies filled with ice. Antifreeze substances prevent ice crystals from disrupting cells, and in the spring the hatchlings thaw for the last time and move out of the nest and into the water.

*The hellbender,* **Cryptobranchus alleganiensis,** *is a totally aquatic salamander that lives in rivers and fast-flowing streams in parts of the eastern United States. A harmless creature, it is not noted for its good looks.*

***Water: A Safe Haven*** Many species of turtles inhabit wetland areas of every type around the world. Turtles, like crocodilians, also may be fully aquatic. From open rivers to lakes and small ponds, forest streams and roadside ditches and canals, the broad shell of a turtle can often be seen alone or in great congregations; a group of turtles may sun themselves while keeping a sharp eye out for any intruder, and they will slip quickly into the water at the slightest disturbance.

The long-necked side-necked turtles, such as the Australian snake-necked turtle (*Chelodina expansa*), can either bend their necks in a loop and tuck their heads to the side of their shells to retreat or strike out in a lightning dart with their heads to seize a fish.

Rather than pursuing their prey, some wetlands species have the prey come to them. The alligator snapping turtles (*Macroclemys temmincki*) of the southern bayous of the United States are large turtles weighing up to 200 pounds (91kg). They have massive heads and sharply pointed beaked jaws. The tongue is modified with a small flesh-colored wormlike lure at its tip. The turtle hunts by remaining motionless on the bottom, covered with algae. Holding its jaws open wide, the turtle fishes by periodically twitching this lure. Should a fish fall victim to this obvious "treat," the jaws snap shut and the fish is consumed.

While some turtles are indeed content to wait for their meals to come by, others are well adapted to chase their meals down. The soft-shelled turtles (family Trionychidae) of North America, Africa, Asia, and the Middle East are covered with a leathery skin that takes the place of the hard covering of the shell of most turtles. These are streamlined turtles, disk-shaped and flattened with powerful fully webbed feet for swimming. The neck is long and the jaws quick and sharp. The snout is often pointed and snorkel-like. In contrast, the pig-nosed New Guinea Fly River turtle (*Carettochelys insculpta*), which is in a separate family from the soft-shelled turtles, has a shell similar to the soft-shelled turtle's but has flipperlike feet that give it great maneuverability in its riverine habitat.

Turtles must reproduce on land. Turtles excavate nests in the banks above the water in which they live. They lay their marble-shaped leathery-shelled eggs and leave. There is no further parental care. Floods and predators may destroy some or all of the eggs.

## LIZARDS

Another adaptation is the ability to swim well. Most lizards live on land, so swimming is not a necessity, but those that inhabit wetland habitats must be able to swim, and they swim well. The South American caiman lizards are examples of these unique animals.

## THE MATA-MATA: A STRANGE TURTLE

*Perhaps the most bizarre freshwater turtle is the mata-mata (Chelus fimbriatus) of South America. A poor swimmer that has been known to drown if it cannot easily reach the surface, this turtle lives in shallow water or dense aquatic vegetation. Its snout is modified into a relatively long snorkel. Its head is flat and wide, shaped like an arrowhead. Compared with its lumbering gait, the speed at which it secures its prey is incredible. With a lightninglike movement, the head and thick neck are extended outward and the mouth and throat open expansively. Water and small fishes are sucked into the maw with a gulp. In the next instant, the water is expelled and the fish is swallowed. The mata-mata's neck is covered with what appear to be hanging bits of skin. These skin tags and projections collect algae, which often completely cover the skin and shell, so the turtle looks like an algae-covered rock.*

*The common snapping turtle has an incredible ability to withstand bitter, cold winters. Its cells contain an "antifreeze" molecule that allows the turtle to become frozen without damage.*

*The South American mata-mata, Chelus fimbriatus, uses its leaf-shaped head and snorkel-like nostrils to camouflage it from prey, which it sucks into its mouth. This is a sedentary animal that is well-hidden in lakes and rivers.*

The largest, growing to nearly 4 feet (1.2m) in length, is the Paraguayan caiman lizard (*Dracaena paraguayensis*), which ranges into the Mato Grosso of Brazil. Caiman lizards are found in swampy grasslands and feed entirely on crustaceans and snails, which they hunt in the water and along the banks of small ponds. Their long flat crocodilianlike tails propel them through the water. They get their name from the bony scale plates on their backs, which resemble those of a crocodilian. The head is massive, and hard-shelled clams, snails, and crabs are easily mashed by the molarlike teeth, which are wide and rounded into crushing surfaces.

The largest lizards associated with wetland habitats are the large monitor lizards of southeast Asia. The water monitor (*Varanus salvator*) grows to lengths of 8 feet (2.4m) and is a powerful swimmer, often diving into swiftly flowing rivers to escape its enemies.

## WATER SNAKES

Many species of snakes are well known as "water snakes" and may be found in fresh as well as brackish and salt water. Most give birth to live young, which is advantageous to survival in an aquatic habitat. Agile swimmers, some species, like the mangrove water snake (*Nerodia fasciata compressicauda*) of the Florida Keys and Cuba, have slightly compressed flattened tails to aid them in propulsion. The crayfish water snakes (*Regina* species) feed on frogs, fish, shrimp, snails, and, as their name implies, freshly molted crayfish, which, temporarily lacking their hard protective exoskeletons, can be easily penetrated by the snake's sharp teeth. Many species of water snakes can close the external nostril openings to prevent water entering, much as crocodilians do.

### A "Twig" Snake

Some of the most bizarre water snakes are freshwater-dwelling species from southeast Asia. The tentacled water snake (*Erpeton tentaculatum*) is perhaps one of the most unique. This very small species never leaves the shallow freshwater ponds and streams it inhabits. It feeds exclusively on small fishes, which it quickly catches with its jaws with a rapid turn of its neck and head, while anchored to a nearby plant or twig by its nearly prehensile tail.

Not only can it close off its nostril openings to keep water from entering, but it can breathe with only its snout at the surface.

It has a peculiar ability to make its entire body rigid, thus its local name "board snake." This rigidity, combined with its brown-and-black striped coloration, makes it look like an underwater twig. Anchored to the bottom, looking like a twig in shallow water, it awaits prey with its snout barely touching the surface.

### Scales

Snakes living in water must grab prey securely so that it cannot swim or slip away. The Java wartsnake, elephant trunk snake, or karung (*Acrochordus javanicus*), a freshwater snake from southeast Asia, takes care of this problem by having scales that can hold onto prey. The body scales are minute and each rises in a point. But it is the muscle tone of the body that is most peculiar. On land, the

*Many subspecies of this southern water snake,* **Nerodia fasciata,** *are found in coastal regions of the* **southeastern United States. It may be mistaken for the** **venomous cottonmouth due to its coloration and** **heavily keeled scales.**

snake seems like a loosely packed sausage, 5 to 6 feet long (1.5–1.8m) and 4 to 6 inches thick (10–15cm). The body drapes at will and the internal organs seem to sag into whichever end of the snake is held the lowest.

But in the water the snake is in its element. As the snake lies motionless or swims slowly near the bottom of a shallow pool, its exceptionally long and deeply forked tongue continually extends and searches for the scent of a fish. The eyes are small. The tongue darts in and out through a notch that is encased in a pad to seal out the water from the mouth. The nostrils are also sealed shut underwater. The merest motion caused by nearby fish immediately triggers the snake's strong body to respond. Using a fast coiling motion, the snake quickly grabs the fish, which is held secure by the rasplike scales; the fish is then rapidly seized by the short sharp teeth and swallowed. This snake has a thick durable skin that has one uniform scale type, which unfortunately makes it highly desirable as an exotic leather for shoes and wallets.

## CROCODILIANS

Some animals, such as the crocodilians, have evolved physical adaptations to prevent water from entering the body openings. The nostril openings are set high at the tip of the snout and close tightly, like valves, when the animal submerges. The tympanum of the ear completely seals the entrance of the auditory canal while another tough outer covering of skin protects the thin membrane from injury. The eyes are also set high on the side of the head and have not only an upper and lower eyelid that close much as our own do, but also a third eyelid, a nearly transparent nictitating membrane, that closes over the eye from front to back and allows the animal to see underwater to a limited degree. Holding the mouth open underwater is no problem, either. Seized prey is often dragged beneath the surface and held there until it dies of its wounds or drowns. At the base of the tongue is a flap of cartilage and skin that seals the throat and prevents water from entering the lungs and esophagus. The nostril openings also pass air through the internal nares, which open behind the throat valve, enabling the animal to keep the nostrils above water to breathe while the mouth can be held open underwater without the animal drowning.

Crocodilians have extremely powerful jaws and pointed thick-based teeth that are well suited for crushing hard-shelled prey such as aquatic insects and beetles, crabs, snails, and turtles. The body is streamlined and elongated to offer little resistance to movement in the water. The fingers and toes are nearly all webbed to some degree, and although they serve as stabilizers when the animal is remaining motionless or afloat in the water, the powerful flattened tail can propel the animal at great speed when swimming or attacking prey. As well adapted as crocodilians are for movement in the water, the limbs are capable of supporting the animal on land and enable the animal to run about as fast as a human can, but for only a dozen or so yards.

**Diggers** Crocodilians are master diggers. Crocodilians dig to build their nests, but they also dig pools of water. When water levels recede, as they do in the Pantanal of Brazil during the dry season, the caiman (*Caiman* species) excavate deeper areas in which they and many other aquatic organisms live. As water levels continue to recede, caiman may walk overland to find another pool—that is, if they can. Their only other option is to dig into the banks to make under-

The saltwater crocodile, *Crocodylus porosus, is the world's largest, reaching up to 23 feet (7m) in length. The female nests along river banks, building a mound nest from vegetation.*

*The common caiman, Caiman crocodilus crocodilus, lives in temporary ponds overgrown with algae in its native northeastern South America. The species is commonly exploited, often illegally, for "crocodile" skin products.*

ground pools and expand the size of the diminishing pool or to simply go into a dormant state in the hardening mud until the water rises again.

**Tied to the Land** For all their aquatic adaptations, crocodilians remain tied to the land to reproduce. Crocodilians pick banks above their watery homes or areas of higher ground with vegetation for their nests. Some species, such as the Nile crocodile (*Crocodylus niloticus*), excavate nests into sandbars, which may become quite crowded, as there may not be many suitable sandbars. Some nests may be right next to other nests, and, in some cases, nests of two females may actually share the same hole. The nests are closed structures, dug underground and covered with sand. Other crocodilian species, such as alligators and caiman, build mound nests of scooped-up vegetation. An egg chamber is dug into the nest and then is covered with more vegetation. The animals, however, are adaptable. If no vegetation is available,

species that build mound nests will build mounds out of sand or dirt. If there is some vegetation, but the only high ground is the crook of a bush, the nest will be built in the bush. Thus, the ability to modify behavior to fit the circumstances allows for survival.

The survival of aquatic animals in areas in which crocodilians are endemic and that undergo alternating periods of abundant water and drought depends on the crocodilians' adaptive behavior in excavating pools and burrows to produce a larger body of standing water and wet underground dens. The American alligator (*Alligator mississippiensis*) and the Chinese alligator (*Alligator sinensis*) are well known for their ability to excavate extensive underground burrows and subterranean pools. But if crocodilians were only aquatic animals, they could not move to the remaining pools of water once all the waterways had dried up. In the southeastern United States many a forester has been surprised by an alligator lumbering through the woods from one body of water to the next.

## Birds

How can birds, which can fly to higher or drier ground, adapt to aquatic habitats? One of the most obvious answers is to have a specialized diet that depends upon wetland organisms. That, indeed, is the case with ducks, swans, most egrets and herons, storks, ospreys and other fish eagles, and even cranes. As Charles Darwin theorized more than a hundred years ago when he noted the adaptations of the various species of birds on the Galapagos Islands, bill shape is related to the bird's feeding habits.

### HERONS AND EGRETS

The long thin beaks of herons and egrets are well adapted for fish-eating, but most of the herons, such as the great blue (*Ardea herodias*) of North America and northern South America also include invertebrates, snakes, young alligators, and small mammals in their diets. Although herons may stand around in the water and fish, they may also swoop down from the sky, as great blue herons sometimes do, and pick up a snake or even an alligator hatchling and rapidly fly away before the parent alligator can jump up in the air, snapping its jaws after the cradle robber.

Most herons hunt for food in many different fashions. Many of them move their feet around trying to stir up the water and flush prey out, and some even have brightly colored feet that may serve as lures to attract prey. The least common, apparently, is the swoop-and-grab method. Because the heron must swallow its prey whole, and much of what it eats is fish, serrations on the bill's edge hold the fish and prevent it from dropping. Most herons and egrets feed in mixed-species groups that include several species of herons, ibises, and wood storks.

*A Success Story* Herons and egrets have been very successful species and may be found throughout the world except in the very coldest regions and on some of the oceanic islands. They nest high above the water in trees or shrubs, in communal nesting areas, including areas in which ibises, other species of herons and egrets, and wood storks may nest.

**The great blue heron,** Ardea herodias, **the largest of the herons native to North America, is a regal bird, whose eating habits include the risky behavior of picking up venomous snakes and snatching baby alligators when mother is nearby.**

**The black-crowned night heron,** Nycticorax nycticorax, **is found worldwide, except in Australia. Its common name is derived from its nocturnal feeding habit. It is one of the small herons, standing a bit more than 2 feet (60cm) in height.**

### IBISES

Ibises are colonial and flocking wading birds. Great groups may fly from one area to the next, settling to forage in the water, then taking off for communal nesting and sleeping areas. Ibises have bills shaped differently from those of herons and egrets: they are curved downward, which aids in poking around in the water and scaring up the invertebrates and fish they eat. Because they are so much closer to the ground than some of the larger egrets and herons, and because they generally cannot catch all of the animals they "scare up," they often are followed around by the herons and egrets, which are very efficient at picking up morsels that dart by. This is called "commensal feeding." It is advantageous to the heron or egret and is not harmful to the ibis.

### SPOONBILLS

As the name implies, the spoonbill's bill is spatulate. These birds feed in shallow water, mouth open, moving their bills from side to side to pick up food. They are not visual feeders, as are the herons; sensory receptors inside the tip of the bill detect the presence of food items by touch. Spoonbills eat fish, amphibians, crustaceans, mollusks, insects, and vegetation.

## STORKS

Storks of many species are also common wetland dwellers found throughout the world except for Oceania, New Zealand, and the northernmost portions of North America. Some species, although not the wood stork of North America (*Mycteria americana*), also nest communally with ibises, herons, and spoonbills. Storks have thicker bills than egrets and herons and use them to forage, open-billed, using a side-to-side movement, within the water, possibly using their feet to scare up prey. Like the spoonbills, storks use touch to find their food.

Although most species of storks feed on whatever aquatic animals are available, some of the less aquatic species, such as the white stork (*Ciconia ciconia*) of Eurasia and, occasionally, Africa, rely more on non-aquatic food sources such as insects, reptiles and amphibians, and rodents. Openbill storks (*Anastomus*), found in Africa and Asia, have an obvious opening between their upper and lower bills. Scientists think that this may be an adaptation for sucking the soft tissue out of snails, which are their major food.

Marabou or adjutant storks (*Leptoptilos*) of southern Asia and Africa are among the most specialized of the storks. Their bills are extremely thick and powerful and, although the bills may be used for fishing, marabou storks are best known as scavengers that have no compunction about sitting down to a lion's kill and using their bills to convince the vultures that vultures are not invited to the feast.

## CORMORANTS

Cormorants (*Phalacrocorax* species), with their down-turned beak tips, are more marine and brackish-water creatures than freshwater dwellers. Their close relatives the anhinga (*Anhinga anhinga*) of the United States and Mexico and the darters (the name used for other members of the genus *Anhinga* that are found throughout the tropical world) are freshwater species, rarely venturing into marine or brackish habitats.

*The bald-headed wood stork,* Mycteria americana, *forages in the water with its downturned bill. It ranges from the coastal regions of the southeastern United States and western Mexico through the coasts of Peru and Argentina.*

### WHITE STORKS: WHERE BABIES DON'T COME FROM

*The white stork (Ciconia ciconia) is known in European folklore as the one that brings babies. These storks nest on rooftops in urban areas, and in many European countries their nests are quite welcome as a sign of good luck. Interestingly, this bit of positive bird-human interaction has succeeded in protecting the white stork in many parts of its range. While other species, such as the wood stork (Mycteria americana), have low populations and may be listed as endangered, populations of the white stork are secure throughout most of Europe.*

*Darters perch at water's edge near the Kagera River in Africa.*

***Adaptations to Water*** Both anhinga and cormorants have many unique adaptations for life in water. Anhinga have nostrils that are closed off underwater to prevent water from getting into their lungs. Anhinga have pointed bayonetlike bills to spear fish underwater. Both anhinga and cormorants fish with their bodies underwater and only their heads sticking out, but anhinga carry this one step further by fishing with their necks coiled in an S-shape. When they see a fish, they rapidly uncoil their springlike necks and stab the fish with their bills. The fish, once captured, may be shaken around for a bit to stop it from moving; then it is swallowed whole.

***Getting Wet*** Anhinga and cormorants do not have waterproof feathers. Cormorants do have a waterproof underlayer of feathers, but anhinga do not. Oddly, we have been taught to readily recognize anhinga from their unique body position out of the water in the heat of the midday sun: wings outstretched. In truth, although cormorants hang their wings out to dry, drying is a minor part of the outstretched wing behavior of the anhinga. Anhinga have to bask in the sun, thermoregulating just as their ectothermic relatives the crocodiles must to reach optimal body temperatures. Because their feathers get soaked and they have poorly developed temperature regulatory systems, anhinga spend much less time foraging underwater than cormorants do. But because they do spend time underwater, anhinga and cormorants have very dense bones, which makes it difficult for them to get off the ground to fly. They also have fairly short wings for their body size, which streamlines them underwater.

## JACANAS

The shape of the jacana's (zha′-sa-na′) foot is more important in a discussion of adaptations for wetland survival than the shape of its beak. The eight species of jacana are found in all of Africa south of the Sahara Desert; all of southern and southeast Asia, including the island nations of the eastern Indian Ocean; Central and South America; and the northern coast of Australia.

Jacanas have been given the nicknames "lily-trotters" or "lotus-birds" because of their elongated, spiderlike toes, which allow them to walk over lily pads and other floating vegetation, spreading their weight out on their spindly toes so that they do not sink. Not only do the birds walk back and forth over the vegetation to grab small crustaceans, mollusks, and even plant seeds, but they lay their eggs in a nest on top of the floating vegetation.

## WATERFOWL

Although some species of ducks, some species of geese, and swans inhabit both brackish and freshwater environments, by and large, waterfowl are freshwater dwellers. Their flattened bills are soft on the sides, with many touch receptors, and have a hard tip. The bill has ridges inside it that act as a strainer. Thus, many waterfowl feed on small aquatic invertebrates and plants by "dabbling"—straining the water at the surface through the bill.

Swans are the largest waterfowl, measuring up to 5 feet (1.5m) from the tip of the bill to the tip of the tail. Because of their elongated necks, swans do not need to restrict their feeding to dabbling, but can put their entire heads and necks underwater and grab food at the bottom. Ducks do not have that advantage, so some ducks, such as the common mallard (*Anas platyrhynchos*), dip, with the head tipped forward underwater and the hind parts tipped upward, out of the water. The mallard is such a common species that it is found throughout the Northern Hemisphere. The mergansers tend to be marine diving ducks, able to dive down into the water to find food. Several of the mergansers have adapted to an existence mainly in fresh water. The smew (*Mergus albellus*) of Eurasia, which lives in forest lakes or streams, and the hooded merganser (*Lophodytes cucullatus*) of North America spend most, if not all, of their lives in freshwater habitats. The mergansers have narrow bills for ducks. They also have serrations at the edges of the beak.

Geese and swans are not restricted to eating in water, although most ducks are. Geese and swans walk around on land and eat small invertebrates, plant material, and even some small vertebrates.

***Staying Warm*** Swans, ducks, and geese have many adaptations aside from bill shape that allow them to survive well in aquatic habitats. The most obvious is the webbed feet. In fact, feet differ in structure according to the duck's habits: divers have larger feet and shorter legs than dabblers. Also, the feet, which are exposed to water that is often much colder than the air, have blood circulation that is modified to keep them from freezing and to prevent massive body heat loss through the feet.

Arteries that carry oxygenated blood from the heart may be fused with veins, which normally carry blood that has lost its oxygen back to the heart. The blood never flows through capillaries, the thin blood vessels that exchange gases, nutrients, and wastes with the tissues of the body. As most body heat is lost via the capillaries, this method of circulation conserves the body heat. Also, within the foot itself, arteries and veins are next to each other. Blood in the arteries is warmer than blood in the veins, so the arteries work like heating coils, heating the venous blood, and, in turn, the blood in the arteries becomes cooler, so less heat is lost in the foot.

Many birds, including ducks, are known for their one-foot stance, with one leg tucked up into the feathers. This is not done for comfort. It is a method of conserving body heat, exposing only one foot at a time to the elements.

***Waterproofing*** Birds have oil glands at the base of the tail to keep the feathers waterproof. Ducks, swans, and geese spend a lot of time rubbing their heads and bills onto this gland and then spreading the oil onto their feathers. Without waterproofing, the bird's feathers get wet and matted, the bird becomes cold, and it cannot survive.

## CRANES

Cranes are the largest aquatic birds, and many people consider them the most regal. Most of the crane species are from the Old World, with only two species regularly found in North America, the whooping crane (*Grus americana*) and the sandhill crane (*G. canadensis*). The most impressive are the Asian and African species such as the demoiselle crane (*Anthropoides*

*This African jacana, Actophilornis africana, is standing over its floating nest, atop aquatic vegetation. The nest, as typical for the species, contains four brown eggs with black markings. The male is mainly responsible for incubation and care of the eggs.*

*The anhinga, Anhinga anhinga, which ranges from the southeastern United States through Central and South America, is not completely homeothermic, and must regulate its body temperature by spreading its wings in the sun.*

*The small green-backed heron, Butorides striatus, is composed of separate populations in North America that winter as far south as South America, and in Africa. When flushed from hiding, it defecates copiously, or may even regurgitate.*

*The double-crested cormorant, Phalacrocorax auritus, is the only North American cormorant living in freshwater areas. In general, cormorants' feathers are not as waterproof as those of other birds and their bones are heavy to facilitate diving.*

*North America's Canada goose, Branta canadensis, is seen not only in wetlands, although it breeds and stops to feed in wet areas. They commonly are found on golf courses, lawns, and in city parks. Flocks of them fly in a distinctive V-formation.*

## OSPREY NESTS: PERMANENT MARKERS

*When you are in a wetland area, look up into the highest trees, or into telephone or electric poles. There you may see the large nest of the osprey— a big bowl of sticks, twigs, and other vegetation. Ospreys will nest in the highest places they can find. In order to increase nesting birds in many areas, some artificial nest sites may be provided, very high above the water. One of these is on electrical poles on the causeway between the North Carolina mainland and the Outerbanks. When you look across the highway at the poles, you see that almost all of the nesting sites are taken. If such high spots are not available, the ospreys will nest on rock ledges or even on the ground. Ospreys return to the same nest year after year. In fact, some families have been known to return to the same site for decades! They are monogamous and return to the same mate each year as well.*

**With excellent vision, ospreys can sight fish in the water from high above.**

**Male ospreys are responsible for feeding their egg-laden mates and then the newly hatched young.**

*virgo*) of Eurasia and North Africa, with its long, flowing black breast feathers and ear tufts of white; and the crowned crane (*Balearica*) of Africa, with its crown of feathers sticking straight up from the top of its head.

Cranes have long, pointed bills, which are used to stab their prey and forage in thick marsh soil for plant and animal material. The crowned crane uses its bill to stab small reptiles and insects, which has endeared it to the farmers and gardeners of Africa. Cranes are gregarious, remaining in large flocks when flying, migrating, and feeding. The birds remain in contact with other group members by vocalizations. To make some of their unique calls, they have evolved a convoluted trachea or windpipe, which works as a resonator.

### BIRDS OF PREY

***The Osprey: Back from the Brink*** Hawks and their relatives may also live around freshwater areas, and they are exclusively predatory. One species that has excited much concern over the past 40 years is the osprey, sometimes called the fish hawk (*Pandion haliaetus*), a bird that has been brought back from the edge of extinction in many areas. The osprey is found throughout the world except for New Zealand and Hawaii. Although it was exterminated in Great Britain in the late 1950s by people stealing its eggs, efforts since then have returned the birds to a small area on the eastern coast. Ospreys, in fact, are not limited to freshwater habitats and often nest at the shore or in brackish-water areas.

Ospreys are well suited to their diurnal fishing behavior. They have excellent vision and sense of smell. They can spot fish from very high up and swoop down into the water, grabbing the fish with their talons. Their bills have sharply curved tips, their fourth digit is reversible, and they have sharp projections on the soles of their feet, all of which aid in grabbing and holding slippery fish. Their sense of smell comes into play in the selection of their diet. Ospreys will eat only live or freshly dead fish. They will not eat carrion.

***The Snail Kite*** One of the unique hawks living in a freshwater region is the snail kite (*Rostrhamus* *sociabilis*) of South America and the Florida Everglades. Its uniqueness lies in its diet: it eats only the freshwater snail (*Pomacea*). Its downward-curved bill fits into the snail's shell and extracts the snail as the bird holds the shell within its talons. Unfortunately, because of its limited diet, any change in the ecology of the habitat that supports its food supply will threaten the snail kite with extinction. In fact, in the 1960s, the Florida population was down to 20 individuals. Now, several hundred of these birds make Florida their home for part of the year.

### MIGRATORY EATING HABITS

All the aquatic species we have discussed are migratory, overwintering in the southern portions of their range and spending springs and summers in the northern portions. Being migratory allows the birds the best of both worlds—warm, wet areas year-round—but at considerable expense. To migrate thousands of miles each season means that the birds must stock up on food when they reach their destinations. Ducks, for example, are described as veritable eating machines when they reach their overwintering grounds. Sandhill cranes (*Grus canadensis*) arrive at the Platte River in the western United States by the thousands and munch their way through many tons of spilled corn and invertebrates that live in the wet meadow. This is a way station en route to their nesting grounds in Alaska and the northernmost reaches of Canada. Every once in a while a sandhill crane gets lost and ends up in Ireland. Indeed, the Eurasian common crane (*G. grus*) also sometimes gets lost and ends up flying around North America with groups of sandhill cranes.

## Mammals

Mammals, too, have adapted to life in the wetlands and around bodies of deep water. Many species live in these unreliable habitats.

### BATS

For too many children, education about bats begins with horror stories of humanlike living-dead creatures that assume the vile form of a bat, alighting to pierce the throats of unsuspecting victims to drink their blood. In truth, there are 19 families and over 942 species of bats (order Chiroptera) around the world, and most feed harmlessly on insects, nectar, and fruit, with only one group, the Desmodontinae of Central and South America, feeding on blood.

*Sandhill cranes, Grus canadensis, of North America, tend to migrate in flocks. Here, they stop en route in great masses to feed, then proceed on their journey.*

## ECHOLOCATION

*Echolocation is the use of specific sounds, high-pitched chirps, that bounce off a moving object. When bounced off the moving object, the sound changes frequencies, and thus, when returned, sounds different to the bat from the sound the animal first emitted. This shift in frequency is called a Doppler effect. The bat's nervous system allows it to use this information to interpret the location, direction of movement, and sometimes even speed and size of the potential prey item. This is similar to a fighter jet using radar to home in on its target.*

While some species of tropical bats may be seen flying near the surface of the water over streams and quiet ponds, occasionally dipping to drink as they fly, one family, the Noctilionidae of Central and South America, eats fish. There are two species of these fish-eating bats, which also eat insects. They sometimes are called bulldog or fishing bats, due to their flattened faces and loose hanging lips. These bats have strong, long hind limbs that are unencumbered by connective webbing and they therefore have great mobility. Skimming the surface of the water, the bat uses echolocation to detect the movement of fish near the surface. Quickly swooping in, it seizes the fish with the strong claws on the hind feet and devours the fish in flight.

## "RIVER HORSES"

While fishing bats are well adapted for sampling the bounty of the aquatic habitat from above, a number of other mammalian species are particularly well adapted for life in the water itself. The hippopotamus (*Hippopotamus amphibius*) of central and southern African rivers and lakes is probably one of the best known. Huge, blubbery animals weighing as much as 5,500 pounds (2,500kg), "hippos" spend their nights browsing on grasses near the water's edge.

With daytime and rising temperatures, they return to the water, where, despite their ponderous size, they are excellent swimmers and divers. Their protruding eyes are set high on the head, and hippos can close their slitlike nostrils and ears to keep out the water when they submerge. This also allows them to come to the surface to breathe and see without exposing the huge, sparsely haired body to the hot sun or danger. The sound of hippos blowing to clear their nostrils as they surface is frequently heard in the quiet hours of the evening. The skin contains many glands that exude red-pigmented moisture to protect the animal when it is out of the water, giving rise to the mistaken belief that hippos sweat "blood."

A pregnant female gives birth to a single calf born in the water after a 227-day gestation period. The young can swim before they are developed well enough to walk on land. They nurse underwater. Adult hippos are fierce and dangerous fighters, capable of inflicting terrible wounds with their 24-inch-long (60cm) tusks. Despite their bulk, hippos are the embodiment of grace and ease as they race to the safety of the water when threatened.

## SIRENS AND MERMAIDS

Hippopotamuslike in shape, yet completely restricted to an aquatic existence, the manatees of the order Sirenia are strange creatures indeed. The group contains three families that include only about five species: the manatees, dugongs, and sea cows. The Sirenia live in salt, brackish, and fresh water. One species, the Amazonian manatee (*Tricechis inunguis*), is found throughout the Amazon and Orinoco river basins of South America and the eastern coast of Brazil. Weighing up to 1,500 pounds (680kg), the manatee has a rotund, blubbery body, small head, and flattened square snout with the nostrils at the extreme front. Manatees feed nearly continuously on aquatic vegetation during the daylight hours when they are active, and slowly manipulate it from the surface with very movable lips. The lips are parted in the middle and each half can move independently of the other. Completing the picture are small eyes that have nictitating membranes, eyelid oil glands to protect the eyes from the water, and a complete lack of external ears.

The front feet are modified into nearly clawless flippers, and the body ends in a round, flat, paddle-

*Manatees are referred to as gentle giants, swimming mermaidlike under the water. This, unfortunately, makes them vulnerable, and many are killed and maimed by motorboat traffic.*

*Hippos spend much of their time in water, where the clumsiness of their huge bulk on land seems to disappear.*

like appendage that replaces the hind limbs for swimming. The Amazon manatee has six neck vertebrae instead of the seven seen in most mammals. Manatees can easily remain submerged because their bones lack air cavities. Except for a few tactile hairs around the mouth and snout and sparsely scattered over the body, manatees have soft leathery skin.

Manatees are somewhat solitary, but are sometimes found in family groups of adults and several calves. They give birth about every two years, after a gestation period of 13 months. Females give birth and nurse their young entirely underwater. These creatures are thought to have given rise to the mythical "sirens" that lured sailors to their death with their (dubious) beauty and high-pitched squeals or "songs." Manatees have

been the subject of intensive protection and conservation, having become critically endangered due to overutilization for skins and meat. In some areas of the United States, the manatee is further threatened by motorboat use. When a boat's propeller slams into a manatee, the boat suffers damage that may be repaired. The manatee, on the other hand, risks infection and death.

## FRESHWATER DOLPHINS

The fleetest and most intelligent of the wetland aquatic mammals are probably the freshwater river dolphins. There are five species of these streamlined, powerful swimmers distributed in river systems in China, south central Asia, and the Amazon and

Orinoco river systems of South America. A dolphin must surface approximately every half minute or so in order to breathe, a spout of vapor emanating from the blowhole on the top of its head as it breaches and dives.

The Amazon dolphin or porpoise (*Inia geoffrensis*) has a pink hue that makes it particularly attractive. Dolphin sonar locates fish and underwater obstacles; the snout is often used to probe the mud for hidden fish and other prey. River dolphins have the added ability to turn their heads from side to side to a greater extent than other dolphins. The Amazon dolphin, or buoto, is a social animal, and it is believed that individuals can communicate with each other using more than a dozen underwater sounds. Harmless and

## RIVER DOLPHINS AND SONAR

*River dolphins use a kind of natural sonar to locate obstacles and fish. Just how sophisticated this system is, is not completely understood. Studies have shown that dolphins emit a series of pulsed clicks and squeaks in the high and low ranges, from about 2.0 to 220 kHz to 0.25 to 1.0 kHz, respectively, for some species. Dolphins can distinguish about 700 of these sonar clicks per second; humans can distinguish about 30 per second.*

*Different sounds are used at different times for different purposes, and the type of clicks emitted at rest are quite different from those emitted during hunting or simply traveling from place to place. High-frequency clicks appear to be used for identifying objects, while the low-frequency sounds may orient the animal.*

*There are several theories on just how river dolphins produce these sounds, then receive, sort, and interpret them. However they are produced, whether from the larynx or the head itself, the sounds emanate from the head and are directed by the waxy bubble-like melon on the dolphin's forehead, much like the radar dome often seen on aircraft and ships. The sounds strike nearby objects and bounce back, where they are received by the lower jaw. The jaw, mounted like a tuning fork in the muscle and fat of the head, contains oil that transmits the sounds to the acoustic window at the rear of the jaw, then to the ear bones, the ear's sound receptors, and the brain.*

curious, these creatures often approach swimmers for a closer look and sometimes gather around a captured or injured river-mate as if to help. River dolphins around the world are threatened by net fishing, powerboats, pollution, and loss of habitat.

## OTTERS

While river dolphins are fleet and powerful swimmers and we sometimes think of them as playful, we usually associate playfulness and constant activity with the otter. Otters belong to the family Mustelidae, and the most familiar is the river otter of the genus *Lutra*, with eight species found throughout the world's wetlands, from the deep tropics of South America and Asia to the swamps and rivers of North America. Otters are family animals, often seen in groups of up to 20.

***In Their Element*** Few land mammals appear to be as at home in the water as do the otters. Otters live near ponds and swamps and preferably rivers with sloping mud banks, which they use as water slides during their periods of playful antics. Their elongated bodies appear rubbery as they twist and turn, dive and surface in play or in their chase of prey. Otters eat fish, crustaceans, frogs, small birds, and mammals. Their horizontally slightly flattened long, thick, tapering tails and webbed feet allow the animal to paddle leisurely while floating at the surface or to escape with the rapidity of a torpedo by a few thrusts of its tail. River otters, like all of their kin, have a natural curiosity, and their habit of approaching humans and boats for a closer look has led to their easy slaughter. The largest of the freshwater otters, weighing up to 75 pounds (34kg), is the giant river otter (*Pteronura brasiliensis*) of northern and central South America. Once very common throughout their range, giant otters have been decimated by illegal hunting for their soft warm coat of fine fur. Today, the giant river otter is an endangered and closely protected species.

## A DUCK-BILLED MAMMAL

Most interesting and strange among aquatically adapted mammals is the duck-billed platypus (*Ornithorhynchus anatinus*) of eastern Australia and Tasmania's freshwater streams, lakes, and lagoons.

*Australia's duck-billed platypus,* Ornithorhynchus anatinus, *is a unique and primitive mammal, maintaining the egg-laying habits of its reptilian forebears, yet with mammalian characteristics such as mammary glands and hair.*

Not much larger than the average domestic cat and weighing about 4.5 pounds (2kg), the platypus is, at first sight, a bizarre-looking creature that perhaps could not decide if it wanted to be a mammal or a duck. The body is somewhat flattened, legs short, and feet elaborately webbed and endowed with strong sharp claws. The fine undercoat of fur is covered with flat, bladelike guard hairs that trap air and insulate the body from cold. While the tail is slightly bushy, it, too, is flat.

But most strange is the ducklike appendage that is the snout. The bill of the platypus is soft and leathery, moist, and covered with innervated openings that give the platypus an acutely sensitive organ to probe along the bottom of the water for crustaceans, fish, worms, shrimp, and aquatic insects. The food is gathered into the animal's cheek pouches until they are full. The animal then surfaces and grinds the food with its teeth, which have been modified into horny plates.

Platypuses are not defenseless. In the male, the ankle of each hind limb has hollow spurs that can inject venom. The spurs are reported to be used in fighting between males, and the venom is toxic enough to kill a small animal and produce severe pain and swelling in humans.

Reproduction in the platypus is most unusual for a mammal in that the female lays eggs. The animals live in burrows that they excavate in the bank. One type is for everyday living and a second type, containing a more elaborate system of chambers and breathing holes, is used by the female to incubate her eggs. After breeding, one to three eggs are laid in a mat of wet leaves that the female carries into her nest with her tail. The female curls around the eggs to incubate them. Hatching takes place in about ten days and the mother attends her babies for about four months before she lets them leave the protection of the burrow.

## BEAVERS

Among the aquatic rodents, the beavers of North America (*Castor canadensis*) and Europe (*C. fiber*) are well known for their feats of engineering in cutting down trees of up to 39 inches (1m) in diameter with their chisel-like teeth, and using the trees, along with mud and other branches, to build elaborate lodges

*The North American river otter,* Lutra canadensis, *has suffered from over-hunting, habitat destruction, and harassment at the hands of fishermen who believe the otters threaten fish populations.*

that contain chambers for living. Beavers may also dig and build canals through which they can bring out logs and brush to the dam site itself. Coupled with valvular nostrils and ears that keep out the water when the animal submerges, the webbed feet and scaly, flat, leathery tail make the beaver an accomplished swimmer. The dams and lodges created by colonies of beavers divert streams and create ponds and pools that are utilized by many different species of animals. Beavers also flood farmland and create havoc when water needed for cattle is inadvertently diverted.

## THE CAPYBARA

The largest living rodent is also one of the most at ease in an aquatic environment. The capybara (*Hydrochaeris hydrochaeris*) from Panama and South America east of the Andes inhabits areas around ponds, swamps, and marshes, entering the water in great family groups of 60 or more to feed on the succulent plants, escape predators, and cool off. Although the feet have distinct digits, they are partially webbed and the animals are strong, quick swimmers. They can swim completely underwater to

escape enemies. If surprised on land at night, capybara emit a loud grunt and snort as they gallop back to the water, plunge in, and vanish.

## SMALLER AQUATIC RODENTS

The nutria (*Myocastor coypus*), a native of South America, has been introduced in other parts of the world, such as the southern United States, where it has become both an undesirable guest because of the damage it causes to banks and canals, and a valuable source of fur for garments and food for fox and mink ranches. The common muskrats (*Ondatra*), comprising two species, are found throughout the United States and Canada. They often inhabit city parks and marshes, and literally move in anywhere there is a relatively permanent wetland area.

## WATER-LOVING DEER

Many species that we may think of as upland forest animals may have counterparts that have evolved to live in an aquatic situation. While we are all familiar with the white-tailed deer (*Odocoileus virginianus*) as an animal of the woodland, it ranges from Canada to northeastern Brazil and may be found running through swamps and marshland. The marsh deer (*Blastocerus dichotomus*) of South America has hooves that can spread to support it on the soft marshy ground. There are others, like the Chinese water deer (*Hydropotes inermis*), which lives among the tall reeds, rushes, and grasses in the river basin of the Chang Jiang (formerly Yangzi River) of China and also in Korea. It travels in a series of leaps by humping its back and lunging upward and over the otherwise impenetrable stalks.

These are only a few examples of the life-forms that have evolved to survive in areas where water is sometimes abundant and sometimes scarce. In these regions, a single species of animal may rely on food supplies that are very broad, encompassing many groups of plants and animals, or very specific, covering only one species. These are areas that are constantly under threat throughout the world from development, pollution, greed, or even neglect. Let us look at a few aquatic ecosystems to see how all of the organisms in a habitat may mesh, and then we will look at specific areas and threats to these habitats.

# THE PANTANAL OF BRAZIL

One of the best-known wetland regions of the world is the Pantanal, the wet grasslands of south central Brazil's Mato Grosso. Occupying approximately 40,000 square miles (100,000 sq km), this vast swampland bordering Bolivia lies in the basin of the Paraguay River. It is beautiful in its complexion, rich in wildlife, and harsh and unyielding to its inhabitants. It is a land that easily captures the heart and becomes part of those who live there and those who simply visit.

The Pantanal is a great basin, surrounded by escarpments and highland plateaus, and receives upwards of 49 inches (1,250mm) of rainfall annually, most of it between December and February. Nearly the entire Pantanal floods, often to depths of 6.6 to 9.8 feet (2–3m) in some areas. The rains fall too fast for the sandy, nearly flat terrain to filter the water away. As the rains end, water draining southward from the upper Rio Paraguay continues to flood the Pantanal and then slowly disappears. By July and August, the Pantanal

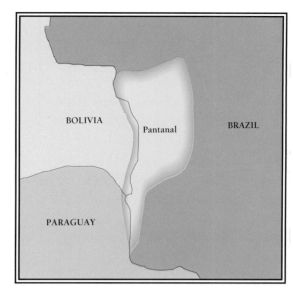

*The wetland area called the Pantanal is in the south central Brazilian Mato Grosso region. The annual cycle of inundation and drying affects the animals living in the region.*

is dry and parched, desertlike, and remains so until November, when the rains slowly begin again.

During the dry season, temperatures may soar to 104°F (40°C) and water sources for drinking and bathing may all but disappear, except for a few deep pools and watercourses. These harsh conditions of prolonged alternating flood and drought, coupled with radical temperature changes, provide a difficult habitat for wildlife and humans alike. Yet, the fauna of the Pantanal is rich.

The plant life ranges from floodplains with floating mats of aquatic vegetation to dry scrub and gallery forest. The vegetation provides homes for a wide variety of wildlife. Sadly, this rather fragile ecosystem with its poor-quality soil and nutrient-poor grasses is extensively used for ranching. Virtually the entire Pantanal is bisected by barbed-wire fences that separate cattle ranches. Traversing the Pantanal means opening and closing hundreds of cattle gates.

## Fish

When water is abundant, it is apparent that the Pantanal must be home to many fish. But the fish of the Pantanal comprise many species that must share a difficult existence. While widespread during the

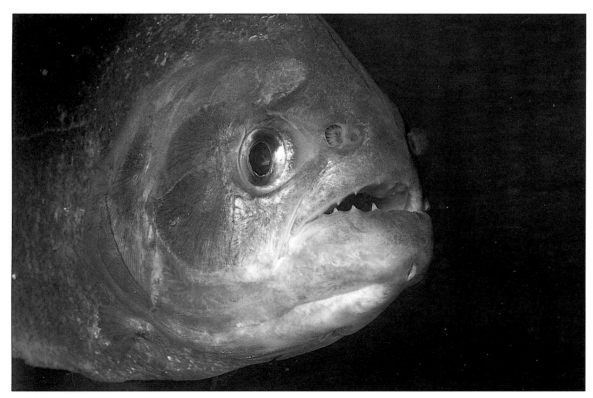

*The red-bellied piranha,* Serrasalmus nattereri, *of the Amazon and Orinoco River basins, has mean-looking teeth that can be applied with serious effect. However, when well-fed, they do not deserve their vicious reputation.*

## CICHLIDS

*The cichlids are an African and South and Central American family of tropical fish. Many of these are typical home aquarium fish. The familiar Jack Dempsey (Cichlasoma octofasciatum) and the angelfish (Pterophyllum scalare) are two species native to the Amazonian floodplain. The Jack Dempsey was given its name due to its pugnacious nature, but all cichlids are pugnacious, fighting among themselves to establish hierarchies and territories. Cichlids tend to have more parental care than many other freshwater fish species, although the African cichlids may have many more complex parental behaviors, including mouthbrooding, than the New World species. Among the New World cichlids, the oddest parental adaptations are found in the discus (Symphysodon species), native to the Amazon and Pantanal regions. They secrete mucus on their skins on which the newly hatched young feed.*

wet season, many thousands of individuals congregate in the small drying pools of water during the dry season, where they fall prey to the many predators awaiting an annual feast. Those fish that survive the drought often do so by aestivating, or lying dormant, in the bordering mud as the last of the water evaporates. Many die, but those that don't die emerge to reproduce as the rains flood the Pantanal once again.

### FRUIT EATERS AND FLESH EATERS

Both the piranha and its cousin, the pacu, belong to the characin family, a group of fish present in Central and South America and Africa. Characins are typified by having a fleshy adipose fin on the back between the dorsal and tail fins. We are used to seeing characins as typical home aquarium fish—neon tetras, cardinal tetras, silver dollars—but many of these species are native to the Amazon River basin and the Pantanal, which are really vast floodplains.

Pacus (*Colossoma* species) and piranhas (*Serrasalmus* species) congregate in the pools, in which caiman live, during the dry season. Piranhas are carnivorous, a trait made much of in horror and action movies. Even in captivity, piranhas maintain their unpleasant temperaments unless they are very well fed, eating other fish, including slightly smaller members of their own species. However, people entering piranha-filled waters have found that attacks by these fish are exaggerated and uncommon.

Pacus, on the other hand, although similar in size and appearance to piranhas, have thick blunt teeth, rather than thin, sharp ones. Their teeth are adapted for their vegetarian diet. Pacus eat fruit, nuts, and leaves that fall into the water, grabbing them and swallowing them whole, although they can use their teeth and jaws to squash a soft fruit and break it into smaller pieces. Pacus are not as belligerent as their piranha cousins. They are well regarded as food fish and frequently grace the Brazilian table.

## Reptiles

### GIANT SNAKES

There are no venomous snakes endemic to the Pantanal proper. The largest of the aquatic-dwelling snakes are the water boas or anacondas of South America. These monster snakes reach lengths of 25

*The yellow anaconda,* **Eunectes notaeus,** *of the Brazilian Pantanal, has distinct black markings on a yellow background. Although they live in a wetland region, these snakes roam about, even on dry land, at night.*

## VERSATILITY MEANS VULNERABILITY

*One large fish that is relied upon as a source of food is the arapaima or pirarucu (Arapaima gigas). The arapaima is a member of the bony-tongue family or the Osteoglossidae. It is a fairly primitive fish and grows very large—up to 14.75 feet (4.5m). It is, however, a vulnerable species and could easily become endangered. The fish is vulnerable not only because it is eaten by humans. It also has been taken from the wild for the home aquarist trade.*

*Arapaima scales are often seen in gift shops, especially in tourist areas. They are sold as natural products, superior to standard nail files and emery boards, which they may well be. But do not be fooled. You are doing nothing for nature by purchasing these scales. The arapaima is a threatened species on CITES Appendix II, requiring export documents from the country of origin. Although some of the fish scales on the market may have come in with proper documentation, some do not. By buying these products, you are only stimulating further illegal trade, which will eventually cause total collapse of the arapaima population.*

feet (7m) or more, and specimens of 30 feet (9m) have been reported but not confirmed. The Wildlife Conservation Society has for more than 40 years offered a substantial reward for any snake 30 feet or more in length. The reward has never been claimed. The largest is the common anaconda (*Eunectes murinus*) of the Amazon drainages. The smaller yellow anaconda (*E. notaeus*) is most attractive. It roams the Pantanal at night, seeking caiman, roosting birds, and small mammals. All anacondas feed on small mammals and birds, but they are also fond of caiman, and one was known to eat a 65-pound (30kg) tortoise.

*This green iguana, a member of the species* Iguana iguana, *shows the typical male crest and wide head. Males use their distensible pink throat fans in ritualistic courtship of females.*

*The Yacare caiman,* Caiman crocodilus yacare, *of Brazil's Pantanal, congregate in ever-increasing groups as the water levels drop during the dry season. If the entire region becomes totally dry, the caiman die of starvation and desiccation.*

## THE IGUANA

There are few lizards in the Pantanal. The green iguana (*Iguana iguana*) is well known in pet shops around the world. But few people can imagine the massive beauty of a large, more than 6-foot-long (2m) male with its high crest descending down its back, pink-tinged throat fan, and broad head. Although highly arboreal, large males often bask on the ground, where, when threatened, they quickly lash out with their whiplike, sharply ridged tails. Delivered in a flash, a blow often leaves a network of fine lacerations on the skin of the victim. If the defense fails, the lizard quickly runs off to climb the nearest tree to safety. Iguanas live in the peripheral forests, where they are often hunted by local people for food. Iguanas lay 40 to 100 eggs buried in sandy soil, leaving them to incubate and hatch in the warm sun. Succulent fruits and vegetables are the main foods eaten, although a meat meal of carrion will not be passed up.

## THE CAIMAN LIZARD

One of the most common lizards and perhaps one of the largest is the massive-headed caiman lizard (*Dracaena paraguayensis*). Brown and yellow, these water lovers reach 5 feet (1.5m) in length. Their teeth are modified into great rounded molarlike teeth which they use to crush crabs and mussels in their powerful jaws. Although inoffensive by nature, angered individuals are quick to lunge at an intruder. Caiman lizards get their name from their crocodilianlike tail and scaly body armor. Because of the quality of their skins, they are hunted as a source of exotic leather to use in the manufacture of wallets and billfolds, especially for the Asian market.

## AN ALLIGATOR RELATIVE

The major crocodilian is the caiman (*Caiman crocodilus*) of the Pantanal and llanos. Caiman are more closely related to the alligators of North America and China than to other crocodilians. Adult caiman are relatively small, not often exceeding 6 feet (2m). They have evolved behavioral mechanisms that allow them to survive in this alternately wet and dry habitat. As the wet and rainy season moves into the dry season, caiman begin to congregate in the diminishing pools of water. In an area that may normally have a population of a few animals, hundreds suddenly appear. The largest animals, often males, occupy the deepest available water while smaller young adults and yearlings occupy the shallower peripheral areas and adjacent pools. As the available water further diminishes, the caiman populations are more compressed and social activity breaks down. Large males that would otherwise be intolerant of any other male now live amicably with hundreds of others with barely room to swim. Fish and other species that are generally food for caiman find themselves compressed in great numbers into the same ponds. The caiman feed nearly to bursting, as do many species of birds that follow the cycle of feasting from region to region. Finally, the animals thus congregated may find themselves with the prospect of having no water at all. Caiman, which regulate their body temperatures by alternately basking on shore to heat and cooling off in the water, may literally cook in their hot puddles.

*Reproduction* Even living in an area with alternately wet and dry seasons, caiman manage to reproduce successfully. They construct a nest of mounded-up vegetation. To keep the developing embryos from drowning, the nest, which contains 20 to 60 hard-shelled eggs, must be built on dry land. The eggs are extremely delicate and will perish if exposed to too much moisture, so the nest must be constructed and the eggs laid at a time and at a site where flooding is unlikely during the two- to three-month incubation period. As crocodilians are found only in the tropical and subtropical regions of the world's low wetlands, their populations are highly affected by abnormal climatic conditions, and caiman are not exceptions to this rule. Prolonged or unusual quantities of rain in a given year can flood otherwise well-selected nest sites, and the eggs of an entire population for an entire year can perish.

Hatching of the young generally takes place at the end of the rainy season and the beginning of the dry season as the flood waters are receding and myriad aquatic insects and crustaceans begin to hatch. The diminishing water will form many small shallow pools where the female will attend her young in a kind of "nursery" and food will be abundant. The youngsters grow quite quickly and by the time the rainy season and flooding begin once again, they will be large enough to fend for themselves, and their parents will begin to court and mate to produce more young.

# Birds

## A VARIETY OF BIRDS

A visitor to the Pantanal during the dry season is struck by the parklike manicured appearance, complete with lakes, small pools, and ponds, and abundant bird life. Flocks of snail (Everglades) kites (*Rostrhamus sociabilis*) sit on tall, dry grass stems waiting to feed on snails exposed in the shallow water of small ponds and swamps. Macaws, parrots, ducks, ibis, owls, cuckoos, plovers, terns, skimmers, a variety of doves and pigeons, kingfishers, flycatchers, jays, wrens, and thrushes are only some of the more than 300 species of birds that find a home in the Pantanal. They come to feast on the variety of plentiful foods, such as crustaceans, small fish, snails, and aquatic insects, that congregate in great numbers in the rapidly diminishing shallow pools and ponds as the dry season takes its hold. The crested caracara, *Polyborus plancus* (family Falconidae), as well as a number of vulture species that readily serve as sanitation engineers, rid the Pantanal of the carcasses of

*Polyborus plancus,* **the crested caracara, is typically seen perched on a branch high above the drying Pantanal, searching for carrion.**

## WHEN WETLANDS ARE DRY

*Not all wetlands are wet all the time. Moreover, sometimes they are too wet.*

*Some unique wetlands that are not permanent or stable year-round may present particular survival problems. The relatively flat open grassland Pantanal of Brazil and the llanos of Venezuela may be nearly as dry and hot as a desert for as much as six months each year. Temperatures may reach 120°F (49°C). Water quickly evaporates and is not replaced, so water may disappear entirely. A wet season may then follow in which the parched land is flooded to overflowing. To a much lesser extent a similar annual cycle occurs in temperate regions that have extremes of high and low temperatures but not nearly as much rainfall.*

*How do animals cope with the extreme changes in some wetland habitats? Living in such regions requires modifications in feeding behavior and in reproduction. Animals may find mates and reproduce during very limited periods. Those best suited for such environments must also be physically adapted for living during optimal conditions and be able to protect themselves from the potentially fatal conditions presented by the opposite extreme.*

*Burrowing into the last remaining mud as water disappears and then going into a dormant state similar to hibernation until water returns is common among creatures such as invertebrates, fish, amphibians, and reptiles, which are adapted to an aquatic existence.*

*Animals that depend on dry season living conditions, however, must have the ability to relocate temporarily to a drier environment when adverse conditions present water and floods. Food may become scarce as the flooding disperses prey. Edible plants may be inaccessible underwater. Constant moisture may lead to disease. Different animals cope with these problems in different ways. Birds can fly away. Larger mammals may occupy higher ground or floating islands of vegetation. Other animals, including many reptiles, amphibians, and insects, will climb into the upper story of plants and trees, remaining safely above the rising water. Species that cannot escape a hostile season must have ways to endure it.*

*The greater or common rhea, Rhea americana, roamed through Brazil and Argentina in great herds. Due to hunting and environmental loss, these herds are no more. A relative of the ostrich, the rhea is smaller and, supposedly, makes a good pet.*

those unfortunate enough to succumb to high temperatures and eventual lack of water.

Species such as the stately jabiru stork (*Jabiru mycteria*) at 5 feet (1.5m) tall with a wingspan of 8 feet (2.4m), the largest stork in the New World, are common solitary figures in the Pantanal. Feeding on small fish, frogs, and other small animals, it can often be seen at great distances as it slowly steps through the shallow water of the flooded land in search of prey. One of the most highly adapted birds for life in the Pantanal, and one of the most beautiful, is the roseate spoonbill (*Ajaia ajaja*), populations of which spend parts of the dry season in southern North America.

### FLIGHTLESS BIRDS

Striding across the open grasslands, the flightless rhea (*Rhea americana*) can weigh up to 50 pounds (23kg) and stand 5 feet (1.5m) tall. The polygamous male may have a harem of five or six hens. Taking the initiative, he scrapes out a nest on the barren ground and lines it with some grass. The hens will then lay about 30

*Many members of the family Psittacidae, the group that includes parrots and macaws, such as this red-and-green macaw, are regulated in international trade because their populations in the wild are endangered or threatened.*

green, 5-inch-long (1.2cm) eggs in the nest, which is then covered with sand or dirt. The male then incubates the eggs himself, driving the females away. Rheas are able to regulate incubation temperature by opening or closing the nest, depending upon the air temperature. Thus, eggs become neither too hot nor too cold. The chicks hatch in about six weeks and continue to be nurtured by the male for six more weeks, until they are large enough to fend for themselves. Rheas feed primarily on vegetables but also eat insects and small animals. Extensively hunted for their meat and feathers, which are a cheap substitute for ostrich feathers for household dusters, rhea populations have declined over much of their range in the Brazilian and Argentine grasslands.

### PARROTS

The Psittacidae—macaws, parrots, and parakeets—are well represented in the Pantanal, with 18 species. Perhaps the most striking are the large and colorful macaws, including the red-and-green macaw (*Ara chloroptera*); blue-and-yellow macaw (*A. araraura*); and the beautiful hyacinthine macaw (*Anodorhynchus hyacinthinus*). These species range from 30 to 36 inches (76–91cm) in length and feed on a variety of fruits, nuts, and seeds. Larger macaws and parrots lay from one to two eggs and wait several years before breeding again; smaller species may lay as many as ten eggs. Tree hollows and holes are favorite nesting sites. They are particularly vulnerable to habitat loss due to deforestation and the clearing of trees for wood or agricultural needs. The larger macaws are particularly vulnerable because they produce so few young and are prized as pets. A single bird illegally taken may bring from $10,000 to $40,000 in the retail pet market.

Concern for declining populations, largely due to the illegal traffic in high-demand species, has led to international regulation and total bans on wild bird importation. There are 16 species of macaw, all confined to the tropical arena. Eight are endangered species. Conservationists everywhere are urging people not to purchase macaws and parrots, as the best means of ensuring their survival.

## Mammals

### A TIMID MAMMAL

The largest mammal in the Pantanal, the secretive and timid tapir (*Tapirus terrestris*), is also the most inoffensive. Well adapted to a highly aquatic world, it has an elongated, elephantlike snout, wallows in deep mud holes and marshes by night, and hides in dense thickets throughout the day. Its dainty footprints of four toes on the front feet and three on the hind feet are often the only proof of its presence. Baby tapirs are striped and spotted with white on the velvet-brown coat, making them invisible as they lie in the broken shadows of a wood. Tapirs feed entirely on succulent fruits and vegetables.

*The world's largest rodent, the capybara,* Hydrochaeris hydrochaeris, *tends to be found in groups of approximately 20 individuals. Capybara swim very well, even underwater, and use this ability to hide themselves from enemies, especially humans.*

## BIG CATS

The jaguar (*Panthera onca palustris*) and the puma (*Felis concolor*) are at home during both the wet season and the dry season. Preying on the several varieties of swamp deer, peccary, and capybara, the big cats roam the Pantanal at night, frequently covering as much as 50 miles (80km) in a hunting circuit over a period of days. Hunted by cattle ranchers because they prey on cattle, the jaguar and puma have been exterminated in many areas, and their populations have been seriously decimated in others. This is very sad because many more cattle die of unattended disease, starvation, and thirst in the poor grazing land of the Pantanal than are killed by the big cats, which are not a threat to humans.

## A GIANT RODENT

One of the most common and most interesting of the mammals in the Pantanal is the capybara (*Hydrochaeris hydrochaeris*). This water-loving rodent weighs up to 160 pounds (72kg). These are social animals, living in vegetated ponds and swamps in small herds of up to 20 or 30 individuals. Several young males and a number of females make up the herd, which is generally dominated by a large bull. Females make good mothers, and in time of danger they may flee into the nearest water with several babies riding on their backs. Once cornered, capybaras can be formidable opponents, closing ranks to face an intruder and slashing out with their great incisors to inflict severe wounds.

The capybara, a source of leather for soft gloves, is seriously depleted in many areas. There is a strong interest in ranching or farming the animals as domestic pigs; many universities in Venezuela and Brazil have long-term studies in progress. However, the social needs of these rodents remain elusive, and the productivity of wild herds surpasses the results of captive management. The animals tend to wallow and feed at will among the succulent aquatic plants,

tend their families, and sleep in the heat of the day. At night they wander considerable distances from water, and many a visitor has been frightened out of a year's growth when a capybara rustles past in the dark, snorting and grunting in a mad dash back to the safety of a nearby pond.

## HOWLER MONKEYS

Several important species of primates inhabit the Pantanal. One of these is the black howler monkey (*Alouatta caraya*), which can often be heard from the small clumps of forest that dot the Pantanal. These largest of the New World monkeys may weigh up to 20 pounds (9kg) and have a prehensile tail. Some people describe their deep roaring call as resembling that of a lion. It can be heard up to 3 miles (5km) away. The calling of a troop of howlers in the early morning seems to begin as an eerie sound of wind rising in the distant treetops and ending in a series of howls and wails.

Howlers give birth to one youngster after a six- to seven-month gestation period. Young are weaned at about a year and a half to two years of age. Until then, they cling to the mother's back as she leaps through the treetops feeding on fruits and leaves.

### HOW MANY NIGHT MONKEYS ARE THERE?

*Taxonomists have left open to debate the question of how many species of night monkeys exist. Some people accept that all night monkeys, whether they're found in Central America, northern South America, or central South America, belong to one species—Aotus trivirgatus. Others claim that there are three, or perhaps, four full species, depending on the location of the monkey population. No matter which side a scientist takes in this debate, which probably could be settled with DNA analysis, the species in the Amazon basin of Brazil is A. trivirgatus.*

## PANTANAL PRIMATES

*Other primates in the Pantanal include the tufted capuchin (Cebus apella) and black-tailed marmoset (Callithrix argentata melanura).*

*The douroucouli or night monkey (Aotus trivirgatus) is perhaps the most interesting of the Pantanal primates. It has large eyes and a long fluffy tail that acts as a balance as the animal runs and leaps from limb to limb during the night. Night monkeys feed on a variety of fruits, tree gums, insects, and an occasional vertebrate. They live in family groups and communicate with as many as 50 different sounds.*

*The small titi monkey (Callicebus moloch) also lives in forested areas but often comes to the ground in search of cockroaches. Its main habitat is in moist areas near streams and marshes.*

**The douroucouli or night monkey, Aotus trivirgatus.**

### THE ANTEATER

One of the most bizarre animals inhabiting the Pantanal is the giant anteater (*Myrmecophaga tridactyla*), which is found throughout northern and central South America. This elongated, woolly hulk possesses a long, pointed snout and great bushy tail. The giant anteater wanders through the open grasslands in the morning and early evening hours. Measuring up to 6.5 feet (2m) in length and weighing as much as 88 pounds (40kg), the animal has strong arms and claws that are something to reckon with. With such claws, it is easy for the anteater to tear apart termite mounds and anthills as it seeks termites and ants to eat with its long sticky tongue. The giant anteater's tongue is long, indeed, reaching up to 2 feet (60cm) in length.

A real treat is to see a mother anteater carrying her single offspring on her back. The young anteater appears to be a small clone of its parent in every way.

### THE THREE-TOED SLOTH

The three-toed sloth (*Bradypus torquatus*) is another unusual inhabitant of the Pantanal, well known for its upside-down life-style. Its coarse hair, which hangs downward away from its body, is often covered with algae. Sloths feed on buds and leaves, moving slowly as they extend their long, sharp-clawed limbs from one branch hold to the next. They rarely come to the ground, but when they do, they are quick to defend themselves and strike out with their claws at any intruder. Sloths are solitary. Although they are mammals, they cannot easily regulate their body temperatures and are thus restricted to suitable warm, moist habitats. Mother sloths carry their single young clinging to their backs for about five months, when it finally leaves, although nursing ceases after about four weeks.

*One of the South and Central American three-toed sloths, Bradypus variegatus, in one of its favorite haunts, up in the trees.*

146

# OKEFENOKEE SWAMP

Okefenokee Swamp, which is on the southeastern border of Georgia, just inland of the sandy coastal ridge that runs along the eastern United States, is a peat bog. It is a place of tea-colored water, abundant floating vegetation, and myriad birds. In the nineteenth century, because of its bald cypress trees (*Taxodium distichum*), which have a durable, hard wood and the malaria-carrying mosquitoes that breed in the standing water, Okefenokee was heavily logged and futile attempts were made to drain it. Drainage canals and old railroad embankments survive as reminders of our ancestors' misguided destructiveness.

Sitting in a canoe in the middle of the Okefenokee Swamp is so peaceful and beautiful—wet prairie covered with water lilies, arrow arum poking through the water, cypress trees on small islands looking just like the raised areas on a map, endless chirping of tree frogs and chorus frogs, interrupted by grunts of

bullfrogs—that you may think that you have arrived in heaven. The motor of a tour boat, the early evening chorus of bellowing alligators, or the sudden and painful bite of a backswimmer awakens you from your reverie. But the swamp changes from day to day and from season to season.

Okefenokee, or the land of the quaking earth, is basically a cup-shaped mass of peat—ancient decaying organic material. Pieces of peat break off from the mass and float upward in the water. Vegetation begins to grow on these now uncovered peat masses: first, grasses and flowering plants, then bushes, and finally, cypress trees. These vegetation-covered masses of peat are now called hammocks, tree houses, or tree islands in the local vernacular. Tree islands are not at all solid. Try to walk on them, and your legs will shake as you struggle to keep your balance and not fall into the soft muck. It is like walking on floating foam rubber. But the islands are solid enough to provide homes for many animals.

## Insects and Spiders

After rains, and in the morning light, thousands of drops of dew sparkle over the swamp—the tips of the water lily flowers (*Nymphaea odorata*), the golden club (*Orontium aquaticum*), and other floating and emergent plants all sprinkled with water droplets. The intricate webs of argiope spiders, often built overnight, glisten between adjacent blades of pickerelweed (*Pontederia cordata*) or paintroot (*Lachnanthes caroliniana*). The large—approximately 1-inch-long (25mm)—generally yellow-banded spiders, construct orb-shaped webs with complicated zigzag patterns longitudinally down the center. They often hang, head downwards, camouflaged within the zigzag, waiting for a morsel to become stuck in the web. When it does, the spider hurries over and covers the prey with sticky silk, which not only preserves the meal for later, but also begins breaking down the food.

*Open water in the Okefenokee National Wildlife Refuge gives way to vegetation growing on pieces of peat that have floated up from the soft bottom. These hammocks, also called hummocks, provide homes for many animals.*

*This American alligator,* Alligator mississippiensis, *is floating, as usual, on top of the water with its back visible. Often, alligators will remain at rest, with only the tips of their nostrils and their eyes visible above water.*

## Reptiles

### THE ALLIGATOR

The animal most often associated with the Okefenokee Swamp is the alligator (*Alligator mississippiensis*). The population of alligators at Okefenokee is in the tens of thousands, but prior to the U.S. Endangered Species Act, the numbers had dwindled because of poaching for their hides. Crocodilians, no matter what the species, serve a very important ecological role. They maintain areas of standing water. This is especially important during droughts. Okefenokee and other swamps go through cycles of wet years and dry years. When the dry years are very dry, the swamp renews itself by fire. Dry wood, vegetation, and peat burn easily. All it takes is one or several lightning strikes to set a dried-out swamp on fire. Although animals are burned during fires, and much vegetation is lost, what remains is enough to spur new plant growth and animal populations.

### *The Alligator's Annual Cycle*

You can time the cycle of the swamp by the alligator. In winter, alligators are not very active. In very cold weather, they remain underground in their dens. On warm days, they will surface to bask. As spring arrives, however, activity increases, and they begin to swim around the canals and open prairies searching for food. Increased rain in spring, along with longer days, trigger hormonal changes leading to courtship and mating.

### *Bellowing*

Beginning in April, and continuing through May and early June, the morning air fills with bellowing choruses. The bellow is a low-frequency sound, oftentimes felt more than heard. It travels well underwater. In general, one animal's bellow is enough to start a chorus. The bellow is a vocal identity card. The depth of the sound indicates the size of the animal: the deepest bellows are from the largest males.

Not only does the bellow broadcast the animal's sex, it also broadcasts its location. This is very important for alligators, especially during breeding season. Females are territorial, remaining in one circumscribed area, usually a tree island, where they nest and raise their young. They roam their home range, the limited distance they travel around the swamp, to find food. Males, however, have fairly large home ranges that intersect the territories of many females. The bellowing reveals the exact locations of the females and of all the other males. In this way, males can determine which females to visit and whether other males will be in the area.

A male may mate with several females. The courtship dance is elaborate, with ritualized head raising, head slapping (chins are slapped down on the water, making a loud clap and a big splash), and nuzzling, in which the head of one animal is rubbed along the head and/or body of the other. If the female is receptive to the male, the male climbs onto the female's back and places his cloaca, or excretory and sexual opening, adjacent to the female's so that he can insert his penis.

### EATING VENOMOUS SNAKES

*Although cottonmouths (Agkistrodon piscivorus) are venomous pit vipers, New World relatives of Eurasian vipers, alligators are not reluctant to grab them as food. Crocodilians, in general, deal with prey grabbed in midbody by rapidly jerking their heads. This breaks the prey's neck, and the prey—in this case, a venomous snake—dies immediately. Venom is not a problem if ingested, only if it is injected, as in a snakebite. Thus, alligators, whose bony skulls cannot be penetrated by snake fangs, may eat cottonmouths with impunity.*

***Nesting*** Approximately a month after copulation, in late June or early July, the female begins to scrape together a mound of vegetation into which she will lay her eggs. In Okefenokee, females lay about 36 hard-shelled, oblong eggs in the middle of the nest, then they cover the nest with more vegetation.

The female now has her work cut out for her. Many nests in Okefenokee do not survive the 60-day incubation period. In some cases, natural events, such as flooding, destroy the eggs. But in most cases, the problem lies with predators that eat the eggs. A successful mother will guard her nest diligently and prevent other animals from coming near it. Less responsible mothers may not have any hatchlings.

In Okefenokee, alligator nests are preyed upon by black bear (*Ursus americanus*); raccoon (*Procyon lotor*); and perhaps even river otter (*Lutra canadensis*). The nest itself may also be used by soft-shelled turtles (*Trionyx* species) to lay their eggs, which when abandoned will have the alligator to protect the developing embryos—that is, if the turtle has picked the nest of a diligent mother alligator.

***Preparing for Hatching*** As it gets close to hatching time, the female alligator must get ready for a great spell of activity. Throughout most of the nesting period, the female eats little, but immediately prior to hatching of the young, she will feed actively.

Twenty-four hours before hatching, the young alligators begin to grunt within their eggs. This sound can be heard by the female, who may climb onto the nest. Vibrations from the female climbing onto the nest elicit further grunting from the young. At some point, the mother, using her forelimbs, will begin to dig into the nest. When she reaches the egg cavity, located 1 to 2 feet (30–60cm) below the top of the nest, she will pick up one of the hatched young and gently carry it to the water in her jaws.

The young are able to slit their eggshells with a hard projection, the egg tooth or egg caruncle, at the tips of their snouts. If they are unable to exit the eggshell on their own, the female will pick the shell up in her mouth and gently crunch down on it. She will then wash her mouth out in the water, separately releasing the hatchling and the eggshell. The female

## THE FISH GAS BLADDER

*Alligator gar* (Lepisosteus spatula) *are plentiful in the Okefenokee swamp, where they are known for their ability to leap from the water—on occasion, they have leapt right into boats. Alligator gar are large fish—up to 10 feet (3m) in length—of ancient lineage, with elongated jaws and sharp teeth on their upper jaws (hence the name "alligator"). Gar are primitive fish, with non-overlapping scales that are ganoid (or rhomboid) in shape and are made of different substances from most fish scales. Unlike more recently involved fish, they have a spiral valve, a gas bladder that functions as an accessory respiratory organ, assisting the gills.*

*In more advanced fish, the gas bladder's major purpose is as a hydrostatic organ, working somewhat like the ballast tanks in a submarine. More air inside the gas bladder lets the fish come up toward the surface of the water; less air inside the bladder helps it submerge into deeper water. However, the gas bladder may also maintain some auxiliary respiratory function. Scientists believe that the gas or swim bladder originally evolved as a lung, and therefore, fish that still maintain it as a major respiratory organ are probably more primitive than fish that use it to change hydrostatic pressure or as a resonating chamber for vocalizations.*

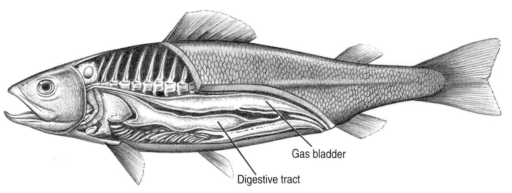

*Location of gas bladder in bony fish.*

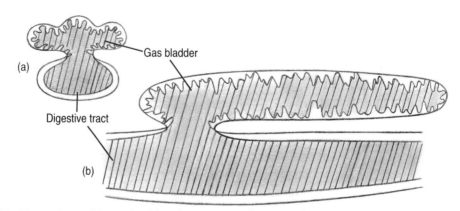

*The gas bladder and gut of the gar and bowfin: (a) coronal section; (b) transverse section.*

will return to the nest until all of the young either have been carried to the water or have made it to the water on their own.

**Touch Receptors** How can an animal with such huge jaws and sharp teeth carry out such delicate operations? Touch receptors on the gums between the teeth send signals to the alligator, allowing it to modulate its movements so it will not damage the hatchling. Many people have reported that hatchlings and eggs are often eaten by the mother during hatching. R. Howard Hunt, curator of herpetology of Zoo Atlanta in Georgia, has done painstaking research on this question, and his observations show that, at least in the American alligator, any young or embryos eaten by the female are deformed or already dead.

A male may hang around the nest area at the time of hatching, and, if the nest is not excavated by the female, come in and excavate the nest himself. Males also sometimes remain in the vicinity of the female and her crèche of hatchlings, both parents sometimes serving as basking logs for their young.

**Camouflage** The yellow- and black-striped young are cryptically colored so that they cannot easily be seen amid the pickerelweed and marshgrasses. Although this is some protection, as is the presence of the mother, who is alert to any harm coming her young's way, young alligators are still fair game for predators. Great blue herons (*Ardea herodias*) swoop down and grab them. Turtles, especially soft-shelled turtles and snapping turtles (*Chelydra serpentina*), take bites out of their legs and tails.

As summer turns to autumn and autumn to winter, the female continues excavating her pond and an underground hibernaculum, which generally consists of one or several chambers above water, connected to an entrance by an underground tunnel. The chamber has sufficient room to allow the adult to turn around within it. It also may have an air hole leading to the surface. Because the water in the female's pool may be much deeper than any water available in the open swamp, aquatic organisms will gather there, assuring the female and her young of food throughout the winter.

Although the swamp would still have a cycle without the presence of the alligator, the alligator is an important component of Okefenokee's ecosystem.

### TURTLES

Alligator nest incubation continues throughout the heat of August. Turtles, such as the cooters (*Chrysemys floridana*) and sliders (*Pseudemys scripta*), bask on logs in the morning sun. Even the large, flattened soft-shelled turtles haul themselves onto logs, tree stumps, or dry land to catch the sun's warmth. Occasionally, the peacefulness of a softshell's basking is interrupted by the rapid swipe of an alligator's jaws. The turtle is ingested with a loud crunch.

## *Birds*

### RED-WINGED BLACKBIRDS

While the alligator nest sits, red-winged blackbirds (*Agelaius phoeniceus*) nest in emergent vegetation on the tree islands. The black males with their red epaulets chase any intruding bird, even ones much larger than they, away from their nests, and even their territories. Several red-shouldered males can sometimes be seen mobbing an unfortunate crow that ventured too near a male red-winged blackbird's territory. As dusk falls over the swamp, large flocks of blackbirds head toward drier ground to roost for the night.

### OSPREY

As the alligator young incubate, the ospreys (*Pandion haliaetus*), usually in the tallest dead cypress tree around, are tending to their nest, generally a large mass of vegetation. In Okefenokee, tufts of Spanish moss (*Tillandsia usneoides*), probably taken from nearby cypress trees, hang from the nest. The ospreys themselves are busy. They produce one brood of approximately three young per year. Prior to egg laying, the female is fed exclusively by the male. This is referred to as "courtship feeding" and works as a powerful inducement to copulation and, subsequently, maintaining the pair bond. In some species of birds, this behavior has probably evolved as a practical means of survival.

---

## FROG CONCERTS

*Other noisemakers of the swamp are the frogs. During the rain, which can come daily in a wet summer in the Okefenokee, the swamp becomes an amphitheater for frog symphonies. Pig frogs (Rana grylio), floating in the water or on a lily pad, grunt like pigs, of course. The green tree frog (Hyla cinerea), also called the bell frog because of its bell-like call, begins a rain chorus that sounds like the clangor of church bells. In the pinewoods, at the edge of the swamp, the pinewoods tree frog (H. femoralis) makes a tapping or clicking noise. The southern chorus frog (Pseudacris nigrita), a tiny frog often seen swimming from lily pad to lily pad, makes a sound like that of a finger running through the tines of a comb. All together, the noise can be deafening.*

**The green tree frog, Hyla cinerea.**

*A typically small group of sandhill cranes,* Grus canadensis.

## SPOONBILLS

*These brightly colored birds have suffered population declines from the extensive use of their feathers as fashion ornaments. Furthermore, the loss of wetlands to agriculture and habitat modifications have decreased their available habitat. The many thousands of birds that migrated north to the southern United States are now greatly reduced in number, but at one time the spoonbills were on the verge of extinction. Spoonbills nest in colonies in low trees. Three to five dirty brown eggs are laid, which hatch in about 21 days. The young are fed regurgitated food, with many hungry chicks thrusting their heads into the accommodating wide bill of the mother at mealtime. They fly to South America to retreat from cold northern temperatures.*

*The roseate spoonbill,* Ajaia ajaja.

Once egg production has begun, the female may be too heavy to fly around carrying on her usual feeding behavior. Thus, the only way she can properly nourish her eggs, and herself while she produces the eggs, would be for food to be provided to her, and this is done by the male. Once she lays the eggs, the female does the majority of the incubation, with the male incubating the eggs only a small portion of the time. Once chicks hatch, the male brings food to the nest for both the chicks and the female, and the female is responsible for most of the full-time care of the young. The male's responsibility, however, should not be considered light. A brood of three chicks can eat 6 pounds (2.7kg) of fish per day!

### THE PROTHONOTARY WARBLER

In the Okefenokee canals that originally were dug to drain the swamp, but now serve as boat trails, overhanging cypress trees and many burned or rotted out stumps of trees serve as breeding grounds for the prothonotary warbler (*Protonotaria citrea*), a yellow bird with blue-gray wings and tail that nests in rotted logs and tree cavities. In this species, males build nests, but the nests are never used. Only the female builds a nest that is used for egg laying.

### SANDHILL CRANES

Sometimes, in the shallower water right near an alligator nest, a loud clacking and quiet flapping of wings will herald the arrival of a small group—usually about three, although there can be two or up to six—of sandhill cranes (*Grus canadensis*). They immediately begin foraging in the paintroot or redroot (*Lachnanthes caroliniana*), named for the bright orange-red color at the base of the plant. Local legend is that the Seminole Indians, who lived in the swamp, used this plant for making dyes. The cranes forage with their long, pointed beaks for whatever food they can find: plants, seeds, roots, invertebrates, or small vertebrates. The mother alligator may look on with an alert eye, but, unless she perceives that her nest is threatened, will do nothing.

## WADING BIRDS

The stars of the swamp, disregarding the alligators, are the wading birds: herons, egrets, storks and ibises, all nesting and roosting together in great numbers, making the tall cypress look like Christmas trees with large bird ornaments. From the air, the tree islands are dotted white. Some of the birds are quite raucous, with squawking, grunting, and grumbling. By nightfall, all the birds have settled in after their daytime foraging.

## *Mammals*

### SWAMP MAMMALS

White-tailed deer (*Odocoileus virginianus*) splash gracefully through the mucky peat. They inhabit the pine forests surrounding the swamp, and move in and out of the swamp at will.

Black bears (*Ursus americanus*), too, bound rapidly from tree island to tree island, in search of food. If the bears are not visible, bear dung, heavy with berry and plant remnants, is proof of their presence.

*The white-tailed deer,* Odocoileus virginianus.

## THE BOGS OF GREAT BRITAIN AND IRELAND

*Peat bogs are found throughout the world, and their ecosystems are shaped, in part, by the ambient temperature. Okefenokee, a peat bog in the southeastern United States, where temperatures are warm to hot for nine or ten months a year, is a rich habitat supporting numerous species of plants and animals. The bogs of the West Country of Great Britain, the Hebrides Islands off the coast of Scotland, and the southeast of Ireland, however, tend to be cold, damp, and forbidding, with a much less abundant and less varied flora and fauna.*

*Peat bogs are characterized by the high acidity of the water and underlying soil, which makes them inhospitable to bacteria, the organisms of decay. Thus, it should come as no surprise that peat bogs in Denmark have yielded perfectly preserved remains of humans who died more than 2,000 years ago!*

*One of the plants that best survives in such circumstances is sphagnum moss (Sphagnum species), a typical bog plant. Slightly drier areas around the moss-covered bog are populated by pink-flowered heather (Calluna vulgaris), an evergreen shrub approximately 3 feet (1m) tall, and bracken fern (Pteridium aquilinum var. latiusculum). These slightly drier areas are called moors. Cotton grass (Eriophorum species) and rushes (Juncus species) are also present on the moor. Southwest of Killarney in Ireland, bog plants also include royal fern (Osmunda regalis), with fronds (the fern equivalent of leaves) nearly 6.6 feet (2m) long.*

*Although desolate, cold, and forbidding, the northern European bogs do provide habitats for some wildlife, including the wild pony (Equus caballus). Like all wild horses, the wild pony is a feral animal, probably derived from domesticated stock. Some scientists prefer to separate the wild horses from domestic horses by creating a new species for them: E. ferus, as the name E. caballus was originally used to describe the domesticated animal. The wild pony is the largest mammal*

**Sphagnum moss is a hearty, highly absorptive plant, typical of northern bogs. Spongelike, it holds huge amounts of water. Not only does it thrive in the acidic soils of peat bogs, but it adds to the soil's acidity, thus preventing other plants from intruding into the area.**

A boggy lake surrounded by reeds is typical of the peat-rich bogs along parts of Ireland's western coast. Generations of people have relied upon dried peat (incompletely decayed organic material) for their livelihoods.

*The Eurasian buzzard, Buteo buteo, eats small mammals, reptiles, birds and carrion.*

**The skylark, Alauda arvensis, is a nondescript brown bird for which numerous poems have been written. The male is noted for its beautiful courtship song, sung while high in flight. The skylark is a ground nester. The nest, with the young nestlings inside, is well camouflaged among the dry grasses. Skylarks, which are native to Eurasia, have been introduced into other parts of the world.**

living in the moors of Britain's West Country, which contains Dartmoor National Park in Devon and Exmoor National Park in Devon and Somerset. But the creatures most often seen in these cold, desolate bogs and moors are dragonflies, butterflies, and birds. In winter especially, buzzards (Buteo buteo) hover over Dartmoor. Skylarks (Alauda arvensis), celebrated in poetry and paintings for the beauty of their song, and woodlarks (Lullula arborea), which sometimes flock with skylarks, and whose name is derived from their "lu-lu-lu-lu-lu" call, also dwell on the moors. The curlew (Numenius arquata), a long-legged shorebird with a thick down-turned bill, nests on the moors. The moors and bogs also are home to ravens (Corvus corax), the largest of the passerine birds; their relatives, carrion crows (C. corone corone); long, slender-billed snipe (Gallinago gallinago); its relative, the long-billed, bog-dwelling woodcock (Scolopax rusticola); and the meadow pipit (Anthus pratensis), a small bird with a long curved bill.

The moors sustain several members of the wheatear group, which contains small birds such as the robin (Erithacus rubecula)—not to be confused with the American robin (Turdus migratorius), which is about twice the size of the European robin. Included are the wheatear (Oenanthe oenanthe), stonechat (Saxicola torquata), and whinchat (S. rubetra)—all fairly nondescript brown, black, white, and/or grey birds. Fairly rare ground-dwelling birds, similar to chickens, that cannot fly more than several hundred meters, such as the greater golden-plover (Pluvialis apricaria), are found around the English bogs and moors. Other moor species include the dunlin (Calidris alpina), a sturdy-billed sandpiper; the ring ouzel (Turdus torquatus), a relative of the blackbird that overwinters in Africa; the small, green-brown grasshopper warbler (Locustella naevia); the tiny wren (Troglodytes troglodytes); and red grouse (Lagopus lagopus subspecies) and black grouse (Lyrurus tetrix).

In some of the high heaths there also are reptiles, although the cold bogs and moors do not provide hospitable homes for many species. The most commonly seen in the upland moors of Great Britain's West Country are: the grass snake (Natrix natrix); the adder (Vipera berus), the only venomous snake on the British Isles; the slow worm or worm lizard (Anguis fragilis), a limbless animal with scales similar to neither lizard's nor snake's scales; and the common viviparous lizard (Lacerta vivipara).

# THE OKAVANGO DELTA, BOTSWANA

Rich in wildlife, the Okavango is one of the world's great wetlands. Sitting in the northwest corner of Botswana between the Namibian and Zambian borders, the Okavango River forms an inland delta. We are used to seeing deltas—areas where sediments carried by the river are deposited in a triangular pattern at the river's mouth—in coastal regions. One of the most famous deltas is that of the Nile River where it flows into the Mediterranean Sea.

The Okavango River, however, whose source is in Angola, flows through a permanent swamp, and ends in a swampy delta nearly 90 miles (145km) across, leading into a large temporarily flooded area. Its waters disappear into the sands of the Kalahari Desert. The swamp itself is sparsely settled. Only 40,000 people live in its approximately 4,000 square miles (10,400 sq km). At least six tribes make their home in the area, most living off the natural products of the delta. There is a profusion of wildlife—from insects to large mammals. The emergent plants, although not unique, give rise to a peculiar problem: in some regions, papyrus is so thick it cannot be penetrated—even when there is a lot of water.

The Okavango Delta is in a delicate ecological balance. Areas under the Okavango's waters, for example, are the epicenters of earthquakes that regularly rock the region. Although most of the effects are mild, a strong earthquake could be disastrous. The delta depends on the annual rainfall in Angola, at the headwaters of the river, during the December to February rainy season. The effects of the inflow of water are seen in the delta during the winter dry season, June to October, when water levels in the delta are high, but are low elsewhere. As is typical of wet regions in the middle of dry expanses, animals congregate in the swamps, moving out during the rainy season, when water is available elsewhere. Climate changes that affect the summer rainfall in Angola have repercussions in the winter swamp.

Human intervention has already taken its toll in the Okavango Delta. Beginning with David Livingstone's

*The Okavango River originates in Angola. Heavy rains swell the river and the water flows south to form the Okavango Delta, a delicate and ephemeral wetland.*

contact with the people of the delta in the mid-nineteenth century, elephant hunting became a major economic activity. This led to decimation of the elephant population and severe hunting pressure on other big game, including the buffalo and the rhinoceros. Even today, elephants and rhinoceroses are illegally hunted in many areas of Africa. In the 1960s and 1970s, crocodile hunting was rampant, and Nile crocodile populations crashed. They have recovered somewhat and crocodiles are now fully protected in Botswana. Humans further affected the wildlife by fencing off areas for domestic cattle to prevent the spread of foot-and-mouth disease. These fences interfered with wild animal migration routes that had been used for generations. One of the major threats to people and cattle in the Okavango Delta is the ubiquitous tsetse fly and the sleeping sickness it carries. Pesticides that control the fly population may have more negative than positive effects on the environment.

Unlike the blackwater swamps of Brazil, the southeastern United States, and Canada, the Okavango River and its swamps are clear water, rich in neither nutrients nor sediment. The braided islands amid the streambeds are the result of small amounts of sediment carried downriver, and are constantly being formed and reformed, in part due to the mound-building activities of termites.

The Okavango is relatively unaffected by tourism. Africans visit it, but western tourists tend to visit the better-known spots in Kenya, Zimbabwe, and South Africa. Thus, much of it remains apparently unspoiled, and the more than 300 species of birds and more than 80 species of mammals remain intact.

## Aquatic Animals

Animals abound in the delta. The river is full of fish. The bagrid catfish (*Auchenoglanis ngamensis*), a bottom-dweller that feeds on insect larvae, worms, and crustaceans, is less than 3 feet (1m) long. It has little commercial value except for the home aquarium trade. There are also upside-down catfish (*Synodontis macrostigma* and *S. woosmani*). These small catfish are named for their occasional habit of swimming upside-down for short periods. Barbels (*Barbus* species), which may grow up to 2 feet (60cm) in length, are common sport-fishing species.

### BITING FROGS
The African bullfrog (*Pyxicephalus adspersus*) is one of the oddest of the many frogs of the Okavango Delta. They aestivate underground in the dry season and come out for a feeding and mating frenzy after the rain. These frogs, which are highly prolific, are adapted for digging with a spadelike protuberance on the hind foot. They also have thick, bumpy skin and very large mouths. In captivity, they are known to eat mice. Reaching up to several kilograms in weight, these "bullfrogs" of Africa consume a wide variety of aquatic insects, fish, small mammals, and even snakes and baby crocodilians.

## Reptiles

### MONITOR LIZARDS
Unfortunately for the frogs, the rains that bring them out of aestivation also bring out the Nile monitor lizard (*Varanus niloticus*), an aquatic lizard that grows up to 6.6 feet (2m) in length. Monitor lizards are not particularly fussy about their food, eating any vertebrate smaller than they are. They are also well known for

stealing eggs out of the nests of Nile crocodiles (*Crocodylus niloticus*). They are excellent diggers and have a good sense of smell, so they can find the subterranean nests, usually dug deep into sandbars and camouflaged so well that humans have difficulty finding them. Nile monitor lizard numbers are diminishing as a result of habitat loss and hunting for their skins.

## DEADLY SNAKES

Snakes also make their homes in the delta. There are many species of cobras, vipers, and harmless forms that are endemic to central Africa. The feared black mamba (*Dendroaspis polylepis*) is a venomous member of the elapid family that may grow up to 14 feet (4m). It travels mostly on the ground but can also climb trees in search of prey. It is diurnal, most likely to be searching for food during daylight hours. When confronted, it rears its head and body upward and opens its mouth to expose the black interior. Although it is as likely to leave as it is to bite, its neurotoxic venom, which paralyzes the nervous system of the victim, is very toxic. It lays eggs underground or in abandoned termite nests, as do Nile monitors.

Another closely related dangerous species is the green mamba (*Dendroaspis angusticeps*), which is arboreal and blends well with the tropical foliage.

## CROCODILES

The largest of the African reptiles, the Nile crocodile (*Crocodylus niloticus*), which grows to more than 15 feet (4.6m) in length, is also found in the delta, but in much reduced numbers from 150 years ago, when

---

### SNAKES

*Not all delta snakes are as feared as the mambas. The dwarf sand snake (Psammophis angolensis) is rarely longer than 16 inches (40cm), has a thin body, and lives in drier sandy areas. Because of the small size of its head and mouth, its diet is restricted to small lizards.*

*The largest of the Okavango's snakes is the African rock python (Python sebae), which may grow up to 20 feet (6m) in length. It is a powerful constrictor and a good swimmer. Although it feeds on a variety of small birds and mammals, it is not averse to eating monitor lizards and the occasional small crocodile.*

---

hunting first began. An animal that truly deserves its bad reputation as a man-eater, it is also an excellent parent, excavating its nest hidden under the sand, carrying the hatchlings to water a mouthful at a time, and guarding young for several months after hatching. In fact, males as well as females will open nests and carry young to the water. There is some degree of nest sharing, where two or more females lay eggs in the same nest depression or close by. This may lead to a female excavating an unattended nest and releasing young that are not hers, a behavior that has great social usefulness.

**Omnivorousness** To say that Nile crocodiles, like all their large crocodilian relatives, are omnivorous, would be an understatement. Basically, they eat anything alive that's graspable, and have been known to pull down impalas, water buffalo, and other large herding animals. They are highly intelligent and will wait along routes trafficked by people until a tasty human comes their way, although many local residents in Africa contend that the hippo is far more dangerous to humans than the crocodile. Contrary to general belief, Nile crocodiles are not cannibalistic and do not eat their own young under most circumstances.

*The green mamba,* Dendroaspis angusticeps, *is one of Africa's most feared venomous snakes. This fast-moving, arboreal snake has a highly toxic venom and feeds on birds and lizards.*

*This Nile crocodile,* Crocodylus niloticus, *is feasting on a fish, its main item of diet, which it eats whole. Nile crocodiles, however, are not discriminating eaters, and can consume much larger prey, including humans.*

# Birds

## THE FISH EAGLE

To visit the Okavango is to visit a land of birds. One of the most abundant species is the fish eagle (*Haliaeetus vocifer*). With its white head and white tail it looks similar to the North American bald eagle (*H. leucocephalus*). As the name implies, the fish eagle feeds mostly on fish, although it steals food, including remains of mammals, from other eagles. The specific name, *vocifer*, is tribute to its loud calls.

## SNAKE EAGLES

Snake eagles, *Circaetus*, are also present in the Okavango Delta. They do not look quite like true eagles, as their legs are featherless and their large eyes face forward. They feed on snakes and can remain perfectly still for long periods while waiting for a morsel to show up. Some species of snake eagle kill their prey in flight, while others seize the prey and kill it on the ground. Unlike other eagles, whose food goes into the crop before entering the stomach, the snake eagle's food goes straight to the stomach, where it is partially digested. When feeding their young, only part of the snake is ingested. The tail hangs out of the parent's mouth so that the young can pull the snake out and eat it themselves.

## OTHER BIRDS OF PREY

The lesser spotted eagle (*Aquila pomarina*) is a relatively rare European migrant that feeds at termite mounds. Dickinson's kestrel (*Falco dickinsoni*) is a commonly seen gray bird that eats insects, reptiles, and small birds. In some areas of Africa it nests inside the baobab tree. The yellowbilled kite (*Milvus migrans parasiticus*), a close relative of the black kite, is also a migrant species but is fairly common. These birds may fish like ospreys or chase and eat rodents. They also scavenge and will congregate around human habitations and camps to steal scraps.

## PEL'S FISHING OWL

Africa's largest owl is Pel's fishing owl (*Scotopelia peli*), a brown-feathered, nocturnal resident of river edge forests. Its very large eyes are adapted for night vision, and when it sees a fish in the shallows, it swoops down and grabs it in its talons.

**The African fish eagle, Haliaeetus vocifer, as its name implies, mainly eats fish. The female is larger than the male, with a wingspan of more than 90 inches (2.3m).**

# WADING BIRDS

*The wading birds are among the largest and most spectacular birds in the delta. The purple heron (Ardea purpurea), a medium-sized heron with distinct chestnut coloration and black striping on its long, slender neck, is found throughout Eurasia and Africa. It has large feet with long toes that are well adapted for nesting in reeds such as papyrus. Like other herons, it roosts in mixed colonies of herons and egrets. Also, like other herons, it hunts in the water, capturing and eating a variety of aquatic organisms, from insects to fish and amphibians.*

*Similar in appearance to the purple heron, but much larger, is the Goliath heron (A. goliath). At 55 inches (1.4m), this is one of the largest heron species. Unlike other herons, the Goliath heron is solitary, neither feeding nor nesting gregariously. Goliath herons are found in Africa, the Middle East, and parts of Asia. They are not active hunters, but rather stand and wait for food to come along. Although the bulk of their diets is fish, Goliath herons will stalk snakes on the shore and eat small invertebrates. Most herons prey heavily on baby crocodiles, waiting until the mother's attention is drawn elsewhere.*

*Smaller herons and egrets also abound. The green-backed heron (Butorides striatus atricapillus) is the sub-Saharan subspecies of the green heron, which is found on all continents. This species is small—16 inches (40cm) in total length—and looks somewhat like a bittern. It is nonmigratory in many parts of Africa. The green-backed heron nests solitarily or in loose groups, but not in large mixed-species groups. The green-backed heron has a green or dark crown on the top of its head, which it erects during courtship, or whenever it is excited. It feeds in the water either by waiting for food to come by or by wading to scare up aquatic organisms. Although it eats fish, the green-backed heron also eats invertebrates, small amphibians, and reptiles.*

*The salty egret (Egretta vinaceigula) is a very rare bird whose habitat is confined to the Okavango Delta and, perhaps, several riverine systems a couple of hundred kilometers north and south. Its specific name, vinaceigula, refers to the wine-red throat, which contrasts with the* nearly black underparts and the blue-gray remainder of the body feathers. Although slightly larger than the green-backed heron, it is only about 17 inches (43cm) long and has a very slim body. It lives in floodplains when the water level is decreasing. It may migrate during the rainy season. Its diet consists mainly of small fish, which it hunts in very shallow water, but it does not use its feet to disturb the fish, as do other egrets and herons. It nests in reeds in small communities about 3 feet (1m) above the water.

The little egret (E. garzetta) is a moderately sized—22- to 26-inch (55–65cm)—white bird, native to the Old World. It is not much different from other white egrets and herons, and its behavior is that of a typical egret. It stalks prey during the day in waters it has stirred up with its feet, and it nests communally with other large aquatic bird species. During breeding season, the bird has great white plumes, which add to its beauty, but which have also nearly resulted in its demise. Until the early part of this century, the birds were hunted for these plumes for the fashion trade. Many of the African populations never recovered: few of the southern African populations breed in Africa, a location well suited for such breeding.

Ibises and spoonbills are also part of the Okavango fauna. The sacred ibis (Threskiornis aethiopica), worshiped by the ancient Egyptians, with its bare black head and neck and black tail plumes and white body, and its relative, the African spoonbill (Platelea alba), are often found in mixed flocks with egrets, herons, storks, and even pelicans. Their feeding habits are the same as those of their relatives in the Okefenokee Swamp, and behaviors are generally similar within the group.

The white pelican (Pelecanus onocrotalus) is a large bird, up to 65 inches (1.7m) in length, not including the bill, that is found throughout southern Europe, Asia, and Africa. These white birds with highly distensible bill pouches and black feathers at the edges of the wings that are seen only in flight are known for their communal behavior. They fish by forming an arc in the water and walking inward toward the shoreline, like a live purse seine. As they converge, the fish are corralled, and the pelicans then fish for food. Although it is said that a white pelican can hold as much as 12 quarts (11l) within its bill pouch, in general, a pelican only takes enough for itself to eat, drains the water out of the pouch, then swallows the food.

The African jacana (Actophilornis africanus), similar to the South American jacana, has large feet with elongated toes that allow it to walk across floating vegetation. A small bird, growing not much larger than 1 foot (0.3m) in length, the African jacana, like its cousins, has a hard spur at the front end of the wing for defense. Its diet is predominantly aquatic insects, small mollusks, and small fish.

The blacksmith plover (Vanellus armatus) is a small, but long-legged wading bird. Like the jacana, it has a spur at the anterior bend of the wing. Its name does not come from the black coloration on much of its head, chest, and tail feathers, but from its call, which sounds like a hammer hitting an anvil in a blacksmith's shop.

**The sacred ibis,** Threskiornis aethiopica, *a white bird with black edging, is found at riverbanks, lake shores, and* **marshes throughout Africa. These are at Ngorogoro Crater in Tanzania.**

**The blacksmith plover,** Vanellus armatus.

**The Goliath heron,** Ardea goliath.

**The male and female saddlebilled stork, Ephippiorhynchus senegalensis, *have differently colored rings around their eyes: the female's are yellow, the male's, brown. Males also have a small yellow wattle at the lower base of the bill.***

## STORKS

Among the largest of the birds frequenting wet areas in the delta are the storks. The saddlebilled stork (*Ephippiorhynchus senegalensis*) may be as much as 52 inches (1.3m) tall, and have a thick, red and black bill, with a yellow shield on the top. The males also have a yellow wattle. The saddlebilled stork has a diet that varies from small mammals in drier areas to amphibians, fish, and other aquatic organisms in wet regions.

A large and rather ugly stork is the marabou or adjutant stork (*Leptoptilos crumeniferus*), which grows to as much as 5 feet (1.5m) in height. The marabou storks have an enlarged pouch hanging from their necks, which is thought to be part of the respiratory system. Their diet includes carrion, fish, insects, small mammals, and reptiles. Storks are generally mute, but they can make low noises, which they do at nests, and can rattle their bills, which they do in greeting.

# MORE WATER BIRDS

*The cormorant group has a worldwide distribution. In typical cormorant fashion, the reed cormorant (Phalacrocorax africanus) catches its fish or frog prey underwater, then eats it at the water's surface. Reed cormorants are seen with wings outstretched thermoregulating and drying their feathers, as they are not waterproof.*

*The African darter (Anhinga melanogaster rufa), related to the cormorant, is similar to the North American anhinga, a long-necked bird with a pointed beak. The darter fishes as the anhinga does, by springing its beak forward on its long neck as it is uncoiled. Like the anhinga's, its feathers are not water-resistant, and darters must unfold their wings to dry them in the sun. Darters are not particularly social, although they do nest colonially.*

*The oddest of all the delta's aquatic bird life is the hammerkop or hammerhead (Scopus umbretta). This is a relatively small—20 inches long (50cm)—bird, with brown feathers and a head crest that looks like the claw on a hammer. They tend to be noctur-nal feeders, eating small invertebrates, fish, and amphibians. But their most unique features are their behaviors. Although normally inactive, groups will jump up and down and dance around each other, and then suddenly stop and become still.*

*To audiences of television nature shows, hammerheads are most familiar for their large, elaborate, and queerly built nests. The nests are masses of bright and shiny materials that the animals find and incorporate into the stick-and-mud edifice. Buttons, bones, cloth, and other human-related or just pretty natural objects are used. The nest itself may be massive, with a diameter of nearly 6.5 feet (2m), and may be built on rock ledges or tree branches. The nest itself has many compartments, only the innermost of which is used for egg laying. A pair will maintain the nest and use it year after year. Pairs of hammerkops may nest singly or they may nest among a group of other hammerkop nests. Interestingly, this bird is considered a harbinger of bad luck by the local people.*

**The African darter, Anhinga melanogaster rufa, *regulating its body temperature by spreading its wings.***

**The hammerkop, Scopus umbretta, *has a head crest shaped like the claw on a hammer. Hence, its common name.***

# NON-WADING BIRDS

Nonwading birds are also found in the delta. The coppery-tailed coucal (Centropus species) is a thick-beaked relative of the cuckoo, but is not parasitic. Coucals build their own nests, which they line with grass and leaves, and both parents incubate the eggs.

The striped kingfisher (Halcyon chelicuti) is typical of the nonfishing, forest-dwelling kingfishers, with a strong, somewhat flattened bill and a diet of mostly insects. Unlike many of its showy-feathered relatives, its bright blue wing and tail feathers are visible only in flight. The malachite kingfisher (Alcedo cristata) is a tiny, fishing kingfisher, with a bright red bill, a head that is large for its body, and hardly any tail feathers. Another fishing kingfisher is the pied kingfisher (Ceryle rudis), a black-and-white bird about 10 inches (25cm) in length. Its nest is unique—an egg chamber at the end of an approximately 12-inch-long (30cm) underground tunnel.

The black-collared barbet (Lybius torquatus) is a small—7.5-inch-long (19cm)—noisy, thick-beaked relative of the woodpecker, with a bright red head and throat. Its name is derived from the little feathers around the beak that look like whiskers. When one black-collared barbet meets another, the two birds engage in a complicated display and they may sing duets, each bird emitting a different sound. They nest in trunks of soft-wooded trees. Another barbet found in the delta is the yellowfronted tinkerbird or tinker barbet (Pogoniulus chrysoconus), a very tiny yellow and black barbet that dwells in the tree canopy. Its call is repetitious and loud and is the best way to locate the animal.

The redbilled woodhoopoe (Phoeniculus purpureus) is a beautiful, metallic green, blue, and purple bird with a bright red curved bill and bright red feet. It is also a slob. Its nest remains uncleaned and fouled, and the female produces a repulsive-smelling secretion from her preen gland during the breeding season. It is possible that this secretion may attract male woodhoopoes, but it seems to keep everyone else away. Woodhoopoes congregate in small family groups and land on tree trunks, which they scour for insects to eat. They usually begin their search at the bottom of a tree and move upward, sometimes hanging upside down as they do so.

The gray loerie (Corythaixoides concolor), also called the go-away bird because its call signifies "go away," is an all-gray, crested fruit- and flower-eater, in a group that is unique to Africa. Gray loeries feed on acacia flowers. They are clumsy fliers, but are quite common in parts of Africa and obviously are very successful.

Swallowtailed, whitefronted, and carmine bee-eaters (Merops hirundineus, M. bullockoides, and M. nubicoides, respectively) are small, arboreal, social relatives of the kingfisher. As their name implies, they are insectivorous, with the bulk of their diet being bees and wasps. They catch their prey in flight and either eat it while flying or return to their perches to beat the insect to death before consuming it. They associate in large flocks, often of mixed bee-eater species, and those that migrate do so in large groups. Bee-eaters are strictly Old World denizens, living in Africa, Eurasia, and Australia. Although they spend most of their time in trees, they nest, often colonially, in burrows excavated in the ground. Both parents care for the young and only one brood is produced per season.

**The striped kingfisher, Halcyon chelicuti, *has colored wing and tail feathers visible only in flight.***

# *Mammals*

## SMALL MAMMALS

African bush squirrels (*Paraxerus* species) make their home in trees in wooded areas, but forage for food on the ground. They eat seeds, roots, bulbs, and fruits. They are not, however, strict vegetarians. They prey upon birds' eggs and insects. They live in groups with adults of both sexes and young. Group identity is manifested by scent, and they can identify a squirrel from another group by the way it smells.

Several species of fruit bat (family Pteropodidae) live in the region. Some of them, such as the straw-colored fruit bat (*Eidolon helvum*), eat specific fruits, such as dates, more often than other fruits. Fruit bats feed nocturnally, rarely use sonar or echolocation for navigation or to find prey, and sleep in massive colonies, often hanging upside down.

## THE ELEPHANT

The largest of the world's terrestrial mammals lives in the drier portions of the delta; the African elephant (*Loxodonta africana*) may weigh as much as 16,500 pounds (7,500kg) and be as long as 24.5 feet (7.5m)! Living in matriarchal herds of as many as 50 animals, elephants are both extremely intelligent and extremely dangerous. Like the hippo, these massive animals are vegetarians, and because of their huge size and great energy demands—a male may eat more than 375 pounds (170kg) of vegetation a day—elephants can cause vast ecological damage to their now restricted habitats. The animal has a fearsome threat display. Only those persons with the closest knowledge of the animals may feel reasonably confident that the display will not turn life-threatening. In some cases, they, too, may be wrong. Stories abound of elephant hunters killed by charging elephants. Elephants are not thought of as wetland inhabitants, and, in fact, they tend to remain in drier areas, but they bathe regularly at water holes and in rivers, and herds visit watering holes to drink.

## HIPPOS

The most spectacular creatures in the Okavango are the large mammals. One of the largest is the hippopotamus (*Hippopotamus amphibius*), a massive amphibious animal that may grow to as long as 15 feet (4.6m)

## THE IVORY TRADE

*The elephant is severely endangered throughout Africa because of commercial demand for its tusks. Although trade in ivory is and has been extremely limited for many years, it continues, with countries in the Far East the major purchasers of raw ivory. Recent efforts by governments, along with international pressure from many organizations, have made major inroads toward the abolition of trade.*

*Botswana has not been affected by these efforts because its government has protected elephant herds. Botswana's herds are increasing and recent statistics show a population of approximately 63,500 animals in 32,000 square miles (80,000 sq km) in northern Botswana, including the Moremi Wildlife Reserve in the Okavango Delta. This means that Botswana is home to nearly 10 percent of the remaining elephants in Africa.*

This herd of African elephants, Loxodonta africana, *is taking advantage of a watering spot to drink. In places such as the Okavango, water is plentiful only part of the year and must be utilized while it is there.*

This bathing hippopotamus, Hippopotamus amphibius, *is accompanied by a cattle egret,* Bubulcus ibis. *The egret originated in the Old World, then moved into South America and through the warmer portions of North America.*

and weigh upwards of 6,600 pounds (3,000kg). It is difficult to believe, judging by their great size, that hippos are vegetarians, but the bulk of their diet is, indeed, grass, and they will wander several kilometers away from the water to graze. Hippos are social, living in herds with a male and several females and their young or in strictly female and young groups. They mark their territories with feces. Although they may be found on land or water, they spend most of their time, and do most of their traveling, in water, walking long distances underwater at night.

They have huge teeth and massive jaws and are considered very dangerous to humans. Hippos are responsible for the deaths of many people in areas where the hippos come out to feed around human habitations. Hippos produce a secretion from their nearly hairless skin that gives the animals a reddish coloration and makes them look like they are sweating blood, which is not the case. Their aquatic existence is such a dominant feature of their lives that young are nursed underwater, and the young swim first and later learn how to walk. Unfortunately, the hide and ivory trades, along with local peoples' hunting for food, have decimated many populations of hippos.

## WILDEBEEST

Mixed groups of wildebeest, zebra, and even buffalo and some of the antelopes are likely to congregate at water's edge as the delta floods. The blue wildebeest, also known as the white-bearded wildebeest, or the brindled gnu (*Connochaetes taurinus*), may be found by the thousands along the edges of the flooded delta's waterways. The name "gnu" is a corruption of the call made by males during territorial fights. Wildebeest are arteriodactyls, or even-toed hoofed mammals. They are vegetarians, grazing on grasses. In fact, wildebeest populations fluctuate in accordance with the amounts and species of grass present. Compared with even 40 years ago, the numbers of wildebeest are greatly decreased, and they reached an all-time low in the mid-1960s. The reason for this population expansion and subsequent crash is thought to be a change in the types of grass growing on the plains as a result of fires and cattle grazing. Wildebeest thrived on the new species, and populations exploded until they literally ate themselves out of their habitat. Although these are plains animals, they remain near water, which leaves them, and all of the smaller arteriodactyls and perissodactyls, or

odd-toed hoofed mammals, vulnerable to predation by crocodiles, wild dogs, and large cats at the life-giving water holes.

## THE AFRICAN BUFFALO

Another of the large African herd animals is the African buffalo (*Syncerus caffer*). Except during the rainy season when males may travel with females, herds consist of females and their young or adult males only. Buffalo may weigh up to 1,980 pounds (900kg), have big heads with heavy horns, especially on the males, and thick chests. Buffalo are unpredictable and dangerous. They are crepuscular, that is, most active during the early morning and evening hours. Buffalo are also vegetarians, both grazing on grasses and browsing on leaves. The buffalo population in the Okavango is approximately 20,000, and the movements of the herds are determined by the location of water. During dry seasons they remain in the delta; in wet seasons they roam into the flooded plains or flat areas, which, once dry, contain concentrated minerals. Buffalo have been victimized by hunting, but current populations appear to be stable or growing in the Okavango.

*Wildebeest,* Connochaetes taurinus, *are found along the Okavango. Although they are plains animals, they need to frequent water holes in order to survive.*

*The African buffalo,* Syncerus caffer, *is pictured doing what it does best—hanging out in the water. Depending on the area in Africa, herds may be as small as 20 animals or as large as 1,500 animals.*

## SOME OTHER PERISSODACTYLS

*The sitatunga (Tragelaphus spekei) is a moderate-sized member of the subfamily that includes domestic cattle. It is solitary and non-territorial, well adapted for marshy habitats. Its elongated hooves and flexible feet are like natural snowshoes, allowing it to run over floating vegetation without sinking. The sitatunga can spend much of its life in the water, submerging with only nostrils visible when threatened. It is a vegetarian and can even feed underwater.*

*The greater kudu (T. strepsiceros) is related to the sitatunga, but is a much larger and heavier beast. The kudu is also social. Females and young live in small groups and males band together in separate all-male groups. Like the sitatunga, the greater kudu is shy, remaining under cover of woods, if possible. It has a great leaping ability and is a vegetarian that eats by browsing leaves and plants at head level.*

**The greater kudu, Tragelaphus strepsiceros.**

### THE LECHWE

The lechwe or red lechwe (*Kobus leche*) is one of the many African antelopes. It is a herding animal, sometimes forming herds of more than 1,000 individuals. Lechwes are graceful and have feet adapted for running and leaping through marshes. They display unique behavior during mating. Lechwe populations are usually so dense that it is impossible for males to maintain territories, so to attract mates, they set up small display areas within a larger unit called a lek (see "The Lek," p. 233, in "The Plains"). These display areas are like booths at a county fair. The best areas, in the central portion of the lek, are fought for, and occupants change on nearly a daily basis. Females are more likely to mate with the males displaying there. As many as 1,000 females may be avail-

able to breed with the displaying males. Hunting has taken a huge toll on the lechwe population; the animal is considered a threatened species, and international trade is regulated. Participating nations will not allow lechwe products or parts into their countries without proper documents.

### THE IMPALA

The impala (*Aepyceros melampus*) is a small herding antelope, generally found in the plains, savannas, and open forests. It is considered a wetland animal, as it needs a source of water from which to drink daily. Impalas have a more malleable social organization than other African antelopes. Groups may be more or less territorial, and herds may be single-sex or have a dominant male with females and young,

depending on the location of the herd and the time of the year. Impalas are best known for their leaps. They can leap great lengths and great heights to escape predators, but they also hide when given the chance. Impalas have suffered from overhunting, and some populations are considered endangered.

### THE ZEBRA

The major herding perissodactyl in the Okavango is the zebra. Burchell's zebra (*Equus burchelli*) is the species most likely to be found in the delta. Zebras are close relatives of horses, and their social structure differs greatly from that of the even-toed ungulates. Small family groups consisting of a male and one or more females and young are the norm. The adults in the families remain together for life, except that old males may be replaced by younger ones. There also are male-only groups, which displaced older males may join.

When we think of zebras we conjure up images of zebras at watering holes, and this, indeed, is where they congregate. This is also where they are most vulnerable to predation.

## THE LION

The most obvious carnivore in the Okavango is the lion (*Panthera leo*), although it is not a common sight there. Compared with elephants and hippos, lions are relatively small in size. The largest male may weigh up to 550 pounds (250kg) and be 4 feet (1.2m) tall at the shoulder. Their speed—31 to 37 miles per hour (50–60kph) in short bursts—agility, sharp claws, strong jaws, and cooperative hunting methods make them dangerous to all but the largest mammals. Lions are not vicious eating machines. In fact, they expend a lot of energy stalking potential prey unsuccessfully. In one study, only one in six stalks resulted in a kill. A lion may kill only 10 or 20 large animals per year. The primary hunter is actually the lioness, with the males and young showing up only after the kill has been made.

Lions live in prides, which are generally groups of related females and their young. Males may attach themselves to the pride, but they remain for only several months, although while there, they will protect the entire pride.

## THE CHEETAH

The cheetah (*Acinonyx jubatus*) is also not a true wetland resident, but inhabits the adjacent regions and must go to sources of water for drinking. Cheetahs have earned a reputation as the fastest land mammal on earth. Their main items of diet are ungulates, but they will also eat rabbits and birds. Unfortunately, cheetahs seem to be more affected by habitat change than most other large animals. They have been extirpated in parts of Asia and the Middle East and are gravely threatened even in Africa. They are somewhat tamable, and have a history of being kept as pets by royalty throughout the regions in which they historically have occurred.

*The red lechwe, Kobus leche, is an antelope that is well adapted for its existence in wetlands. It leaps through shallow water and can sit in water up to its shoulders.*

*When the lion, Panthera leo, comes to drink, other animals of the wetlands are wary. Lions and crocodiles both are at the top of the food chain in the Okavango Delta.*

## PACKS

*As strange as pack composition of the African hunting dog may appear to be, it is very useful. Related individuals are prevented from mating, and females do not compete with their mothers for mates, thus maintaining the social structure of the group. The dominant female mates with the dominant male. If another female successfully produces a brood of young, the dominant female may kidnap, or even kill, the young, thus assuring that the genes from the dominant animals are the ones that are passed down to future generations. The pack is also important because young are incapable of making large kills on their own until they are at least one year old.*

**The African hunting dog,** Lycaon pictus.

***Bat-eared foxes,*** *Otocyon megalotis,* **usually live in arid areas, but in the Okavango Delta region, the dry desert impinges upon the periodically flooded delta.**

### SMALL PREDATORS

Smaller predators also live in and around the delta. Bat-eared foxes (*Otocyon megalotis*) weigh no more than 7 to 11 pounds (3–5kg), have large ears, and prey upon insects, small rodents, and bird eggs and young. They also eat vegetation. They live in groups consisting of a pair and their young offspring. They are not swamp residents per se, but live in the adjacent savannas.

The African hunting dog (*Lycaon pictus*), although much reduced in number from many years ago because it preys on livestock and is therefore not popular with farmers, is still a major predator in this region. Because it hunts in groups and at extremely fast speeds, it is able to pull down prey many times its size and weight. The hunting dogs are extremely social, living in packs, but their social organization differs from that of most other mammals. Packs are made up of related males with unrelated females and young. When females reach sexual maturity they leave the pack and join another pack with unrelated males. About 50 percent of the young males remain with their natal packs. We often consider the wild dog repulsive, partly because it reminds us of the hyena and partly because its musk secretions give it an offensive odor. The animal is considered endangered in parts of its range.

### PRIMATES

Primates, too, live among the islands in the delta. The chacma baboon (*Papio ursinus*) is the largest primate in the region other than humans. Baboons live in troops, generally consisting of females and young and several males. There is a distinct dominance hierarchy among the males, who, in turn, dominate the females. Females also vie for dominant positions, as the dominant female will mate with the most dominant male. Even when they are not mating, females compete to groom the most dominant males, thus asserting their position. Baboons are omnivorous, eating anything available, be it small mammal, lizard, or plant. Fearsome and sometimes aggressive, a large male baboon can give a good account of himself against a leopard.

# LAKE BAIKAL, SIBERIA

Lake Baikal is the world's deepest and largest freshwater lake. Six thousand feet (1,800m) at its deepest, at 20 to 25 million years of age it is also the world's oldest lake. Although the old lakes are usually eutrophic, filling in with plants and organic material, Lake Baikal is so deep that it is still oligotrophic, having abundant oxygen and little plant life. Recent studies have shown that it takes eight years for an entire turnover of the water of the lake, which brings oxygen-rich waters from the top layers into the lower strata, and nutrient-rich water from the lower layers to the surface.

Situated in Siberia, slightly north of Mongolia, the lake is approximately 400 miles (640km) long and 29 miles (48km) wide. Because of its sparsely inhabited location and altitude of 1,494 feet (454m), Lake Baikal has been spared some of the destructive effects of sewage and phosphate runoff.

Lake Baikal is a rift lake, formed within a rift valley, where the earth's plates have separated. It is similar in formation to Lake Tanganyika in Africa, which is also within a rift valley. Because Lake Baikal is isolated from the oceans and river systems from watersheds outside of its own, the lake's organisms have developed separately from other species. This makes Lake Baikal a unique habitat with a great diversity of related species and many species not seen anywhere else. This is similar to the speciation that occurs on isolated mountaintops and islands. There are at least 2,000 endemic species unique to the lake. Among these are many freshwater shrimp, two entire families of freshwater sculpin (fairly unattractive bottom-dwelling fish), and many flatworms or worms related to the classroom planarian (*Dugesia*).

### THE BAIKAL SEAL

A unique mammal of the lake is the freshwater Baikal seal (*Phoca siberica*), perhaps 40,000 to 50,000 of which live in Lake Baikal. Although the top of the lake is frozen from January through May, the water below the ice is much warmer than the air temperature, and that is where all but the pregnant females spend the winter. Pregnant females build a cave or

*Lake Baikal, located in Siberia, is frozen on the surface for nearly half of every year. This very deep, oligotrophic lake freezes only on top. The water below is warmer than the air temperature.*

lair on top of the ice under the snow, where they give birth in February and March. The pups nurse for three months. In May and June, adults come out of the water and onto land to mate.

# THE GREAT LAKES: CANADA AND THE UNITED STATES

The Great Lakes are much shallower than Lake Baikal and together contain far less water than Lake Baikal, but they are among the largest masses of fresh water in the world, representing 20 percent of all of the earth's fresh water—approximately 6 quadrillion gallons (24 trillion cu m)! Because of the Great Lakes' economic importance as waterways and fisheries, and their proximity to human habitation, their habitat is much less stable than Lake Baikal's.

In geological time, the Great Lakes are relatively young—less than 20,000 years old. But massive infusion of industrial and human pollutants nearly destroyed the Great Lakes ecosystems during the 1960s and 1970s. Pollution killed large numbers of fish and precipitated algal blooms in Lake Michigan and Lake Erie. People also affected the balance of the Great Lakes by opening the Welland Canal, which allowed the alewife (*Alosa pseudoharengus*), a freshwater-dwelling member of the herring and shad family, to leave its native Lake Ontario and venture to the other Great Lakes. In Lake Michigan, the alewife ate two species of zooplankton, tiny aquatic animals, almost to extinction and caused major declines in several other zooplankton species. This, along with predation by the introduced sea lamprey (*Petromyzon marinus*), caused decreased populations of more economically valuable fish, such as several species of cisco.

## How Sea Lampreys Almost Destroyed the Lakes

The sea lamprey was introduced into Lake Ontario in 1890, probably as a result of shipping traffic. From there it spread into the other Great Lakes, reaching all of the lakes by the late 1940s. Lampreys are jawless agnathans, a primitive group that includes hagfish. They are eel-like in shape, have skeletons made of cartilage, not bone, and do not have the paired fins seen in sharks and bony fishes. They have two different stages in their life cycles. The blind larval or immature form, called ammocoete, is a filter feeder, living in mud or sand. Adult lampreys are best known for their suckerlike oral discs, surrounded by teeth.

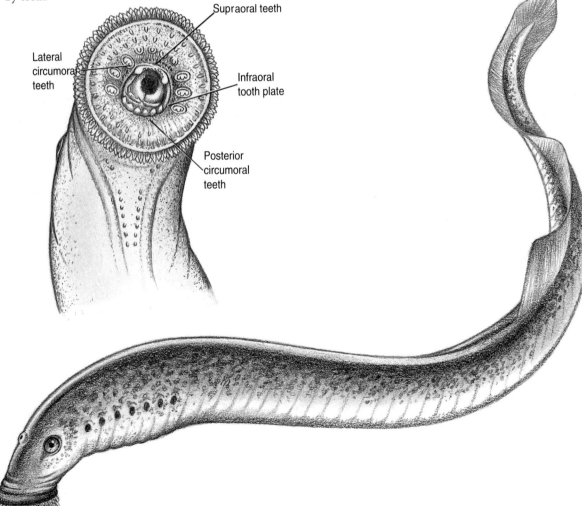

The sea lamprey is found not only in the Great Lakes, but also along the Atlantic coasts of North America and Europe, and in the Mediterranean Sea.

Not all lamprey species are predatory, but those that are have teeth, and sea lampreys certainly do hook onto their prey and make a hole in it. They rarely kill the prey, only weaken it. But in the Great Lakes, lampreys killed huge numbers of lake trout (*Salvelinus namaycush*) and whitefish (*Coregonus* and *Prosopium* species). In the 1960s and 1970s, many New Yorkers, who were used to eating smoked whitefish from the Great Lakes, had to settle for smaller ciscos (often called chub). Sea lampreys still have not been eradicated from the Great Lakes, but lampricides, or chemicals that kill lamprey larvae in the streams in which they spawn, keep the lamprey population in check and prevent the massive destruction of fish by lampreys that occurred several decades ago.

## Recovery?

In the 1970s, the United States and Canada agreed by treaty to clean up the Great Lakes. An ecology textbook written in the 1970s called Lake Erie a dead ecosystem, devoid of oxygen in the lower layers during parts of the year. But in the 1990s, this is no longer true. Efforts by both governments have resulted in Lake Erie being cleaned up enough that it now boasts the world's largest commercial sport fishery in terms of income generated. The most valuable commercial fish is the walleye (*Stizostedion vitreum*), a relative of the perch that may grow up to 3 feet (1m) in length. Cleanup of polluted water, preservation of existing wetlands, and stocking of the lakes with commercially valuable fish have all revitalized the Great Lakes.

## The Zebra Mussel

However, the great commercial use of the lakes still leaves them vulnerable, and a new problem arose in 1985. An oceangoing freighter traveling from Europe introduced the European zebra mussel (*Dreissena polymorpha*) through ballast water discharge into Lake Saint Clair, a small lake that connects Lakes Erie and Huron near Detroit, Michigan. The mussel has long been a denizen of European waters, but the temperature levels and nutrient-rich water of the Great Lakes have led the numbers of zebra mussels to soar in a very short time.

First found in Lake Erie in 1988, the mussel spread to all of the Great Lakes by 1990. Lake Erie has borne the brunt of the zebra mussel infestation because its temperature range and calcium and chlorophyll levels are the most conducive to the zebra mussel's growth. The reproductive rate of the zebra mussel is awesome: one female can produce more than 30,000 eggs in a breeding season that lasts from early May to October. Free-swimming larvae can survive in this immature form for up to eight days, during which time they can disperse, with the help of currents, fairly large distances. The larvae attach to any hard surface and develop into the adult form. They can even attach to other zebra mussels. Zebra mussels can colonize at depths ranging from shallow to, in one European lake, 164 feet (50m).

## DESPOILERS

Scientists with the Ohio Sea Grant, at Ohio State University in Columbus, have been studying the biology and ecology of the zebra mussel. Mussels are filter feeders, filtering microscopic or slightly larger plankton from water. One adult zebra mussel is capable of filtering about 1 quart (1l) of water per day. If you consider that in Lake Erie, one bed of mussels may contain from 20,000 to 70,000 individuals per square meter, you can imagine the vast amount of filtration carried out by the mussels daily. Although the bulk of the mussels' diet is algae of a very limited size, anything they do not eat is ejected as waste that is bound with mucus, making it unavailable for consumption by other animals. Thus, mussels threaten other organisms in the lakes by destroying their food sources.

## FURTHER DAMAGE

Zebra mussels cause economic harm by colonizing intake pipes for power plants and water treatment plants, intake tubes on boat motors, boat bottoms, docks, seawalls, and even sandy beaches. The good news, however, is that the walleye has been found to spawn successfully on the zebra mussel, which means that the mussel does not directly affect reproduction of Lake Erie's most valuable commercial and sport fish.

This increase in zebra mussels has also led to an increase in zebra mussel predators. Yellow and white perch (*Perca flavescens* and *Morone americana*, respectively) both prey on zebra mussels, as does the lesser scaup (*Aythya affinis*), one of the diving ducks. In fact, scaup, which previously migrated to other areas, now remain around Lake Erie.

## AT A STANDSTILL

At present, little can be done about the zebra mussel without risking a cure worse than the disease. Chlorination of the water will work but may be toxic to

**Baldcypress,** Taxodium distichum, **and water tupelo,** Nyssa aquatica, *typify the trees found in freshwater cypress swamps in the southeastern United States. This is Otter Slough Natural Area in Missouri.*

other organisms. Heat also has been found to kill zebra mussels, but heating large portions of Lake Erie to 104°F (40°C) is not feasible and may have negative effects on other organisms. Scientists hope that zebra mussel populations in the lakes will follow a normal population curve, peaking and then retreating to a much lower, stable level—but this will take a number of years.

# THE FUTURE OF WETLANDS

We think of wetlands as swamps, bogs, and areas unsuitable for human use. We drain the marshes on our land to remove breeding grounds for mosquitoes. If we farm, we turn the drained marshes into farmland. If we ranch or raise free-ranging livestock, we turn drained swamps into pastures. We change the courses of waterways by damming, bisecting with canals, or diverting water sources, sometimes eradicating swamps that had been floodplains for thousands of years. We do not think of the consequences.

Wetlands are ecologically essential. They provide a natural filter for water, removing impurities. The organisms living in them absorb heavy metals, pesticides, and other contaminants. They provide habitat for thousands of plants and animals—were the great blue heron, for example, to die out for lack of nesting sites, the world would be minus an animal of grace and beauty. Wetlands provide food and water for ourselves, our livestock, and our agriculture.

Imagine a world with no freshwater fish! How boring and less healthful dinner would be. Wetlands prevent land from becoming deserts. If the Okavango swamp were to dry up tomorrow, there would be no source for the underground water in the Kalahari Desert, and desertification would continue northward, right through the current delta, with human and animal starvation reigning in many regions.

The United States has already lost more than 50 percent of the wetlands it had before European settlement. The Everglades of the southeastern United States, for example, may soon disappear because of agriculture's insatiable water demands and unwise use of the aquatic systems. Many less developed nations are in much worse straits.

Tropical wetlands are especially productive areas. Unfortunately, only 40 percent of the Asian tropical wetlands remains. The Pantanal of Brazil is the largest tropical wetland in the world, but rarely a week goes by without a report of water contamination there from mercury, lead, and other pollutants resulting from gold mining. The boomtowns that grow up like poisonous mushrooms in the mining areas add yet more pollution to the already compromised waterways. Cattle and caiman ranching is further eroding the floodplain, turning flooded regions into dry ones.

## A Specific Wetland Problem

Mosquitoes are ubiquitous in swampy or wet areas in temperate, subtropical, and tropical regions. We don't like to think of them as being of any interest to us. In fact, we don't like to think of these seemingly useless, certainly annoying pests at all. But the truth is that the thousands of mosquito species are of great economic importance because of the illness and death they cause and because of the time and effort spent and damage caused by attempts to eradicate them. Although the common house mosquito in the United States (*Culex pipiens*) is not known to carry human disease, its relatives (*Aedes* species and *Anopheles* species) carry organisms that cause many human ailments. Species of *Aedes* have been implicated as vectors in terrible diseases such as yellow fever, dengue fever, encephalitis, and filariasis. In fact, the *Anopheles* mosquito is a vector for four different malarial parasites. Although the mosquitoes, by laying eggs in wet places and having larvae that live in stagnant or slow-moving fresh or brackish water, eating and breathing at the surface, are well adapted to survival in aquatic areas, the real story of adaptation here is the parasite-host relationship.

*A typical cypress swamp in Florida. Because cypress wood is considered to be nearly indestructible, cypress forests have been threatened by logging. Now, many are protected by law.*

### STRAINS OF MALARIA

The malarial parasites are members of the protozoan genus *Plasmodium*. There are four species of *Plasmodium* responsible for producing four different strains of malaria. The most common form is *P. vivax*. The most devastating form is *P. falciparum*. Malaria may be found throughout the temperate, tropical, and subtropical areas of the world. Although aggressive campaigns to eliminate the mosquitoes and/or their habitats have, at time, rendered the United States malaria-free, there have been recent outbreaks of the disease in some of the warmer coastal regions.

### IS THERE A SOLUTION?

Current attempts to control malaria include better sanitation to eliminate breeding grounds around areas of open water, introducing bacteria that attack mosquito larvae, and introducing cannibalistic mosquito species. None of these are apt to work well. Although travelers to regions in which the mosquitoes are endemic are armed with drugs that do not prevent infection but prevent the massive production of merozoites and thus short-circuit the severest part of the disease, it is impractical to maintain entire populations of people on constant doses of malarial-suppressive drugs. The best hope for the millions of people throughout the world who may, in the future, fall victim to the disease is the production of a vaccine or vaccines that will render the people immune to the parasite. At present, progress in this direction is slow.

## The Price of Progress

What is the price of progress? We now know that progress does not need to destroy, but can preserve and rebuild. But if wealthy countries like the United States cannot stem the loss of wetlands, why should we expect developing countries, such as Brazil, which has little resources to discourage people from wrecking the waterways, to reward people who do not flock to the gold-mining districts?

# MALARIA VECTORS

Male mosquitoes eat nectar, but most females need blood from a warm-blooded animal to reproduce. In many areas of the world, the meal of choice is human blood. Mosquitoes are capable of detecting carbon dioxide, which is exhaled by animals, and they can home in on a human from the amount of carbon dioxide produced by our species. If the blood picked up by the mosquito is from an individual who is infected with malaria, the blood will contain male and female gametes (the equivalent of sperm and egg) from the malarial protozoan. These gametes will unite within the gut of the mosquito and, within several days, produce thousands of sporozoites. The mosquito is now ready to begin infecting unsuspecting victims.

When the mosquito host bites a victim, the sporozoites will leave the mosquito's salivary glands and enter the victim's bloodstream, and then travel to the victim's liver. Once in the liver, they reproduce and produce cells called merozoites. When released by the liver cells, some merozoites are destroyed by the new host's immune system. The remaining merozoites enter the red blood cells where they continue to multiply. Depending on the type of malaria, the merozoites will mature and rupture the red blood cell, being released into the bloodstream, where they can reinfect other red blood cells or liver cells and produce gametes.

The rupturing of the red blood cells causes a regular cycle of fever and chills. If left untreated, severe complications may result in death or long-term disability with reinfection. The presence of gametes in the bloodstream means the human host can now transmit the protozoan to a mosquito, which starts the cycle all over again.

**The great Mississippi River, which has been diverted, polluted, and forced to run in a narrow path between bulwarks, overran its bounds in the summer of 1993, leaving much of its floodplain under water, and the local people and economies to suffer.**

*The Florida Everglades is a fragile wetland threatened by humans. Use of water by the nearby population of Miami and diversion of water by the U.S. Army Corps of Engineers have made the Everglades drier and drier.*

*A temporary wetland adjacent to a lake near the Kagera River which borders Uganda, Tanzania, and Rwanda.*

## THE RAMSAR CONVENTION

Efforts to preserve the world's wetland areas are now underway. The broadest of these is the international Convention on Wetlands of International Importance, or the Ramsar Convention. This convention, which was signed by 52 countries between 1971 and 1990, pledges the signatory nations to preserve wetlands and requires that each signatory name at least one wetland area to an international list of Ramsar wetlands.

In practice, this does little to preserve wetlands other than giving lip service to the agreement. However, specialist groups under the International Union for the Conservation of Nature and Natural Resources (IUCN or World Conservation Union) can suggest that areas covered by Ramsar be considered for funding for specific wetland projects. Thus, the IUCN Crocodile Specialist Group may request that funds be granted to Australia to study crocodiles in the Kakadu National Park, one of the wetlands listed in Ramsar. Compared to Botswana or India, however, Australia hardly needs such funds. Unfortunately, the bulk of the wetlands in India are not listed in Ramsar, and Botswana is not a signatory.

## OTHER CONSERVATION ORGANIZATIONS

There are other avenues for assistance. Wildlife Conservation International is beginning an ecological project in Botswana to try to produce a model of how best to preserve the species in the Okavango Delta.

The World Wildlife Fund is active in financing research projects on many species and habitats in wetlands. Even the World Bank, which has been criticized for pushing development at the expense of habitat, is now concentrating on loans with environmental strings attached.

**Wetland Rehabilitation** A new field, called wetland rehabilitation, involves cooperative efforts by engineers and environmental scientists to reestablish or revive damaged or lost wetlands. But rehabilitation is expensive.

Sadly, as vulnerable as the habitat itself is to human intervention, wetlands are also politically vulnerable. The recent debate in the United States on what constitutes a wetland and who can define what area is a wetland and how it can be used is a prime example of politicizing an environmental issue. If it can happen in the United States, where the public is increasingly aware of the value of wetlands, it certainly can happen in less developed countries where wetlands have always been ignored or destroyed.

It is always easier for a country to designate a large wetland area, such as the Okavango Delta, a protected area, than it is to protect the very small bog in your neighborhood, or the river floodplain that keeps soaking your backyard.

## *The Ecological Web*

Because all ecosystems are webs, with each organism dependent on many others and on specific qualities of the habitat, any interruption anywhere in the ecosystem can have far-reaching effects. For example, in many parts of Eurasia and Africa where the purple heron breeds, the emergent plant it uses for its nests, *Phragmites*, is disappearing as humans move into the habitat. Thus, the heron is no longer able to nest and reproduce, and its numbers have dwindled. To push this one step further, as herons enrich local areas within wetlands with their droppings, which, in turn, provide a good habitat for plants and fish, loss of herons could also decrease the biomass of the area. This is a bit far-fetched at present, because so many other species of herons may live in an area and comprise a rookery, and not all of those herons are dependent on *Phragmites* for nesting material. But the analogy could hold for many other species.

There is no simple solution to the problem. Recent suggestions have included unique ideas for finding money to rehabilitate damaged wetlands and save existing ones, including bonds, military funds, lotteries, and nongovernmental organizations such as World Wildlife Fund and Wildlife Conservation International. Educating the public to the hazards of wetland loss is also a priority. But all of this must be accomplished on a worldwide basis. The task is enormous, and each day several more acres of wetland disappear.

*The Kakadu National Park, located in Australia's Northern Territory, is a vast nature preserve that features numerous wetland microhabitats ranging from tidal mudflats and mangrove swamps to freshwater streams. Kakadu's fragile wetlands are protected under Ramsar.*

# The Deserts

*Deserts are arid lands of dust, dunes, and dryness that are found on every continent on the earth. Many people think of deserts as enormous seas of sand, vast regions of rolling dunes. This is a misconception, for only approximately 20 percent of the world's desert areas are sandy. In fact, nearly half of all deserts are flat, dry plains of gravel. These plains, called desert pavement, or reg, are known as gibber in Australia, and gobi in China. Desert lakes, bedrock outcrops, oases, and river deposits constitute the remainder of arid landscapes.*

## EOLIAN DEPOSITION

Wind-deposited sand bodies are found in many of the deserts of the solar system as sand sheets, ripples, sand dunes, and draas, large sand seas.

Another desert fallacy is that all sand is made of quartz. Quartz is an abundant mineral on the earth. The word *sand*, however, is used to describe any grain with a diameter between 0.0025 and 0.08 inch (0.0625 and 2.0mm).

The famous White Sands National Monument of New Mexico is a 300-square-mile (768 sq km) field of gypsum dunes. The dunes of White Sands are on a 6-mile-thick (10km) layer of almost pure white gypsum. The Turpan Depression, a rain shadow desert in Xinjiang Province, China, contains a small field of shifting black dunes composed of basalt and glass from volcanoes in the Tianshan Mountains.

*Sand sheets* are flat, gently undulating sandy plots. One of the earth's largest sand sheets is the Selima Sand Sheet, which occupies 24,000 square miles (60,000 sq km) in Egypt and the Sudan.

*Ripples* are small wave-forms with long axes perpendicular to the wind direction. *Dunes* are accumulations of sediment blown by the wind into a mound or a ridge. Dunes have a gentle upwind slope and a steep downwind avalanche slope referred to as a slipface. Saltation and creep carries sand grains up the gentle side of the dune. The top becomes unstable and a small avalanche occurs to maintain the slipface. Grain by grain, the dune moves in the direction of the wind. A group of crescentic dunes in Ningxia Province, China, was measured to move an average of 330 feet (100m) per year between 1954 and 1959. Most dunes move much more slowly.

### READING THE WIND

*To understand long-term changes produced by winds, the United States Geological Survey (USGS) has established the Desert Winds Project. Carol Breed and other project scientists have built instrument stations (Geomet stations) to measure wind speed and direction, soil and air temperature, and precipitation and humidity in the Great Basin and other deserts.*

*Data are sampled by machine every six minutes, and are transmitted every 30 minutes to a Geostationary Operational Environmental Satellite (GOES). From GOES, the data are transmitted to the USGS laboratory in Flagstaff, Arizona.*

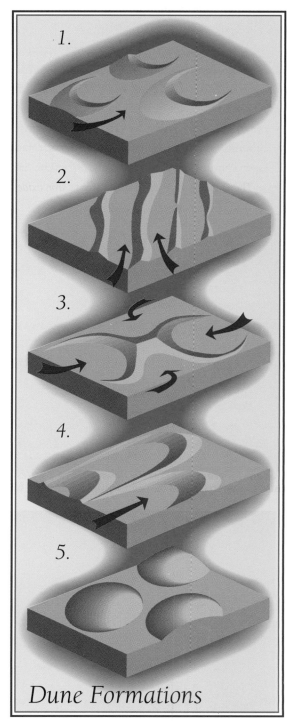

## Dune Formations

Wind shapes dunes. Winds from one direction form crescentic dunes (1), winds from two directions form linear dunes (2), and winds from multiple directions form star dunes (3). Parabolic, or U-shaped dunes (4) are common in coastal deserts. Dome dunes (5) are semicircular mounds that lack slipfaces.

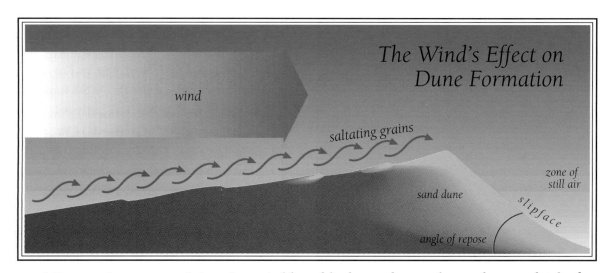

**The Wind's Effect on Dune Formation**

wind

saltating grains

sand dune

zone of still air

slipface

angle of repose

Wind-blown sand moves upward along the upwind face of the dune and accumulates at the top, or brink, of the slipface. When the sand at the brink is greater than the angle of repose, a small avalanche of sand slides down the slipface.

# EOLIAN FEATURES

*Most wind-eroded zones are composed of* desert pavement, *an area of rock fragments that resembles a sheet of gravel. A shiny stain, called* desert varnish, *is found on the surface of some desert rocks that have been exposed to the surface for some time. The varnish is composed of manganese, iron oxides, or hydroxides.*

Loess *is windblown dust and silt that is deposited by rainfall. The thickest known deposit, 1,100 feet (335m), is on the 116,000-square-mile (300,000 sq km) Loess Plateau in China.*

Ventifacts *are pebbles or rocks with two or more flat faces that meet at sharp ridges, that have been cut, and sometimes polished, by the abrasive action of the wind.*

Yardangs *are sculpted landforms streamlined by desert winds. Some geologists suggest that the Sphinx of Egypt was formed as a yardang. Yardangs on Mars have been mapped that are up to 30 miles (50km) long.*

Dunes *are eolian depositional features. The form of the dune and the orientation of the slipfaces indicate the strength and direction of the winds.*

Crescentic dunes *are crescent-shaped; they are sometimes called* barchans, *and they result from a single direction of wind.* Linear dunes *are straight or slightly sinuous sand ridges much longer than they are wide and are formed by winds coming from at least two directions.*

Star dunes *are symmetrical, pyramidal sand mounds with slipfaces on three or more sides that radiate from a high center part of the mound. Star dunes indicate three or more wind directions. They grow upward and do not migrate laterally. The Badain Jaran Desert of China has the highest dunes on earth, star dunes that reach up to 1,600 feet (500m) high.*

*Crescentic, linear, and star dunes occur in three forms: simple, compound, and complex. Simple dunes are basic forms with a minimum number of*

**Coral pink dunes formed from the sand in the Utah desert.**

*slipfaces. They represent a wind regime that has not changed in intensity or direction since the dune form originated.*

*Compound dunes have small dunes of similar types superimposed on a larger dune. An example would be a series of small crescentic dunes on a large crescentic dune. These dunes may represent regimes in which the wind intensity has changed, but the direction remains the same.*

*Complex dunes are combinations of two or more dune types. An example would be a star dune with*

*crescentic dunes on several of the arms. These dunes represent a wind regime that has changed in both intensity and direction.*

Ergs *are sand seas, vast areas of sand dunes. There are nearly 60 ergs on Earth that are greater than 5,000 square miles (12,000 sq km) in area. Linear dunes dominate ergs in the southern hemisphere, while crescentic dunes dominate the northern hemisphere ergs. Star dunes are not abundant in either desert terrain, although they are often found at the margins of ergs.*

*The giant saguaro cacti live up to 200 years and serve as "trees" of the desert. The Sonoran Desert, in the southwestern United States, has complex vegetation.*

*Ripples on a dune at Death Valley National Monument, California.*

# TYPES OF DESERTS

Deserts are not easily defined, for there are as many definitions of deserts as there are deserts. Scientists classify deserts according to erosion processes, temperatures and rainfall, vegetation, even the amount of water lost through evaporation.

One widely used classification system was developed by Peveril Meigs in 1953 for the United Nations. Meigs identified three types of arid lands: extremely arid lands, with at least 12 consecutive months without rainfall; arid lands, with less than 10 inches (250mm) of annual rainfall; and semiarid lands with between 10 and 20 inches (250 and 500mm) of annual rainfall. Arid and extremely arid lands are deserts; semiarid grasslands are called steppes. These three environments cover approximately one-third of the earth's surface.

## Trade Wind Deserts

The mean temperature of the warmest month in trade wind deserts is greater than 85°F (30°C). There are violent fluctuations of wind and temperature, lack of vegetation, and infrequent rains. The highest temperature on Earth, a scorching 136°F (58°C), was recorded in El Azizia, Libya, in the Sahara Desert.

## Subtropical Midlatitude Deserts

Cold and dry midlatitude deserts are found between 30 and 50 degrees north and south of the equator. Midlatitude deserts usually develop far from oceans in interior drainage basins.

The Sonoran Desert of the southwestern United States and northwestern Mexico is a subtropical midlatitude desert. It differs from other deserts in that it contains closed depressions and some salt lakes. The Sonoran Desert's biseasonal rainfall and short winter have given rise to the greatest variety of plants in any desert on the earth.

Its 50-foot-tall (15m) saguaro cacti are used in

**The Mohave Desert at sunrise.**

**A hardpan in the Namib coastal desert of Africa.**

## MEAN/AVERAGE

*Statistics is a way of analyzing information using mathematics. A very common statistic is called the mean. It is the sum of a group of numbers divided by the total number of the group. A nonstatistical term for the mean is average, which is essentially the same term.*

*For instance, Roberto Clemente's lifetime batting average (.317) is determined by adding up his annual batting averages for each year he played and dividing that sum by the total number of years he played.*

*Likewise, if the monthly rainfall readings for a desert during the summer months were June: 8 inches (20 cm), July: 5 inches (12.5 cm), August: 2 inches (5 cm), the mean summer rainfall would be 5 inches (12.5 cm) (June, July, and August total rainfall divided by 3 months).*

many movies to indicate "desert." The saguaro grow slowly and live for 200 years. At 9 years old, they are about 6 inches (15cm) high; at age 75 they develop their first branches.

## Rain Shadow Deserts

These midlatitude deserts are found near tall mountain ranges that prevent moisture-rich clouds from reaching areas downwind of the mountains. Air rising over the mountain causes rain or snow to fall. On the lee, or protected, side of the range, a desert is formed. Parts of the Mojave Desert of North America and all of the Turpan Depression of Asia are rain shadow deserts.

## Coastal Deserts

Coastal deserts are influenced by cold ocean currents that run parallel to the coasts and are found on the western sides of continents near the tropics of Capri-

corn and Cancer. The currents create high-pressure zones that override the tradewinds. Winter fogs are common in these deserts.

The world's driest desert, the Atacama of South America, is not only a coastal desert; it is also a trade wind desert in the rain shadow of the Andes. The Atacama is unique among deserts for its abundant sodium nitrate and other saline (salt) minerals, which have been mined to make explosives and fertilizer since the middle of the nineteenth century.

The Namib Desert on the west coast of Africa is a coastal desert divided into desert pavement north of the Kuiseb Canyon, and a 13,000-square-mile (34,000 sq km) sand sea south of the intermittent Kuiseb River. A troop of 15 chacma baboons (*Papio ursinus*) have been studied in the lower reaches of the Kuiseb. Because only about 1 inch (25mm) of rain falls annually in the Namib, and because the Kuiseb River runs for only a few weeks between December and March, the baboons have developed unusual behavior patterns.

Unlike most other baboons, the chaema baboons drink water from cracks in rocks high up in the walls

## FAHRENHEIT OR CELSIUS?

*Temperature is a measurement of the warmth of an object, and is related to the energy of the object. In most areas of the world, temperature is measured using the Celsius scale. Using this scale, water near sea level freezes at 0 degrees and boils at 100 degrees. A few countries use the Fahrenheit scale, in which water freezes at 32 degrees and boils at 212 degrees. To convert Fahrenheit to Celsius, subtract 32 from the temperature, multiply the number by 5, then divide by 9. To convert Celsius to Fahrenheit, multiply the temperature by 9, divide the answer by 5, then add 32. To appreciate the difference, note that 16°C equals 61°F.*

*Rain God Mesa, Monument Valley, Arizona.*

*View of Junction Butte, Canyonland National Park, Utah.*

of the canyon or from pits dug in the sand by gemsbok (*Oryx gazella*) or mountain zebra (*Equus zebra*). The baboons spend up to seven days at a time not drinking, during which period the animals scratch away the hot surface of the sand before finding cooler sand to lie down in. Some rest with their legs in the air to expose the hairless parts of their bodies to a breeze, and many "sand bathe," showering their chests with cool subsurface sand to reduce their skin temperature.

## Monsoon Deserts

*Monsoon*, the Arabic word for season, refers to a wind system with pronounced seasonal reversals; this develops in response to temperature variations between oceans and continents due to large landmasses and high mountain ranges. Northern Australia and West Africa have two major monsoon systems. A lesser one causes the Rajasthan Desert of India and the Thar Desert of Pakistan. This monsoon desert region is created by the heavy summer trade winds. The

Southwest Monsoon begins in the southern Indian Ocean as the southeast trade winds. The winds rain on India and lose moisture as they cross the eastern slopes of the Aravalli Range.

## Polar Deserts

Polar deserts are found in nonglaciated areas above the Arctic Circle or below the Antarctic Circle. They have an annual precipitation of less than 10 inches (250mm), a mean warmest month temperature of less than 50°F (10°C), and generally consist of bedrock or gravel plains. Sand dunes are not common, but snow dunes do appear.

Peary Land, the northernmost part of Greenland, is a typical arctic desert. The temperature during July, the warmest month, averages about 43°F (6°C), and the absolute maximum is 65°F (18°C). January temperatures average –20°F (–28°C). During summer and winter, the daily temperature variation is only about 2°F (1°C), unlike that of deserts closer to the equator.

The polar desert is subject to violent wind-erosion, with much of the surface becoming intensely polished. Much of the whiteness in this desert is salt, not snow. Salt crusts are developed as ponds evaporate and are common among the clays of Peary Land.

Another polar desert, the Dry Valleys of Antarctica, has been ice-free for thousands of years. It has a mean annual temperature of –40°F (–40°C) and once had a winter minimum of –60°F (–51°C).

## Paleodeserts

The earth's climate has changed drastically over time; deserts may have once existed in areas that are nonarid environments today.

Coastal dunes near the Great Sandy Desert, Australia, for example, extend beyond the shoreline to about 50 feet (15m) below sea level. These drowned dunes indicate a postglacial rise in sea level.

The Nebraska Sand Hills—a 22,000-square-mile (57,000 sq km) inactive dune field—receives more than 20 inches (500mm) of annual rainfall. About

10,000 years ago, however, it was the largest desert in North America.

Radiocarbon dates of organic matter under the dunes suggest there were several intervals of eolian activity in the Nebraska Sand Hills during the last 10,000 years, the most recent being during the late Holocene (3,500 to 1,500 years ago). Minor droughts have occurred since, but the dunes are now stabilized, or "fixed," by vegetation. Because the climate has changed, the Nebraska Sand Hills are now vegetated sand hills.

## Desert Changes

The world's great deserts were formed naturally by processes that took place over millions of years. Over time, deserts have expanded and contracted. Some have disappeared. Some deserts are sharply separated from the surrounding, less arid areas by differences in elevation. In other regions, the desert fringes, the areas of transition to more humid environments, emerge gradually, and the borders are difficult to define. These arid transition zones have delicately balanced ecosystems.

Scientists can monitor changes in arid lands by comparing recent satellite images with those of the same area taken previously. Among the most exciting results of this technology is radar data that reveal channels and faults concealed by up to 6.5-foot-thick (2m) sheets of sand in the Western Desert of Egypt. Most of these features cannot be seen by researchers in the field, but radar penetrates the loose, dry surface. These images are also used to find previously unknown archaeological sites and sources of water in the desert.

Meteorological satellites were used by researcher Compton J. Tucker and his colleagues to map vegetation that defines the southern border of the Sahara Desert. Mapping the border annually from 1980 to 1990, they discovered that the southern border of the Sahara both expands, with a maximum of 60 miles (100km) in 1983, and contracts, with a maximum of 68 miles (110km) in 1984, as rainfall increases and decreases.

## EXTRATERRESTRIAL DESERTS

*One other planet in our solar system has deserts. Although Mars has no liquid water on the surface and no rainfall, many surface structures on the red planet exhibit eolian features. We may, therefore, consider the entire planet a desert.*

*The spacecraft Viking sent images from Mars of channels on the planet's surface that were probably formed by running water. The reasons a planet such as Mars may once have had an atmosphere that could sustain liquid water but does not now is one of the mysteries of the solar system.*

*Evidence of eolian activity on Mars was gathered first by the Mariner spacecrafts from 1960 to 1972, and then by the two Viking landers in 1976. The Viking Lander 1 touched down on Chryse Planitia, Mars, on July 20, 1976, at a locality since designated the Thomas A. Mutch Memorial Station. Images from the station show zones of wind-deposited features and zones of wind-eroded plains. The surface is peppered with many sizes of angular blocks. On close inspection, most of the rocks have small cavities that may have been created by scouring of sediment-laden current.*

*Mars has a north circumpolar sand sea with an area greater than that of the Empty Quarter of the Arabian peninsula, the largest sand sea on the earth. Smaller Martian dune fields exist within many of the large craters.*

*Venus is frequently called the earth's twin because it has similar radius, mass, density, and gravity. But Venus has a mean surface temperature of 900°F (480°C) and a surface atmospheric pressure almost 100 times that of the earth's. We have not yet observed any desert features on Venus, but as we continue mapping with radar data from the Magellan spacecraft, we may find evidence of eolian activity.*

**Desert pavement on Mars is remarkably similar to that on Earth, except for the color of the sky.**

## DESERT FEATURES

Caprock *is a hard layer of limestone or sandstone sedimentary rock on the surface of a plateau. As a plateau erodes,* mesas—*flat-topped, steep-sided landforms*—*remain. As the mesa erodes, it becomes a* butte, *then* pillars *and* pinnacles. *Finally, we have* desert pavement *(see "Eolian Features," p. 179).*

If the sediment is inclined, rather than horizontal, it will erode into an asymmetric ridge, a cuesta. A hogback *is a cuesta on a sharply inclined plain.*

Alluvian fans, *fan-shaped stream deposits of sediment, are formed in arid environments when a mountain range is adjacent to a broad plain. The surface of a group of alluvial fans is a* bajada. *Playas may form on the bajadas. As the fans grow, the mountain retreats and a* pediment, *a gently sloping surface, is formed at the base of the mountain. Pediments are found in all deserts.*

Deflation hollows *are 1- to 2-mile-wide (2–3km) circular depressions hollowed out by the wind. The Qattara Depression, in northern Egypt, is the largest known eolian deflation hollow. It covers 7,000 square miles (18,000 sq km) and reaches a depth of 440 feet (134m) below sea level.*

Inselbergs *are residual hills, small mountains of bedrock, which is more weather-resistant, surrounded by extensive erosional plains.*

Balanced rocks *are inselbergs in the form of large boulders up to 65 feet (20m) high usually sculpted by sand blasting. They are precariously balanced on bedrock and will eventually tumble.*

Arches *are natural arclike features that are carved by subsurface waters. If the bedrock is jointed, and the joints enlarge, a balanced column may remain following erosion of nearby areas. Arches eventually weather to columns or balanced rocks, and eventually become desert pavements. Almost 90 percent of all arches are on the Colorado Plateau of the western United States.*

**Tectonics, water, and wind erosion combine to produce beautiful arches such as Turrett Arch, Arches National Park, Utah.**

**The "cap" on this formation in South Dakota is more resistant to erosion than is the rock that supports it.**

**In the arid reaches of Arizona, a pool of water is a welcome sight at the center of this Navajo sandstone bed.**

## DESERT PLANTS

Many deserts can be identified by the plants found there. Within North America, for example, saguaro cacti grow primarily in the Sonoran Desert, while mesquite dominates the Great Basin Desert. Moving south, vast numbers of *Tillandsia straminea* landscape the high Andean deserts in Peru. Australian deserts are noted for their many species of eucalyptus trees.

## *Physical Characteristics and Requirements*

With the exception of liverworts, mosses, and hornworts, a plant has a characteristic form: roots for a base, leaves that contain the food-making machinery, and stems to support the leaves. Water enters through the roots, travels up the stem, and ultimately reaches the leaves via a vascular system. It then exits the plant as water vapor by way of a stoma, a small opening, usually on the underside of the leaf. The stomata open and close, depending on whether the plant is releasing water vapor or photosynthetic by-products. When they are open, the plant is said to be transpiring.

A stoma can open and close because of "guard cells," which surround the opening. These cells expand and contract to influence the size of the hole, thereby allowing or preventing the passage of oxygen, carbon dioxide, or water vapor.

Chloroplasts are the place within individual plant cells where photosynthesis, the process by which sunlight is used to produce food for the plant, occurs. This is usually in the leaves; however, desert plants do not always follow tradition. One convenient by-product of photosynthesis for people and many other organisms is oxygen, which the plant releases into the air via its stomata.

### WATER

Water is scarce in deserts, and when it does come it is in the form of sudden rainstorms and short periods of extended heavy rain. The only dependable regular

**The well-defined pleats on these barrel cacti indicate a lack of recent rain. The pleats become better defined as the cactus loses water.**

The water transportation system is a one-way street in plants. Water enters through the roots and exits via the stoma. Desert plants must therefore utilize various strategies to conserve it.

### SALT LOVERS

*Desert soils often have a high salt content due to the rapid evaporation of rainfall, leaving the trace minerals in rain on the ground surface. Over time an accumulation of minerals, particularly salts, develops. Plants that live in this type of soil are known as salt-lovers, or halophytes. Salt is taken in with water through the roots and passes through the plant, leaving by way of the stomata. The salt that leaves through transpiration may accumulate on the leaves before falling on the ground. The zaita (*Limoniastrum guyonianum*), native to the Algerian portion of the Sahara Desert, becomes so encrusted with salt on its leaves that it takes on the appearance of snow. The whiteness aids the plant by reflecting sunlight.*

## OASES

*Oases are islands of plants within a desert that require water flowing at or near the surface. Faults or folds may bring groundwater to the surface as springs or lakes. Most oases, however, depend on wells, and are therefore artificial.*

*In Arabia, North Africa, and western China, huge 30-mile-long (50km), 6.5-foot-tall (2m) tunnels have been dug between water sources in mountains and small villages within deserts. The tunnels, called* qanats *or* karez, *were first developed during the sixth century in Iran to keep water from evaporating in the desert.*

## MICROHABITATS

*Microhabitats are habitats within general habitats. The physical desert, for instance, is composed of sand plains, sand dunes, rocky plains, hills, and even mountains. Each of these may be treated as a specific desert habitat. Microhabitats are even smaller, such as an individual dune, or a cave within a hill. They may also apply to parts of living organisms. A cavity within a saguaro cactus can be a microhabitat. The environmental conditions within the microhabitat are always different from the immediate environment.*

ents that are produced still do not reach plants because they are leached, or washed deep into the ground, by heavy rains. Plants with shallow root systems do not have access to them.

## *Plant Adaptations*

Cacti come to mind when one thinks of desert plants, but what about lilies and wildflowers? Representatives from all of these groups may be found in the desert, along with lesser-known plant types, such as giant puyas, ocotillos, and desert oaks. You may not easily recognize some of the more familiar species as their adaptations to the desert have altered their shape.

Plants have adapted to a myriad of environments, and the desert environment has produced as many hardy, persevering types as any other. Certainly no

supply of moisture is the morning condensation of dew. This can suffice for some of the smaller plants, but not for larger forms, especially when one considers that a plant "drinks" much more water than an animal of similar size over the same period of time. Animals, with their circulatory and filtration systems, can "recycle" water; plants must contend with a one-way system—root to stem to leaf and out.

Humidity levels are so low that standing water quickly evaporates. Cloud cover is accordingly sparser, so the plant is exposed to a lot of heat from the sun.

### NUTRIENTS

Soil nutrients are also scarce. When plants and other organisms die in the desert, they do not decompose quickly. A lack of soil moisture results in a dearth of soil microbes and microarthropods (such as mites), which recycle organic material in more humid settings, such as tropical or temperate forests.

We know that a square meter of temperate forest floor soil contains up to 100,000 of these microarthropods. In contrast, the same area of desert soil has a mere 1,000 to 3,000. Thus, nutrients are not produced in great quantity. Furthermore, some nutri-

*The ocotillo drops its leaves during drought periods as a water conservation strategy. This prevents any further moisture loss from the leaf surface.*

*Though one of its common names, the teddy bear cactus, sounds innocent,* Opuntia bigelovii *can be a very painful experience if touched because of its sharp hooked spines that lodge in anything that brushes up against it.*

hardy, persevering types as any other. Certainly no other group of plants is so well adapted to conserving water and nutrients, and so well prepared for taking full advantage of the rainy season that comes to desert areas for a short period of the year.

Indeed, one may examine all of the major plant parts—stems, leaves, roots, flowers, and seeds—and find in each special adaptations for life in the desert. These adjustments are often quite similar, regardless of how distantly related two plant species may be. The result can be two completely unrelated plants that exist thousands of miles apart and look remarkably alike. As in animals, convergent evolution occurs in plants.

## SUCCULENCE

The trunk and stems of both cacti (from the New World) and euphorbias (from the Old World) are adapted for water storage, or succulence. The tissues within these parts are capable of great expansion, and the outer covering prevents moisture from escaping. When the rain arrives, both of these plants literally fill up with water and live off this stored water for months at a time.

## LEAVES

Leaves come in all shapes and sizes. One function of leaves is to allow transpiration, or the release of water vapor from the plant into the air via the stomata. Water being a precious commodity, the main concern for a desert plant during this process is to avoid, or at least minimize, its loss whenever possible. This is accomplished in several ways. In the cactus, leaves have for the most part disappeared and have been replaced with thorns and/or hair, which reduces the number of stomata on the plant.

Cacti are not the only plants that use hair to reduce

transpiration. The wormwood shrub (*Artemisia*) of the Gobi desert in Asia has developed a covering of fine hair for the same reason.

The cactus must still photosynthesize, so the chloroplasts have moved into the trunk and stem, as have the stomata. To further avoid water loss, the stomata are recessed into the trunk and stems, reducing their exposure to the elements.

The ocotillo (*Fouquieria diguetii*), of the North American Southwest and Mexico, has become "drought deciduous"; that is, it drops its leaves, stopping transpiration, and becomes dormant during the drier periods of the year. When rain comes, new leaves emerge within several days. This process of growing and losing leaves can repeat itself numerous times in the course of a year.

The creosote bush (*Larrea tridentata*), native to some deserts in both North and South America, produces three different leaf types, depending on the amount of rainfall. One type emerges following rain, a second develops as the ground begins to dry up, and a final form remains when drought conditions return. Each leaf type allows progressively less moisture loss.

Leaves also react to heat. Two species of grasses (*Festuca* and *Stipa*) from the Gobi desert have long, slender leaves that roll up at midday. Less-exposed leaf surface area means less water loss during peak heat periods. At other times the leaves are unfolded to absorb sunlight for photosynthesis.

## CACTUS HAIR?

*Cactus hair is actually made up of very fine spines. They help the cactus reduce moisture loss to the air in several ways. One is by acting as a "wind break," slowing the speed of wind blowing on the plant. Another is by serving as a "sun break," reducing the amount of solar radiation that reaches the plant, keeping it cool.*

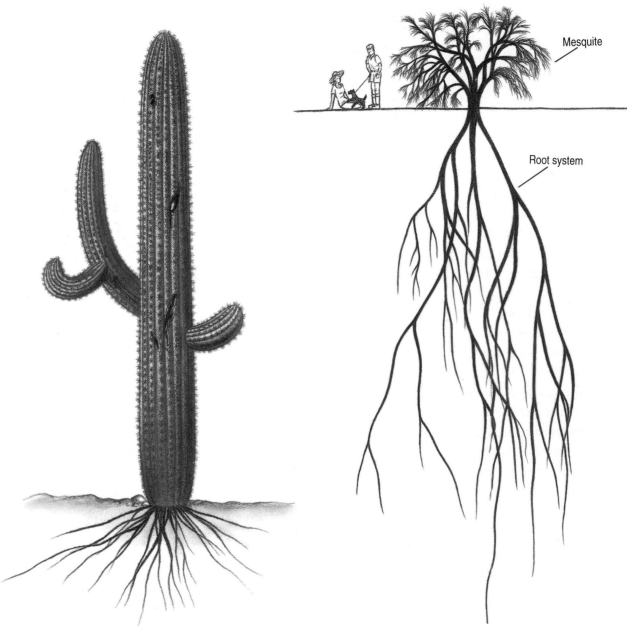

Mesquite

Root system

## SAGUARO CACTI AND THE OZONE LAYER

*Ecologist Kate Lajtha of Boston University thinks the saguaro may show damage from increased exposure to ultraviolet rays as the ozone layer of the atmosphere thins. She has noticed that the saguaro develop a "barking" appearance on their south side, the side receiving the most sunlight. Lajtha and the U.S. Park Service are examining the cacti in Saguaro National Monument, Arizona, to investigate her hypothesis.*

### ROOTS

Many cacti have wide, shallow root systems that lie near the surface to catch any water that might soak the ground during a light rain. Deep roots could not take advantage of a light rain—as much of this water soon evaporates and little, if any, ever enters the groundwater—but surface roots can.

A saguaro's roots react to rain. Shortly after rain has fallen and moisture has seeped into the ground, special "rain roots" grow off of the larger, permanent roots. These extra roots aid the saguaro in obtaining more water than it otherwise could. When drought conditions return, the "rain roots" dry up and drop off, thus saving the cactus the added burden of supporting them with water and nutrients.

When a portion of a cactus breaks off from the main body of the plant, special "adventitious" roots develop on the broken piece where it touches the ground. These roots function as anchors; once the cactus part is firmly anchored, water roots begin to grow.

The roots of the mesquite tree (*Prosopis juliflora*) take a different approach to obtaining water—they search for groundwater and do not stop until it is found. These roots commonly grow to 50 feet (15m) below the desert surface and some to depths of 100 feet (30m). The energy costs of "digging" such a deep well are rewarded with a fairly constant water source.

*Root systems in desert plants vary considerably. A saguaro's roots spread out, remaining close to the surface. The mesquite tree sends roots deep into the ground, sometimes to depths of 100 feet (30m) or more.*

Some roots receive help obtaining moisture and minerals, especially phosphorus, from the soil. They enter into a symbiotic relationship with a fungus that takes up residence both in and on the roots. The fungus, called a mycorrhizal fungus, extracts phosphorus from soil compounds that a plant cannot assimilate. The phosphorus can then be uptaken by the roots. In this mutually beneficial relationship, the fungus has a home within the roots (protecting it from desiccation) and gives the plants nutrients.

### FLOWERS

Flowers, while only present for short periods of time, are an integral part of desert ecology. They appear, as would be expected, after the onset of the spring rains, and turn the barren desert landscape into a veritable cacaphony of color. Flowers develop not only on cacti and other woody plants, but on wildflowers as well. Many different species of aster, sunflowers, and other beautiful annuals bloom concurrently at this time of year.

How plants fare in the course of a season in the desert affects the fate of the animals that feed on them. One example is the close relationship between a moth and a desert annual, the jimsonweed (*Datura metalloides*), which coexist in the Mojave Desert of North America. The caterpillar, or larva, of a sphinx moth (*Manduca sexta*) feeds almost exclusively on the jimsonweed leaves. The moths appear at the same time as the jimsonweed flowers, and the caterpillars feed on the plant for several months. The caterpillars feed until the plant is essentially leafless and then move to another. Should it be a poor season for jimsonweed, the limited food supply will limit the number of sphinx moth caterpillars that survive, and the moth population will drop accordingly.

## POLLINATION

Pollination, or fertilization, is accomplished in numerous ways. Some plants take care of it themselves and self-fertilize; others rely on help from a variety of animal sources.

Saguaro cacti (*Cereus giganteus*) flowers bloom only once, opening at night and closing the next day. Upwards of 100 flowers may be present on a saguaro any given night. Nighttime flowering is a water conservation strategy: less moisture will be lost from the flower in the cool of the night than during the heat of the day. The cooler nighttime temperatures mean less activity, so pollination is performed by a warm-blooded animal with easy access to the tops of saguaro, namely, bats. In return for their pollination services, the bats drink nectar from the flowers. Later,

*How well the jimsonweed fares in a particular year directly affects the survival of the sphinx moth since the caterpillar of this species feeds primarily on the jimsonweed.*

they will return to eat the developing fruit and disperse the seeds.

The shape and color of a desert flower is influenced by the type of animal that pollinates it. Hummingbirds are attracted to reddish colors, so hummingbird-pollinated flowers are typically yellow, orange, or red. The flower shape also tends to be narrow and tubular to accommodate the long, thin bill of the bird.

Moths do not have a long beak to insert, so they cannot pollinate a hummingbird-type flower. Moth-pollinated flowers are much broader and shallower. Since moths rely on smell, and not sight, moth-pollinated flowers produce strong scents.

Bats are much heavier than moths, therefore bat-pollinated flowers are even wider and sturdier, though the bat does not land on the flower. Instead, it hovers and the entire head enters into the flower to reach the nectar.

---

## ANNUALS AND PERENNIALS

*Annuals are plants, such as wildflowers, that live out their complete life cycle (seed to seedling to reproducing plant to death) within a year's time. Perennials are plants that take two or more years to complete the life cycle. They include most of the plants found in the desert, such as the ocotillo and the zaita.*

*The saguaro cactus dominates the landscape of the Sonoran Desert. Saguaros may reach heights of 30 feet (9.3m), rising above the other vegetation.*

In all instances in which cacti flowers are animal pollinated, the spines are reduced in the flower area to prevent possible injury to the pollinator and to allow easier access.

## SEEDS

Pollinated flowers produce seeds. A typical plant seed readily germinates, or sprouts, in the presence of soil and moisture. Not so with many desert seeds. A seed that sprouts in the desert after a light rain may not receive any more water for weeks, and so it will die. To ensure that sufficient water is available for sprouting and subsequent growth, desert seeds contain a chemical inhibitor that prevents germination. Only successive heavy rains or extended moderate rains can wash the inhibitor out of the seed and allow it to germinate.

## Some Plant Interrelationships

Although people often think of ecology, or interrelationships between organisms, in terms of plants and animals, there are many associations solely among

### GOOD FOR ME, GOOD FOR YOU

*There are numerous ways two organisms may interrelate: Symbiosis describes a condition in which two unsimilar organisms live in a close relationship where one or both organisms benefit from the association and neither is harmed. It occurs quite often in nature, sometimes between organisms with great differences in size. An immediate example is yourself and certain bacteria that live in your large intestine. You give them a protected environment with regular feedings and in return, they give you vitamin K, ensuring that your blood clots when you receive a cut.*

*A visitor to an American desert could estimate the amount of recent rainfall by carefully observing the leaves on a creosote bush. This plant produces three distinct types of leaves depending upon the moisture content of the soil.*

*The boojum tree, indigenous to a small part of a North American desert, grows to 60 feet (18m) tall and may live up to eight hundred years.*

plants. Seedlings of many species are vulnerable to both predation and environmental extremes. Many seedlings will survive only when they are fortunate enough to have germinated in the presence of a "protector" plant that helps them endure the climate and that wards off potential predators.

Young saguaro cacti have better survival rates when they grow in the shade of a mesquite tree. The mesquite prevents the sun's intense radiation from desiccating the young cacti and also traps some of the ground heat to ease the chilling effects of the night air.

Other trees and shrubs also protect seedlings of different species from predation. This is the case with the betoum tree (*Pistacia atlantica*) and the jujube shrub (*Zizyophus lotus*) of the Sahara Desert. The jujube has thorns; the betoum does not. Betoum seedlings growing within the protection of jujube thorns do better than siblings that lack such protection. As the betoum grows into a tree, its size becomes its protection; and it eventually dwarfs the jujube.

## The Oldest Living Organism

The oldest living desert plants have been called the oldest living organisms on earth. These are the creosote bushes of the Mojave Desert. They start from seed and grow outward from the center. Over time, the inner portion of the bush dies and gradually disappears, leaving an open, empty center. As the bush continues to grow outward in all directions, and the inner section continues to die off and degrade, the center continually expands. Eventually, the entire plant takes on the appearance of a ring. Some of these bushes, with diameters of more than 30 yards (27m), are estimated to be 10,000 to 12,000 years old. It is believed that creosote bushes colonized the Mojave as it was forming, about when the last ice age ended. The creosote bushes have grown right along with the Mojave Desert.

What is the future of desert plants? If their habitats are protected, they will survive to be enjoyed for countless generations. It would be a shame for the creosote bush, having lived for 10,000 years, to disappear from the face of the earth.

# DESERT ANIMALS AND THEIR ADAPTATIONS TO A DESERT ENVIRONMENT

The variety of animals in the desert have different life-styles, life cycles, and behavior. But what they have in common is that their survival requires an ability to conserve water, store food, and withstand extremes of heat and cold. Just as we have seen in plants, animals accomplish this through a multitude of adaptations.

## What is an Adaptation?

An adaptation is anything in an organism's internal or external structure, physiology, or behavior that helps it to stay alive and reproduce. The adaptation is then passed on to the offspring, helping them in turn to do the same. Adaptations develop according to the demands of a particular environment.

If the environment changes, the animals either adapt to the new conditions, move, or die out. If the environment changes rapidly, it becomes a question of luck as to whether an animal's adaptations to the old environment will enable it to survive in the new conditions. Part of this "luck" depends on how general or specific an adaptation is in regard to a particular environment.

Consider, for example, two inhabitants of the North American southwestern deserts, the coyote (*Canis latrans*) and the desert pupfish (*Cyprinodon macularius*). The former is renowned for its "adaptability" and the latter for its "specialized" habitat. They have not fared equally with the rapid environmental changes induced by people over the last hundred years.

### A GENERALIST

Despite decades-long human attempts at eradication and control, coyotes survive and thrive in numerous habitats due, in part, to their mobility, varied diet, intelligence, and reproductive success.

An examination of their diet demonstrates one aspect of their versatility. Coyotes feed primarily on small mammals, such as rodents and rabbits. Rodents are the most abundant mammalian food source in most habitats, so the coyote is already "pre-adapted" dietwise for those habitats. It is capable of killing larger animals, such as deer and antelope fawns, and smaller animals, such as worms and frogs. In a pinch it will also eat fruits and berries.

### A SPECIALIST

The pupfish, on the other hand, is confined to specific, isolated bodies of water with a limited food source. Having survived thousands of years in its

*Despite human persecution, the coyote has managed to survive and even prosper in some parts of its range. This is due to its great adaptability, which allows it to occupy desert areas, among other types of habitats.*

*Kangaroos, native to Australia, occupy a variety of different habitats. The euro is a kangaroo that inhabits hilly terrain.*

and insulation during the night. The surface temperature of the sand in the Mojave Desert reaches 160°F (71°C) during the day. This is the habitat of the sand scorpion (*Paruroctonus mesaensis*). Because it would quickly die at that temperature, it burrows a few inches below the surface, where the temperature is a much more tolerable 100°F (37°C).

It leaves its burrow to hunt for food at night, when it's cooler, yet more than 90 percent of its time is spent inside the burrrow.

Burrowers often emerge from their sanctuaries once the sun sinks in the sky, to forage and interact with fellow species members. Some, however, leave only during heavy rains, probably because their homes become flooded. Such is the case with the inland crab of Australia (*Holthusiana transversa*), which obtains water and feeds on insects and plant material underground. Consequently, *Holthusiana transversa* has no need to surface and expose itself to an inhospitable climate and predators.

## CAVE DWELLING

The euro (*Macropus robustus*) is a type of kangaroo that inhabits a rocky, hilly region of the Australian desert. Temperatures there get very high, yet the euro is not adapted for burrowing. The animal survives by retreating into caves or by resting under rocky outcrops during the hottest part of the day. A cave is essentially a burrow for a large animal that does not dig.

## A PORTABLE BURROW

Some animals neither burrow nor take refuge under plants or rocks during the day; instead, they remain in direct sunlight, taking the sun's full brunt, yet keep their body temperatures low.

The Negev Desert, in the Middle East, is home to a snail (*Sphincterochila zonata*) that protects itself from excessive heat by moving about within its shell. At cooler temperatures it may be found in the first whorl of the shell. As the temperature increases, it retreats into the second and third whorls, leaving an air space within the first whorl. This air space acts as an insulating chamber that effectively prevents ground heat from entering the snail's body.

present-day range and, in some cases, in habitats no larger than a standard-sized bathtub, it is now seriously threatened by human activities. Sudden, new environmental stresses caused by the introduction of foreign fish species have proved to be too much for the pupfish populations to withstand.

The pupfish is also at the mercy of the water in which it lives—if the water disappears, so does the pupfish. The water in the pupfish's habitat is linked to the level of the local groundwater. As people move into desert areas and tap the groundwater for irrigation and recreational purposes, it begins to drop, resulting in a corresponding drop in the level of the

pools in which the pupfish live. If the water quality drastically changes, it will also be detrimentally affected. Thus, its survival ultimately depends on a sustained effort by people to conserve it.

## Adaptations to Heat

### BURROWING

One common solution to avoiding temperature extremes is burrowing. A burrow provides shelter and "air-conditioning" during the day, and shelter

192

*The red kangaroo inhabits the open plains of Australian deserts. It can do this due to the reflective nature of its fur, which allows it to tolerate extended exposure to full sunlight.*

## HEAT DEFLECTION

What about heat entering from the exposed shell? This problem is solved by the white color of the shell, which deflects much of the sunlight and corresponding radiation away from the animal. Thus the snail can remain in direct sunlight throughout a hot desert day and survive. It is additionally assisted by a thermal tolerance (how hot it can get before dying) of 130°F (54°C). Thus, if *Sphincterochila zonata* can reduce the sunlight and ground heat to below 130°F, it will survive.

The red kangaroo (*Megaleia rufa*) of the Australian desert uses the same reflective strategy as the Negev snail with its fur, which is light-colored. These two different external coverings, fur and shell, produce the same effect through their coloration.

Like the snail, the kangaroo protects itself with insulation, again using its fur. Air pockets within the fur prevent heat from entering, much as the shell's air chamber protects the snail.

These two adaptations allow the red kangaroo to withstand high temperatures on the open plains in direct sunlight, something its cousin, the cave-dwelling euro, cannot do.

## INSULATION

Though capable of flight, the sand grouse (*Pterocles senegallus*) of the Sahara Desert is by habit a ground bird. Daytime ground temperatures can reach upwards of 160°F (71°C). The bird survives the heat in three ways: with its feathers, belly skin, and an air layer.

The belly feathers are especially dense and form a protective insulating barrier against the heat. Feathers contain air pockets similar to those within the red kangaroo's fur. The belly skin itself is thicker than skin from other parts of the body, producing additional insulation. Finally, there is an air layer between the skin and the body, which adds yet more insulation. Thus, using three insulative layers, the sand grouse is able to withstand the high desert temperature.

## Adaptations to Cold

Heat is not the only temperature extreme in the desert. Warm-blooded mammals and birds, with their higher, constant body temperature, may remain

## RUNNING HOT OR COLD

*Two terms often arise when discussing or describing animals. They are "cold-blooded," or ectothermic, and "warm-blooded," or endothermic. Both refer to the ability of an animal to physiologically (or internally) maintain its body temperature above that of the surrounding air or water. Endothermic animals, such as spotted hyenas and humans, can maintain their body temperature; ectothermic animals, such as sidewinder rattlesnakes and termites, rely on the environment to determine their temperatures.*

*In the desert, however, this definition must be somewhat modified. Warm-blooded animals have an internal temperature above the surrounding temperature only at night, since daytime desert temperatures greatly exceed the thermal limits at which animals can survive. During the day, warm-blooded animals must somehow ensure that their internal temperature is well below that of the surrounding environment.*

*This does not mean that a cold-blooded animal is strictly at the mercy of its fluctuating ambient temperature; in fact, ectotherms may maintain a fairly constant high body temperature for considerable periods through behavioral regulation. Many desert lizards, such as the racerunners, have a preferred body temperature of almost 100°F (37°C), which is in the same range as endotherms. The lizards can easily elevate their bodies to that temperature during the day by sunning.*

*Once they have reached their preferred temperature, they retreat into the shade and cool down, then return to the sunlight and heat up again. In this manner, they can maintain a fairly constant body temperature until nightfall.*

*Sphinx moths have several physical adaptations that enable them to warm up rapidly in preparation for flying and to avoid overheating during flight.*

active at night and during the colder parts of the desert year. Cold-blooded animals must find other ways to stay active in cooler temperatures, or to simply survive.

## SUPERCOOLING

Insects can physiologically tolerate cold in two ways when temperatures fall below freezing. They may "supercool" and lower the freezing point of their cells, or they may become "freeze-tolerant" and actually survive being frozen for periods of time. Supercooling insects produce various cellular substances that act as antifreeze by lowering the freezing point of the cells below 32°F (0°C).

A Sonoran Desert fruit fly, *Drosophila nigrospiracula*, lives almost exclusively on saguaro cacti. It lays its eggs in rotting cactus tissue and when the eggs hatch, the larvae feed on the tissue. Winter nights in the Sonoran Desert typically fall below freezing, so the fruit fly overnights on the tops of the cacti in an inactive, supercooled state. The first rays of the morning sun warm the fly, and it soon becomes active—flying, feeding, and even reproducing. Its larvae follow the same cycle of supercooling to eat and grow throughout the winter.

## HOT-BLOODED INSECTS

Though not warm-blooded, some flying insects can elevate their body temperatures a considerable amount above the air temperature around them by using their flight muscles. Heat is released as a by-product of the muscle action; as an insect flies, heat builds up within the animal. Heat dissipates from the muscles to the rest of the insect body, raising the body temperature as well. The body temperature of a flying desert locust, for example, can be 40 to 50°F (22–28°C) above that of the surrounding air.

## TOO HOT TO FLY

Flying insects have a heat limit of about 100–113°F (38°–45°C) on their flight muscles. If the muscles get hotter than that, they overheat and stop functioning. Desert cicadas (*Dicerprota apache*) simply land when they approach their limit and remain still until they cool down enough to continue flying.

The heat produced during flight can be a hindrance during the day, shortening flying time, but it allows insects to remain active at night. Most insects that don't fly become inactive as night temperatures fall because their body heat dissipates when they are at rest.

## PREFLIGHT WARM-UP

Large flying insects have an additional temperature problem with regard to their flight muscles. The muscles must be at a minimum of about 100°F (38°C) to produce enough power and a quick enough wingbeat to get off the ground. Smaller flying insects do not have this problem because of their smaller mass.

To obtain the required heat, the insect warms up by shivering with its flight muscles. The heat builds up as it is produced, soon elevating the muscle temperature to the level required for flight.

**The Sphinx Moth**   The sphinx moth (*Manduca sexta*) has structural and physiological adaptations both to avoid overheating and to lessen the time required to warm up its flight muscles.

First, the abdomen is separated from the thorax, so it does not draw heat away from the thorax. Second, the heartbeat rate determines how quickly hemolymph (insect blood) is pumped through the thorax into the abdomen. Heartbeat is regulated according to thoracic temperature; the hotter the thorax, the faster the heart pumps to cool the thorax. If the thorax and flight muscles are cool, the heart beats slowly to allow heat to accumulate.

A close examination of the insulating scales covering the sphinx moth reveals a well-defined layer covering the insect's thorax. These help retain heat during shivering, thus shortening the amount of time needed to heat the flight muscles. The abdomen, on the other hand, is lightly covered with scales, and it acts as a heat dissipator by rapidly cooling hot hemolymph during flight.

## In Search of Extreme Temperatures

It seems that heat and cold are avoided whenever possible, and fairly elaborate mechanisms have evolved to adapt to such conditions when they are unavoidable. Are there any animals, though, that seek out temperature extremes? In fact, there are several.

*Hamadryas baboons include desert areas within their general habitat. The amount of water available to them when in the desert determines their dietary preferences.*

eral days between drinks. The longest recorded period without drinking is 11 days. They adapt to the situation by eating plant foods that have a high moisture content. When water is readily available, they expand their plant diet to include drier foods.

## Exoskeletons

Arthropods—such as millipedes, crabs, and scorpions—are covered with an exoskeleton composed of chitin, which effectively prevents water loss through the skin. Arthropods are found in many habitats, but their exoskeleton is ideal for water conservation in dry conditions.

## Neoteny (Forever Young)

How does an amphibian, which is covered with a soft, moist skin and usually lays its eggs and spends its larval period in water, manage to live in the desert? One method, used by the axolotl (*Ambystoma mexicanum*), is to radically change its normal life-style.

In the regions of Central America where the axolotl is found, the land is very dry except for the permanent ponds and lakes. A metamorphosing salamander (ridding itself of gills and developing lungs) finds itself in a predicament—there is no food to eat or moist surroundings in which to live.

The axolotl has adapted by remaining in its larval state and never leaving the water. This allows it to continue feeding on aquatic animals and to continue being surrounded by plenty of moisture. It is even capable of breeding in this "juvenile" form. An amphibian remaining in its larval form is an example of neoteny. Neoteny occurs in several other species of salamanders as well (see also "Neotenic Salamanders," p. 126 in "Wetlands").

## Drought Dormancy

Other amphibians, such as the spadefoot toads (*Scaphiopus*), remain in a dormant state underground until there is enough rain to create breeding ponds. Then they emerge from the ground by the hundreds and thousands. As the ground dries up and the food supply diminishes, they begin to dig burrows with their specialized back feet, soon disappearing from sight for many months, or until the next heavy rains.

An Australian frog known as the water-holding frog (*Cyclorana platycephalus*) can remain underground at depths of up to 4 feet (1.2m) for several years, as

### The Molt Goes On

*Arthropods, being covered with a hard exoskeleton, cannot grow with the exoskeleton in place. They must molt, or shed, the outer covering to increase in size. Young arthropods molt frequently. Once they are adults, molting slows down and becomes periodic. A freshly molted arthropod is vulnerable to predation and moisture loss for a short time until its new exoskeleton hardens. With the loss of the old exoskeleton, water loss rates increase greatly, then drop off as the new exoskeleton hardens.*

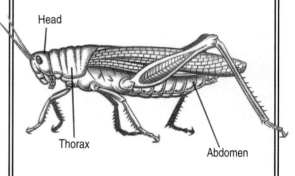

Head

Thorax

Abdomen

*This grasshopper is a typical representative of the phylum Arthropoda from the animal kingdom. Arthropods (meaning jointed feet) constitute the largest phylum of the kingdom.*

droughts can be extensive in some of the central deserts and may last so long that the ground thoroughly dries between rains. To protect against desiccation, the frog secretes a mucus from its skin that mixes with the surrounding soil, forming a hard clay ball that envelops the animal. This ball acts as a waterproof barrier, sealing in the moisture stored within the frog's bladder. The aborigines will sometimes use these frogs as canteens, digging them up and squeezing the water out of them for drinking. When heavy rains thoroughly soak the ball, the frog breaks through the ball and digs its way to the surface.

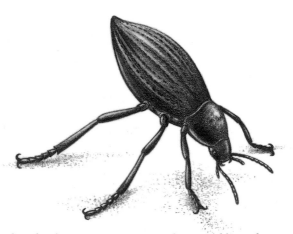

*The fog-drinking beetle, Onymacris unguicularis, is able to obtain moisture directly off its body by adopting a position that lets water roll down to its mouth.*

*This lizard keeps a "canteen", in the form of fat, stored in its tail. By converting the fat into metabolic water it can remain hydrated in spite of infrequent drinking.*

## Water Acquisition

### DEW DRINKERS

Frogs absorb water through their skin—they don't drink with their mouths. Arthropods, having the waterproof exoskeleton, must use other methods. The inland crab (*Holthusiana transversa*) of Australia burrows to avoid the heat, but the burrow serves another purpose as well—it helps provide the crab with a year-round water source.

**Creating Dew**  The crab's burrow is unlike most burrows in that it is vertical, descending about 2 feet (0.6m). It is located in a clay soil, because clay retains moisture and thereby maintains a high humidity level within the burrow. As condensation forms in the burrow with changing temperatures, the crab absorbs water droplets that collect on its gills and lungs. The crab can also move up and down within the burrow, changing its body temperature and making moisture condense on it. This, combined with the crab's ability to gradually lose up to 50 percent of its body water (from the point of normal hydration) enables it to survive almost any drought period.

**Morning Dew**  Other arthropods that "drink" water droplets include some of the beetles of the Namib Desert of southwestern Africa. The Namib is a coastal desert, receiving a daily "bath" of fog that

forms a morning dew on the desert surface, including sand, rocks, and beetle exoskeletons. One beetle, *Onymacris unguicularis*, emerges in the early morning and assumes a standing position with its head pointed downward. The dew sticks to its body, soon developing into water droplets. As the droplets grow, they begin to run down the animal's body, collecting at its head. The beetle then drinks the water as it reaches the mouth. In this way, the animal survives in a habitat that rarely sees rain or standing water.

**Digging for Dew**  In a variation of this method, another beetle of the Namib (*Lepidochora*) digs a trench in the sand. As fog condenses on the sand, water droplets form and run down the sides, collecting at the bottom of the trench, from which the beetle then drinks.

### MAKING WATER

How can an animal produce its own water? When sugar is metabolized, water is one of the by-products. Since sugar is associated with fat, animals with large fat reserves can make their own water during droughts by breaking down their fat.

The leopard gecko (*Eublepharis macularius*), from arid regions in India and Pakistan, stores its fat in its tail. During periods of plentiful food (insects for this animal), the tail fattens up. Less favorable periods cause the tail to thin as the fat stored within is used by the lizard for both energy and water.

### WATER TABLE

*Beneath any ground surface are layers (of varying thickness) of soils and rock. These soil and rock layers have tiny spaces within them that can contain air or water. Close to the surface is where air spaces are found. Deeper into the ground one eventually encounters the water table, which is where all of the spaces are filled with water.*

*The depth at which the water table begins varies according to the region. For example, the water table in a marsh or bog is very close to the surface (during periods of flooding, the water table is at the surface). In a desert the water table lies much deeper. This is because the water table is greatly affected by the amount of rainfall a region receives; much of the water in the water table comes from rain that soaks into the ground.*

*When people drill wells for water, as often is done in agricultural areas, they are tapping into the water table. If great amounts of water are removed by this method and there is insufficient rainfall to make up the difference, the water table will drop (become deeper underground).*

# DESERT ANIMALS

What distinguishes an animal from a plant is its inability to make its own food. With the exception of certain aquatic forms, like sponges, animals are capable of movement. They tend to have more—and more highly developed—senses (seeing, hearing, smelling, tasting, feeling) than other organisms. With few exceptions, animals reproduce sexually. Most importantly, from a biological standpoint, all animals share a common developmental stage known as a blastula.

This stage occurs shortly after a fertilized egg begins to divide into an expanding ball of ever-increasing numbers of cells that ultimately becomes a recognizable organism. There are many defined stages during early development; the blastula is identified by a hollow space that forms within the developing ball of cells. This space soon disappears, but it never occurs during the development of a fungus from a spore, or a plant from a seed.

## *Insects*

### TERMITES

The importance of one type of arthropod to the ecology of the Chihuahuan desert ecosystem is impressive. Though they are of a diminutive size, the indigenous termite species (including *Gnathami-* *termes perplexus* and *Heterotermes aureus*) eat over half of the total living and dead organic material in that particular region. This makes them an important part of the food chain, converting much of the ecosystem's biomass into energy that will be used by other animals that eat termites and recycling nutrients that would otherwise be unused. Remove the termites, and many plant and other animal species that rely directly or indirectly on these nutrients, or feed directly on the termites, will suffer.

They are able to do this because of their varied diet, which includes wood (living and dead), grasses, nonwoody plants (both living and dead), fungi, and animal droppings (which can be abundant when desert areas are used to graze domestic herds, such as cattle), although they apparently have a preference for fallen yucca plants and cattle dung. They have very efficient digestive systems, due in large part to the microflora within their hindgut.

**Termites cannot digest wood by themselves. They must rely on millions of microorganisms that inhabit their large hindgut to digest the wood for them.**

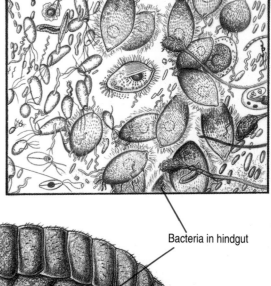

Termite

Bacteria in hindgut

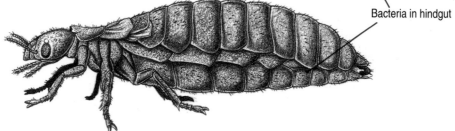

**Termites, though known for their wood-eating capabilities, can eat other organic material as well. They are an important part of the food chain in at least one North American desert in the role of decomposers.**

## ARTHROPODS

---

*If we take all known animal species as one large group, vertebrate species constitute but 5 percent of the total. The largest animal phylum, for total numbers of species, is the phylum Arthropoda, or the arthropods. It is extremely varied, containing such diverse forms as insects, crustaceans, arachnids, millipedes, and centipedes. One major characteristic of this phylum is the hard exoskeleton covering and protecting the animal's body.*

*The "hill" of an anthill is formed by ants bringing soil above ground from their nest burrows. Included within the soil are nutrients that were leached below ground by rainfall.*

### ANTS

Like termites, ants are found throughout the world and are quite numerous in deserts. A major reason for this is the large number of species of "harvester" ants (*Pogonomyrmex*), which feed primarily on seeds. Since seeds are spread throughout deserts by the wind, and the climate gives them great viability, they are a fairly predictable food source. The desert climate additionally prevents the seeds from sprouting until rain returns, thereby preserving them in an edible form for much of the year. Harvester ants do not eat all the seeds they find at once. They store many of their collected seeds in their nest.

Ants, like termites, are important in nutrient recycling, but they use a different technique. Unlike some termite nests, ant nests are built underground, and ants bring soil up to the surface and deposit it there as they dig their nest tunnels. In general, ant nests are at most a few feet deep, but at least one species can go 15 feet (4.6m) down. In depositing this soil above ground, the ants make nutrients within this soil available for use by other organisms that previously would not have had access to them. A genus of North American desert harvester ant (*Pogonomyrmex*) brings, on average, about 6 pounds (2.7kg) of subsoil to the surface, and there can be as many as 40 nests per acre (0.4 ha) in some sections of the desert.

The harvester ants are also important in dispersing seeds and determining the number of seeds that survive in certain desert regions. It was originally assumed that seed storing by these ants provided the colony with food reserved for drought periods when less food is available. However, since seeds last throughout the year and are produced in considerable numbers, a new theory is that the stored seeds are used as "predator protection."

The time when harvester ants are most susceptible to predators is when they are away from the nest searching for food. If an ant predator, such as a lizard or spider, comes across a colony of harvester ants, it could remain near the nest, feeding off the ants that would eventually have to emerge seeking food. If the ants have ample food stored below the surface, however, they may simply not leave the nest for several days, forcing the predator to search for food elsewhere.

## Arachnids

---

A subdivision of arthropods is the class Arachnida, or arachnids. Arachnids include spiders, scorpions, ticks, and mites. One characteristic shared by all arachnids is their method of digestion. Whereas most animals begin digesting their food after it enters their bodies, arachnids start digestion while the food is outside their bodies. They have a preoral cavity through which digestive juices flow out onto the food item. These juices begin breaking down the food before it even enters their mouths.

### BURROWING SPIDERS

A burrowing spider that inhabits the Namib Desert, *Leucorchestris arenicola*, lives in a straight, sloping burrow that reaches a depth of about 10 inches (25cm). The burrows are dug by the spider within a short period of time and may be used once or constantly for over a year. The amount of time the spider spends in the burrow depends on food availability, among other factors.

When hungry, the spider patrols a circular area within a 10-foot (3m) radius of its burrow. This spider hunts above ground, locating its prey with touch-sensitive, or tactile, hairs on its legs that detect the slightest vibrations in the substrate that a nearby animal makes when it moves.

Once it has found a prey animal, it paralyzes it with a bite from its fangs. The bite does not kill the animal, but immobilizes it so the spider can take it back to its burrow and feed in safety. This spider does not require great amounts of food, and in fact eats only once a month during its active part of the desert year.

## SAND SCORPIONS

The sand scorpion (*Paruroctonus mesaensis*) is native to the Mojave Desert and is nocturnal for a very good reason: it likes to stand motionless and ambush prey as it goes by. During the day, however, the surface temperature can reach 160°F (71°C) with virtually no humidity—not exactly optimal conditions for survival, let alone for finding food and walking about. The scorpion waits until nighttime, when temperatures have dropped to a reasonable level. Though it cools down at night, during the summer months it is not so cold as to prevent the animal from functioning.

Scorpions are carnivorous and prey on a variety of animals, from segmented worms to vertebrates. The sand scorpion feeds exclusively on fellow arthropods, including butterflies, moths, bees, beetles, grasshoppers, crickets, termites, antlions, flies, and

other scorpions (including smaller members of its own species). Though the diet is extensive, the amount of feeding is not especially great. Scorpions have a low metabolic rate and therefore do not require great amounts of food. One scorpion, *Parabuthus villosus*, can go for a year between meals. There are records of other species surviving a two-year fast.

Scorpions hunt in one of two ways: either they wait and ambush their prey (as does the sand scorpion) or they actively move around, searching for prey.

Like the burrowing spider, scorpions do not rely on sight or sound to detect and locate their prey; they rely on the ground vibrations traveling through the sand from the motions of the prey. The scorpion senses these vibrations through grooves and tiny sensory hairs in its feet. Should an animal of suitable size pass within a few feet of the scorpion, it locates the prey and grabs it with the large pincers, or pedipalps. If the prey is small and easily subdued with the pincers, it is simply eaten. Larger prey are stung with the tip of the scorpion's tail, which injects venom into the prey to paralyze it.

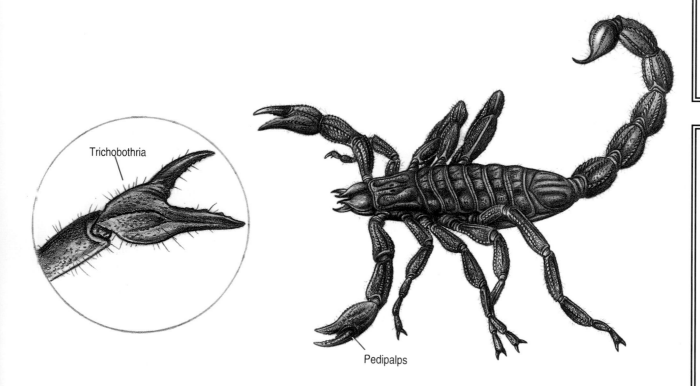

Trichobothria

Pedipalps

**Tiny sensory hairs, or trichobothria, in the scorpion's feet allow it to sense the vibrations made by its prey as the prey moves across the sand.**

## ARACHNIDS AND INSECTS

*Arachnids and insects are two different classes of invertebrate animals that both fall within the phylum Arthropoda, which is divided into two subphyla, Chelicerata (which includes the arachnids) and Mandibulata (which includes the insects).*

*The arachnids include spiders, scorpions, mites, and ticks. An arachnid has two main body parts, the head and thorax (cephalothorax) and the abdomen, plus four pairs of legs. It also has a pair of smaller appendages (chelicera) that act as fangs, and a pair of sensory appendages called pedipalps.*

*Insects include beetles, moths, butterflies, and ants, to name just a few. They make up the largest class of arthropods. An insect has three main body parts, the head, thorax, and abdomen, plus three pairs of legs.*

*Arachnids and insects have some common characteristics as well. They both have exoskeletons, hard outer coverings, and they both grow by molting, or shedding their exoskeletons.*

## GLOW-IN-THE-DARK SCORPIONS

*Sand scorpions are easily studied in the field even though they are nocturnal and disturbed by bright light, as from a flashlight. They are not bothered by ultraviolet light, however, which also happens to make their exoskeletons glow. Field biologists can set up a series of ultraviolet lights around a sand scorpion's burrow and observe the scorpion without affecting its behavior.*

Ground vibrations are of no use in attempting to locate a flying insect, such as a bee or a moth, and scorpions are also capable of grabbing an insect in flight. To detect these prey items, scorpions have sensory hairs, called trichobothria, on their pincers that are sensitive to subtle changes in air pressure caused by an animal flying nearby.

Scorpions themselves are prey items for birds, lizards, and even other scorpions. When two scorpions meet in combat, the larger one usually wins by virtue of the longer reach of its stinger. Although scorpions are immune to their own venom, should a direct hit occur on a nerve center, called a ganglion, the scorpion will be incapacitated.

# Fish

Animals identified with water are not usually associated with deserts. People are surprised enough to learn of amphibians, such as the spadefoot toads and the water-holding frogs, living in such desolate, dry areas. Fish appear to be an even more incongruous presence, as water and deserts do not go together except for short periods of the year.

Fish are a class of vertebrates, like mammals and reptiles. Whereas reptiles are always covered with a dry scale, most fish have a covering of scales that, in turn, is covered by mucus. This substance has two functions: it protects the fish from bacterial and fungal infections, and it aids in swimming by lowering water resistance on the scales. With few exceptions, fish breathe with gills.

Fish can be found in deserts in permanent, standing bodies of water or in creeks, streams, and rivers.

## ORIGINS OF DESERT FISH

How did the fish get there in the first place? They might be relics from a time when the area was a shallow sea or a lake. As climatic conditions changed, water levels dropped and the fish were forced into more and more restricted areas, eventually retreating to a tenuous existence in isolated pools.

Fish can also migrate if conditions permit. Many desert pools or water holes are part of a stream bed

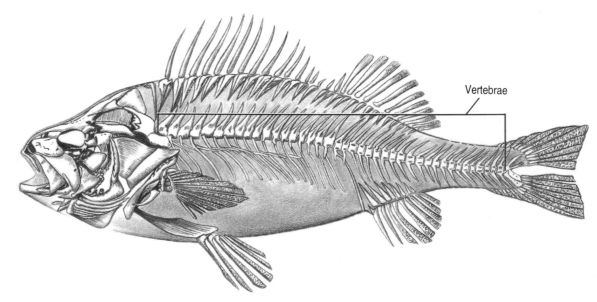

*Fish are one of the five vertebrate classes within the phylum Chordata. All vertebrates have a backbone protecting the spinal cord. The bone can be made of either cartilage (soft) or ossified (hard) bone.*

that flows only during flood periods that occur with spring rains or sudden heavy cloudbursts. The rest of the year these streams are dry. During flood periods, fish in these pools can move with the water to a new location. Sometimes they have no choice, being swept along by the current. If lucky, they end up in another permanent pool as the waters recede with the cessation of rain.

In the case of creeks, streams, and rivers, fish can invade them right up to the springheads from which they originate.

## THE GILA TOPMINNOW

The Gila topminnow (*Poeciliopsis occidentalis occidentalis*), from the Sonoran Desert, lives in shallow water along the banks of desert rivers, creeks, and springs connected to the Colorado River drainage system. It was considered a very common species as recently as the 1940s, but has been hurt by both land development and the introduction of exotic fish species, primarily the mosquitofish (*Gambusia affinis*).

Competition for resources, primarily the mosquito larvae both species feed on, is not the reason for the Gila topminnow's decline. Mosquitofish eat smaller fish when they are available, and prey on the young topminnows. The female mosquitofish is larger than the male, so it is the main predator on the topminnows.

## THE DESERT PUPFISH

Pupfish are members of the genus *Cyprinodon*, which has a total of about 30 species. Two-thirds of these species are found in North American deserts. Many are specific to particular sites. When pupfish inhabit a water hole or stream, there are never more than a few species at that spot, and sometimes only one.

Pupfish numbers are also declining, in part due to other introduced fish species. The desert pupfish (*Cyprinodon macularius*) does not fare well in the presence of either the sailfin molly (*Poecilia latipinna*)

*Most species of pupfish are found in North American deserts. Though they can withstand extremes of temperature and salinity, they do not fare as well against exotic introduced species.*

or an Asian ciclid, the redbelly tilapia (*Tilapia zilli*). In this case, it appears that it is being outcompeted for resources by the foreign fish. In the absence of competition, pupfish do quite well. Their environments (consisting of small bodies of water) fall into several gradients of temperature and salinity. Over the course of a year, pupfish tolerate gradual fluctuations from 38 to 108 degrees F (3.3°–42.2°C) and salinity levels from fresh water to the equivalent of seawater. They have done this for tens of thousands of years—not bad for a fish whose adult size rarely exceeds 1½ inches (3.8cm).

## DESERT TROUT

There are even trout in the Great Basin desert. These are cold-water fish (especially compared to topminnows and pupfish), so it makes sense for them to occur in the northernmost American desert where winters are cold enough to produce snow. Both the cutthroat (*Salmo clarki*) and the redband (*Salmo gairdneri*) trout live in tributaries of the rivers that drain the desert.

## Amphibians

Frogs and toads are amphibians, a class of animals that typically has two stages in the life cycle, a larval stage and an adult stage. The larval stage (called a tadpole or pollywog in frogs and toads) must live in water, but the adult stage need not live exclusively in water. Amphibians usually lay their eggs in water.

### THE SPADEFOOT TOAD

Couch's spadefoot toad (*Scaphiophus couchi*), from the southwestern deserts of North America, lays its eggs in shallow pools of water that form after successive heavy rains. Since the pond dries up within weeks, and sometimes days, egg and tadpole develop exceedingly quickly. Eggs hatch within two days, and the tadpoles grow and metamorphose within two to three weeks.

Since the toads breed shortly after the pond has formed, there is little time for food (whether plant or animal), besides algae, to grow. Two types of diet

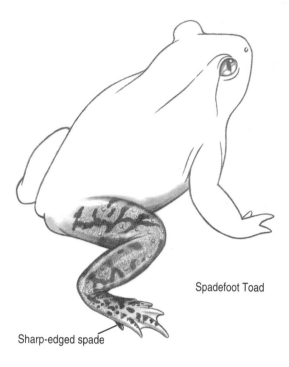

Spadefoot Toad

Sharp-edged spade

*The spadefoot toad is so named because of a spade-like tubercle attached to the underside of its hindfoot. This tubercle aids it in digging quickly into the ground.*

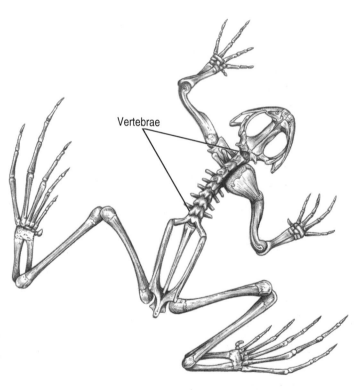

Vertebrae

*Amphibians are another class of vertebrates. They include the frogs and toads, salamanders and newts, and tropical forms called caecilians.*

*Tadpoles of Couch's spadefoot toad change, or metamorphose, into toadlets much faster than tadpoles of many other North American frogs or toads. If they did not they would rarely survive the evaporating pools in which they live.*

emerge in growing tadpoles: the algae-eaters and the tadpole-eaters. The cannibalistic tadpole-eaters feed on the algae-eaters, and as a result, grow faster and metamorphose into young toads first. If the pool dries up too quickly, they will be the only survivors. If water remains longer, all of the tadpoles will have time to metamorphose. Sometimes evaporation is so fast that none survive.

# Reptiles

## THE RACERUNNER

A primary characteristic of the animal kingdom is sexual reproduction (in which both a male and female are required to make a new organism). One exception is a species of desert lizard called a racerunner (*Cnemidophorus uniparens*) that lives in the North American southwest. This species is composed entirely of females. Offspring are produced by parthenogenesis, in which an unfertilized egg develops into a complete animal.

These lizards are often found in recently disturbed habitats (for example, where a gorge has developed or a mountain range has started to emerge within the last few thousand years). Changed conditions within a habitat usually put the original inhabitants at a disadvantage and they tend to decrease in numbers and even die out. Presumably these lizards are better colonizers of a disturbed habitat since a few females can produce offspring without expending energy finding and mating with males. Fewer lizards are therefore needed at the outset to establish a new population.

## THE PERENTIE

Another desert lizard is the perentie (*Varanus giganteus*) of Australia. This is a member of the monitor, or Varanidae, family. Monitors can be from 10 inches (25cm) to 10 feet (3m) in length as adults, depending on the species. The biggest monitor is the Komodo dragon, the world's largest living lizard, which is found only on a few rocky, steep-sloped islands in the lesser Sunda Island chain of the Indonesian Archipelago. The Komodo Dragon is a ferocious carnivore, as are all members of this family.

The perentie reaches a total length of over 6 feet (1.8m), making it the longest desert lizard. Though large in size, it is very timid in disposition. Field researchers rarely, if ever, see one. To do so usually requires digging it out of its burrow, which is easily found by the tracks it leaves—evidence of its presence and behavior in an area. It has a large home range, and will explore up to a half mile (0.8km) from its burrow.

**Solar Digestion** After a large meal (which may consist of bird eggs, nestling birds, or other lizards), sunning becomes very important, as the perentie's digestive enzymes will not work at low temperatures, and if left undigested, the food would rot within the lizard. This is true of all reptiles (crocodiles, snakes, lizards, turtles, and the tuatara), although the enzyme-activation temperature differs between species.

## THE GILA MONSTER

The Gila monster (*Heloderma suspectum*) is an example of a venomous reptile. In fact, it and its close relative, the beaded lizard (*H. horridum*), are the only two venomous lizards in the world. Both are found in the North American southwestern deserts and northern Central America.

Although diurnal, that is, active during the day, Gila monsters are rarely seen out in the open, as they prefer to remain hidden under rocks and in burrows. During the cooler winter months they retreat to particular dens and remain dormant until warmer weather returns. At this time they live off the stored fat reserves in their tail, getting both food and metabolic water. A Gila monster tail is usually plump going into hibernation and thin coming out. The physical condition of one of these lizards, when active, can be judged by the thickness of its tail.

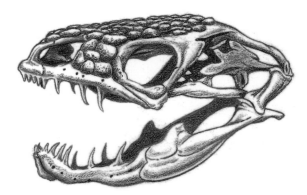

*The teeth in the rear of a Gila monster's lower jaw have grooves on the back side into which the venom flows after the animal bites. This allows the venom to flow more easily into the wound created by the teeth.*

*The Gila monster is one of only two venomous species of lizards in the world. The other is the beaded lizard.*

***The Gila's Bite*** The label "monster" is something of a misnomer, for this venomous lizard is a secretive, innocuous animal. The Gila's diet consists mainly of newborn rodents and rabbits, bird eggs, and chicks. Though reputed to have a tenacious bite, these animals do not aggressively attack potential predators—they must be seized or bothered first. Their first inclination, given the chance, is to escape. Should they bite, they hold on to ensure that their venom adequately enters the animal. Their poison-delivery system consists of a venom gland, located in the lower jaw, that secretes poison into grooves in several large teeth in the back of the mouth. The teeth create a wound in the prey or predator through which the poison enters the wound.

The bite does not normally kill a predator or a human, but it is very painful, presumably to "teach" predators to leave the Gila alone the next time.

## THE BEETLE-MIMICKING LIZARD

An African lizard of the Kalahari desert has a survival technique in which its young mimic a local beetle. The beetle, a member of the genus *Anthia,* is black with white stripes on its sides. It produces, among other toxic compounds, formic acid, giving it a very disagreeable taste. It can therefore forage in the open during the day with little worry of predation.

The lizard, an Old World racerunner (*Eremias lugubris*), is quite edible, and the adults are, accordingly, very wary. They are well camouflaged, matching the sand color of their habitat. When the adults move, they use a side-to-side motion of the body, swinging the tail from side to side behind them in a manner typical of many lizards.

Juveniles look and act quite differently. They have tan-colored tails (to blend in with the sand), but their bodies are black with a series of broken white stripes on their sides and undersides. This pattern gives them an appearance similar to that of the beetles. The beetles move around fearlessly and walk in a much different manner than the adult lizards do, but juvenile lizards copy the beetle walking motion. This is accomplished by arching their backs and walking stiff-legged, which allows them to forage out in the open with the beetles.

*Some animals have highly specialized diets. This is true of the Australian moloch lizard, which feeds only on particular types of ants; other ant species are ignored.*

Adding to this interesting mimicry is a size mimicry as well. The juvenile lizard changes to the adult coloration, and adopts the adult style of locomotion and the adult behavior pattern when its body length reaches about 1¹/₂ inches (3.8cm). Adult beetles range in size from 1¹/₄ to 2 inches (3.2–5.1cm) in length.

## THE MOLOCH LIZARD

Mimicry consists not only of animals imitating animals, but also of animals imitating plants.

The moloch lizard (*Moloch horridus*) is a native of Australia. It is found throughout the interior desert

### SMOOTH OR SCALY?

*Salamanders and lizards have similar body shapes, yet one is an amphibian and one is a reptile. An easy way to tell them apart is to look at the skin. An amphibian will have a smooth, quite moist skin; this is different from a reptile's outer covering, which is dry and scaly.*

areas of the continent, living in burrows among grass clumps and mulga trees. While having a formidable appearance, it strikes terror only in the very small ants on which it feeds exclusively. Up to 2,500 ants have been found in the stomach of one moloch lizard. It feeds on the surface and then retreats to the safety of its burrow.

Molochs spend two parts of the year in an inactive state: one, like the Gila monster, is during the winter months to avoid the cold; the second is during the hottest summer months, to avoid the heat.

Like the adult *Eremias*, the moloch is cryptically colored, but takes camouflage one step further when surprised in the open. It will "freeze" in midmotion and immediately elevate its tail. The thorny protrusions on its body and tail, combined with its new posture, help it imitate a small, dead, thorny plant. If approached too closely, it will attempt to escape by running to the nearest clump of grass or burrow.

## THE DESERT SIDEWINDER

Front-fanged venomous snakes can be classified into two groups, according to the way their fangs operate when biting. One group, including cobras, has fixed fangs that do not move. The snake must open its mouth wide and strike forward to bite. A second group, including sidewinder rattlesnakes, has moveable fangs that retract into the upper jaw when the mouth is closed. When these snakes bite, they open their mouths and raise their fangs.

The sidewinder (*Crotalus cerastes*) has a complex venom delivery system. It has a pair of large fangs at the front of its mouth that move independently of each other. They can be pointed at a prey item or predator when the snake opens its mouth to strike. The venom, produced in glands on each side of the head, travels through a duct from the gland to the base of each fang. Muscular contractions then force it through the hollow center of the tooth and out an opening near the tooth tip. Thus, the sidewinder can bite, inject venom, and release an animal in one quick motion due to the efficiency of its envenomation apparatus.

The sidewinder is a member of a group of snakes known as pit vipers, so called because of a heat-sensing pit on each side of the head. This pit can actually detect infrared radiation given off by warm-blooded animals, such as rodents and nestling birds,

*Pit vipers, such as this sidewinder, are characterized by a heat-sensing pit on each side of the head. The pits are sensitive to infrared radiation, allowing the snake to "see" a part of the light spectrum that eyes cannot detect.*

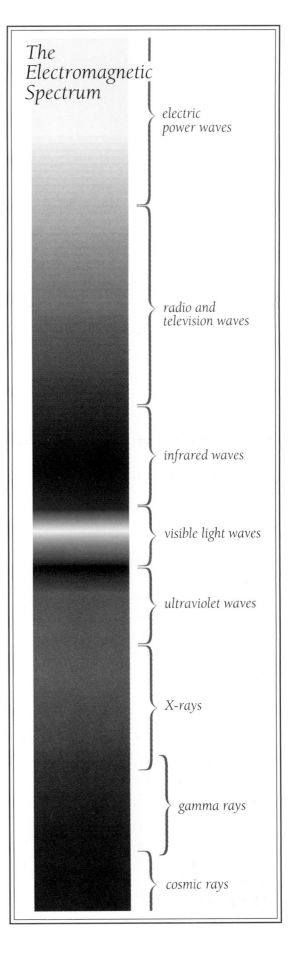

*The Electromagnetic Spectrum*

electric power waves

radio and television waves

infrared waves

visible light waves

ultraviolet waves

X-rays

gamma rays

cosmic rays

**Among the sand boa's burrowing adaptations for a desert existence are reduced eyes and an enlarged nose, or rostral, scale. Like its rain forest relative, the boa constrictor, the sand boa kills by constricting prey.**

on which it preys. Sidewinders can therefore "see" in both the visible (with their eyes) and infrared (with their pits) light spectrum. Even if the rodent has run for a distance or gone down a burrow after being bitten, the snake can follow the infrared track left by the rodent's heat as it moved along. The sidewinder additionally relies on its tongue, used for smelling, to follow the scent trail left by the animal. The snake can then find and eat the immobilized or dead rodent at its leisure.

### THE SAND BOA

Another animal not associated with deserts is a type of snake that kills its prey through constriction. Boas, especially the boa constrictor, are thought of as living in trees and growing to large sizes.

The Egyptian sand boa (*Eryx colubrinus colubrinus*) does neither. It reaches lengths of only 2 feet (0.6m) at best and lives beneath the desert sand, in burrows dug out by pushing at the soil with its head and large nose, or rostral, scale.

When it hunts, the sand boa crawls through the sand, remaining submerged except for its head. It lies in wait for food, usually a desert rodent, to pass by. Though it has no fangs, numerous small teeth in the mouth angle back toward the throat. When the prey goes by, the sand boa strikes quickly, seizing the animal with its teeth. The rear-facing teeth hold the catch securely as it attempts to escape.

All boas kill by constriction. The prey is enveloped by several coils of the snake's body and squeezed firmly. Each time the prey exhales, the snake squeezes some more—preventing the animal from inhaling. Within a few minutes, the animal is dead. Contrary to belief, the animal is not "crushed to death" and there are no broken bones.

Though not as intricate as those of pit vipers, the heat-sensing organs of boas are located upon their upper lips.

### THE STILETTO SNAKE

The side-stabbing, or stiletto, snake of Africa and the Middle East is also venomous but cannot rotate its fangs forward within its mouth. There are several species, one of which (*Atractaspis microlepidota*) lives along the southern edge of the Sahara.

The technique this snake uses to bite is found in its common names—it bites to the side and with only one fang. The reason for this is that it lives in burrows and rarely comes to the surface. Its food consists of other snakes, limbless lizards, and rodents. When it encounters these in burrows, it corners them and bites them within the confined space. The actual technique is for the snake's head to strike just beyond, or alongside, the body of the prey animal and then backstab to sink one fang into the side of the prey. The mouth remains closed during the bite, but the chin is retracted so that the long fang is exposed.

The snake collector who has captured this sort of snake and then carefully grasped it behind the head to avoid being bitten receives quite a shock when the snake easily bites backward into the fingers. The bite can be quite severe and life-threatening. *Atractaspis* are not rare in the Middle East. Video footage of the Persian Gulf War showed troops pulling these snakes from the sand.

### THE SPURRED TORTOISE

The largest tortoises in the world are found on islands in the Pacific and Indian oceans. The largest tortoise on a continent is the spurred tortoise (*Geochelone sulcata*) of Africa, which inhabits the southern edge of the Sahara Desert and, like many other desert animals, burrows to escape excessive heat. In spite of its size, which can be upwards of $2^1/_2$ feet (76cm) in shell length with a weight of 180 pounds (82kg), it digs holes that are almost 3 feet (1m) deep.

It is called "spurred" because of the spurlike projections that protrude from its front legs, which may aid in digging and in protecting the front legs.

### THE DESERT TORTOISE

Tortoise front limbs are well designed for digging. They are covered with a tough, scaly skin and have five strong claws at the tip. Augmenting the covering and claws is the basic shape of the forelimb—it tapers near the claws, resembling a shovel.

Desert tortoises often burrow, especially in the cooler regions to avoid freezing temperatures. Tortoises of this genus are commonly referred to as "gopher tortoises" because they burrow. The desert tortoise (*Gopherus agassizi*) of the North American southwest digs burrows over 15 feet (4.6m) in length in the Great Basin Desert, where winter temperatures are typically below freezing. As one moves south to milder desert climates, this species simply digs into the sides of stream banks on the south-facing bank to take advantage of the sun's warmth during the day.

---

## POISON AND VENOM

*The desert is home to poisonous and venomous animals. Some animals, such as spadefoot toads, are called poisonous. Others, such as scorpions and sidewinder rattlesnakes, are called venomous. Both contain poison, but the distinction concerns how the poison is used. Poisonous animals contain poison within their bodies and use it as a predator defense; an animal that tries to eat them will, at best, have a distasteful meal or, at worst, die from the poison.*

*Venom is a term for poison that is injected. A venomous animal always has a poison delivery system that allows it to inject, spray, or otherwise put its poison into contact with a prey or predator. Scorpions, for instance, use the stinger at the tip of their tail. The desert sidewinder uses a pair of fangs at the front of its mouth. Venomous animals use their poison two ways: as a way of obtaining food and as protection against predators. A victim of a sting or bite from a venomous animal can become severely ill, die, or experience pain. If a predator eats a venomous animal without being stung or bitten, nothing happens to the predator.*

---

## SHELL GAMES

*A turtle's shell is an integral part of its body, growing as the turtle grows. The shell develops with the embryo while it is inside the egg. The turtle's backbone is hidden under the carapace, or top part of the shell. The individual sections of a turtle's shell are called scutes, and each one of these produces rings as the animal grows. In young turtles the rings may be counted to obtain an estimate of the animal's age—but this method cannot determine the precise age of the turtle.*

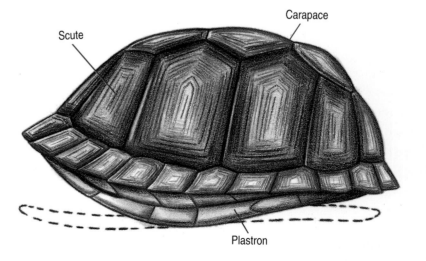

---

## TORTOISES AND TURTLES

*Another reptile not often connected with deserts is the turtle. Turtles live in three basic environments: salt water (the sea turtles), fresh water (the turtles), and land (the tortoises). Tortoises inhabit many land environments, including deserts.*

*Unlike water turtles, tortoises cannot swim or dive down into mud to escape predation. They must rely on their shells for security. Accordingly, tortoise shells are thicker and heavier than those of water turtles of comparable size. They are also more dome-shaped for strength.*

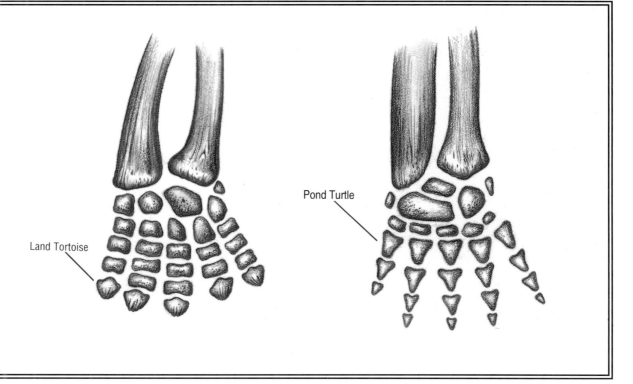

Pond Turtle

Land Tortoise

*Tortoises occur in many deserts around the world. The desert tortoise, Gopherus agassizi, is native to the southwestern deserts of North America.*

## THE PANCAKE TORTOISE

The most interesting desert tortoise does not inhabit any of the great deserts. It is found only in a few locations in Kenya and Tanzania, in east Africa. The pancake tortoise (*Malacochersus tornieri*) lives in arid, rocky areas with sparse vegetation, primarily grasses. It differs from the spurred and desert tortoises in several ways.

Whereas the spurred and desert tortoises have hard, domed shells, the pancake tortoise's shell is flat and easily squeezed with one hand. Adults of the other tortoises usually grow to more than 1 foot (30cm) in length, while the record for a pancake tortoise is just over 7 inches (18cm).

There is a behavioral difference, with respect to predators, as well, and this explains the size, shape, and softness of the pancake's shell. A surprised spurred or desert tortoise remains in place and immediately pulls in the head and limbs—relying on the shell for protection. A frightened pancake tortoise, however, "runs" to the nearest rock pile (from which it is never far) and wedges itself into a crevice between two rocks or even under a rock. A predator finds it extremely hard to extract one of these tortoises once the tortoise is firmly entrenched.

## FOOD FOR VULTURES

*The typical depiction of vultures in cartoons—in a desert, waiting patiently on a lone tree or cactus, an exhausted animal or person below about to succumb to the desert heat—is not too far from the truth if a large animal is near death. Vultures are capable of killing small animals and often do so; however, carrion (the flesh of dead animals) is a major part of their diet, and they perform an important ecological service by quickly removing carrion before it becomes infected with disease-causing bacteria or disease-carrying insects. Should other scavenging animals feed upon infected carrion, epidemics can ensue, drastically altering the food chain.*

**Condors are a type of vulture found only in the New World. The California condor depicted here represents a species so reduced that only a few breeding pairs remain. It is hoped that the efforts at propagating the remaining birds will successfully result in enabling the species to regain a foothold in the wild.**

Vertebrae

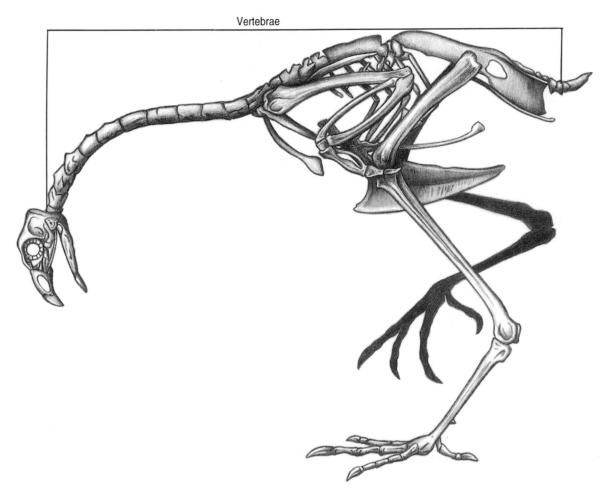

**The bones of birds are usually lighter per unit of mass than those of other vertebrates. Less weight results in less energy needed both to get off the ground and to stay in the air.**

## BIRDS

Birds, like mammals, are a class of endothermic, or warm-blooded, vertebrates. Their main characteristic, of course, is the layer of feathers that covers them. As a class, birds have proven to be extremely adaptable to almost every imaginable environment and have done quite well surviving in the desert. One species of bird traditionally associated with deserts (but which is found in many other environments) is the vulture.

### THE CINEREOUS VULTURE

The cinereous vulture (*Aegypius monarchus*) of the Taklimakan Desert lives in both forest and desert habitats. If trees are present, it nests high in the branches. In the Taklimakan, which has no tall trees, this vulture builds its nest in low-lying shrub branches and even shrub roots that become exposed among the rocks.

It has adapted behaviorally in another way as well in respect to the evolutionarily recent development of firearms. Whereas most animals retreat when the sound of gunshots is heard, the cinereous vulture is attracted. Gunshots mean something has been killed, and remains of the kill may be left behind.

### THE EGYPTIAN VULTURE

Another vulture that frequents deserts is the Egyptian vulture (*Neophron percnopterus*). This bird has an interesting behavior as well: it is a tool user when it comes to ostrich eggs. The Egyptian vulture is found throughout much of Africa. When its habitat overlaps with the ostrich's, it eats ostrich eggs. The ostrich eggs are too hard to open with a vulture beak alone, so the vulture picks up a rock, which may weigh up to 10 ounces (280gm), and drops it on the egg, eventually breaking it. Once a crack has been made, the contents are easily consumed.

## ROADRUNNERS

The roadrunner (*Geococcyx californianus*), of the North American Southwest, has a varying body temperature, typically lowering about 6°F (3°C) at night. This saves energy and food reserves by burning less fat. Energy is needed to raise its body temperature up to its daytime norm in the morning. This would normally be accomplished by burning up fat and using the ensuing heat energy for body warmth, but the roadrunner takes an energy-saving approach. It uses the morning sun to provide the extra heat by adopting a sunning posture that maximally exposes its wings and body. It will even raise its neck and back feathers so that sunlight falls directly on its skin. Thus, we have a warm-blooded animal that suns to raise its body temperature in the same manner as a cold-blooded, or ectothermic, animal does. Of course, the roadrunner begins this process with a

higher initial body temperature than that of its ectothermic counterparts.

The roadrunner is so named for its great running ability and stamina. It is capable of flight, but most of its diet consists of rodents, lizards, and insects that hide in brush. Flying is of no help to procure food, but short bursts of speed through the shrubs work very nicely. Its prey-catching technique is to grab the animal in its beak, strike it against the ground until dead, and swallow it whole. It flies primarily to roost in trees and shrubs for the night.

## THE SAND GROUSE

The most universal method of protection for diurnal animals is camouflage. Few animals succeed better at this than the sand grouse (*Pterocles senegallus*) of the Sahara Desert.

Adults, chicks, and even eggs blend in extremely well with the desert habitat. Unlike chicken eggs, sand grouse eggs are symmetrically rounded at both ends, which helps them to blend in with the smooth rocks among which they are laid. They are also cryptically mottled to match the rocks and pebbles. There is no discernible nest and the eggs are in full view of

potential predators, such as ravens and falcons, but the camouflage is so good that usually only the parent birds can find them.

Mating season for the sand grouse does not begin until the spring rains are over and the recent vegetation has begun to wither. Other bird species in the area have usually fledged their new generation by the time the sand grouse begins to nest. A nest is normally situated several miles from the nearest available water, requiring parents to make daily trips to a water hole. Though the desert continues to heat up as the summer approaches, the birds have evolved several ways to survive and raise their young. If the temperature of the eggs goes over 104°F (40°C), the embryos die. Yet, the air temperature often exceeds that and the ground itself gets considerably hotter. Keeping the eggs cool requires some foresight on the part of the parents in picking a nest location. The desert has different types of substrates—including sand, solid rocks, porous rocks, and clay—each with its own cooling and heating properties. Porous rock has many air bubbles trapped inside of it. Since air does not hold heat as well as solid rock, sand, or clay, and since air pockets also act as an insulator, porous

*The very adaptable Egyptian vulture can live in several different habitats, including deserts, and, when presented with a food item too hard to break with its beak, resorts to tool use.*

*Though warm-blooded, the roadrunner's body temperature fluctuates several degrees on a daily basis. The bird cools off during the night, then uses solar energy to elevate its body temperature in the morning.*

rock remains cooler than other desert surfaces. Thus, the adult grouse seek out areas of porous rock to lay their eggs. After egg laying, the adults make their water trips in the early morning before the sun is very high, and return in time to shade the eggs with their bodies as the desert begins to heat up. During the night, the birds warm the eggs with their bodies, as birds in other environments do.

After the eggs hatch, the problem of providing the chicks with food and water arises. Food is plentiful, as these birds are seed eaters and seeds are dispersed in large quantities by the rains. The nearest water, though, is several miles away, and the hatchlings will not be able to fly for several weeks.

---

## USING THE RIGHT TOOL

*A tool is defined as an object used to get work done. Work, for animals, is usually obtaining food. There are many tool-using animals: chimpanzees chew leaves into a mass and place the mass into a depression containing water; the leaves absorb the water and are rechewed to get the previously unobtainable water. Then there is Darwin's finch, which picks up small sticks with its beak to pry insects out of tiny holes in tree trunks and branches. Tool use is considered evolutionarily advanced behavior.*

---

To solve this problem, the chest and belly feathers of the male sand grouse are capable of absorbing two to three tablespoons of water at a time. He immerses his feathers in water, using them as a "sponge" to transport water from the water hole back to the chicks. The young birds then drink the water from the feathers. This behavior continues until the chicks are capable of flying to water themselves.

# Mammals

When one thinks of animals, images of lions, tigers, bears, and even dogs and cats come to mind. Though these mammals may be the most familiar to us, they represent only a very small portion of the animal world. Mammals are part of a larger group of animals known as vertebrates—the members of which all have a backbone, composed of individual vertebrae, that protects the spinal cord. The other vertebrate groups are amphibians, reptiles, birds, and the bony and cartilaginous fishes.

## CAMELS

Of all the animals that live in deserts, the one that is probably the most associated with that habitat is the camel. It is, arguably, the most "desert-adapted" animal as well. Few animals can travel for weeks in a desert without food or water and still be in relatively good shape.

There are two types of camels: one that lives in the Taklimakan, a cold-climate desert, and one that lives in the Sahara and Middle Eastern deserts, warm-climate deserts. The cold-desert camel has two humps and is called a bactrian camel (*Camelus bactrianus*). The warm-desert camel has one hump and is known as a dromedary camel (*C. dromedarius*).

The dromedary is the primary reason the peoples of North Africa have been able to traverse the Sahara over the millennia. This animal is capable of traveling 60 miles (97km) a day. It also has an impressive homing instinct. One camel in Australia that escaped from its enclosure was eventually located over 900 miles (1,450km) away—in the region where it had grown up.

*Bactrian camels are easily distinguished from dromedary camels by the presence of their two humps. Bactrians include the only truly wild camels, which inhabit parts of the Taklimakan.*

A cursory glance from head to toe reveals the following dromedary adaptations:

- translucent eyelids that allow partial vision with closed eyes during sand and dust storms;
- nostrils that close during sand and dust storms, in conjunction with fine guard hairs that line the nostril openings and act as air filters;
- a mouth designed to chew leaves and twigs intermingled with acacia thorns;
- a hump for fat storage (this is the camel's food and some of its water reserve during sparse periods);
- long legs that elevate its body above the hottest air layer, which is directly at ground level.

The dromedary has internal adaptations as well. One is the ability to elevate its body temperature when there is a water shortage. This method, also used by Grant's gazelles, reduces sweating, thus conserving water.

Camels do not store food or water for eventual shortages, as was once believed. Rather, they eat and drink to maintain their normal state. When there are shortages, they rely on various conservation adaptations.

The camel's hump has been a source of conjecture for centuries. The combined weight of a bactrian's humps is about 50 pounds (22.7kg), while that of a dromedary is around 30 pounds (13.6kg). It was believed, at one point, that the hump actually contained water, acting as a large canteen. More recently, it was believed that the camel's ability to go without water for extended periods was due to fat within the hump, which provided it with copious quantities of metabolic water.

The hump is composed of much fat that the animal uses for energy and some metabolic water, but most of a camel's water storage takes place within its red blood corpuscles. These cells, in a fully hydrated camel, swell over 200 hundred times the size they would be in a dehydrated camel.

Camels are indeed uniquely adapted to deserts. If you wanted to see wild camels, though, there is only one place left where they live—the Taklimakan. There, a few truly wild herds of bactrian camels still exist.

*The dromedary, or one-humped, camel is native to the deserts of Northern Africa and the Middle East. Camels are highly adapted for desert life.*

## ALTERNATIVE TRANSPORTATION

*The dromedary's origins are in North Africa and the Middle East, but because of its impressive ability to tolerate hot, dry conditions, attempts have been made to introduce it as a transport animal in other deserts as well. An effort to establish them in the North American Southwest was unsuccessful. A similar trial in Australia did not succeed in making them the preferred mode of transport, yet feral herds of camels are occasionally encountered now in the Australian outback.*

If care is not given to the conservation of these animals, they may well go the way of the dromedary camel, which now has no wild counterparts. The popularity of the dromedary as a beast of burden began early on and spelled its demise in the wild. It is now completely domesticated; any "wild" dromedary camels seen in the desert are actually captive animals that have escaped.

### THE SPOTTED HYENA

The spotted hyena (*Crocuta crocuta*) lives in several African habitats, including the Namib desert. Historically its reputation has been of being a scavenger, which was based primarily on people's observations of hyenas watching lions feeding at a kill. It was assumed that the lions had made the kill and the hyenas were patiently waiting for the lions to finish in hopes of getting some of the remains. In recent years it was discovered that often, the hyenas made the kill and the lions chased them off. The hyenas were, in fact, patiently waiting for the lions to finish eating so they could return to their kill. While they do scavenge if the opportunity presents itself, they are quite capable predators of both large animals (hunting as a group) and small animals (hunting individually). Spotted hyenas are the largest of all hyena species, with adults reaching 140 pounds (63.5kg).

If a group kill is made, a hierarchy is established at the kill that allows all females and dominant males to eat about the same amount of food. This keeps the most important members of the social group in the best condition. Lower-ranking members do not fare as well at group feedings—the male at the bottom of the social ladder eats only half as much as the other hyenas.

The hyena stomach processes food quickly, allowing the animal to eat several large meals within a short period of time. If need be, a spotted hyena can eat a quarter of its own weight in food. This is a feast-or-famine existence. During periods of plentiful food, much can be consumed quickly and converted into fat reserves. During periods of food shortage, hyenas are capable of passing a week without eating, living off those reserves.

## RODENTS

The most prolific mammals in the desert, or any other terrestrial environment, for that matter, are the rodents. They are typically herbivores with prominent incisor teeth and no canine teeth. They constitute the largest order of mammals, having over 1,700 species, and are the most widespread. Rodents range in size, from tiny mice to the large capybara, and in appearance, from the naked mole rat to the porcupine.

Rodents are found in parts of every desert of the world. The most desert-adapted include the kangaroo rats (*Dipodomys*) and the gerbils (*Gerbillus gerbillus*). They can survive without drinking water; a number of physical and physiological adaptations enable them to do this.

A physical adaptation of desert rodents is the construction of their nasal passages. These act as an alternating humidifier/dehumidifier with each breath the animal takes. Hot, dry air coming in picks

up moisture from the damp lining inside the nasal passage. This becomes saturated as it reaches the lungs, keeping the lungs moist. As the air is exhaled, the moisture coming out of the lungs cools and condenses on the nasal lining. In this way, much of the moisture remains within the animal and little is lost through respiration.

A physiological adaptation is the rodents' ability to concentrate urine to the point where a kangaroo rat's urine is five times as concentrated as human urine. The Australian hopping mouse (*Notomys alexis*) has urine that is twice as concentrated as the kangaroo rat's—the most concentrated known in mammals. This is a water-conservation method.

Within the Sonoran desert, rodent species tend to grow to different sizes even when they share the same general habitat. These differences in body size translate as differences in diet. There is a noticeable variety in the size of seeds eaten by the various species, thus allowing each species to survive by eating seeds of a particular size that no one else touches. These seeds are produced by different plants at varying locations. The rodents look for their seeds in specific areas that often do not overlap. In this way, food is partitioned among the species in different microhabitats. In some cases, the same size seed is eaten by two species, but they search for it in different locations. Kangaroo rats eat seeds that are strewn

*Being social animals and predators, hyenas establish feeding hierarchies at kills to ensure that dominant animals receive adequate food for survival. Lower ranking members must go with less, or no, food should the kill be small.*

*The kangaroo rat,* Dipodomys merriami, *is a desert-living rodent. It can go without water for long periods and can store food in its cheek pouches.*

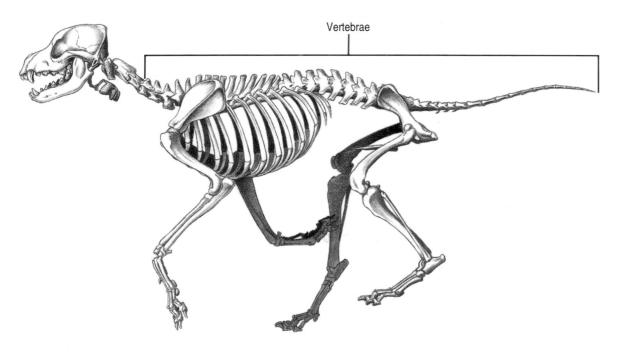

Vertebrae

*Mammals, such as this Great Dane, are another vertebrate class. Note that the vertebrae are modified according to the region of the body (neck, shoulder, pelvis, tail) on which they are found.*

about in the open, without cover. This is the reason for their hopping method of locomotion—it is faster than running on all fours. Avoiding predators is easier for the open forager. Conversely, rodents that hunt for the same size seed in brush and undergrowth would not want to hop in the presence of overhanging material. These rodents move on all four legs.

## WOLVES

Wolves, prior to the emergence of their main mammalian competitor—people—were widespread across the Northern Hemisphere. Though they vary in size, fur thickness, and color, all are members of one species, *Canis lupus*. People divide them into various subspecies that become more defined with time as the various populations continue to be pushed into smaller and more isolated habitats.

Within Middle Eastern deserts, two subspecies are found in arid localities. Both live in the Negev and show an interesting gradation of size in relation to rainfall. The largest animals, *C. l. pallipes*, live in the northwestern Negev, which has the highest yearly rainfall; other members of this subspecies live in the eastern and more southern part of the desert, which receives less rainfall, and are notably smaller. The southern part of the Negev, which gets the least amount of rain, is the habitat of *C. l. arabs*, an even smaller wolf.

Desert wolves, in general, are smaller than their timber and tundra counterparts. All wolves are social animals and form packs with a defined hierarchy. The dominant pair breed and lead the pack. Subordinates assist in rearing the young and, if necessary, in killing prey.

## THE COATIMUNDI

Another social mammal is the coatimundi (*Nasua narica*). It is in the same family as the raccoon, although the only superficial resemblance is the ringed tail. Coatis have a long, prehensile snout, which functions like a pig's in rooting through the ground. The mouth contains very sharp canine teeth that aid not only in procuring food, but also in defense. Coatis move quickly when fighting, making sideways slashing motions with their head. The northernmost part of their range takes them into the Sonoran desert.

Other than wolves, coatis are the only social mammalian carnivore found in North America. After their cubs are born, matriarchal multifamily units form, composed of up to 40 individuals. Protection of the young is the responsibility of all adults, and a young-ster's cry of alarm will bring the closest ones over immediately, regardless of relationship.

### GRANT'S GAZELLE

Warm-blooded animals are characterized by a high, relatively constant body temperature, although some raise their temperature when sick or as necessity dictates. Such is the case with the Grant's gazelle (*Gazella granti*), a hooved animal that frequents African deserts. It is a mammal, a class of vertebrates that uses sweating as a method for removing excess heat from the body. If water is not readily available, it raises its body temperature several degrees above normal, which holds sweating at bay, thus conserving moisture. If the gazelle has access to water, it maintains its normal body temperature and sweats at the lower temperature. This ability helps it cross waterless areas of desert.

*Like their relative, the raccoon, coatimundis are adaptable animals that include deserts among their potential habitats. Coatimundis occur in Central America, extending into southwestern North America.*

*Grant's gazelle, Gazelli granti, can raise its body temperature when it is necessary to conserve water.*

# THE FUTURE OF DESERT ANIMALS

The fate of desert animals depends on several factors, such as how much their habitat is altered by people, how they are perceived by people, and how they respond to human activities (agriculture, ranching, recreation). The common denominator throughout is people.

The physical desert itself will be around, regardless of human intervention. Some deserts are increasing in size while others are decreasing, but geologic history tells us that deserts have expanded and contracted in the past. Within human history, they have created problems of survival for people—yet those people who lived in and alongside deserts learned to survive within the climatic constraints and developed their own unique, rich cultures. Deserts have, in fact, supported people for thousands of years.

## *Human Life in the Desert*

Before examining issues confronting today's deserts, let us look at how they have been used by desert cultures in the past. The north African and Middle Eastern deserts were inhabited by nomadic tribes, such as the Bedouins, who kept livestock and traded among each other. Within the Sahara they moved according to the pattern of rainfall, information about which had been passed down through the generations. Maintaining herds of dromedary camels ensured them of reliable transportation, food, fuel (dung for fires), and water (in the form of camel milk).

The interior deserts of Australia were also peopled by nomads. These were the various tribes of aborigines, who were primarily hunter-gatherers, living off lizards, small mammals, kangaroos, seeds, fruits, grasses, roots, tubers, and sundry plants.

A nomadic life-style enabled these peoples to sustain themselves on the sparse food base of a nutrient-poor soil. Leaving an area before it became depleted gave it time to replenish itself so that it could be used again later.

Technological advances have changed nomadic life-styles. Deeper wells can be dug, and rivers can be dammed to provide constant water sources in areas that previously had none. This water can be used for irrigation, allowing crops to be grown on previously unusable land. New strains of crops have been developed that require less water with shorter growing seasons. As the need to move disappears, people become more sedentary. Governments in many of these countries have actively sought to change many nomadic cultures to a more permanent existence.

## Desertification

In spite of these advances, some deserts are increasing in size—a phenomenon known as "desertification." One example of this phenomenon is a wide strip of land, called the Sahel, that lies along the entire southern border of the Sahara. It is semiarid, and has supported grazing and limited farming in the past by nomadic peoples. But desert sand has been gradually moving in and covering land, rendering it unsuitable for such uses.

Parts of the Gobi desert are expanding as well. Although *gobi* is a Mongolian word describing a rocky or gravel region, there is sand within this desert as well. This sand collects in large dunes, which are moved incrementally by the wind. If unchecked, sand dunes may move onto land adjacent to desert regions and cover up vegetation.

There are conflicting theories as to why desertification is taking place. One holds that this is a natural continuation of the geologic history of deserts. These regions are currently in a period of expansion.

An opposing view contends that the current spread is the result of human activities on the desert periphery, with the primary culprits being overgrazing and deforestation.

Both are the result of the change in life-style, from nomadic to sedentary, of the people living on the edges of these deserts. Constant habitation by people with herds of hooved animals does not allow the surrounding land to recover from constant grazing. Continual farming, with poor agricultural practices

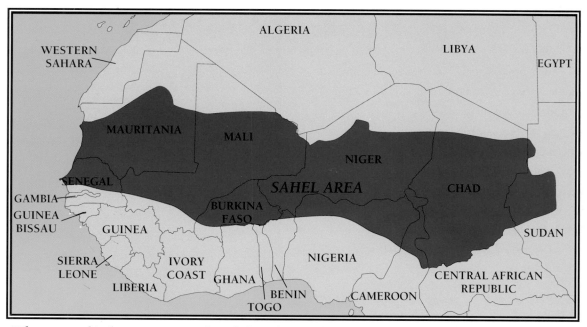

What geographical area constitutes the Sahel is subject to debate. Some scientists define the Sahel as a band of land that lies directly south of the Sahara desert. Others extend it eastward across to the east coast of the African continent.

and little financial ability to add nutrients to the soil, soon depletes it. As the plants disappear and the soil quality declines, the desert moves in.

Deforestation results from an energy need—heat for cooking. Wood fires are standard for cooking in the Sahel and Gobi. In the past, nomads would remove a portion, but not all, of the wood in a given area as they passed through. This allowed more dead wood to accumulate in their absence. Permanent residence quickly depletes local supplies and forces people to search at increasingly greater distances for wood. Live shrubs and trees are cut down as need increases, soon leaving little wood in an area where there may once have been a fair amount of ground cover. As with overgrazing, a lack of vegetation allows the desert to advance.

## The Saga of the Aral Sea

In some instances, the reason behind desertification is much too clear. At the turn of the century, the Aral Sea was the second largest landlocked water body in Asia—after the Caspian Sea—and its main port was supported by a thriving fishing industry.

The Aral Sea is surrounded by desert, its existence resulting from the influx of water from two rivers. The Syr flows in from the east, the Amu from the south. Both rivers emanate from the same mountain range, about 800 miles (1,290km) southeast of the sea. The Kyzyl Desert lies within the borders of the mountains, the sea, and the rivers.

In the early 1900s, water was diverted from both rivers into the Kyzyl to irrigate land for a proposed cotton industry. This endeavor proved to be successful, and by the 1940s cotton was being exported from the Soviet Union. It had a price, though: so much water was being sent to the cotton fields that the sea began to recede.

This process gradually accelerated over the years. Today the sea has 40 percent less water than it did in 1960. As the sea has dried, salts have become so concentrated in the water that native fish (over 20 species) have died out. The main "port" is now miles from the shoreline, and, in a fascinating twist, local canneries are now dependent on frozen fish transported from nearly 2,000 miles (3,200km) away. If water loss continues at present rates, the sea may be nonexistent by the end of the first quarter of the next century.

Paradoxically, part of the desert has been regained for productive use while the sea is being lost to the desert.

Deserts shrink in size or in terms of their original wildlife, or both, in countries with sufficient technology and finances to maintain settlements, towns, and cities in deserts and/or large nearby populations with ready access to the area. Once basic survival has been attained, people may take a step back and consider deserts from new perspectives.

## To Develop or Not

If a desert is seen as a vast wasteland—too hot, too dry, completely unproductive—the answer might be to turn it into an economically viable piece of property. It will serve as home to mining, dump sites for toxic and radioactive wastes, farmland, recreational areas, military practice sites, and solar- and wind-powered electrical generation plants.

It also might be viewed as a special habitat, populated by unique plants and animals, an environment that cannot be duplicated, with an intrinsic, aesthetic value beyond any possible economic value. If it is altered, many of its occupants will suffer. If it is destroyed, most of its former occupants will die. These areas should be protected, not developed.

As would be expected, factions from these two opposing camps, and every variation in between, vie for the final say when decisions must be made on the future uses of these habitats.

This was recently demonstrated with regard to pending Mojave Desert legislation in the United States. A proposal to set aside several million acres as a national park, making them off-limits to further development and limiting their recreational use, brought miners, nature lovers, ranchers, environmentalists, off-road vehicle (ORV) owners, campers, motocross enthusiasts, and hikers, among others, to regional and national hearings on the issue. Discussions were far from cordial.

The Mojave Desert's proximity to a large urban and suburban population means that it receives many millions of visitors each year, who come for a

*Smoke from burning oil wells in Kuwait adversely affected many aspects of the Arabian peninsula and beyond. News reports covered the damage of oil on marine life and the path of the smoke into Asia. The effect of the smoke on the flora and fauna of the nearby desert received little attention.*

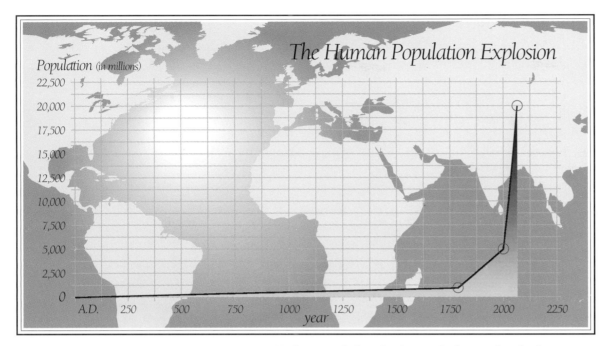

## The Human Population Explosion

*Population (in millions)*

*Human population pressure is affecting all natural habitats, including the desert. The last two hundred years have seen unprecedented growth, which shows little sign of abatement. Where these additional people live and what resources they use will become increasingly important in future years. If some desert habitat is to be maintained in a "natural" form, now is the time to delineate and protect those areas from further human encroachment.*

variety of reasons. One very popular but environmentally detrimental recreational activity is the use of ORVs, which are specifically designed for driving over rough terrain. The idea of simply leaving a paved or graded dirt road and boldly going off in whatever direction one desires is certainly an enticing one, but the desert pays for this freedom of access. Over a period of time, the soil becomes compacted and is no longer able to absorb water as well. Ultimately, the groundwater is affected, with severe consequences for desert life.

The weight of the vehicles atop the terrain also collapses animal burrows, in some cases killing the occupants. A United States Fish and Wildlife Service study in the Mojave detected a 60 percent reduction in animals where there was moderate ORV use. A similar soil disturbance results from motocross tournaments—cross-desert motorcycle races involving hundreds of contestants. A study of the rodent population at one start site before and after the race showed a 90 percent drop in local numbers! Some people are bothered by this destruction, some are not.

## Human Population Growth

Desert animals are ultimately at the mercy of the human species, which is currently growing exponentially and shows little sign of a slowdown. About 300 million people lived on this planet 20 centuries ago. Eighteen centuries later, the worldwide population reached 1 billion. Today, a mere two centuries later, it has grown to over 5 billion. At the present growth rate, this figure will double in about 40 years —the earth will have 10 billion people!

As more people try to survive on this planet, they utilize more resources—using more space to live, more food, and more water. Water is an especially critical factor for fish, as they must have it in sufficient quantity and quality to survive.

Small bodies of water, such as water holes, are present for much of the year because the underlying water table is high enough to maintain them. A few wells drilled in the vicinity of the water hole, or a small amount of water diverted from springs that feed the groundwater will have a negligible effect on

the level of the water table. But with more and more wells or diversion of the springs, eventually the water table will drop.

Water levels have done just that in the habitats of many pupfish populations in the North American Southwest. This is a direct result of water being diverted for human use. In some cases, subspecies of pupfish have gone extinct as pools in which they have survived for thousands of years have finally dried up.

## Mining

A human activity with direct and indirect effects on desert animals is mining. Traditionally, ore has been brought out of the ground, disrupting a small part of the habitat. A new technology, known as "heap-leaching," is now being used to obtain formerly unavailable gold from rock in North American deserts.

This method involves excavating a roughly football field–size area of earth and consolidating it into a large mound, or heap. A cyanide solution is then run through the mud, leaching out any gold within. The solution collects in open pools at the bottom, from which the gold is removed.

Unfortunately, open pools of contaminated water are inviting to local birds and mammals. Thousands of migrating birds have died from drinking at these pools.

## Warfare

Another ongoing human activity that disrupts deserts is warfare. Human conflict subjugates all other considerations, including environmental ones. Although additions to the Geneva Convention have attempted to better delineate wartime practices with respect to the natural environment, a country cannot be held to them (as witnessed in the Persian Gulf War).

In the Mojave Desert today, you can find tracks made over 50 years ago by tanks engaged in practice maneuvers for later combat in North Africa. As with ORVs, this compacts soil and destroys burrows.

Sand and dust storms noticeably increased in areas where the Iran-Iraq War was fought during the 1980s. This happened because of the vehicle movements and fortification construction that disrupted the soil composition of the area. Normal desert soil for that region consists of a top layer of pea-sized and larger pebbles covering a layer of pebbles and sand. As the top layer is broken up, exposed sand is easily picked up and carried by the wind.

This same situation may occur in the Iraqi, Kuwaiti, and Saudi Arabian regions where the Persian Gulf War was fought. In addition, the effects on soil and plant and animal life from the burning oil wells will not be completely known for years to come.

## Human-Animal Interactions

How a desert animal interacts with people greatly influences its survival. Compare the existence of the desert wolf with its North American cousin. The American subspecies has been vilified from the moment Europeans began to colonize the continent, being blamed for everything from livestock predation to human deaths (though no documented proof of the latter exists). It is essentially extinct except in the northern parts of its range.

The desert wolf (*Canis lupus pallidus* and *C. l. arabs*) of the Middle East has never received the same notoriety and, though known to occasionally prey on livestock, is better tolerated—no active extermination programs have ever been mounted, as they were against the American timber wolf (*C. l. lycaon*). The future of the desert wolf depends more on suitable habitat remaining for it to live in than avoiding traps and hunters.

Human attitudes toward the desert locust (*Dicerprocta apache*) are unanimous: fight it at all costs. While it is most impressive as an organism, with its thermoregulatory and long-distance flying abilities, the desert locust is a quite formidable agricultural pest, wreaking havoc on crops with each 20- to 30-year emergence.

The most recent emergence was in January 1987 in the environs of the Red Sea. Saudi Arabia was able to control many of the insects that landed in that country, but swarms also moved into Sudan and Ethiopia, then headed toward Chad and Niger. Continuing on to Mali, the locusts bred and produced a second generation. Throughout this migration, countries en route were given advance notice (via satellite surveillance), yet control efforts varied greatly. Morocco sent almost a quarter of a million troops into the field with pesticides and had good success. In such countries as Chad and Sudan, political instability in the locust-infested areas prevented any comprehensive campaign.

For now, it appears that locusts will continue on in large numbers as long as they find countries that are engaged in civil strife. Should all of these countries one day mount an intensive, coordinated effort at several successive emergences, the desert locust might well fade into history.

### CASE STUDY #1: THE DESERT TORTOISE

In some instances, there are multiple causes of an animal's demise. In recent years the population of the desert tortoise (*Gopherus agassizi*) has plummeted, so much so that in 1989 emergency legislation placed it on the U.S. Endangered Species list.

Tortoises in general have an innocuous reputation. They certainly are not considered a threat, for many people keep them as pets. Unfortunately, this attitude has in part contributed to the decline of the desert tortoise, which has been taken for years from the desert as a pet.

Part of its decline is due to a respiratory ailment that reached epidemic proportions. It is believed that the disease was introduced by formerly captive specimens (who contracted the disease in captivity) that were released back into the wild. As released tortoises came into contact with wild tortoises, the disease began to spread.

They also suffer from a calcium deficiency. Researchers have watched calcium-starved tortoises eagerly devour bones offered to them. The current theory being investigated is that livestock grazing within the range of the desert tortoise over the last century has changed the composition of the plants in that region. Most of the native plants are gone, supplanted by introduced grasses and wildflowers. These may not have the same calcium levels as the original flora. Should this prove to be the problem, compensating for it will be difficult.

Collapsing burrows, from vehicular traffic, does not help either. A final possibility being examined is raven predation. The raven, a predatory, opportunistic bird, is found in desert habitats in limited numbers. With human habitation comes garbage dumps, trash cans, and road kills. This gives raven populations a large food base, and their numbers increase. It is believed that adult ravens include hatchling tortoises in their diet—the more ravens out looking for food, the better chance of hatchlings being eaten.

Being put on the Endangered Species list at least ensures that studies will be undertaken to determine the reasons for the decline and that a recovery program will be implemented as the results come in. This provides some hope for the desert tortoise.

### CASE STUDY #2: THE CAMEL

What about the animal that best personifies the desert—the camel? As previously mentioned, only the bactrian camel (*Camelus bactrianus*) still has wild counterparts. The dromedary (*C. dromedarius*) is domesticated, and has been for thousands of years. With the settlement of the nomadic cultures that once relied on dromedaries for transport, it appears that dromedaries may fade into oblivion. Once an integral part of nomadic life, camels are not essential to someone living in a permanent place—they are expensive to maintain and offer few sedentary services. Domestic population numbers have dropped drastically in several Middle Eastern countries in the last few decades. The dromedary may end up relegated to private collections, game farms, and zoos.

### CASE STUDY #3: THE ORYX

But there are positive stirrings as well. The Arabian oryx (*Oryx leucoryx*) is a member of an antelope family that includes the sable antelope (*Hippotragus niger*) and the addax (*H. nasomaculatus*). All of the species within the *Oryx* genus are desert or semiarid land dwellers on both the African continent and the Arabian Peninsula.

*Populations of the desert tortoise,* Gopherus agassizi, *are declining for several reasons, among them a possible calcium deficiency in their natural food.*

The Arabian oryx was once found throughout the peninsula on habitable land. By the turn of the century, human pressures had pushed the remaining oryxes into several isolated pockets. By the 1960s, the only remaining population of wild oryx was in the southeastern part of the peninsula, in Oman.

Oryx had traditionally been hunted by the people of that region. In fact, anyone who killed an oryx was held in high esteem—to hunt and kill one required great skill. With the advent of desert vehicles, roads, and improved firearms, the advantage went overwhelmingly to hunting parties. The last reported sighting of a wild Arabian oryx was in 1972, at which point it was presumed to be extinct in the wild.

Concern over dwindling numbers mounted until an international consortium of institutions formed a "world herd," composed of captive animals, in 1964. This herd was meant to be the nucleus of a captive breeding program that would ultimately grow large enough to permit release of some offspring back into

the wild. At the time, the idea was to replenish depleted wild stock. By 1972, it was to reintroduce Arabian oryx back into the wild.

The king of Oman decided to attempt a reintroduction of oryx back into the area in which they had most recently existed because this animal was felt by many of the peoples of Oman to be part of their tradition and heritage. Through the cooperation of many parties, this was accomplished in the early 1980s. Two separate herds of 10 and 11 animals were released under the surveillance and protection of a Bedouin tribe, the Harasis.

In the past, the Harasis hunted oryx; now they became its protectors. By 1986, including births, deaths, and more reintroductions, the number of wild oryx in Oman had increased to 31. Reintroductions are taking place in other countries of the Arabian Peninsula as well.

## People Have to Care

Desert denizens will be protected only if people believe they are worth saving. Continuing scientific studies of desert ecosystems and their components demonstrate the intricacies and complexities. A bug drinks fog. A young lizard imitates a bug. A fruit fly (*Drosophila nigrospiracula*) easily tolerates subfreezing temperatures that would soon kill a lightly clad human being. If the habitat of these animals is to be destroyed or irrevocably changed, people must know what the consequences will be. The more an ecosystem is understood, the easier it is to predict the effects on it of a proposed alteration. Developers must consider the price the planet pays—you cannot get something for nothing. Remove water from the river, and you lose the sea.

As human populations rapidly increase, the need to preserve the desert is of paramount importance. Public education must stress the desert's value in being preserved. Developing countries should be aware of the mistakes other nations have made with their desert alterations. Sensible land use and tourism can make parts of deserts profitable. Awareness of the unseen richness of these ecosystems may be

*The bactrian camel,* Camelus bactrianus, *is the only camel species that still has counterparts in the wild.*

found through many avenues—scientific studies or pleasure trips in a desert, books, films, the enjoyment of a blooming Christmas cactus within one's home. Developed countries have the added option of preserving these ecosystems on the grounds of their aesthetic and "natural heritage" value.

A recent wildlife management symposium in Australia included an analysis of pre-European aboriginal desert management. The aborigines affected their desert in many ways, yet like the Inuit in the Arctic, managed to live in harmony with their environment. They influenced desert plant growth by their use of fire, yet in such a manner that the burn areas were renewed throughout generations. This desert development style allowed humans, plants, and animals to coexist. One hopes that some of these ancient traditions will be considered as the new tradition of desert use unfolds.

There is hope for the survival of desert animals, if people allow it.

# The Plains

*Plains and their complement, mountains, are two of the major landforms of the earth. Their physical characteristics impose requirements on the animals that occupy them. In addition, plains and mountains interact with such factors as latitude and air movement to produce climate, of which the major components are temperature, precipitation, and changing seasons. Climate in turn influences vegetation. Physical features, climate, and vegetation all play an important role in defining characteristics in animals that enhance their survival.*

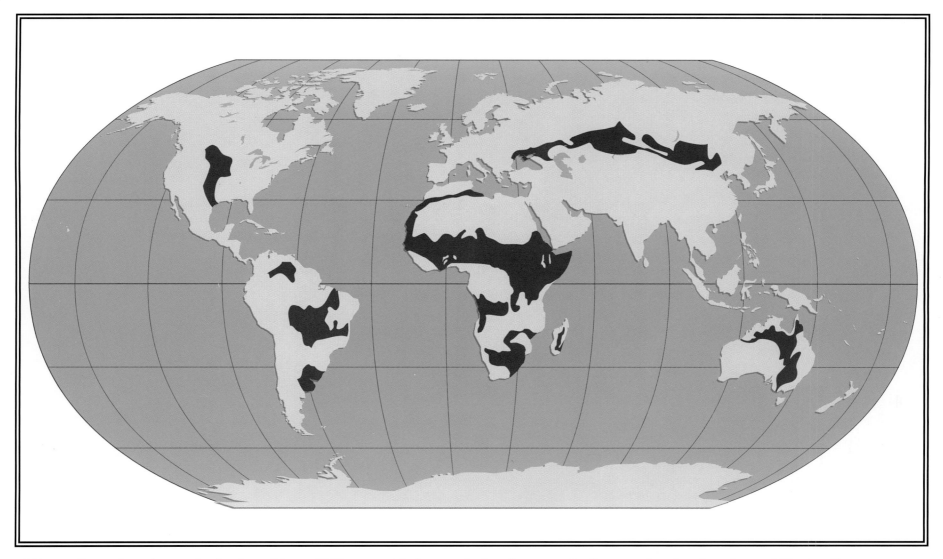

*This map depicts the major grassland regions of the world. Human activity has greatly altered most grassland areas to the point where they would be virtually unrecognizable to the humans who first viewed them.*

# HOW ARE PLAINS FORMED?

## *Geology*

In general, two agents shape the earth's surface: tectonics and erosion. *Tectonics* refers to the forces generated by heat flows in the earth's interior that deform the crust of the earth, causing it to buckle, rise, sink, fault, and liquefy. *Erosion* refers to the slow but inexorable processes that wear down landforms, converting elevated areas to lowlands. Its tools are water, wind, temperature change, and chemical action. As one might expect, tectonic forces commonly produce mountains and valleys, while erosion produces plains, although there are exceptions. For example, the Catskill Mountains of New York were produced when rivers eroded valleys into what was previously an elevated flat surface—that is, a plateau.

If there is little tectonic activity for a long enough period of time, erosion will eventually reduce any mountain range to a nearly flat surface. As discussed in the Introduction (page 15), the tectonic forces largely result from collisions between the enormous plates into which the surface crust of the earth is divided, and on which the continents ride like floating islands. Since the edges of continents absorb the brunt of these collisions, it is not surprising that mountains are found there, while plains are most likely to occur near the centers of continents.

Flat areas are not always lowlands. If a flat surface is elevated by tectonic forces without being distorted, the result is called a plateau, though its biological characteristics may not differ greatly from those of lowland flat areas. For example, the equatorial "plains" of east Africa are at a rather substantial elevation, and are really on a plateau, but the vegetation is similar to that found on the considerably lower North American prairie. If a plateau is very high and takes on the vegetation associated with high mountain habitats, the question arises as to whether it is a mountain or a plains habitat.

224

Not all lowlands are the result of erosion—there are also tectonic lowlands. These areas are produced when crustal plates separate, tearing apart an overlying continent. If this process continues long enough, water will invade and form a sea. The Red Sea is an example, and the Atlantic Ocean formed this way when the Americas tore apart from Eurasia and Africa. If the separation is not continued to the point where water invades, a rift valley is formed. The African rift valleys are an example, as are the Rhine Valley of Germany and the Great Valley of California.

## Climate

Mountains have a profound effect on wind flow, which in turn affects precipitation. When wind encounters a mountain, it is deflected upward. As it rises, the air cools, and cool air can hold less moisture than can warm air. Thus, the cooling air must drop some of its load of water vapor, and the result is precipitation—rain, fog, snow. Correspondingly, when wind descends on the lee side of a mountain (the side sheltered from the wind), the air warms, and its ability to hold water increases. Having dropped much of its vapor going over the mountain, the warming air is dry and well below saturation. Far from producing precipitation, it is ready to take on more moisture, and will absorb it from soil and vegetation. The result is desert—a rain shadow created by the mountain—such as the aptly named Death Valley of California, where average annual rainfall is 1.5 inches (38mm).

Flat areas tend to have low to moderate rainfall. A significant exception is the tropical band around the equator. Here, even though there are no mountains, air rises as a result of being heated by the sun, causing significant rainfall. Air rising over the equator eventually has to descend, and it does so in two bands north and south of the equator at about the latitudes of the Tropic of Cancer and the Tropic of Capricorn, respectively. As in the case of air dropping down the lee side of a mountain, this descending air warms and then takes up, rather than releases, moisture. Thus, rainfall in these belts is likely to be low. Several of the world's major deserts are located here, including the African Sahara and North American Sonoran in the northern belt, and the African Kalahari and the deserts of Australia in the southern belt.

Temperature, precipitation, and seasonality determine the kind of vegetation that will grow in an area. When annual average rainfall is less than about 10 inches (250mm), usually in a mountain rain shadow or in the two dry bands north and south of the equa-

*Wet season and dry season alternate on the magnificent Serengeti plateau of Africa, as in many grasslands. The flat-topped acacia trees dotting this savanna have been shaped by browsing giraffes.*

tor, desert results. This habitat is discussed in the "Desert" section of this book. Flat areas without major vertical air flow will have about 10 to 40 inches (250–1,000mm) of rain per year. The result is usually grassland, variously known as plains, prairies, velds, savannas, pampas, llanos, or steppes. Seasonality of rainfall is also a factor. Toward the upper end of the mentioned range of rainfall, there must be distinct wet and dry seasons to produce grassland. Otherwise, forest results. At still higher annual rainfalls, forest results even if there is a wet and dry season.

## *Fire and Grazing*

Other factors also contribute to the production of grasslands. Many grasslands are maintained by dry-season fires, which kill trees and burn the above-ground parts of the grasses. The grasses then sprout again from their roots. Without fire, trees may inundate the grasslands. Grazing is also a factor. Grazing animals, whose abundance can boggle the mind (there were once perhaps 60 million bison in North America, for example), destroy woody plants but

not grasses. Indeed, grazers, such as bison, antelope, and kangaroos, function much as lawn mowers that keep our suburban lawns from growing into forest. Unfortunately, overgrazing by domestic livestock can destroy grasslands, as happened on the short-grass prairie of the United States, causing the infamous Dust Bowl in the 1930s. Grasslands once covered about 42 percent of the world's land surface. Today, this area has been greatly reduced, much to the detriment of its native inhabitants.

## TYPES OF GRASSLAND

There are various types of grassland. The steppe, or shortgrass prairie, develops in areas of low rainfall. With higher precipitation, tallgrass prairie develops. At still higher precipitation, trees appear in the grassland, and the resultant habitat is referred to as savanna. In the United States, for example, shortgrass prairie was found on roughly the western half of the central plains, tallgrass prairie on the eastern half, and savanna to the south. Biologists recognize various other grassland types.

## EVOLUTION OF GRASSLANDS AND GRASSLAND ANIMALS

Grasslands are not, on the total scale of geologic time, an especially ancient habitat. Just 30 million years ago, much of the earth's land area had a tropical climate—warm and wet. Over the next 10 million years, a drying and cooling trend led to the formation and spread of grasslands. As overwhelming as 30 million years may seem compared with a human lifetime, this represents less than 1 percent of the time life has existed on earth.

Without grasslands, of course, there could be no grassland animals. Before grasslands there were forests and marshes. Grassland animals evolved from ancestors that enjoyed a habitat characterized by warmth and moisture, easy-to-digest leaves and fruits, numerous places to hide, and trees that could be climbed to safety. Clearly, the grasslands were a harsh habitat by comparison, and many changes in anatomy, physiology, and behavior were required in the species that retooled for survival in this daunting

*In past times, the tall grass prairies of east central North America could be higher than a person's head, a contrast to the shortgrass prairies farther west.*

*This shortgrass prairie shows extensive presence of forbs—non-grassy vegetation that frequently mixes with grasses.*

environment. Still, there were advantages, especially for the pioneers: reduced competition and an abundant, if nearly indigestible, food supply ensured that the challenge would be undertaken. Species that were successful often achieved enormous population sizes, unheard of in woodland species. Thus, the teeming herds of zebras, bison, and antelopes; their predators, such as lions, cheetahs, and wolves; the hordes of scurrying rodents underfoot; and, indeed, the human species itself, all trace their so-far brief existence to those woodland species that abandoned comfortable jungles and wetlands to face uncertainty in a brave new world.

## ADAPTATION TO THE PLAINS

"How will human beings be able to endure this place?...Why there isn't even a thing that one can hide behind." This dismayed thought, expressed by the character Beret Hansa in de Rolvaag's novel, *Giants in the Earth*, upon first viewing the Dakota plains, describes a fundamental predicament faced by plains animals: no concealment for prey or for the stalking predator. Also, sunlight and wind, unbroken by the forest's friendly canopy, are intense, creating the risk of desiccation.

There are many solutions to this lack of cover, but three stand out: gregariousness, speed, and a burrowing habit. This is not to say that these traits are absent in woodland species, or that all plains species exhibit them, but they are seen more frequently, and are more highly developed, in the plains than in other terrestrial habitats.

### *Strength in Numbers*

The plains habitat has many of the world's most conspicuously social species. Life in a group has various advantages. There are more eyes to spot predators, for one. Also, it takes an intrepid predator to attack a group of large animals—a herd of bison or elephants,

*Bison teemed in the millions on the prairies of the old West in North America. Today, their numbers are greatly reduced. Joining into herds helps protect the animals from both predators and adverse weather.*

*The black-tailed prairie dog is a ground squirrel. It survives on the plains by being social, and seeking shelter underground.*

for example. Then there is the saturation phenomenon: a predator can eat just so much at one sitting; when prey are clustered, only one or a few are eaten, and the rest escape. Predators, too, find advantage in numbers. A pack of African wild dogs can coordinate their attack on a herd of antelope, isolate a young or weak individual, and cut it off from its companions. It is then relatively easy to kill.

Group life has its disadvantages, too. Exhaustion of the habitat by overexploitation is one. The possibility of despotism, with one or a few individuals controlling access to resources such as food and mates, is another. For animals to group together, the advantages must outweigh the disadvantages, as is often the case on the plains.

Bison once migrated in herds of millions. The prairie dog, really a kind of ground squirrel, formed immense colonies. One colony in Texas was reported to occupy 25,000 square miles (65,000 sq km), and to contain about 400 million individuals. Locust

227

*With its lithe body and long legs, the cheetah illustrates well the principle that one can never be too fast on the plains.*

*This Thompson's gazelle is alert for danger. Grasslands offer little cover, and a prey's best defense against speedy predators is to be fast and ever watchful.*

swarms are infamous. The term "locust" refers to the migratory phase of any of several species of grasshoppers. A locust swarm can contain billions of individuals, and its arrival in an area is an agricultural disaster. Kangaroos, ostriches, and the various species of African antelopes are other familiar examples of the sociability of plains animals.

Perhaps because humans are also highly social, such gregariousness does not seem altogether strange to us, though as we shall see, it is far from the rule in the animal world. Indeed, the human penchant for being social may well have been reinforced by our ancestors' sojourn on the plains. There is strong evidence that the evolutionary transformation from ape to man occurred on the plains of Africa, when a drying trend reduced the forest areas. Although the forest-dwelling primate ancestors of man were already quite social, it seems reasonable to suppose that group size, and complexity of social structure, advanced with adaptation to a grassland existence.

## The Importance of Being Fast

Speed is another characteristic of plains animals. One need look no further than the thoroughbred racehorse for an example. With its long limbs and large lung capacity, it would be hard to imagine a more perfect running machine. The horse evolved on the plains, and humans, recognizing its virtues of speed, strength, endurance, and sociableness, made it their own. Antelopes and gazelles, which symbolize speed with grace, are almost automatically associated with the grasslands of Africa in most peoples' minds. And a grassland predator, the cheetah, capable of sprinting over 60 miles (96km) per hour, is perhaps the world's fastest-running animal.

Many other grassland animals achieve impressive speeds: ostriches can run at 45 miles (72km) per hour, kangaroos at 48 miles (77km) per hour, and the North American pronghorn at 54 miles (86km) per hour. This resulted from coevolution between prey and predator—each finding that its best chances for survival lay in being faster than the other.

## Life Underground

Burrowing is another common adaptation of plains animals. Though the activity is energetically demanding, there are many advantages to going underground: temperatures are moderate, humidity is high, and the air is still. There is also some safety from predation, though predators, not to be outdone, may have acquired the burrowing habit also. For a plains species, such as various ground squirrels and the burrowing owl, the burrow fulfills the same function as a tree cavity does for a forest species.

### A FOSSORIAL ANIMAL

Some plains animals are so thoroughly adapted to life underground that they can survive only brief exposure on the surface. Such animals are termed fossorial. The plains pocket gopher (*Geomys bursarius*) of the North American prairie is an example. Its body is compact, almost neckless. The skull is heavy and reinforced to withstand the forces of digging. The limbs are short, the front legs thickened and powerful, with elongated, curved claws for scratching through the soil. The front teeth are enlarged to form an additional digging tool, and furred lips close shut to keep soil out of the mouth. The hair is short to allow easy movement through underground tunnels. The eyes and ears are minute, since sight and hearing are not especially useful underground, and large openings could easily get clogged with soil. Traits such as these characterize fossorial animals. While the grazers clip vegetation from above, pocket gophers consume it from below, feeding primarily on roots and tubers. There is little reason for them to emerge from their burrows, and they rarely do.

## TELLTALE SIGNS

According to one theory, the fundamental adaptation of snakes is to burrowing, though the group has reemerged from the soil and now occupies a wide variety of habitats. Still, the telltale adaptations are there: the limbs have been reduced to the ultimate shortness, which is nonexistence, and the same fate has befallen the ears. The eyelids are transparent and sealed shut to form the nonblinking speculum, completely solving the problem of getting dirt in the eyes. Fossorial snakes usually have minute eyes. Those that have readapted to an above-ground existence have normal-sized eyes, but with a peculiar structure suggesting redevelopment from a reduced eye. The Texas blind snake (*Leptotyphops dulcis*) of the North American shortgrass prairie and desert grasslands reveals characteristics of the group's fossorial tradition. Slender, soil-colored, with minute eyes, and head flowing seemingly neckless into the body, this denizen of the underground could easily be mistaken for an earthworm.

## EVEN AMPHIBIANS DO IT

Even amphibians, normally gluttons for water, can survive on the plains by adopting a burrowing existence. In North America, the plains spadefoot toad (*Scaphiopus bombifrans*) can burrow several feet into the ground, using the sharp, hardened structures on its hind feet for which it is named. There it can stay for weeks or months, until a rainy evening. Like most amphibians, it breeds in water, not an easy commodity to come by in its semi-arid habitat. It solves this problem by breeding opportunistically whenever rain falls. At the approach of nightfall, the males travel to recently filled pools. There they give their raspy, bleating call, attracting other males, who call in turn, and attract still more males. The resulting din may be heard for several miles. Females are then attracted to the male choruses. Once the eggs are laid, they undergo an abbreviated development. The tadpoles that hatch from them grow quite rapidly, so that in just two weeks, the froglets may be ready to leave the evanescent pools.

*A plains spadefoot toad can survive drought, heat, and even fires by burrowing. When suitable conditions exist on the surface, normally on damp nights, it emerges to carry on its life activities.*

# ANIMAL LIFE ON THE PLAINS

Despite the relative harshness of the plains habitat, many groups of animals have made their home there. Mammals, birds, and reptiles are well represented. Amphibians are less so, but even some of them have adapted successfully. All of these are vertebrates, animals with backbones. Invertebrates teem in the grasslands, too. Above ground, grasshoppers and other insects consume more vegetation than do the vertebrate herbivores. It is underground, however, that invertebrates come into their own. Curiously, it is a group of almost microscopic soil-dwelling round worms called nematodes that represent the single biggest consumer of plant material. A square yard (0.8 sq m) of soil can contain several million of them. Furthermore, soil-dwelling invertebrates play a crucial role in conditioning the soil and promoting the breakdown of dead plant and animal matter into the nutrients required to sustain new life. An acre of sod may contain 3 million earthworms. As they burrow, they churn and aerate soil. Earthworms process soil and decomposing leaf material through their digestive systems; this nutrient-rich excrement is referred to as castings. The great British naturalist Charles Darwin, who early recognized their value, estimated that earthworms produced 15 tons (13,500kg) of surface castings on an acre (0.4ha) per year, thus bringing valuable nutrients to the surface.

Many of us have seen, at least on television, the drama of a large predator, or pack of predators, running down perhaps even a larger hoofed mammal. We may be less aware, however, that in a microcosm beneath the soil, the ebb and flow of life occurs with equal drama. Rather than a pair of binoculars, the instrument for viewing it is a microscope. Here we find herbivores—mites, nematodes, and springtails, among others. Predators upon the herbivores include ominous-looking pseudoscorpions, spiders, and predaceous mites and nematodes. Even the plantlike fungi get in on the act—some even capture nematodes. In short, the world beneath the soil parallels the one above and represents a greater total energy flow.

# LARGE HERBIVORES OF THE PLAINS

Herbivores are animals that feed on plants (see "Herbivores and Carnivores," p. 241). Green plants are the most abundant food source in most ecosystems. And since herbivores go directly to the source, they will generally outnumber carnivores and be a more evident part of the biological scene.

## Ungulates: Hoofed Mammals

Most people immediately associate grasslands with ungulates, the hoofed mammals, which do indeed have a substantial presence in the plains. There are two major groups—the odd-toed ungulates (order Perissodactyla) and the even-toed ungulates (order Artiodactyla). There are also some smaller orders, including the elephants (order Proboscidea), hyraxes (order Hyracoidea), and the aardvark (order Tubulodentia). As the English names indicate, the odd-toed ungulates have one or three functional toes on each foot, while the even-toed ungulates have two or four. The odd-toed ungulates include the tapirs, rhinoceroses, and horses. The even-toed ungulates include, in part, the antelopes, cattle, deer, giraffes, camels, pigs, and hippopotamuses.

Both odd-toed ungulates and even-toed ungulates first evolved as small, woodland browsers; that is, they fed on leafy vegetation on brush or low trees. Both, however, found new opportunity with the advent of grasslands some 30 million years ago. On these spreading plains arose a new type of animal, the grazer—a medium-sized to large, long-legged, highly social consumer of grasses.

## Odd-Toed Ungulates of The Plains

We learn from the fossil record that nature is fickle. The odd-toed ungulates illustrate this well. For almost half of the Cenozoic Era—the age of mammals that followed the age of dinosaurs—they were the dominant ungulates. Tapirs, rhinos, and horses all once roamed North America. In fact, North America was where horses evolved. Over the past 25 million years or so, however, they were eclipsed by the even-toed ungulates and all became extinct there—horses only about 10,000 years ago. Then, a few hundred years ago, horses were reintroduced into North America by Europeans.

### HORSES

There are seven existing species of horses (family Equidae, all in the genus *Equus*). Of these, the African ass (*E. africanus*), Asiatic ass (*E. hemionus*), and Grevy's zebra (*E. grevyi*) occupy dry desert to semidesert habitats. The plains zebra (*E. burchelli*), mountain zebra (*E. zebra*), and Przewalski's horse (*E. przewalskii*) are primarily grassland species. The domestic horse (*E. caballus*) probably derived from Przewalski's horse.

The plains zebra is the only wild horse that is surviving reasonably well. With Thomson's gazelles and wildebeests, it is one of the major species forming the eye-filling migratory herds of East Africa. During the dry season on the Serengeti plain, from June to

*During seasonal migrations, vast herds of plains zebras form. At other times, they assemble into small harem and stallion groups. Herding allows some animals to watch for danger while others feed.*

## WHY DO ZEBRAS HAVE STRIPES?

*Unfortunately, there is no certain answer. One theory is that the stripes camouflage the animals in the flickering play of light and dark on windblown grass. Another is that they are social signals used to maintain group cohesion. A third is that they present a confusing and shifting visual image when the zebras are in a herd, so that a predator has trouble singling out one individual for the chase. There are objections to all these ideas. Zebras do not seem to try to conceal themselves, but often position themselves in plain view. The social signaling function could easily be served by less conspicuous markings, as in many antelope. Predators do not seem to have any more trouble isolating a zebra than they do individuals of less strongly marked herders such as the wildebeest. There are other theories, but when all is said and done, we do not know why zebras have stripes.*

**A male mountain zebra responds to the presence of a female.**

*Most so-called wild horses are really feral, meaning that although they now live in the wild, they are descendants of domesticated horses. Fast and social, the horse has been an invaluable companion for humans.*

November, the herds travel northwestward to the wetter valleys of the river systems draining into Lake Victoria. With the dramatic return of the rains in November, heralded by flashing lightning and crackling thunder, the dry plain's mantle of green returns, and so do the herds, making the arduous trek back eastward.

Przewalski's horse, which lived on the Mongolian plains and resembles a somewhat heavily built, stripeless zebra, is the closest wild relative of the domestic horse. It declined severely in the 1930s due to habitat deterioration and hunting. It may now be extinct in the wild, but several hundred live in zoos.

**Horse Hierarchies** Two basic social structures have been described for horses. In the mountain zebra, plains zebra, and domestic horse, the reproductive unit is a harem—one adult male, several adult females, and offspring. There are also satellite groups composed of males not in control of a harem. Home ranges of harems overlap. Although stallions attempt to persuade females to switch their affinities, the adult membership of a harem is quite stable. Stallion groups are less stable, but individuals may remain together for a long time.

The second type of social structure is found in Grevy's zebra and in the two species of asses. Here, social structure is much looser. Solitary individuals, stallion groups, mare and foal groups, and mixed-sex groups are all found. Group membership is transitory. Both of these social structures reflect the environments of the respective species. The first structure is associated with lusher, more predictable grassland habitats. The latter is associated with desert and semi-arid conditions, where resources are patchy and unreliable. In this case, a more flexible grouping arrangement is called for.

All species of wild horses except the plains zebra are endangered or threatened. The quagga (*E. quagga*) of South Africa, a curious-looking yellowish-brown horse with zebralike stripes on the head, neck, and forequarters, became extinct in the late nineteenth century. Any further species loss in this impressive group would be unfortunate.

*The black rhinoceros is an occupant of transition areas between forest and grassland. Its vision is considered poor, but its sense of smell is acute. Social structure is loose, with associations forming and breaking easily.*

### RHINOCEROSES

Rhinoceroses have a prehistoric look, and indeed, the five living species are relics of what was once a much more extensive group of browsers and grazers. They have a reputation for being grumpy, but temperament varies by species. The black rhinoceros (*Diceros bicornis*), for example, does seem to charge with little provocation, while the white rhinoceros (*Ceratotherium simum*) is more placid. Habitat varies from grassland to rain forest depending on species. The white rhinoceros is a dry grassland grazer.

The rhinoceros horn is not made of bone, as might be supposed, but rather of fibrous strands of the protein keratin, the same substance of which nails, hooves, hair, and feathers are composed. In any case, it has been the rhinoceros's downfall, for various cultures have valued it for purposes ranging from its supposed powers as an aphrodisiac to its being an aesthetically pleasing material for dagger handles. Hunting pressure is severe, and four species are endangered. The fifth, the white rhinoceros, represents an all-too-rare success story of a species saved. After nearly being exterminated, it gained protection in the southern part of its range in Africa and made a good recovery. The northern subspecies was not so fortunate, and is still endangered.

Rhinoceroses tend to be solitary, with the white rhinoceros, as befits a plains species, being the most socially tolerant. Females have overlapping home ranges, and they sometimes form loose associations. When threatened, members of a group may form a defensive circle, rumps inward, heads outward. Males are territorial. Territory boundaries are scent-marked by spraying urine and scattering dung. A male may tolerate subordinant males in its territory, as long as they behave in a deferential manner, do not scent-mark, and do not attempt to mate with females —not so much to ask! Two males encountering each other at a territory boundary engage in a ritualistic display during which they wipe their horns against the ground. Displays of various kinds to assert territory and avoid fighting are common in animals. In rhinos, as in many other animals, the displays are backed up by a willingness to fight when necessary, and substantial wounds may be inflicted.

## *Even-Toed Ungulates*

Even-toed ungulates are a highly versatile group. Though they came into their own on the plains, they have spread into many other habitats. The ruminants, including deer, giraffes, cattle, and antelopes, are the most important even-toed ungulates. They have a complex, four-chambered stomach to carry out cellulose fermentation. Odd-toed ungulates and other even-toed ungulates, by contrast, carry out cellulose fermentation in a chamber off the large intestine, called the *caecum*. This method is referred to as hindgut fermentation. Rumination extracts a higher percentage of the available nutrients in the food, but hindgut fermentation works better when very rough forage has to be processed.

Where several species of ungulates inhabit the same area, as on the African plains, consumption of grasses becomes a sequential affair. Zebras will crop the tallest, coarsest grasses. Larger antelopes such as wildebeests will eat shorter grasses. Finally, small antelopes, like Thomson's gazelles, will eat new shoots and forbs (nongrassy, nonwoody vegetation) that grow between the grasses. This illustrates the distinction between two frequently confused terms: habitat, where a species lives, and niche, what a species does in that habitat. Generally, species in the same habitat must have different niches.

### GIRAFFES

A more ungainly looking creature than the giraffe (family Giraffidae, *Giraffa camelopardalis*) would be hard to imagine. Actually, it is a rather successful species that exploits a unique niche in which it finds little competition. Savannas are characterized by expanses of grass with widely spaced trees. Most ungulates cannot reach the leaves of these trees, but the giraffe is built for just that purpose. With males

## THE LEK

*The blue wildebeest (Connochaetes taurinus) shows an interesting variant on male territoriality called the lek. First described for birds, and still primarily associated with them, the lek consists of an area in which males defend tiny, almost vestigial territories, which the females visit to mate. In wildebeests, male territories are 300 to 500 feet (100–150m) in diameter in sedentary populations, but only about 65 feet (20m) in diameter in migratory populations. One can speculate that this peculiar territoriality evolved as a means for wildebeests to retain the male territorial pattern typical of antelopes while being migratory. Leks are often associated with elaborate displays by the territorial males, and wildebeests are not an exception. The displays include sidewise posturing, head shaking, jumping, and spinning.*

**The blue wildebeest is an antelope with a somewhat unusual appearance. Known for elaborate territorial displays, it also engages in exaggerated and ritualized threat displays.**

**Giraffe females share care of the young. They are long-lived animals, with relatively low reproductive rates. Young at birth are well-developed, a common trait in plains ungulates.**

reaching a height of up to 17 feet (5.3m), and females only slightly shorter, it is the tallest living land animal. Interestingly, males and females split the species' unique high-browsing niche. Males browse in a characteristic nose-up, neck-stretched-to-the-extreme posture, which enables them to reach the highest leaves. Females, in addition to being shorter, bend over the vegetation, nose down, and therefore feed at a somewhat lower level. Presumably this results in forage being more effectively utilized and reduces competition within the species.

Giraffes have not always reached to such extremes. In the fossil record, they have elongated legs, forequarters higher than hindquarters, and somewhat elongated necks. It is clear that they were headed in the direction of becoming high-level browsers, but had not yet evolved as far as the modern giraffe. A holdover of this early design is found in the woodland-dwelling okapi (*Okapia johnstoni*), the only other living species in the giraffe family.

Social structure in giraffes is somewhat loose. Temporary aggregations form and vary from day to day.

Females with young are especially prone to cluster, and it has been observed that one or two females will baby-sit the young while the other mothers leave temporarily. There is a dominance hierarchy among the males, asserted in part by a ritual in which males intertwine necks and push from side to side. As usual, the ritual is backed up by the potential for real fighting, in which sidewise hammer blows are delivered with the head. Though giraffes are not noisy, they are not silent, either. They grunt when alarmed, mothers call their young with a whistle, and calves bleat when distressed.

The range of giraffes has contracted considerably in modern times, but they are not currently threatened.

### PRONGHORNS

The pronghorn (*Antilocapra americana*) is a symbol of the American West that almost became extinct. Sometimes called an antelope, it is actually the sole surviving species of a separate family, the Antilocapridae. The pronghorn is unabashedly plains adapted. It is fast, and has been clocked at up to 54 miles (86.5km) per hour. On the plains, vision is an excellent sense for detecting predators, and the pronghorn has large eyes that stand out from the head. It is highly social. A number of even-toed ungulates use a display of white in the rump area as an alarm signal. The white-tailed deer's tail flag is a familiar example. In the pronghorn, this concept is developed to an unusual degree. White hairs in the rump area can be erected, producing a white flash that can be seen for over 2 miles (3.2km) by a human.

In winter, pronghorn can form large mixed-sex associations of up to 1,000 individuals. In spring and summer, smaller, single-sex associations form. Adult males establish territories at this time, which are scent-marked. An intruding male will be confronted with escalating threat displays. If he does not back off, the two will fight, and injuries from the sharp horns can be severe. Young males rove around the perimeters of the territories in bachelor herds. Female herds move freely among the male territories.

Pronghorns are estimated to have once numbered some 35 million individuals. This was reduced to under 20,000 early this century as a result of hunting and habitat destruction. With hunting regulation, its numbers have increased to about a half million—a far cry from the original population, but a secure number.

## THE BOVIDS

Containing some 120 species, the Bovidae constitutes the largest and most diverse family of even-toed ungulates. It includes the wild cattle, antelopes, gazelles, and goat antelopes, among others, as well as domestic cattle, goats, and sheep. Species in this family occupy a great range of habitats, including desert, grassland, rocky cliffs, forest, and high mountains. The family includes some of the most familiar grassland species, such as the rugged wildebeests and delicate Thomson's gazelles that teem on the African savanna, and the bison of the American prairie.

**Wild Cattle**  The wild cattle are large, highly social residents of grasslands, wet grasslands, savanna, woodland, and high alpine regions. Grassland species include the American bison (*Bison bison*), the

European bison (*B. bonasus*), and the African buffalo (*Synceros caffer*). Domestic cattle are descended from the auroch (*Bos taurus*), which became extinct in the wild early in the seventeenth century. The spiral-horned antelopes, such as the eland (*Taurotragus oryx*), are related to the cattle. Most species exhibit a social structure consisting of groups of related females with young, and males that rove alone or in small bands. Often, there is a dominance hierarchy among the males, and they will sometimes fight fiercely for the right to mate with females.

**The American Bison**  The once abundant American bison was reduced in numbers to a mere 1,000 by the late nineteenth century, due to habitat destruction and exploitation. Since protected, their number has increased to some 50,000, many of which are in domestication. The story of the European bison is even more dramatic. The species became extinct in the wild by 1925. Fortunately, there were specimens in zoos, and from these it was reestablished in the wild. Although its population numbers only a few thousand, the species is considered secure.

**Antelopes and Gazelles**  The antelopes, dwarf antelopes, and gazelles are predominantly grassland species, though some live in woodlands and deserts. Social structure contrasts with that of cattle and spiral-horned antelopes, and is similar to that of the pronghorn, in that males are usually territorial.

The gazelles are famous for a behavior called pronking, usually considered an alarm signal. In pronking, the animal bounces on stiff legs, tail and head high, white rump displayed.

**The Saiga**  The goat antelopes generally occupy difficult habitats, often at high altitudes. The domestic sheep and goat are descendants of this group. An interesting grassland species is the saiga (*Saiga tatarica*), which lives on cold, dry steppes historically stretching from Ukraine to Mongolia. An unmistakable feature of the animal is its bulbous snout. Populations west of the Caspian Sea make north-south migrations. In spring, males set out first in herds of thousands. Females remain to calve and then join the

males. Large herds return again in autumn. On the wintering ground, males establish territories and amass harems. Males put great effort into the struggle for mating rights, and fighting among males is intense, easily leading to death. After the breeding season, spent males die in large numbers. From the male viewpoint, this mating scheme is reminiscent of that of migratory salmon, where both sexes make the round trip between breeding grounds high in mountain streams and the ocean just once, dying after putting all their effort into a single reproduction.

Saiga populations were reduced to fewer than 1,000 early this century, as a result of hunting. The species was subsequently protected and made a dramatic recovery: its population now numbers several million.

The numbers of most species of bovids have declined from historic levels. While many species still have safe population sizes, a substantial number are endangered or threatened.

## Elephants

The elephants (order Proboscidea) are related to the ungulates, but split off prior to the evolution of the perissodactyls (odd-toed ungulates) and artiodactyls (even-toed ungulates). Over 300 species have been described in the fossil record, but today there are only two species, the African elephant (*Loxodonta africana*) and the Asian elephant (*Elephas maximus*). With an adult weight range of 4,800 to 16,000 pounds (2,200–7,500kg), the African elephant is the largest living terrestrial animal. Both species occupy a variety of habitats, with the African elephant living primarily on savanna, and the Asian elephant tending toward more heavily wooded habitat. There are many differences between the two species, the most visually obvious being the much larger ears of the African elephant. Both species are herbivores, but the diet is varied and includes grass, browse, bark, fruit, flowers, and roots.

Both species are social. The reproductive unit is a group of related females and offspring often led by a matriarch, a large, old, and presumably wise female.

*Commonly associated with grasslands, the American bison in historic times also ranged into forested mountains. During the breeding season males fight furiously for the right to mate with females.*

*American bison are often called buffalo, but the term more properly applies to old-world species such as this African buffalo, a resident of brushy grasslands, especially near water.*

*Though not strictly an antelope, the North American pronghorn shows striking antelope-like markings, thought to serve as social signals.*

*A threatening African elephant spreads its vast ears, making it appear even larger than it is. Threat is a common strategy in animals for avoiding battle.*

# SOCIAL STRUCTURE

*Social structure refers to the way individual members of a species associate and interact with each other. Socialness is a highly developed trait in humans. Indeed, our capacity for civilization depends on it, and we often assume that animals socialize more or less the way we do. Actually, social structure is enormously diverse among species and can even vary considerably within a species. Social structure is an aspect of behavior that is tremendously responsive to environmental demands. Here is a brief description of some common social structures.*

Solitary: *Since we are so social, it comes as a surprise to us to learn that most animals live nearly their entire lives in isolation from their kind. Males and females usually meet briefly to mate, and young may spend time with a parent, but often there are no other associations. Even these contacts are dispensable. In some mites, for example, males deposit packages of sperm for the females to find—the two never meet. In a majority of solitary animals, there is no parental care, and young never meet their parents.*

Territory: *A territory is an area from which an animal attempts to exclude other individuals. Excluded individuals might be adults of the same species or adults of the same species and sex. Sometimes, groups of individuals defend a territory. A group could be a mated pair, or a kinship group (see "Kinship Selection," p. 242). Territorial defense almost always involves the use of signals—in effect, "No Trespassing" signs—such as stylized visual displays, vocal signals (birds' songs), and scent-marking territorial boundaries. The last is especially prevalent in mammals. The signals are not usually bluffs, however. If an intruder ignores them, the defender will fight, and the result can be death for one or the other. A territory may not include the animal's entire home range; that is, there may be a core area that is defended and a peripheral area that is not. Territoriality may also be seasonal.*

Dominance hierarchies: *Like the territory, the dominance hierarchy represents a way of establishing access to some resource, such as food or mates. In the dominance hierarchy, several individuals spar to establish rank. Higher-ranking individuals get the first shot at resources. As with territoriality, dominance is asserted through signals, usually backed up by a willingness to fight.*

Individual distance: *This is, in effect, a small territory that accompanies the individual as it moves about. In this case, the individual does not defend a fixed area, as in territoriality, but prevents certain individuals from getting closer than a specific distance. There is an equivalent concept of group distance.*

Pair-bonding: *A pair-bond is a more or less durable relationship between a male and female. A pair-bond*

**A male and female pronghorn in mating season. They associate only briefly, and there is no lasting pair-bond.**

*may be lifelong, or may last for only one reproductive cycle. Brief associations for copulation do not count. In pair-bonding species, it is common for the male and female to share care of the offspring, though there are exceptions. Pair-bonding is often called monogamy. While it is true that pair-bonded individuals tend to mate with each other, "cheating" by both males and females is common.*

Single-male, multifemale groups: *These are sometimes called harems. In this case, there is a more or less continuous relationship between two or more females and one male. The male commonly defends his access to the females against other males. This may be direct, as a defense of the females per se, or indirect, as a defense of a territory where the females live. The association may be lifelong or seasonal.*

Multimale, multifemale groups: *In this case, several females and several males live together. Commonly, outsiders of both sexes are repelled, though this exclusion may be relaxed at times. Frequently, either the male members or the female members form a kinship group; sometimes they both do. If female young remain in the group and male young emigrate, the group is said to be matrilineal, which is more common. If female young emigrate and male young remain, the group is patrilineal, which is less common.*

Aggregations: *These are usually temporary associations for such purposes as migration or feeding. Aggregations can involve spectacularly large numbers of individuals (thousands, millions, even billions). However, it is not always clear to what extent a true social relationship is involved, and to what extent many individuals are simply doing the same thing at the same time.*

*Units of social structure like those described above may be combined in various ways. For example, a multimale, multifemale group could be territorial with respect to other such groups. Within the group, there could be a dominance hierarchy, or there could be separate male and female hierarchies.*

*These African elephants, like their Asian cousins, use their trunks with great dexterity.*

*The olive baboon, shown here, and savanna baboon are variants of a single species. The olive baboon hybridizes with the hamadryas baboon, but in a stable zone so that the species remain distinct.*

Males may be solitary, or may join temporary bachelor herds with constantly shifting membership. There is no evidence for territoriality. Males periodically exhibit a phenomenon called *musth*, when they become more aggressive and produce a secretion from the temporal gland, located between the ear and eye. An interesting system of communication has been described utilizing ultrasound, very low-frequency sound waves below the threshold of human hearing. A property of such sound waves is that they travel long distances, allowing individuals separated by over 1.5 miles (2.4km) to remain in contact.

The elephant's trunk, of course, is its most notable feature. An extension of the nose and upper lip, it has been estimated to contain over 100,000 separate muscles. Unlike an arm or a leg, there is no internal skeletal support, so its ability to defy gravity depends solely on precise muscle control. Yet the trunk can perform feats of dexterity approaching those of the human hand. It can, for example, pick up a coin or a peanut. As strange an appendage as it is, the trunk seems to have evolved in a straightforward fashion.

The ancestors of elephants were tapirlike ungulates of moderate size with somewhat elongated noses (see "The Evolution of Hoofed Animals," p. 278). Evolution in the elephants involved a progressive increase in body size and the length of the trunk.

Both species of elephants have tusks, and these, like the rhinoceros's horn, have been their undoing. During the 1980s, the African elephant population dropped by 50 percent due to a combination of habitat destruction and poaching for ivory. Both species are now considered endangered, though there is some controversy about this designation.

## Primates

We do not especially associate primates with plains. Indeed, the familiar monkey—agile, with excellent depth perception for judging the distance to the next branch and capable of grasping it with any of four elongated limbs and a tail besides—seems like the very definition of arboreal. It is true that the primates are mainly forest dwellers. Still, a few species have adapted to grassland, and among those few, of course, is our own. The other grassland primates are of special interest to us because of the insights they provide into our own evolution. From them, we learn what a primate must do to survive in this unaccustomed habitat.

### OLIVE BABOONS

A species that has been considerably studied is the savanna, or olive, baboon (*Papio cynocephalus*). Even by primate standards, it is highly social, and in contrast to most forest-dwelling primates, which tend to be herbivorous, it is essentially omnivorous. Baboons certainly eat grass, but they also eat hares and other small mammals, juvenile gazelles, insects, and, on the south coast of Africa, mollusks and crabs. Prey may be hunted cooperatively, members of a troop spreading out to trap the victim. The shift toward meat-eating presumably reflects the relatively poor adaptation of the primate digestive system, evolved for dealing with fruit and soft vegetation, to the coarse vegetation of the plains. Meat in the diet would supplement the low nutritional value of the grasses. Interestingly, humans

*A young olive baboon hitches a ride on its mother. Young primates typically have an extended period of dependency on the parents, a trait strongly evident in humans.*

exhibit similar tendencies toward highly developed social structure, omnivory, and cooperative hunting, but carry it even further.

Troop size in the olive baboon may range up to about 200 individuals, but is more typically about 30 to 60. The troop structure is multimale, multifemale, with females outnumbering males. There is a male dominance hierarchy, and a somewhat loose female hierarchy. The baboon troop is matrilineal; that is, females remain with the troop at maturity, and males usually emigrate. An interesting characteristic of the social structure is the tendency of females to form long-lasting friendships with one to three males. A female's male friends will often protect her and her offspring from predators and aggressive troop members, and will groom and carry her infants. In turn, she is likely to mate preferentially with males who have exhibited friendship toward her. Female and male friends groom each other and rest or sleep near each other. It is easy to view this behavior as a step toward the human pattern of pair-bonding.

# Marsupials

A majority of the world's mammals, including all those discussed so far, belong to a group we call the *placental mammals*, which historically have dominated the faunas of the northern continents. The southern continents—South America, Australia, and Antarctica—were largely separated from the northern continents by continental drift some 100 million years ago, while remaining connected to each other. There was, however, a narrow Central American land bridge between North and South America until about 65 million years ago, when even this tenuous connection was broken. About 45 million years ago, Australia separated from the other two southern continents, and South America and Antarctica split about 30 million years ago. Thus, for the entire Cenozoic Era (age of mammals), which began about 65 million years ago, the animals of the southern continents evolved in isolation from those of the northern continents.

Not surprisingly, an independent mammalian fauna arose on the southern continents: the marsupials. Whatever kinds of mammals (presumably marsupials) lived in Antarctica were obliterated by the deteriorating climatic conditions that accompanied that continent's migration to its present position at the South Pole. With the reestablishment of the Central American land bridge about 5 to 2 million years ago, placental mammals invaded South America, and the native marsupials of that continent suffered severely from the competition. Australian marsupials, however, had no major contact with placental mammals until recently, when they were introduced by humans. Despite the fact that this contact has been detrimental to its marsupials, Australia still has more marsupials than any other continent, due to its long period of climatic stability and isolation.

The status of the herbivorous marsupials varies widely, from satisfactory to extinct. There are a great number of threatened and endangered species as a result of ruthless persecution by humans, the destruction of habitats, and competition and predation from introduced placental mammals.

## KANGAROOS

In Australia, and to a lesser extent in South America, marsupials occupy numerous niches that elsewhere are filled by placental mammals. So, the improbable-looking kangaroos (genus *Macropus*) may be seen as the southern continent's counterpart to ungulates. The basic attributes are there: they are large, speedy, social grazers. A male red kangaroo (*M. rufus*) can stand almost 6 feet tall (1.8m) and weigh nearly 200 pounds (90kg). Maximum speed is reported to be about 48 miles (77km) per hour. Not much is known about their social structure, but red kangaroos are normally found in groups of two to ten. Larger temporary aggregations can, however, contain as many as 1,500 individuals. There is no territoriality, but males attempt to gain control of several females and fight each other vigorously to assert their rights in this regard.

*This red kangaroo strikes a typical pose—its back legs and tail forming a tripod. This is the largest marsupial—fully upright, a male may stand taller than a human.*

## MARSUPIALS AND PLACENTALS

Long considered to be more primitive than placental mammals, marsupials are perhaps best regarded as alternative mammals—a parallel evolutionary line that proliferated on the southern continents during their long isolation from the northern continents. Marsupials differ in a number of ways from placental mammals, most notably in their mode of reproduction, which will be discussed in the following paragraphs.

In female placental mammals, the left and right ovaries pass eggs into left and right fallopian tubes, which unite to form a single uterus connected to the outside by a single vagina. The vaginal opening is separate from the anal opening. In marsupials, the entire reproductive system is doubled, so there are two uteri and two internal vaginas. Furthermore, in most species, the male has a double penis. The two vaginas and the digestive system in females open into a common chamber, the cloaca, with a single external opening.

In placental mammals, the young develop to a relatively advanced stage in the mother's uterus. To get nourishment from the mother, the embryo produces a placenta, which connects it to the uterine linings. In marsupials, the young are kept in the uterus only briefly (about 9 to 38 days, depending on the species), and are born very immature. For example, the red kangaroo, which can reach an adult weight of nearly 200 pounds (90kg), weighs about 1/30 of an ounce (0.8g) at birth. Only a very simplified placentalike structure sustains the embryo during its limited uterine sojourn. When the young are born, a third vaginal passage forms as their route to the outside. Hairless, blind, and seemingly helpless, these minute creatures must then crawl through the mother's fur, and often, though not always, into a pouch. There they latch on to a nipple, where they remain for a considerable period until they are able to begin adventuring out on their own, anywhere from 25 to 38 weeks of age.

*A gray kangaroo with its young. This female is likely already pregnant with its next offspring. The embryo will remain dormant in the uterus until this youngster leaves the pouch.*

## Ratites

Birds are abundant on the plains, but it will not surprise us to see special adaptations to the conditions of this environment. As interesting a group as any is the ratites (order Struthioniformes), large, flightless birds including the African ostrich (*Struthio camelus*), the South American rhea, and the Australian emu. They are the avian answer to ungulates. Descended from flying birds, the ratites have become runners. At this they are quite adept—ostriches may reach speeds of 45 miles (72km) per hour, while rheas and emus achieve 40 miles (64km) per hour, all speeds that compare favorably with those managed by ungulates. Like the ungulates, the ratites have evolved large body size. The ostrich is the largest living bird: males can stand some 10 feet (3m) tall and weigh 330 pounds (150kg). Emus are next in size, at 6 feet (1.8m) tall and 120 pounds (55kg). Rheas are nearly as tall as emus, but are more slightly built, weighing up to 55 pounds (25kg).

The ratites are primarily herbivorous, but ostriches are especially famous for their eclectic eating habits.

*A fully erect ostrich is an impressive sight. An ostrich may hide by laying its head and neck on the ground, but it does not, as the old myth goes, bury its head in the sand.*

## MODES OF REPRODUCTION

Most animals produce eggs that largely develop outside of the mother's body. We refer to this mode of reproduction as oviparity. Oviparity has the great advantage that it frees the female relatively quickly from the burden of transporting the young in her own body, allowing her to forage more freely and to escape predators more readily. The fact that the overwhelming majority of animals use this method of reproduction suggests that under most circumstances, it leads to the highest reproductive success.

In some animals, most conspicuously the mammals, the young are retained in the mother's body for a substantial part of their development. In this position, they are protected from the vagaries of the environment, at the expense of a prolonged effect on the mobility of the female and loss of opportunity for the male to directly assist in their care. In species where internal development of the young is highly evolved, there has been considerable modification of both the embryo and the reproductive structures of the female to foster material exchange between the mother and embryo. In mammals, the lining tissues of the uterus become thickened and extensively provided with blood vessels, while the embryo produces a set of surrounding membranes, forming the placenta, that make close contact with the uterus. (Hence, the term "placental mammals".) Nutrients, oxygen, hormones, antibodies, carbon dioxide, and waste materials are exchanged between the mother and embryo through the placenta and through uterine linings. This mode of reproduction is called viviparity.

In groups where the typical mode of reproduction is oviparity, it may happen that environmental circumstances favor development of the young in the mother's body. In this case, the eggs may be retained in the mother's body instead of being laid. This results in ovoviviparity. There is no absolute distinction between ovoviviparity and viviparity. In mammals, the yolk is reduced essentially to nonexistence, all nutrition coming from the mother through the placenta. In ovoviviparous species, there is generally a substantial yolk formed, as though in preparation for the egg being laid. However, the elaborateness of the provisions for substance exchange between female and embryo varies. Ovoviviparity has arisen independently in various normally oviparous groups, such as fish, reptiles, and insects.

---

Their diet includes grass, browse, fruit, seed, invertebrates, and small vertebrates. In captivity, they have consumed such improbable items as coins, nails, penknives, and paint.

### SOCIAL BEHAVIOR

All of the grassland ratites are quite social. A woodland group, the cassowaries of Australia and New Guinea, in contrast, is solitary. Ostriches may form flocks of as many as 680 birds when not breeding, though a smaller number is the rule. The breeding scheme is unusual. The male constructs the nest and defends the nest site. Several females usually deposit their eggs in the nest of a single male. In ostriches, most of the incubation is done by the male, with one "head" female assisting. In other ratites, only the male incubates. After the young ostriches hatch, both male and head female care for them. In other ratites, only the male cares for the young.

Unfortunately, there is another parallel between the ratites and the ungulates: their populations have suffered severely at the hands of people, though no species is currently endangered.

**The emu of Australia is the second largest living bird, after the ostrich. Both, however, were outclassed by the now extinct elephant bird of Madagascar, estimated to weigh nearly 1,000 pounds (440kg).**

# SMALL HERBIVORES OF THE PLAINS

The large herbivores are among the most conspicuous and well-known animals on the plains. By sheer force of numbers, however, small herbivores manage to eat more vegetation and are biologically at least as important as the large herbivores. Nor are they less interesting. On the contrary, because there are so many species, they present a bewildering array of fascinating adaptations upon which we can only begin to touch.

## Rodents

Nearly 40 percent of mammalian species are rodents (order Rodentia), making this by far the largest order of mammals. From desert to rain forest, plain to high mountaintop, subterranean tunnel to forest canopy, they occupy virtually every survivable terrestrial habitat. While many mammalian groups are in decline, the rodent numbers are growing, perhaps because of their short life cycle. Many rodents create a new generation every few months. Since each generation offers an opportunity for natural selection to work genetic change, rodents have the potential to evolve more rapidly than species with long generation times. Large population size also helps—a square mile (2.6 sq km) of land can support far more mice than it can elephants. Many individuals mean more opportunity for genetic variation, again resulting in rapid evolution. When times are changing, being able to adapt quickly is an indisputably strong asset. Most certainly, there are endangered and threatened species of rodents. But in contrast to the situation with, for example, ungulates, carnivores, and primates, they represent a fraction of the total number of rodent species.

Rodent classification is complex and controversial. However, it is convenient to divide the group into three major subgroups: the squirrel-like rodents, the mouselike rodents, and the cavylike rodents (most people know cavies as guinea pigs).

*The black-tailed prairie dog is the most social of the several species of prairie dogs. The related white-tailed prairie dog lives in areas with more cover, and has a looser social structure.*

## Squirrel-like Rodents

When people think of squirrels, they might think of trees, but there are numerous species of ground squirrels, many of which live in grasslands. One, the black-tailed prairie dog (*Cynomys ludovicianus*), is one of the three mammalian species that symbolize the romance of the untamed American West, the other two being the buffalo (bison) and the antelope (pronghorn). It is a metaphor for our modern times that all three species have experienced severe decline, two to the very brink of extinction.

### PRAIRIE DOGS

Prairie dogs are intensely social. The basic social unit is called a coterie, hundreds of which may occur in a single colony, or town. A coterie usually consists of one or two adult males, several adult females, and several young, totaling about ten individuals. Each coterie defends a territory, whose boundaries tend to remain stable over long periods of time, despite changes in members. Relations are generally friendly

among individuals in a coterie. When two prairie dogs meet, they often "kiss" or groom each other, behavior that is thought to strengthen the social bonds of the coterie. Vocal communication is frequent. The approach of a predator is signaled by a barking call that spreads like a wave through the colony. The main territorial call is a two-syllable yip or whistle, accompanied by a visual display in which the animal first raises itself on its back legs and then drops. Seven other distinct vocalizations have been described.

## KINSHIP SELECTION

According to the idea of kinship selection, a gene thrives by promoting not only the reproductive success of the individual carrying it, but also the reproductive success of related individuals (siblings, cousins, and so on), who are likely to carry the same gene. The theory of kinship selection has been invoked to explain such diverse behaviors such as alarm calling and female mammals that nurse infants that are not their own. Such behaviors are referred to as altruistic, because it is not the individual engaging in the behavior that benefits, but rather the group.

Take the case of a prairie dog that sounds the alarm at the sight of a coyote. It seems to gain nothing by doing so. It has already seen the preda-

tor, and its best strategy might be to slip silently into its burrow. By sounding the alarm, it attracts attention to itself, possibly increasing its risk of being the predator's victim. How do the genes that establish the tendency for such a behavior get preserved?

Kinship selection may provide an answer. In a prairie-dog town, neighboring individuals are likely to be related to each other. A gene for alarm calling promotes itself by advancing the reproductive success of a group of individuals who, because they are related to each other, are likely to be carrying the gene. To the extent that this group of relatives escapes predation and produces many offspring, the gene thrives.

**A Belding's ground squirrel, watchful at the entrance to its burrow. Females are more apt than males to sound an alarm call at the appearance of a predator.**

## BELDING'S GROUND SQUIRREL

Belding's ground squirrel lives in the intermountain grasslands between the Rocky Mountains and coastal ranges of the western United States. In this species, young males emigrate far from their mothers' nest burrows while young females usually remain close by. Thus, the females of a given area are related to each other, and the males are not. This circumstance has been used to test the theory that altruistic behavior evolves through kinship selection (see "Kinship Selection," this page). The kinship selection hypothesis predicts that females are more likely to exhibit cooperative and altruistic behaviors than are males— and this is indeed the case. For example, females frequently give alarm calls at the sight of a predator while males rarely engage in this behavior. Females share food and burrows. Females also cooperatively defend their areas.

## Mouselike Rodents

The mouselike rodents include more than 1,100 species—more than a quarter of all mammalian species. On their own, they occupy most terrestrial habitats; and one species, the house mouse (*Mus musculus*), which lives to a certain extent off of humans, lives wherever they do. Mice are opportunistic, able to move rapidly into new habitats and adapt quickly to change. Small, short-lived, with a fast reproductive cycle and large litters, they have been called mammalian weeds.

### VOLES AND LEMMINGS

The voles and lemmings make up an interesting and much-studied group. Voles are found primarily in grassland habitats; lemmings are adapted to more extreme arctic tundra (see "Norway Lemmings," p. 50, in "Polar" section). Both are rather attractive, compact animals with short tails, small ears, and coarse, chocolate-brown fur. They live in temperate and arctic regions throughout the Northern Hemisphere. A notable feature of the group is a tendency to undergo extreme booms and busts of numbers on about a four-year cycle.

When the population peaks, the animals migrate. In voles, this is usually a piecemeal process. However, lemmings sometimes undertake spectacular mass migrations, during which the animals seem quite desperate, highly stressed, and oblivious to danger. They will enter human settlements with impunity, and undertake hopeless efforts to cross large bodies of water. Migrating animals die in huge numbers, so migration must be an act of last resort under severe conditions.

Though most studied in voles and lemmings, cycles of expanding and decreasing populations have been found in other species of temperate and arctic rodents. Various theories have tried to explain the phenomenon. One is that rodent populations get so large that they exhaust the food supply and then crash. Another theory is that population cycles result from animals becoming more aggressive as populations get more dense, with fighting becoming more frequent. This in turn activates a physiologic response called the stress syndrome, which results in lowered reproduction, an inability to fight infectious diseases, and an increase in certain degenerative illnesses. In any case, with birthrate down, mortality up, and emigration up, the population crashes.

The plight of voles and lemmings can be seen to mirror our own circumstance of coping with an increasingly crowded planet.

## DEER MICE

The white-footed or deer mice are widely distributed in North and Central America in a variety of habitats. In fact, a single species, the deer mouse (*Peromyscus maniculatus*), by itself occupies desert, brush, grassland, deciduous forest, evergreen forest, and alpine regions! Yet an adult deer mouse weighs only about an ounce (28g). In scientific studies, the prairie subspecies, when given the choice of occupying grassland or forest, strongly preferred grassland. Furthermore, this was true even if the mice had been raised in captivity and were introduced to the two habitats for the first time, strongly indicating that the preference for grassland was genetic, rather than learned from early experience. However, if mice were raised for many generations in the laboratory, long

**The common hamster of Europe and Asia is considered to be an agricultural pest. Population control has been so successful that, despite its name, it is no longer common in Europe.**

enough for changes in genetic makeup to occur, the preference for grassland was lost. These laboratory-adapted strains exhibited no strong preference for a natural habitat.

## GERBILS AND HAMSTERS

Gerbils and hamsters are familiar household pets. Both groups are adapted to drier habitats ranging from savanna to desert. Their ranges are somewhat complementary, though overlapping, hamsters having a more northerly distribution from Europe and the northern Middle East through Russia and China, while gerbils have a more southern range that includes Africa, more southern parts of the Middle East, and Central Asia.

There are some 81 species of gerbils. The Mongolian gerbil (*Meriones unguiculatus*) is the species used in laboratories and kept as a pet. Gerbils can survive indefinitely without drinking, living on metabolic water and water contained in their food and producing only minute quantities of highly concentrated urine. Interestingly, they have a highly developed ear apparatus—and presumably an acute sense of hearing, the main value of which is thought to be the avoidance of predators. (See "Owls," p. 257, for a predator's answer to this defense.) Mongolian gerbils live in territorial multimale, multifemale groups. An intruder into a group's territory may well be killed. Females, however, freely visit neighboring groups to mate, which is thought to prevent inbreeding—mating between close relatives—and the possibility of negative genetic consequences.

There are about 23 species of hamster, ranging in size from the diminutive Dzungarian hamster (*Phodopus sungorus*) of Mongolia, some 2 inches (53mm) long, to the European common hamster (*Cricetus cricetus*), about a foot (300mm) long. The hamster used in laboratories and kept as a pet is the golden hamster (*Mesocricetus auratus*). A well-known trait of hamsters is the use of cheek pouches to transport food, which is stored in their burrows. Unbelievably enough, a European common hamster reportedly amassed 198 pounds (90kg) of food. In the wild, hamsters apparently are largely solitary.

## Cavylike Rodents

### The Guinea Pig

Of the cavylike rodents, the guinea pig (*Cavia porcellus*) is surely the best known. It was domesticated for food by the Incas of South America long before those people had contact with Europeans. It cannot be said for certain which of several closely related wild species was its ancestor. The wild species occur in moist grassland. Cavies are noted for having highly precocious young, which can move around and take solid food the same day they are born.

### The Mara

If the guinea pig is the best known of the cavylike rodents, the South American mara (*Dolichotis patagonum*) is surely one of the most unusual. With its long stiltlike legs, it resembles a small antelope. Indeed, since there are few ungulates in South America, their niches are largely filled by species such as the mara and rhea. The mara's habitat is grassland and brushy desert, where it feeds on grasses and forbs.

Its behavior is at least as unusual as its anatomy. Males and females bond for life, which is fairly uncommon in mammals. Pairs are usually unsociable toward other pairs, but there is an exception. During the breeding season, up to 15 pairs will keep their young in a communal den. The adults continue to avoid each other, and visit the den only once or twice a day so the female can nurse. The female separates out her own young for nursing, apparently by odor. The male does not participate in care of the offspring, but watches for predators and intercepts any pair of maras that may approach while the female is nursing.

### The Naked Mole Rat

A tendency of rodents to take up a subterranean (fossorial) existence is distributed among all three of the major subgroups of rodents. An interesting species is the naked mole rat (*Heterocephalus glaber*). While most fossorial species are solitary, the naked mole rat is a fascinating exception. In appearance, it vaguely resembles a hot dog with teeth. The only remnant of fur is some long sensory bristles.

*The naked mole rat shows the classical adaptations for burrowing to a degree unique among mammals. It is nearly hairless, its eyes and ears are minute, and its teeth are greatly enlarged for digging.*

The naked mole rat lives in colonies of up to about 80 individuals and has a caste system resembling those found in social insects. There is one breeding female and one or two breeding males. The remaining nonbreeding individuals are divided into two size categories, with gradations in between. The smaller "frequent-worker" caste does most of the nest digging and foraging for food and nesting materials. The larger "nonworker" caste stands in line for promotion to breeder status, should there be a death in that category. They may also serve as soldiers to defend the colony against predators such as snakes. It is not clear to what extent membership in the frequent-worker caste represents permanent status, as opposed to a developmental stage that is eventually outgrown.

Caste status may be imposed through a chemical produced by the breeding female. When she dies, all colony individuals experience a growth spurt. Such a regulatory substance, which acts like a hormone, but is secreted from the body and affects other individuals, is called a pheromone. Pheromones regulate social insect colonies. The naked mole rat has the most complex caste system known in mammals. Simpler caste systems are found in some other African mole rats, and in several species of carnivores.

## Songbirds

If ratites are avian ungulates, then songbirds (order Passeriformes), however more popular, are the rodents of the bird world. Small, short-lived, and adaptable, numerous species occupy a wide variety of habitats. Songbirds are common in grasslands, but the habitat presents an interesting problem: where to sing? Though celebrated by poets, bird song is not a gesture of peace and friendship. It is a territorial signal—a warning to others to stay out. Males typically sing conspicuously from a more or less central high point in their territory, such as a treetop. But on the plains, there are few high places. One solution to this problem is for the male to sing on the wing, a habit adopted, for example, by dickcissels, bobolinks, longspurs, and larks.

## THE HOUSE SPARROW

We have come to expect well-developed social behavior on the plains, and the songbirds do not disappoint. The weaverbirds (family Ploceidae) provide a good example. The best-known species is the house sparrow (*Passer domesticus*), which, if we can carry the avian-mammalian analogy one step further, is the house mouse of birds, and is about as well liked. Though originating on the steppes of western Asia, it has accompanied man almost around the world. House sparrows forage and roost at night in groups but are less highly social than some other weavers.

## THE RED-BILLED DIOCH

The red-billed dioch (*Quelea quelea*), a weaver of the African grassland, is infamous for its habit of congregating in almost locustlike swarms, wreaking agricultural havoc. Efforts to control the destruction have included the use of poison gases, explosives, and flame throwers. Nesting is colonial, and a large colony may contain 10 million nests. The nest is built by the male, who attempts to attract a female with a display that resembles that of a juvenile begging for food. Mating is monogamous for a breeding season in this species, but other weavers are polygamous.

## THE WHYDAHS

An interesting phenomenon that has developed in the weavers is brood parasitism. Certain species, most notably in a subgroup called the whydahs, do not hatch their own eggs. Instead, they lay their eggs in the nests of various host species, who raise the parasitic species' young as their own. Usually, a given parasitic species victimizes a specific host species. The hosts of whydahs all belong to the weaverfinches (family Estreldidae), a family closely related to the weavers. The whydahs have some remarkable adaptations to promote the success of their nefarious way of life. The offspring of a particular species of whydah will accurately imitate the distinctive mouth-gape markings, begging calls, and behavior of the young of the species it parasitizes, in order to trick the foster parents into feeding it. When it sings, the male whydah imitates the song of the parasitized species. This is necessary because female songbirds generally

*The house sparrow, or English sparrow, actually a weaver, was introduced into North America in the mid-nineteenth century. This gregarious human commensal is now one of our most abundant birds.*

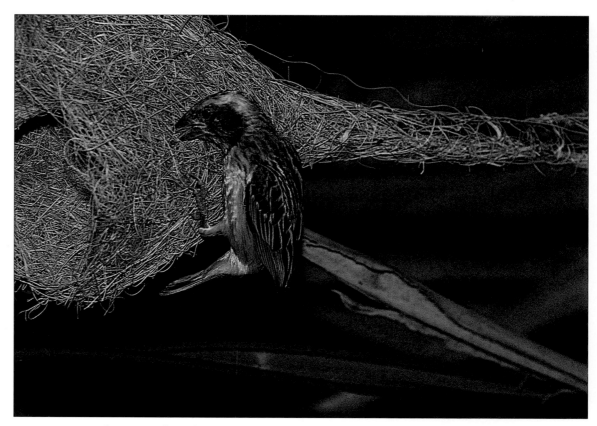

*Weavers receive their name from the elaborate nests that some species build, well illustrated here.*

*Fairly flexible in its habitat requirements, the sharp-tailed grouse has survived better than some other plains species.*

*A male sage grouse in full display on the lek grounds. The display is both a threat to other males and a courtship invitation to females.*

imprint on the song of their father (or foster father, in the case of the parasitic whydahs), and expect their mates to sing the same way.

## Other Birds

Gallinaceous birds (order Galliformes), which include such familiar species as the domestic chicken and turkey, have a significant presence in grasslands. Lek behavior (see "The Lek," p. 233), mentioned in discussions of antelopes, is virtually defined by three species of North American grouse: the sage grouse (*Centrocercus urophasianus*), the prairie chicken (possibly two species, *Tympanuchus cupido* and *T. pallidicinctus*), and the sharp-tailed grouse (*T. phasianellus*). All species exhibit similar reproductive behavior; we will describe only that of the sage grouse.

### SAGE GROUSE MATING RITES

In spring, several hundred males will assemble on a breeding ground of a few acres (1–2ha). There, each male establishes and defends a tiny breeding territory of about 12 to 120 square yards (10–100 sq m). More dominant males occupy territories closer to the center of the breeding ground, while lesser males, often yearlings, occupy more peripheral areas. Males

declare their territories and attract females through an impressive display involving a strutting posture, inflation of a large white-feathered chest sac, erection and fanlike spreading of the tail feathers, and swishing, cooing, and snapping noises. Females mate only with central males, so about 10 percent of the males perform the majority of the copulations. Nesting and care of the young are the female's responsibility entirely.

## Insects

Interestingly, there are only two phyla of animals that have achieved major success on land—the vertebrates and the arthropods (insects, spiders, mites). Seemingly, there are other phyla, such as nematodes (roundworms), annelids (earthworms), and mollusks (land snails, slugs), but a careful consideration of these groups shows that they live in very moist habitats, often in films of water, such as those that surround soil particles or that coat vegetation on a rainy or dewy evening. These animals are effectively aquatic. Both the vertebrates and arthropods, however, have many fully terrestrial species that are able to complete their life cycles in dry air, on dry land. Comparing these two groups, it is striking to note that there are only about 15,000 species of terrestrial vertebrates,

about half of which are birds, while there are likely several million species of terrestrial arthropods—just how many is not known—most of which are insects. These two groups have seemingly followed very different evolutionary strategies—arthropods producing a huge number of narrowly adapted species, and vertebrates producing a smaller number of more flexible species. This is not a black-and-white issue, however. Within the vertebrates, rodents and songbirds lean toward the insect strategy.

Not surprisingly, arthropods are abundant in grasslands. Some common herbivorous ones are springtails, aphids, termites, butterflies and moths, grasshoppers, beetles, ants, bees, flies, and mites. With so many species, each having turned some evolutionary trick to survive, there is no end of fascinating tales that can be told. We will look at just a few.

### GRASSHOPPERS

Placental mammals have ungulates; marsupials have kangaroos; birds have ratites; and the insect entry into the grazing category is, of course, grasshoppers—some 5,000 species. Mostly, they munch away rather inconspicuously. One would hardly guess that they consume more grass than the considerably more obvious vertebrate grazers. There are, however, nine species that leave no doubt about insect power.

These are the locusts, species that periodically build to enormous population densities and then migrate in sweeping hordes that devastate all vegetation in their paths. We can do no better than to quote the Bible: "And the locusts came up all over the land of Egypt...so that the land was darkened, and they ate all the plants in the land and all the fruit of the trees which the hail had left; not a green thing remained, neither tree nor plant of the field, through all the land of Egypt" (Exod. 10:12).

The migratory species have a stationary, solitary phase, when individuals behave like ordinary grasshoppers, and a gregarious, migratory phase The migratory locusts have longer wings and more body fat—necessary for long journeys. Transformation from the solitary phase to the migratory phase is prompted by crowded conditions. Historically, locusts have swarmed in such diverse areas as North America, Europe, Africa, and Asia.

## TERMITES

Termites eat cellulose—what plant cell walls are made of. They live just about everywhere on land that cellulose exists, which is to say, almost every-where plants grow. Interestingly, insects are no more capable of digesting cellulose than are vertebrates, so termites, like vertebrates, must accommodate micro-organisms—bacteria and protozoa—in their guts to do the job for them.

Termites have a complex castelike social structure. There is a reproductive caste—a pair of primary reproductives ("queen" and "king"), and sometimes supplementary reproductives—that produces all offspring. There is a worker caste, consisting of non-reproductive males and females that raise the young, forage, and construct the nests. Finally, there is a soldier caste that defends the colony from intruders. This caste scheme of social structure is referred to as *eusociality*, and was once thought to be found only in termites and Hymenoptera—bees, ants, and wasps (for more on termites, see "Brazilian Rain Forests," p. 299). Now, simplified versions are known among mammals—in the carnivores and rodents.

On the African grasslands, termites of the subfamily Macrotermitinae are among the most advanced and spectacular. They build nests that rise, towerlike, several feet into the air. Inside the nest, they grow fungus gardens on a layer of partly digested cellulose. Fungus harvested from the gardens provides the food for the termites. The nest has a complex of passageways arranged so that heat from the termites' bodies, and from the fermentation in the fungus gardens, circulates air between the inner core of the nest and the outer shell, where heat and carbon dioxide are lost and oxygen is taken up—a colonial lung. The queen's reproductive powers are staggering. She may live for ten years, producing 30,000 or more eggs a day. Indeed, she becomes an egg machine—bloated and unable to move.

## DUNG BEETLES

Ungulates, of course, make dung. Keeping dung from piling up unaesthetically on the plains is the job of an industrious group of organisms called decomposers, for whom dung is a heaven-sent gift. Interesting among these are the dung beetles. These insects gather the dung into a ball, roll it some distance, and bury it. Some species can form and handle a ball the size of an orange. The female lays an egg in the buried ball. The egg hatches into a larva that consumes the dung. Eventually the larva enters the resting phase, called the pupa, from which a new adult beetle emerges.

*The ecological importance of dung beetles is shown by the fact that when cattle have been imported into areas without native bovines, such as Hawaii and Australia, it has been necessary to bring in dung beetles as well to clean up.*

*Termites trace their ancestry to the dawn of the age of dinosaurs. The towering nests that they build on the plains of Africa, and in other areas of the world, are among nature's most elaborate constructs.*

# CARNIVORES OF THE PLAINS

Carnivores are animals whose diet consists principally of other animals. As one progresses further along the food chain, there is less food available. One very rough rule of thumb is that there is a 90 percent reduction at each step. Therefore, carnivores have smaller populations than herbivores, and nothing comparable to the teeming herds of African ungulates or the massive swarms of locusts. Nevertheless, there is a tremendous diversity of species, some of them existing in very small numbers.

Within the mammals, the formal order Carnivora includes dogs, cats, weasels, mongooses, raccoons, bears, and seals. In this order are some of the largest and most conspicuous predators, animals that feed on the largest of prey. Overall, though, the diet of the group is diverse, ranging from the largest ungulates to insects and other invertebrates and even to fruit and other vegetation. Although many other animals are carnivorous, the group is a good starting point for describing the predators of the plains.

## *The Dogs*

Wolves, coyotes, African wild dogs, foxes, jackals, and the familiar household pet—few animals produce such immediate emotions in us as those of the dog family, Canidae. We admire them, fear them, impute qualities of cunning and subterfuge to them, and can bestow upon them a degree of affection normally reserved for other humans. Even the apes, our actual blood-relatives among the mammals, do not produce such strong reactions in us.

Meticulous study of canid behavior, and particularly of their social structure, has proved rewarding. Canid social structure bears some similarity to that of humans, a fact that begs for an explanation. After all, the dogs are not especially closely related to us. It appears that we see here a case of convergent evolution. It is clear that although they live in a wide variety of habitats, the canids' fundamental adaptation is

to the plains, where they occupy the niche of social carnivores. Humans, too, distinguished themselves from the forest-dwelling, largely herbivorous apes by adopting the life-style of plains-dwelling, collective hunters. When organisms that occupy similar niches exhibit similar traits, we call this phenomenon convergent evolution (see "Convergent Evolution," p. 36, in "Polar" section). Consequently, it really is not too surprising that the dog should be "man's best friend"; the social structures of canids and man are highly compatible and we are quite understanding of each other's social ways.

While canid social structure varies, even within a species, some general features can be discerned. In many species, males and females form long-lasting, often lifetime, pair-bonds. There is a tendency to form a pack, usually an extended family consisting of one breeding pair and their offspring. The offspring, even though they may be adults, often do not breed, but cooperate with the breeding pair in such matters as hunting, feeding of the young, and territorial defense. In this capacity, they are referred to as helpers. Males and females commonly participate, to varying degrees, in the care of the offspring. Group defense of territory is a common feature of canids. This social structure has features in common with that of the eusocial insects.

The extent to which canids are social depends on the type of prey available. Species such as wolves, which hunt large prey, like wapiti, moose, and deer, typically form long-lasting, stable packs; collective hunting is required to capture such large prey. Foxes, whose normal prey are smaller animals, including rodents, rabbits, and birds, are often quite solitary. However, most species can adjust social structure according to environmental conditions. Thus, even species such as the red fox (*Vulpes vulpes*), considered to live in isolated pairs, form larger groups on occasion.

While the primary adaptation of canids is to the plains, like any successful group, they have been versatile, both within and across species. In practice, canids can be found in most terrestrial habitats. We will illustrate the variety of the group by describing several species in detail.

## THE AFRICAN WILD DOG

In many respects, the African wild dog (*Lycaon pictus*) is a typical canid. It primarily inhabits the savannas of Africa, though it ranges from desert to mountain heights. It lives and hunts in packs, its prey being largely hoofed grazers such as Thomson's gazelles, impalas, zebras, and even the greater kudu—a type of wild cattle weighing about 440 to 660 pounds (200–300kg).

The social structure, however, is unusual. There are separate male and female dominance hierarchies, with the dominant individual of each sex mating as the only breeding pair. Both males and females cooperate to raise the young; nonbreeding individuals serve as helpers. Somewhat unusual is that the males born in a pack often remain there throughout life, and form a continuing lineage. The females leave and migrate to other packs. Thus, the pack is patrilineal. Migration is associated with mortality, so males outnumber females. Also, since females compete for the right to enter a pack, there is more aggression among females than among males.

This interesting species is, unfortunately, endangered. Like many of the large predators, it does not mix well with humans.

## THE GRAY WOLF

It would be difficult to name an animal that figures more prominently in the fictional life of humans than the gray wolf (*Canis lupus*). Several factors no doubt account for this: an extensive distribution that once included a large part of the Northern Hemisphere exclusive of tropical forests and deserts; a somewhat menacing demeanor; its intimidating habit of associating in packs; its eerie, spine-chilling howls; and its occasional habit of taking domestic livestock—all must surely have contributed to the wealth of mythology surrounding the species. Though legend suggests that it is a fearsome man-eater, wolf attacks on humans appear to be exceedingly rare. And in truth, little credence can be given to the various stories of wolves raising human children

Wolves are highly social, and live in packs, though the concept of the "lone wolf" is not simply poetic. The nucleus of the pack is a pair-bonded male and female, who usually mate for life and are normally the only breeding wolves in the pack. The remaining wolves are offspring of the breeding pair, and they serve as helpers.

The pack scent-marks to stake its territorial claim. As the pack moves around its territory, individuals stop frequently to urinate on conspicuous objects. The density of scent-marks is especially great near territorial boundaries. Howling, which is relatively infrequent, signals the location of the pack within its territory, possibly to prevent encounters between packs at the territorial boundaries. An encounter between two packs may lead to a fight, with death a likely outcome.

Nonbreeding individuals may gain control of a pack in a variety of ways. A member of the current breeding pair may sicken or die, leaving an opening for ascendancy of another pair. A pack may split in two. Nonbreeding individuals may leave the pack and roam for awhile as lone wolves. Such individuals are quite vulnerable, but may pair up and establish a territory, often in one of the buffer zones that sometimes separate territories of established packs.

As their great distribution implies, wolves are quite flexible in their habits. Their primary adaptation of cooperative hunting seems to be for taking large prey such as deer, bison, moose, musk-oxen, and caribou. However, they will take prey as small as mice. Average pack size varies with habitat, from fewer than 7 to 15 or 20. Territory size also varies, depending on food density, time of year, and pack size.

The domestic dog (*C. familiaris*) was derived from the gray wolf ten thousand or more years ago. Substantial controversy exists about exactly where and when this occurred, and what subspecies of the gray wolf was involved. Dogs and wolves will crossbreed, but the association of the domestic dog with humans, and the wolf with the wild, makes interbreeding fairly infrequent, and preserves the genetic integrity of the two species.

As a result of human persecution and habitat destruction, the wolf is vulnerable, and several subspecies are extinct, including the Great Plains wolf that once roamed with the massive herds of bison on the American prairies. Hunting, trapping, and poi-

*The red fox is a versatile animal, at home in various habitats. Alert and shy, it is often seen in snapshot glimpses, if at all.*

*The gray wolf was once one of the most wide-ranging of mammals. Habitat destruction and relentless persecution have greatly reduced the populations of this fascinating and misunderstood species.*

*The calls of coyotes on a dark night surely rank high among the eerie sounds of nature. It is thought that the calls are used to announce the location of individuals and groups.*

soning have contributed to eliminating the wolf from substantial portions of its former range. As is often the case with threatened species, habitat destruction, and therefore fewer prey species, has also been a major factor in the wolf's decline.

## THE COYOTE

The coyote (*C. latrans*) is familiar at least by reputation to most residents of North America. It may well become more familiar by direct experience, for unlike most canids, its range is expanding, and it survives quite well in proximity to humans, even to the extent of invading suburbia. Though primarily an animal of the prairie, it is versatile, and does well in forests as well. It has been suggested that reduced competition from the declining gray wolf has opened up a window of opportunity for the coyote. It is also flexible in its diet and will eat fruit, insects, small rodents, rabbits, deer, pronghorn, and Rocky Mountain sheep. More than most other canids, coyotes tend to be loners, but success with larger prey requires cooperative hunting, and the coyote can adopt this habit when needed.

In short, coyotes are survivors. It is little wonder that an enormous mythology has arisen around this species. North American Indians frequently portrayed it as a god, creator, and teacher of humans. Sometimes, however, it is a vain mischief maker that is undone by its own tricks. Europeans have not neglected it, either: coyotes are supposed to have raised a baby lost from a covered wagon—the baby growing up to become Pecos Bill. The howling of coyotes is supposed to forecast the weather. Quite generally, Europeans have had a poor opinion of the coyote. Its killing of livestock and poultry is not an endearing quality. Accordingly, coyotes have been trapped, shot, and poisoned, often for a reward. Yet the species thrives.

Most typically, coyotes associate as breeding pairs. Mating appears to be for life, or at least long-term. Offspring may remain with the parents to form small packs, similar to wolf packs but less stable. Packs are more likely to form when large prey are available. Both sexes care for the young. Like wolves, coyotes use scent-marks and howling to define territory.

# The Cats

Another important family of carnivores is the Felidae, or cats. In many respects, they offer a striking contrast to the canids. Largely solitary, they are not primarily associated with the plains; in fact, three-quarters of species are forest-dwelling. However, there are some important exceptions that warrant discussion of the group in this section.

Regardless of size, habitat, or social inclinations, cats are hunting machines of enormous effectiveness. They are muscular and agile. The feet are thickly padded for silent stalking. The claws are needle sharp, and in most species can be retracted when not in use to keep them from becoming blunted. They have large, cupped ears to hear efficiently. Vision is probably their most highly developed sense. The eyes are relatively larger than those of other carnivores and set toward the front of the head to give binocular vision. The vertically slit pupils can be opened to large circles in the dark, giving them excellent night vision. The sense of smell, however, is less developed than in the canids.

The cats' technique for attack is a painstaking, silent stalk, taking skillful advantage of whatever cover may be available, followed by a sudden rush at the prey. Though most cats can reach high speed, they cannot sustain it for more than a brief distance—they are sprinters, not distance-runners.

The major groups of cats are the large roaring cats, most economically placed in the single genus *Panthera*, and the small, purring cats, of the genus *Felis*. Needless to say, the domestic cat is in the second genus. It should be noted that size is not a perfect criterion for classification. The mountain lion (*Felis concolor*) is classified with the "small" cats! Oddball species are the cheetah (*Acinonyx jubata*) and the clouded leopard (*Neofelis nebulosa*). The former is a plains species, the latter a forest-dweller.

## THE LION

Having said that cats are mostly solitary, we begin with an exception, the lion (*Panthera leo*). It is, however, an exception that proves another rule—that plains dwellers tend to be social. Associated in many peoples' minds with the grasslands of Africa, the lion once had a much more extensive distribution, including most of Africa and Eurasia, North America, and northern South America. This places it in contention for the widest-ranging mammal aside from humans and our commensals, such as the Norway rat. Although much of its range reduction occurred in prehistoric times, it was found in the Middle East until this century. Today the species continues to decline: two subspecies are extinct, and several others are endangered.

The lion is primarily a hunter of large grazing mammals, though the king of beasts is not above eating rodents, lizards, and hares. Its hunting technique is typically feline: a creeping stalk followed by an explosive rush. Many of its prey can outrun it, so if it does not make the capture after a fairly short dash (and it often does not), it gives up—there is no point wasting energy chasing a stilt-legged antelope that can easily outdistance it. Hunting in a group, with several animals stalking the same prey from different directions, is common and considerably more successful than solitary hunting.

The reproductive unit is the pride, consisting of a number of adult females, a smaller number of adult males, and juveniles totaling about 15 individuals. Females born in the pride usually remain there for life. Males leave the pride when they become sexually mature, and after wandering as a group for awhile, they attempt to oust the resident males of another pride and take it over. If successful, they frequently kill cubs born to the previous males before siring their own. Thus, the pride is matrilineal. The pride is territorial with respect to other prides. Territoriality is asserted through scent-marking and roaring by males. Roaring usually takes place in the evening, and the throaty rumble, rolling for miles through the dimming twilight, is a memorable sound. Males expend most of their effort in defending the pride against interloping males, leaving the chore of hunting to the lionesses.

At any given time, the adult females in a pride are related to each other, and the adult males are usually related to each other, but the females are not related to the males. This situation results in some atypical behaviors for mammals. For example, lionesses will nurse any cubs in the pride. Males are relatively non-

*A lioness at leisure. The physical differences between male and female lions exceed those of any other cat, reflecting strong differences in social roles.*

competitive among themselves for mating rights to lionesses. Indeed, cooperation, rather than competition, is more the rule among members of a sex. This is as one would expect from the theory of kinship selection (see "Kinship Selection," p. 242).

## THE LEOPARD

The leopard (*P. pardus*) is less a grassland species than is the lion. In some respects the coyote of the cat family, it occupies a variety of habitats from desert to rain forest, lowlands to mountains. Its food habits are equally versatile. Although it can take prey as large as impala and wildebeest, it can satisfy its nutritional needs with smaller prey, including rodents, rabbits, and birds. As a result, the leopard ranges more widely than other cats—it is found in Africa, the Middle East, India, Southeast Asia, and China. Forest and mountain leopards are likely to be "black panthers," a striking color variant caused by a single-gene difference from the spotted variety.

Leopards are, like most felines, highly solitary. Females and males are both territorial with respect to members of their own sex, but male territories overlap female territories. An interesting habit of leopards is to drag their prey high into a tree, where they cache it or consume it in relative peace from scavengers, even when the prey outweighs the leopard.

In an era of widespread habitat modification by humans, a versatile species like the leopard often fares better than a more specialized species. Unfortunately, the leopard's strikingly beautiful fur coat works against it, and while it is true that it is less vulnerable than some other cats, it is nevertheless threatened.

## THE CHEETAH

With blunt claws that do not fully retract, and a slim, greyhoundlike build, the cheetah (*Acionyx jubata*) is a somewhat atypical cat. It is more diurnal than most cats, and has circular, rather than slit-shaped, pupils that admit less light. Its hunting style is typically feline—only more so. The cheetah has developed the concept of overwhelming rush following skillful stalk to its highest degree. During the final dash, it may briefly reach a speed greater than 62 miles (100km) per hour, and is generally claimed to be the world's fastest running animal. It needs to be fast, for the principal items of its diet are speedy, medium-sized ungulates, such as gazelles and impalas.

Female cheetahs are solitary, except for accompanying young. Naturally, they must also tolerate a male long enough to mate, but this is just for a day or two. Male offspring leave the mother as a group, and may remain together for life. A male group may also consist of unrelated individuals. Even this limited degree of sociableness is somewhat unusual for cats.

The cheetah tames fairly well, and as far back as ancient Egypt it was used for hunting. In recent times, habitat loss and the value of its pelt have made the species endangered.

*Although the cheetah may be the world's fastest land animal, its burst of energy is brief. An average chase lasts about 20 seconds, after which the exhausted animal must rest.*

*The versatile leopard is as at home in trees as on the ground. The so-called black panther is a color variant of the same species.*

*The caracal is one of the many species of small cats. It is found in drier woodlands and savanna. Its diet consists of rodents, birds, and small ungulates.*

## Small Cats

The small cats of the genus *Felis* occupy habitats from desert to forest, with forest-dwelling species being in the majority. Unfortunately, the biology of these generally secretive, largely nocturnal animals is not well known. Because of habitat destruction and the value of their splendid pelts, a number of species are in serious decline.

The wildcat (*F. silvestris*) lives in forest, savanna, and steppe, and ranges from Europe to India to Africa. It is of particular interest because it is widely regarded as being the species from which the domestic cat was derived in ancient Egypt, in about 2000 B.C. The wildcat is slightly larger than the domestic cat and is quite solitary. In contrast, feral domestic cats are, by cat standards, fairly social. Or to be more precise, their behavior varies from solitary to socially tolerant, depending on circumstances.

Some other plains small cats are the serval (*F. serval*), the caracal (*F. caracal*), the pampas cat (*F. colocolo*), and the black-footed cat (*F. nigripes*).

## Mustelids

Mustelids (family Mustelidae) represent the largest, if not necessarily the most admired, family in the order Carnivora. The production of scents for such pur-

*This badger is evidently contesting occupancy of a burrow with a rattlesnake. A weasel relative, badgers have proved relatively resilient to human activity—even occupying urban areas.*

poses as indicating reproductive status or territorial marking is a trait of mammals. Mustelids merely carry the idea to an extreme. Included in the group are weasels, mink, polecats, ferrets, badgers, otters, wolverines, and the inimitable skunks. The group is diverse and has no obvious affiliation with any one habitat. A number of species are found in grasslands. Individuals of most species are solitary, if not downright hostile toward each other, but there are exceptions, for example, among the otters and badgers. Mustelids tend to be burrowers, or to enter tunnels of prey, an adaptation reflected in their general body form—long and low, with shortened limbs and small ears. This trait may have predisposed them for success on the plains.

Reproduction in mustelids has some curious features. One is the uncivilized way that males treat females. A male will grab an apparently reluctant female by the neck, drag her around, and then force her into prolonged copulation. As it turns out, the behavior has a function. Ovulation (egg production) in females is triggered by copulation—which apparently must be prolonged and vigorous. As a result, mating virtually guarantees egg fertilization. This reproductive behavior allows mustelids to live solitarily at low population densities. The ability to spread their populations thin in turn allows mustelids to exploit marginal habitats with little food.

## Viverids

The viverids (family Viveridae)—civets, genets, and mongooses—are a diverse but not well-known group of carnivores. They bear the closest resemblance to the ancestral stock of the carnivores. However, they have evolved in a noticeably catlike direction and are classified in a common suborder with hyenids and felids. Civets and genets are arboreal; mongooses are terrestrial and more notably associated with open habitats, including grasslands. Diet usually consists of a wide variety of invertebrates, small vertebrates, and eggs. One group, the palm civets, eats fruit. While mongooses will kill snakes, the popular image of them as snake killers is exaggerated. Civets and genets have been considered solitary, but as in the case of foxes, they are perhaps more social than was originally thought. Mongooses commonly pair-bond, and some species are highly social.

### THE DWARF MONGOOSE

The dwarf mongoose (*Helogale parvula*) occupies open habitats, including savanna and brushland. The diet consists of insects, small vertebrates, fruit, and eggs. They typically live in groups of about a dozen. The social structure is of interest. There is a single, monogamous breeding pair. Nonbreeding individuals, both male and female, serve as helpers in caring for the young—cleaning, carrying, and feeding them, and baby-sitting them while the rest of the group forages. Younger individuals serve as sentinels to watch for and warn of danger. Adults may emigrate from the group and attempt to found new packs or insinuate themselves into existing ones. This social structure is similar to those of canids and eusocial insects.

## Hyenas

Hyenas (family Hyaenidae) resemble canids (dogs), but are more closely related to viverids. Unlike dogs, which have adapted to a variety of habitats, hyenas are open-terrain specialists. They are efficient predators and scavengers. A notable characteristic is the tremendous power of their jaws, which allows them to crush and eat bone—a portion of the prey wasted by many predators. The brown hyena (*Hyaena brunnea*) scavenges what other carnivores leave behind, while the spotted, or laughing, hyena (*Crocuta crocuta*) is one of Africa's most effective predators of large mammals, as well as an accomplished scavenger. An anomalous member of the family, the aardwolf (*Proteles cristatus*) specializes in the consumption of termites.

Spotted hyenas are social, with group size depending on the size of the prey being hunted. The largest packs form to hunt zebra. Females are larger than males and socially dominant. Curiously, the female genitalia mimic the male genitalia, to the point where the sexes are difficult to distinguish. Care of the young rests entirely with the female.

## MAMMALS THAT CONSUME SMALLER PREY

We have seen that the mammalian order Carnivora can be characterized as feeding on relatively large prey. Next, we will look at several orders of mammals whose diet consists primarily of invertebrates, especially insects.

*Often deprecated when judged by human standards, the spotted hyena is an efficient predator and scavenger of the plains. A hyena may consume as much as 33 pounds (15kg) of flesh at a time.*

*Dwarf mongooses make their dens in rock crevices, among tree roots, and in termite mounds. Their diet is primarily insects. Their social behavior is of considerable interest.*

## The Edentates

The edentates (order Edentata) constitute a group of improbable mammals. The order includes the anteaters, armadillos, and sloths. Of these, the sloths are denizens of the forest, while anteaters and armadillos are found in plains and forest. Although they are placental mammals, like the marsupials, they were isolated in South America for some 60 million years, and evolved independently of the bulk of placental mammals on the northern continents. Presumably, this long period of isolation accounts for their unusual characteristics. Their present distribution includes Central America and southern North America, but their stronghold is still South America. Some general traits of edentates include reduced or absent teeth, elongated front claws, a body temperature that is low and variable for mammals, and a low metabolic rate.

### THE GIANT ANTEATER

Weighing 40 to 86 pounds (18–39kg), veiled in long, shaggy hair, and with an elegantly tapered snout, the giant anteater (*Myrmecophaga tridactyla*) of the South American llanos is splendidly offbeat. It uses its strong front claws to open termite and ant mounds. Then it gathers the hapless insects with an elongated tongue coated with sticky saliva that can be stuck out as much as 24 inches (60cm). The same long claws are a formidable weapon if the animal is threatened by a predator. Except for females with young, the species is believed to be solitary.

### ARMADILLOS

With their covering of bony plates, armadillos resemble reptiles, or perhaps even overgrown pill bugs. But they have sparse hair to remind us that they are mammals. Ants and termites are a significant part of their diet, but they feed on other insects, small vertebrates, and vegetation, as well. Armadillos are quite solitary; females of some species are territorial. They have a strong propensity to burrow, and the home range of an individual will normally include several dens. Armadillos are valued for food wherever they are common—a convenient feature being that they can be cooked and served in their own shell, and are used as a kind of fast food in open-air markets.

Like marsupials, edentates did not fare well when the reconnection of the land bridge between North and South America allowed placental mammals to stream south. Now some species are hard-pressed by humans as well. The giant anteater and giant armadillo are threatened, and several species of sloths are threatened or endangered.

## The Insectivores

The order Insectivora includes shrews, moles, and hedgehogs, which are common in a variety of habitats throughout North America, Eurasia, and Africa, but are absent from Australia and most of South America. Because most species are small and secretive, and many are burrowers, they are not frequently seen. Nonetheless, many a suburbanite has been made rudely aware of their presence when, after a night's prowl, the family cat deposits the gift of an uneaten shrew carcass on the doorstep. Insectivores are famous for the frantic pace at which they lead their lives. Many must eat almost continuously to fuel their metabolic furnaces. Some shrews are venomous, a trait not usually associated with mammals.

## Bats

Bats (order Chiroptera) make up the second largest order of mammals, after rodents. This is another adaptable group, found in most terrestrial habitats. Perhaps their success is a result of having little competition as nocturnal aerial predators of insects. Not all bats conform to this rule, however—there are bats that eat fruit, pollen, nectar, rodents, fish, amphibians, and yes, even the blood of livestock. The overwhelming majority of species are harmless to humans, so the fear many people have of them is unjustified. A much-studied feature of many bats is their elaborate echolocation system. This involves the bats sending out high-frequency pulses of sound while flying, and listening for the returning echoes that result whenever the sound pulses strike an object. Obstacles to flight are detected this way, and also insect prey.

**The giant anteater of South America may eat 30,000 termites and ants a day. With its powerful claws, long snout, and sticky, extensible tongue, it is perfectly adapted for opening ant nests and feeding.**

## Marsupial Carnivores

There is a rich variety of marsupial carnivores, ranging from insectivorelike forms to the remarkable, canidlike Tasmanian wolf (*Thylacinus cynocephalus*). They occupy a wide range of habitats from desert to high mountains.

### THE TASMANIAN WOLF

The Tasmanian wolf, which was last seen in 1933 and is now most likely extinct, is thought to have preferred open woodland and grassland habitats. Its diet consisted of kangaroos, other mammals, and birds. Although frequently solitary, it is also reported to have hunted in small groups. With respect to general appearance, diet, habitat, and behavior, the Tasmanian wolf had a lot of similarities to the placental canids. Its extinction was the result of several factors: habitat destruction; competition from dogs, which were introduced by people; and poisoning, shooting, and trapping due to concern over its preying on livestock.

### DASYURIDS

The family Dasyuridae, on Australia and adjacent islands, contains some 50 species of small to medium-sized carnivores. The smaller species are referred to as marsupial mice, but their diet is more similar to that of insectivores. An interesting feature of several species is that the males die after a single breeding season. The medium-sized dasyurids can be compared to small cats, viverids, or mustelids. One species is even called the native cat. Their diet includes insects, small mammals, and birds.

## AVIAN CARNIVORES

The carnivorous birds are at least as diverse as the carnivorous mammals, and they exhibit numerous fascinating adaptations. There are species to fill virtually every conceivable feeding niche. Birds are not capable of killing adult large herbivores, but vultures nevertheless manage to partake of such prey by scav-

*Ruppell's griffon vulture (*Gyps rueppelli*), which feeds largely on carrion, frequently nests in small colonies of a few pairs.*

enging the kills of canids, hyenas, and felids. Smaller mammals, birds, and reptiles are taken by a wide variety of raptors—the avian analogue of such mammals as mustelids, viverids, and the small cats. It is, however, in the insect-eating arena that birds truly come into their own—with a multitude of species living in a variety of habits substantially exceeding what is seen in the insect-eating mammals.

The raptors (order Falconiformes) constitute an order of birds that includes the New World vultures, Old World vultures, hawks, falcons, harriers, and eagles. The term *vulture* is applied to species that primarily scavenge, and the New and Old World vultures, though similar in general appearance and habits, are not closely related. Other raptors take prey that range from medium-sized mammals, and even the young of large mammals, down to insects. Vultures do sometimes kill their prey, and other raptors do sometimes scavenge. Raptors are diurnal; their nocturnal counterparts are owls.

### VULTURES

Vultures are among the largest living animals capable of flight—though the extinct flying reptiles called the pterosaurs were larger still. They have an evil reputa-

tion. Their wheeling flight over a corpse has become a symbol of death. Many organisms participate in the recycling of dead matter, and vultures play their role. They are splendidly adapted for the niches they occupy. Many vultures are naked on the head and neck, which gives them a gruesome appearance, but is practical in that it allows them to plunge their heads into the viscera of prey without ending up with bloodied and soiled feathers. Vultures locate carrion through vision and smell. While soaring, they watch each other, even when miles apart—one vulture descending to feed will quickly attract others. One Old World vulture provides a rare instance of tool use among birds: the Egyptian vulture (*Neophron percnopterus*) has been reported to crack ostrich eggs by throwing rocks at them with its beak.

### THE SECRETARY BIRD

A most unusual raptor is the secretary bird (*Sagittarius serpentarius*) of Africa. With its stiltlike legs and fanlike crest of head feathers, it has a bizarre, perhaps slightly mad appearance. And while most raptors either hunt on the wing or swoop down on their prey from an elevated perch, the secretary bird stalks on the ground. Although it can fly, it does so reluctantly. Its

# *The Mountains*

*While the beauty of the plains is subtle and takes some effort to appreciate, mountains grab our attention immediately. The beauty of mountains has inspired artists and writers throughout history, just as the challenge of mountains has long inspired climbers. In addition to their symbolic importance, mountains have profound environmental significance. Mountains have a powerful impact on climate, strongly affecting temperature and rainfall, which, in turn, affect vegetation and animal life. Furthermore, the physical characteristics of mountains demand special adaptations from organisms and also provide special opportunities.*

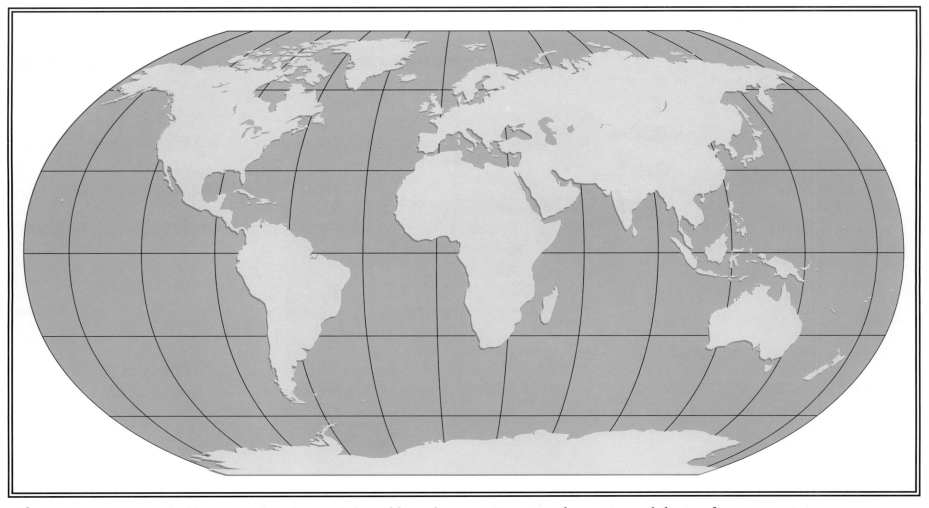

*The most vigorous mountain building occurs where the crustal plates of the earth converge. Young, jagged mountains mark the sites of recent or ongoing convergences. Older, eroded mountains show the locations of past collisions.*

## HOW ARE MOUNTAINS FORMED?

---

### *Tectonics and Erosion*

---

Mountains are built by tectonic forces. They are torn down by the inexorable agents of erosion that eventually grind down the most stalwart of precipices. A mountain's life is an ongoing product of these opposing forces.

As continents and their underlying crustal plates collide, grind past each other, and separate, forces are generated that buckle, tilt, elevate, and lower the continental rocks. Also, frictional energy is released that melts rock under the surface, forming magma. This magma may push upward to produce domes, or may break onto the surface, forming volcanoes.

Mountains are records of past collisions. Old mountain ranges, such as the Appalachians of the eastern United States, were formed by collisions that occurred in the distant past. New mountains, such as the Himalayas, are the products of relatively recent collisions. In fact, the collision between India and Eurasia that produced the Himalayas is still in progress. Looking at these mountains from space, you can almost see India squashing into Eurasia. In general, the highest mountains of the earth are the result of recent or ongoing collisions. These mountains are youthful (geologically speaking, to be only tens of millions of years old is to be young) and have characteristic sharp outlines and dramatic relief. Mountains that were formed far in the geologic past have already been affected by erosion's gradual toll. Their altitudes are lower, contours are rounded, and precipices have become slopes. Such mountains are friendlier and less imposing.

The western mountain ranges of North America, collectively called the Cordilleras, present a complex situation. Here there were several episodes of mountain building, separated by periods of erosion. The latest phase of mountain building was recent, however, so the Cordilleras have the aspect of a youthful mountain range.

The knowledge that continents have at various times come together and then drifted apart provides many helpful explanations to geologists and biologists alike. Such movement explains similarities in rock formations and the distribution of animals, for example.

## How Mountains Affect Climate and Vegetation

Altitude and relief substantially affect climate. Temperature decreases with altitude. Thus, moving upward is somewhat equivalent to moving toward the poles. However, a mountaintop in the tropics may have the same average temperature as a lowland area near the poles but will experience little seasonal temperature variation, while the polar area will experience considerable variation.

Wind velocity increases dramatically with altitude. At high altitudes, plants and animals must cope not only with low temperatures, but also with high winds. Wind is damaging in itself, and increases heat loss to the cold air. Wind velocity is at least as important as air temperature in determining the highest altitude at which trees will grow, the tree line.

Oxygen pressure decreases with altitude. To any sea-level resident who has visited a high-altitude city, such as Denver or Mexico City, and has ended up huffing and puffing from minor exertions, or worse yet, has been wracked by altitude sickness, it must surely seem that this would be a major problem for plants and animals, especially since the altitudes of these cities are really quite modest. Actually, living things seem to adjust rather easily to lower oxygen pressure. For suitably adapted organisms, it is not much of a factor. A number of years ago, an airliner flying at 37,000 feet (11,300m) collided with a large bird, a Ruppell's griffon vulture (*Gyps ruepelli*). The bird's ability to fly at this altitude indicates that living organisms can cope with low oxygen pressures.

Mountains also have a great effect on precipitation. The upward deflection of wind when it strikes a mountain leads to lots of rainfall. The windward slopes of some mountains are among the world's wettest areas. For example, the Olympic Mountains of Washington receive as much as 150 inches (3,800mm) of rain per year. The lee sides of mountains are so dry that desert often forms; the windward sides of mountains are usually forested.

Because temperature, precipitation, and other factors change with elevation, it stands to reason that

*The Rocky Mountains of North America have the rugged appearance of youthful mountains as a result of a recent episode of uplifting. The tree line—the highest altitude at which trees grow—is visible here.*

*A cool rain forest results when the Olympic Mountains on the west coast of the United States intercept moisture-laden air from the Pacific, and receive about 140 inches (3.6m) of rainfall yearly.*

vegetation changes also. Mountains exhibit zonation, or shifts in plant type, with increasing altitude. For example, the lower slopes might be forested with broadleafed trees (hardwoods); the higher altitudes with conifers; and at still higher altitudes, trees become dwarfed and sparse, often taking on a characteristic windswept appearance. If the mountain is high enough, a combination of dropping temperatures and increasing wind velocity eventually makes the survival of trees impossible. Above the tree line, one enters a miniaturized world of lichens, mosses, grasses, and surprisingly delicate flowers. This is the alpine tundra, a habitat of incomparable exquisiteness. The sequence of vegetation encountered varies widely, depending on the mountain. As a rule, zonation is more complex in equatorial regions than in polar ones. However, virtually any elevation capable of supporting life will show some degree of zonation.

Changes in vegetation, together with the physical factors that underlie these changes, obviously affect animal life. Thus, we expect to find different animal species at different altitudes. Not all species follow this rule, however. More mobile species may migrate and thus range through a variety of habitats.

*The Blue Ridge Mountains in North Carolina, part of the Appalachians, show the rounded contours of an old and eroded range. Because of the modest elevation, trees grow to the summits.*

## ADAPTATIONS TO THE MOUNTAINS

Mountains present an array of habitats. For example, the rounded, soil-covered, and largely forested Appalachian Mountains of North America are a far cry from the jagged, rocky, and precipitous Cordilleras. Many mountains are wooded at lower elevations, or at least were wooded until humans cut the trees. If a mountain range is high enough, however, its summits will exceed the tree line, and alpine conditions will prevail. Clearly, the adaptations of animals will differ under these varying conditions.

## Generalists and Specialists

Roughly speaking, we can divide mountain species into two categories: those that are mountain specialists and those that live in many habitats including mountains. A number of species that are described in the "Plains" section fall into this latter, "generalist" category. Examples are the gray wolf (*Canis lupus*), the coyote (*C. latrans*), the leopard (*Panthera pardus*), and the golden eagle (*Aquila chrysaetos*). Even such animals as African elephants (*Loxodonta africanus*) and hyenas, normally associated with the plains, occasionally range to surprisingly high altitudes—16,400

feet (5,000m) in the case of the elephant, and 13,100 feet (4,000m) in the case of the spotted hyena (*Crocuta crocuta*). Some mountain species are migratory: they travel to lower altitudes—even to the plains—in winter, and to higher altitudes in summer. The wapiti, or elk (*Cervus canadensis*), is an interesting example (see "Wapiti Migration," p. 267).

In some cases, human activity has pushed generalist species toward a more exclusively montane existence. Plains have been destroyed as almost no other habitat has. Mountains, especially high, precipitous ones, being less habitable, have been relatively less affected. In some cases, generalist species have survived the devastation of the plains by holding out in the mountains. Examples include the gray wolf, brown (grizzly) bear (*Ursus arctos*), and wapiti.

Mountain "specialists" may be quite specific about their requirements. Many forest species will never venture above the tree line. However, as inhospitable as the alpine environment may seem, there are species that call it home and that rarely descend below the tree line: the alpine ibex (*Capra ibex*) and hoary marmot (*Marmota caligata*) are two (see "Altitude Zonation in Chipmunks," p. 271). Other species are more versatile. The yellow-bellied marmot (*M. flaviventris*) ranges from moderate through alpine elevations. Thus, the generalist-specialist distinction represents extremes of a continuum.

## *Characteristics of Mountain Habitats*

Because of the variety of mountain habitats, it is difficult to designate a set of mountain adaptations. The alpine habitat is perhaps the easiest to characterize. Lacking trees, it presents the same problems of exposure as the plains. Accordingly, the adaptations are similar: formation of social groupings, burrowing, and swiftness. One difference is that swiftness in the mountains is not necessarily an issue of flat-out speed. On precipitous, rocky upland slopes, agility and sure-footedness are what make an animal fast. Mountain ungulates often approach the incredible in this regard (see "The Rocky Mountain Goat," p. 269). It should not be surprising that many of the most successful animal groups in alpine regions are also groups that do well on the plains.

Turning to forest, one difference between it and more open habitats, such as the plains and alpine regions, is in the area of species diversity. The open habitats have a relatively small number of species, any one of which may be represented by many individuals. Forest habitats, especially at lower elevations, are characterized by a large number of species, each represented by relatively few individuals. Thus, we say that forests have high species diversity. One reason is that the forest habitat does not stretch the

*The grizzly is a North American variant of the brown bear* (Ursus arctos). *Sensing danger, it relies more on smell than vision to assess the situation.*

*Though it sometimes occurs alone, the gray wolf is basically social, as it must be to successfully hunt large game. Its distribution embraces both the Old and New Worlds.*

adaptive limits of life as much as plains or alpine habitats do. As a result, more species are able to adapt to it. Another factor is structural complexity. The presence of trees produces a degree of three-dimensionality absent in the other habitats. When one looks at groups as disparate, for example, as primates, rodents, birds, and mosquitoes, one finds that species change as one traverses from the forest floor to the top of the forest canopy (see "Primate Stratification," p. 282).

An analogous situation exists in oceanic habitats. Like forests, coral reefs have high structural complexity and high species diversity. Like plains and alpine habitats, open ocean is structurally simple and has low species diversity, though the abundance of a particular species may be high.

## MOUNTAINS AS ISLANDS

Another interesting phenomenon leads to increased species diversity in the mountains: the islandlike isolation of mountaintops. The earth's climate has varied in times past—being sometimes warmer and at other times colder. During cold periods, the distribution of a particular species shifts toward the equator, as organisms take advantage of the warmer conditions prevailing there. Then when the climate warms, their distribution shifts poleward again. However, in mountain terrain, an alternative to moving poleward is to move upward to higher elevations. As the climate warms, cold-requiring species that have migrated up mountains may become trapped. Each mountaintop becomes an island of cold surrounded by a sea of lowland warmth.

Cold-adapted species become isolated populations, each on a different mountaintop. Genetic variation that arises in the animals on one mountaintop cannot be passed to those on another, so the populations begin to diverge. If they diverge enough, they may become different subspecies. If the isolation is maintained long enough, the animals become so different genetically that members of different populations no longer interbreed. Then the populations are separate species (see "The Appalachian Woodland Salamanders," p. 277). The same phenomenon occurs in oceanic island chains, the flora and fauna of which are often characterized by a diversity of closely related species. In fact, a visit to one such island chain—the Galapagos Islands off the west coast of South America—strongly influenced Charles Darwin as he formulated the first modern theory of evolution.

## *Adaptations to Forests*

Trees provide a wide diversity of niches to animals. Species that have taken up an arboreal existence exhibit various specializations, including acute binocular vision; long, grasping limbs; a relatively large brain size in relation to body size; and needle-sharp claws. The ability to fly preadapts birds and insects for life in trees. One group of mammals, the bats, flies, but other mammals, and some reptiles and amphibia, have at least developed the ability to glide. Although many arboreal animals are active and agile, some species have taken an alternative approach. Such species as sloths and Old World chameleons are very slow-moving, relying on concealment for safety. The term *cryptic locomotion* has been used to describe this practice. Let us look at arboreal adaptations in more detail.

In active arboreal animals, vision is the primary sense used to navigate through the branches. Vision in such species is usually acute, and the eyes are positioned toward the front of the head so that both eyes can view an object simultaneously. The resulting binocular vision aids in depth perception, crucial for judging the distance to the next branch. Primates and cats illustrate the visual characteristics associated with this mode of life. Small animals, with the eyes necessarily close together, cannot get much of a binocular effect. To compensate for this shortcoming, they will frequently shift their entire heads up and down or from side to side before leaping in order to obtain the difference in perspective needed to judge distance.

During rapid locomotion through treetops, information has to be processed rapidly, and decisions made quickly. Coordination between eye and hand, or whatever grasping structures the animal uses, has to be fast and accurate. Thus, active arboreal species tend to have large brain sizes, a point well illustrated by primates.

Long, grasping limbs have an obvious advantage for locomotion through trees. Many primates can grasp with the hind feet as well as the hands, an ability lost in terrestrial humans. Many New World monkeys have evolved a prehensile tail, which virtually serves as a fifth limb. Rather than a grasping hand or foot, some arboreal species, such as the cats and squirrels, make use of sharp, curved claws that can be dug into a limb or trunk. Scansorial birds (those that clamber on tree trunks), such as nuthatches and woodpeckers, do the same.

Before the primate ancestors of humans moved out onto the plains, they were undoubtedly forest-dwelling and arboreal. Several important traits seem to have been laid down during this stage of our evolution: a start toward large brain size, acute binocular vision, good eye-hand coordination, and a long, grasping, ultimately tool-using forelimb.

## Adaptations to High Altitudes

Since mountain temperatures get cooler the higher you go, one adaptation in plants and animals is increasing cold tolerance with altitude. Adaptations for cold are numerous. Mammals' bodies become chunkier, and limbs and other extremities, such as the ears and tail, become shorter. This phenomenon is known as *Allen's rule*. Total body size tends to increase, a phenomenon termed *Bergman's rule*. Fur, of course, becomes longer and more dense. All of these changes result in reduced heat loss. It is no accident that when humans want to keep warm they use the wool from such mountain species as sheep and alpaca. Ruminant animals, that is, the majority of even-toed hoofed mammals, such as llamas, mountain goats, and bighorn sheep, are preadapted for cold. The complex cellulose fermentation that they carry out generates a great deal of heat (see "Even-Toed Ungulates," p. 232, in the "Plains" chapter). This, combined with generally large body size, may help explain why even-toed ungulates are so numerous in the mountains, as well as in polar areas.

Hibernation is another way for endothermic—that is, warm-blooded—animals to cope with cold. During hibernation, body temperature drops to just above freezing, the animal becomes unconscious, and heart rate and breathing drop to low levels. In this state, the body's energy demand (metabolic rate) is very low, and the animal can survive for an extended period on stored fat. Not all animals that hole up for the winter really hibernate. Many ground squirrels do, for example. But bears do not achieve true hibernation. Their body temperature remains nearly normal, and they are easily aroused.

Snakes, lizards, and insects may adapt to cold by giving birth to developed young, rather than laying eggs. By growing inside the mother's body, the young benefit from her ability to seek out warm areas, such as rocks heated by the sun.

## GLACIER FLEAS

*Also called snow fleas, these primitive insects, or insectlike arthropods, are found as high up as nearly 20,000 feet (6,096m) in the Himalayas, and under correspondingly severe conditions in other mountain ranges. They are not really fleas, but springtails (order Collembola), having been named for the forklike structure folded under the abdomen that can be abruptly extended so that the animal jumps, flealike, an inch or two (3–5cm) into the air. As their English name implies, these minute beings are found on snow fields and glaciers at extreme altitudes, where they can be so plentiful as to blacken the surface. This is a fine example of the principle that the few species that survive under stressful conditions may reach very high population densities.*

*An interesting question is what they find to eat at such altitudes. No higher plants grow under these conditions and there are only a few algae. It is believed, instead, that they and other high-altitude dwellers survive primarily on detritus, such as pollen grains, blown up from lower altitudes. This upward "rain" of detritus forms an interesting analogue to the downward rain of detritus from surface waters to deep ocean areas, where photosynthesis cannot occur because of lack of light.*

Perhaps some of the most remarkable adaptations are shown by insects and other invertebrates that live at extreme altitudes. They are living at the outer reaches of life—the most severe conditions under which life is possible at all. Though not endothermic to any great extent, these species can remain active at temperatures well below freezing and can also survive in an inactive state—actually being frozen. These seemingly impossible performances are made possible by a lower water content in the tissues, reducing the temperature at which they freeze, and minimizing damage from ice crystals if freezing does occur (see "Glacier Fleas," p. 266).

Another interesting adaptation is flightlessness. As noted, mountaintops are cold-climate islands surrounded by seas of warmth. A cold-adapted insect that attempts to fly risks being blown off its mountain into unsuitable habitat by the winds prevailing at high altitudes. A number of alpine insects belonging to groups that normally fly have reduced wings and are flightless. Interestingly, flightlessness also occurs in insects and birds on remote oceanic islands, a phenomenon noted by Darwin.

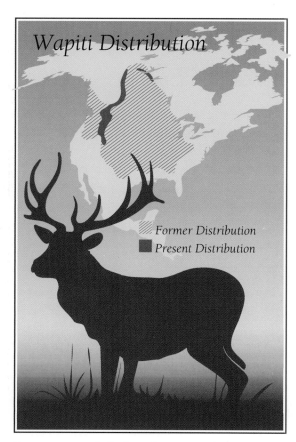

## Wapiti Distribution

■ Former Distribution
■ Present Distribution

*For some animals, habitat destruction has meant a vast diminishment of range, as this map of past and present wapiti distribution shows dramatically. In the case of the wapiti, which once roamed the wide plains of North America, destruction of the primary habitat has forced relocation to a secondary habitat, the mountains. For the wapiti, the mountains are a last refuge from the devastation of the plains.*

# WAPITI MIGRATION

*The North American wapiti (Cervus canadensis) is often called the elk, but this term is best avoided because Europeans have historically used it to refer to a completely different animal—the one North Americans call the moose (Alces alces).*

*Historically, this species was primarily a plains resident, but populations living next to mountains migrated into the highlands in the spring and returned to lowlands in the fall. Because the plains have been destroyed, the migratory montane populations have remained. Thus, as in the case of the gray wolf, what was once a secondary habitat has become the primary habitat and a final refuge for the species. The closely related European red deer (C. elaphus) is in a similar diminished state.*

*As the autumn rut season, or fertile period, approaches, mature bulls chase off younger males and attempt to control harems of a dozen or so females. The bulls produce a characteristic call at this time, a somewhat forlorn whistle ending in a roar, which, like the howl of the coyote and the cry of the loon, is one of the memorable sounds of nature.*

*A male wapiti displays his magnificent sexual ornamentation. Competition for females is intense, and commands a substantial part of the male's biological resources.*

# LIFE AT ITS LIMITS: THE ALPINE TUNDRA

The altitude at which trees cease to grow depends on latitude. In the Himalayas, it is about 14,000 feet (4,300m); in the central Rockies about 8,500 feet (2,600m); and in the Alps about 6,500 feet (2,000m). As one approaches the poles, the tree line drops to sea level, and alpine tundra becomes one with arctic tundra. (There is virtually no land at the appropriate latitude in the Southern Hemisphere—hence virtually no "antarctic tundra.") Although alpine and arctic habitats are different, there is overlap between alpine and polar fauna.

Some animal groups survive better than others in this difficult habitat. Amphibians and reptiles do not do well here. Mammals adapt reasonably well—especially rodents, even-toed ungulates, carnivores, insectivores, and members of the weasel family. Birds have also been successful. Insects, spiders, and other invertebrates seem so fragile that one would hardly imagine they could cope with such severe conditions, but, in fact, they are abundant in the alpine region, and push on to higher altitudes than any vertebrate—even into the forbidding reaches of permanent snow cover. The fairyland appearance of alpine meadows is only enhanced by the nymphean flitting of butterflies among the delicate flowers.

## Hoofed Mammals

Just as we associate ungulates with plains, so they seem the most obvious fauna of the mountain heights. To be more specific, it is the even-toed ungulates (artiodactyls) that hold forth in these regions. A most interesting group is the camels (family Camelidae). They are found in two widely separated regions of the world: on the deserts and dry grasslands of the Middle East and Northern Africa, and ranging from the foothills to the heights of the South American Andes (see "Camels" in the "Deserts" chapter, p. 212).

*Deceptively placid in appearance, the mountain goat is agile and capable of vigorously defending itself. The sudden appearance of a herd on a rocky hillside in the evening can seem almost magical.*

### THE VICUNA

Of the three wild species, the vicuna (*Vicugna vicugna*) is an alpine specialist. It is found on the puna grasslands of the Andes at altitudes of 11,500 to nearly 19,000 feet (3,500–5,750m). This small, rather delicate-looking camel has been described as gazellelike. It is quite social and has two basic social units. One is a reproductive unit consisting of a territorial male, a harem of about four females, and young. The other is the bachelor herd of 15 to 25 unattached males. On the featureless grasslands, dung heaps are used as signposts to mark territorial boundaries.

### THE GUANACO

The considerably larger guanaco (*Lama guanicoe*) lives from the Andean foothills up to alpine altitudes, and thus is not an alpine specialist. The Incas domesticated it about 4,500 years ago in two versions: the llama (*L. glama*), primarily a beast of burden, and the alpaca (*L. pacos*), used mainly for wool. The vicuna and guanaco are both threatened. The vicuna population reached a low point in the 1960s and has recovered somewhat since being put under protection.

### GOAT ANTELOPES

The goat antelopes (family Bovidae) symbolize the mountains as perhaps no other group of mammals does. Among the most alpine of species are the mountain goat (*Oreamnos americanus*) of North America, the chamois (*Rupicapra rupicapra*) of Europe, the ibex (*Capra ibex*) of Europe and Asia, and the bharal or blue sheep (*Pseudois nayaur*) of the Himalayas. There are also species that can occupy alpine regions for at least part of the year, but also range lower, such as the wild goat (*Capra aegagrus*), American bighorn sheep (*Ovis canadensis*), markhor (*C. falconeri*), and mouflon (*O. musimon*). The yak (*Bos grunniens*) is also an alpine species.

### THE IBEX

The ibex (*Capra ibex*) is one of the most impressive members of this group. The magnificent swept-back horns of the male, some 3 feet (0.9m) long, have made them much sought after by trophy hunters. Males have been described supporting the weight of their horns on a rock while resting. During combat, the horns are used as much for their visual effect

*Seemingly excessive head ornamentation in some male ungulates, such as these European ibex, may result from such ornamentation becoming symbolic of the male's adaptive state, and the basis for female choice.*

*Male bighorn sheep engage in head crunching battles during the breeding season. Competition from domestic sheep, habitat destruction, and trophy hunting have severely reduced its populations.*

during ritualized sideways posturing as for actual fighting. As usual, the displays are backed up by a willingness to fight vehemently when intimidation fails. Unlike the deliberate mountain goat (*Oreamnos americanus*), ibex run at a furious clip when alarmed, leaping as much as 15 feet (4.5m) at a bound. They will descend the vertical rock cracks known as "chimneys" by leaping from side to side.

The ibex is an example of a species snatched from the jaws of extinction, with some interesting twists along the way. Although its decline was recognized early and laws to protect it date back to the seventeenth century, the only ibex left by the early nineteenth century was a tiny population in the mountains of Italy. In 1854 these came under the royal protection of King Emmanuel II. Later, when the Swiss hoped to reestablish the ibex in a newly designated game park, the Italians would at first not part with any. Some were evidently smuggled out of Italy early in the twentieth century, and others were later legally obtained. Since then, the ibex has been reestablished elsewhere in the Alps.

## THE ROCKY MOUNTAIN GOAT

*The mountain goat (Oreamnos americanus) of the North American Rockies and its close relative, the European chamois (Rupicapra rupicapra), are quintessentially alpine species. Their death-defying antics as they scale rock cliffs are legendary. Their surefootedness is made possible in part by the structure of the hoof, which consists of a soft pad with a harder rim. The pad provides friction on the rocks, while the hard rim catches on tiny unevennesses in the surface. The two toes of the hoof are also very flexible, to maintain close contact with uneven surfaces. A pair of dew claws (reduced second and fifth toes) supplement the traction of the main hooves.*

*Mountain goats are not especially fast. They walk slowly and deliberately. Any number of animals could overtake them on the flat. However, their ability to negotiate difficult terrain keeps them safe from most predators. They do not make big uphill leaps, but ascend at a measured pace; yet they make progress remarkably rapidly, appearing suddenly in improbable locations. Goats have a catlike ability to right themselves when they start to fall, and they regain their footing. The goat's horns, though short and not very impressive-looking, are lethal weapons. Especially on steep terrain, where the goat has the upper hand, it may make short work of any would-be predator intrepid enough to pursue it. Its ability to defend itself so fiercely belies its normally rather placid appearance.*

## Rodents

The rodents (order Rodentia) are another major constituent of the alpine fauna. They lack the size advantage of the ungulates when it comes to heat conservation, but resolve this problem by burrowing, achieving protection simultaneously from low temperature, wind, and predation. Also, many species hibernate. All three of the major groups are present: the mouselike, squirrel-like, and cavylike rodents (see "Small Herbivores of the Plains," p. 241).

### VOLES AND LEMMINGS

Among mouselike rodents, the versatile voles (genus Microtus) are common in alpine habitats. The closely related lemmings (genus *Lemmus*) reside primarily in arctic tundra, but are also found in the alpine tundra of more northerly ranges. Voles and lemmings do not hibernate, but tunnel under the snow during winter to forage. Lemmings even reproduce during winter, though voles usually do not. Voles are among the few mammals on the occasional alpine peaks of the Appalachians, which are too small and isolated to support a fully developed alpine fauna. Voles and lemmings are cold adapted: their small ears, short tails, and compact bodies are living proof of Allen's rule.

### THE PUNA MOUSE

The puna mouse (*Punomys lemminus*) is found on the South American altiplano at altitudes of up to 17,000 feet (5,200m). They are said to be extra-ordinarily tame, with wild individuals sometimes allowing themselves to be picked up. This trait is shared among a number of small mammals that reside at extreme altitudes. No particular explanation is available, but it probably results from a paucity of predators.

### SQUIRRELS AND MARMOTS

Alpine squirrels, of course, are ground squirrels (see "Altitude Zonation in Chipmunks," p. 271). The species that lives at the highest elevations is the alpine chipmunk. The golden-mantled ground squirrel (*Citellus lateralis*), often mistaken for a chipmunk, is a

**This hoary marmot is giving an alarm call to signal danger. Alpine marmots are more social than their lowland relatives.**

### SOCIAL LIFE OF MARMOTS

*An interesting relationship between rigor of habitat and social behavior has been described for marmots. In the low-altitude woodchuck (Marmota monax), males and females are territorial and solitary (except females with young). In the mid-altitude yellow-bellied marmot (M. flaviventris), both sexes are territorial, but a male territory encompasses several female territories, so that they form a loose harem. The alpine species (M. caligata, M. olympus) live in colonies that resemble the coteries of prairie dogs. Each colony consists of several adults and young, with a single male or dominant male. Colonies are territorial with respect to each other. Thus, social tolerance increases with increasingly rigorous habitats.*

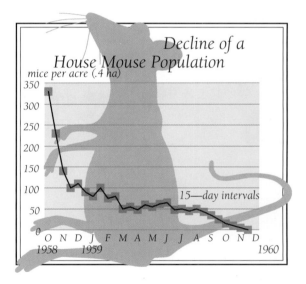

**Many small rodents exhibit wide fluctuations in population size, usually on a fairly regular, cyclic basis. This chart shows one such fluctuation of the common house mouse, Mus musculus, which occurred over a 15-month period.**

particularly attractive species in the North American Cordilleras. It ranges above the tree line, but also lives in lower mountain habitats.

Perhaps more than any other rodents, it is the marmots that we associate with high country. Marmots are not exclusively alpine, however; different species occupy various altitudes. In North America, the woodchuck (*Marmota monax*) is found in the east and the north, in open woods and boundaries between woods and field, at relatively low altitudes. The yellow-bellied marmot (*M. flaviventris*) in the Cordilleras favors open habitats at various altitudes, including the alpine region. The hoary marmot (*M. caligata*) and the Olympic marmot (*M. olympus*), which may be the same species, range through the northern Cordilleras and are the most distinctly alpine species. In Europe, the alpine marmot (*M. marmota*) lives up to its name (see "Social Life of Marmots," p. 270).

Hibernation is the rule in ground squirrels, except those that inhabit mild climates. Under severe conditions, ground squirrels may hibernate nine months of the year.

### THE CHINCHILLA

The cavylike rodents (suborder Caviomorpha) are a South American specialty, although they live elsewhere as well. One of the few groups of placental mammals to have lived in South America during its

**The golden-mantled ground squirrel is a mountain species that tames readily and is a common visitor in campgrounds in western North America.**

**The least chipmunk (Eutamias minimum) of North America is the smallest and most versatile member of its genus. Its diet includes seeds, nuts, fruits, and insects.**

**The chinchilla has a dense, silky fur that suits it to its montane environment in the South American Andes, and has made it a desirable fur animal. It was first domesticated by the Incas.**

long isolation from North America, the cavies occupy various niches held by other placental mammals on the northern continents. Several cavylike rodents hold forth in the high country. The chinchilla (*Chinchilla brevicaudata, C. laniger*, which may turn out to be only one species) is undoubtedly the best known of these animals and is found in the Andes to 16,400 feet (5,000m).

Once abundant, this animal has been hunted to near extinction in the wild because of the value of its silky fur. The natural color is bluish-gray tipped with black, but large numbers of chinchillas are now raised in captivity, and numerous color variants have been developed. Females are larger than males and are more aggressive, a situation that, while not common, is not as rare as is sometimes supposed. Chinchillas are social creatures, and once lived in colonies of up to 100.

### MOUNTAIN VISCACHAS

The mountain viscachas (three or four species of *Lagidium*) resemble oversize chinchillas and are closely related. They occupy a similar altitude range and habitats but are diurnal, while the chinchilla is primarily nocturnal or crepuscular (active near dawn and dusk).

### TUCO-TUCOS

Tuco-tucos (38 species of *Ctenomys*) are fossorial, and are strikingly similar in their adaptations to the North American pocket gophers, to which they are not particularly closely related. The resemblance between tuco-tucos and pocket gophers is attributed to evolutionary convergence (see "Convergent Evolution," p. 36, in the "Polar Regions" chapter).

## *Rabbit Relatives: The Pikas*

---

Superficially similar to cavies, but unrelated. pikas are attractive little members of the order Lagomorpha (see "Lagomorphs," p. 272). They occupy rocky areas in mountains, ranging into alpine tundra, but a couple of species live in desert and grassland plains. The pika of the North American Cordilleras (*Ocho-*

*This North American pika could easily be mistaken for a cavylike rodent, though it is actually a rabbit relative.*

---

## LAGOMORPHS

—

*Lagomorphs were once classified as rodents, but significant anatomical differences warranted placing them in a separate order. Most recently, analysis of differences in blood proteins has shown that lagomorphs are not even especially closely related to rodents. In any case, the lagomorphs are almost as versatile as the rodents. Species occupy desert, grassland, shrubland, forest, alpine tundra, and arctic tundra. There are three major groups—pikas, hares, and rabbits. Pikas superficially resemble cavies, and tend to occupy difficult rocky and upland habitats. Hares are long-eared, long-legged species that occupy open habitats (desert, grassland, arctic tundra) and do not burrow. Rabbits tend to occupy less open habitats—forest and brushland—and usually burrow. Common names are often misleading. For example, the "jackrabbits" of western North America are perfectly typical hares.*

---

tona princeps) is largely a high-altitude species going to some 13,500 feet (4,100m), but it descends to sea level in the northern reaches of its range. In the Himalayas, the large-eared pika (*O. royki macrotis*) ranges up to about 20,000 feet (6,100m).

The pikas are sometimes nicknamed the haymakers because of their habit of collecting vegetation during summer and piling it into haystacks near their burrows, often in locations protected by overhanging rocks. The weight of the haystack may reach 13 pounds (6kg). Pikas do not hibernate, so the haystacks are used for food during winter. The Himalayan pikas do not make haystacks. Most pikas are solitary, with separate male and female territories, but the plains species are social.

## Carnivores

—

There are not many large carnivores in the alpine region. A number of species, such as the gray wolf (*Canis lupus*), brown bear (*Ursus arctos*), and mountain lion (*Felis concolor*) forage above the tree line, but cannot be considered alpine specialists. The carnivore that probably most closely deserves this designation is the incomparable snow leopard (*Panthera uncia*).

## THE SNOW LEOPARD

Ranging up to 19,700 feet (6,000m) in the central Asian highlands, this strikingly beautiful cat has a grayish-white coat with black or brownish rosettes, more delicate than the leopard's. The tail and paws are thickly furred, for warmth undoubtedly, but in the case of the paws, also for better support on snow. Its prey includes ibex, wild sheep, markhor, pikas, marmots, deer, and boar. Very little is known about the biology of this rare and elusive species. The home range is large (up to 39 square miles [100 sq km]).

In a recent study in which several animals were fitted with small radio transmitters and followed, it was found that they moved an average of 0.6 to 0.8 miles (1.0–1.3km) a day, bedding down in a different location each night. Home ranges overlapped broadly, but individual spacing was maintained, so animals were not in the same place at the same time. This itinerant life-style, without a specific home base, is what one would expect in a species hunting sparse game—opportunities must be taken when and where they are found.

During the winter, the snow leopard migrates to lower elevations, following similar migrations by its principal prey. Although it has been assigned to the genus of the roaring cats, it does not roar, and has some anatomical peculiarities that make its true affiliations somewhat uncertain. Hunted for its magnificent fur, and because it sometimes takes livestock, the species is endangered.

## THE PUMA

The puma (mountain lion, cougar, *Felis concolor*) is a generalist. Primarily a forest dweller, it ranges from plains to mountaintop. Its geographic range is also extensive, from southern Canada to Patagonia. It is rare on the east coast of North America, and its existence north of Florida created much controversy for many years. A rather typical felid except for size, the puma is a secretive loner that hunts by stalking and pouncing. Home ranges overlap, those of males less so than those of females, suggesting some degree of defense short of territoriality. Like the snow leopard, the puma is itinerant within its home range, which shifts between summer and winter to follow movements of ungulate prey.

Attacks on humans have been reported, but are very rare, so the species does not seem to be a significant threat. It does attack livestock, and as a result has been extensively hunted. Although not endangered, except for the east coast populations, the puma has declined severely, and most states now accord it at least some degree of protection.

## THE RED FOX

Among the canids (dog family), wolves and foxes range into alpine habitats. The gray wolf is discussed at some length in "Plains." Foxes are not generally alpine, but there are significant exceptions. The red fox (*Vulpes vulpes*) is a versatile species that ranges into arctic and alpine tundra, although its major habitat is forest, or forest-field boundaries. It lives throughout most of Eurasia, north Africa, and most of North America outside of Mexico. It is omnivorous, feeding primarily on small mammals, berries and other fruit, and insects. In contrast with the pack-hunting canids, foraging seems to be largely a solitary activity in this species.

Like that of the coyote, the red fox's range is expanding. It is a testimony to the versatility of this species that while on the one hand it ranges into the empty reaches above the timberline, on the other, it lives happily cheek by jowl with humans. Foxes are common enough in many of our suburbs, seemingly finding the habitat modification that has been the undoing of so many species well enough to its liking.

## THE COLPEO FOX

In South America, the colpeo fox (*Dusicyon culpaeus*) seems to be an ecological counterpart to the red fox of the northern continents. It ranges from sea level to 16,000 feet (4,900m) in the Andes. Like the red fox, it is flexible in its diet, eating insects, small mammals, lizards, frogs, birds, seeds, and fruit, as well as introduced sheep and European hares.

## THE GRIZZLY BEAR

The grizzly or brown bear (*Ursus arctos*, family Ursidae) is surely one of the world's most impressive and feared carnivores. Indeed, the Alaskan subspecies, with males weighing up to 1,700 pounds (780kg),

*With prey density low in the mountain heights that are its home, the snow leopard must keep constantly on the move in order to feed itself.*

*The puma, or mountain lion, is usually placed, somewhat incongruously, in the genus of small, purring cats (Felis). It is a wide-ranging and versatile species.*

*Only rarely abroad in daylight, the red fox's secretive nature and versatile habits allow it to survive in suburbia, while ranging into alpine tundra.*

may be the largest of all terrestrial carnivores. (For more on the Alaskan grizzly bear, see p. 44 in the "Polar Regions" chapter.) Although it is one of the small group of large predators regularly found above the tree line, the grizzly is very much a generalist. It is found, as well, in forest and arctic tundra, and in the past even occupied the North American plains. The species' geographic range is wide—it is found in northwestern North America, in northern Asia and Europe (as well as the Pyrenees and Alps), and in Turkey, Iraq, and Afghanistan. Individuals in the more southern populations are much smaller than those of the northern populations.

Although formally classified in the mammalian order Carnivora, the species is omnivorous and is reported to feed on such items as moose, wapiti, mountain goats, mountain sheep, black bears, fish (especially migrating salmon), mice, ground squirrels, insects, berries, grasses, roots, bulbs, and moss. It frequently uses its long claws to tear apart rotting logs, presumably in search of beetle grubs and other insects. While it appears to have a rather lumbering gait, it is remarkably fast, as a consideration of the prey it can take makes clear. The name grizzly comes from Rocky Mountain populations, in which the brown hair is frosted with white, giving the bears an almost shimmering appearance when they move. Like other bears, the brown bear is largely solitary, but it is more socially tolerant than is typical for bears, and individuals may come together in feeding aggregations.

Attacks on humans occur with sufficient frequency to make it clear that brown bears are potentially dangerous. Certainly, they should not be molested or approached. However, in the overwhelming majority of cases, if they are left alone and given an opportunity to retreat, they will do so. The most dangerous bears appear to be those that have had enough contact with humans to have lost their normal caution. As a result of habitat destruction and hunting, the brown bear is in serious decline. All North American subspecies are threatened or endangered, as are European populations, except in the former Soviet republics.

### THE LEAST WEASEL

The least weasel (*Mustela nivalis*, family Mustelidae) a term that embraces what was formerly classified as several species, is the smallest member of the order Carnivora. It ranges widely in North America and Eurasia. While it is not an alpine specialist, it is an important predator in alpine regions, feeding primarily on voles and other mice, but also eating birds, eggs, insects, and other small prey.

A curious fact is that northern and alpine populations are smaller than their southern and lowland counterparts, the opposite of the relationship predicted by Bergman's rule (see p. 266). Cold-climate populations change color seasonally, being white in winter and dark in summer. Warm-climate populations exhibit little or no color change. Weasels have an undeserved bad reputation. They are extremely agile, incredibly fast, and tremendously adept at squeezing through small openings and crevices. They are rodent-catchers beyond compare, and they provide an important natural check on the abundance of their prey.

## Birds

Birds are, if anything, more successful than mammals in alpine habitats. Highland species range in size from minute hummingbirds to the magnificent and perilously endangered California and Andean condors, which have the longest wingspans of any birds.

*Despite its size and immense power, the grizzly bear is usually quite shy, and will avoid contact with humans if possible.*

*The California condor may be the living bird with the longest wingspan. Seriously endangered, its survival depends on zoo breeding programs.*

Other avian inhabitants include various songbirds, an assortment of gallinaceous birds (ptarmigan, partridges, pheasants), several raptors (hawks, eagles, vultures), many pigeons, the alpine chough (a raven relative), a few parrots, and a ratite.

## HUMMINGBIRDS

Bits of iridescent fluff, hummingbirds seem far too fragile to brave the hostile heights. They are far more characteristic of lowlands, yet a number of them bejewel the high peaks and puna of the Andes, where they must cope with nights of frost and snow. One key to their survival in this difficult regime is the ability to become torpid—to lower their body temperature at night, or for longer under adverse conditions, and become still. By not trying to maintain full body temperature, they reduce their energy demand and, correspondingly, their need for food. In the daytime, they flit from flower to flower, feeding on insects for protein and nectar for energy-giving carbohydrates.

## CONDORS

Both the Andean and California condor (*Vultur gryphus* and *Gymnogyps californianus*) have wingspans of some 9½ feet (2.9m). Neither species is, or was, at any rate, strictly a mountain specialist. Indeed, few of the large raptors are, for they are far too mobile to have to confine themselves to one habitat. The Andean condor still visits the seashore, and the California condor, although pressed by the advance of civilization to a last stronghold in the mountains of southern California, once ranged over much of North America.

There are fewer than 50 California condors in the wild, and its last hope for survival may be in zoos. The status of the Andean condor is not quite so precarious, but it is endangered and in decline. The condors are vultures, but this should not diminish them in our eyes. As scavengers and decomposers, they play a crucial recycling role in ecological systems.

## THE LAMMERGEIER

A raptor that is a high-mountain specialist is the lammergeier (*Gypaetus barbatus*), found in southern Eurasia and Africa. This Old World vulture has a wingspan only slightly less than that of the California condor. It has the interesting habit of cracking the bones of dead animals by lofting and dropping them on rocks, which enables the bird to eat the marrow. In this way they can utilize a part of the corpse not usually available to raptors.

## THE ROCK DOVE

The rock dove (*Columba livia*), the wild ancestor of common pigeons, nests on narrow rock ledges of precipices at various altitudes, including the alpine region, a situation relatively safe from predation. City buildings, unfortunately, make rather nice artificial cliffs, so the pigeon has become as much of an urban pestilence as cockroaches and Norway rats. Pigeons are famous for their ability to navigate to their home roosts. They are probably not better at this than many other birds, but because they can be so easily domesticated, this ability was discovered and utilized early—at least by ancient Chinese times (see

*Another vulture, the Andean condor, approaches the California condor in wingspread.*

---

## PIGEON NAVIGATION

*Despite several decades of investigation, the remarkable ability of pigeons and other birds to navigate accurately over long distances is still a considerable mystery. A fair body of evidence points to the use of odor cues as a partial explanation, but pigeons rendered unable to smell still return home, albeit with somewhat greater difficulty. Use of the earth's magnetic field has been suggested, but data conflict on this point. Unequivocally, pigeons do use the sun as a compass, and they compensate for its daily movements through the sky. But this only tells them which way they are going, not which way they should be going. Night-migrating birds use the stars as a compass. Thus, while we can say how birds know in which direction they are flying, we have made little progress in ascertaining how they know which way they need to fly to reach their goal.*

*The domestic pigeon is descended from the rock dove. Most, if not all, city pigeons are descendants of domesticated strains.*

"Pigeon Navigation," p. 275). Less studied, but more of an alpine specialist than the rock dove, is the snow pigeon (*C. leuconota*), which ranges from Afghanistan to western China.

## SONGBIRDS

It is hardly surprising that the versatile songbirds (order Passeriformes), which, like rodents, reproduce rapidly and insinuate themselves everywhere, should have a major presence above the tree line. Slate-colored juncos and white-throated sparrows (*Junco hyemalis, Zonotrichia albicollis* respectively) are among the few vertebrates found on the isolated alpine peaks of the Appalachians. The accentors of Eurasia (*Prunella* species) are rugged, sparrowlike birds, several of which are alpine and may be found nesting at the very edges of glaciers. The wallcreeper (*Tichodroma muraria*) is a colorful nuthatch relative of Eurasia and Africa that nests to some 16,000 feet (4,900m). Among the weavers, the snow finches (*Montifringilla* species) are alpine adapted. They sometimes nest in the holes dug by pikas, thus gaining the advantage of shelter in a hostile habitat.

## GALLINACEOUS BIRDS

The gallinaceous birds (relatives of chickens and turkeys) are well represented above the tree line. In the Himalayas, the snow partridge (*Lerwa lerwa*)

ranges to about 19,000 feet (5,800m), and its eggs are a major dietary item for weasels. Five species of large snowcocks (*Tetraogallus* species) are among the most alpine of birds. The colorful blood pheasant (*Ithaginis cruentus*) is sometimes classified as a pheasant, but is considered by some authorities to be more closely aligned with the partridges.

Among the true pheasants, there are several species that range into the alpine tundra, most notably the Chinese monal (*Lophophorus lhuysii*), a stunning bird dressed out in iridescent green, red, gold, purple, and blue. Trapped for meat and plumage, it is, unfortunately, in substantial danger of extinction. The rock ptarmigan (*Lagopus mutus*), a grouse relative, is found in arctic and alpine tundra in North America and Eurasia. A notable feature of this species is its seasonal color changes, from brown and gray in the summer to largely snow white in the winter.

## THE KEA

We associate parrots (order Psittaciformes) with jungles, but as a group parrots are highly adaptable and range through a variety of habitats, including grasslands and alpine tundra. An interesting alpine species, the kea (*Nestor notabilis*) of New Zealand, is polygynous (taking more than one female mate), which is exceptional for parrots. This versatile, aggressive bird feeds opportunistically on nectar,

---

### HABITAT DESTRUCTION BY DOMESTIC GOATS AND SHEEP

*Domestic goats and sheep pose a considerable threat to wildlife. Introduced by humans, they invade areas to which they are not native and they cause extensive damage, leading to declines in wild species. Goats have been introduced and have become feral, or secondarily wild, in inappropriate places, such as the Hawaiian Islands. Out of control without predators, they destroy native vegetation, and the wildlife that depends on it.*

---

insects, roots, berries, and many other plant items. A controversy exists regarding its taste for sheep. New Zealand sheepherders have long believed that it kills sheep. Biologists have tended to be skeptical, maintaining that it largely scavenges carrion from sheep already dead. However, it is possible that it may occasionally kill a sheep that is trapped in snow or is in poor condition.

*The slate-colored junco is a common winter resident in temperate North America. It arrives from its more northerly summering grounds as most other songbirds depart for less rigorous climes.*

*With a circumpolar distribution, the rock ptarmigan is one of the most cold-tolerant of birds. As its name implies, it inhabits bare and rocky ground in the arctic or above tree line.*

# Reptiles

Reptiles are a rarity in the heights. The term "cold-blooded," often applied to these creatures, is misleading. When active, many maintain body temperatures comparable to those of birds and mammals. For the most part, however, reptiles obtain their heat from the environment, while mammals and birds generate it internally, using the chemical energy in food. One would think it impossible for an animal that depends on environmental heat to achieve a high body temperature on a cold mountaintop. It is difficult, but far from impossible. The sun shines just as brightly on a mountain as on a lowland area at the same latitude—a little more brightly even, since it is filtered by less atmosphere. If the air is fairly calm, and there is not too much wind chill, a basking animal can achieve a surprisingly high body temperature—by one estimate as much as 54°F (30°C) above that of the air.

## The European Adder

The European adder (*Vipera berus*), a viperid ranging to some 9,000 feet (2,740m), is one of the highest-altitude snakes. When sunning, it can flatten its body to expose the greatest possible area. As in most mountain reptiles, the eggs are not laid, but develop inside the mother's body, a form of reproduction referred to as ovoviviparity.

## Lizards

The highest-altitude reptile may be an agamid lizard (*Phrynocephalus theobaldi*), stated to live at over 16,400 feet (5,000m) in the Himalayas, well above the tree line. Low-altitude species in the same genus lay eggs, while *P. theobaldi* is ovoviviparous. However, an iguanid lizard (*Liolaemus multiformis*) is claimed to reach the same altitude in the Peruvian Andes.

Farther south in the Chilean Andes, a related species, *L. altissimus*, ranges almost to the snow line. A third species in the genus, *L. magellanicus*, in Tierra del Fuego, apparently ranges closer to the South Pole than any other reptile. A well-known high-altitude lizard in Europe is the common lacerta (*Lacerta vivipara*), the only ovoviviparous species in its family (Lacertidae).

# The Appalachian Woodland Salamanders

In the mountains of Tennessee and Virginia there lives a small, attractive salamander that appears in a bewildering variety of color patterns. Some of these variants were once considered different species. Later, it was decided that they should be considered subspecies of a single species. Further study has demonstrated intermediate forms between the subspecies, so that even they do not seem to be distinct entities. The entire group is now called the Plethodon jordani complex. The most likely explanation for this high degree of diversity is that a single species was separated into numerous isolated populations on separate mountaintops by past changes in climate. Over time, each population developed distinctive traits to adapt to its particular environment. A long enough isolation would likely have resulted in each population becoming a separate species, but because the climate changed, ending the isolation, this did not happen.

Aside from the Plethodon jordani complex, the Appalachian Mountains contain one of the world's richest conglomerations of woodland salamanders. Many individual species of salamanders occupy a very circumscribed area. It is reasonable to suppose that these species arose when populations of one species became isolated on mountaintops and differentiated into full species before the isolation broke down.

**The Appalachian woodland salamander, Plethodon jordani, is found restricted to a small area in the southern portion of the southeastern United States' Appalachian Mountains.**

# THE FORESTED SLOPES

On the forested lower slopes of mountains, the physical environment is relatively benign. There is ample cover, weather patterns are generally kind to life, and structural diversity is high. For these reasons, there are many more species in the forest than in either the plains or alpine habitat, and niches are more finely divided. This section can deal only superficially with the tremendous diversity of wildlife found in forests, which is discussed in depth in another section of this book. The emphasis here will be to draw comparisons between life in the forest and life in more open habitats, such as plains and alpine tundra. For reasons of space, only mammals are discussed. An interesting characteristic of forest is its ability to serve as a refuge for primitive species. This may stem in part from its being a relatively ancient habitat, and in part from its providing the opportunity for numerous niches where marginal groups can hang on.

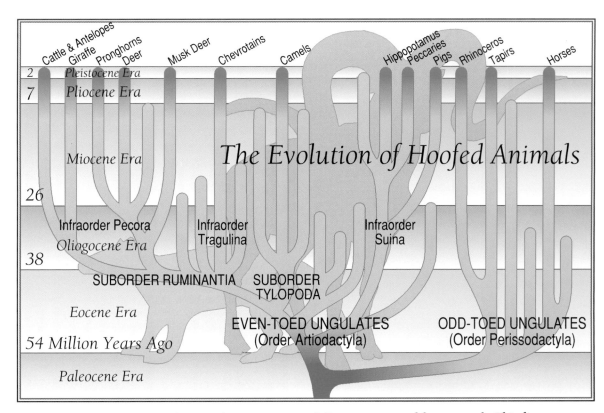

The hoofed mammals, or ungulates, make up a major and diverse segment of the mammals. This diagram presents one concept of their complex evolutionary relationships.

## *Hoofed Mammals*

Ungulates began their evolution in the forest and found a golden opportunity with the advent of grasslands, but many species of ungulates remained in the forest. Some, such as tapirs and pigs, exhibit relatively primitive traits—they are holdovers from the early days of ungulate evolution. Time, however, has not stood still, and others, such as the deer, are advanced. None exist in the enormous numbers historically achieved by some plains species; many are rare, elusive, and little known. As in other habitats, it is the even-toed ungulates (artiodactyls) that now predominate, though the fossil record shows the odd-toed ungulates (perissodactyls) to have been initially dominant.

### TAPIRS

Among the odd-toed ungulates, tapirs are virtually living fossils, having changed only a little from the ancestral stock of ungulates. They are predominantly forest-dwelling browsers who quite literally follow

their noses as they wend their way through the jungle and along riverbanks. The short trunk, in addition to allowing them to sniff objects close up, is used to pull leaves into the mouth. The present distribution of tapirs in Malaysia and South America is jarringly disjunct, but they once ranged through North America and Europe, entering South America only when it became connected to North America by the Central American land bridge. One species, the mountain tapir (*Tapirus pinchaque*), is found well up into the Andes, even to the tree line. Unlike the plains perissodactyls, tapirs are largely solitary. All species are endangered or threatened. Rhinoceroses, which are discussed in the "Plains" section, are related to tapirs and are also mainly forest-dwelling and retain various primitive traits.

### PIGS AND BOARS

The most primitive even-toed ungulates are the pigs and boars in the Old World and the peccaries in the New World. Although pigs, boars, and peccaries are mainly forest-dwelling browsers, they are more

When we view a tapir nosing its way along, we see back through time, to the origins of the ungulates in moderately-sized woodland browsers. The graceful herders of the plains would come later.

**The muntjacs are primitive deer found in southern Asia. They are sometimes called barking deer because of the sound they make when a predator threatens.**

diverse than the tapirs with respect to both habitat and diet. Unlike most artiodactyls, they do not possess a ruminant digestive system. Peccaries, however, have a three-chambered stomach that scientists believe may function similarly.

## DEER

The deer (family Cervidae) are an advanced group of artiodactyls, and the second most diverse after the bovids (cattle and antelopes). They are primarily forest adapted, but occupy grassland and tundra as well. Deer are not typically deep-forest residents—they tend to do best in open woodland and boundaries between forest and field (see "The Forest and Field Ecotone," this page).

The most primitive deer are the Asian muntjacs (*Muntiacus* species). While they have antlers, an important deer family characteristic, Asian muntjacs retain the elongated canine teeth of the more primitive deer relatives. They are forest dwellers in lowlands and foothills (see "Primitive Relatives of Deer," this page).

A number of deer are among the more familiar species of mammals, including the white-tailed deer

---

## THE FOREST AND FIELD ECOTONE

*Ecologists use the term* ecotone *to refer to boundaries between two different habitats. Some of the animals that occupy ecotones are ecotone specialists—that is, they are most abundant where the habitats overlap, and may not be found at all in either pure habitat. One of the most important ecotones is that between forest and field. Human development frequently creates large areas of this habitat and species adapted to the forest and field ecotone may experience substantial population increases. The white-tailed deer are examples. As the white-tailed deer population has exploded, the species' Bambi image has become a bit tarnished: it has wreaked havoc on suburban plantings; has been involved in accidents with cars; and has contributed to the spread of ticks infected with Lyme disease.*

---

## PRIMITIVE RELATIVES OF DEER

*There are two interesting groups that bridge the gap between the more primitive ungulates and the advanced deer, namely the chevrotains (family Tragulidae) and musk deer (family Moschidae).*

*The chevrotains are small, browsing, forest-dwelling artiodactyls. They are advanced over the pigs in that they have a ruminant digestive system and have evolved in a noticeably deerlike direction. A curious manifestation of their primitiveness is their most un-deerlike elongated canine teeth. Also, they lack antlers.*

*The musk deer, found in the Himalayas, China, and Siberia, are further evolved toward modern deer. Like the chevrotains, they lack antlers and have elongated canines—even more incongruous on this otherwise quite deerlike animal. Musk deer are the source of one of several musks used in the manufacture of fine perfumes. Unfortunately, the male is typically killed to obtain only about an ounce of this substance, and females and young also perish in the traps that are used. Not surprisingly, the musk deer are in serious decline. Attempts to raise the deer in captivity, whereupon the musk can be harvested without killing the deer, have met with limited success.*

**A view of Mount Zebra, South Africa.**

(*Odocoileus virginianus*), the closely related mule deer (*O. hemionus*), the wapiti (*Cervus elaphus*), the moose (*Alces alces*), and the caribou or reindeer (*Rangifer tarandus*). There are, in total, some 36 species of deer.

## BOVIDS

The bovids (cattle, antelopes) are primarily adapted to open habitat (grassland, tundra, desert), yet there are some woodland species: most of the duikers (*Cephalophus* species), the mountain nyala (*Tragelaphus buxtoni*), greater kudu (*T. strepsiceros*), bongo (*T. euryceros*), and sable antelope (*Hippotragus niger*). Of these, the most primitive is the duiker.

# Rodents

Rodents are common woodland inhabitants. Of particular interest are the tree squirrels. Compared with the ground squirrels, the tree squirrels generally have larger ears and eyes, larger brains relative to body size, and longer, bushier tails, and are more slightly built. They have sharp, hooked claws that catch on the crevices in tree bark. All of these are adaptations for an arboreal existence. Tree squirrels are remarkably adept at jumping from branch to branch, often undertaking death-defying leaps. Most are diurnal.

---

# GLIDING MAMMALS

*A number of forest-dwelling mammalian groups have developed the ability to glide. Gliding is distinguished from flight in that the gliding membrane, unlike a wing, is not flapped, and the animal cannot gain altitude. Instead it must begin its glide from a high point, usually a treetop.*

*The only gliding mammals in North America are two species of flying squirrels (Glaucomys volans and G. sabrinus). Strictly nocturnal, they are common in the Appalachians, Cordilleras, and northern coniferous forests, even in suburban woodlots, but are rarely seen. However, a stroll in the woods at night with a flashlight is often all that is required, for they are abidingly curious animals that will frequently come to investigate a strange bipedal intruder, perhaps even landing on a shoulder.*

*Flying squirrels have relatively huge eyes and excellent night vision, as indeed they must to be able to glide at breathtaking speeds through the forest in near pitch-darkness without colliding with branches. They often bob their heads before takeoff, presumably as a way of assessing the distance to the next tree or an obstacle. During flight, the flattened tail is rapidly fluttered, and that, together with adjustments to the gliding membrane, allows them to steer with remarkable precision.*

*The center of flying squirrel evolution was Southeast Asia, and there are many more species there than anywhere else. Most remarkable are the giant flying squirrels (Petaurista species), which may reach a weight of 11 pounds (5kg). Residents of middle altitudes on mountains, sometimes on rocky cliffs, they can, it is claimed, achieve glides of nearly 1,500 feet (400m).*

*Convergent evolution has resulted in several other groups of gliding mammals that are not especially related, or are even quite unrelated to the flying squirrels. Within the rodents are the scaly-tailed flying squirrels (family Anomaluridae) found in tropical African forests. Despite the English name, they are only rather distantly related to the true squirrels. The flying lemurs or colugos (order Dermoptera, Cynocephalus species) of extreme Southeast Asia and the Philippines are not lemurs, or even primates. Instead, they have been given their own order, containing two species. Extreme forest canopy specialists, they rarely descend to the ground, but rely on gliding to travel from treetop to treetop. Finally, in Australia there are several species of marsupial gliders (family Petauridae). Diet includes sap, particularly of eucalyptus trees, nectar, pollen, and insects.*

---

## FLYING SQUIRRELS

A remarkable group is the flying squirrels. They do not actually fly, but are able to prolong the characteristic leaps of the tree squirrels into an extended glide by expanding a membrane of skin that reaches from the front to the back legs. Unlike most tree squirrels, they are nocturnal (see "Gliding Mammals").

Social structure varies in tree squirrels, but in general, they are less social than the open habitat ground squirrels. The southern flying squirrel is an interesting case. Females are larger than males, and when they are handled after being live-trapped, they are more aggressive and liable to bite. It turns out that adult females are territorial and solitary, except for those accompanying young. Males have overlapping home ranges, and live in communal nest cavities, together with immature females. Although this situation is less common than the one in which males are the social defenders, it has been described in other mammals as well. This only serves to underscore that social structure, including female-male roles, is very flexible in mammals.

*The northern flying squirrel (Glaucomys sabrinus) is one of two North American species. Their silky pelage renders their glides from tree to tree nearly silent, no doubt to avoid the owl's keen hearing.*

## Primates

It would be hard to designate a more quintessentially forest-adapted group than the primates. A majority of primate species occupy lowland forest, especially rain forest, with a substantial number of species in montane forest, and a few in open habitat. There are no alpine specialists among the primates, but there is one generalist that can occupy the alpine region: *Homo sapiens*—humans.

There are four major groups of primates: the prosimians, New World monkeys, Old World monkeys, and apes (see "Primate Classification," p. 282). Humans belong to the last group. The apes illustrate the diversity shown by the primates with respect to ecological niche and behavior.

### THE GORILLA

The species of ape that ranges highest into the mountains is the gorilla (*Gorilla gorilla*), which is reported to reach altitudes of some 12,500 feet (3,800m) in the eastern part of its range, where it occupies open forest and bamboo forest. It is an herbivore that specializes in foliage. The gorilla is the largest living primate, and males may weigh in excess of 400 pounds (180kg). Gorillas can climb trees, but do so only infrequently. On the ground, they usually walk on all fours, supporting their weight on the knuckles of the forelimbs. Like all apes, they can walk somewhat on the back feet.

The gorilla's social group is a harem. A troop consists of a large, "silverback" male, several females, and young. The home ranges of the troops overlap, but troops avoid contact with each other.

### THE CHIMPANZEE

The chimpanzee (*Pan troglodytes, P. paniscus*) also ranges into montane forest in equatorial Africa, but not as high as the gorilla. Although it spends a lot of time on the ground, it is more arboreal than the gorilla. Like the gorilla, it normally knuckle-walks, but can take a few steps on the back feet. Its diet consists largely of fruit, supplemented by animal matter, especially insects. Rarely, larger prey are taken. The rather loose social structure is a variation on the multimale, multifemale pattern. An individual belongs to a mixed-sex community, which may consist of over 100 individuals. The community occupies a partly defended home range. Within the community, loose temporary aggregations of a few individuals form. Females with young are often solitary, and males are especially apt to group together.

*Its King Kong image notwithstanding, the gorilla is a vegetarian. The mountain subspecies, shown here, is seriously endangered. Although it is possible to provoke an attack on humans, gorillas are not normally aggressive.*

## PRIMATE CLASSIFICATION

*There are four major primate groups.*

*The Old World prosimians include lemurs, bush babies, and tarsiers. They retain a number of primitive traits from their shrew-like ancestors, including a well-developed sense of smell indicated by an elongated snout, a largely nocturnal habit, and a tendency toward carnivory. Vision is advanced. Eyes are large, even enormous in the tarsiers, and shifted to the front to produce binocularity. The lemurs evolved in isolation on the island of Madagascar, and in the absence of competition from other primates, developed unusually advanced, almost monkey-like forms.*

*The New World monkeys have wide-set nostrils, are strongly arboreal, often have a prehensile tail, and lack bare areas on the rump for sitting. They are diurnal except for one species—the night monkey (Aotus trivirgatus). Vision is the best-developed sense. The diet is largely plants, supplemented by insects, eggs, and other small animals.*

*The Old World monkeys have close-set nostrils; range from tailless to having a well-developed, but never prehensile, tail; may have bare areas on the rump; and are more likely to be ground foragers than the New World monkeys, though there are also many highly arboreal species. They are diurnal, and usually exhibit the typical primate diet. Vision is the best-developed sense.*

*The apes are tailless, have long forearms, are bipedal to a greater or lesser extent, have relatively large brains, and have a largely vegetarian diet, supplemented by insects and other animal matter. Vision supersedes smell as the primary sense; the snout is reduced. All species are diurnal. Gorillas (Gorilla gorilla) and chimpanzees (Pan troglodytes) are the closest living relatives of humans.*

## PRIMATE STRATIFICATION

*The primates constitute a diverse group that provides a good example of the principle that forest niches, or roles in a habitat, are finely divided.*

*Most primates are herbivorous, although they commonly supplement their diet with insects and other small animals. In some cases these may dominate the diet. Even among primates that are mainly herbivorous, the foods they eat can vary considerably. Different species may specialize in such items as sap and gum, fruit, leaf buds, foliage, flowers, or seeds. There is even variability in how ripe fruit must be before it is consumed.*

*Primates also vary with respect to the level of the forest at which they forage: some forage primarily on the ground, others high in the forest canopy, still others at intermediate levels.*

*Time of activity can also vary. The prosimians (more primitive primates), are largely nocturnal, while the monkeys and apes, which are largely diurnal, although there are exceptions to these rules.*

*With respect to any of these factors, a species can be a specialist or a generalist, which is illustrated by the rain forest primates of West Africa.*

*In the daytime, chimpanzees (Pan troglodytes) feed at all levels of the forest, mainly on fruit. Gorillas (Gorilla gorilla) and mandrills (Papio sphinx) feed on the ground, gorillas eating leaves, mandrills eating anything. Colubus monkeys (Colubus species) eat leaves in the canopy, and guenons (Cercopithecus species) forage on fruit there. At night, the golden potto (Arctocebus calabarensis) and Allen's bush baby (Galago alleni) eat insects on the forest floor. The needle-clawed bush baby (G. elegantulus) feeds on fruit in the middle layers. In the canopy, the pygmy bush baby (G. demidovii) eats insects, and the potto (Perodicticus potto) eats fruit.*

*Finally, one species, Homo sapiens, is primarily diurnal but can be active at night, forages primarily on the ground but occasionally at moderate heights and rarely in the canopy, and is omnivorous, taking larger prey. It is unique in practicing plant and animal husbandry and is not confined to forest. In fact, it does not especially favor living in the forest, and frequently converts forest to more open habitat.*

**The male mandrill has an almost clown-like facial coloration. A breeding male assembles a harem of about five to ten females, with their associated young.**

**The chimpanzee is more arboreal than the gorilla. Simple tool use, a rarity in animals, is reported for chimpanzees, and includes the throwing of objects at enemies.**

## THE ORANGUTAN

The orangutan (*Pongo pygmaeus*) is found in Borneo and Sumatra. It is largely lowland, but ranges in mountains to about 5,000 feet (1,500m). It is the most arboreal of the great apes, and only rarely comes to the ground. When it does, locomotion is usually on all fours, the weight on the front limbs being carried on clenched fists (not the knuckles). It has a limited ability to walk upright. Its diet is largely fruit, especially figs, with the usual supplement of animal matter. Adults are largely solitary, except when a mother is accompanied by her offspring.

## THE GIBBONS

The gibbons (*Hylobates,* nine species) are found in Southeast Asia. They are largely lowland, but range up to about 5,900 feet (1,800m). Like the orangutan, they are highly arboreal, but much more active, swinging hand over hand through the trees at a rather dizzying pace. Rare ground locomotion is largely bipedal, the forelimbs being held overhead. The diet is mostly fruit, supplemented by leaves and animal matter. Gibbons live in nuclear family groups, each consisting of a pair-bonded adult male and female with their immature offspring. In one species, the siamang (*H. syndactylus*), there is a striking degree of paternal care of the infant. In fact, from the age of about one year until independence at about three years of age, the male is the primary care giver. A family group defends a territory, declared with a duetting dawn song by the male and female.

## HOW THEY ARE FARING

The rapid destruction of tropical forests threatens populations of many primates. The gorilla is endangered due to habitat destruction and poaching, the mountain subspecies perilously so. Chimpanzee populations are less hard-pressed than those of the gorilla, but they are nevertheless declining and an issue of concern. Because of habitat destruction and past overexploitation for the zoo trade, now largely stopped, the orangutan is endangered. Gibbons are the most successful of the apes, humans excepted, but have experienced decline due primarily to habitat destruction. Several species are endangered.

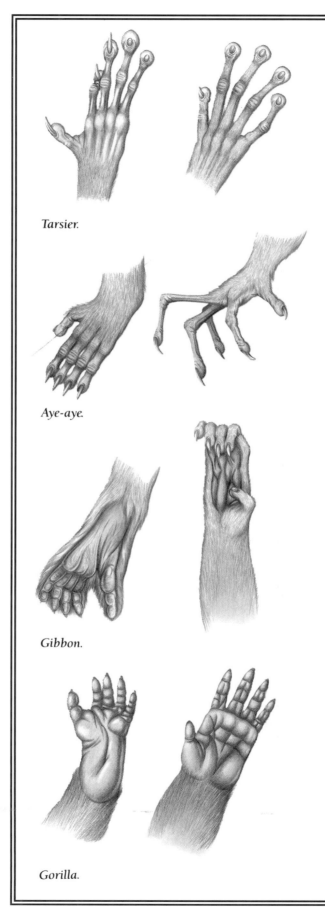

*Tarsier.*

*Aye-aye.*

*Gibbon.*

*Gorilla.*

## HAND AND FOOT ADAPTATIONS IN PRIMATES

*The tarsier is highly arboreal. Expanded toe and finger pads give it a sure grip on tree limbs. The aye-aye is also arboreal. A particular adaptation is the elongation of the fingers, especially the third, for extracting wood-boring insect larvae from their tunnels. The arboreal gibbon relies on hand-over-hand brachiation. Notice the shortened thumb and elongated hand. The gorilla, less arboreal than many primates, shows modifications of the hand for manipulating objects. The thumb opposes the forefinger, allowing a precision grip, a trait further developed in humans.*

*Gibbons are consummate masters of the arboreal environment. Their hand-over-hand swings and death-defying leaps are performed at such a breakneck pace that disaster seems constantly imminent, yet they rarely fall.*

## Carnivores

The carnivores have produced a number of extremely generalist species, such as the gray wolf, leopard, red fox, and brown bear, that range through a variety of habitats. There are also various forest specialists, such as the giant panda (*Ailuropoda melanoleuca*), a dietary herbivore specializing in bamboo (see "Herbivores and Carnivores," p. 241, in the "Plains" chapter).

### THE GIANT PANDA

Dense bamboo forests are found at high elevations on tropical mountains in Asia, Africa, and South America. The giant panda occupies such a habitat in central China. Its classification has been controversial. Some experts place it with the bears (family Ursidae), some with the raccoons (family Procyonidae), while still others beg the question by assigning it its own family. An interesting characteristic is a thumblike projection on the forepaw supported by a wrist bone, which is used to pull bamboo into the mouth. Despite their appealing physiognomy, pandas are rather antisocial creatures. As a result of postglaciation climatic change, and deforestation by humans, the panda is critically endangered.

### THE RED PANDA

Another bamboo forest specialist is the red panda (*Ailurus fulgens*), whose relationship to the giant panda is unclear. It, too, has a thumblike structure on the wrist. The red panda is adapted to somewhat cooler conditions than the giant panda. It is more social, living in pairs and family groups. Its disposition is notably mild, and it is readily tamed.

### THE BLACK BEAR

Compared with the brown bear, or grizzly, the black bear (*Ursus americanus*) is more of a forest specialist. As its scientific name suggests, it is found only in North America. Despite its smaller range and more specialized habitat, it has demonstrated better survival powers in the face of encroaching civilization than the grizzly. Even where woodlands adjoin suburbia, the black bear survives. Like the grizzly, it

*The giant panda is a tremendous draw at zoos, and demand for display animals has placed added pressure on its declining population.*

*The black bear is smaller than the brown bear, and more of a forest denizen. Possibly because of decline in the latter's population, the black bear seems to be extending its range to more open habitat.*

is an omnivore, feeding on roots, bulbs, berries, nuts, insects, fish, and small to medium-sized mammals. Its passion for honey is well known, and its habit of scavenging garbage dumps may bring it into uncomfortable contact with humans.

Like the grizzly, it is largely solitary and may be slightly territorial. Truly wild bears, treated with reasonable respect, offer no significant hazard to humans. Where they have become accustomed to people, as in our national parks, and visitors disregard admonitions against feeding and approaching them, injuries and even deaths have resulted. Incidentally, the black bear is not necessarily black, but comes in various shades, including black, blue-black, brown, cinnamon, and even white.

### THE TIGER

Among the cats (family Felidae) are a number of primarily forest-adapted species. The tiger (*Pantherus tigris*) occupies a variety of habitats in southern and eastern Asia, but consistently requires more cover than the plains-adapted cats. It is the largest member of the cat family, and, like most cats, is quite solitary.

*Tiger populations have declined dramatically as a result of human activity, including both habitat destruction and purposeful hunting. While most perceptions of animal hazards to humans are exaggerated, tigers appear to be genuinely dangerous.*

Males are territorial with respect to other males, and females with respect to other females. However, males have larger territories than do females, and their territories enclose the territories of several females. The young are raised entirely by the female. Like many cats, tigers hunt alone. The basic technique, a painstaking stalk followed by a brief, overwhelming rush at the prey, is typical for cats. Its prey consist mainly of hoofed mammals, including various species of deer, wild pigs, and sometimes domestic livestock.

## MORE CATS

The jaguar (*Panthera onca*), ranging from the extreme southern United States to nearly the tip of South America, may be considered, both ecologically and by appearance, the New World analogue of the Old World leopard. Like the leopard, it occupies a wide array of habitats within its extensive geographic range, but it is mainly forest-dwelling. The clouded leopard (*Neofelis nebulosa*) is an especially beautiful cat found in the forest to an altitude of about 8,200 feet (2,500m). As a secretive inhabitant of inaccessi-

*The long-tailed weasel, Mustela frenata, turns white with the fall molt in the northern part of its range, returning to brown with the spring molt, a trait shared with the ermine, Mustela erminea.*

ble areas, its biology is not well known. The margay (*Felis wiedii*) is a delicate, spotted cat that ranges from Mexico to Northern Argentina and Uruguay It is one of the most arboreal of cats. While many cats forage on the ground, the margay appears to forage primarily in trees. The lynx (*F. lynx*) is a resident of northern coniferous forests in North America and Eurasia. A famous and much debated phenomenon is an apparent ten-year cycle of population growth and decline that mirrors that of one of its primary prey, the snowshoe rabbit (*Lepus americanus*).

## THE STRIPED SKUNK

Among smaller forest carnivores are various species of the weasel family (Mustelidae). One known to virtually everyone, at least by reputation, is the striped skunk (*Mephitis mephitis*). Scenting is common in mustelids, but skunks do it with a vengeance. This is another species that coexists with suburban humankind. Considering its diet of insects and small mammals, however, its presence perhaps should be more appreciated than deplored.

## MONGOOSES

Other important small woodland carnivores are in the mongoose family (Viverridae). The mongooses themselves, described in "Plains," occupy various habitats, including desert, grassland, and forest. The civets and genets, somewhat catlike members of the family, are largely arboreal and tend to favor more wooded habitats. Since they are confined to the Old World, they are not well known to residents of North America, but are common enough in their range. Little changed from the ancestral stock of the carnivores, they provide a fascinating glimpse back through time to the origins of this adaptable group. While some mongooses, especially open-habitat species, are quite social, civets and genets are largely solitary. Civets are the source of civet oil, which is used to attract the opposite sex both by civets and by humans, who incorporate it into fine perfumes. Populations of some species, such as those that live in rain forests that are being cut at a disturbing rate, are threatened. Other species are common to the point of being a nuisance.

# CHAPTER SEVEN

# *The Forests*

*Forests are communities of closely growing, woody, relatively tall plants that are unbranched at the base of the trunk. The canopy is the crown of treetops and woody vines that forms the uppermost layer, the ceiling, of a forest, but it may have one, two, or even three levels. Scattered trees that rise above the canopy are known as the "emergent stratum." The amount of light that penetrates the canopy affects the kinds of smaller plants that grow beneath it. A layer of small trees may be present, and one or more layers of shrubs, followed by herbaceous (nonwoody) plants. The soil may be covered with lichens, mosses, or other low, matted plants. Beneath the*

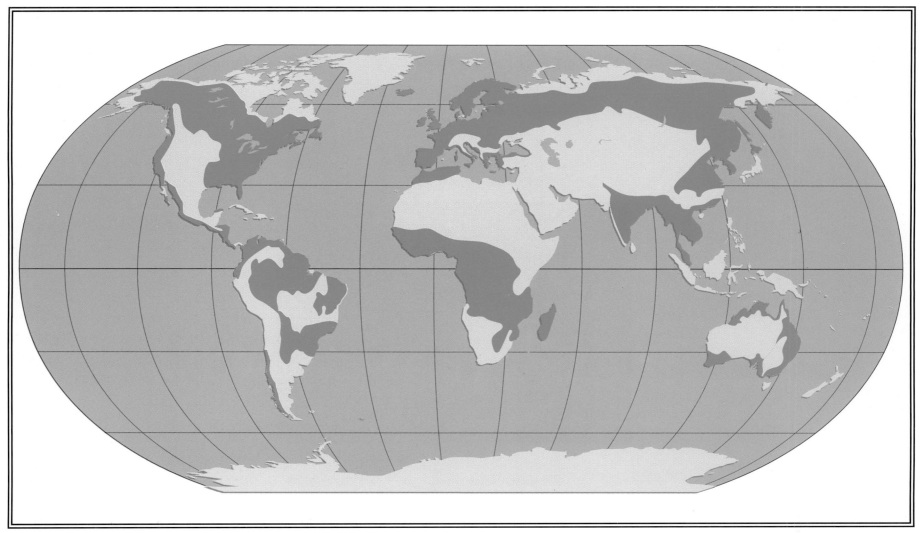

*The world's forests range from tropical rain forests to temperate forests to the evergreen forests of the northern latitudes. Forests are among the biologically richest habitats holding the greatest numbers of species.*

surface an extensive system of roots and rhizomes provides a home for many microorganisms, invertebrates, and vertebrates.

Wildlife is found at different layers, or strata, of the forest. For example, some creatures make their homes and find food on or beneath the forest floor, others in the trunks of trees, and still others in the canopy. Wherever they are located, what distinguishes one forest from another is the unique combination of geography, climate, and geology that formed them. Climate is the most important factor. Heading north from the Tropic of Capricorn, humid tropical forests give way to deciduous forests, which are replaced by evergreen coniferous forests, which, in turn, give way to the barrenness of tundra.

# HOW THE FOREST WORKS

Ecologists separate the world into nine biomes, regions with similar vegetation and a uniform climate. But within a biome there may be geological and climatic differences. For example, on a mountain that receives more rain on one side than on the other, each side will have different plant communities. And mountains sustain a variety of plants and animals depending on the altitude. As altitude increases, temperature decreases and rain may increase. Thus, as you ascend a mountain you may notice deciduous trees at the base, conifers as you climb, and, at the top, no trees at all.

There is no sharp demarcation from one biome to the next. Boreal coniferous forest slowly gives way to tundra, for example, and the borderline communities will be home to life that can adapt to both biome types.

## Sources of Energy

### PLANTS

Forest communities all share certain ecological aspects. The green plants are the energy producers, converting carbon dioxide gas from the air plus water that has entered through the root system into energy in the form of carbohydrates—plant sugars and

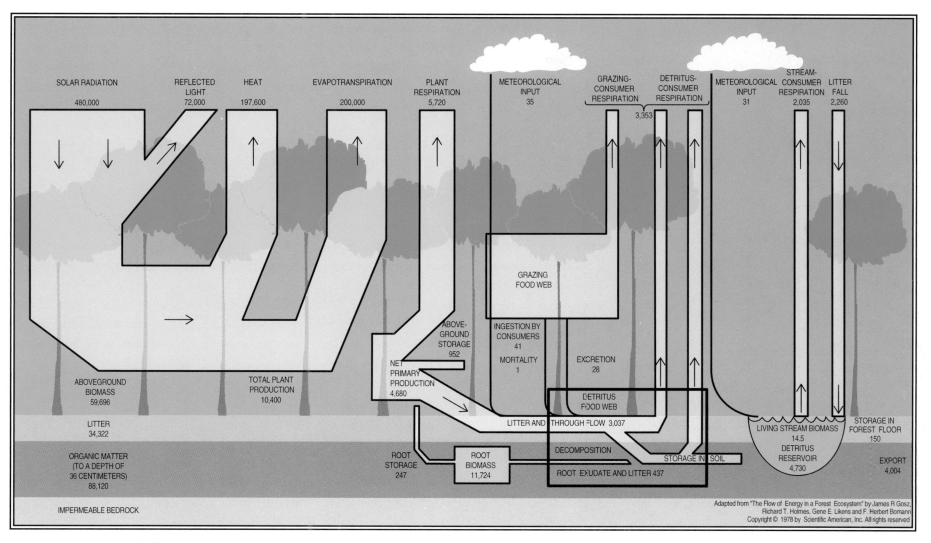

*Energy enters into the forest ecosystem from solar radiation. Only a small percentage of this is used by plants, and only a tiny fraction of that used by plants is taken in by animals. This diagram shows the route of energy transfer within a temperate forest. Units are in kilocalories per square meter per year.*

starches. The amount of available energy in a forest is determined by climate and latitude, which affect the amount of sunlight present as well as the plants' ability to maximize energy. Deciduous trees, which lose their leaves as cooler weather and shorter periods of daylight approach, can store energy only during the spring, summer, and early autumn, when they have leaves. Evergreen trees store energy year-round.

In truth, this is a highly inefficient system. Only a small percentage of the available energy from sunlight is used for fixing inorganic chemicals, such as carbon dioxide, into organic material. Because not all the sun's energy can be used by plants—and much of the energy from the sun is used to warm the ground and surrounding habitat, perhaps as little as 1 per-

cent of usable solar energy is converted by plant tissue to stored energy. The plant then uses slightly more than 50 percent of this energy for its own new growth. The minuscule excess that is stored by the plant is what animals use for their growth.

## SOIL

But leaves are only a small source of energy for animals. The forest ecosystem is three-dimensional, extending across the width of the forest and into adjacent watercourses and ecosystem types and upward, from below ground to the top of the canopy. Most of the energy available for consumption is on or below ground. The soil itself, rich in animal excrement and decaying vegetation, contains nutrient

molecules that have already been prepared for consumption by the numerous microorganisms that live within it. Most of the energy comes from decaying leaves, branches, and tree trunks. Nutrients from other areas are blown in by wind or carried in by rain or flowing water, settling into the soil. Decaying animal carcasses add a tiny amount of nutrient material to the organic mass.

## THE FOREST ENERGY CYCLE

Let's put this system together and see how it works. Leaves grow, storing energy, but, under normal circumstances, few leaves are eaten. In deciduous forests, leaves fall to the forest floor in autumn. Once on the floor, bacteria and fungi decompose them, and insects and other small invertebrates feed on them. The fungi, insects, and small invertebrates, in turn, are eaten by larger insects, amphibians, birds, and small mammals. The trees produce fruits that are eaten by insects, birds, and small mammals. These animals are eaten by larger animals. Mountain lions, foxes, wolves, eagles, hawks, owls, and snakes are highly predatory and eat other, smaller animals.

But all the energy is not used at each level. Caterpillars, for example, feed on leaves, but their digestive systems are incapable of breaking down some of the large carbohydrate molecules of the leaves. Thus, most of the stored energy within the leaves is excreted, ready for decomposition, on the forest floor.

We will divide our exploration of forest habitats into three major segments: tropical and extratropical rain forests; southern midlatitude forests; and northern midlatitude deciduous and coniferous forests, including the northern boreal forests.

## Types of Forest Plants

Life-forms are classified according to the position of the growing tip, or bud. Those plants with buds high above the ground are termed *phanerophytes* and are dominant in the forest. Examples include oak trees,

palm trees, pine trees, and a variety of shrubs. There are also special phanerophyte categories for stem succulents, such as cacti and euphorbias, and for high-climbing, woody vines, such as lianes. *Chamaephytes* are low shrubs, such as low-bush blueberry and huckleberry and virginiana wild rose. *Hemicryptophytes* are plants with buds at the soil surface, such as grasses, and rosette plants, such as the dandelion. *Geophytes* have buds below ground: typical of this class are the bulb-forming tulips and daffodils and corm-forming iris, jack-in-the-pulpit, and dahlia. A corm is a short, thick, upright, underground stem that usually stores starch. *Therophytes* are plants that reproduce only by seed and are typical of deserts but rare in forests.

### SPECIALIZED PLANTS

Plants have developed unique ways to adapt to their environments: carnivorous plants trap invertebrates, parasites live off other organisms, saprophytes live off dead material, and epiphytes use other plants for support, but do not obtain nutriment at the expense of the host plant.

In the American tropics there are epiphyte communites in which the host tree develops roots to absorb nutrients collected in the matted organic matter on the branches. Some species start life in the high branches as epiphytes and then develop an aerial root system that eventually penetrates the earth and establishes the plant as independent. The plant continues to grow, enveloping the host plant, and often, with time, replacing it. A great number of unrelated species live as epiphytes; in the tropics these include orchids and bromeliads, ferns, bryophytes, algae, and lichens.

### CAULIFLORY VS. RAMIFLORY

Trees that bear large, heavy fruits produce flowers on the trunk (cauliflory) or on branches (ramiflory). Trees with fairly light seeds flower at the tips of branches. Cauliflory and ramiflory are relatively rare in extratopical regions, that is, those north and south of the tropics of Cancer and Capricorn. Trunks are shorter in higher-elevation forests and in drier, frost-free regions, where they are often branched close to

the base. Bark is generally thin and smooth in trees of the wet tropical forests, which discourages stranglers and other epiphytes. In drier tropical forests and where frost is frequent, bark is thicker and assumes a great variety of forms. In northern, wet forests, epiphytes—mainly bryophytes and lichens—commonly cover the boles, or trunks, of the tall trees.

### TREE CROWNS

Tree crowns in the wet lowland tropics assume a bewildering variety of forms depending on the species, its height compared to competitors, and its role in the development of a primary forest from a secondary one. At higher elevations in the wet tropics, crowns are wide-spreading on shorter boles. Such crowns are typical of drier lowlands in the tropics and subtropics. At high latitudes in the Northern Hemisphere, where snowfall is heavy and of long duration, tree crowns tend to be spirelike, an obvious modification to help in shedding snow.

### LEAVES

Leaves also show great variation in size, shape, margin modifications, subdivisions, duration, and internal structure. For example, in the wet tropics, nearly all trees of primary forests have evergreen, elliptical, simple leaves with pointed tips. These tips are called "drip tips" because they facilitate shedding of rainwater to discourage growth of leaf-dwelling bryophytes. Leaf size is related to altitude: the higher up the tree, the smaller the leaf. Cold soil prevents rapid uptake of water; therefore leaves at higher altitudes are smaller to conserve water.

In the drier tropics or on shallow soils in the wet tropics, the proportion of trees with compound leaves or leaves made up of leaflets increases; their size decreases with increasing drought. Presumably, the loss to drought of one or a few leaflets is less costly to a plant than the loss of an entire leaf. Plants with spiny leaves, branches, and boles are found in drier tropical forests. Lianes tend to have relatively large, heart-shaped leaves in wet tropical and midlatitudinal forests, whereas in drier tropical forests their leaves are highly variable. At higher, wet, southern latitudes, angiosperm leaves change only by becoming pro-

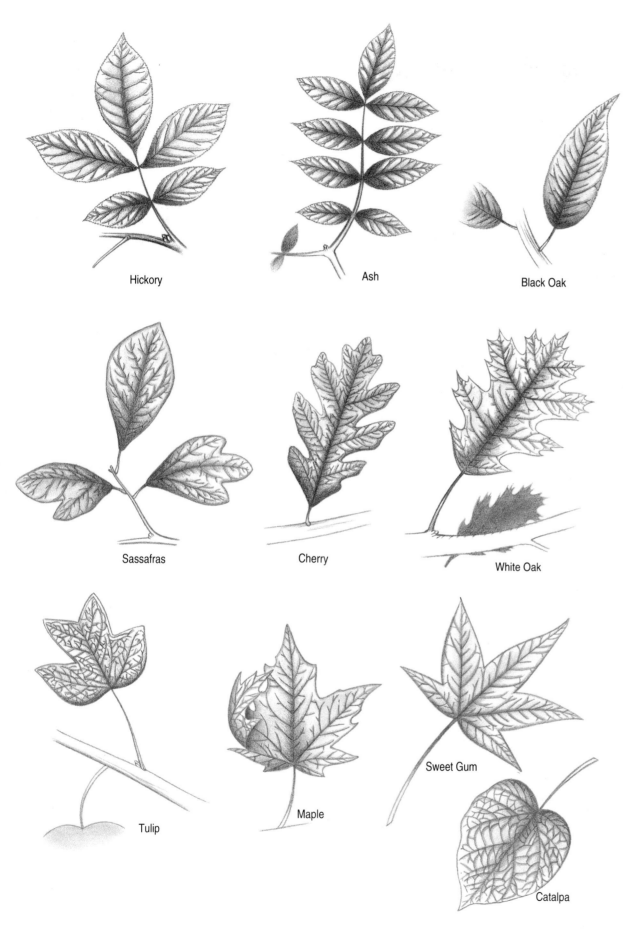

Hickory

Ash

Black Oak

Sassafras

Cherry

White Oak

Tulip

Maple

Sweet Gum

Catalpa

gressively smaller, similar to the trend in tropical mountains. Angiosperms include all the flowering plants. At middle northern latitudes, many angiosperms develop deciduous leaves that are shed as colder weather approaches. These assume many shapes, often being lobed and/or toothed, compound as well as simple. At higher northern latitudes, angiosperm leaves tend to be small and toothed. Here evergreen conifers play an important structural role; these have needlelike or scalelike leaves.

## ANGIOSPERMS AND GYMNOSPERMS

*An angiosperm is a flowering plant; that is, it produces an organ system that includes most, if not all, of the following: (1) sepals—protective, leaflike organs; (2) petals, which are usually brightly colored to attract pollinators; (3) stamens, the male organs, usually consisting of a four-chambered sac called the anthers (containing pollen, the male reproductive cells), which sit atop a long thin stalk called the filament; and (4) the gynoecium, or pistil, the female reproductive organ consisting of one or more carpels, which may be either free or fused, each carpel containing one or more ovules that after fertilization become hard-walled seeds while the gynoecium is transformed into a fruit. The distinguishing characteristic of angiosperm flowers is the hidden nature of the seeds, which are enclosed within the carpel and not exposed to the environment until the fruit is ripe and releases them.*

*Gymnosperms are "naked-seeded" plants. Seeds are usually borne on the surface of scales that are part of a cone (Pinus); occasionally seeds are borne on long stalks that emerge from short shoots (Ginkgo) or at the tips of highly reduced short shoots (Taxus) or at the tips of reduced cones (Podocarpus).*

*In this mountain rain forest of Puerto Rico, the mountain palm,* Euterpe globosa, *is common on rocky soils. Lower annual temperatures on the mountains cause a decrease in the number of tree species and in the average size of leaves.*

*A landscape of lowland rain forest in Costa Rica. Note the great variety of evergreen trees as evidenced by the diverse shapes of their crowns, including palms (center, foreground).*

# TYPES OF FOREST

Forests appear in all areas of the earth that have at least one month with temperatures warmer than 50°F (10°C) and a humid climate. Two of these forest zones are characterized by vastly different tree communities. The tropical rain forest extends from the equator at least 10 degrees north and south, and often to the tropics of Cancer and Capricorn. The boreal forest occupies the northern part of the middle latitudes. Both types have a majority of trees that maintain a covering of leaves throughout the year and can be called evergreen forests.

## *Tropical Forests*

### RAIN FORESTS

The rain forests are considered the most complex forests, both structurally and in species composition. Dominant trees include the dipterocarps, mangos, Brazil nuts, breadfruits, palms, and chicles. With increasing elevations in the wet tropical mountains, the nutmeg, laurel, fig, and durian families become more prominent. At still higher elevations, oaks, laurels, cloves, magnolias, teas, bamboos, ferns, and "fern-allies" (clubmosses and spikemosses) will be found. At the highest elevations in African and Southeast Asian forests, heaths are most common.

### DRIER TROPICAL FORESTS

At tropical latitudes where droughts persist for a few months, the forests are called *monsoon forests.* Among the most prevalent trees here are mahogany, rosewood, teak, sal, and satinwood.

### EXTRATROPICAL (SUBTROPICAL) RAIN FORESTS

On the east coasts of most continents, relatively warm ocean currents bring humid climates to middle latitudes, so that eastern North America, South America, Asia, and Australia bear rich mixed forests dominated by extratropical (subtropical or warm temperate) species, which may be evergreen or deciduous. Most

**Autumn in the deciduous forest region of Missouri, in eastern North America. Maples, hickories, black oak, and other species lend a bright yellow hue to the landscape. A four-month leafless period occurs during the winter season of long and severe frosts.**

tropical evergreens are extremely sensitive to frost and sometimes even to relatively low temperatures. Temperate broad-leaved evergreen forests of the Northern Hemisphere are populated by members of the oak family such as evergreen chestnuts, tanoaks, and live oaks; camellias, laurels, teas, magnolias, and palms; and, in the understory, cycads.

## Southern Midlatitude Forests

Forests in the Southern Hemisphere are smaller. Climates become cooler as one progresses poleward, but frost is much less of a problem than at similar latitudes in the Northern Hemisphere. Thus, as we go south from the equator, the rich tropical rain forests in Brazil and eastern Australia and New Guinea gradually diminish in height, plant diversity, and leaf size of the canopy trees, but nevertheless remain evergreen. In Tasmania and New Zealand, southern conifers mix with angiosperms, as do tree ferns,

## FERNS, MOSSES, AND MORE

*Ferns are often classified in the division (phylum) Pteridophyta. They are tracheophytic plants—plants with an elaborate water-conducting tissue called the xylem, which contains tracheids—that reproduce by spores, not seeds. They are distinguished from other nonseed tracheophytes by their large, broad, many-veined leaves (megaphylls, or fronds).*

*Mosses are classified in the division Bryophyta. Bryophytes are plants that contain a rudimentary internal water transport system, lacking tracheids. They possess numerous tiny, simple leaves on stems that are often prostrate, but occasionally are erect. Moss sporophytes are often persistent for a year or more after they mature and shed spores.*

*Liverworts are classified in the division Hepatophyta. They resemble mosses in that they are green plants that produce gametes, not spores, as ferns do. They differ from mosses in that they lack a vascular system, having weak, flattened stems, and a short-lived spore-producing stage (the sporophyte) in their life cycle.*

*Algae are plants that most often lack a well-defined, three-dimensional plant body, possessing instead a threadlike or platelike mass of cells, the thallus. Algae (except red algae) reproduce by swimming cells called zoospores. Red algae have nonswimming reproductive cells, but these are not hard-walled, as are those of the land plants—tracheophytes and bryophytes. A water-conducting system is absent, but large algae such as kelps have well-developed food-transporting systems. Higher levels of classification of algae are hotly debated by taxonomists. Some argue that algae represent a separate kingdom; others say that all algae except the green algae represent a separate kingdom; still others claim that the different groups of algae should be treated as separate divisions within the kingdom Protista (which includes protozoans).*

*Lichens are organisms that represent a symbiotic relationship of two different organisms, an alga and a fungus. Symbiotic organisms live together for the benefit of each individual organism. Lichens often grow on surfaces where neither symbiont would grow alone. Lichens are often found growing on bare rocks, on sand, or on tree trunks.*

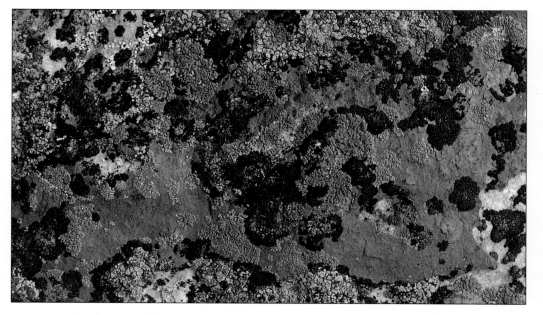

**A community of crustose lichens.**

filmy ferns, and bryophytes. This change from tropical to extratropical forests occurs at 35 degrees south latitude in Chile.

The simple deciduous forests of mainly southern beech (*Nothofagus*) in Patagonia and Tasmania are poor versions of the rich deciduous forests of the Northern Hemisphere. In drier climates, there are purely coniferous woodlands dominated by *Araucaria* species. In the mountains of East Indies islands south of the equator, *Araucaria*, *Agathis*, and *Podocarpus* emerge above the canopies of the lower montane forests of mixed tropical angiosperms.

On the North Island of New Zealand and in northern Chile, the extratropical forests are a mixture of evergreen species from angiosperm and conifer families: myrtles, cunonias, weinmannias, winterbarks, southern beeches, palms, tree ferns, araucarias, podocarps, and others. The subantarctic forests are often dominated only by podocarps and southern beeches, the latter forming tree lines on the mountains.

## Northern Midlatitude Forests

Some of the tallest trees on earth can be found in the rich forest along the northern Pacific coast of North America from central California to southern Alaska. Dominated by evergreen conifers such as Douglas fir, coast redwood, western hemlock, western red cedar, and sitka spruce, it is often referred to as temperate rain forest. This forest type has recently attracted much media attention because of the fight between the lumber industry, which wants to harvest all the valuable timber, and environmentalists, who want to preserve the old-growth stands, which are home to the spotted owl, an endangered species.

### DECIDUOUS FORESTS

As you travel north in the forested eastern portions of the Northern Hemisphere, you will see a gradual change in the vegetation from evergreen to deciduous angiosperms. Dominant deciduous angiosperms include oak, beech, birch, alder, maple, ash, magnolia, and cherry; the more restricted tuliptree and sweetgum; and a variety of other hamamelids, sourgum, and sassafras.

*The faded sun casts a red glow on these evergreen needleleaved fir (Abies) trees. Forests of coniferous trees such as fir, spruce, and larch cover vast areas of the subarctic region. Spire-like tops shed the heavy snows that fall over the long winter season.*

## CONIFER-HARDWOOD FORESTS

Farther north, deciduous angiosperms give way to evergreen conifers. This change is due to a lack of warm weather, which results in shorter growing seasons and longer winters with more severe frost. Under these conditions, evergreen conifers have an advantage over deciduous angiosperms because conifers carry out photosynthesis throughout the year, whereas angiosperms shed their leaves after summer. Around the Great Lakes in eastern North America, the transition from deciduous angiosperms to evergreen conifers—such as white pine, Canadian hemlock, and red pine—is observed to occur over a large area. Conifers even form an emergent layer of tall trees, with white pine reaching more than 150 feet in height. This type of forest is often referred to as conifer-hardwood. A similar forest—of Norway spruce and white fir—occupies northeastern Europe and northeastern Asia.

## BOREAL CONIFEROUS FORESTS

North of the conifer-hardwood forest, the boreal coniferous forest is dominated by spruce, fir, arborvitae, larch (a deciduous conifer), and pine and extends from east-central Canada west and north to Alaska and from Scandinavia to the eastern region of the Russian Federation. Deciduous angiospermous trees are confined to burned sites and river terraces (birch, alder, and poplar). Northward, this forest gradually diminishes in height and becomes discontinuous, forming a parkland in which the trees or clumps of trees occur within a matrix of tundra with low meadowlike vegetation of mosses, lichens, prostrate shrubs, and herbs.

## Forest Tree Types
—

We might summarize the distribution of world forests as follows: in the regions between the tropics of Cancer and Capricorn, forests are dominated by a large number of families that have their centers of distribution at the equator. At the equator, the forests are tall and have a complex layering of subcanopy plants. Away from the equator, the climate becomes more seasonal, so that droughts are more frequent and last longer. Here we find semideciduous, or "monsoon," forests and thorn woodlands. In the Southern Hemisphere, forests are well developed on the east coasts of South America and Australia. Here there are fewer tropical families as latitude increases. Leaves of the canopy trees get smaller as latitude and altitude increase. At the limits of southern forest growth, the southern beech and the Podocarpaceae families are the only major dominant trees. In the Northern Hemisphere, forests of the east coasts are subject to severe frosts, especially in North America.

## HOW THE TREES BREAK DOWN

As we travel farther north and south from the equator, the forest composition follows this sequence: (1) evergreen angiospermous dominated by oaks, laurels, teas, magnolias, and palms; (2) mixed forests of deciduous angiosperms, evergreen angiosperms, and conifers

*At midlatitudes of the Northern Hemisphere, where trees are subjected to a warm summer but also to a season of hard frosts and relatively heavy snows, deciduous trees, such as this sugar maple (Acer saccharum), are favored in competition with other types. Loss of leaves and strongly ascending branches minimize the snow load of the tree in winter.*

(Pinaceae, Cupressaceae, and Taxodiaceae); (3) deciduous angiospermous forests, with conifers on poor sites; (4) a mixed forest of evergreen northern conifers and some deciduous angiosperms; (5) a dark forest of evergreen northern conifers with some deciduous conifers and angiosperms, diminishing in height and cover northward, eventually replaced by tundra.

---

### WHAT IS WOOD?
—

*The vascular cambium, located beneath the bark of a tree, is a layer of cells that constantly divide. The products of cell division mature to the inside of the trunk and become secondary xylem, or wood. Wood is composed of different types of cells, the most important of which transports water from roots to stems and leaves and is called the tracheid. Tracheids are dead cells with specially thickened, secondary walls in addition to the primary walls that all cells have. The term softwood is often contrasted with hardwood. The difference between the two is the presence or absence of another kind of conducting element in the wood, the vessel. Softwoods lack vessels. Vessels are tubes made up of tracheidlike units in which the end walls are absent or incomplete. Vessels are fatter than tracheids and are more efficient conductors of water. Wood gains strength through fibers—dead, thickened cells that support the conducting cells. After many years of cambial growth, vessels at the center of the trunk become clogged with tannins and resins to form a "hardwood" that is resistant to rot. Nonwoody plants lack a vascular cambium.*

## HOW TO SURVIVE IN THE FOREST

Forest-dwelling creatures must be able to carry out all necessary life functions—eating, moving, and reproduction—without undue risk to their existence. Because forests are a multifaceted habitat, with places for animals to live underground, on the ground, in the lower branches of trees, or in the canopy, adaptations to life in the forest are many and probably even more varied than the types of forests themselves.

Animals living in trees, for example, must be able to get to where they live, move around, and hold on. The adaptations for this kind of arboreal lifestyle are numerous. Birds and bats fly to their perches. Some lizards and tree frogs have what appear to the naked eye to be suction cup–like disks (but are really microscopic hooks that work like Velcro™) on their toes. Mammals may have sharp claws, strong hands, and/or prehensile tails.

The next problem is how tree-dwelling animals obtain food. Some, such as woodpeckers, eat where they live, using their bills to dig for insects in the tree bark. Members of the parrot family eat fruits and nuts from the tree branches. Insectivorous bats and some insectivorous birds fly out and grab their prey on the wing. Tree-dwelling snakes eat birds, lizards, and small mammals that live in and on the trees.

Forests, especially in the understory, can be very dark places, even during the brightest sunlight, so forest dwellers must have strategies for finding mates. Male birds sing and male frogs call to alert females to their presence. Many primates live in social groupings or troops and travel great distances, which allows them to find mates in groups they may meet outside their own territory.

How have forest species adapted to protect themselves from predators? Some animals need do nothing, as they can be quite well hidden in the depths of the forest. For others, speed, camouflaging coloration, noxious odor or taste, or even venom will serve to protect. For still others, such as the birds and certainly the great apes, making a huge ruckus thwarts most predators.

## Ground Dwellers

The problems ground dwellers face are different from those faced by canopy dwellers. Many of them, such as snakes of the genus *Bothrops*, are well camouflaged. Although the forest floor is often dark during the day, being active at night, when visibility is minimal, confers an even greater adaptive advantage. As the forest floor is usually littered with leaves and other plant and animal debris, there are lots of hiding places and many places to search for food.

### GIANT COCKROACHES

Living under bark, in hollow trees, and hidden on the forest floor under logs are giant cockroaches (*Blaberus giganteus*). Although not especially pretty—some folks consider them downright ugly—they are impressive simply because of their great size: an adult roach is as big as an adult mouse. They are nocturnal and eat wood, bat guano, and fruit. In colonies living within trees, there is social stratification according to age: the youngest nymphs live on the floor of the tree within bat guano, where they burrow and can hide from invading army ants; the largest molts live above them; and the adults live on the top.

Adult males, like those in other species, such as the American roach (*Periplaneta americana*), hang on the outside of the tree, generally using the same sites night after night. When populations increase, mixed groups of males and females may congregate only at preferred sites. Males, especially those of higher social rank, tend to be aggressive. Aggression is manifested by a more upright body position than the lower-ranking animals. As anyone who has been near a roach colony knows, they smell. The odors are communication devices. Males are attracted to available females by their odor. *Blaberus* is ovoviviparous, producing live young from eggs incubating within her body. Incubation takes approximately 60 days and 40 young are produced.

### BEETLES

Beetles live at all levels of the Brazilian rain forest, but more beetles live on the forest floor than at any other level. Straight-snouted beetles (family Brentidae) live in rotted logs. The carabids, or ground beetles, comprise more species than most other families of beetles—at least 25,000 species are found throughout the world. A relatively thin-bodied beetle, its body resembles that of a firefly more than the thick shape we tend to associate with beetles. They eat other insects. Although we know the carabids live on the forest floor, Brazilian scientists studying insects in the Amazon found many carabids in the flight nets, indicating that the beetles either climb high or fly within the higher levels of the forest.

### BUTTERFLIES

We like to think of butterflies as beautiful and delicate, but many of those that feed on the forest floor do not eat beautiful and delicate foods. Some species eat animal dung. In fact, large numbers of beautiful butterflies are often found clustered on a dung deposit. And other species feed on fluid from dead animals.

Some male butterflies carry out a rather curious behavior on the floor of the forest or any substrate nearby. It is called puddling, and, although a puddle is not necessary, it often is done in puddles. Males may form groups and puddle together. They also may puddle in very dry spots. The essence of puddling is to insert the proboscis into water, extract the salts, especially sodium, from the water, and then excrete the water through the anus.

On dry substrates, it is done by adding saliva to the end of the proboscis, then sucking up the now-dissolved material. It is thought that puddling resupplies the male with salts he has lost during copulation. In copulation with the female, a sperm packet, very rich in minerals, is transferred to the female. Thus, she can maintain proper salt balance from what is transferred in the sperm packet. The male must then make up for the loss.

### FROGS

The Australian tree frog (*Cophixalus ornatus*) is a unique frog in that there is no separate aquatic tadpole stage. Young develop within the eggs, which are laid on land—an excellent adaptation for living on the forest floor, which may not be especially wet.

*The bushmaster,* Lachesis muta, *is a large, venomous pit viper native to South America.*

## THE BUSHMASTER

The bushmaster (*Lachesis muta*) is a large, venomous South American pit viper that lives in logs and tree hollows, and among leaf litter. Specimens as long as 12 feet (3.7m) have been found, although the average size is about 7 to 8 feet (2.0–2.5m). Although it remains hidden and docile during the day, the bushmaster is active at night and becomes alert and quick to strike as it searches for the small mammals and amphibians that make up its main source of food. The venom glands are large and produce copious quantities of venom, which is injected by the snake's exceptionally long fangs and leads to significant tissue damage in the area of the bite and blood clotting problems as well. Thus, the bushmaster is much feared by local people, especially during the breeding season, when females may aggressively protect nests as they coil around 8 to 12 eggs during the 60- to 70-day incubation period.

## BIRDS

The ecological function of birds is to disperse plant seeds and keep insect and other arthropod populations under control. Most birds eat insects, as well as seeds and fruits. This is most important in maintaining the balance of plants and animals in the forest.

## TAPIRS

Tapirs are piglike relatives of the horse, with elongated snouts, erect ears, and thick bodies. The young are all striped. This cryptic coloration probably keeps the young well hidden in the forest. They are found in the margins of forests in Central and South America and in parts of Southeast Asia, including the southern portion of Myanmar (formerly Burma), Thailand, Sumatra, and the Malay Peninsula.

## Up in the Canopy

If you consider that in the canopy, there are not only leaves, branches, flowers, and fruit, but bromeliads that live attached to the trees, you begin to see that there are many complete ecosystems in the canopy and understory.

## BUTTERFLIES

Butterflies rely on specific plants for their survival. As rain forests are so rich in plant life, this type of adaptation has allowed survival and speciation. Caterpillar larvae limit their eating to, at most, several plant species. Adults, especially those that feed on flowers and fruit, are also limited in their diets. Some

## BUTTERFLIES

*Butterflies are among the most beautiful of the insects found in the understory and canopy of the forest. Among the most distinctive are the metallic blue morphos (Morpho species), which actually feed on fruit from the forest floor. Other butterflies that feed on the forest floor are owl butterflies (family Satyridae) and the glass-winged satyrine (Callitaera polita).*

*Owl butterflies are named for the owl eye–like spot located on their wings. Although it is thought that this spot may mimic the eye of a vertebrate, especially an owl or frog, and thus keep predators away, one ornithologist claims he has seen many of these butterflies with holes in the eyespot area. This led him to believe that the eyespots actually attract predators but that the butterflies can safely sustain damage in that area of the wing.*

*An owl butterfly of the genus* Caligo.

butterflies specialize in eating legumes, others palms, and still others bananas. Those that live on nectar pollinate plants, whereas those living on fruit disperse seeds or leave them for seed-eating rodents and birds.

## SNAKES

The tropical, South American emerald tree boa (*Corallus canina*) rarely descends to the ground, and it gives birth to live young. Its green body makes it virtually invisible while it is at rest during the day. Rainwater easily follows the draped coils and collects in the lower body loops, where the snake's head rests in position to drink as the opportunity allows. Prowling among the branches of the rain forest at night, the snake becomes a resourceful hunter, its large eyes with their light-gathering elliptical pupils open wide to detect any movement. The sensory pits bordering its lips pick up the slightest infrared heat produced by the warm body of a small mammal or bird several feet away. The prehensile tail acts as an anchor and allows the snake to strike out quickly, half its entire 5- to 7-foot (1.5–2.0m) length, and seize its prey. Long teeth, adapted to pierce layers of feathers and fur, rarely allow the prey to escape.

Large eyes for good night vision and a slender body make an animal well adapted to nocturnal life in the

**Borneo's orangutan, Pongo pygmaeus, *is a highly arboreal great ape. Poaching of animals for the pet trade and loss of habitat have taken a toll on orang populations.***

rain forest. The Central and South American blunt-headed tree snake (*Imantodes cenchoa*) feeds on lizards and small frogs, which it hunts among the bromeliads that festoon many of the middle-story limbs of rain forest trees. Its eyes are immense in proportion to its head. Its body is somewhat flattened laterally and has a unique musculature that allows the animal to become rigid, thereby extending its reach, which it must do to travel from branch to branch.

## THE ORANGUTAN

The great apes are arboreal—and the orangutan of Borneo's rain forests (*Pongo pygmaeus*) is the most arboreal of all. This diurnal species spends most of its time high up in the forest canopy, moving from branch to branch by jumping and swinging with its strong arms. Unlike most other primates, which tend to be highly social, the orangutan is solitary, both females and males living alone much of the time and maintaining their own home ranges. The bulk of the orangutan's diet is made up of fruit and nuts, especially figs, but it will eat insects, small vertebrates, and bird eggs.

---

### THE EMERALD TREE BOA

*The emerald tree boa* (Corallus canina) *is one of the largest tree boas, with a prehensile tail, heat-sensing pits bordering the lips, and particularly long needlelike teeth at the front of the jaws. Bright green with white "enameled" bars on the back, the snake spends its day with its body draped in tight loops over a branch. The position is always the same, with the head hanging down and its chin resting in the lower fold of a coil.*

---

*The emerald tree boa,* Corallus canina.

# TROPICAL AND SUBTROPICAL FORESTS: BRAZILIAN RAIN FORESTS

Long hours of sunlight, consistent length of day, heat, and humidity all combine to make the tropical and subtropical forests the world's richest biomes in numbers of plant and animal species. This wealth of species is called biodiversity. Many plants and insects inhabit the rain forests; scientists have discovered and cataloged relatively few.

Brazil is home to the world's largest rain forest. The Amazon forests have the greatest diversity of species known on earth. One entomologist discovered 3,000 species of beetles alone from collections made in only a few small tracts.

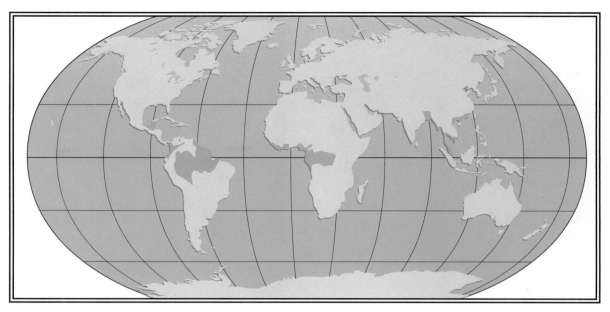

*The tropical and subtropical rain forests of the world are in a tight belt around the Equator.*

## *On the Ground: Insects and Arachnids*

Rain forests in general, and the Amazon in particular, have more arthropod species than other ecosystems do. Interestingly, this does not translate into great hordes of insects. There aren't any unless you consider the ants and termites. A temperate forest floor has many times the total number of insects found on the floor of the rain forest, but many fewer species. This may be because scientists have done more investigating of temperate forests than of tropical forests. But even entomologists remark that when you enter a rain forest you hear a lot of insects in the canopy, but you do not really begin to see them until you start setting traps at all levels of the forest.

### TERMITES

Wherever you go in the Amazon, you find termites (order Isoptera). Some live in mounds, and some live in mud nests in palm trees. They are social creatures that live in colonies, which are formed when winged termites capable of reproduction leave their old colony, fly high up in a mating dance, lose their wings, and establish a new colony. At first this king and

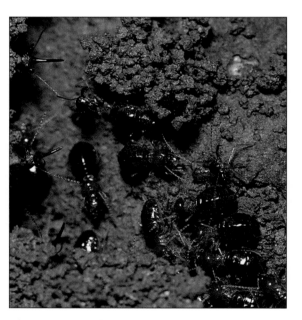

*These termites, which live in the Costa Rican rain forest, are similar in behavior to termites living in tropical forests throughout the world.*

queen have no workers to assist them in digging the nest and caring for the eggs and young. Thus, the queen herself cares for her first brood. Once the young grow, they then begin to care for the king and queen in a reversal of the term *parental care.* The queen is a bloated, grotesque, and massive animal, as termites go, whose only function is to reproduce. The king's function is also reproductive.

Termites have several castes of males and females, including workers, soldiers, and secondary and tertiary reproductive castes. Social relationships are cemented and caste positions maintained through the exchange of bodily secretions. Workers feed off the secretions of the queen and one another, as do members of the other castes. Soldiers may develop enlarged mandibles or heads for fighting and protection. Soldiers of the genus *Nasutitermes*, which is present in tropical areas worldwide, have heads that look like rounded ketchup bottles, from which they can squirt noxious substances to defend the nest. The secondary and tertiary reproductive castes are unable to reproduce unless the queen or king dies, at which point a member of these castes takes over as the reproducer for the nest.

As anyone who has ever found termites in the foundation or frame of a house knows, termites eat wood. Wood is composed mainly of cellulose, a very complex carbohydrate that is not digestible by animals. Termites cannot digest wood, either, but they carry a protozoan, or single-celled organism, in their digestive tracts that is capable of breaking down cellulose. Termites also feed on animal feces. It is thought that the ecological role of termites is to move nutrients from plant material and animal wastes to the forest floor.

Termite nests, no matter where they are built, also serve as homes to other animals. Some adult members of the Staphylinidae, or rove beetles, and Tenebrionidae, or darkling beetles, dwell in termite nests.

Some nunbirds and puffbirds (family Bucconidae) build their nests in termite nests in trees. With their thick bills, they scrape into the hard nest material to build their own nests, unmindful of the termites scurrying over their bodies.

Despite the fierceness of their soldiers, termites are small, delicate morsels, a fact not lost on larger animals. Dendrobatid frogs, the brightly colored poison dart frogs of Central and South America whose skin secretes paralyzing toxins, feast on tree-dwelling ants and termites. These 2-inch-long (5cm) frogs show bright, warning colors, which make them very visible by day, when they are active. But this warning is lost on the termites, who are nearly blind.

Anteaters have evolved into the perfect machines for eating termites and ants. The four species of anteaters—the ground-dwelling giant anteater (*Myrmecophaga tridactyla*); two species of tamandua, or lesser anteater (*Tamandua mexicana* and *T. tetradactyla*); and the nocturnal, treetop-dwelling silky anteater (*Cyclopes didactylus*)—all have elongated, inward-curving claws, elongated snouts, and spiny tongues with sticky secretions, perfect tools for attacking hardened termite and ant nests. Three of these species (not *T. mexicana*) live in the Amazonian rain forest. The giant anteater breaks into ground-dwelling termites' nests. The two smaller species feed on termites' nests in trees, using their prehensile tails to hold on to branches. Even termites high in the canopy are not safe from predation, because the silky anteater, so named because of its soft, silky coat, feeds exclusively in the treetops.

## LEAF-CUTTER ANTS

Ants are another social insect group. Leaf-cutter ants (*Atta* species), often parodied in cartoons as carrying parasols, maintain colonies of millions of individuals and one queen. Like termites, ants are divided into castes. Workers tend the garden and are in charge of the cemetery, a mound where dead ant bodies are piled up. They also care for the queen, eggs, and

*The leaf-cutter ant, also known as the parasol ant.*

young. Soldiers, which have enlarged pincers, and are larger than workers, guard the colony. The queen is larger than the rest of the ants and remains within her royal chamber, producing eggs.

Leaf-cutter ants do not see well, if at all, and communication is by touch and pheromone, a chemical produced by one animal that can be sensed and responded to by another animal. Because a leaf-cutter ant that finds a good route to a preferred tree species leaves a pheromone trail as it walks, it is followed by a line of ants.

When watching a leaf-cutter ant colony, it becomes apparent that although most of the ants seem to be going somewhere in a purposeful manner, some seem to be aimless, slowly wandering this way and that, often trampled by those with jobs to do. It is at that point that you realize the value of such a massive colony. Much of ant behavior is referred to as *hardwired*, meaning that it is preprogrammed. If several, or even many, have faulty programs, the huge numbers of properly programmed individuals go on with their work, and the colony doesn't suffer.

These industrious insects tend a fungus garden that provides food for the colony. Each species of ant has only one species of fungus growing in its colony,

and these fungi never grow outside the ants' gardens. The ant-fungus relationship is unique.

The ant cuts its leaf piece, which is sometimes larger than the ant, and carries it back to the fungus garden. There the ant chews the leaf, beginning to digest it, and lays the chewed mass onto the garden. The ant, and others around, then defecate on the leaf. Ant feces contains amino acids and enzymes necessary for the fungus to grow. The fungus also provides the ant with enzymes that break down the cellulose in the leaves, so the ant can chew the leaves and begin to break them down. The fungus is so essential to the colony that if the queen leaves to establish a new nest for the colony, she will carry the fungus with her.

The ants depend on the fungus for food, and the fungus can grow only on leaves cut by the ants, as it needs specific enzymes and amino acids that the ants provide. Furthermore, leaf-cutter ants are particular about leaves used in their gardens. This is partly because many plants have alkaloids and other substances in their leaves that are toxic to the fungus. Ants eat massive quantities of leaves. To give you an idea of just how many, one study found that leaf-cutting ants consumed more plant material than did all other rain-forest animals put together!

## ARMY ANTS

Army ants (*Eciton*) often inspire a vision of a huge, moving, black carpet of ants, destroying everything in their path. In truth, army ants are beneficial, eating cockroaches and other vermin from houses. They don't eat furniture, babies, or pets—except maybe small birds or lizards.

Although the ant caste system is similar to that of termites, and many of the behaviors appear similar, the one major difference between the two groups is that ant workers are of only one sex—sterile males. Also, mating is slightly different. Winged reproductive forms emerge from the nest in a nuptial flight, but copulation in ants occurs in midair; in termites, it occurs on the ground or in the nest after the courtship flight. After mating, the female ant removes her own wings and begins the nest. One copulation suffices for several years of fertility.

Army ants are not primary consumers. They are predators, eating small animals. But they, like termites, are eaten by many of the same animals that prey on termites. On the other hand, there are so many of them that a little predation should not affect their numbers.

Although the ants hunt in groups, the massive armies are only seen when the bivouac is moved. Then the thousands, perhaps a million, ants within, including the queen and her retinue, leave to find another bivouac. These massive ant migrations are an impressive sight to behold. The late Dr. T. C. Schneirla, who did some of the nascent work on army ants in the 1930s and 1940s, found that in army ants from the Panamanian rain forest, migrations occur at regular intervals, related to excitation of the colony by movements of developing larvae. This knowledge did not, however, aid Dr. Schneirla in finding his own army ant colony, which took off one day, marching through the halls of the American Museum of Natural History, never to be seen again. For many years the rumor persisted that a colony of army ants was bivouacked somewhere within the museum's walls.

Accompanying the migrating ants, as is typical for an army, are the camp followers. Because the ants flush out many species of insects and small vertebrates, antbirds are readily able to find food where the army has trod. Antbirds are in the family Formicariidae, which contains 300 species, at least 100 of which are found in Brazil. Antbirds include antshrikes, antwrens, antvireos, antbirds, bare-eyes, fire-eyes, antthrushes, antpittas, and gnateaters. These are generally thick-beaked, dull-colored birds whose common names reflect their eating habits more than their ancestry.

**Army ants of the genus Eciton.**

## CICADAS

*The easiest way to follow the ascent from forest floor to canopy is to think of the cicada, family Cicadidae. If you have a yard or frequent a park in spring and summer, these insects should be familiar to you. Cicadas molt cyclically. The nymphs, or young forms, remain underground, where they feed on tree sap. With the last molt, they emerge and shed their exoskeletons. These adults, who now have only several weeks or months to live, lay their eggs on leaves or in palm fronds in the understory. The male's singing, which is very familiar to us and is often misidentified as that of crickets, may serve to attract a mate.*

## THE RHINOCEROS BEETLE

Beetles (order Coleoptera) constitute the bulk of all insects. There are thousands of species known to science, and perhaps thousands more exist. Among the more interesting is the rhinoceros beetle (*Megasoma* species). These are quite sizable, perhaps 3 inches (8cm) long, and are frequently referred to as scarabs. The males have an enlarged horn in the middle of the head and two much smaller horns on the sides of the first segment. To say that these brownish, hairy-backed animals are strange-looking would be an understatement. It takes little imagination to see them as miniature rhinoceroses, or even as a modern version of the three-horned dinosaur (*Triceratops*).

There is some question about the function of the beetle's horn. The males use them during combat, but no one is sure what the combat is all about. Among most male animals, combat is usually about who gets the female, but female rhinoceros beetles seem unconcerned about who wins these bouts. Some scientists have suggested that males use their horns to fight over areas with better food supplies. This would mean that male rhinoceros beetles behave as if the way to a female's affections is through her food supply.

*Rhinoceros beetles, such as this one from southeast Asia, are found in tropical and semitropical regions throughout the world.*

*The striped-knee tarantula,* Brachypelma smithii.

Larvae develop within rotten lots, but it may take as long as three to four years from the time of egg laying to the time the young metamorphose into adults. Thus, the larvae need to live in relatively large logs so that they do not run out of food during their long developmental period. Unfortunately, deforestation removes the logs, and since the beetles have no reliable place to reproduce, they are becoming ever scarcer. The trade in rhinoceros beetles has been so brisk that the species is further endangered: the horn of the rhinoceros beetle is a popular addition to necklaces in cities in Amazonas.

## ROVE BEETLES

*Rove beetles, family Staphylinidae, are ground-dwelling, predacious beetles that prefer to eat dung beetles (family Scarabaeidae). Dung beetles lay their eggs in animal dung, carrying on an important recycling function in the environment. Rove beetles take advantage of this. As soon as fresh mammalian feces hits the ground, the rove beetles enter it and hide. There they await the arrival of the dung beetles, which they attack from below.*

## SPIDERS, ET CETERA

Spiders and their relatives, the scorpions, pseudoscorpions, ticks, and mites, are arthropods—animals without backbones that have jointed appendages. They belong to the subclass Arachnida but are not insects. Insects are a separate subclass of arthropods. Most people simply classify all these beasts in the category "creepy crawlies," but entomologists take the differences in classification seriously; there are great evolutionary divergences between these groups.

*Tarantulas* People are either attracted to, or repulsed by, tarantulas, suborder Mygalomorpha. These large, hairy-bodied spiders are nocturnal creatures, disappearing during the day under leaves or in caves. Tarantulas can be enormous, perhaps the size of a human fist. Although, like almost all spiders, they secrete venom, which is used for stunning and digesting prey, most tarantula species are harmless to humans. In fact, many people keep tarantulas as pets. When threatened, tarantulas rear up on their hind legs, exposing their mouth parts, which are the venom-containing organs. Their bodies are covered with hairlike projections called urticating hairs, which can stick into your skin and cause an irritating rash. Tarantulas eat insects and small vertebrates, including mice and birds, which they catch in their webs.

*Scorpions* Scorpions (order Scorpiones) and pseudoscorpions (order Pseudoscorpiones) are ground dwellers. From movies and cartoons, we have absorbed the idea that scorpions are exceedingly dangerous, and we are not grateful to see them. This, in a way, is tragic, as many of the scorpions are beautiful. Some are luminescent, glowing an eerie green in ultraviolet light. Some scorpions, especially the smallest ones, have extremely toxic venom. Antidotes are not readily available, and even the milder venoms can cause serious physical trauma, so scorpions must be treated with respect—and kept at a distance. Scorpions are nocturnal and eat insects and other invertebrates. The larger ones eat small vertebrates.

*Centipedes* Centipedes (class Chilopoda) are segmented arthropods that have one pair of legs per segment. Centipedes are venomous, and they deliver venom through a pair of poison claws, or toxicognaths. Although these appear to be part of the mouth, they are actually attached to the first main body segment, not the head. The venom is toxic to the animals upon which the centipede feeds and, except in rare circumstances, can cause much pain to humans. Scientists used to handling centipedes usually do so with a very long pair of forceps or with snake tongs. The giant centipede (*Scolopendra viridis*), which grows to as long as 8 inches (20cm) or more, is found in rain forests throughout Central and South America. The female cares for her young by wrapping her body into a tight spiral around eggs and young, touching them with her mouth parts from time to time. Centipedes eat anything they can catch and kill—cockroaches, lizards, frogs—and they live and feed on the ground.

## Other Ground Dwellers

Insects are certainly not the only animals living on the forest floor.

### CAECILIANS

Caecilians (in the New World, family Caeciliidae) are small, secretive, wormlike amphibians that live underground or under leaf litter. Most caecilians look similar to wormlike blind snakes, but they are not necessarily blind. In some, the eyes are visible, and in others, the eyes are covered by skin and large bones of the skull. They have a unique means of chemoreception. A pair of tentacles are embedded in the cheek between the eye and nostril. When extended, the tentacles pick up chemical particles from the air and are then retracted so the particles can be brought to special olfactory tissue. This is how the caecilian finds its prey; it is not much different from the Jacobson's organ of the snake, in which the tongue is used to "smell" the air.

Although caecilians are slender animals, and their usual foods are earthworms, insect larvae, and termites, on occasion lizards have been found in their stomachs, and they may eat some of the small, burrowing snakes that also live underground. The males have a true penis, which is rare among amphibians, and reproduction is thus by internal fertilization. Among the caecilians that produce live young, the young hatch within the mother's oviduct and then feed on secretions there. These newly hatched young have special teeth for scraping the oviduct lining and stimulating secretion of more material from the oviduct cells. Once they are released from the mother, the young caecilians lose these fetal teeth and develop normal adult teeth.

Caecilians and snakes have the same basic body shape and have similarly adapted to life. Not only do both groups have special mechanisms to sense the environment, internal fertilization, and, in some cases, nearly true viviparity, or bearing of live young, but they both also have only one full lung, the right one.

Caecilians are preyed upon by snakes. The venomous coral snakes, members of the elapid family, which contains the cobras, eat caecilians. Although caecilians, like many amphibians, secrete toxic substances on their skin, this does not stop coral snakes.

### CORAL SNAKES

Coral snakes are the only elapids in the New World. There are at least 50 species of coral snake in the New World. Those that inhabit the rain forests live on the forest floor under logs or leaf litter.

Secretive and nocturnal, coral snakes produce a highly neurotoxic venom that effectively paralyzes and quickly kills other snakes and small lizards. Most of the time when coral snakes bite humans, they don't inject venom because their fangs are small and the snake needs time to chew the victim to get the fangs through the skin. The larger Brazilian coral snakes, however, can easily inflict a fatal bite. The largest of these is Spix's coral snake (*Micrurus spixi*), which grows up to 5 feet (1.5m).

Most coral snakes have a pattern of bands, usually yellow, red, and/or black, that makes them easy to spot but difficult to distinguish from some of the harmless milk snakes. Some South American species do not have large bands. Coral snakes are sometimes referred to as cobra coral snakes because when threatened, they lift their tails and hind parts off the ground in a peculiar curled position, similar to the way a cobra raises its head and neck in a threatening posture. Coral snakes eat many species other than caecilians, including snakes, frogs, fish, lizards, and small mammals.

### PIT VIPERS

The floor of the rain forest is home to a variety of pit vipers, which are generally ovoviviparous (see "Modes of Reproduction," p. 240), the female giving birth to live young that develop within eggs inside her oviduct; the bushmaster (*Lachesis muta*), however, is an exception. It is oviparous, laying eggs. The

*One of the lance-headed snakes,* Bothrops atrox, *commonly called the "barba amarila," is one of the most venomous snakes found in central and northern South American forests. Its long fangs can inject a very potent venom. The snake is often found on the forest floor, where it is well camouflaged, or around forest streams.*

species of South American pit vipers are members of the genus *Bothrops*, with several terrestrial species often universally referred to as fer-de-lance, or lance-headed snakes. Well camouflaged among the leaves of the forest floor, these venomous snakes are quick to bite when disturbed or accidentally trodden upon. Bites from large individuals, if not fatal, often result in the loss of digits or even hands or feet, as the venom causes massive tissue destruction.

### THE ANACONDA

The anaconda (*Eunectes murinus*) is probably the world's largest snake. This river-dwelling species feeds on small mammals, birds, caiman, and, allegedly, on the occasional small adult human. Sizes of up to nearly 25 feet (8m) are not uncommon and specimens 30 feet (9m) long are reported but unsubstantiated. Such a snake would weigh 440 pounds (200kg). The late Dr. Federico Medem, an eminent herpetologist from Instituto Roberto Franco in Colombia, encountered such a monster while traveling downriver in a 23-foot-long (7m) dugout canoe. The length of the snake, which was swimming in the other direction as it passed him, was gauged by the length of the canoe and was estimated to be nearly once again the length of the boat—hardly an accurate account, but a very large snake nonetheless. Other

biologists examined a dried skin of a snake more than 23 feet (7m) long.

Anacondas give birth to about 40 to 60 live young. As the snakes are born, the female eats the birth sac and any deformed or dead babies. A female anaconda at New York's International Wildlife Park was observed gently seizing her active newborn young in her mouth and allowing them to climb through her needlelike teeth unharmed, to remove any remaining embryonic sac and connecting cord. By eating membranes and dead young, all traces of the birth are eliminated so as not to attract predators to the site where live youngsters may remain for some time after the female goes her own way.

### FROGS AND TOADS

Frogs and toads are eaten by snakes. Many species contain venom, ranging from the highly irritating and sometimes fatal secretion of the parotoid glands on the head of the large marine toad (*Bufo marinus*) to the nerve toxins secreted by the skin of the dendrobatid frogs, also known as arrow poison or dart poison frogs. These tiny frogs are often no bigger than a thumbnail. In some places, local people prepare a paste from the frogs and use it to coat the heads of arrows or blow-gun darts for hunting small game. Once the poison is in its blood, the prey quickly suc-

*The anaconda,* **Eunectes murinus,** *is native to the Amazon River basin. Among the world's largest snakes, it is aquatic, spending most of its time in water.*

*The bull's eye poison dart frog,* **Dendrobates histrionicus,** *is a brightly colored animal from Colombia and Ecuador.*

cumbs to paralysis and death. Because frogs require moisture to maintain respiratory functions through their skin, they are usually found near water.

Toads, which are really frogs with drier, more warty skin, return to water to reproduce but can live in drier environments. Some species even live in the desert. The marine toad (*Bufo marinus*) lives in a wide variety of habitats, including leaf litter under logs. The secretions of the skin are toxic and may be fatal to small dogs and other animals that may try to eat them. Handling nearly any toad and then accidentally rubbing its skin secretions into your eye may result in excruciating pain and inflammation.

Small forest pools, streams, and even roadside puddles may provide sanctuary for thousands of developing tadpoles of dozens of species. Some rise to the surface to breathe in unison, whereas those of other species alternate with one another as though cued by some unseen taskmaster.

### THE CAIMAN

A unique denizen of the forest floor in the Amazon River drainage system is the smooth-fronted caiman (*Paleosuchus trigonatus*). This 5- to 6-foot-long (1.5–1.8m) crocodilian inhabits the cool, acidic blackwater streams that bisect the forest floor. Such streams may be gentle rivulets one moment and raging floods crashing over boulders and fallen logs the next, as sudden torrential rains upstream produce thousands of gallons of runoff water. Feeding heavily on terrestrial animals, the caiman hunts at night.

During the day it remains hidden in underwater caves under tree roots.

Dr. William Magnusson, a Brazilian biologist working in the Amazon, was amazed to learn that even local people, who spent their lives hunting in the forest, could not tell him anything about how or where the caiman lived, other than that it was there and was on occasion killed for food. Nests and eggs were unknown. Dr. Magnusson's curiosity aroused, he continued to watch and ask about the creature while he conducted ecological studies. One day he decided to don a snorkeler's mask and search the deep pools in a stream. There, well under the bank and deep within the roots of a tree, rested the rust-colored caiman. But more of the mystery was yet to be solved. Searching far from the forest streams, the first nest was finally found—a pile of unobtrusive dead leaves heaped at the base of a buttress root tree and encompassing a termite nest. Soon another nest and yet another was discovered, now that Dr. Magnusson knew where to look—in all-encompassing termite nests!

The significance was soon made clear with temperature recordings. The floor of the rain forest is cool in the absence of sunlight, which is blocked by the canopy. It is too cool to allow the caiman's eggs to incubate at about 80 to 85°F (27–29°C). The fungus colonies growing within the termite mound produce heat as organic material is broken down, so the caiman had to wander far from streams to nest. It had learned to borrow this source of heat in the cool environment to incubate its eggs.

## Mammals on the Ground

**———**

Mammals, too, live on the forest floor. Many of these are small to medium-sized rodents, others are relatives of our household dogs and cats.

### THE GIANT ARMADILLO

One of the rarer mammals is the endangered giant armadillo (*Priodontes maximus*). An edentate (a mammal that lacks true teeth), it is a New World species related to the sloths. Not hairy at all, its skin is fused into a series of plates. Although most armadillos can enfold themselves into a hard shell, the giant armadillo cannot do this and must rely on its long, thick claws to dig itself out of a jam. These armadillos are large, with a maximum body size of 3.3 feet (100cm) and a maximum weight of about 132 pounds (60kg). They eat ants, termites, spiders, insect larvae, snakes, and carrion. The giant armadillo is eaten by local humans, and hunting pressure certainly has taken a toll on the species.

### AGOUTIS

Many rodents are familiar to us from pet shops, although not all species make nice pets. Agoutis (*Dasyprocta* species) average about 20 inches in length (0.5m) with very short tails averaging 1 inch (1.0–3.5cm). They spend their days eating seeds, fruit, and other vegetation. If seeds are abundant, the agoutis bury them in scattered areas. They can move very quickly, and can even jump about 6.5 feet (2m) straight up into the air. They breed at least twice a year. Mating is interesting behavior: the male sprays the female with urine during courtship, which causes her to become frenzied and eventually to allow the male to approach. One to three young are produced per litter.

*The giant armadillo,* **Priodontes maximus,** *of South America, has no hair. Its skin is a series of hard plates.*

*The tapir,* Tapirus terrestris.

*The endangered jaguar,* Panthera onca.

*The white-lipped peccary,* Tayassu pecari.

## TAPIRS

Tapirs look like pigs but are more closely related to horses and rhinoceroses. These perissodactyls, or hoofed mammals with odd numbers of toes, are fairly large, weighing up to 660 pounds (300kg) and reaching lengths of up to 8 feet (2.4m). The species most commonly found in the Amazon is *Tapirus terrestris*. *T. pinchaque* of the Andes is a high elevation–dwelling species. Tapirs spend a lot of time in the water. They graze on aquatic vegetation and also enter the water to escape danger. They are browsers, eating succulent new plant shoots, although they will eat stems, leaves, fruit, and twigs. Much of their feeding is done on savannas outside the forest. They are solitary. Young are produced biannually, after a gestation period of 13 months. A calf will remain with its mother until it is nearly full grown, at the age of six to eight months. All species of tapir are endangered as a result of deforestation throughout their ranges.

## THE GIANT OTTER

Although this section is on animals of the forest floor, we should not overlook the denizens of forest streams. One of these, the giant otter (*Pteronura brasiliensis*), is an endangered species. Males weigh up to 75 pounds (34kg) and have a body length, excluding the long tail, of as much as 4.5 feet (1.4m). Otters are not pleasant animals, being known to approach and even bite intruders, but they are graceful and playful in water. They live in underground dens at the edges of rivers and streams and, if necessary, will move over land to

find a new body of water. They have territorial family groups, generally consisting of a pair and their young, and mark their territories with secretions from their anal glands. They are prized for their pelts, which has led to their near demise.

## THE BUSH DOG

No discussion of the forest floor is complete without several examples of the canids and felids, or dog and cat relatives. An animal that is becoming increasingly rare due to incursions of humans on its habitat is the bush dog (*Speothos venaticus*). This aquatic canine lives in forests or in moist savannas and preys upon agoutis and pacas. It is diurnal, denning at night in underground burrows or in the trunks of trees. Like most wild canids, it is a pack animal, living in hierarchical groups. It is considered to be in imminent danger of extinction. The small-eared dog (*Atelocynus microtis*) is also a forest canid that is in danger of extinction. It is relatively small, weighing not more than 22 pounds (10kg), and can apparently be tamed. Little is known about its behavior, and if its habitat continues to be destroyed, that is how the situation will remain.

## THE OCELOT

The ocelot (*Felis pardalis*) is a medium-sized cat, known to most of us as an exotic, but increasingly rare, house pet. The reason for its increasing rarity is that ocelots are endangered in their natural habitats in the forests and dry scrub regions of southern

North America through to South America. It feeds at night on small to medium-sized vertebrates, including peccaries, young deer, rabbits, snakes, fish, and birds. More social than many cats, ocelots live together in pairs but hunt separately. They can move into tree branches and through water, but spend most of their time on the ground.

## THE JAGUAR

The jaguar (*Panthera onca*) is a forest and savanna creature that lives near fresh water. It, too, is endangered. The jaguar climbs and can be quite arboreal, but it feeds on the ground at night. Its main diet is peccaries and capybaras, but it eats caiman, tapirs, and fish. This is a solitary species, males and females having separate, but overlapping, home ranges, which they scent-mark. Unfortunately, its predatory nature, including rumors that it sometimes takes humans; its economic effect on cattle ranching because it does kill cattle; and its beautiful pelt, for which it has been hunted, have all contributed to the species' decline and its imminent danger. Although international trade in jaguar pelts has been banned for many years, the animal is still illegally hunted for its skin.

## ACOUCHIS

There are two species of acouchis in the Brazilian rain forest: the red acouchi (*Myoprocta exilis*) and the green acouchi (*M. acouchy*). Acouchis are smaller than agoutis and have slightly longer tails. They are also more brightly colored, especially around the head, and their incisor teeth, at the front of the mouth, are a pale orange. They live in small groups, usually in burrows around riverbanks.

## PACAS

Pacas (*Agouti paca*) live in the Peruvian Amazon rain forest, but not in Brazil. They are larger than agoutis and acouchis, up to about 30 inches (0.75m) long, with a small tail and rows of white spots on the sides of the body. They are more aquatic than agoutis and acouchis and are nocturnal, resting during the day in underground burrows. They prefer to eat mangoes and avocados, but will also eat other fruit, roots, stems, leaves, and seeds. The species is unique in having a resonating chamber in the skull. Pacas are much less social than agoutis and acouchis; there seems to be less communication between individual pacas.

## PECCARIES

The arteriodactyls, or even-toed ungulates, are represented by peccaries—those funny-looking animals with piglike snouts, thick bristles, and thin, tall legs that appear to be wearing high-heeled shoes. Two species of peccary are found in Brazil: the collared peccary (*Tayassu tajacu*), the adult of which appears to have a white collar separating its neck from its torso; and the white-lipped peccary (*T. pecari*). Both species range from about 30 to 39 inches (0.75–1.0m) in length. Collared peccaries live in small herds that can grow to 50 members, but generally have no more than 15 individuals; white-lipped peccaries live in herds as large as several hundred. The herds are hierarchical, with females dominant to males, and territorial. They have a scent gland near, but in front of, the tails, with which to mark trees and other objects. The strong odor from the gland may also serve a social function in group cohesion and may be used to indicate danger. Peccaries have downward-growing tusks, which are the upper canines, that are very sharp and quite dangerous. If frightened, entire herds will attack. They use their cartilaginous, elongated snouts for rooting around in the ground to find tubers, roots, bulbs, fruits, and even an occasional small vertebrate.

## In the Treetops: Birds

The true monarchs of the understory and canopy are the birds. Trogons, macaws, parrots, motmots, toucans, flycatchers, hummingbirds, and many other species create a technicolor extravaganza. And these are only the South American rain forest species! Ivory bills, hornbills, birds of paradise, and many more are found in rain forests in Asia and Africa.

The common thread among almost all of the large, colorful species is that most of them are endangered. Not only does deforestation decrease the birds' habitat and thus adversely affect species (although in a few cases, deforestation has had a positive effect on species, perhaps by limiting competition), but the hand-in-hand relationship of the pet trade and greed has been, and still is, decimating wild populations.

### PARROTS AND MACAWS

Some of the most studied parrots and macaws live in Manu Biosphere Reserve in the Peruvian Amazon region, but these species also are present in the Brazilian Amazon. There are at least seven species of macaw, including the blue-and-yellow (*Ara ararauna*), red-and-green (*A. chloroptera*), and scarlet (*A. macao*)—all well known from the pet trade. There are also more than 20 species of parrots and parakeets, including the white-bellied parrot (*Pionites leucogaster*), painted parakeet (*Pyrrhura picta*), rock parakeet (*P. rupicola*), yellow-crowned parrot (*Amazona ochrocephala*), and tui parakeet (*Brotogeris sanctithomai*).

All of these birds belong to the family Psittacidae, which is found throughout the tropical world. All have heavy, curved upper beaks and thick tongues. They spend most of their days high in the canopy, eating seeds, nectar, fruit, flowers, and leaves and dropping the leavings onto the forest floor below. They can gnaw into fruits, open seeds, and tear wood with their sharp beaks. Some species are very particular about which plants they consume, but in Manu, scarlet macaws (*Ara macao*), the nearly 1-yard-long (1m) bright red birds with green, blue, and yellow on the wings, have been observed eating 38 species of plants. Some species live in Manu but feed elsewhere.

## JUNGLE FOWL

*Jungle fowl, family Cracidae, are found in Central and South America. They forage on the ground but nest in trees and include chachalacas, the curassows, and the guans. All have thick, downturned beaks. One species, the red-billed curassow (Crax blumenbachii), is endangered. The chachalacas (Ortalis species) are gregarious and live in small flocks. Unfortunately, they are known for their tasty meat and have been consumed, almost to extinction, by indigenous human populations.*

## TINAMOUS

*Tinamous, family Tinamidae, are chickenlike birds with small heads. They are related to rheas and do little in the way of flying. There are at least 22 species of tinamous in Brazil, most drab brown in color—perfect camouflage for a forest-floor dweller. Their diet consists of arthropods and seeds. Tinamous are solitary, and in some species individuals maintain contact with each other by calling at dusk. Eggs, which are quite beautiful in color, are incubated by the male.*

Researchers, including Wildlife Conservation International's Dr. Charles Munn, have found that macaws and parrots sometimes eat seeds that other species find unpalatable, such as those of the mahogany (*Cedrela odorata*), and are capable of peeling seeds, using their beaks and tongues—the peel is often the part of the seed containing the most toxin. One interesting habit of macaws and parrots in Manu is eating clay. Under normal circumstances, the parrots and macaws are high in the canopy, well hidden,

*This tropical trogon,* **Trogon curucui,** *lives in the understory of the canopy.*

*The toco toucan,* **Ramphastos toco**.

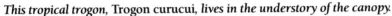

and able to avoid predators. When they come down to the riverbank to eat clay, they are vulnerable to eagles, ocelots and other cats, and tayras, a small mustelid in the same family as martens, fishers, and weasels.

Why do they come out of the trees and take this risk? Munn speculates that the clay is necessary to detoxify the materials ingested from the seeds. Almost all species congregate at the clay lick, the smaller parrots earlier in the morning, and the larger macaws later. There is a wait, much like a line at a supermarket, to get onto the lick. Pairs sit up on branches, preening. There is a lot of noise, chasing, biting, and playing—and a degree of wariness.

## TROGONS

Trogons, family Trogonidae, are beautifully colored, medium-sized—10- to 14-inch (25–36cm)—birds that live in the understory. There are species in tropical forests worldwide. Those that live in the Amazon, typical for New World trogons, have a diet of fruits and insects, which they grab on the wing. Despite their bright colors, they are well camouflaged among the similar-hued plants of their environment. One of their interesting habits is making a home in wasp nests high in the trees. As they build their own nest within the wasp's, they catch and kill the adult wasps and eat the larvae, apparently immune to the effects of the sting.

*The Central American Quetzal* The most beautiful of the trogons, and perhaps the most beautiful of all birds, is the Central American quetzal (*Pharomachrus moccino*), often called the resplendent quetzal. The male is iridescent green with a red splash at the breast, but the most resplendent feature is his tail. Four elongated feathers, a green veil, trail about 2 feet (0.7m) below his tail. Quetzals nest in holes in trees, and both male and female incubate the eggs. This, sadly, takes a toll on the male's glorious tail feathers, since he has to sit on them in order to fit into the nest hole. Worshiped by both the Aztecs and Mayas, the quetzal has been threatened only in more recent years by the feather trade. It is considered an endangered species and is fully protected by law. It is the national bird of Guatemala.

## TOUCANS

Toucans, family Ramphastidae, have enormous bills and are restricted to the New World. The Amazonian rain forest has the greatest abundance of toucans and toucanets. In some species, such as the toco toucan of South America (*Ramphastos toco*), the bill is about the same length as the body. Although large, the bill is light, an adaptation for fruit eating; toucans also eat insects, young birds, or the occasional reptile. The bill can sometimes be too much of a good thing, because in some cases its large size makes it more difficult for the bird to eat the fruits it favors. The bill

may allow the brightly colored structure to signal other toucans.

While feeding, toucans are extremely noisy; they are certainly some of the noisiest birds in the forest. Although there is some indication that toucans forage in flocks of about six birds, researcher Peter Brazaitis, who has spent a lot of time in the Amazon in recent years, has seen them only in pairs. As these are birds of the forest canopy, and the rate of forest destruction is great, the birds' foraging in smaller groups may be a sign of decreasing populations.

## HUMMINGBIRDS

The Amazon region of Brazil is the region richest in hummingbird species. Hummingbirds in temperate zones are migratory, but those that live in rain forests are not and usually remain in their home ranges. They are classified in the order Trochiliformes and are thought to be the most evolutionarily advanced birds. Hummingbirds are noted for their ability to hover, inserting their elongated beaks into flower nectaries. They can fly forward, backward, and even upside down. Their wings beat an average of 24 times per second—when threatened, up to 170 times per second!

Their rapid movements require a high metabolic rate and massive oxygen-carrying capacity, facilitated by thickly packed, small red cells in the blood. During activity, respirations reach 250 per minute, and heart rate is 21 beats per second. Hummingbirds eat high-energy foods, such as nectars, and will feed from 1,000 to 2,000 flowers per day. To conserve energy, hummingbirds enter into a torpid, nearly inert state at night.

# Mammals in the Trees

### THE TAYRA

The tayra (*Eira barbata*) is a medium-sized mustelid—related to martens, fishers, and weasels—that spends most of its time on the forest floor in burrows or hollow trees. The tayra escapes up into the trees when chased, where it can leap from tree to tree. It is omnivorous, feeding on rodents, birds, fruits, and honey.

### THE MARGAY

Some of the cats are good climbers and feed in the trees. The margay (*Felis wiedii*) is smaller than an ocelot, with a longer tail. Its populations have been heavily damaged by the skin trade and it is endangered in Brazil.

### MARMOSETS

Many primates live in the tree canopy. Many of these are very tiny, and many are endangered species. There are two species of marmosets that are listed by Brazilian sources as endangered: the emperor marmoset (*Sanguinus imperator*) and the pied marmoset (*S. bicolor*). These small primates rarely weigh even 2.2 pounds (1kg). They are highly arboreal, remaining up in the trees, where they eat small vertebrates, insects, fruits, bird eggs, and fresh vegetation. The emperor marmoset has a long white mustache, which gives it a rather regal look. The pied marmoset is two-colored—the front of the animal, except for its face and ears, is much lighter than the back. Parental care is intensive. The males aid the females in giving birth and care for the newborn, handing it over to the mother for feeding.

The silky marmoset (*Callithrix humeralifer*) is also endangered. It is tiny, weighing barely a pound (450gm) at most. It is diurnal and highly arboreal and has teeth specialized for chewing into tree bark in order to eat plant gums and sap. It also eats fruit, small vertebrates, insects, and bird eggs.

### THE SAKI

The saki (*Pithecia albicans*) dwells in a limited range on the southern bank of the Amazon River. This species is considered endangered. Members of the cebid family, they are larger than marmosets but still small—between 12 and 28 inches (0.33–0.67m) in

## BATS

*Several species of fruit bats are found in and around the rain forests of Brazil.* Artibeus lituratus, *a small bat 4 inches (0.1m) in length, has a range extending from Mexico to northern Argentina. Not particularly social as bats go, this animal eats fruits, which pass through the entire digestive system in 15 or 20 minutes. Fruit bats are an excellent means of disseminating seeds, which is one of their main ecological roles.*

*The most feared of all bats is the vampire bat, family Desmodontidae. These bats are strictly blood eaters and are most active in foraging prior to midnight—hence the tales of human vampires. Their incisors are very sharp and allow the bats to make a clean cut into the skin of the victim. The tongue has grooves on the lower surface and sides, which are like straws that allow the bats to suck up the blood. Different species of vampire bats have different blood preferences. The white-winged vampire bat (*Diaemus youngi*) of Central and South America feeds mainly on bird and goat blood. Some vampire bats live in pitch-black caves, while others find human and animal abodes satisfactory. Vampire bats can cause major economic harm to cattle ranches because the bats transmit diseases, and the bites can easily become infected. Vampire bats rarely bite humans.*

*The tayra, **Eira barbata.***

length and less than 4.5 pounds (2kg) in weight. Entirely arboreal and diurnal, they forage for plant material, especially berries, fruit, and leaves, both high in the trees and down in the bushes. They also eat mammals and small birds. They like to eat bats, but they tear the bodies apart and skin them before consuming them. They are preyed upon by humans for food and for pets. Another saki, the bearded saki of Brazil (*Chiropotes albinasus*), is an arboreal, forest-dwelling vegetarian that ranges in groups. It, too, is endangered because of hunting pressure and loss of habitat.

## SPIDER MONKEYS

Spider monkeys (*Ateles* species) live high up in the trees. They are extremely agile and diurnal and eat fruits and other vegetable material, along with arthropods and eggs. They defend themselves with loud barks and by breaking off heavy branches and dropping them onto the threat. They are social, traveling in aggregations as large as 100 animals. A unique physical feature is that the female's clitoris is enlarged and looks like a penis, making it difficult for the human observer to tell the difference between the sexes. They are endangered because of deforestation.

## THE WOOLLY MONKEY

The woolly monkey (*Lagothrix lagotricha*) is the second largest monkey in the New World, weighing up to 24 pounds (11kg). It is highly arboreal, with a prehensile tail used both for holding onto branches and as a prop when the animal is standing, bipedally, on solid ground. Its digits are designed for holding onto branches. The diet consists mainly of fruit, seeds, insects, and, perhaps, leaves. It lives in groups of sometimes as many as 70 individuals, sometimes of only four to six individuals, including an elderly male. It is taken for meat and for pets, the mother being killed in order to obtain the baby. Brazilian sources consider it in danger of extinction.

## THE GOLDEN LION TAMARIN

*The golden lion tamarin (*Leontopithecus rosalia rosalia*) is a tiny primate that lives in the upper reaches of the forest and sleeps in epiphytic plants, vines, or sometimes in holes in trees. Its main dietary items are insects and fruit, but it also eats small lizards and birds and bird eggs. Although it is nearly extinct, zoos and the Brazilian government are cooperating to breed and raise the animals in captivity and reintroduce them into the wild. This is being done by the National Zoological Park, part of the Smithsonian Institution in Washington, along with cooperation from other zoos, including New York's Wildlife Conservation Society, which is breeding the animals. The urgent need to propagate this species is a result of deforestation that has devastated golden lion tamarin populations. So far, the first reintroductions appear to have been successful. Unfortunately, no matter how many species are reintroduced to their natural environment, as the environment is destroyed, so is the hope of preserving the species.*

**The golden lion tamarin, Leontopithecus rosalia.**

**The woolly monkey, Lagothrix lagotricha, is highly adapted for living in the forest. It uses its hands, feet, and prehensile tail to hold onto tree branches.**

# TROPICAL AND SUBTROPICAL FORESTS: AUSTRALIAN RAIN FORESTS

The northeastern edge of Australia is an evergreen rain forest. The northern edge and a stretch slightly inland along the eastern edge are made up of subtropical semievergreen and deciduous forests. Eucalyptus forest can be found in the southeast and in the southwestern tip of the continent.

Because Australia separated from the other major continents about 50 million years ago, its flora and fauna have developed independently. Eucalyptus forests, in some cases with giant species over 328 feet (100m) high, dominate in some areas. The animals here are different, too. Most of the native species are unique to the Australia-New Guinea region. The monotremes, egg-laying, furry mammals, immediately come to mind. The dominant group of mammals in Australia is the marsupials.

Since Australia broke off from its Antarctic attachment to South America before more advanced mammalian forms evolved, the marsupials developed to fill many of the ecological roles that are maintained elsewhere by more recently evolved mammalian groups. Thus, although most marsupials are relatively small, in Australia you will find rodentlike marsupials, wolflike marsupials, bearlike marsupials, rabbitlike marsupials, and the great grazing marsupials: the wallabies, wallaroos, and kangaroos. Kangaroos are the largest of the lot. Male red kangaroos (*Macropus rufus*) may be as tall as 6 feet (1.8m).

Australian rain forests are disappearing. Approximately one-quarter of 1 percent of Australia's land is covered by forest, down from the 1 percent of forested land that the Europeans found when they first settled there. For all practical purposes, no virgin forest remains in Australia. Sixty million years ago, what is now Australia was covered with forests. Over the millennia, the forests have been constricted into a smaller and smaller belt, and are now mainly limited to the northern and eastern coasts.

*Ferns, mosses, and liverworts, in addition to delicate, thin-leaved flowering plants, cover the perpetually wet surfaces of the spring's splash zone.*

Many of the species within the forests have such truncated distributions that they exist in only one or two small areas. Damage to these areas, which is likely, given the amount of logging, harvesting, clearing, and other activities within the rain forests, will result in endangerment of these species.

## Frogs

*Nyctimystes vestigia,* one of the Australian treefrogs in the hylid family, is not more than 2 inches (5cm) long and lives in northeastern Australia. It has a vertical pupil, and its lower eyelid has gold or black striping. It needs to be near water to spawn. It lays its eggs in water, and that's where its young develop. Other species of *Nyctimystes* are found in montane rain forests or cloud forests in New Guinea.

*Cophixalus ornatus* is a member of the microhylids, a family of small tree frogs, and grows to 1 inch (2.5cm). It lives in bushes and on trees. This plain brown frog has a slight stripe down the middle of the back and unwebbed toes with enlarged disks that have microscopic projections so they can hold on to vertical surfaces. These are frogs with no aquatic tadpole stage, and they develop directly from eggs laid on land.

One of the oddest of the Australian forest frogs is the gastric brooding frog (*Rheobatrachus silus*). This species, which was last found in southeastern Queensland, has not been seen in many years and may be extinct. It lived in mountain streams in seasonally wet forests, which is typical Australian rain forest. These aquatic frogs brooded their young in their stomachs, which is an adaptation to an environment where water flows too quickly to allow for free development of larvae.

## Lizards

Although most Australian lizards and snakes are not members of families unique to Australia, some of them have specialized adaptations.

*The Australian bearded dragon,* Amphibolurus barbatus, *in this case, is not showing his full beard, although the spines are visible at the throat.*

*The blue-tongued skink,* Tiliqua scincoides.

## GECKOS

The wood gecko (*Diplodactylus vittatus*), although usually a dry habitat dweller, lives in southeastern Australia. These stumpy lizards are about 3 inches (8cm) long and have a fat tail. Although geckos are adapted for life on a vertical plane, with toe pads that can attach even to smooth surfaces, this species is terrestrial, hiding under leaf litter, rocks, or fallen tree stumps. Some species of *Diplodactylus* have preanal pores that secrete a toxic material used for defense.

The northern leaf-tailed gecko (*Phyllurus cornutus*) is cryptically colored and medium-sized, growing to about 10 inches (25cm). It searches for food on tree trunks at night. During the day, it disappears onto or under tree bark. It is well camouflaged, and its tail is shaped like its head.

## SCALY-FOOTS

Unique among Australia's lizards are the pygopodids, which are often referred to as scaly-foots or flap-footed lizards. They lack forelimbs, and their hind limbs have been reduced to tiny, useless flaps. Like snakes, they lack eyelids and the eyes are covered by a clear layer of skin called the spectacle. Some of the pygopodids have an externally visible tympanum, or eardrum, or at least an ear opening. Most pygopo-dids eat insects, although some of the larger species eat lizards.

Although their body shape appears to be adapted for burrowing, most pygopodids are ground-dwelling but nonburrowers. They are 24 to 27 inches long (60–70cm), depending on the species. Although not specifically forest-dwelling species, pygopodids are found throughout Australia. *Delma tincta*, one of the smooth-scaled scaly-foots, is found throughout the northern two-thirds of Australia, but it also lives on the ground in wet coastal forests. Burton's snake lizard (*Lialis burtonis*) lives throughout Australia except the southeasternmost tip and Tasmania; it can live in most habitats, from rain forests to deserts. Burton's snake lizard has a flattened, almost shovel-like, pointed head. Its diet is arthropods and lizards.

## THE BEARDED DRAGON

Another of Australia's unique lizards is the bearded dragon (*Amphibolurus barbatus*). This is one of the showy lizards, often seen in photographs with its throat pouch inflated and mouth open. This display, which makes the lizard appear larger than its actual size and ferocious, is meant to discourage predators and perhaps other members of its species from attacking. Pointed scales on the pouch and the sides of the body give the animal a prehistoric look. When their supposed fierceness fails to deter, they can run away bipedally.

The bearded dragon is found in many different habitat types, from dry scrub to wet forest. It climbs and is often found perching above ground. It spends the early part of the day basking to bring its body temperature up, then it feeds, foraging for arthropods, flowers, and young plant shoots. During the hottest part of the day, it hides in underground burrows.

## HUMP-HEADED DRAGON LIZARDS

Hump-headed dragon lizards of the genus *Gonocephalus* are also found throughout southern Indochina and are probably fairly new to Australia, having migrated from New Guinea. These are true rain forest inhabitants, with their ranges restricted to these regions. They are highly arboreal, active during the day, and well camouflaged in shades of brown and green. Their body structure is unique in that the tail is approximately twice as long as the snout-vent length. In most lizards, the tail is either approximately the same length as the snout-vent measurement, or a bit shorter. *Gonocephalus* generally feeds on arthropods, but larger specimens can eat small vertebrates.

## SKINKS

The most abundant group of lizards in Australia is the skinks, and one of the oddest of these is the blue-tongued skink. *Tiliqua scincoides* is a thick-bodied, black-and-white banded lizard with very short hind limbs and a blue tongue. It lives in various habitat types, including dry areas and montane forests. Its solid body is adapted for a terrestrial existence. Active during the day, *Tiliqua* has a varied diet of vegetation, including flowers, fruits, berries, insects, snails, and dead animals. *Tiliqua* is ovoviviparous. The pink-tongued skink (*T. gerrardii*) eats snail and lives in the rain forest, although it does range within drier habitats. It has a prehensile tail and does some climbing. The pink-tongued skink is active during the day or at dusk and dawn.

# Snakes

Australia is also home to the most venomous snakes of the world, members of the elapid family, which includes the cobras of Africa and Asia and coral snakes of the Americas. Fortunately, the deadliest Australian elapids do not dwell in forests. But a number of harmless blind thread snakes are native to the Australian rain forest.

## "SPAGHETTI" SNAKES

Both *Typhlina* and *Typhlops* live in and around termite mounds, eating termites, ants, and other very small invertebrates. Although one species of Australian *Typhlops* grows to nearly 3 feet (0.9m) long, most are significantly under 1 foot (0.3m). These are burrowing species, whose heads do not look significantly different from their tails. Some are so narrow and thin they look like spaghetti.

## PYTHONS

Members of the python family live throughout Australia, and many species live in the rain forest. Although boas and pythons usually have heat-sensing pits in the scales along the edges of the lips, members of the Australian genus *Aspidites* do not have these sensors. The black-headed python (*A.*

## COLUBRID AND ELAPID SNAKES

*Most colubrids are general, run-of-the-mill snakes, such as the water snakes of the genera* Natrix *or* Nerodia, *familiar to North Americans, Europeans, and Asians, and are nonvenomous. The fangs of rear-fanged colubrids are different from those of the venomous vipers and elapids, being teeth that are modified with an open groove to inject venom. Although rear-fanged colubrids can give a deadly bite, the necessity of chewing the victim makes envenomation less likely.*

*It is thought that all snakes were once venomous, but the more modern colubrids either lost their venom glands or had ones greatly reduced in size. The hognose snake (*Heterodon*) of southern Canada, the United States, and Mexico, for example, has a mildly toxic venom. Hognose snakes, however, can barely be forced to bite, even if a finger is inserted into their mouths. When they do bite, there may be mild swelling in the area of the bite, or no reaction at all.*

*Perhaps one of the more familiar snakes of legend is the Australian tiger snake (*Notechis scutatus*). Its inoffensive looks are most deceiving: this 4-foot-long (1.2m) venomous elapid flattens its neck and, rearing sideways, strikes out savagely at any molester. Some of the snakes may even advance aggressively to press home an attack should the intruder choose to remain. The tiger snake's short fangs inject one of the most toxic snake venoms known to us: a minute amount can kill an adult human; death results from paralysis of the muscles that let you breathe, and it comes extremely quickly, sometimes in only a few hours. Tiger snakes range in color from dull olive green to rich golden orange. They can be found in many habitats and are quite common in many areas because they are most prolific, giving birth to up to 30 live young at a time. The youngsters and adults feed readily on frogs, snakes, lizards, and small mammals.*

*The Australian tiger snake, Notechis scutatus, is considered to be one of the world's most dangerous venomous snakes because of the potency of its venom. Fortunately, the species bites few people and, in Australia, medical care is available.*

*melanocephalus*) is a beautiful snake with a black head and neck and brown-banded body. As is typical for pythons, they are oviparous, laying eggs guarded by the female. This nocturnal species is relatively small as pythons go, averaging 5 feet (1.5m). It eats any small terrestrial vertebrate, including venomous elapids.

One of the most beautiful pythons is the green tree python (*Chondropython viridis*). Bright green with some patches of white, its young are orange, yellow, or gold. Its diet consists of birds and small mammals, perhaps even bats. It has a strong, prehensile tail, which it uses to hold on to branches as it dangles its body to swallow prey. Interestingly, across the ocean in South American rain forests, the emerald tree boa has evolved the same color patterns, both for adults and juveniles, the same body shape, and even the same resting position on tree branches.

### CAT-EYED SNAKES

The brown tree snake is a member of a group that includes the mangrove, or cat-eyed, snakes. *Boiga irregularis* is a nocturnal, highly arboreal, large-eyed, rear-fanged, venomous member of the family Colubridae. Cat-eyed snakes are obviously named for their elliptical pupils. Although venomous and extremely aggressive if threatened, they are rarely dangerous to humans, because they have to chew to embed their fangs, located in the rear of the jaw, into flesh, and the venom is not very potent.

# Birds

Australia's rain forests are home to more than 200 species of birds, which live in small, circumscribed areas called microhabitats. If the delicate balance that maintains these animals is upset—from human intrusion, for example—many of these species will disappear from Australia, although those that are also found in New Guinea, which has a vaster rain forest, are likely to survive there.

### CASSOWARIES

Among the strangest of Australia's and New Guinea's rain forest birds is the two-wattled cassowary (*Casu-arius casuarius*). These flightless birds, called ratites, are related to the rheas of South America, ostriches of Africa, and Australia's emu. Cassowaries are nearly 5 feet (1.5m) tall, weigh up to 190 pounds (85kg), and are not very nice. Their feet are their main line of defense, and they use them by jumping at perceived threats, feet first. Their inner toes have saberlike toenails that may be 4 inches (10cm) long and can kill people. Like all ratites, they have rudimentary wings and lack a keeled breastbone for wing muscle attachment. They have a strangely shaped helmet, or casque, on top of their heads, which makes them look like feathered dinosaurs. The helmet helps them dig into leaf litter, where the birds find fruits that have fallen to the ground.

Cassowaries also occasionally eat invertebrates and small vertebrates. The unfeathered skin on their

**The tawny frogmouth,** Podargus strigoides, *with its front-facing eyes, has good binocular vision, which it uses in its search for invertebrates and other tasty morsels.*

heads and necks is a bright mix of blues, reds, yellows, purples, and white; their feathers are black. Young cassowaries are cryptically striped, in order to disappear among the leaf litter. Cassowaries are good swimmers. They are loners, rarely live in groups larger than a pair, and are highly territorial.

### THE TAWNY FROGMOUTH

The tawny frogmouth (*Podargus strigoides*) is a member of a group of birds called goatsuckers. These large-mouthed birds supposedly received this name based on the absurd assumption that they sucked milk from she-goats; in actuality, goatsuckers are insect eaters. They are related to owls, which they resemble somewhat, with their large, forward-facing eyes and down-turned beaks.

The tawny frogmouth has a large, brightly colored mouth. When it sits on a stump with its mouth open, the bird, which is a cryptic gray or brown, becomes invisible, its mouth appearing to be a flower. Flowers are, of course, attractive to insects, although tawny frogmouths do not sit idly by, waiting for insects to pop into their jaws. The frogmouth flies to the ground to pick up invertebrates or the occasional mouse. Frogmouths nest in trees in the crooks of branches. Both parents care for the young. One species of Australian frogmouth, the marbled frogmouth (*P. ocellatus*), is considered endangered.

### PARROTS

Australian rain forests support many parrot species, some of which are familiar worldwide as pets.

***The Parakeet*** One of the most famous parrots is the budgerigar (*Melopsittacus mundulatus*), also called the budgie, or the parakeet. We are familiar with them as blue, green, yellow, or even gray, but in the wild they are a light green and yellow, with a darker tail. One of the reasons the budgerigar is such a popular pet is that young birds can be taught to mimic speech. In the wild, the budgerigar lives in small social groups. Its downturned beak is adapted for eating seeds. It also eats leaves. Because of habitat loss and 150 years of exploitation, budgerigars are relatively rare in their natural habitat.

*The great sulfur-crested cockatoo,* Cacatua galerita, *of Australia, New Guinea, and Tasmania.*

**Cockatoos** The parrots, especially the cockatoos, are well known because of their heavy exploitation as pets. Cockatoos are medium-sized to relatively large birds with a crest of feathers atop their heads. They are extremely noisy, with a repertoire of clucks, clicks, chirps, screeches, and screams. Their strong bills can crack open very hard nuts and tear up wood, which they use to build nests. In people-populated areas, they become nuisances that destroy wooden houses!

The largest of the Australian and New Guinean cockatoos, and also one of the most threatened, is the black-feathered, bare-cheeked palm cockatoo (*Probosciger arterrimus*). Males may be up to 31 inches (79cm) tall. Their cheeks appear to be tinged pink or even bright red. They have long, sharp, black beaks. It is the least social of the cockatoos, remaining in groups of two or three in the very tops of forest trees.

The great sulphur-crested cockatoo (*Cacatua galerita*) is all white with a yellow head crest. It is about two-thirds the size of the palm cockatoo and has a strong, but smaller, black beak. It was once common in the pet trade, but is now available only from captive breeding and commands thousands of dollars. It nests in holes in trees, and the female is responsible for most of the 30-day-long incubation.

*The red-plumed, or Count Raggi's, bird of paradise,* Paradisaea apoda raggiana, *of the tropical forests of New Guinea.*

## NEW GUINEA BIRDS OF PARADISE AND THEIR RELATIVES

Some of the world's unique rain forest birds reside in New Guinea. The Torres Strait separates the southern coast of New Guinea from the northernmost edge of Cape York, Australia, by less than 120 miles (200km). A series of islands between the two large landmasses have, on two occasions in the past, joined to make a perfect highway for species to travel back and forth, allowing the same or similar species to populate both Australia and New Guinea. One difference, however, is that New Guinea is covered with rain forests, most of which have not, as yet, been destroyed. And in New Guinea, birds abound that are found nowhere else in the world.

**Dazzling or Drab** The most famous of these are the birds of paradise, ridiculous-looking animals often caricatured in cartoons as vain beasts with long feathers that need constant preening. In fact, only male birds of paradise have magnificent plumage. Females tend to be drab, many brown in color. Not only do males have elongated feathers, mostly in the tail, some in the wings or head, but many have brilliantly colored plumage. Also, some can erect brightly colored neck or head feathers, along with the tail feathers. Two species may be endangered in New Guinea: the blue bird of paradise (*Paradisaea rudolphi*) and MacGregor's bird of paradise (*Macgregoria pulchra*). MacGregor's bird of paradise is an exception within the group because, although it is brightly colored, it does not have the great plumes, and also because both sexes are equally bright in color. The blue bird of paradise, however, is typical. It has a blue spray of a tail and two very elongated feathers trailing well behind it.

Male birds of paradise use their dazzling plumage to attract mates. They may do elegant dances, some swinging upside down, and erecting or trailing their feathers, but whatever they do is meant to be eye-catching to the drabber sex. Birds of paradise are promiscuous, males mating with many females and taking no part at all in parental care. Beautiful feathers and elaborate displays guarantee that the most attractive males will father more young than less splendid

*The regent bowerbird,* **Sericulus chrysocephalus,** *of the eastern Australian forest is one of the most brightly colored of the bowerbirds.*

males, and that over time, the population will be full of males with greater and grander feathers and displays.

Many of the species are closely related, and all the drab females look so much alike it is difficult to distinguish between the species—sometimes even for the male birds themselves. But the males' ornate displays are so species-specific, that females respond only to mates of the same species.

Sometimes, though, a female mates with the wrong species as a result, perhaps, of a defect in either the male's performance or the female's response. The offspring produced from such an interspecific mating are infertile.

New Guinea's magnificent bird of paradise (*Diphyllodes magnificus*), whose brown, green, and yellow feathers are considered to be among the most striking of all the birds in this group, behaves in ways that make you think that the male, too, is aware of his great beauty. By cleaning up leaves, and tearing off plant material close to the forest floor that may block the light, he creates a sunlit stage on which to perform his mating display.

**The Bowerbirds**  Close relatives of the birds of paradise are the bowerbirds. Although their feathers are not as spectacular, and males and females may have similar plumage, they do have elaborate displays that are carried out on specific sites. The tooth-billed catbird (*Ailuroedus dentirostris*) is endemic to northern Australia. It has one of the least inspiring displays of the bowerbirds and is considered to be one of the more primitive species.

Like the magnificent bird of paradise, the tooth-billed catbird clears an area on the forest floor and removes leaves from low-lying vegetation with the sharp serrations on its beak. It then places torn-off leaves upside down on its stage. The area is now ready to attract females. The male perches above the stage and calls, making all sorts of noises, many in imitation of other forest animals. Wilting leaves are removed. The male piles the old leaves in a wall around the stage and cuts off new leaves, which he places on the stage.

One of the most elegant bowerbird displays is that of Australia's satin bowerbird (*Ptilonorhynchus violaceus*), a black-feathered bird with metallic blue edg-

ing on its feathers. The female is drab. This is one of the avenue builders, bowerbirds that tear off twigs and build a narrow avenue between two facing twig walls, giving something of a crossed-swords effect. At one end of the avenue is the bird's treasure pile—a collection of brightly colored material, especially of blue, that the bird has found around the forest. One Australian botanist complained that any blue tags she left on leaves were rapidly removed by bowerbirds for their bower.

Satin bowerbirds "paint" their bowers with a blue material composed of charcoal, saliva, and pigments. What is most interesting is that they use bark, held in their bills, as a painting sponge. This is one of the few documented instances of tool use, considered to be advanced behavior and to indicate a great degree of neurological development in avian species. In general, tool use is limited to advanced primates such as chimpanzees and humans.

During nonmating season, these birds travel in small groups. It is only during mating that the males leave these groups to build their elaborate bowers. Mating takes place within the bower, and the female then builds a small nest and cares for the young by herself. Males have more important work—building showcases for their talents.

# Mammals

### LEADBEATER'S POSSUM

A group of Australian zookeepers recently visiting New York were asked which mammals typify the Australian rain forest. The immediate reply was Leadbeater's possum (*Gymnobelideus leadbeateri*), a small—6.0 to 6.5 inches (15–17cm)—nocturnal, large-eyed, arboreal, ratlike animal with a long, but not prehensile, tail. It is an extremely rare animal, first discovered by Europeans in 1867, then lost sight of from 1909 until 1961, when small populations of the animal were located. Although previously considered endangered, this insectivore is no longer listed as such. Little is known about the animal, but loss of forest habitat threatens its existence.

# TROPICAL AND SUBTROPICAL FORESTS: AFRICAN RAIN FORESTS

Little is left of the rain forests of Africa. Encroaching deserts, especially in northern and central Africa, and increased human populations have taken a toll. A small band of wet forest remains on the southwestern coast of central Africa and through the middle of the continent, providing a home to many animals well known to us from zoos and television wildlife programs.

## Frogs

### THE GOLIATH FROG

The largest frog in the world, the Goliath frog (*Conraua goliath*) lives near rapidly coursing forest streams. This nocturnal carnivore spends much of its time in the water, although it occasionally sits on rocks next to the water or wanders the forest floor near streams at night. The reason for its highly aquatic habits becomes clear as soon as it is removed from water. The largest frogs grow to 16 inches (40cm) and weigh as much as 6.6 pounds (3kg). They have long hind limbs and they can jump far. When stressed, as when they are being pursued by a predator, they do not have enough oxygen to sustain this activity. A large percentage of their oxygen enters directly into the skin from the water. Normal respiration in the absence of highly oxygenated water is not sufficient. Although once thought to be very rare, the Goliath frog has recently made its way to the pet market. It is often touted as a clear favorite to win frog-jumping contests, but its lack of stamina makes this a dubious claim. In west Africa it is a favorite in the cooking pot, one of the few available sources of animal protein.

### REED FROGS

Some of the smallest frogs are the reed frogs, members of the genus *Hyperolius*. These frogs are only 3/4 to 1 1/2 inches (2–4cm) in length. Many of them are brightly colored and may best be compared to the dendrobatid frogs of South and Central America, although they are not toxic. They tend to live at the edges of rivers and streams and many are rain forest

*The koala,* Phascolarctos cinereus, *in its favorite place—a eucalyptus tree.*

### THE KOALA

The koala (*Phascolarctos cinereus*), a marsupial that is often mistaken by non-Australians for a bear, is an arboreal resident of eucalyptus forests and often reeks of eucalyptus. It eats only 12 of the approximately 600 species of eucalyptus. Koalas are highly territorial, apt to be very aggressive to invaders, and are solitary. During the breeding season, males may have territories that include a number of females. They have two opposable digits on their forelimbs and one on the hind limbs. These all aid in climbing and holding on to trees. Because of extirpation of their preferred species of trees and heavy hunting for their soft, warm coats, koala populations have decreased tremendously since the beginning of the century. Local protection and recovery plans, in force since the 1920s, have allowed some populations to recover.

*Painted reed frogs of the genus* Hyperolius.

species. They have webbed toes and the tips are modified into suction cup–like discs, as are seen on the arboreal tree frogs of the New World. Males have large, expandable vocal sacs, and in some species, males and females may have different pigmentation. They are insect eaters. Some *Hyperolius* species lay eggs within water, and others, just above water. In the latter, the larvae fall into the water at hatching.

## Turtles

Two unique turtle species occur in the west and central African rain forests: Schweigger's hinge-back tortoise (*Kinixys erosa*) and Home's hinged tortoise (*K. homeana*). Hinge-back tortoises have a unique hinge in their shells that allows the back portion of the shell to close downward over the hind legs. When closed, they appear to be lopsided books with funny-looking covers. Both *Kinixys* are omnivorous, but they eat more plant than animal material. Both also bathe in water, which is not typical tortoise behavior. Home's hinged tortoise has a unique behavior during rain. It raises the posterior portion of its shell and lowers the front of its body. Thus, water that falls on the back of the shell dribbles down to the turtle's mouth for drinking. This is similar to the inverted drinking posture of South America's emerald tree boa and Australia's green tree python.

## Lizards

### THE NILE MONITOR LIZARD

The Nile monitor lizard is the largest and among the best known of Africa's monitors. One subspecies, *Varanus niloticus ornatus*, lives in west Africa's rain forests. Growing up to 6.5 feet (2m) in length, these carnivorous, sharply clawed creatures are dangerous to smaller or less well-armed vertebrates. Not only do they kill and eat medium-sized vertebrates, they make sure they lick the entrails, something many other predatory species do not do. They also eat turtle, tortoise, and crocodile eggs and feast on carrion.

They are a major problem at crocodile nests, as they dig them open and eat up the eggs. Nile monitors are good swimmers. They spend much time in water and can remain submerged for long periods.

Few animals prey upon them, but among those that do are large crocodiles, such as the Nile crocodile (*Crocodylus niloticus*), and humans. All members of this genus throughout Africa and Southeast Asia are considered threatened or endangered and, despite protection from illicit trade by international law, continue to be hunted for handbags, shoes, and other luxury leather items.

### CHAMELEONS

When we think of African lizards we might think of chameleons: the arboreal, turret-eyed, crested, horned, or heavily scaled creatures that seem to move in slow motion and hold on to trees with splayed digits and long prehensile tails. Those species that live in rain forests, such as the mountain chameleon of west Africa (*Chamaeleo montium*), spend almost all their time in the trees and only come down for mating and egg laying. Egg-laying species bury their eggs underground. They produce from 40 to 70 eggs at a time. Many species are, however, ovoviviparous, giving birth to live young within an egg sac. The egg sac opens at birth. Once outside the egg sac, young climb through the trees.

*The Nile monitor,* **Varanus niloticus,** *is an animal that strikes fear into the hearts of smaller vertebrates.*

---

### WHAT IS A CHAMELEON?

*In the United States, people often mistakenly refer to the common anole (Anolis caro-linensis) as a chameleon. These animals do not resemble each other; true chameleons are found only in the Old World. As defined in Webster's Ninth New Collegiate Dictionary, a chameleon is "a fickle or changeable person or thing." This, in fact, is where the mix-up between anoles and chameleons lies. Both groups contain specialized cells, called melanophores, that are capable of responding to changes in light, allowing the animals to regulate body color to best camouflage them.*

## *Snakes*

### THE CALABAR PYTHON

The Calabar python (*Calabaria reinhardtii*) lives on the floor in western African rain forests. A burrower, the Calabar python has a head and tail that are similarly shaped and blunt-ended, and its eyes appear reduced. It preys upon small mammals and lizards, which it hunts at night. Often called the ball python, its behavior, when threatened, resembles that of the true ball python (*Python regius*), a savanna animal that forms its coils into a ball with its head underneath and tail outward. It grows to slightly more than 3.3 feet (1m) in length.

**The African rock python,** Python sebae, **is Africa's largest snake. It is capable of consuming relatively large mammals by stretching the elastic muscles that hold the bones of its jaw together to fit large prey into its mouth. Here, one eats an impala.**

### THE AFRICAN ROCK PYTHON

The large African rock python (*Python sebae*), although not a forest animal in the strictest sense, does inhabit the edges of rain forests. It is large, the largest being about 20 feet (6m) long. At its great size an adult can consume young antelopes, monkeys, wart hogs, dogs, and large birds.

Females may lay as many as 100 eggs within logs and hollows. The females incubate their egg mass by coiling around it and constricting their muscles. This creates heat and maintains the eggs at a constant temperature. They are among the few snake species that guard their eggs, but after hatching, there is no parental care. Pythons are eaten by local people and their skins are used to make snakeskin handbags, boots, and shoes. Due both to loss of habitat and heavy hunting, all species of pythons are prohibited from international trade without proper documentation from the country of origin.

### THE GABOON VIPER

One of Africa's famous venomous snakes is the Gaboon viper (*Bitis gabonica*). This fat-bodied viperid has a bold repeating hourglass pattern in shades of brown, beige, pink, and purple. The snake lives within leaf litter and, because of its pattern, is well camouflaged. It has a large triangular head that contains a pair of large venom glands. Its venom is extremely potent.

Gaboon vipers feed on rodents, ground-dwelling birds, monkeys, and other vertebrates.

### THE RHINOCEROS VIPER

The rhinoceros viper (*Bitis nasicornis*) is a smaller version of the Gaboon viper and receives its name from the large pointed scales above the nostrils that look like rhinoceros horns. Gaboon vipers have such scales, but they are not as pronounced. These scales may serve a sensory function, detecting slight movements in the leaf litter where the snake lies hidden.

### BLANDING'S TREE SNAKE

A relative of the cat-eyed snakes of Asia and the Australo-Malay regions also lives in the African rain forest. Blanding's tree snake (*Boiga blandingii*) is a rear-fanged, mildly venomous member of the colubrid family that is considered to be only somewhat dangerous to man. It has the large eyes typical of nocturnal animals and climbs trees to find birds, its usual choice of prey. It does, however, eat any non-aquatic vertebrate it can find. Young are brown and banded, but adults are solid black. Although *Boiga* has a slightly enlarged head, it is in no way comparable to the tremendously increased heads of some of the vipers and pit vipers.

## *The Dwarf Crocodile*

No discussion of African rain forest reptiles is complete without mentioning the dwarf crocodile (*Osteolaemus tetraspis*). This small—no more than 3.3 to 5 feet (1.0–1.5m)—heavily armored crocodile lives in forest streams and excavates dens in the dry banks above the water. Sometimes many of them build adjacent burrows. They are nonaggressive and, although they have heavily armored skin, are easy to capture. Over the years, many have been stuffed and sold as curios, and others have been used in poor-quality native-crafts handbags. The lack of food for the burgeoning human populations in west and central Africa makes *Osteolaemus* easy prey for the soup pot. The species is considered endangered throughout its entire range and is banned in international trade.

# Birds

African rain forests are full of birds. There are approximately 300 species of lowland rain forest birds. Most are found in the southwestern Ivory Coast and northeastern Gabon. The rest are found in montane forests in southwestern Cameroon, and several are limited to islands in the Gulf of Guinea. Close to a third of these species are threatened in some way. This is to be expected, considering the massive deforestation in Africa. Figures published in the 1980s assert that as much as 97 percent of virgin forests in west Africa have been destroyed, and secondary forests make up only a small percent of what has replaced these virgin forests.

Some birds are predatory. Crowned eagles (*Stephanoaetus coronatus*), for example, prey on small mammals, such as hyrax and small monkeys, and on reptiles, such as Nile monitor lizards. These prey-animals, in turn, prey on small ground-dwelling birds. Because the mammal populations in west Africa have decreased, especially because of pressure to feed human populations, the crowned eagles, which depend on these mammals for food, have also decreased in number. This results in increased numbers of small ground birds—and an imbalance of the ecosystem.

## RARE ROCKFOWL

The increasingly rare yellow-headed rockfowl (*Picathartes gymnocephalus*), also called the bald crow or bare-headed rock fowl, and its relative, the red-headed rockfowl (*P. oreas*), are thick-billed forest-floor dwellers. Their preferred haunts are areas containing cliffs and boulders, but some live in bat caves. They build cup-shaped nests, in which they lay two eggs, on the sides of cliffs. They eat mainly insects, but also take frogs and other small vertebrates. They are commonly used as food by humans.

## THE BARRED OWL

The barred owl (*Glaucidium capense*), although found throughout the central and southern portions of Africa, is rare. It is a medium-sized owl with a round

*The African gray parrot,* Psittacus erithacus, *is the only African parrot seriously affected by the pet trade due to its ability to mimic human voices.*

body. Its main food sources are large insects and rodents. The barred owl is usually found in pairs and tends to spend almost all day hidden in thick forest.

## THE AFRICAN GRAY PARROT

In South America, Southeast Asia, Australia, and New Guinea, the pet trade continues to decimate parrots and their relatives; according to zoologists, in west Africa, only the African gray parrot (*Psittacus erithacus*) is affected to any appreciable degree. A 16-inch-long (40cm) bird with gray, white, and black feathers and a red tail, the African gray is prized for its ability to mimic human voices and is considered the best mimic of all parrots. There is no evidence that it, or any other mimicking parrot species, understands what it repeats; it will imitate environmental sounds, such as police car sirens and buzz saws, as well as words and phrases. Like all parrots, its bill is adapted for eating hard seeds and nuts and its feet for holding branches and food.

# Mammals

The mammals are the stars of the west African rain forest, although many of the abundant species are endangered because of habitat loss and poaching for skins, food, and body parts.

## BATS

Bats, along with birds, are important for rain forest survival. Like hairy herbivorous birds, many bat species serve as pollinators, living and roosting in plants and eating nectar, pollen, or flowers. Others are fruit eaters and disperse seeds. Insectivorous species hunt using echolocation, a sonar mechanism in which emitted sound bounces back to the bat, telling it where to find a flying prey item and, in some cases, the specific speed and direction of the prey's flight.

There are so many species of bats in rain forests that some species are known scientifically from only one specimen.

Among the unique forest bats is the hammer-headed fruit bat (*Hypsignathus monstrosus*). The nearly pendulous lips over a squared snout make the male hammer-headed fruit bat look like a small flying camel. The species is sexually dimorphic, meaning that males and females look different. The females have a more pointed snout. The sexes also behave differently. Males are extremely vocal, with a huge larynx that is in constant use. The croaks of males in chorus attract females. Males display on a lek, an area that is parceled out into territories used by each male for his vocal and fluttering display. The display entices the females, who choose a male with which to mate. Most of the females mate with only a small percentage of the males, and the males that mate the most have particular display areas in the lek.

## LEOPARDS

Rain forests worldwide are home to cats, both small and large. In Africa, the leopard (*Panthera pardus*) lives in many habitat types, including wet forests. The leopard feeds at the top of the food chain but is an adaptable feeder, switching its diet to smaller vertebrates or even arthropods if necessary. Its skill at climbing is legendary: any connoisseur of wildlife videos has watched innumerable scenes of a leopard carrying its fresh kill, usually some ungulate, up a tree. Leopards are solitary and territorial, the males using urine to scent-mark. Although leopards are thought of as spotted, the black panther is a leopard with a nearly black coat; if you look at one carefully, however, you can see the spotted pattern. Leopards are threatened in most of their range and endangered in some of it. Leopard populations have been decimated for their hides—for a long time a leopard skin coat was considered a status symbol. Local agricultural development has been responsible for eliminating species the leopard preys upon, which has also severely reduced leopard populations.

## HYRAXES

Hyraxes, or conies, are unique animals found only in the Middle East and Africa. They also are a major source of food for leopards. Beecroft's tree hyrax (*Dendrohyrax dorsalis*) is small, approximately 20 inches (0.5m) in length and weighing no more than 10 pounds (4.5kg), and generally much less. Although it looks like a rodent, certain physiological characteristics make it clear that this animal is in a group by itself. Hyraxes have moist soles on their feet, which function almost like suction cups. They also have a gland in the middle of their backs that is clearly demarcated by lighter-colored fur, which they present along with, presumably, its secretion to potential attackers. The arboreal hyraxes are not particularly social, remaining in small family groups at most. They are, however, extremely vocal and territorial. One or several may inhabit an entire tree for prolonged periods. They are nocturnal and herbivorous, eating leaves, stems, twigs, fruit, and bark.

## ELEPHANTS

Elephants (*Loxodonta africana cyclotis*), more specifically, African forest elephants, are among the most impressive of the African mammals, although smaller than the elephant of the savanna (*L. a. africana*). In fact, the two subspecies interbreed as their ranges overlap, especially at the edges of the forest, and, in some cases, the larger savanna animal also dwells in forests.

*The leopard,* **Panthera pardus.**

# *Primates*

Many large and small primate species are found in the African rain forest. The large primates, however, are what capture our attention, because of the obvious ways they resemble us and the enormity of what we perceive as differences between our species and theirs. Mandrills are grouped with large monkeys; gorillas and chimpanzees with the great apes, our closest living relatives. Gorillas have been well studied over the years by Dr. George Schaller and the late Dian Fossey. Dr. Jane Goodall and her associates are continuing research on chimpanzees. Much is known about the habits of these animals, and their plights have received much publicity. All the great apes are diurnal, bedding down at night in beds, often in trees, made of vegetation.

## BUSH BABIES

Galagos, or the large-eyed bush babies (*Galago* species), are tiny, woolly, and nocturnal; they are among the smallest of the primates, ranging from 4 to 16 inches (10–40cm) and weighing no more than 4.4 pounds (2kg), with most being significantly lighter. Although mainly herbivorous, they also eat insects, which they catch on the wing with their hands. Although all species eat fruit and insects, and some also eat vegetable gums, each species specializes on one food type. *G. elegantulus*, a species native to southeastern Nigeria through the Congo, feeds mainly on tree gums, which it finds with its excellent sense of smell and digs out of trees with its nails. In any one night a galago will visit 500 to 1,000 spots to obtain gums. *G. demidovii* in Gabon eats mainly insects, with fruits and gums making up only a small portion of its diet.

Social organization is again species-specific. Some species form small family groups, others are solitary at night, and still others sleep in groups up to seven. As is typical for primates, large-eyed bush babies use urine to scent-mark. Most galago species wash their hands and feet in urine, probably to disseminate their scent and communicate their presence to other animals.

## THE MANDRILL

The mandrill (*Papio sphinx*), which weighs up to 119 pounds (54kg), is classified with the baboons. Mandrills are best identified by the grooves on their muzzles, which reflect grooves within the underlying bone. Males in breeding color have powder-blue raised ridges, purple grooves, and a bright red nose, easy to recognize in the forest. Females and young have less distinctive facial coloration and black noses. Buttocks are also brightly colored. Mandrills are mainly terrestrial, feeding on nuts, fruit, and plants on the ground, but in some populations, females and young may sleep in trees. A troop usually consists of a male, between five and ten females, and young, but during the dry season a number of troops may band together.

## THE GORILLA

There is only one species of gorilla (*Gorilla gorilla*), although there are three subspecies: western lowland, eastern lowland, and mountain gorilla. Gorillas, especially the males, are huge and powerful, weighing up to 605 pounds (275kg). Older males tend to have a gray or silvery coloration on their shoulders and backs and are often referred to as "silverbacks." When threatened, or when female or young are threatened, males become aggressive, pounding their chests, jumping up and down, stamping, and tearing vegetation. This is very familiar primate behavior. A human viewing this display may be terrified indeed.

Gorillas are terrestrial, walking quadrupedally on their feet and knuckles, and are almost strictly herbivorous, eating berries, roots, shoots, flowers, and occasionally, some insect larvae. Social animals, gorillas live in small groups with as many as three adult males, about twice that number of females, and some subadult males and young. The silverback male is generally dominant, and it mates preferentially with all the females, although recent studies indicate that lower-ranking males also mate with the females. Females, too, have a hierarchy, with the dominant female more likely to spend time with the dominant male. As the dominant male ages, younger males will challenge him. The fight between them is stereotypical, with males exhibiting their teeth, pounding their chests, and generally threatening each other. If a younger male wins, he becomes the dominant male and the older male may leave the troop.

*The mandrill,* **Papio sphinx,** *with its colorful face.*

*A young mountain gorilla,* **Gorilla gorilla.**

*The chimpanzee,* Pan troglodytes, *appears to be our nearest living relative.*

## THE CHIMPANZEE

The chimpanzee (*Pan troglodytes*) is our species' nearest living relative. In fact, some of our blood proteins are identical to those of chimpanzees, and examination of DNA indicates that the differences between chimpanzee and human DNA are so small, we should perhaps be classified in the same genus. A number of researchers would like to change the chimpanzee's generic name to *Homo*, which would leave our genus with two living species, rather than the current one, *Homo sapiens*.

Until scientists began intensive studies of chimpanzee behavior in the wild, we mistakenly thought of them as our "gentle" relatives. When Jane Goodall discovered that chimpanzees at Gombe National Park in Tanzania steal baby baboons and eat them—especially relishing the brains, which they mop out with leaves—and that they occasionally murder each other, she and other researchers were shocked. She found that although chimpanzees have a diet of fruits, berries, bark, leaves, and other vegetation, supplemented by ants, eggs, and insect grubs, they also eat meat, although infrequently, hunting in groups for small antelopes or baby baboons.

Chimps are of great interest to humans, not only because they look like us, but because their behavior patterns are so similar to ours. They are highly intelligent, communicate by vocalizations and facial expressions (many of which are similar to our own), have a great degree of plasticity in social groupings, and are playful, thoughtful, aggressive, and good problem solvers. Mothers and young form long-term bonds, as parental care continues to some degree for six or seven years after the young are weaned at three or four years of age. Goodall and associates have seen adult females still maintain attachments to their mothers. Chimpanzees are highly social, living in loose-knit groups ranging from about 30 to 80. Within each group there are ever-changing subgroups consisting of several animals of various ages and sexes.

Chimpanzee behavior varies from region to region. In some regions they use tools to extract ants and termites from nests, in others they do not. In some they use leaves or stems as sponges to sop up water, in others they do not. In some regions, social groupings

## DOMESTIC CHIMPS

*One of the best known of all chimpanzee vocalizations is the pant hoot, an intensifying series of hoots, leading to a raucous climax that also may include banging, jumping up and down, and other physical displays. The noted environmentalist Tomas Blohm had a huge open-air cage on the roof of his house in Caracas, Venezuela, where he kept a chimpanzee family, obtained from captive animals people no longer wanted. The chimps were better than watchdogs. They would pant hoot at any slight disturbance, resulting in a deafening chorus, punctuated by jumping from high perches onto the roof of the building. This kept intruders, who were fairly frequent in the neighborhood, off the property, but awakened everybody in the neighborhood.*

*No matter how sweet or cute we may consider chimps to be, they do not make good pets, and should never be maintained as pets. First of all, they are very strong. A two-year-old chimp that is not significantly bigger than a human child of the same age is strong enough to pull a human's arm from its socket or bite off a human's finger. An adult male chimp, weighing up to 176 pounds (80kg), can rip our arms right off our bodies. Because of their great intelligence, they can fashion weapons. Blohm's two-year-old chimp pulled a metal sash off the outside of a window and hurled it down from the equivalent of the second floor of the building. They use excrement as a weapon. If they feel threatened, they will urinate or defecate on the source of threat or hurl feces at it. We don't like these behaviors in our children, and we certainly don't enjoy them in chimpanzees.*

## CHIMPS AND COMMUNICATION

*There have been numerous projects in which scientists have attempted to teach captive chimpanzees human speech. One of the famous early experiments involved teaching language to a chimp named Washoe. Much of this work became controversial after analyses were made of communication sessions between a chimpanzee named Nim and his human tutors at Columbia University. The Columbia studies indicated that the chimp was either mimicking the human or was being misinterpreted and was not communicating anything in English syntax.*

*Other researchers insist that chimps communicate in some style of syntax using sign language and now, a computer. These studies are still highly controversial, and many researchers in the field are dubious about the results. Nevertheless, primate keepers at some zoos use international sign language to communicate with great apes, and they say it works. One keeper from the National Zoo in Washington, D.C., travels around the United States visiting great apes and chatting with them in sign language. She feels she is visiting old friends and starting conversations anew.*

**Chimpanzees have many complex social behaviors. Grooming, which aids in hygiene and helps form and maintain social bonds between individuals, is often performed by a subordinate animal upon a more dominant one.**

differ. This diversity in behavior suggests that differences between populations may be *cultural*, a word not often used in describing nonhumans.

Although chimpanzees forage in the trees, moving from branch to branch by brachiation, or swinging by the arms, they mostly travel through their large home ranges on the ground, walking quadrupedally. And this brings us to one of the greatest threats to chimpanzee populations—habitat loss. Home ranges can be up to 40 square miles (100 sq km). Loss of primary forest decreases the home range, gives the animals much less space in which to forage, and, therefore, decreases the food supply, which, in turn, puts more pressure on chimp populations. These populations have already suffered declines because of pressures from the pet trade and illegal hunting for food. There is no simple solution to the chimps' problems, which are typical for all the African rain forest species. We feel a particular affinity for the chimps and a desire to help them because they so remind us of ourselves. But we cannot dress them in little outfits, give them houses, and make them into television stars. They're cute as children, but they are wild animals and increasingly dangerous to us as they mature. If we care about them, we will have to save their habitat.

# SOUTHERN HEMISPHERE MIDLATITUDE FORESTS

The Southern Hemisphere has much less temperate forest than the Northern Hemisphere does because landmasses in the Northern Hemisphere extend much farther north than landmasses in the Southern Hemisphere extend south. The Southern Hemisphere has no boreal coniferous forests and only small zones of temperate ones, located mainly at the very southern edges of the continents, as is found in southeastern-most Brazil.

## *Life in Brazilian Temperate Forests*

Butterflies abound here. The *Heliconius melpomene* and *H. erato*, unpleasant-tasting mimics (see "Mimicry," at right), are red-and-black butterflies with distinctive patterns, each regional population in South America having a slightly different one. Interestingly, the two species evolve patterns that are similar to each other in each area, so heliconiines from the temperate forest have patterns different from those of the same species in an adjacent tropical rain forest.

Many of the southeastern Brazilian temperate forest vertebrate species are similar to those living in nearby tropical rain forests. Among the reptiles, the broad-snouted caiman (*Caiman latirostris*), a short, stocky animal with massive jaws, lives in cattail marshes and swamps at the edges of deciduous forests. Among snakes is the urutu (*Bothrops alternatus*), a venomous, darkly colored pit viper, well camouflaged for forest-floor existence, with a repeating crescent-shaped pattern along its back. Its venom is not generally fatal to humans, but it is effective in killing the rodents that make up the bulk of the snake's diet.

Among the 160 species of birds are many antbirds and antwrens (family Formicariidae), cotingas (family Cotingidae), manakins (family Pipridae), warblers (family Pirulidae), and tanagers and honeycreepers (family Thraupidae).

## Butterfly Mimicry

Mimicry involves two unrelated species that evolved to look alike because of the advantage —survival. Batesian mimicry involves two unrelated species, one dangerous or unpalatable in some way, the other harmless, or "tasty," which survives because it looks like the dangerous or unpalatable species. In

Mullerian mimicry, illustrated here by two species of Heliconius (1A and 2A are H. melpomene; 1B and 2B are H. erato), two dangerous or unpalatable species that share the same range evolve to look similar. This protects both species and leads to ready recognition of both by potential predators.

Tamarins, such as the endangered golden lion tamarin (*Leontopithecus rosalia*), are found in these forests outside of the major Brazilian cities. Other mammals include anteaters, porcupines, and jaguars.

## LOSS OF THE FOREST

The southeastern Brazilian temperate forest is almost gone and, with it, the wildlife that depended on the forest for survival. Cutting for lumber and for creating farmland for cacao, sugar, and other commodities has been the major contributor to the decimation. Some secondary-growth forests have sprouted up, but they support different species from those that lived in the ancient primary-growth forests. In some areas, native tree species are being replaced by planted pines and eucalyptus, which do not support the native animal species.

Hunting of reptiles, birds, and mammals for food has taken its toll on animal populations; the local and international pet trade has eliminated many species, especially macaws and Amazon parrots.

The list of endangered species is likely to increase, with more and more animal populations barely hanging on.

# Australian Temperate Forests

The temperate forests of Australia can be divided into two types: the sclerophyllous woodlands of the far south and southwest, which are composed of evergreen oaks and olive trees; and the moist, warm woodlands found in the far southeast of Australia and Tasmania, the island off the southeastern coast of the continent.

## THREATENED SPECIES

The Baw Baw frog (*Philoria frosti*) is named for the plateau on which it lives. One unique feature of this genus is that, unlike many other frog species that lay many eggs in water, only a few eggs are produced and these are laid in moist places, but not necessarily in water. Also, in most other frog species, aquatic tadpoles hatch out of the eggs and must undergo metamorphosis, during which the gills and tail are

*In the mountains that rise above the torrid tropical lowlands on the east coast of Australia, rain forests contain both angiospermous and gymnospermous trees. Ferns (foreground) carpet the forest floor and tree ferns (left, rear) are prominent in the understory.*

reabsorbed by the body. In members of this genus, however, metamorphosis occurs within the egg itself, and a complete froglet hatches from the egg.

Northward, near the junction of rain forest and sclerophyllous forest, lives the platypus frog (*Rheoba-trachus silus*). These are referred to as gastric brooding frogs because the adult broods the developing young in its stomach. The young are not digested because gastric secretions are suppressed in the adult during brooding.

Among the reptiles, the lined burrowing-skink (*Lerista lineata*), found in the extreme southwest, is also threatened. As the name indicates, it burrows, especially into ant and termite mounds. It is cryptically colored and insectivorous.

A number of forest bird species are endangered or threatened. The forty-spotted pardalote (*Pardalotus quadraginatus*) lives in the mature eucalyptus forests of Tasmania and islands nearby. Although there are hundreds of species of eucalyptus, the pardalote must live in forests in which 20 percent or more is composed of *Eucalyptus viminalis*.

At the edge of the continental southeastern forest, the helmeted honeyeater (*Lichenostomus melanops cassidix*) lives in manna and swamp gum forests along the edges of waterways. Northward on the eastern coast, where temperate forest meets tropical rain forest, lives Coxen's fig parrot (*Psittaculirostris diophthalma coxeni*). It eats figs, as its name suggests, among other fruits.

The banded hare-wallaby, or munning (*Lagostrophus fasciatus*), lived in sclerophyllous woodlands in western Australia and is now restricted to several islands off Australia's western shore. This species is the marsupial answer to the rabbit: a fast, jumping animal with only slightly elongated ears. In fact, a factor responsible for the eradication of this species on the mainland is competition for food with introduced rabbits, foxes, and domestic sheep.

The brush-tailed bettong, or woylie (*Bettongia penicillata*), used to live throughout most of southern Australia, but now only a few populations remain in the extreme southwest and northeast. These ratlike marsupials with flattened piglike snouts and fat tails live on the floors of sclerophyll forests or in grasslands. Their nesting material is made of grass, sticks, or bark, which they carry with their tails. They are rare, although 150 years ago they were common.

The long-footed potoroo (*Potorous longipes*), found in eucalyptus forests in the extreme southeast, looks like a cross between a rat and a baby kangaroo. They can walk quadrupedally, which they do with excruciating slowness, or hop like kangaroos, using only their hind limbs. But their most spectacular movements are their jumps—as high as 5 feet (1.5m) and as long as 8 feet (2.5m)!

The numbat, also called the walpurti or banded anteater (*Myrmecobius fasciatus*), is small and striped, with an elongated snout. It lives in tree trunks or hollow logs in eucalyptus forests. The female does not have a pouch; the young, carried attached to her nipples, are protected by her thick fur. One of the few diurnal marsupials, it spends its day hunting for the 10,000 to 20,000 termites it consumes daily.

The last threatened Australian mammal we shall discuss is the thylacine (*Thylacinus cynocephalus*), otherwise known as the Tasmanian tiger or Tasmanian wolf. This is, indeed, the marsupial answer to the wolf or dog. In fact, it is so similar to the dog that introduction of the domestic dog into Australia and New Guinea about 10,000 years ago caused the demise of the animal there, as it was outcompeted by the dog. Only on the island of Tasmania may any still exist. For all intents and purposes this species is considered extinct, although there are occasional unconfirmed sightings.

***The numbat, or banded anteater,*** Myrmecobius fasciatus.

# NORTHERN HEMISPHERE TEMPERATE DECIDUOUS AND BOREAL FORESTS

Unlike tropical forests, which are always warm, and which may have, at very most, a wet and a dry season, temperate forests place another stress upon the animals that dwell within them: distinct seasons. This change of seasons leads to great variations in food supply from month to month and even week to week, and temperatures that drop below the tolerable level for some species. There are several ways a species can adapt to such flux.

An animal that can vary its diet, between insects and fruit and nuts, for example, is in much better shape to survive a cool autumn, when insects are scarce, than a species that cannot be as flexible. Some animals, such as bears, store body fat, drop their body temperatures, and hibernate in dens. Others, such as turtles, snakes, frogs, and insects, also hibernate, but their blood or body fluids contain an "antifreeze" that prevents large ice crystals, which can break up the cell, from forming. Instead, the animals freeze solid, but with smaller ice crystals. And still other animals, such as monarch butterflies (*Danaus* species) and many species of birds, migrate to warmer climes. Thus, animals have many methods of coping with environmental changes: a species may use more than one strategy to survive in the colder temperate and boreal forest habitats.

## *North America*

Temperate deciduous forest extends through the eastern half of the United States and parts of Canada. It is difficult for city dwellers to imagine that only a hundred years ago most of the cities were covered with woods. To a city dweller, the small stands of secondary forest that have been preserved as parks are considered to have been landscaped. A short drive beyond the city is often all it takes to find a bucolic stand of woodland, where forest species of all varieties are relatively easy to find.

## SALAMANDERS

The red salamander (*Pseudotriton ruber*), black-spotted, orange-red, and somewhat sticky, may sit under a rock at the edge of a rapidly flowing forest stream. There's nothing particularly special about red salamanders, but for a lifelong city dweller, finding one is unusual.

Red-backed salamanders (*Plethodon cinereus*), with their light-colored dorsal stripe, may live under rocks or leaf debris. The females show parental care, a behavior that is fairly uncommon among amphibians. They coil around their eggs, protecting them.

## FROGS AND TOADS

Some frogs, too, are forest-floor dwellers, living on insects, crustaceans, and, sometimes, other frogs. Frogs, many of them in the genus *Rana*, live in or near ponds and streams. The wood frog (*Rana sylvatica*), also called the robber frog because of its "masked" face, may disappear into the forest in summer, away from standing water. These frogs need water for lay-

*The pine woods treefrog,* **Hyla femoralis,** *of the southeastern United States, tends to be found within trees. It is nocturnal, well-camouflaged, and can only be found readily when it is calling—a sound like the click of keys on a typewriter.*

ing their eggs, but can otherwise survive away from it in damp environments.

The diminutive oak toad (*Bufo quercicus*), no bigger than a fingernail, is typical of toads in that it lives on the forest floor, especially in southeastern pine forests. It mates in ponds during thunderstorms, but is otherwise found in dry regions—even in parking lots adjacent to coastal sand dunes, many blocks from the nearest woodland. Its call is a high-pitched trill difficult to distinguish from calls of cicadas or other insects.

Unlike most other toads of the genus *Bufo*, which are either nocturnal or active at dusk, the oak toad is usually diurnal. Many members of this genus live in burrows during the day and hunt at night. Sometimes they excavate their own burrows, but they often borrow burrows of small mammals. The American toad (*B. americanus*) is found in many habitat types, including forests, throughout most of the eastern half of the United States and Canada. It eats insects in massive amounts.

Although most toads, except for the marine or giant toad (*B. marinus*), are fairly small, they have a powerful tool to discourage predation: the parotoid glands, which are enlarged sacs, one on either side of the head, that produce toxic secretions. At the very least, the toxin renders the toads distasteful to predators, although some are fatal to predators; dogs have died from eating marine toads. The secretions can cause irritation in humans if rubbed in the eyes or into open wounds.

***Treefrogs*** Not all frogs and toads live on the forest floor. The arboreal treefrogs can attach themselves to vertical surfaces, such as tree trunks, with their toes, which have thick spatulate ends and numerous microscopic projections for grasping surfaces. Some species, such as the pine woods treefrog (*Hyla femoralis*), climb high up in trees, where the males are most likely to make their tap-tap-tapping call.

Found throughout the eastern United States and Canada, the spring peeper (*H. crucifer*), whose scientific name refers to the cross on its back, lives near ponds, swamps, roadside ditches, or any standing or temporary water, often at the forest edge. It is an

*The painted turtle,* **Chrysemys picta,** *of the United States and southern Canada, lives in rivers, streams, and ponds, in forests and wetlands. It has the widest range of any North American turtle species.*

extremely common frog. Hear its call, a high-pitched "peep," once, and you cannot mistake it; you hear it almost everywhere in early spring and probably recognize it from movie soundtracks.

## TURTLES

Turtles are well adapted to cold temperatures. Hatchlings of the painted turtle (*Chrysemys picta picta*) remain hidden in their underground nests, close to the surface, during the winter months. They often freeze there, but their organs are chemically protected from damage (see "Northern Hemisphere Temperate Deciduous and Boreal Forests," p. 327). These are the common turtles seen in ponds and streams often surrounded by forest in the eastern United States. These turtles are omnivorous, eating both plants and animals, and they tend to forage during the day, spending the night asleep underwater.

Although many turtle species spend much time in the water, the box turtles are more land-based. The eastern box turtle (*Terrapene carolina*) is more an animal of open forest, and occasionally of moist fields, than it is aquatic. They live in woodlands throughout most of the eastern half of the United States and can tolerate some degree of cold, hibernating in mammal burrows or in holes they dig in the soil. In more southerly parts of their range, they do not hibernate at all. Mating occurs immediately after hibernation, and the mating dance is rather intricate.

For mating to be successful, the female must open the rear of her shell, which is accomplished only after touching and many intricate maneuvers by the male. It is believed that the female can store sperm within her body and that one copulation may fertilize enough eggs for up to four years. Box turtles are known for the great age they can reach. Although most appear to live between 30 and 50 years, some are thought to survive for more than 100 years!

Box turtles are not very active. They absorb heat by basking a bit during the day (see "Running Hot or Cold," p. 193), but when they reach optimal temperatures they cool off in shallow water or dig into the mud or under leaves. Unless there is a great scarcity of food, their omnivorous eating habits allow them to remain in a small home range. As turtles mature, they become pickier about their diets, and adults are primarily herbivorous.

## SNAKES

The northern temperate forests are home to venomous and nonvenomous snakes. Among the venomous is the timber rattlesnake (*Crotalus horridus*), which dens in rock outcroppings on wooded hills and mountains. The northern copperhead (*Agkistrodon contortrix*), also venomous, frequently lives in similar outcroppings, although it also lives at sea level.

The bites of both snakes should not kill an adult human if proper treatment is administered promptly. Even without treatment, a healthy adult should survive the bite, albeit with perhaps much tissue damage. Children, the aged, or debilitated individuals, however, are at serious risk if bitten. Venom indicates that the snake eats food that must be killed prior to ingestion. Both species are heavy predators on rodents, and their venoms are specifically toxic to this food supply.

One of the most common snakes on the forest floor is the black racer (*Coluber constrictor*). The black racer is diurnal and eats practically any animal smaller than itself, including insects, other snakes, small mammals, and birds. Its scientific name is a misnomer, as it does not constrict its prey. Although

*Although much feared, the timber rattlesnake,* Crotalus horridus, *of the eastern and central United States, is responsible for few bites to humans, almost none of which is fatal. It hunts rodents, sensing body heat through pits near the nostrils.*

### SMALL SNAKES

*Thin, small snakes also live in the northern temperate forests, one species on the ground and two in the trees. The ground species is Dekay's snake (Storeria dekayi). Often not much bigger around than the width of one's pinkie, it ranges in length from 10 to 21 inches (25.4–52.7cm). It must eat foods that can fit into its body, and thus feeds on earthworms, snails, and even slugs. It is a diurnal species that gives birth to live young.*

*The rough green snake (Opheodrys aestivus) spends much of its time in trees, feasting on insects and spiders. It gets its common name from its heavily keeled scales. The smooth green snake (O. vernalis), whose scales have no keels, is about half as long as its rough-scaled relative and spends most of its time lower to the ground or even on the ground.*

nonvenomous, black racers are fairly unpleasant to encounter, as they are quick to strike out and bite.

Pine snakes are large but harmless and live in both wooded and desert areas throughout the southeastern, central, and western United States. The northern pine snake (*Pituophis melanoleucus melanoleucus*) is the species most common in the eastern United States. Like the black racer, it can be unpleasant, rattling its tail in case of threat, and biting. It, too, tends to be diurnal and spends its nights in rodent or tortoise burrows.

Garter snakes (*Thamnophis sirtalis*) live throughout most of the United States, except for the southwest, and throughout the southern tier of Canada. These striped snakes cannot exactly be called forest creatures, as they are as likely to live in the forest or near a pond as they are to live in your backyard. They tend to live near water. Garter snakes eat amphibians, earthworms, small mammals, fish—whatever they can get, although some subspecies specialize in eating particular prey. They are very cold-tolerant, hibernating underground in large balls of many snakes when necessary. As they leave their hibernacula, they enter into a mad mating ritual, combating for mates. Females give birth to live young.

## BIRDS

Birds, which fill a variety of ecological niches, are essential to the survival of the forest. The insectivorous species keep harmful insect species in check. Woodpeckers, for example, eat bark beetles (family Scolytidae), some of which, such as the southern pine beetle (*Dendroctonus frontalis*), bore holes in the tree bark for laying their eggs. If the tree is successfully colonized by the bark beetle, the tree dies, partly from direct damage by the beetle, partly from *Ceratocystis minor*, the blue-staining fungus that grows in the bored hole. The southern pine sawyer (*Monochamus titillator*) is a beetle that inhabits the bark of the same trees as the southern pine beetle. In fact, the southern pine sawyer is attracted to trees already attacked by the southern pine beetle. But the two species compete for living space and food within the bark of the

## MIXED-FLOCK FEEDING

*Mixed-flock feeding allows birds of different species and with different food preferences to eat efficiently in an area with limited provisions. It wouldn't take long for a large flock of only one species to overwhelm the limited resources of an area, since all the birds eat the same foods. But in a mixed flock, some birds will eat seeds of some plants, but not of others, some birds may eat seeds of yet another set of plants, and some birds may eat insects. Thus, there is not undue pressure on any one resource and all members of the flock are likely to find sufficient food. Mixed-flock feeding also provides protection. Titmice and chickadees (genus Parus), for example, alert downy woodpeckers (Picoides pubescens) to danger.*

## HOW BIRDS CHANGE WITH THE SEASONS

*Insects may live in bark or on leaves, or they may spin their cocoons between branches. They may visit flowers that are produced by the tree itself or by epiphytes living on the tree. Even the epiphytes may provide homes for insects. Unlike some of the tropical forests, temperate and boreal forests have distinct seasons. Thus, a bird that forages in oak leaves has no source of food after the leaves are shed in autumn. A bird that can live on nuts is more likely to find food in colder weather. A bird that forages for insects in flowers may progress from one tree species to another with the season. Some insectivorous birds may switch to a diet of flowers or fruit in the early spring or late autumn when there are fewer insects.*

*But a major factor in the lives of northern deciduous and boreal forest birds is not only the ability to*

**As winters in the northeastern United States become less severe, red-shouldered hawks, Buteo lineatus, which tend to migrate south in small flocks or individually, are more and more commonly seen throughout the winter. Pictured is an immature specimen.**

*adapt to different food sources or locations, but the ability to migrate to warmer habitats as food becomes scarce. The ruby crowned kinglet (Regulus calendula), for example, a small songbird found during winter in flocks with nuthatches, woodpeckers, chickadees, titmice, and warblers, breeds in the boreal coniferous forests in the United States and Canada, in some cases north of the Arctic Circle. The kinglet overwinters in a band extending around the edge of the United States from just south of New York, across the southern states, and on up the California coast, and then down into Mexico and Central America through Guatemala.*

*Predatory birds, such as hawks, kites, and falcons, also are known for their great autumn and spring migrations. The broad-winged hawk (Buteo platypterus), which breeds in deciduous and mixed coniferous forests in North America and feeds on rodents, reptiles, insects, birds, and any other small prey, winters from Guatemala to Brazil. It migrates in large groups, unlike the red-shouldered hawk (B. lineatus), which migrates in small flocks, or even individually. As winters become milder, more red-shouldered hawks, which were seen in the northeastern United States only through early autumn, may be seen year-round.*

**The broad-winged hawk, Buteo platypterus.**

pine tree and the pine sawyer is a more effective competitor, reducing pine beetle populations. Thus, although we may look at the pine beetle as being a harmful pest to the pine trees, it provides food to the pine sawyer and the woodpecker.

***Woodpeckers*** Woodpeckers are well adapted for their roles as insectivorous birds. Their long, pointed bills pierce through wood. Their craniums, or brain cases, are specially adapted to tolerate the pounding and pummeling from the beak's hammering activity. The brain within is well protected from damage. The bird's long tongue produces sticky secretions and is extensible so it can reach into holes made with the bill and procure insects.

The red-cockaded woodpecker (*Picoides borealis*), an endangered species living in pine and oak-pine forests in the southeastern United States, drills holes deep into infested trees, allowing sap to run out. The sap contains chemicals that repel predators, keeping them away from the tree. This reserves the tree for the woodpecker, and also ensures that the tree is not colonized by other invaders. Unfortunately, loss of the forest habitat in these regions has decreased numbers of red-cockaded woodpeckers.

The pileated woodpecker (*Dryocopus pileatus*), the largest surviving woodpecker on continental North America, tears bark off trees, after which the hairy woodpecker (*Picoides villosus*), which cannot do so, moves in to feast on the insects thus exposed.

The ivory-billed woodpecker (*Campephilus principalis*), at 19.5 inches (50cm), is the largest of the North American woodpeckers. Generally dwelling in riverine old-growth deciduous forests and cypress forests, it is presumed to be extinct in the United States because of loss of habitat from logging and development. A few of the birds still survive in Cuban forests.

## DEER

Some of the largest mammal species, the moose (*Alces alces*) and the caribou (*Rangifer tarandus*), range into boreal coniferous forests and migrate in large herds across the barren tundra and ice. (See "Polar Regions" for more information.) White-tailed deer (*Odocoileus virginianus*) are nonmigratory, live in wooded regions, swamps, and brush, and will readily move into human-inhabited areas. When deer

## MIGRATING MONARCHS

*Birds are not the only migratory species. Monarch butterflies (Danaus species) migrate long distances in large flocks to Mexico and Central America. Monarchs are unique in that throughout their range, their larvae feed heavily on members of the milkweed family or on other plants that contain poisonous cardenolides, chemicals that, if ingested, can cause illness, ranging from mild vomiting to heart failure in higher animals. The degree of toxicity of the adult butterfly depends on how much cardenolide the caterpillar eats and also on the amount and toxicity of the cardenolide in the plants themselves. Thus, monarch butterflies that feed on milkweed from the eastern United States are much less toxic than those that feed on milkweed species from the west coast of the United States. These eastern monarchs are not well protected from predation and are eaten by birds in their overwintering area in Mexico. Of course, as so many thousands of monarchs fly down to Mexico, if some are eaten, it does not have a major effect on the population.*

**A monarch butterfly larva.**

**An adult monarch butterfly.**

**The insectivorous hairy woodpecker,** Picoides villosus, **which depends upon the pileated woodpecker to expose insects under the barks of trees, is found throughout much of North America, from Alaska through to Panama.**

populations are large, their leaf browsing causes much forest damage. This, and their tendency to harbor the ixodid ticks (*Ixodes dammini* on the east coast and *I. pacificus* on the west coast), which carry the Lyme disease–causing spirochete (*Borrelia burgdorferi*), have made people more willing to allow deer hunting during legal seasons.

There is, however, much debate about whether open hunting seasons are the best way to control deer populations. The cycle of overbrowsing followed by famine and population crashes, followed by small populations and sufficient food, is considered by some to naturally control deer populations.

## BEARS

The North American bears, the grizzly or brown bear of Alaska and western and northern Canada (*Ursus arctos*), and the black bear of the eastern and western United States and all of Canada and Alaska (*U. americanus*), are among North America's largest mammals. Both species are omnivorous, feeding on small mammals, fish, insects, and all sorts of plants and berries, but the grizzly is the more carnivorous of the two, also killing large ungulates, such as moose, mountain goats, or elk. Grizzlies have been known to kill humans and black bears. The black bear is more an animal of the forest than is the grizzly, which may travel hundreds of miles in search of food. As winter approaches, both species put on weight, adding fat, and enter a burrow, hollow tree, or log, or even burrow into snow, and go to sleep. Both species can arise from their sleeps and venture out on warmer days. Brown bears are also found in Siberia and northern and southern Europe. (See "Alaskan Brown Bear," p. 43, for more information.)

## THE BOBCAT

North American temperate deciduous and boreal forests are also home to cats such as the bobcat, lynx, and mountain lion or puma. The bobcat (*Felis rufus*) lives in swamps, fields, and even arid areas and some forested regions. At most about 3.3 feet (1m) in total body length, weighing between 9 and 33.5 pounds (4.1–15.3kg), the bobcat is about the size of a cocker spaniel. Although it can climb well, it is generally ter-

*Whether it is called mountain lion, cougar, panther, or puma,* Felis concolor *is the largest wild cat in North America. Both the Florida subspecies and the central American subspecies are considered endangered.*

restrial and nocturnal and eats small mammals and birds, although it is capable of killing larger mammals, such as deer. Bobcats are not very social creatures. They are highly territorial, especially the females, which mark their territories with urine, feces, and anal gland secretions. Females go into estrus beginning in November and give birth in spring. Young leave their mothers in winter during estrus and overwinter alone. Bobcat populations were so greatly decreased by hunting and trapping, both for fur and to rid farmers of these potential predators, that the animal was put on the endangered species list in the 1970s.

## THE LYNX

The lynx (*Felis lynx*) is well adapted to stalking its prey in the snow of boreal coniferous forests. With its heavily furred, enlarged, silent paws, the lynx is a major predator on the snowshoe hare (*Lepus americanus*), although it also eats other mammals, including deer, and birds. Lynx populations are affected by those of their prey species: when rabbit populations decrease, so do lynx populations. Although lynx are hunted for pelts, they are also hunted and trapped by farmers who want to get rid of the pesky predators.

## THE PUMA

The mountain lion, also called cougar, panther, or puma (*Felis concolor*), the largest North American cat, may be as long as 6.5 feet (2m) and weigh as much as 227 pounds (103kg). It lives in most habitat types, including forests. Its preferred food is deer, but it also eats other large and medium-sized mammals. Mountain lions store their kills and eat them over a several-day period. They are territorial, and some may have home ranges of more than 100 square miles (260 sq km). They are solitary and only get together for breeding. Young remain with the mother for at least a full year, if not longer and, once they leave the mother, the three or four littermates remain together for several months. Severely threatened by loss of habitat and hunting pressure, mountain lions are scarce in many regions of former abundance.

## FOXES

Four canids are present in North American forests: the red fox (*Vulpes vulpes*); gray fox (*Urocyon cinereoargenteus*); gray wolf (*Canis lupus*); and coyote (*C. latrans*). The coyote lives more in open plains than in the forest, although it may be found in broken forests. The red fox is a denning animal, excavating sometimes large and complex dens and resting places connected by tunnels. Also a resident of European forests, the red fox is a social animal, forming groups consisting of a male, a female, and her young. Although when we think of foxes, we might think of a cunning carnivore, foxes are omnivorous, eating rodents, rabbits, and even fruit and insects. The red fox, although native to North America, was also introduced there from Europe by the British, who were very fond of their fox hunting and wanted to continue it in the New World. (The British also introduced the fox to Australia, with devastating impact on the natural wildlife.) Foxes are so adaptable that they can live in almost any kind of habitat, including cities. Although often hunted for their pelts, as vermin, and as rabies-carriers, populations are large and stable in most areas.

The gray fox tends to be more an animal of arid regions than a forest dweller, although populations of gray fox live in pine-oak forests in the southern United States. Dens are simpler than those of the red fox, often high up in hollow trees. The gray fox is a

*The striped skunk, Mephitis mephitis, is found in wooded areas, grasslands, deserts, and even urban regions in the continental United States, southern Canada and northern Mexico. It is an insect- and rodent-eater.*

good climber, a rare trait in a canid, and is omnivorous, leaning toward herbivory, eating a lot of grains and fruits, also an odd habit for a canid. Its fur is considered inferior to that of other foxes.

The gray wolf is a northern species and is described in the polar section. Living in small to medium-sized packs, this carnivore is extremely social, and lives in forests and on the tundra. It is found north of the Arctic Circle.

## OTHER MAMMALS

Many smaller mammal species are found in the North American forests: rodents, rabbits and hares, bats, flying squirrels, armadillos, opossums, skunks, ermine, martens, raccoons, and even wild boar. They occupy many different ecological niches and serve as food for many of the predatory species within the forests: owls, hawks, cats, canids, and snakes, among others. They are irreplaceable, and as our forests disappear, unless they can adapt to other habitats, so do these unique and well-adapted forest dwellers.

*The grizzly or brown bear, Ursus arctos, lives in northern temperate forests in Europe and tundra regions in North America and Siberia. These bears are found on every Northern Hemisphere continent and south into Africa.*

*The raccoon, Procyon loctor, lives in wooded areas and can also be found in urban areas near parks and woodlands. In recent years, they have been considered responsible for carrying rabies through much of North America's east coast.*

# Europe

We might think of Europe as a land of deep, dense forests, but deforestation is so severe that the World Resources Institute declared in its 1990 report that "essentially no natural habitat remains" in temperate Europe. Most of the remaining forests are the boreal coniferous forests in the Nordic countries and the Commonwealth of Independent States, and these have been decreasing because of defoliation. It remains to be seen how the former Soviet republics will be able to cope with the need for forest preservation.

Many of the mammalian species found in northern Europe are described in the "Polar" section, and some, such as the brown bear, lynx, and reindeer, are also present in North America.

## BUTTERFLIES

Hairstreak (family Lycaenidae) and fritillary (family Nymphalidae, subfamily Nymphalinae) butterflies, the latter group confined to northern temperate zones, are abundant in many areas. Some species are migrants from North Africa or southern Europe. The painted lady (*Vanessa cardui*) breeds in southern Europe and North Africa and migrates northward to Great Britain. The queen of Spain fritillary (*Issoria lathonia*) may also migrate into central Europe.

## THE MIDWIFE TOAD

The midwife toad (*Alytes obstetricans*), of southwestern Europe, is a burrowing frog, but unlike other burrowing species, it uses its forefeet rather than its hind feet for digging. It receives its name from its unique parental behavior. Females lay strings of eggs that are fertilized by the male. With the female's help, the male attaches the strings to his legs and then enters a damp, dark hole, where he remains until the eggs are ready to hatch. At that time the male leaves his hiding place, enters water, and the young hatch out.

## SALAMANDERS

Several species of salamander are found in Europe. The most widely distributed are the ten subspecies of *Salamandra salamandra*, the European salamander or fire salamander, found throughout most of mainland Europe, parts of North Africa, and the Middle East; the alpine newt (*Triturus alpestris*), found throughout central and eastern Europe; the crested or great warty newt (*T. cristatus*), found throughout central and northern Europe; and the nine subspecies of the smooth or common newt (*T. vulgaris*), found throughout all of Europe, except Spain, Portugal, most of Switzerland, and southern and central France.

*Salamandra salamandra* lives in moist, shady spots, especially in deciduous forests, at high elevations— perhaps as high as 3,000 feet (914m). This is not a particularly aquatic species, tending to remain on damp soil. Unlike some North American species that mate by the male depositing a package of sperm, or spermatophore, on the ground, which is subsequently picked up by the female in her cloaca, *Salamandra salamandra* males sometimes deposit their spermatophores directly into the female's cloaca, although sometimes they do deposit them on the ground and the female picks them up.

The alpine newt is not necessarily an inhabitant of only alpine regions, and seems to be more cold-tolerant than other European newts. They spend winters deep underwater in cold pools or streams.

The crested newt lives mainly in deciduous forests, spending much of its day deep under water. Because of its unpleasant, if not toxic, skin secretions, the crested newt is unlikely to be preyed upon.

The smooth newt is the most common of the European salamanders. It moves into water in the spring for mating, and females lay eggs in any pools of standing water in most habitats, including wooded areas. After metamorphosis, the young leave the water, and the adults move to land in early summer, returning only to hibernate in the underlying mud. This newt is a surface feeder, eating insects and even frog eggs floating on top of the water; other European newts tend to feed underwater. They are preyed upon by water snakes, birds, mammals, and even large insects.

## THE ADDER

The adder (*Vipera berus*), which dwells in many habitats, including open woodlands, is found throughout most of Europe, except Ireland, southern Spain, the Balkans, and Italy, and even lives above the Arctic Circle. They are well adapted to temperate and cold regions. They hibernate communally, for as much as nine months in the colder regions of their range, and in colder regions females give birth to live young every other year. Recent studies indicate that females are promiscuous, mating with a number of males in succession, and that those that mate with more males tend to have healthier young. A venomous snake, it is relatively small (females are up to 2 feet [61cm]) and injects too little venom to kill the average adult human. The venom, however, is more than potent enough to kill rodents, birds, and other prey, and could result in severe injury to a human.

## BIRDS

The sparrowhawk (*Accipiter nisus*), a year-round resident throughout most of Europe, except for the breeding areas in the far north, may winter in Africa, the Middle East, and parts of Asia. It lives in forested areas, although nonmigrating populations will move into open country during the winter.

The redstart (*Phoenicurus phoenicurus*), a common bird of parks and gardens, breeds in deciduous

*The Eurasian sparrowhawk,* Accipiter nisus, *is found in woodlands in Europe and may overwinter in Africa, the Middle East and parts of Asia. It feeds on young birds, small mammals, and insects that it catches at the edges of woodlands.*

*The great tit, **Parus major**, of Europe, Asia, and northern Africa, is a hole-nester that nests in holes in trees and even in walls. It has a mixed diet, eating small invertebrates along with seeds and berries.*

*The Old World badger, **Meles meles**, lives in complex underground burrows in forests. Burrows are passed down from generation to generation.*

forests throughout Europe, but winters in Africa and the Middle East. It is similar to the American robin in both song and coloration. It is insectivorous, catching insects in midflight.

The pied flycatcher (*Ficedula hypoleuca*) is also a bird of parks and deciduous woodlands. Males are a distinct black and white, but females are plain brown and white. They breed in much of Europe, excluding the southwestern portions of the continent, and winter in Africa and the Middle East. They catch insects on the wing.

Many species of tit, genus *Parus*, are found year-round within wooded regions of Europe. Some, such as the Siberian tit (*P. cinctus*), have ranges limited to specific climatic areas, while others, such as the great tit (*P. major*), are found throughout Europe. Outside of the breeding season, tits feed in mixed flocks with nuthatches (*Sitta europaea*); goldcrests (*Regulus regulus*), Europe's smallest bird, a member of the warbler family, which may migrate to eastern Europe and Africa during the winter; and the lesser spotted woodpecker (*Dendrocopos minor*), Europe's smallest woodpecker.

## THE OLD WORLD BADGER

As many of our children's stories originated in Europe, many of the animals that are characterized in fairy tales are found on that continent.

The Old World badger (*Meles meles*), an animal with a white-striped head, is a nocturnal, burrowing forest dweller. Their burrows are extremely complex and include areas for nesting, adjacent ones for play, and dung pits. Some dens are so elaborate they may take up many acres and may have been used for many generations. The badger is an omnivore, eating massive quantities during the spring and summer so it can store fat for cold-weather hibernation. It is not a true hibernator in that it maintains an approximately normal body temperature during its winter sleep and is easy to arouse. After mating, which can occur anywhere from the end of the winter into the middle of the summer, the fertilized egg undergoes a period of arrested development that may last for as long as 11 months. Implantation occurs in response to proper light and temperature conditions.

## The European Pine Marten

The European pine marten (*Martes martes*) is a woodland dweller that lives throughout western Europe, including Great Britain and Ireland, through Siberia and the Caucasus. It is a climbing mustelid, related to weasels, badgers, skunks, and otters. Weighing no more than 4 pounds (1.8kg), it is a nocturnal omnivore, eating small rodents along with fruit and berries. Although historically trapped for its fur, the European pine marten's populations are stable.

## The Sable

The sable (*Martes zibellina*), a resident of the northernmost portions of Scandinavia and Siberia, is prized for its luxurious winter coat. It is a burrower, but has a relatively small underground den with a short path leading up to it and may also have several temporary dens. It is omnivorous and can be migratory, moving in response to food shortages. Once severely threatened on account of excessive trapping, protection programs have led to increased numbers and the sable is now not considered threatened.

## Small Carnivores

Weasels, minks, ferrets, polecats, and ermine, all members of the genus *Mustela*, are other well-known small mammals. Many have been taken for their pelts or for their value as rodent hunters.

## The Hedgehog

Another small European mammal well known from children's stories is the hedgehog (*Erinaceus europaeus*). Hedgehogs are little animals, about the size of a fat rat, covered from the top of the head to the beginning of the tail with coarse spines. They are very docile and waddle around like walking pin cushions. The spines are protection against predators. A threatened hedgehog rolls into a ball, hiding its head, tail, and belly, looking like a land-based sea urchin. They also have been seen coating their spines with secretions from toads, probably as a further defense against predators. Hedgehogs, which are classified in the order Insectivora, not only eat insects but also are carnivorous, eating any kind of small vertebrate.

# THREATS TO FOREST HABITATS AND SPECIES

World Wildlife Fund claims that more than "forty percent of all tropical forest [is] destroyed." Statistics may differ, but one thing is clear: tropical rain forests are disappearing at a breakneck pace. In 1990, the World Resources Institute estimated that 51 million acres (20.4Mha) of tropical forest are lost annually, an area they compared to the size of Panama. We have little time left to discover unknown species dwelling there, and we must take immediate action to preserve the species we already know of.

Tropical forests are being destroyed at an alarming rate for timber and for open land for cattle grazing. The economic potential of such forests is much greater for multipurpose, nondestructive harvesting, but the methods necessary to extract such products as medicinals, foods, fibers, and waxes are not yet economically competitive. Many schemes—developed by indigenous people over the millennia—exist to simulate the complexity of tropical forests by agricultural ecosystems and are being adapted to modern harvesting techniques by agronomists.

It may be worthwhile for governments in countries with extensive tropical forests to emphasize research in extraction and marketing of these sustainable, rapidly renewable extractions from their forests, and to diminish destructive extractions. It is well known that tropical soils are poor in nutrients and that the nutrients are stored in the vegetation. Therefore, clear-cutting of timber is destructive to the productivity of tropical lands. Productivity can often be restored only after extensive erosion to bedrock, with the subsequent decades-long reestablishment of primary forest. In some cases, exposure of the ground to the tropical sun dries and oxidizes the iron compounds, forming an impenetrable iron hardpan which makes any vegetative growth difficult. Often one must resort to dynamiting the soil to reach arable substrates, then replant the forest by hand.

Temperate forests, too, are under attack. Ninety percent of the coniferous forest in the northwestern

*The Eurasian hedgehog,* Erinaceus europaeus, *a member of the order Insectivora, looks like a small, walking pincushion.*

United States has disappeared, and 60 percent of the northward continuation of that forest into Canada is also gone. The world's largest, oldest trees, the mighty sequoia, have been destroyed, and now the Pacific yew, another species, is being used for taxol, a new potential wonder drug that may cure devastating ovarian and breast cancers.

## Some of the Culprits

A number of factors, each destructive in its own right, have created havoc with the majesty of our forests. Deforestation due to commercial wood use is, and has been, a major cause of forest loss. Clear-cutting for agriculture is another villain. Development in general, whether of roads or hospitals, hotels or homes, takes its toll on forests. Years of profligate pesticide use in agriculture have already done their damage, contaminating water, air, and soil. The pesticides have found their way into the once pristine forests. To add insult to injury, remaining forests are losing large percentages of their foliage. This may be a result of the shrinking ozone layer surrounding the earth. Numerous pollutants may also be a major contributor. No matter what the cause, trees are dying, and as trees die, habitats for animals disappear, and other plant life that depends on the presence of the forest vanishes.

### THE TAXOL PROBLEM

The destruction of the Pacific yew for taxol is another forest depradation that need not occur, but is happening out of both greed and ignorance. The trees are cut down, but only the bark is needed for taxol. Recent studies have shown that the needles not just of the Pacific yew, but of other yews as well, contain nearly as much taxol as does the Pacific yew's bark, and yet needles are not removed and the trees are left to rot. Besides, companies are already isolating the gene responsible for taxol, and it has been synthesized. Within a short period of time taxol could be produced independently of the yew tree, preventing further loss of this species.

*The bark of the Pacific yew tree has been exploited for as much as two decades for the drug taxol, a potent pharmaceutical in the armamentarium against breast and ovarian cancers.*

*Scientists hope that new techniques will allow production of taxol from genetically engineered bacteria, and will spare the Pacific yew, Taxus brevifolia, from further destruction.*

## THIS LEADS TO SPECIES LOSS

But there are animals living in our forests, as skimpy as our forests may be compared to what was here two or three hundred years ago. The case of the endangered spotted owl in the Pacific northwest, whose forest habitat was threatened by logging, brings our forests to the public's attention. Although a compromise was made that may spare the owl, were the owl not spared, the publicity soon would have had an effect. The public remembers that forests are disappearing, but the public does not know how to stop it.

Many of the travel books on Europe list numerous butterflies and birds that can be seen, but very few mammals. The reason for this is self-evident. Only species that can migrate do well in habitats as severely depleted as those of the European forests. Some of the montane forests still exist, but recently increased development for tourism in the Alps also threatens the integrity of these forests.

The forest animals are probably not aware that their homes are threatened. They go along with their daily routines of finding food and mates, although both may be scarcer, and locating both may require more labor. Species of birds that previously were migratory may no longer migrate, as winters are becoming milder, and the tropical forests to which they traveled may have disappeared. Other species have to move to find homes in new areas when their forests are cut down for logging or development.

We can take the callous view, espoused by those who shortsightedly count the dollars involved in commerce from the forests, and point out that many species have been lost before and many will be lost again, and that this is part of the natural process of evolution. But the fallacy in this argument is that loss of species now is probably at the greatest rate ever in the history of our planet. What once took hundreds of thousands to millions of years to accomplish, is now being done in decades or even less.

As enlightened as we believe ourselves to be, supporting "green" products and recycling, we allow our governments to plunder virgin forests for profit. What makes it even more ludicrous, in both the United States and Canada, and probably in many other countries as well, is that the profit does not

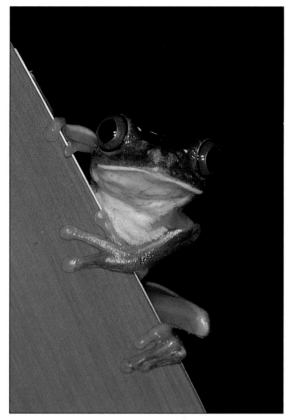

*This Central American red-eyed treefrog,* Agalychnis callidryas, *is unaware that its forested habitat is being cut away from under it. Soon it, and other forest species, may survive only in zoos and home aquarium tanks.*

necessarily go to the government, but to private companies, which will also receive taxpayers' support through federal monies for logging roads, free or cheap access to the land, and government subsidies for wood prices.

## Brazil: A Typical Case

In developing countries like Brazil, the rain forests have been opened for settlement to poor urban families. From the point of view of more developed countries, opening vast tracts to further destruction is unconscionable; from the Brazilian point of view this is an economic necessity, providing homes and sustenance to people who otherwise would have little.

Extensive news coverage and the shocking nature of the events that have occurred in Amazonas in Bra-

zil have acquainted most of us with the rain forest of the Amazon. Murders, exploitation of man and land for gold, forests burned to create cattle ranches, all give the region an odor of malfeasance. It is the American Wild West in the age of computers and satellite monitoring: the forest is there to be cut down; the native people who live there are ignored. If we buy "rain forest crunch cookies" from our local bakery, we will support the native people, who are exploiting a renewable resource, and the bakery will send a contribution to a save-the-rain-forest cause. Were it that

### SUSTAINABLE FARMING

———

*Sustainable farming of rubber, fruits, spices, and leaf fibers is much less destructive to tropical ecosystems than the "mining" of vegetation—removing whole plants to extract valuable substances or clear-cutting old-growth timber in the mixed-conifer forests of the American Pacific Northwest. In the far western mountains of North America, the native yew (Taxus brevifolia) is being destroyed in order to obtain taxol, a substance used in some cancer treatments. An example of "friendly" farming of the rain forests can be found in Brazil, where rubber is tapped from native trees. Rubber tappers make a V-shaped slash in the bark of the rubber tree (Hevea braziliensis) and the latex from the tree drips into a pot. They replace older trees with younger, more productive ones, and eschew plantations, where diseases could spread easily, in favor of scattered plantings in the lowlands. This encourages diversity of the local flora and fauna, stability of the forest ecosystem, and permanent employment of the tappers.*

life was so clear and simple. The World Resources Institute reported that Brazil is losing 20 million acres (8Mha) of forest, almost entirely rain forest, per year. The Brazilian government claims that only 5 million acres (2Mha) per year are being lost, but they agree that the number is too great and must be reduced by about 10 percent annually. This is a sad statistic, and the deforestation still does not stop.

More developed nations hope that educating the people about using the forest's renewable resources, such as nuts, fruit, and possible sources of drugs, will allow forest preservation rather than forest destruction.

## Saving the Forests

Is it essential to clear-cut forests for agriculture? Perhaps not. More effective agricultural techniques, better plant strains, and modernization may make it unnecessary to clear vast new tracts of land. Improper agricultural practices in China, for example, have denuded much of the southeastern portion of the country of its forests, and much of the stripped agricultural land remains fallow, unable to be farmed. And yet China has an active reforestation program, something that Brazil lacks.

Many groups actively support saving the world's forests with public education and government lobbying. A reversal of fortune for the world's forests will not happen overnight. And even if some forests are saved from clear-cutting, the potential damage from years of pollution and loss of the ozone layer may not be so easily remedied.

We must understand that in order for animal species to survive, the plants, especially those of our forests, must convert carbon dioxide and water to carbohydrates and oxygen. Without the oxygen, we all will perish. This is a basic premise. The forests, no matter where they are, affect everyone, and we all must shoulder the responsibility for them.

What can we do to preserve our forests? There are many suggestions, but no real answers.

*Palms dominate lowland tropical forests that are subjected to alternating flooding and drying, such as these in the lower Amazon River in Brazil.*

*Deforestation in Borneo, part of Indonesia, seriously affects the indigenous plant and animal species, including the rare orangutan.*

# FURTHER READING

## POLAR REGIONS

Ackerman, Diane. *The Moon by Whale Light and Other Adventures among Bats, Penguins, Crocodilians, and Whales*. Random House, New York, 1991.

Boschung, Herbert T., Jr., James D. Williams, Daniel W. Gotshall, David K. Caldwell, and Melba C. Caldwell. *The Audubon Society Field Guide to North American Fishes, Whales, and Dolphins*. Alfred A. Knopf, New York, 1983.

Chester, Jonathan. *Antarctica: Beauty in the Extreme*. The Five Mile Press Pty. Ltd., Balwyn, Australia, 1991.

Coffey, D. J. *Dolphins, Whales and Porpoises: An Encyclopedia of Sea Mammals*. Collier Books, New York, 1977.

King, Judith E. *Seals of the World*, 2d Ed. British Museum (Natural History) and Comstock/Cornell University Press, Ithaca, NY, 1983.

Leatherwood, Stephen, and Randall R. Reeves. *The Sierra Club Handbook of Whales and Dolphins*. Sierra Club Books, San Francisco, 1983.

Lucas, Joseph, and Susan Hayes. *Frontiers of Life: Animals of Mountains and Poles*. Doubleday & Co., Garden City, NY, 1976.

Quayle, Louise. *Dolphins and Porpoises*. Gallery Books, New York, 1988.

Ray, G. Carleton, and M. G. McCormick-Ray. *Wildlife of the Polar Regions*. Harry N. Abrams, New York, 1981.

Sparks, John, and T. Soper. *Penguins*. Facts on File Publications, New York, 1987.

Stonehouse, Bernard. *Animals of the Antarctic: The Ecology of the Far South*. Holt, Rinehart & Winston, New York, 1972.

Wallace, Joseph. *The Arctic*. Gallery Books, New York, 1988.

## OCEANS

Amos, William H. *The Life Of The Seashore*. McGraw Hill, New York, 1966.

Beebe, William. *Half Mile Down*. Duell, Sloan and Pearce, 1934.

Carson, Rachel. *The Sea Around Us*. Oxford University Press, New York, 1961.

Chapin, Henry, and F.G. Walton Smith. *The Ocean River*. Charles Scribner's Sons, New York, 1952.

Coker, R.E. *This Great and Wide Sea*. Univ. of North Carolina Press, 1947.

Ellis, Richard. *The Book of Sharks*. Grosset and Dunlap, New York, 1975.

Engel, Leonard. *The Sea*. Time Inc., New York, 1961.

Faulkner, Douglas. *This Living Reef*. The New York Times Book Co., New York, 1974.

Faulkner, Douglas, and Richard Chesher. *Living Corals*. Clarkson N. Potter, Inc., New York, 1979.

Gordon, Bernard Ludwig. *The Secret Lives of Fishes*. Grosset and Dunlap, New York, 1977.

Herald, Earl S. *Living Fishes of the World*. Doubleday, New York, 1961.

Hobson, Edmund, and E.H. Chave. *Hawaiian Reef Animals*. Univ. Press of Hawaii, Honolulu, 1972.

Idyll, C.P. *Abyss*. Crowell, 1964.

Kaplan, E. H. *A Field Guide to Coral Reefs*. Houghton Mifflin Co., Boston, 1982.

McClane, A.J., ed. *McClane's Field Guide To Saltwater Fishes of North America*. Holt, Rienhart and Winston, New York, 1978.

Miner, Roy Waldo. *Field Book of Seashore Life*. Putnam, New York, 1950.

Ommany, Francis Downes. *The Fishes*. Time Inc., New York, 1963.

Quayle, Louise. *Dolphins and Porpoises*. Gallery Books, New York, 1988.

Randall, John E. *Caribbean Reef Fishes*. TFH Publications, Neptune, NJ, 1968.

Torchio, Mexico. *The World Beneath the Sea*. Crown Publishers, New York, 1972.

Ursin, Michael J. *A Guide To Fishes of the Temperate Atlantic Coast*. E.P. Dutton, New York, 1977.

Von Arx, William S. *An Introduction to Physical Oceanography*. Addison-Wesley, Reading, MA, 1962.

## WETLANDS

Anderson, Sydney, ed. *Simon and Schuster's Guide to Mammals*. Simon & Schuster, Inc., New York, 1983.

Austin, Oliver L., Jr. *Birds of the World*. Golden Press, New York, 1983.

Behler, John L., ed. *Simon and Schuster's Guide to Reptiles and Amphibians of the World*. Simon & Schuster, Inc., New York, 1989.

Brazaitis, Peter, and Myrna E. Watanabe. *Snakes of the World*. Crescent Books, New York, 1992.

Bull, John, ed. *Simon and Schuster's Guide to Birds of the World*. Simon and Schuster, New York, 1981.

Ernst, Carl H., and Roger W. Barbour. *Turtles of the World*. Smithsonian Institution Press, Washington, D.C., 1989.

Halliday, Tim, and Kraig Adler, eds. *The Encyclopedia of Reptiles and Amphibians*. Facts on File, Inc., New York, 1986.

Hancock, James. *Birds of the Wetlands*. Facts on File Publications, New York, 1984.

Hancock, James, and Hugh Elliott. *The Herons of the World*. Harper & Row, New York, 1978.

Lean, Geoffrey, Don Hinrichsen, and Adam Markham. *World Wildlife Fund Atlas of the Environment*. Prentice Hall Press, New York, 1990.

MacDonald, David, ed. *Encyclopedia of Mammals*. Facts on File Publications, Inc., New York, 1987.

Page, Jake, and Eugene S. Morton. *Lords of the Air. The Smithsonian Book of Birds*. Smithsonian Books, Washington, D.C., 1989.

Preston-Mafham, Rod, and Ken Preston-Mafham. *Butterflies of the World*. Facts on File Publications, New York, 1988.

Ross, Charles A., ed. *Crocodiles and Alligators*. Golden Press Pty. Ltd., Silverwater, Australia, 1989.

Short, Nicholas M., and Robert W. Blair, Jr., eds. *Geomorphology From Space*. Science and Technical Information Branch, NASA, Washington, D.C., 1986.

## DESERTS

Cloudsley-Thompson, J.L., ed. *Sahara Desert*. Pergamon Press, New York, 1984.

Costello, David. *Desert World*. Crowell, New York, 1973.

Crawford, Clifford. *Biology of Desert Invertebrates*. Springer-Verlag, New York, 1981.

Gauthier-Pilters, Hilde, and Anne Innis Dagg. *The Camel*. University of Chicago Press, Chicago, 1981.

George, Uwe. *In the Deserts of this Earth*. Harcourt Brace Jovanovich, San Diego, CA, 1977.

Gibson, Arthur, and Park Nobel. *The Cactus Primer*. Harvard University Press, Cambridge, MA, 1986.

Gilbert, Bill. *Chulo*. Alfred A. Knopf, New York, 1973.

Grainger, Alan. *The Threatening Desert: Controlling Desertification*. Earthscan in association with United Nations Environment Programme, 1990.

Hillel, Daniel. *Negev, Land, Water, and Life in a Desert Environment*. Praeger, New York, 1982.

Hyde, Phillip. *Drylands: the Deserts of North America*. Harcourt Brace Jovanovich, San Diego, CA, 1987.

Kirk, Ruth. *Desert*. Houghton Mifflin Co., Boston, 1973.

Krutch, Joseph. *The Desert Year*. Viking Press, New York, 1952.

Larson, Peggy. *Deserts of America*. Prentice Hall, Englewood Cliffs, NJ, 1970.

Limerick, Patricia. *Desert Passages: Encounters with the American Deserts*. University of New Mexico, Albuquerque, NM, 1985.

Pianka, Eric. *Ecology and Natural History of Desert Lizards*. Princeton University Press, Princeton, NJ, 1986.

Reardon, Mitch. *The Besieged Desert: War, Drought, Poaching in the Namib Desert*. Collins, London, 1986.

## PLAINS

Allaby, Michael. *Dictionary of the Environment*. New York University Press, New York, 1984.

Brown, Lauren. *Grasslands*. Alfred A. Knopf, New York, 1985.

Caldwell, Douglas E., ed. *Planetary Ecology*. Van Nostrand Reinhold, 1985.

Grzimek, Bernhard. *Among Animals of Africa*. Collins, St. James' Place, London, 1971.

———. *Grzimek's Animal Life Encyclopedia*. Van Nostrand Reinhold, New York, 1974.

Jordan, William R. III, ed. *Restoration Ecology*. Cambridge University Press, New York, 1985.

Krebs, Charles J. *Ecological Methodology*. Harper, Scranton, Pa., 1988.

Nowak, Ronald M. *Walker's Mammals of the World.* The Johns Hopkins University Press, Baltimore and London, 1991.

Rambler, M., ed. *Global Ecology: Towards a Science of the Biosphere.* Academic Press, 1988.

Wagner, Henry R. *The Plains and The Rockies.* Brick Row, San Francisco, 1982.

Worster, Donald. *Nature's Economy: A History of Ecological Ideas.* Cambridge University Press, New York, 1985.

_____ . *Planet Earth: Grassland and Tundra.* Time-Life Books, Alexandra, VA, 1985.

### MOUNTAINS

Barry, Roger G. *Mountain Weather & Climate.* Routledge Chapman & Hall, New York, 1981.

Grzimek, Bernhard. *Grzimek's Encyclopedia of Ecology.* Van Nostrand Reinhold, New York, 1976.

_____ . *Grzimek's Encyclopedia of Mammals.* McGraw Hill, New York, 1990.

Kelsey, Michael. *Guide to the World's Mountains.* Bradt Enterprises, Spring Vale, UT, 1983.

Lamb, Hubert H. *Climate: Present, Past, and Future.* Barnes and Noble, Lanham, MD, 1972.

Perry, Richard. *Mountain Wildlife.* Stackpole Books, Harrisburg, PA, 1981.

Spar, Jerome. *Earth, Sea, and Air: A Survey of Geophysical Sciences.* Addison-Wesley, Reading, MA, 1965.

Troll, Carl, ed. *Geology of the High-Mountain Regions of Eurasia.* Coronet Books, Philadelphia, 1972.

_____ . *Geoecological Relations Between the Southern Temperate Zone & the Tropical Mountains.* Coronet Books, Philadelphia, 1978.

Wyllie, Peter J. *The Dynamic Earth.* Wiley, New York, 1965.

Zwinger, Ann H., and Beatrice E. Willard. *Land Above the Trees: A Guide to American Alpine Tundra.* Harper and Row, New York, 1986.

### FORESTS

Benyus, Janine M. *The Field Guide to Wildlife Habitats of the Eastern United States.* Fireside, New York, 1989.

_____ . *The Field Guide to Wildlife Habitats of the Western United States.* Fireside, New York, 1989.

Botting, Douglas. *Wild Britain: A Traveler's and Naturalist's Guide.* Prentice Hall, New York, 1988.

Burton, Maurice, ed. *The New Larousse Encyclopedia of Animal Life.* Hamlyn Publishing Group Ltd., London, 1980.

Cremona, Julian, and R. Chote. *The Alternative Holiday Guide to Exploring Nature in the Wilds of Europe.* Ashford Press Publishing, Southampton, U.K., 1988.

Forsyth, Adrian, and Ken Miyata. *Tropical Nature.* Charles Scribner's Sons, New York, 1984.

Gradwohl, Judith, and Russell Greenberg. *Saving the Tropical Forests.* Island Press, Washington, D.C., 1988.

Hecht, Susanna, and Alexander Cockburn. *The Fate of the Forest: Developers. Destroyers and Defenders of the Amazon.* Harper Perennial, New York, 1990.

Janzen, Daniel H., ed. *Costa Rican Natural History.* The University of Chicago Press, Chicago, 1983.

Kricher, John C. *A Neotropical Companion: An Introduction to the Animals, Plants, and Ecosystems of the New World Tropics.* Princeton University Press, Princeton, NJ, 1989.

Mehrtens, John M. *Living Snakes of the World in Color.* Sterling Publishing Co., Inc., New York, 1987.

Mitchell, A. W. *The Enchanted Canopy.* Macmillan Publishing Co., New York, 1986.

Obst, Fritz Jurgen, Klaus Richter, and Udo Jacob. *The Completely Illustrated Atlas of Reptiles and Amphibians for the Terrarium.* T. F. H. Publications, Inc., Neptune City, NJ, 1988.

Penny, Norman D., and Jorge R. Arias. *Insects of an Amazon Forest.* Columbia University Press, New York, 1982.

Potter, Everett. *The Best of Brazil.* Crown Publishers, New York, 1989.

Schweizer, Michael, and H. von Bristow. *Hildebrand's Travel Guide: Australia,* Third Ed. K + G, KARTO + GRAFIK Verlagsgesellschaft mbH, West Germany, 1988.

Walter, Heinrich. *Vegetation of the Earth and Ecological Systems of the Geo-biosphere,* Third Edit. Springer-Verlag, Berlin, 1985.

The World Resources Institute, *United National Environmental Programme,* and *United National Development Programme.* World Resources 1990-91. Oxford University Press, New York, 1990.

# PHOTO CREDITS

Front jacket photographs, clockwise from top center: © Tim Laman, © Tim Laman, © Stefan Lundgren, © Gary Bell, © Tim Laman, © Tim Laman, © Michael Frances, © D. Robert Franz; All from The Wildlife Collection.

**The Wildlife Collection:**
© Charles Gurche: 6D, 26, 87C, 92, 92A, 167, 169, 169A, 179, 182, 189, 226, 291, 293, 293A, 294, 295; © Chris Huss: 62, 63, 90, 94, 94A, 97, 98, 99, 99B, 100, 100B, 104A, 105, 105A, 105B, 106A, 107, 108, 123, 216, 304B; © Dean Lee: 41A, 47, 52, 55, 69A, 79, 87A, 91, 163B, 164, 193, 238A, 251, 260, 281, 284, 322A, 327; © Gary Bell: 7B, 75C, 81, 86, 99A, 100A, 101, 102, 104, 106, 311, 314B, 317, 326; © Martin Harvey: 57B, 75B, 96, 129A, 131, 133A, 137, 138, 155B, 156, 158A, 160A, 160B, 161A, 161B, 162, 163A, 171, 173, 181A, 196A, 214, 223, 228, 232, 235A, 235C, 237, 247, 247A, 252, 253, 254, 254A, 257, 269, 273, 298A, 317A, 318, 321, 339A; © Michael Osmond: 103; © Richard Herrmann: 53, 56, 75, 77, 79A, 80, 80A, 83, 95, 187; © Tim Laman: 89, 130B, 142B, 144A, 144B, 180, 211, 228A, 230, 237A, 239, 239A, 258, 280, 282, 282A, 283, 285, 298, 299, 300, 300C, 301, 302A, 310, 322; © Ralph Lee Hopkins: 55B; © Michael Francis: 6, 7D, 12B, 48, 111, 133B, 133C, 133E, 151B, 152, 180A, 184, 191, 196, 209, 221, 227, 231A, 235B, 246, 246A, 250A, 265, 267A, 269A, 270, 271A, 274, 276A, 285A, 332, 333A, 334; © Gerry Ellis: 146A, 164A, 192, 195, 200, 205, 213, 231, 238, 253A, 256, 259, 279, 298B, 306, 315B, 316, 320, 339; © D. Robert Franz: 46, 48A, 118, 119, 135, 148, 151A, 159, 211A, 235, 241, 250, 253B, 261, 265A, 268, 272, 273A, 273B, 333C; © K. Bogon: 243, 336; © Robert Lankinen: 33, 41, 43, 44, 112B, 127A, 130A, 133B, 139, 249, 276, 280, 284A, 328A, 330, 331B, 333B; © Jack Swenson: 40A, 52A, 58, 116, 129, 141, 146, 278, 306A, 306B, 309, 310A, 337, 337A; © Henry Holdsworth: 40, 50, 177, 184A, 271; © Tim Crosby: 262, 263A; © Ken Deitcher: 122A, 122B, 124, 125A, 150, 194, 198, 294, 312, 329, 331, 331A, 338; © John Giustina: 133D, 207, 216A, 244, 245, 297A, 308B, 315A, 323, 324; © Tom Till: 2, 115, 172, 176, 182A, 184B, 286, 292; © Vivek R. Sinha: 245A; © Lorri Franz: 50A, 140, 257A; © Clay Myers: 134, 259A; © Stefan Lundgren: 31, 37, 39, 42, 54, 55A, 56A, 57, 61; © H. Rappel: 38A, 57A; © V. Siegel: 38B; © Neville Coleman: 112A; © D. Usher: 153; © G. Synatzschke: 334

**Animals Animals:**
© Paul Freed: 13b, 19; © Gerard Lacz: 197; © Robert Lubeck: 13c, 19; © Barbara Reed/John Willimas: 213; © James D. Watt: 75A

**Dembinsky Photo Associates:**
© Marvin Dembinsky: 69, 114A, 153; © Mike Barlow: 226A, 267; © Anthony Mercieca: 272A,

274A, 275; © Stan Osolinski: 9, 157, 157A, 157B, 158B, 158C, 185, 225, 279, 319; © Rod Planck: 7A, 206, 222; © Dominique Braud: 212; © Terry Donnelly: 186; © Roger Wilmshurst: 153, 335, 335A; © Adam Jones: 110; © Skip Moody: 37A, 114; © Gary Meszaros: 126; © Dominique Braud: 221A; © Barbara Gerlach: 21; © Ira Rubin: 26A; © Russ Gutshall: 34; © Fritz Polking: 45; © Willard Clay: 87B; © Alan G. Nelson: 47A, 275A; © Bill Lea: 147; © SharkSong/M Kazmers: 6C, 189A

**Tom Stack & Associates:**
© Brian Parker: 10, 84, 91A, 93, 153, 168, 168A, 271B, 302B; © Dave B. Fleetham: 73; © Edward A. Robinson: 76, 85; © Greg Vaughn: 87; © Manfred Gottschalk: 108A, 117; © David M. Dennis: 122, 128, 229, 262, 264, 297, 328B; © Barbara Von Hoffmann: 227A, 233, 236; © Don & Pat Valenti: 263; © Gary Malburn: 143, 155, 202; © Ann Duncan: 190; © Doug Sokell: 190A; © Bob McKeever: 195; © John Cancalosi: 13a, 19, 127, 203, 204, 215, 240, 304, 313; © Roy Toft: 210; © John Gerlach: 181, 242; © Dave Watts: 176; © Warren Garst: 255, 305; © Joe McDonald: 142, 145, 233, 312B; © Kevin Schafer: 303, 304A; © John Shaw: 330A; © Mary Clay: 287; © A.B. Sheldon: 112D; © Ken W. Davis: 134; © D. Holden Bailey: 136; © Rick Sammon: 165; © Anna E. Zuckerman: 20, 60B; © Jack S. Grove: 32; © Prof. R.C. Simpson: 277

**FPG International:**
28, 28A, 29, 30A; © Mauricio Handler: 292A

**AP/Wide World:**
59, 59A; © Greg Gibson: 218

**Other Sources:**
© Matilda Duffy: 88B; © Anna E. Zuckerman/ENVISION: 6A, 26A, 27; © Peter Brazaitis: 112C, 129B, 131, 168B; © Myrna E. Watanabe: 147; © Charles Bowman/Leo De Wys: 6B, 112; © Marjorie Bank/Norbert Wu Photography: 109; © Norbert Wu: 12A, 84A, 109; © Vireo/Academy Of Natural Sciences Philadelphia: 308C; © NASA: 183

**Illustrations:**
George Gilliland: 7a, 7b, 17, 18/19, 24b, 35a, 36, 60, 67, 113, 175, 177, 178a,178b, 206, 219, 267, 270, 278, 325; Pat Ortega: 11, 12, 32, 35b, 49, 51, 53, 54, 56, 120, 149, 166, 185, 188a, 188b, 195, 197, 198a, 199, 201, 202, 203a, 203b, 204, 208, 209, 210, 215, 283, 291; Matthew Bergman: 16a, 22a, 22b, 23, 24a, 29, 31, 38, 64, 70, 140, 152, 154, 174, 217, 224, 288, 289, 299; © Pieter A. Folkens: 78; Laurie van der Steelink: 10; Bill Lombardo: 65

# ABOUT THE AUTHORS

Peter Brazaitis (Consulting Editor; researcher and co-author of "Polar Regions," "Forests," and "Wetlands") is Curator of Animals at the Wildlife Conservation Society's Central Park Wildlife Center in New York. Previously he was Superintendent of Herpetology at the Bronx Zoo for nearly twenty years. A world-renowned expert in the forensic identification of reptile skins and products, he has published numerous scientific and popular articles. With Myrna E. Watanabe, he is co-author of *Snakes of the World* (Crescent Books, 1992). Peter Brazaitis has done fieldwork in Brazil, Cameroon, and the Republic of Palau.

Myrna E. Watanabe (Consulting Editor, researcher and co-author of "Wetlands" and "Forests") is an animal behaviorist and internationally known crocodile specialist. Myrna E. Watanabe is also president of a biotechnology consulting firm. She holds a Ph.D. in biology from New York University, and has served on the faculties of several universities and colleges in the New York area. A much-published science writer and editor, she is co-author with Peter Brazaitis of *Snakes of the World* (Crescent, 1992). Myrna E. Watanabe has done field work in the southeastern United States and Anhui Province in southeastern China. Her recent research interest is toxic metal contamination in tropical ecosystems.

Anthony Brownie (co-researcher and co-author of "Polar Regions") is Supervisor of Animals at the Wildlife Conservation Society's Central Park Wildlife Center in New York. Prior to this position, he spent twelve years working in the Mammal Department of the Wildlife Conservation Society's Bronx Zoo, where he was responsible for large carnivores, primates, and South American mammals and birds. He trains and shows Afghan hounds and Irish water spaniels and raises tropical fish.

Alta Charon (co-researcher and co-author of "Polar Regions" and "Deserts") is a planetary geologist. She holds a Ph.D. in geochemistry from Rice University and is an adjunct professor in the Institute for Geographical and Geological Studies, George Mason University, Virginia. She is also a research geologist with the Branch of Geophysics, United States Geological Survey. Alta Charon has done field work in the deserts of the United States, China, and Egypt, and has mapped the deserts of Mars.

Andrew M. Greller (co-author of "Forests") is a Professor of Biology and Ecology in the Department of Biology at Queens College, New York. He is also a member of the Graduate Faculty at the City University of New York. He is a botanist and ecologist who has done research in many areas, including the tundra and the forests of Sri Lanka and India. He has published numerous scientific articles on the vegetation of eastern North America and Sri Lanka. Andrew Greller is past president of the Torrey Botanical Club, a Fulbright Scholar, and a National Science Foundation grantee. He has collaborated with research scientists in Rocky Mountain National Park and Gateway National Park in the United States.

Robert Madden (researcher and writer of "Mountains" and "Plains") has taught animal behavior and ecology at Marymount College, Tarrytown, New York for twenty years, and has conducted research at Cornell University for over ten years. He holds a Ph.D. in biology from the City University of New York. His major area of research is the sensory system adaptations of animals for survival in their environments. Robert Madden's field work has taken him from the mountains of New York State to the jungles of Guatemala.

Joseph Martinez (researcher and co-author of "Deserts") is a doctoral candidate in Science Education at the Boston University School of Education. He has been a curatorial assistant in the Herpetology Department of the Museum of Comparative Zoology at Harvard University, and has worked at the Franklin Park Zoo in Boston, and the Bronx Zoo in New York. Joseph Martinez has done field work in New England and Costa Rica, and has travelled extensively in Europe, Australia, and Southeast Asia. His research interest centers on vertebrate animals.

Paul L. Sieswerda (researcher and writer of "Oceans") is Curator of Animals at the Aquarium for Wildlife Conservation in New York. He was formerly Curator of Fishes and Mammals at the New England Aquarium in Boston, MA, and has over twenty-five years of experience in aquatic animal research and aquarium management. Paul Sieswerda has studied ichthyology at Boston University and oceanography and mechanical engineering at Massachusetts Institute of Technology's Lowell Institute. He has published many scientific and popular articles on larval fish rearing and aquarium science and has conducted expeditions for fish collections and study in the Arctic, the Caribbean, the Philippines, and the Amazon.